中国历代大事年表

杜文玉　主编

商务印书馆国际有限公司
中国·北京

图书在版编目（CIP）数据

中国历代大事年表 / 杜文玉主编 . —北京 ：商务印书馆国际有限公司，2017. 6（2022. 10 重印）

ISBN 978-7-5176-0423-5

Ⅰ. ①中… Ⅱ. ①杜… Ⅲ. ①中国历史—历史年表 Ⅳ. ①K208

中国版本图书馆 CIP 数据核字（2017）第 082443 号

ZHONGGUO LIDAI DASHI NIANBIAO

中国历代大事年表

主　　编　杜文玉
出版发行　商务印书馆国际有限公司
地　　址　北京市朝阳区吉庆里 14 号楼
　　　　　　佳汇国际中心 A 座 12 层
邮　　编　100020
电　　话　010-65592876（编校部）
　　　　　　010-65598498（市场营销部）
网　　址　www. cpi1993. com
印　　刷　三河市紫恒印装有限公司
开　　本　880mm × 1230mm　1/32
字　　数　525 千字
印　　张　18. 25
版　　次　2022 年 10 月第 1 版第 7 次印刷
书　　号　ISBN 978-7-5176-0423-5
定　　价　55. 00 元

目　录

前　言／1

历代纪年表／1

旧石器时代／3

新石器时代／3

夏／4

商／5

周／6

西　周／6

东　周／9

秦［秦帝国］／35

汉／36

西　汉／36

东　汉／45

三　国／53

晋／57

西　晋／57

东　晋／59

南　北　朝／65

隋／77

唐／79

五　代／91

宋、辽、西夏、金／95

元／117

明／121
清／132

历代大事记／143
夏／145
商／146
周／148
西　　周／148
东　　周／153
秦［秦帝国］／221
汉／224
西　　汉／224
东　　汉／255
三　　国／278
晋／287
西　　晋／287
东　　晋／295
南　北　朝／314
隋／349
唐／358
五　　代／412
宋、辽、西夏、金／425
元／479
明／493
清／535

前　言

目前市场上有多种中国历史纪年表流行，为读者学习和学者治学带来了极大的方便。与此同时，也有收录中国历史大事并以“大事记”命名的多种工具书流行。然而这两者互不结合，造成诸多不便，为了更好地方便读者使用，我们精心策划编写了将两者结合起来的工具书——《中国历代大事年表》。这部书的特点是，既能作为中国历史年表使用，又可作为大事记查阅，兼具功能性与实用性，能最大限度满足读者需求。

本书的体例和内容，说明如下：

一、本书由两部分组成，一部分是中国历代纪年简表，另一部分是与简表相对应的历史事件。简表中的纪年始于距今约 170 万年，止于 1911 年。史事记录始于约公元前 2070 年夏朝建立，止于 1911 年清朝灭亡。

二、本书将世界通用的公元纪年与中国历史纪年逐年对照，按照中国历史上各朝代的先后顺序排列，依次列出公元纪年、干支纪年、帝王纪年。其中，帝王纪年包括帝王的名号、年号以及纪年。

三、对西周共和元年（公元前 841 年）以来的纪年，凡有大事发生的，按年份逐条编排，古籍没有记载的，则空而不录。对周边少数民族政权发生的大事，也分别在相关年份的大事记中逐条编排。

四、同一年份发生的两件以上的历史大事，处理为——不同朝代的大事分段叙述；同一朝代诸多大事之间的叙述，一件大事的叙述文字结束后，空两个汉字，再叙下一件大事。

本书由杜文玉担任主编，各部分的具体分工为：刘喆，承担夏商周秦部分；石宏夫，承担两汉部分；王梦，承担魏晋十六国部分；杜文玉，承担南北朝部分；赵水静，承担隋唐部分；鲍丹琼，承担五代两宋部分；杜维民，承担元明部分；杨燕，承担清代部分。

编　者

中国历代大事年表

历代纪年表

旧石器时代

（约 170 万年—1 万年前）

时期	文化
早期	元谋猿人、蓝田猿人及其文化、北京猿人及其文化、金牛山文化
中期	大荔人、丁村人及其文化、许家窑人、马坝人、长阳人
晚期	萨拉乌苏文化、小南海文化、峙峪文化、山顶洞人及其文化、柳江人、资阳人

新石器时代

（约 1 万年—4 千年前）

时期	地区	文化
早期	黄河流域	裴李岗文化
	北方草原	细石器文化
中期	黄河流域	仰韶文化、马家窑文化、大汶口文化
	长江流域	青莲岗文化、屈家岭文化
	北方草原	细石器文化
晚期	黄河流域	半山马厂文化、齐家文化、龙山文化
	长江流域	良渚文化、龙山文化
	北方草原	细石器文化

夏[1]

（约公元前2070年—公元前1600年）

编号	帝王名号
〇〇〇一	禹
	启
	太康
	仲康
	相
	少康
	予
	槐
	芒
	泄
	不降
	扃
	廑
	孔甲
	皋
	发
	癸（桀）

① 参考2000年公布的《夏商周年表》。

商[1]

（公元前1600年—公元前1046年）

编号	公元纪年	干支	帝王名号
〇〇〇二	前1600—前1300		汤
			外丙
			中壬
			太甲
			沃丁
			太庚
			小甲
			雍己
			太戊
			中丁
			外壬
			河亶甲
			祖乙
			祖辛
			沃甲
			祖丁
			南庚
			阳甲
			盘庚（迁殷前）
	前1300—前1251		盘庚（迁殷后）
			小辛
			小乙
	前1250—前1192		武丁
	前1191—前1148		祖庚
			祖甲
			廪辛
			康丁
	前1147	甲寅	武乙元年
	前1112	己丑	文丁元年
	前1101	庚子	帝乙元年
	前1075	丙寅	帝辛（纣）元年

① 参考2000年公布的《夏商周年表》。

周①

（公元前 1046 年—公元前 256 年）

西　　周

（公元前 1046 年—公元前 771 年）

编号	公元纪年	干支	帝王名号、年号、纪年	
			周	诸侯
〇〇〇三	前 1046	乙未	武王发元年	
	前 1042	己亥	成王诵元年	
	前 1020	辛酉	康王钊元年	
	前 995	丙戌	昭王瑕元年	
	前 976	乙巳	穆王满元年	
	前 922	己亥	共王繄扈元年	
	前 899	壬戌	懿王囏元年	
	前 891	庚午	孝王辟方元年	
	前 885	丙子	夷王燮元年	
	前 877	甲申	厉王胡元年	
〇〇〇四	前 841	庚申	共和元年	
	前 840	辛酉	共和二年	晋釐侯元年
	前 839	壬戌	共和三年	
	前 838	癸亥	共和四年	
	前 837	甲子	共和五年	楚熊严元年 蔡夷侯元年
	前 836	乙丑	共和六年	
	前 835	丙寅	共和七年	
	前 834	丁卯	共和八年	曹幽伯元年
	前 833	戊辰	共和九年	
	前 832	己巳	共和十年	

① 公元前 841 年（西周共和元年）以前，参考 2000 年公布的《夏商周年表》。

（西周续表）

编号	公元纪年	干支	帝王名号、年号、纪年	
			周	诸侯
	前831	庚午	共和十一年	陈釐公元年
	前830	辛未	共和十二年	宋惠公元年
	前829	壬申	共和十三年	
○○○五	前828	癸酉	共和十四年	
○○○六	前827	甲戌	宣王静元年	楚熊霜元年
	前826	乙亥	宣王二年	燕釐侯元年
	前825	丙子	宣王三年	鲁武公元年 曹戴伯元年
	前824	丁丑	宣王四年	齐厉公元年
○○○七	前823	戊寅	宣王五年	
○○○八	前822	己卯	宣王六年	晋献侯元年
	前821	庚辰	宣王七年	秦庄公元年 楚熊徇元年
	前820	辛巳	宣王八年	
	前819	壬午	宣王九年	
	前818	癸未	宣王十年	
○○○九	前817	甲申	宣王十一年	
○○一○	前816	乙酉	宣王十二年	
	前815	丙戌	宣王十三年	鲁懿公元年 齐文公元年
	前814	丁亥	宣王十四年	
	前813	戊子	宣王十五年	
○○一一	前812	己丑	宣王十六年	卫武公元年
	前811	庚寅	宣王十七年	晋穆侯元年
	前810	辛卯	宣王十八年	
	前809	壬辰	宣王十九年	蔡釐侯元年

（西周续表）

编号	公元纪年	干支	帝王名号、年号、纪年	
			周	诸侯
	前808	癸巳	宣王二十年	
	前807	甲午	宣王二十一年	
〇〇一二	前806	乙未	宣王二十二年	鲁伯御元年 郑桓公元年
	前805	丙申	宣王二十三年	
	前804	丁酉	宣王二十四年	
	前803	戊戌	宣王二十五年	齐成公元年
	前802	己亥	宣王二十六年	
	前801	庚子	宣王二十七年	
	前800	辛丑	宣王二十八年	
	前799	壬寅	宣王二十九年	宋戴公元年 楚熊鄂元年
	前798	癸卯	宣王三十年	
〇〇一三	前797	甲辰	宣王三十一年	
〇〇一四	前796	乙巳	宣王三十二年	鲁孝公元年
	前795	丙午	宣王三十三年	陈武公元年 曹惠伯元年
	前794	丁未	宣王三十四年	齐庄公元年
	前793	戊申	宣王三十五年	
〇〇一五	前792	己酉	宣王三十六年	
	前791	庚戌	宣王三十七年	
	前790	辛亥	宣王三十八年	楚若敖元年 燕顷侯元年
〇〇一六	前789	壬子	宣王三十九年	
	前788	癸丑	宣王四十年	
	前787	甲寅	宣王四十一年	
	前786	乙卯	宣王四十二年	

（西周续表）

编号	公元纪年	干支	帝王名号、年号、纪年	
			周	诸侯
〇〇一七	前 785	丙辰	宣王四十三年	
	前 784	丁巳	宣王四十四年	晋殇叔元年
	前 783	戊午	宣王四十五年	
〇〇一八	前 782	己未	宣王四十六年	
	前 781	庚申	幽王宫湦元年	
	前 780	辛酉	幽王二年	晋文侯元年 陈夷公元年
〇〇一九	前 779	壬戌	幽王三年	
	前 778	癸亥	幽王四年	
	前 777	甲子	幽王五年	秦襄公元年 陈平公元年
〇〇二〇	前 776	乙丑	幽王六年	
	前 775	丙寅	幽王七年	
〇〇二一	前 774	丁卯	幽王八年	
〇〇二二	前 773	戊辰	幽王九年	
〇〇二三	前 772	己巳	幽王十年	
〇〇二四	前 771	庚午	幽王十一年	

东　　周[①]

（公元前 770 年—公元前 256 年）

春　　秋

（公元前 770 年—公元前 476 年）

编号	公元纪年	干支	帝王名号、年号、纪年	
			周	诸侯
〇〇二五	前 770	辛未	平王宜臼元年	郑武公元年
	前 769	壬申	平王二年	

① 因越国世系在学术界说法众多，故其纪年从略。

（春秋续表）

编号	公元纪年	干支	帝王名号、年号、纪年	
			周	诸侯
	前 768	癸酉	平王三年	鲁惠公元年
	前 767	甲戌	平王四年	
〇〇二六	前 766	乙亥	平王五年	燕哀侯元年
〇〇二七	前 765	丙子	平王六年	秦文公元年 宋武公元年
	前 764	丁丑	平王七年	燕郑侯元年
	前 763	戊寅	平王八年	楚霄敖元年
	前 762	己卯	平王九年	
〇〇二八	前 761	庚辰	平王十年	蔡共侯元年
	前 760	辛巳	平王十一年	
	前 759	壬午	平王十二年	蔡戴侯元年 曹穆公元年
〇〇二九	前 758	癸未	平王十三年	
	前 757	甲申	平王十四年	楚蚡冒元年 卫庄公元年
	前 756	乙酉	平王十五年	曹桓公元年
	前 755	丙戌	平王十六年	
	前 754	丁亥	平王十七年	陈文公元年
〇〇三〇	前 753	戊子	平王十八年	
	前 752	己丑	平王十九年	
	前 751	庚寅	平王二十年	
〇〇三一	前 750	辛卯	平王二十一年	
	前 749	壬辰	平王二十二年	蔡宣侯元年
	前 748	癸巳	平王二十三年	
	前 747	甲午	平王二十四年	宋宣公元年

（春秋续表）

编号	公元纪年	干支	帝王名号、年号、纪年	
			周	诸侯
	前746	乙未	平王二十五年	
〇〇三二	前745	丙申	平王二十六年	晋昭侯元年
〇〇三三	前744	丁酉	平王二十七年	陈桓公元年
〇〇三四	前743	戊戌	平王二十八年	郑庄公元年
	前742	己亥	平王二十九年	
	前741	庚子	平王三十年	
	前740	辛丑	平王三十一年	楚武王元年
〇〇三五	前739	壬寅	平王三十二年	晋孝侯元年
	前738	癸卯	平王三十三年	
	前737	甲辰	平王三十四年	
	前736	乙巳	平王三十五年	
	前735	丙午	平王三十六年	
	前734	丁未	平王三十七年	卫桓公元年
	前733	戊申	平王三十八年	
	前732	己酉	平王三十九年	
	前731	庚戌	平王四十年	
	前730	辛亥	平王四十一年	齐釐公元年
〇〇三六	前729	壬子	平王四十二年	
	前728	癸丑	平王四十三年	宋穆公元年 燕穆侯元年
	前727	甲寅	平王四十四年	
	前726	乙卯	平王四十五年	
	前725	丙辰	平王四十六年	
〇〇三七	前724	丁巳	平王四十七年	
〇〇三八	前723	戊午	平王四十八年	晋鄂侯元年

（春秋续表）

编号	公元纪年	干支	帝王名号、年号、纪年	
			周	诸侯
○○三九	前 722	己未	平王四十九年	鲁隐公元年
○○四○	前 721	庚申	平王五十年	
○○四一	前 720	辛酉	平王五十一年	
○○四二	前 719	壬戌	桓王林元年	宋殇公元年
○○四三	前 718	癸亥	桓王二年	卫宣公元年
○○四四	前 717	甲子	桓王三年	晋哀侯元年
○○四五	前 716	乙丑	桓王四年	
○○四六	前 715	丙寅	桓王五年	秦宁公元年
○○四七	前 714	丁卯	桓王六年	蔡桓侯元年
○○四八	前 713	戊辰	桓王七年	
○○四九	前 712	己巳	桓王八年	
○○五○	前 711	庚午	桓王九年	鲁桓公元年
○○五一	前 710	辛未	桓王十年	宋公冯元年 燕宣侯元年
○○五二	前 709	壬申	桓王十一年	晋小子元年
○○五三	前 708	癸酉	桓王十二年	
○○五四	前 707	甲戌	桓王十三年	
○○五五	前 706	乙亥	桓王十四年	晋侯缗元年 陈厉公元年
○○五六	前 705	丙子	桓王十五年	
○○五七	前 704	丁丑	桓王十六年	
○○五八	前 703	戊寅	桓王十七年	秦出公元年
○○五九	前 702	己卯	桓王十八年	
○○六○	前 701	庚辰	桓王十九年	曹庄公元年
○○六一	前 700	辛巳	桓王二十年	郑厉公元年

（春秋续表）

编号	公元纪年	干支	帝王名号、年号、纪年	
			周	诸侯
〇〇六二	前699	壬午	桓王二十一年	卫惠公元年 陈庄公元年
〇〇六三	前698	癸未	桓王二十二年	
〇〇六四	前697	甲申	桓王二十三年	齐襄公元年 秦武公元年 燕桓公元年
〇〇六五	前696	乙酉	庄王佗元年	卫黔牟元年 郑昭公元年
〇〇六六	前695	丙戌	庄王二年	
〇〇六七	前694	丁亥	庄王三年	蔡哀侯元年 郑子亹元年
〇〇六八	前693	戊子	庄王四年	鲁庄公元年 郑子婴元年
〇〇六九	前692	己丑	庄王五年	陈宣公元年
〇〇七〇	前691	庚寅	庄王六年	宋湣公元年
〇〇七一	前690	辛卯	庄王七年	燕庄公元年
〇〇七二	前689	壬辰	庄王八年	楚文王元年
〇〇七三	前688	癸巳	庄王九年	
〇〇七四	前687	甲午	庄王十年	
〇〇七五	前686	乙未	庄王十一年	
〇〇七六	前685	丙申	庄王十二年	齐桓公元年
〇〇七七	前684	丁酉	庄王十三年	
〇〇七八	前683	戊戌	庄王十四年	
〇〇七九	前682	己亥	庄王十五年	

（春秋续表）

编号	公元纪年	干支	帝王名号、年号、纪年	
			周	诸侯
〇〇八〇	前 681	庚子	釐王胡齐元年	宋桓公元年
〇〇八一	前 680	辛丑	釐王二年	
〇〇八二	前 679	壬寅	釐王三年	郑厉公（复位）元年
〇〇八三	前 678	癸卯	釐王四年	
〇〇八四	前 677	甲辰	釐王五年	秦德公元年
〇〇八五	前 676	乙巳	惠王阆元年	晋献公元年 楚堵敖囏元年
〇〇八六	前 675	丙午	惠王二年	秦宣公元年
〇〇八七	前 674	丁未	惠王三年	蔡穆侯元年
〇〇八八	前 673	戊申	惠王四年	
〇〇八九	前 672	己酉	惠王五年	郑文公元年
〇〇九〇	前 671	庚戌	惠王六年	楚成王元年
〇〇九一	前 670	辛亥	惠王七年	曹釐公元年
〇〇九二	前 669	壬子	惠王八年	
〇〇九三	前 668	癸丑	惠王九年	卫懿公元年
〇〇九四	前 667	甲寅	惠王十年	
〇〇九五	前 666	乙卯	惠王十一年	
〇〇九六	前 665	丙辰	惠王十二年	
〇〇九七	前 664	丁巳	惠王十三年	
〇〇九八	前 663	戊午	惠王十四年	秦成公元年
〇〇九九	前 662	己未	惠王十五年	
〇一〇〇	前 661	庚申	惠王十六年	曹昭公元年 鲁湣公元年
〇一〇一	前 660	辛酉	惠王十七年	卫戴公元年

（春秋续表）

编号	公元纪年	干支	帝王名号、年号、纪年	
			周	诸侯
〇一〇二	前659	壬戌	惠王十八年	秦穆公元年 卫文公元年
〇一〇三	前658	癸亥	惠王十九年	
〇一〇四	前657	甲子	惠王二十年	燕襄公元年
〇一〇五	前656	乙丑	惠王二十一年	
〇一〇六	前655	丙寅	惠王二十二年	
〇一〇七	前654	丁卯	惠王二十三年	
〇一〇八	前653	戊辰	惠王二十四年	
〇一〇九	前652	己巳	惠王二十五年	曹共公元年
〇一一〇	前651	庚午	襄王郑元年	
〇一一一	前650	辛未	襄王二年	晋惠公元年 宋襄公元年
〇一一二	前649	壬申	襄王三年	
〇一一三	前648	癸酉	襄王四年	
〇一一四	前647	甲戌	襄王五年	陈穆公元年
〇一一五	前646	乙亥	襄王六年	
〇一一六	前645	丙子	襄王七年	蔡庄侯元年
〇一一七	前644	丁丑	襄王八年	
〇一一八	前643	戊寅	襄王九年	
〇一一九	前642	己卯	襄王十年	齐孝公元年
〇一二〇	前641	庚辰	襄王十一年	
〇一二一	前640	辛巳	襄王十二年	
〇一二二	前639	壬午	襄王十三年	
〇一二三	前638	癸未	襄王十四年	

（春秋续表）

编号	公元纪年	干支	帝王名号、年号、纪年	
			周	诸侯
〇一二四	前637	甲申	襄王十五年	
〇一二五	前636	乙酉	襄王十六年	晋文公元年 宋成公元年
〇一二六	前635	丙戌	襄王十七年	
〇一二七	前634	丁亥	襄王十八年	卫成公元年
〇一二八	前633	戊子	襄王十九年	
〇一二九	前632	己丑	襄王二十年	齐昭公元年
〇一三〇	前631	庚寅	襄王二十一年	陈共公元年
〇一三一	前630	辛卯	襄王二十二年	
〇一三二	前629	壬辰	襄王二十三年	
〇一三三	前628	癸巳	襄王二十四年	
〇一三四	前627	甲午	襄王二十五年	晋襄公元年 郑穆公元年
〇一三五	前626	乙未	襄王二十六年	鲁文公元年
〇一三六	前625	丙申	襄王二十七年	楚穆王元年
〇一三七	前624	丁酉	襄王二十八年	
〇一三八	前623	戊戌	襄王二十九年	
〇一三九	前622	己亥	襄王三十年	
〇一四〇	前621	庚子	襄王三十一年	
〇一四一	前620	辛丑	襄王三十二年	晋灵公元年 秦康公元年
〇一四二	前619	壬寅	襄王三十三年	宋昭公元年
〇一四三	前618	癸卯	顷王壬臣元年	
〇一四四	前617	甲辰	顷王二年	曹文公元年 燕桓公元年

（春秋续表）

编号	公元纪年	干支	帝王名号、年号、纪年	
			周	诸侯
〇一四五	前616	乙巳	顷王三年	
〇一四六	前615	丙午	顷王四年	
〇一四七	前614	丁未	顷王五年	
〇一四八	前613	戊申	顷王六年	楚庄王元年 陈灵公元年
〇一四九	前612	己酉	匡王班元年	齐懿公元年
〇一五〇	前611	庚戌	匡王二年	蔡文侯元年
〇一五一	前610	辛亥	匡王三年	宋文公元年
〇一五二	前609	壬子	匡王四年	
〇一五三	前608	癸丑	匡王五年	鲁宣公元年 齐惠公元年 秦共公元年
〇一五四	前607	甲寅	匡王六年	
〇一五五	前606	乙卯	定王瑜元年	晋成公元年
〇一五六	前605	丙辰	定王二年	郑灵公元年
〇一五七	前604	丁巳	定王三年	郑襄公元年
〇一五八	前603	戊午	定王四年	秦桓公元年
〇一五九	前602	己未	定王五年	
〇一六〇	前601	庚申	定王六年	燕宣公元年
〇一六一	前600	辛酉	定王七年	
〇一六二	前599	壬戌	定王八年	晋景公元年 卫穆公元年
〇一六三	前598	癸亥	定王九年	齐顷公元年 陈成公元年

（春秋续表）

编号	公元纪年	干支	帝王名号、年号、纪年	
			周	诸侯
○一六四	前597	甲子	定王十年	
○一六五	前596	乙丑	定王十一年	
○一六六	前595	丙寅	定王十二年	
○一六七	前594	丁卯	定王十三年	曹宣公元年
○一六八	前593	戊辰	定王十四年	
○一六九	前592	己巳	定王十五年	
○一七○	前591	庚午	定王十六年	蔡景侯元年
○一七一	前590	辛未	定王十七年	鲁成公元年 楚共王元年
○一七二	前589	壬申	定王十八年	
○一七三	前588	癸酉	定王十九年	宋共公元年 卫定公元年
○一七四	前587	甲戌	定王二十年	
○一七五	前586	乙亥	定王二十一年	郑悼公元年 燕昭公元年
○一七六	前585	丙子	简王夷元年	吴王寿梦元年
○一七七	前584	丁丑	简王二年	郑成公元年
○一七八	前583	戊寅	简王三年	
○一七九	前582	己卯	简王四年	
○一八○	前581	庚辰	简王五年	齐灵公元年
○一八一	前580	辛巳	简王六年	晋厉公元年
○一八二	前579	壬午	简王七年	
○一八三	前578	癸未	简王八年	

（春秋续表）

编号	公元纪年	干支	帝王名号、年号、纪年	
			周	诸侯
〇一八四	前 577	甲申	简王九年	曹成公元年
〇一八五	前 576	乙酉	简王十年	秦景公元年 卫献公元年
〇一八六	前 575	丙戌	简王十一年	宋平公元年
〇一八七	前 574	丁亥	简王十二年	
〇一八八	前 573	戊子	简王十三年	燕武公元年
〇一八九	前 572	己丑	简王十四年	鲁襄公元年 晋悼公元年
〇一九〇	前 571	庚寅	灵王泄心元年	
〇一九一	前 570	辛卯	灵王二年	郑釐公元年
〇一九二	前 569	壬辰	灵王三年	
〇一九三	前 568	癸巳	灵王四年	陈哀公元年
〇一九四	前 567	甲午	灵王五年	
〇一九五	前 566	乙未	灵王六年	
〇一九六	前 565	丙申	灵王七年	郑简公元年
〇一九七	前 564	丁酉	灵王八年	
〇一九八	前 563	戊戌	灵王九年	
〇一九九	前 562	己亥	灵王十年	
〇二〇〇	前 561	庚子	灵王十一年	
〇二〇一	前 560	辛丑	灵王十二年	吴王诸樊元年
〇二〇二	前 559	壬寅	灵王十三年	楚康王元年
〇二〇三	前 558	癸卯	灵王十四年	卫殇公元年
〇二〇四	前 557	甲辰	灵王十五年	晋平公元年
〇二〇五	前 556	乙巳	灵王十六年	
〇二〇六	前 555	丙午	灵王十七年	

（春秋续表）

编号	公元纪年	干支	帝王名号、年号、纪年	
			周	诸侯
〇二〇七	前 554	丁未	灵王十八年	曹武公元年 燕文公元年
〇二〇八	前 553	戊申	灵王十九年	齐庄公元年
〇二〇九	前 552	己酉	灵王二十年	
〇二一〇	前 551	庚戌	灵王二十一年	
〇二一一	前 550	辛亥	灵王二十二年	
〇二一二	前 549	壬子	灵王二十三年	
〇二一三	前 548	癸丑	灵王二十四年	燕懿公元年
〇二一四	前 547	甲寅	灵王二十五年	齐景公元年 吴王余祭元年
〇二一五	前 546	乙卯	灵王二十六年	卫献公复元 元年
〇二一六	前 545	丙辰	灵王二十七年	
〇二一七	前 544	丁巳	景王贵元年	楚郏敖元年 燕惠公元年
〇二一八	前 543	戊午	景王二年	卫襄公元年
〇二一九	前 542	己未	景王三年	蔡灵侯元年
〇二二〇	前 541	庚申	景王四年	鲁昭公元年
〇二二一	前 540	辛酉	景王五年	楚灵王元年
〇二二二	前 539	壬戌	景王六年	
〇二二三	前 538	癸亥	景王七年	
〇二二四	前 537	甲子	景王八年	
〇二二五	前 536	乙丑	景王九年	秦哀公元年
〇二二六	前 535	丙寅	景王十年	燕悼公元年
〇二二七	前 534	丁卯	景王十一年	卫灵公元年
〇二二八	前 533	戊辰	景王十二年	陈惠公元年
〇二二九	前 532	己巳	景王十三年	

（春秋续表）

编号	公元纪年	干支	帝王名号、年号、纪年	
			周	诸侯
〇二三〇	前 531	庚午	景王十四年	晋昭公元年 宋元公元年
〇二三一	前 530	辛未	景王十五年	蔡平侯元年 吴王余昧元年
〇二三二	前 529	壬申	景王十六年	郑定公元年
〇二三三	前 528	癸酉	景王十七年	楚平王元年 燕共公元年
〇二三四	前 527	甲戌	景王十八年	曹平公元年
〇二三五	前 526	乙亥	景王十九年	吴王僚元年
〇二三六	前 525	丙子	景王二十年	晋顷公元年
〇二三七	前 524	丁丑	景王二十一年	
〇二三八	前 523	戊寅	景王二十二年	曹悼公元年 燕平公元年
〇二三九	前 522	己卯	景王二十三年	
〇二四〇	前 521	庚辰	景王二十四年	蔡悼侯元年
〇二四一	前 520	辛巳	景王二十五年	
〇二四二	前 519	壬午	敬王匄元年	
〇二四三	前 518	癸未	敬王二年	蔡昭侯元年
〇二四四	前 517	甲申	敬王三年	
〇二四五	前 516	乙酉	敬王四年	宋景公元年
〇二四六	前 515	丙戌	敬王五年	楚昭王元年
〇二四七	前 514	丁亥	敬王六年	曹襄公元年 吴王阖闾元年
〇二四八	前 513	戊子	敬王七年	郑献公元年
〇二四九	前 512	己丑	敬王八年	
〇二五〇	前 511	庚寅	敬王九年	晋定公元年
〇二五一	前 510	辛卯	敬王十年	

（春秋续表）

编号	公元纪年	干支	帝王名号、年号、纪年	
			周	诸侯
〇二五二	前 509	壬辰	敬王十一年	鲁定公元年 曹隐公元年
〇二五三	前 508	癸巳	敬王十二年	
〇二五四	前 507	甲午	敬王十三年	
〇二五五	前 506	乙未	敬王十四年	
〇二五六	前 505	丙申	敬王十五年	陈怀公元年 曹靖公元年
〇二五七	前 504	丁酉	敬王十六年	燕简公元年
〇二五八	前 503	戊戌	敬王十七年	
〇二五九	前 502	己亥	敬王十八年	
〇二六〇	前 501	庚子	敬王十九年	陈湣公元年 曹伯阳元年
〇二六一	前 500	辛丑	敬王二十年	秦惠公元年 郑声公元年
〇二六二	前 499	壬寅	敬王二十一年	
〇二六三	前 498	癸卯	敬王二十二年	
〇二六四	前 497	甲辰	敬王二十三年	
〇二六五	前 496	乙巳	敬王二十四年	
〇二六六	前 495	丙午	敬王二十五年	吴王夫差元年
〇二六七	前 494	丁未	敬王二十六年	鲁哀公元年
〇二六八	前 493	戊申	敬王二十七年	
〇二六九	前 492	己酉	敬王二十八年	卫出公元年 燕献公元年
〇二七〇	前 491	庚戌	敬王二十九年	
〇二七一	前 490	辛亥	敬王三十年	秦悼公元年 蔡成侯元年
〇二七二	前 489	壬子	敬王三十一年	齐晏孺子元年

（春秋续表）

编号	公元纪年	干支	帝王名号、年号、纪年	
			周	诸侯
〇二七三	前488	癸丑	敬王三十二年	齐悼公元年 楚惠王元年
〇二七四	前487	甲寅	敬王三十三年	
〇二七五	前486	乙卯	敬王三十四年	
〇二七六	前485	丙辰	敬王三十五年	
〇二七七	前484	丁巳	敬王三十六年	齐简公元年
〇二七八	前483	戊午	敬王三十七年	
〇二七九	前482	己未	敬王三十八年	
〇二八〇	前481	庚申	敬王三十九年	
〇二八一	前480	辛酉	敬王四十年	齐平公元年 卫庄公元年
〇二八二	前479	壬戌	敬王四十一年	
〇二八三	前478	癸亥	敬王四十二年	
〇二八四	前477	甲子	敬王四十三年	卫君起元年
〇二八五	前476	乙丑	敬王四十四年	秦厉共公元年

战　　国①

（公元前475年—公元前221年）

编号	公元纪年	干支	帝王名号、年号、纪年	
			周	诸侯
〇二八六	前475	丙寅	元王仁元年	赵襄子元年
〇二八七	前474	丁卯	元王二年	晋出公元年
〇二八八	前473	戊辰	元王三年	
〇二八九	前472	己巳	元王四年	
〇二九〇	前471	庚午	元王五年	

① 公元前256年秦灭周。公元前255年至公元前222年，史家以秦王纪年。

（战国续表）

编号	公元纪年	干支	帝王名号、年号、纪年	
			周	诸侯
〇二九一	前 470	辛未	元王六年	
〇二九二	前 469	壬申	元王七年	
〇二九三	前 468	癸酉	贞定王介元年	
〇二九四	前 467	甲戌	贞定王二年	
〇二九五	前 466	乙亥	贞定王三年	
〇二九六	前 465	丙子	贞定王四年	
	前 464	丁丑	贞定王五年	燕孝公元年
〇二九七	前 463	戊寅	贞定王六年	
	前 462	己卯	贞定王七年	
〇二九八	前 461	庚辰	贞定王八年	
	前 460	辛巳	贞定王九年	
〇二九九	前 459	壬午	贞定王十年	
〇三〇〇	前 458	癸未	贞定王十一年	
〇三〇一	前 457	甲申	贞定王十二年	
〇三〇二	前 456	乙酉	贞定王十三年	
〇三〇三	前 455	丙戌	贞定王十四年	齐宣公元年
	前 454	丁亥	贞定王十五年	燕成公元年
〇三〇四	前 453	戊子	贞定王十六年	
	前 452	己丑	贞定王十七年	晋敬公元年
	前 451	庚寅	贞定王十八年	
	前 450	辛卯	贞定王十九年	
〇三〇五	前 449	壬辰	贞定王二十年	
	前 448	癸巳	贞定王二十一年	
〇三〇六	前 447	甲午	贞定王二十二年	
	前 446	乙未	贞定王二十三年	

（战国续表）

编号	公元纪年	干支	帝王名号、年号、纪年	
			周	诸侯
	前445	丙申	贞定王二十四年	魏文侯元年
○三○七	前444	丁酉	周贞定王二十五年	
	前443	戊戌	周贞定王二十六年	
	前442	己亥	周贞定王二十七年	秦躁公元年
○三○八	前441	庚子	周贞定王二十八年	
○三○九	前440	辛丑	考王嵬元年	
	前439	壬寅	考王二年	
○三一○	前438	癸卯	考王三年	燕闵公元年
○三一一	前437	甲辰	考王四年	
	前436	乙巳	考王五年	
	前435	丙午	考王六年	
	前434	丁未	考王七年	
	前433	戊申	考王八年	晋幽公元年
	前432	己酉	考王九年	
	前431	庚戌	考王十年	楚简王元年
○三一二	前430	辛亥	考王十一年	
	前429	壬子	考王十二年	
	前428	癸丑	考王十三年	秦怀公元年
	前427	甲寅	考王十四年	
	前426	乙卯	考王十五年	
○三一三	前425	丙辰	威烈王午元年	
○三一四	前424	丁巳	威烈王二年	秦灵公元年 赵桓子元年 韩武子元年
	前423	戊午	威烈王三年	赵献侯元年

（战国续表）

编号	公元纪年	干支	帝王名号、年号、纪年	
			周	诸侯
〇三一五	前 422	己未	威烈王四年	
	前 421	庚申	威烈王五年	
	前 420	辛酉	威烈王六年	
	前 419	壬戌	威烈王七年	
	前 418	癸亥	威烈王八年	
〇三一六	前 417	甲子	威烈王九年	
	前 416	乙丑	威烈王十年	
	前 415	丙寅	威烈王十一年	晋烈公元年
	前 414	丁卯	威烈王十二年	秦简公元年
〇三一七	前 413	戊辰	威烈王十三年	
〇三一八	前 412	己巳	威烈王十四年	
〇三一九	前 411	庚午	威烈王十五年	
〇三二〇	前 410	辛未	威烈王十六年	
〇三二一	前 409	壬申	威烈王十七年	
〇三二二	前 408	癸酉	威烈王十八年	韩景侯元年 赵烈侯元年
〇三二三	前 407	甲戌	威烈王十九年	楚声王元年
	前 406	乙亥	威烈王二十年	
〇三二四	前 405	丙子	威烈王二十一年	
〇三二五	前 404	丁丑	威烈王二十二年	齐康公元年 田齐和子元年
〇三二六	前 403	戊寅	威烈王二十三年	
〇三二七	前 402	己卯	威烈王二十四年	
〇三二八	前 401	庚辰	安王骄元年	楚悼王元年
〇三二九	前 400	辛巳	安王二年	

（战国续表）

编号	公元纪年	干支	帝王名号、年号、纪年	
			周	诸侯
	前399	壬午	安王三年	秦惠公元年 韩烈侯元年
〇三三〇	前398	癸未	安王四年	
〇三三一	前397	甲申	安王五年	
〇三三二	前396	乙酉	安王六年	
	前395	丙戌	安王七年	魏武侯元年
	前394	丁亥	安王八年	
	前393	戊子	安王九年	
	前392	己丑	安王十年	
〇三三三	前391	庚寅	安王十一年	
〇三三四	前390	辛卯	安王十二年	
〇三三五	前389	壬辰	安王十三年	
	前388	癸巳	安王十四年	
〇三三六	前387	甲午	安王十五年	
〇三三七	前386	乙未	安王十六年	赵敬侯元年 秦出子元年 韩文侯元年
〇三三八	前385	丙申	安王十七年	
〇三三九	前384	丁酉	安王十八年	田齐侯剡元年 秦献公元年
〇三四〇	前383	戊戌	安王十九年	
〇三四一	前382	己亥	安王二十年	
〇三四二	前381	庚子	安王二十一年	
〇三四三	前380	辛丑	安王二十二年	楚肃王元年
〇三四四	前379	壬寅	安王二十三年	
〇三四五	前378	癸卯	安王二十四年	

（战国续表）

编号	公元纪年	干支	帝王名号、年号、纪年	
			周	诸侯
〇三四六	前377	甲辰	安王二十五年	
〇三四七	前376	乙巳	安王二十六年	韩哀侯元年
〇三四八	前375	丙午	烈王喜元年	
〇三四九	前374	丁未	烈王二年	韩懿侯元年 赵成侯元年 田齐桓公元年
〇三五〇	前373	戊申	烈王三年	
〇三五一	前372	己酉	烈王四年	燕桓公元年
〇三五二	前371	庚戌	烈王五年	
〇三五三	前370	辛亥	烈王六年	
〇三五四	前369	壬子	烈王七年	魏惠王元年 楚宣王元年
	前368	癸丑	显王扁元年	
〇三五五	前367	甲寅	显王二年	
	前366	乙卯	显王三年	
	前365	丙辰	显王四年	
〇三五六	前364	丁巳	显王五年	
〇三五七	前363	戊午	显王六年	
〇三五八	前362	己未	显王七年	韩昭侯元年
〇三五九	前361	庚申	显王八年	燕文公元年 秦孝公元年
〇三六〇	前360	辛酉	显王九年	
〇三六一	前359	壬戌	显王十年	
〇三六二	前358	癸亥	显王十一年	
〇三六三	前357	甲子	显王十二年	
〇三六四	前356	乙丑	显王十三年	田齐威王元年

（战国续表）

编号	公元纪年	干支	帝王名号、年号、纪年	
			周	诸侯
〇三六五	前355	丙寅	显王十四年	
〇三六六	前354	丁卯	显王十五年	
〇三六七	前353	戊辰	显王十六年	
〇三六八	前352	己巳	显王十七年	
〇三六九	前351	庚午	显王十八年	
〇三七〇	前350	辛未	显王十九年	
〇三七一	前349	壬申	显王二十年	赵肃侯元年
〇三七二	前348	癸酉	显王二十一年	
	前347	甲戌	显王二十二年	
〇三七三	前346	乙亥	显王二十三年	
	前345	丙子	显王二十四年	
〇三七四	前344	丁丑	显王二十五年	
〇三七五	前343	戊寅	显王二十六年	
〇三七六	前342	己卯	显王二十七年	
〇三七七	前341	庚辰	显王二十八年	
〇三七八	前340	辛巳	显王二十九年	
〇三七九	前339	壬午	显王三十年	楚威王元年
〇三八〇	前338	癸未	显王三十一年	
〇三八一	前337	甲申	显王三十二年	秦惠文王元年
〇三八二	前336	乙酉	显王三十三年	
〇三八三	前335	丙戌	显王三十四年	魏惠王后元元年
〇三八四	前334	丁亥	显王三十五年	
〇三八五	前333	戊子	显王三十六年	
	前332	己丑	显王三十七年	韩威侯元年 燕易王元年

（战国续表）

编号	公元纪年	干支	帝王名号、年号、纪年	
			周	诸侯
〇三八六	前331	庚寅	显王三十八年	
〇三八七	前330	辛卯	显王三十九年	
〇三八八	前329	壬辰	显王四十年	
〇三八九	前328	癸巳	显王四十一年	楚怀王元年
〇三九〇	前327	甲午	显王四十二年	
〇三九一	前326	乙未	显王四十三年	
〇三九二	前325	丙申	显王四十四年	赵武灵王元年
	前324	丁酉	显王四十五年	秦惠文王 后元元年
〇三九三	前323	戊戌	显王四十六年	
〇三九四	前322	己亥	显王四十七年	
〇三九五	前321	庚子	显王四十八年	
〇三九六	前320	辛丑	慎靓王定元年	燕王哙元年
〇三九七	前319	壬寅	慎靓王二年	田齐宣王元年
〇三九八	前318	癸卯	慎靓王三年	魏襄王元年
〇三九九	前317	甲辰	慎靓王四年	
〇四〇〇	前316	乙巳	慎靓王五年	
〇四〇一	前315	丙午	慎靓王六年	
〇四〇二	前314	丁未	赧王延元年	
〇四〇三	前313	戊申	赧王二年	
〇四〇四	前312	己酉	赧王三年	
〇四〇五	前311	庚戌	赧王四年	韩襄王元年 燕昭王元年
〇四〇六	前310	辛亥	赧王五年	秦武王元年
〇四〇七	前309	壬子	赧王六年	
〇四〇八	前308	癸丑	赧王七年	

（战国续表）

编号	公元纪年	干支	帝王名号、年号、纪年	
			周	诸侯
〇四〇九	前 307	甲寅	赧王八年	
〇四一〇	前 306	乙卯	赧王九年	秦昭襄王元年
〇四一一	前 305	丙辰	赧王十年	
〇四一二	前 304	丁巳	赧王十一年	
〇四一三	前 303	戊午	赧王十二年	
〇四一四	前 302	己未	赧王十三年	
〇四一五	前 301	庚申	赧王十四年	
〇四一六	前 300	辛酉	赧王十五年	田齐湣王元年
〇四一七	前 299	壬戌	赧王十六年	
〇四一八	前 298	癸亥	赧王十七年	赵惠文王元年 楚顷襄王元年
〇四一九	前 297	甲子	赧王十八年	
〇四二〇	前 296	乙丑	赧王十九年	
〇四二一	前 295	丙寅	赧王二十年	韩釐王元年 魏昭王元年
〇四二二	前 294	丁卯	赧王二十一年	
〇四二三	前 293	戊辰	赧王二十二年	
	前 292	己巳	赧王二十三年	
〇四二四	前 291	庚午	赧王二十四年	
〇四二五	前 290	辛未	赧王二十五年	
〇四二六	前 289	壬申	赧王二十六年	
〇四二七	前 288	癸酉	赧王二十七年	
〇四二八	前 287	甲戌	赧王二十八年	
〇四二九	前 286	乙亥	赧王二十九年	
〇四三〇	前 285	丙子	赧王三十年	
〇四三一	前 284	丁丑	赧王三十一年	

（战国续表）

编号	公元纪年	干支	帝王名号、年号、纪年	
			周	诸侯
〇四三二	前 283	戊寅	赧王三十二年	田齐襄王元年
〇四三三	前 282	己卯	赧王三十三年	
〇四三四	前 281	庚辰	赧王三十四年	
〇四三五	前 280	辛巳	赧王三十五年	
〇四三六	前 279	壬午	赧王三十六年	
〇四三七	前 278	癸未	赧王三十七年	燕惠王元年
〇四三八	前 277	甲申	赧王三十八年	
〇四三九	前 276	乙酉	赧王三十九年	魏安釐王元年
〇四四〇	前 275	丙戌	赧王四十年	
	前 274	丁亥	赧王四十一年	
〇四四一	前 273	戊子	赧王四十二年	
〇四四二	前 272	己丑	赧王四十三年	韩桓惠王元年
〇四四三	前 271	庚寅	赧王四十四年	燕武成王元年
〇四四四	前 270	辛卯	赧王四十五年	
〇四四五	前 269	壬辰	赧王四十六年	
〇四四六	前 268	癸巳	赧王四十七年	
〇四四七	前 267	甲午	赧王四十八年	
〇四四八	前 266	乙未	赧王四十九年	
〇四四九	前 265	丙申	赧王五十年	赵孝成王元年
〇四五〇	前 264	丁酉	赧王五十一年	田齐王建元年
〇四五一	前 263	戊戌	赧王五十二年	
〇四五二	前 262	己亥	赧王五十三年	楚考烈王元年
〇四五三	前 261	庚子	赧王五十四年	
〇四五四	前 260	辛丑	赧王五十五年	
〇四五五	前 259	壬寅	赧王五十六年	

（战国续表）

编号	公元纪年	干支	帝王名号、年号、纪年	
			周	诸侯
〇四五六	前258	癸卯	赧王五十七年	
〇四五七	前257	甲辰	赧王五十八年	燕孝王元年
〇四五八	前256	乙巳	赧王五十九年	
〇四五九	前255	丙午		秦昭襄王嬴稷五十二年
〇四六〇	前254	丁未		秦昭襄王五十三年 燕王喜元年
〇四六一	前253	戊申		秦昭襄王五十四年
〇四六二	前252	己酉		秦昭襄王五十五年
〇四六三	前251	庚戌		秦昭襄王五十六年
〇四六四	前250	辛亥		秦孝文王柱元年
〇四六五	前249	壬子		秦庄襄王子楚元年
〇四六六	前248	癸丑		秦庄襄王二年
〇四六七	前247	甲寅		秦庄襄王三年
〇四六八	前246	乙卯		秦王政元年
〇四六九	前245	丙辰		秦王政二年
〇四七〇	前244	丁巳		秦王政三年 赵悼襄王元年
〇四七一	前243	戊午		秦王政四年
〇四七二	前242	己未		秦王政五年 魏景湣王元年
〇四七三	前241	庚申		秦王政六年

（战国续表）

编号	公元纪年	干支	帝王名号、年号、纪年	
			周	诸侯
〇四七四	前240	辛酉		秦王政七年
〇四七五	前239	壬戌		秦王政八年
〇四七六	前238	癸亥		秦王政九年 韩王安元年
〇四七七	前237	甲子		秦王政十年 楚幽王元年
〇四七八	前236	乙丑		秦王政十一年
〇四七九	前235	丙寅		秦王政十二年 赵王迁元年
〇四八〇	前234	丁卯		秦王政十三年
〇四八一	前233	戊辰		秦王政十四年
〇四八二	前232	己巳		秦王政十五年
〇四八三	前231	庚午		秦王政十六年
〇四八四	前230	辛未		秦王政十七年
〇四八五	前229	壬申		秦王政十八年
〇四八六	前228	癸酉		秦王政十九年
〇四八七	前227	甲戌		秦王政二十年 楚王负刍元年 魏王假元年 赵代王嘉元年
〇四八八	前226	乙亥		秦王政二十一年
〇四八九	前225	丙子		秦王政二十二年
〇四九〇	前224	丁丑		秦王政二十三年
〇四九一	前223	戊寅		秦王政二十四年
〇四九二	前222	己卯		秦王政二十五年
	前221	庚辰		秦王政二十六年

秦［秦帝国］

（公元前 221 年—前 206 年）

编号	公元纪年	干支	帝王名号、年号、纪年
○四九三	前 221	庚辰	秦始皇嬴政二十六年
○四九四	前 220	辛巳	秦始皇二十七年
○四九五	前 219	壬午	秦始皇二十八年
	前 218	癸未	秦始皇二十九年
	前 217	甲申	秦始皇三十年
○四九六	前 216	乙酉	秦始皇三十一年
○四九七	前 215	丙戌	秦始皇三十二年
○四九八	前 214	丁亥	秦始皇三十三年
○四九九	前 213	戊子	秦始皇三十四年
○五○○	前 212	己丑	秦始皇三十五年
○五○一	前 211	庚寅	秦始皇三十六年
○五○二	前 210	辛卯	秦始皇三十七年
○五○三	前 209	壬辰	秦二世胡亥元年
○五○四	前 208	癸巳	秦二世二年
○五○五	前 207	甲午	秦二世三年
○五○六	前 206	乙未	秦子婴元年

汉

（公元前206年—公元220年）

西　汉

（公元前206年—公元25年）

编号	公元纪年	干支	帝王名号、年号、纪年
○五○七	前206	乙未	汉高祖刘邦元年
○五○八	前205	丙申	汉高祖二年
○五○九	前204	丁酉	汉高祖三年
○五一○	前203	戊戌	汉高祖四年
○五一一	前202	己亥	汉高祖五年
○五一二	前201	庚子	汉高祖六年
○五一三	前200	辛丑	汉高祖七年
○五一四	前199	壬寅	汉高祖八年
○五一五	前198	癸卯	汉高祖九年
○五一六	前197	甲辰	汉高祖十年
○五一七	前196	乙巳	汉高祖十一年
○五一八	前195	丙午	汉高祖十二年
○五一九	前194	丁未	汉惠帝刘盈元年
○五二○	前193	戊申	汉惠帝二年
○五二一	前192	己酉	汉惠帝三年
○五二二	前191	庚戌	汉惠帝四年
○五二三	前190	辛亥	汉惠帝五年
○五二四	前189	壬子	汉惠帝六年
○五二五	前188	癸丑	汉惠帝七年
○五二六	前187	甲寅	汉高后吕雉元年
○五二七	前186	乙卯	汉高后二年
	前185	丙辰	汉高后三年
○五二八	前184	丁巳	汉高后四年

（西汉续表）

编号	公元纪年	干 支	帝王名号、年号、纪年
〇五二九	前 183	戊午	汉高后五年
〇五三〇	前 182	己未	汉高后六年
〇五三一	前 181	庚申	汉高后七年
〇五三二	前 180	辛酉	汉高后八年
〇五三三	前 179	壬戌	汉文帝刘恒前元元年
〇五三四	前 178	癸亥	汉文帝前元二年
〇五三五	前 177	甲子	汉文帝前元三年
〇五三六	前 176	乙丑	汉文帝前元四年
〇五三七	前 175	丙寅	汉文帝前元五年
〇五三八	前 174	丁卯	汉文帝前元六年
〇五三九	前 173	戊辰	汉文帝前元七年
〇五四〇	前 172	己巳	汉文帝前元八年
	前 171	庚午	汉文帝前元九年
	前 170	辛未	汉文帝前元十年
	前 169	壬申	汉文帝前元十一年
〇五四一	前 168	癸酉	汉文帝前元十二年
〇五四二	前 167	甲戌	汉文帝前元十三年
〇五四三	前 166	乙亥	汉文帝前元十四年
〇五四四	前 165	丙子	汉文帝前元十五年
〇五四五	前 164	丁丑	汉文帝前元十六年
〇五四六	前 163	戊寅	汉文帝后元元年
〇五四七	前 162	己卯	汉文帝后元二年
〇五四八	前 161	庚辰	汉文帝后元三年
〇五四九	前 160	辛巳	汉文帝后元四年

（西汉续表）

编号	公元纪年	干 支	帝王名号、年号、纪年
	前159	壬午	汉文帝后元五年
〇五五〇	前158	癸未	汉文帝后元六年
〇五五一	前157	甲申	汉文帝后元七年
〇五五二	前156	乙酉	汉景帝刘启前元元年
〇五五三	前155	丙戌	汉景帝前元二年
〇五五四	前154	丁亥	汉景帝前元三年
〇五五五	前153	戊子	汉景帝前元四年
〇五五六	前152	己丑	汉景帝前元五年
	前151	庚寅	汉景帝前元六年
〇五五七	前150	辛卯	汉景帝前元七年
	前149	壬辰	汉景帝中元元年
	前148	癸巳	汉景帝中元二年
〇五五八	前147	甲午	汉景帝中元三年
	前146	乙未	汉景帝中元四年
	前145	丙申	汉景帝中元五年
〇五五九	前144	丁酉	汉景帝中元六年
〇五六〇	前143	戊戌	汉景帝后元元年
〇五六一	前142	己亥	汉景帝后元二年
〇五六二	前141	庚子	汉景帝后元三年
〇五六三	前140	辛丑	汉武帝刘彻建元元年
〇五六四	前139	壬寅	汉武帝建元二年
〇五六五	前138	癸卯	汉武帝建元三年
〇五六六	前137	甲辰	汉武帝建元四年
〇五六七	前136	乙巳	汉武帝建元五年
〇五六八	前135	丙午	汉武帝建元六年
〇五六九	前134	丁未	汉武帝元光元年

（西汉续表）

编号	公元纪年	干 支	帝王名号、年号、纪年
〇五七〇	前 133	戊申	汉武帝元光二年
〇五七一	前 132	己酉	汉武帝元光三年
〇五七二	前 131	庚戌	汉武帝元光四年
〇五七三	前 130	辛亥	汉武帝元光五年
〇五七四	前 129	壬子	汉武帝元光六年
〇五七五	前 128	癸丑	汉武帝元朔元年
〇五七六	前 127	甲寅	汉武帝元朔二年
〇五七七	前 126	乙卯	汉武帝元朔三年
〇五七八	前 125	丙辰	汉武帝元朔四年
〇五七九	前 124	丁巳	汉武帝元朔五年
〇五八〇	前 123	戊午	汉武帝元朔六年
〇五八一	前 122	己未	汉武帝元狩元年
〇五八二	前 121	庚申	汉武帝元狩二年
〇五八三	前 120	辛酉	汉武帝元狩三年
〇五八四	前 119	壬戌	汉武帝元狩四年
〇五八五	前 118	癸亥	汉武帝元狩五年
〇五八六	前 117	甲子	汉武帝元狩六年
〇五八七	前 116	乙丑	汉武帝元鼎元年
〇五八八	前 115	丙寅	汉武帝元鼎二年
〇五八九	前 114	丁卯	汉武帝元鼎三年
〇五九〇	前 113	戊辰	汉武帝元鼎四年
〇五九一	前 112	己巳	汉武帝元鼎五年
〇五九二	前 111	庚午	汉武帝元鼎六年
〇五九三	前 110	辛未	汉武帝元封元年
〇五九四	前 109	壬申	汉武帝元封二年
〇五九五	前 108	癸酉	汉武帝元封三年

（西汉续表）

编号	公元纪年	干支	帝王名号、年号、纪年
〇五九六	前107	甲戌	汉武帝元封四年
〇五九七	前106	乙亥	汉武帝元封五年
〇五九八	前105	丙子	汉武帝元封六年
〇五九九	前104	丁丑	汉武帝太初元年
〇六〇〇	前103	戊寅	汉武帝太初二年
〇六〇一	前102	己卯	汉武帝太初三年
〇六〇二	前101	庚辰	汉武帝太初四年
〇六〇三	前100	辛巳	汉武帝天汉元年
〇六〇四	前99	壬午	汉武帝天汉二年
〇六〇五	前98	癸未	汉武帝天汉三年
〇六〇六	前97	甲申	汉武帝天汉四年
〇六〇七	前96	乙酉	汉武帝太始元年
〇六〇八	前95	丙戌	汉武帝太始二年
〇六〇九	前94	丁亥	汉武帝太始三年
〇六一〇	前93	戊子	汉武帝太始四年
〇六一一	前92	己丑	汉武帝征和元年
〇六一二	前91	庚寅	汉武帝征和二年
〇六一三	前90	辛卯	汉武帝征和三年
〇六一四	前89	壬辰	汉武帝征和四年
〇六一五	前88	癸巳	汉武帝后元元年
〇六一六	前87	甲午	汉武帝后元二年
〇六一七	前86	乙未	汉昭帝刘弗陵始元元年
〇六一八	前85	丙申	汉昭帝始元二年
〇六一九	前84	丁酉	汉昭帝始元三年
〇六二〇	前83	戊戌	汉昭帝始元四年
〇六二一	前82	己亥	汉昭帝始元五年

（西汉续表）

编号	公元纪年	干支	帝王名号、年号、纪年
〇六二二	前 81	庚子	汉昭帝始元六年
〇六二三	前 80	辛丑	汉昭帝始元七年、元凤元年
〇六二四	前 79	壬寅	汉昭帝元凤二年
〇六二五	前 78	癸卯	汉昭帝元凤三年
〇六二六	前 77	甲辰	汉昭帝元凤四年
〇六二七	前 76	乙巳	汉昭帝元凤五年
〇六二八	前 75	丙午	汉昭帝元凤六年
〇六二九	前 74	丁未	汉昭帝元平元年
〇六三〇	前 73	戊申	汉宣帝刘询本始元年
〇六三一	前 72	己酉	汉宣帝本始二年
〇六三二	前 71	庚戌	汉宣帝本始三年
〇六三三	前 70	辛亥	汉宣帝本始四年
〇六三四	前 69	壬子	汉宣帝地节元年
〇六三五	前 68	癸丑	汉宣帝地节二年
〇六三六	前 67	甲寅	汉宣帝地节三年
〇六三七	前 66	乙卯	汉宣帝地节四年
〇六三八	前 65	丙辰	汉宣帝元康元年
〇六三九	前 64	丁巳	汉宣帝元康二年
〇六四〇	前 63	戊午	汉宣帝元康三年
〇六四一	前 62	己未	汉宣帝元康四年
〇六四二	前 61	庚申	汉宣帝神爵元年
〇六四三	前 60	辛酉	汉宣帝神爵二年
〇六四四	前 59	壬戌	汉宣帝神爵三年
〇六四五	前 58	癸亥	汉宣帝神爵四年
〇六四六	前 57	甲子	汉宣帝五凤元年
〇六四七	前 56	乙丑	汉宣帝五凤二年

（西汉续表）

编号	公元纪年	干 支	帝王名号、年号、纪年
〇六四八	前 55	丙寅	汉宣帝五凤三年
〇六四九	前 54	丁卯	汉宣帝五凤四年
〇六五〇	前 53	戊辰	汉宣帝甘露元年
〇六五一	前 52	己巳	汉宣帝甘露二年
〇六五二	前 51	庚午	汉宣帝甘露三年
〇六五三	前 50	辛未	汉宣帝甘露四年
〇六五四	前 49	壬申	汉宣帝黄龙元年
〇六五五	前 48	癸酉	汉元帝刘奭初元元年
〇六五六	前 47	甲戌	汉元帝初元二年
〇六五七	前 46	乙亥	汉元帝初元三年
〇六五八	前 45	丙子	汉元帝初元四年
〇六五九	前 44	丁丑	汉元帝初元五年
〇六六〇	前 43	戊寅	汉元帝永光元年
〇六六一	前 42	己卯	汉元帝永光二年
〇六六二	前 41	庚辰	汉元帝永光三年
〇六六三	前 40	辛巳	汉元帝永光四年
〇六六四	前 39	壬午	汉元帝永光五年
〇六六五	前 38	癸未	汉元帝建昭元年
〇六六六	前 37	甲申	汉元帝建昭二年
〇六六七	前 36	乙酉	汉元帝建昭三年
〇六六八	前 35	丙戌	汉元帝建昭四年
〇六六九	前 34	丁亥	汉元帝建昭五年
〇六七〇	前 33	戊子	汉元帝竟宁元年
〇六七一	前 32	己丑	汉成帝刘骜建始元年
〇六七二	前 31	庚寅	汉成帝建始二年
〇六七三	前 30	辛卯	汉成帝建始三年
〇六七四	前 29	壬辰	汉成帝建始四年
〇六七五	前 28	癸巳	汉成帝河平元年
〇六七六	前 27	甲午	汉成帝河平二年
〇六七七	前 26	乙未	汉成帝河平三年

（西汉续表）

编号	公元纪年	干支	帝王名号、年号、纪年
〇六七八	前25	丙申	汉成帝河平四年
〇六七九	前24	丁酉	汉成帝阳朔元年
〇六八〇	前23	戊戌	汉成帝阳朔二年
〇六八一	前22	己亥	汉成帝阳朔三年
〇六八二	前21	庚子	汉成帝阳朔四年
〇六八三	前20	辛丑	汉成帝鸿嘉元年
〇六八四	前19	壬寅	汉成帝鸿嘉二年
〇六八五	前18	癸卯	汉成帝鸿嘉三年
〇六八六	前17	甲辰	汉成帝鸿嘉四年
〇六八七	前16	乙巳	汉成帝永始元年
〇六八八	前15	丙午	汉成帝永始二年
〇六八九	前14	丁未	汉成帝永始三年
〇六九〇	前13	戊申	汉成帝永始四年
〇六九一	前12	己酉	汉成帝元延元年
〇六九二	前11	庚戌	汉成帝元延二年
〇六九三	前10	辛亥	汉成帝元延三年
〇六九四	前9	壬子	汉成帝元延四年
〇六九五	前8	癸丑	汉成帝绥和元年
〇六九六	前7	甲寅	汉成帝绥和二年
〇六九七	前6	乙卯	汉哀帝刘欣建平元年
〇六九八	前5	丙辰	汉哀帝建平二年
〇六九九	前4	丁巳	汉哀帝建平三年
〇七〇〇	前3	戊午	汉哀帝建平四年
〇七〇一	前2	己未	汉哀帝元寿元年
〇七〇二	前1	庚申	汉哀帝元寿二年

（西汉续表）

编号	公元纪年	干支	帝王名号、年号、纪年
〇七〇三	1	辛酉	汉平帝刘衎元始元年
〇七〇四	2	壬戌	汉平帝元始二年
〇七〇五	3	癸亥	汉平帝元始三年
〇七〇六	4	甲子	汉平帝元始四年
〇七〇七	5	乙丑	汉平帝元始五年
〇七〇八	6	丙寅	汉孺子婴居摄元年
〇七〇九	7	丁卯	汉孺子婴居摄二年
〇七一〇	8	戊辰	汉孺子婴居摄三年
〇七一一	9	己巳	新王莽始建国元年
〇七一二	10	庚午	新王莽始建国二年
〇七一三	11	辛未	新王莽始建国三年
〇七一四	12	壬申	新王莽始建国四年
〇七一五	13	癸酉	新王莽始建国五年
〇七一六	14	甲戌	新王莽天凤元年
〇七一七	15	乙亥	新王莽天凤二年
〇七一八	16	丙子	新王莽天凤三年
〇七一九	17	丁丑	新王莽天凤四年
〇七二〇	18	戊寅	新王莽天凤五年
〇七二一	19	己卯	新王莽天凤六年
〇七二二	20	庚辰	新王莽地皇元年
〇七二三	21	辛巳	新王莽地皇二年
〇七二四	22	壬午	新王莽地皇三年
〇七二五	23	癸未	新王莽地皇四年 汉更始帝刘玄更始元年 隗嚣复汉元年
〇七二六	24	甲申	汉更始帝更始二年

东　汉

（公元25年—公元220年）

编号	公元纪年	干支	帝王名号、年号、纪年
〇七二七	25	乙酉	汉更始帝更始三年 汉光武帝刘秀建武元年
〇七二八	26	丙戌	汉光武帝建武二年
〇七二九	27	丁亥	汉光武帝建武三年
〇七三〇	28	戊子	汉光武帝建武四年
〇七三一	29	己丑	汉光武帝建武五年
〇七三二	30	庚寅	汉光武帝建武六年
〇七三三	31	辛卯	汉光武帝建武七年
〇七三四	32	壬辰	汉光武帝建武八年
〇七三五	33	癸巳	汉光武帝建武九年
〇七三六	34	甲午	汉光武帝建武十年
〇七三七	35	乙未	汉光武帝建武十一年
〇七三八	36	丙申	汉光武帝建武十二年
〇七三九	37	丁酉	汉光武帝建武十三年
〇七四〇	38	戊戌	汉光武帝建武十四年
〇七四一	39	己亥	汉光武帝建武十五年
〇七四二	40	庚子	汉光武帝建武十六年
〇七四三	41	辛丑	汉光武帝建武十七年
〇七四四	42	壬寅	汉光武帝建武十八年
〇七四五	43	癸卯	汉光武帝建武十九年
〇七四六	44	甲辰	汉光武帝建武二十年

（东汉续表）

编号	公元纪年	干 支	帝王名号、年号、纪年
〇七四七	45	乙巳	汉光武帝建武二十一年
〇七四八	46	丙午	汉光武帝建武二十二年
〇七四九	47	丁未	汉光武帝建武二十三年
〇七五〇	48	戊申	汉光武帝建武二十四年
〇七五一	49	己酉	汉光武帝建武二十五年
〇七五二	50	庚戌	汉光武帝建武二十六年
〇七五三	51	辛亥	汉光武帝建武二十七年
〇七五四	52	壬子	汉光武帝建武二十八年
〇七五五	53	癸丑	汉光武帝建武二十九年
〇七五六	54	甲寅	汉光武帝建武三十年
〇七五七	55	乙卯	汉光武帝建武三十一年
〇七五八	56	丙辰	汉光武帝建武三十二年、中元元年
〇七五九	57	丁巳	汉光武帝中元二年
〇七六〇	58	戊午	汉明帝刘庄永平元年
〇七六一	59	己未	汉明帝永平二年
〇七六二	60	庚申	汉明帝永平三年
〇七六三	61	辛酉	汉明帝永平四年
〇七六四	62	壬戌	汉明帝永平五年
〇七六五	63	癸亥	汉明帝永平六年
〇七六六	64	甲子	汉明帝永平七年
〇七六七	65	乙丑	汉明帝永平八年
〇七六八	66	丙寅	汉明帝永平九年
〇七六九	67	丁卯	汉明帝永平十年
〇七七〇	68	戊辰	汉明帝永平十一年
〇七七一	69	己巳	汉明帝永平十二年

（东汉续表）

编号	公元纪年	干支	帝王名号、年号、纪年
〇七七二	70	庚午	汉明帝永平十三年
〇七七三	71	辛未	汉明帝永平十四年
〇七七四	72	壬申	汉明帝永平十五年
〇七七五	73	癸酉	汉明帝永平十六年
〇七七六	74	甲戌	汉明帝永平十七年
〇七七七	75	乙亥	汉明帝永平十八年
〇七七八	76	丙子	汉章帝刘炟建初元年
〇七七九	77	丁丑	汉章帝建初二年
〇七八〇	78	戊寅	汉章帝建初三年
〇七八一	79	己卯	汉章帝建初四年
〇七八二	80	庚辰	汉章帝建初五年
〇七八三	81	辛巳	汉章帝建初六年
〇七八四	82	壬午	汉章帝建初七年
〇七八五	83	癸未	汉章帝建初八年
〇七八六	84	甲申	汉章帝建初九年、元和元年
〇七八七	85	乙酉	汉章帝元和二年
〇七八八	86	丙戌	汉章帝元和三年
〇七八九	87	丁亥	汉章帝元和四年、章和元年
〇七九〇	88	戊子	汉章帝章和二年
〇七九一	89	己丑	汉和帝刘肇永元元年
〇七九二	90	庚寅	汉和帝永元二年
〇七九三	91	辛卯	汉和帝永元三年
〇七九四	92	壬辰	汉和帝永元四年
〇七九五	93	癸巳	汉和帝永元五年
〇七九六	94	甲午	汉和帝永元六年

（东汉续表）

编号	公元纪年	干支	帝王名号、年号、纪年
〇七九七	95	乙未	汉和帝永元七年
〇七九八	96	丙申	汉和帝永元八年
〇七九九	97	丁酉	汉和帝永元九年
〇八〇〇	98	戊戌	汉和帝永元十年
〇八〇一	99	己亥	汉和帝永元十一年
〇八〇二	100	庚子	汉和帝永元十二年
〇八〇三	101	辛丑	汉和帝永元十三年
〇八〇四	102	壬寅	汉和帝永元十四年
〇八〇五	103	癸卯	汉和帝永元十五年
〇八〇六	104	甲辰	汉和帝永元十六年
〇八〇七	105	乙巳	汉和帝元兴元年
〇八〇八	106	丙午	汉殇帝刘隆延平元年
〇八〇九	107	丁未	汉安帝刘祜永初元年
〇八一〇	108	戊申	汉安帝永初二年
〇八一一	109	己酉	汉安帝永初三年
〇八一二	110	庚戌	汉安帝永初四年
〇八一三	111	辛亥	汉安帝永初五年
〇八一四	112	壬子	汉安帝永初六年
〇八一五	113	癸丑	汉安帝永初七年
〇八一六	114	甲寅	汉安帝元初元年
〇八一七	115	乙卯	汉安帝元初二年
〇八一八	116	丙辰	汉安帝元初三年
〇八一九	117	丁巳	汉安帝元初四年
〇八二〇	118	戊午	汉安帝元初五年
〇八二一	119	己未	汉安帝元初六年

(东汉续表)

编号	公元纪年	干支	帝王名号、年号、纪年
〇八二二	120	庚申	汉安帝永宁元年
〇八二三	121	辛酉	汉安帝建光元年
〇八二四	122	壬戌	汉安帝延光元年
〇八二五	123	癸亥	汉安帝延光二年
〇八二六	124	甲子	汉安帝延光三年
〇八二七	125	乙丑	汉安帝延光四年
〇八二八	126	丙寅	汉顺帝刘保永建元年
〇八二九	127	丁卯	汉顺帝永建二年
〇八三〇	128	戊辰	汉顺帝永建三年
〇八三一	129	己巳	汉顺帝永建四年
〇八三二	130	庚午	汉顺帝永建五年
〇八三三	131	辛未	汉顺帝永建六年
〇八三四	132	壬申	汉顺帝阳嘉元年
〇八三五	133	癸酉	汉顺帝阳嘉二年
〇八三六	134	甲戌	汉顺帝阳嘉三年
〇八三七	135	乙亥	汉顺帝阳嘉四年
〇八三八	136	丙子	汉顺帝永和元年
〇八三九	137	丁丑	汉顺帝永和二年
〇八四〇	138	戊寅	汉顺帝永和三年
〇八四一	139	己卯	汉顺帝永和四年
〇八四二	140	庚辰	汉顺帝永和五年
〇八四三	141	辛巳	汉顺帝永和六年
〇八四四	142	壬午	汉顺帝汉安元年
〇八四五	143	癸未	汉顺帝汉安二年
〇八四六	144	甲申	汉顺帝建康元年

（东汉续表）

编号	公元纪年	干支	帝王名号、年号、纪年
〇八四七	145	乙酉	汉冲帝刘炳永憙元年
〇八四八	146	丙戌	汉质帝刘缵本初元年
〇八四九	147	丁亥	汉桓帝刘志建和元年
〇八五〇	148	戊子	汉桓帝建和二年
〇八五一	149	己丑	汉桓帝建和三年
〇八五二	150	庚寅	汉桓帝和平元年
〇八五三	151	辛卯	汉桓帝元嘉元年
〇八五四	152	壬辰	汉桓帝元嘉二年
〇八五五	153	癸巳	汉桓帝永兴元年
〇八五六	154	甲午	汉桓帝永兴二年
〇八五七	155	乙未	汉桓帝永寿元年
〇八五八	156	丙申	汉桓帝永寿二年
〇八五九	157	丁酉	汉桓帝永寿三年
〇八六〇	158	戊戌	汉桓帝延熹元年
〇八六一	159	己亥	汉桓帝延熹二年
〇八六二	160	庚子	汉桓帝延熹三年
〇八六三	161	辛丑	汉桓帝延熹四年
〇八六四	162	壬寅	汉桓帝延熹五年
〇八六五	163	癸卯	汉桓帝延熹六年
〇八六六	164	甲辰	汉桓帝延熹七年
〇八六七	165	乙巳	汉桓帝延熹八年
〇八六八	166	丙午	汉桓帝延熹九年
〇八六九	167	丁未	汉桓帝永康元年
〇八七〇	168	戊申	汉灵帝刘宏建宁元年
〇八七一	169	己酉	汉灵帝建宁二年

（东汉续表）

编号	公元纪年	干支	帝王名号、年号、纪年
〇八七二	170	庚戌	汉灵帝建宁三年
〇八七三	171	辛亥	汉灵帝建宁四年
〇八七四	172	壬子	汉灵帝熹平元年
〇八七五	173	癸丑	汉灵帝熹平二年
〇八七六	174	甲寅	汉灵帝熹平三年
〇八七七	175	乙卯	汉灵帝熹平四年
〇八七八	176	丙辰	汉灵帝熹平五年
〇八七九	177	丁巳	汉灵帝熹平六年
〇八八〇	178	戊午	汉灵帝光和元年
〇八八一	179	己未	汉灵帝光和二年
〇八八二	180	庚申	汉灵帝光和三年
〇八八三	181	辛酉	汉灵帝光和四年
〇八八四	182	壬戌	汉灵帝光和五年
〇八八五	183	癸亥	汉灵帝光和六年
〇八八六	184	甲子	汉灵帝中平元年
〇八八七	185	乙丑	汉灵帝中平二年
〇八八八	186	丙寅	汉灵帝中平三年
〇八八九	187	丁卯	汉灵帝中平四年
〇八九〇	188	戊辰	汉灵帝中平五年
〇八九一	189	己巳	汉灵帝中平六年 汉少帝刘辩光熹元年、昭宁元年 汉献帝刘协永汉元年
〇八九二	190	庚午	汉献帝初平元年
〇八九三	191	辛未	汉献帝初平二年
〇八九四	192	壬申	汉献帝初平三年

（东汉续表）

编号	公元纪年	干 支	帝王名号、年号、纪年
〇八九五	193	癸酉	汉献帝初平四年
〇八九六	194	甲戌	汉献帝兴平元年
〇八九七	195	乙亥	汉献帝兴平二年
〇八九八	196	丙子	汉献帝建安元年
〇八九九	197	丁丑	汉献帝建安二年
〇九〇〇	198	戊寅	汉献帝建安三年
〇九〇一	199	己卯	汉献帝建安四年
〇九〇二	200	庚辰	汉献帝建安五年
〇九〇三	201	辛巳	汉献帝建安六年
〇九〇四	202	壬午	汉献帝建安七年
〇九〇五	203	癸未	汉献帝建安八年
〇九〇六	204	甲申	汉献帝建安九年
〇九〇七	205	乙酉	汉献帝建安十年
〇九〇八	206	丙戌	汉献帝建安十一年
〇九〇九	207	丁亥	汉献帝建安十二年
〇九一〇	208	戊子	汉献帝建安十三年
〇九一一	209	己丑	汉献帝建安十四年
〇九一二	210	庚寅	汉献帝建安十五年
〇九一三	211	辛卯	汉献帝建安十六年
〇九一四	212	壬辰	汉献帝建安十七年
〇九一五	213	癸巳	汉献帝建安十八年
〇九一六	214	甲午	汉献帝建安十九年
〇九一七	215	乙未	汉献帝建安二十年
〇九一八	216	丙申	汉献帝建安二十一年
〇九一九	217	丁酉	汉献帝建安二十二年

（东汉续表）

编号	公元纪年	干支	帝王名号、年号、纪年
〇九二〇	218	戊戌	汉献帝建安二十三年
〇九二一	219	己亥	汉献帝建安二十四年
	220	庚子	汉献帝建安二十五年、延康元年

三　国[①]

（公元220年—公元280年）

编号	公元纪年	干支	帝王名号、年号、纪年		
			魏	蜀	吴
〇九二二	220	庚子	文帝曹丕黄初元年		
〇九二三	221	辛丑	文帝黄初二年	昭烈帝刘备章武元年	
〇九二四	222	壬寅	文帝黄初三年	昭烈帝章武二年	大帝孙权黄武元年
〇九二五	223	癸卯	文帝黄初四年	昭烈帝章武三年 后主刘禅建兴元年	大帝黄武二年
〇九二六	224	甲辰	文帝黄初五年	后主建兴二年	大帝黄武三年
〇九二七	225	乙巳	文帝黄初六年	后主建兴三年	大帝黄武四年
〇九二八	226	丙午	文帝黄初七年	后主建兴四年	大帝黄武五年
〇九二九	227	丁未	明帝曹叡太和元年	后主建兴五年	大帝黄武六年
〇九三〇	228	戊申	明帝太和二年	后主建兴六年	大帝黄武七年

① 公元266年至公元280年间纪年见西晋部分。

（三国续表）

编号	公元纪年	干支	帝王名号、年号、纪年		
			魏	蜀	吴
〇九三一	229	己酉	明帝太和三年	后主建兴七年	大帝黄武八年、黄龙元年
〇九三二	230	庚戌	明帝太和四年	后主建兴八年	大帝黄龙二年
〇九三三	231	辛亥	明帝太和五年	后主建兴九年	大帝黄龙三年
〇九三四	232	壬子	明帝太和六年	后主建兴十年	大帝嘉禾元年
〇九三五	233	癸丑	明帝太和七年、青龙元年	后主建兴十一年	大帝嘉禾二年
〇九三六	234	甲寅	明帝青龙二年	后主建兴十二年	大帝嘉禾三年
〇九三七	235	乙卯	明帝青龙三年	后主建兴十三年	大帝嘉禾四年
〇九三八	236	丙辰	明帝青龙四年	后主建兴十四年	大帝嘉禾五年
〇九三九	237	丁巳	明帝青龙五年、景初元年	后主建兴十五年	大帝嘉禾六年
〇九四〇	238	戊午	明帝景初二年	后主延熙元年	大帝嘉禾七年、赤乌元年
〇九四一	239	己未	明帝景初三年	后主延熙二年	大帝赤乌二年
〇九四二	240	庚申	齐王曹芳正始元年	后主延熙三年	大帝赤乌三年
〇九四三	241	辛酉	齐王正始二年	后主延熙四年	大帝赤乌四年
〇九四四	242	壬戌	齐王正始三年	后主延熙五年	大帝赤乌五年

（三国续表）

编号	公元纪年	干 支	帝王名号、年号、纪年		
			魏	蜀	吴
〇九四五	243	癸亥	齐王正始四年	后主延熙六年	大帝赤乌六年
〇九四六	244	甲子	齐王正始五年	后主延熙七年	大帝赤乌七年
〇九四七	245	乙丑	齐王正始六年	后主延熙八年	大帝赤乌八年
〇九四八	246	丙寅	齐王正始七年	后主延熙九年	大帝赤乌九年
〇九四九	247	丁卯	齐王正始八年	后主延熙十年	大帝赤乌十年
〇九五〇	248	戊辰	齐王正始九年	后主延熙十一年	大帝赤乌十一年
〇九五一	249	己巳	齐王正始十年、嘉平元年	后主延熙十二年	大帝赤乌十二年
〇九五二	250	庚午	齐王嘉平二年	后主延熙十三年	大帝赤乌十三年
〇九五三	251	辛未	齐王嘉平三年	后主延熙十四年	大帝赤乌十四年、太元元年
〇九五四	252	壬申	齐王嘉平四年	后主延熙十五年	大帝太元二年、神凤元年 会稽王孙亮建兴元年
〇九五五	253	癸酉	齐王嘉平五年	后主延熙十六年	会稽王建兴二年
〇九五六	254	甲戌	齐王嘉平六年 高贵乡公曹髦正元元年	后主延熙十七年	会稽王五凤元年

（三国续表）

编号	公元纪年	干支	帝王名号、年号、纪年		
			魏	蜀	吴
〇九五七	255	乙亥	高贵乡公正元二年	后主延熙十八年	会稽王五凤二年
〇九五八	256	丙子	高贵乡公正元三年、甘露元年	后主延熙十九年	会稽王五凤三年、太平元年
〇九五九	257	丁丑	高贵乡公甘露二年	后主延熙二十年	会稽王太平二年
〇九六〇	258	戊寅	高贵乡公甘露三年	后主景耀元年	会稽王太平三年 景帝孙休永安元年
〇九六一	259	己卯	高贵乡公甘露四年	后主景耀二年	景帝永安二年
〇九六二	260	庚辰	高贵乡公甘露五年 元帝曹奂景元元年	后主景耀三年	景帝永安三年
〇九六三	261	辛巳	元帝景元二年	后主景耀四年	景帝永安四年
〇九六四	262	壬午	元帝景元三年	后主景耀五年	景帝永安五年
〇九六五	263	癸未	元帝景元四年	后主景耀六年、炎兴元年	景帝永安六年
〇九六六	264	甲申	元帝景元五年、咸熙元年		景帝永安七年 末帝孙皓元兴元年
	265 年	乙酉	元帝咸熙二年		末帝元兴二年、甘露元年

晋

（公元 265 年—公元 420 年）

西　　晋[①]

（公元 265 年—公元 317 年）

编号	公元纪年	干支	帝王名号、年号、纪年	
			晋	吴
〇九六七	265	乙酉	武帝司马炎泰始元年	末帝孙皓元兴二年、甘露元年
〇九六八	266	丙戌	武帝泰始二年	末帝甘露二年、宝鼎元年
〇九六九	267	丁亥	武帝泰始三年	末帝宝鼎二年
〇九七〇	268	戊子	武帝泰始四年	末帝宝鼎三年
〇九七一	269	己丑	武帝泰始五年	末帝宝鼎四年、建衡元年
〇九七二	270	庚寅	武帝泰始六年	末帝建衡二年
〇九七三	271	辛卯	武帝泰始七年	末帝建衡三年
〇九七四	272	壬辰	武帝泰始八年	末帝凤凰元年
〇九七五	273	癸巳	武帝泰始九年	末帝凤凰二年
〇九七六	274	甲午	武帝泰始十年	末帝凤凰三年
〇九七七	275	乙未	武帝咸宁元年	末帝天册元年
〇九七八	276	丙申	武帝咸宁二年	末帝天玺元年
〇九七九	277	丁酉	武帝咸宁三年	末帝天纪元年
〇九八〇	278	戊戌	武帝咸宁四年	末帝天纪二年
〇九八一	279	己亥	武帝咸宁五年	末帝天纪三年
〇九八二	280	庚子	武帝咸宁六年、太康元年	末帝天纪四年

① 含三国公元 266 年至公元 280 年间纪年。

（西晋续表）

编号	公元纪年	干支	帝王名号、年号、纪年
○九八三	281	辛丑	晋武帝太康二年
○九八四	282	壬寅	晋武帝太康三年
○九八五	283	癸卯	晋武帝太康四年
○九八六	284	甲辰	晋武帝太康五年
○九八七	285	乙巳	晋武帝太康六年
○九八八	286	丙午	晋武帝太康七年
○九八九	287	丁未	晋武帝太康八年
○九九○	288	戊申	晋武帝太康九年
○九九一	289	己酉	晋武帝太康十年
○九九二	290	庚戌	晋武帝太熙元年 晋惠帝司马衷永熙元年
○九九三	291	辛亥	晋惠帝永平元年、元康元年
○九九四	292	壬子	晋惠帝元康二年
○九九五	293	癸丑	晋惠帝元康三年
○九九六	294	甲寅	晋惠帝元康四年
○九九七	295	乙卯	晋惠帝元康五年
○九九八	296	丙辰	晋惠帝元康六年
○九九九	297	丁巳	晋惠帝元康七年
一○○○	298	戊午	晋惠帝元康八年
一○○一	299	己未	晋惠帝元康九年
一○○二	300	庚申	晋惠帝永康元年
一○○三	301	辛酉	晋惠帝永康二年、永宁元年
一○○四	302	壬戌	晋惠帝永宁二年、太安元年

（西晋续表）

编号	公元纪年	干支	帝王名号、年号、纪年
一〇〇五	303	癸亥	晋惠帝太安二年
一〇〇六	304	甲子	晋惠帝永安元年、建武元年、永安元年、永兴元年
一〇〇七	305	乙丑	晋惠帝永兴二年
一〇〇八	306	丙寅	晋惠帝永兴三年、光熙元年
一〇〇九	307	丁卯	晋怀帝司马炽永嘉元年
一〇一〇	308	戊辰	晋怀帝永嘉二年
一〇一一	309	己巳	晋怀帝永嘉三年
一〇一二	310	庚午	晋怀帝永嘉四年
一〇一三	311	辛未	晋怀帝永嘉五年
一〇一四	312	壬申	晋怀帝永嘉六年
一〇一五	313	癸酉	晋怀帝永嘉七年 晋愍帝司马邺建兴元年
一〇一六	314	甲戌	晋愍帝建兴二年
一〇一七	315	乙亥	晋愍帝建兴三年
一〇一八	316	丙子	晋愍帝建兴四年

东　　晋①

（公元317年—公元420年）

编号	公元纪年	干支	帝王名号、年号、纪年
一〇一九	317	丁丑	晋元帝司马睿建武元年
一〇二〇	318	戊寅	晋元帝建武二年、大兴元年

① 含北魏公元386年至公元419年纪年。东晋时期，在我国北方和巴蜀地区出现了一些封建割据政权，如汉（前赵）、成（成汉）、前凉、后赵（魏）、前燕、前秦、后燕、后秦、西秦、后凉、南凉、南燕、西凉、北凉、北燕、夏等国，史称“十六国”。“十六国”纪年本书从略。

（东晋续表）

编号	公元纪年	干 支	帝王名号、年号、纪年
一〇二一	319	己卯	晋元帝大兴二年
一〇二二	320	庚辰	晋元帝大兴三年
一〇二三	321	辛巳	晋元帝大兴四年
一〇二四	322	壬午	晋元帝永昌元年
一〇二五	323	癸未	晋元帝永昌二年 晋明帝司马绍太宁元年
一〇二六	324	甲申	晋明帝太宁二年
一〇二七	325	乙酉	晋明帝太宁三年
一〇二八	326	丙戌	晋明帝太宁四年 晋成帝司马衍咸和元年
一〇二九	327	丁亥	晋成帝咸和二年
一〇三〇	328	戊子	晋成帝咸和三年
一〇三一	329	己丑	晋成帝咸和四年
一〇三二	330	庚寅	晋成帝咸和五年
一〇三三	331	辛卯	晋成帝咸和六年
一〇三四	332	壬辰	晋成帝咸和七年
一〇三五	333	癸巳	晋成帝咸和八年
一〇三六	334	甲午	晋成帝咸和九年
一〇三七	335	乙未	晋成帝咸康元年
一〇三八	336	丙申	晋成帝咸康二年
一〇三九	337	丁酉	晋成帝咸康三年
一〇四〇	338	戊戌	晋成帝咸康四年
一〇四一	339	己亥	晋成帝咸康五年
一〇四二	340	庚子	晋成帝咸康六年

（东晋续表）

编号	公元纪年	干支	帝王名号、年号、纪年
一〇四三	341	辛丑	晋成帝咸康七年
一〇四四	342	壬寅	晋成帝咸康八年
一〇四五	343	癸卯	晋康帝司马岳建元元年
一〇四六	344	甲辰	晋康帝建元二年
一〇四七	345	乙巳	晋穆帝司马聃永和元年
一〇四八	346	丙午	晋穆帝永和二年
一〇四九	347	丁未	晋穆帝永和三年
一〇五〇	348	戊申	晋穆帝永和四年
一〇五一	349	己酉	晋穆帝永和五年
一〇五二	350	庚戌	晋穆帝永和六年
一〇五三	351	辛亥	晋穆帝永和七年
一〇五四	352	壬子	晋穆帝永和八年
一〇五五	353	癸丑	晋穆帝永和九年
一〇五六	354	甲寅	晋穆帝永和十年
一〇五七	355	乙卯	晋穆帝永和十一年
一〇五八	356	丙辰	晋穆帝永和十二年
一〇五九	357	丁巳	晋穆帝升平元年
一〇六〇	358	戊午	晋穆帝升平二年
一〇六一	359	己未	晋穆帝升平三年
一〇六二	360	庚申	晋穆帝升平四年
一〇六三	361	辛酉	晋穆帝升平五年
一〇六四	362	壬戌	晋哀帝司马丕隆和元年
一〇六五	363	癸亥	晋哀帝隆和二年、兴宁元年
一〇六六	364	甲子	晋哀帝兴宁二年

（东晋续表）

编号	公元纪年	干 支	帝王名号、年号、纪年
一〇六七	365	乙丑	晋哀帝兴宁三年
一〇六八	366	丙寅	晋废帝司马奕太和元年
一〇六九	367	丁卯	晋废帝太和二年
一〇七〇	368	戊辰	晋废帝太和三年
一〇七一	369	己巳	晋废帝太和四年
一〇七二	370	庚午	晋废帝太和五年
一〇七三	371	辛未	晋废帝太和六年 晋简文帝司马昱咸安元年
一〇七四	372	壬申	晋简文帝咸安二年
一〇七五	373	癸酉	晋孝武帝司马曜宁康元年
一〇七六	374	甲戌	晋孝武帝宁康二年
一〇七七	375	乙亥	晋孝武帝宁康三年
一〇七八	376	丙子	晋孝武帝太元元年
一〇七九	377	丁丑	晋孝武帝太元二年
一〇八〇	378	戊寅	晋孝武帝太元三年
一〇八一	379	己卯	晋孝武帝太元四年
一〇八二	380	庚辰	晋孝武帝太元五年
一〇八三	381	辛巳	晋孝武帝太元六年
一〇八四	382	壬午	晋孝武帝太元七年
一〇八五	383	癸未	晋孝武帝太元八年
一〇八六	384	甲申	晋孝武帝太元九年
一〇八七	385	乙酉	晋孝武帝太元十年

（东晋续表）

编号	公元纪年	干支	帝王名号、年号、纪年	
			晋	北魏
一〇八八	386	丙戌	孝武帝太元十一年	道武帝拓跋珪登国元年
一〇八九	387	丁亥	孝武帝太元十二年	道武帝登国二年
一〇九〇	388	戊子	孝武帝太元十三年	道武帝登国三年
一〇九一	389	己丑	孝武帝太元十四年	道武帝登国四年
一〇九二	390	庚寅	孝武帝太元十五年	道武帝登国五年
一〇九三	391	辛卯	孝武帝太元十六年	道武帝登国六年
一〇九四	392	壬辰	孝武帝太元十七年	道武帝登国七年
一〇九五	393	癸巳	孝武帝太元十八年	道武帝登国八年
一〇九六	394	甲午	孝武帝太元十九年	道武帝登国九年
一〇九七	395	乙未	孝武帝太元二十年	道武帝登国十年
一〇九八	396	丙申	孝武帝太元二十一年	道武帝登国十一年、皇始元年
一〇九九	397	丁酉	安帝司马德宗隆安元年	道武帝皇始二年
一一〇〇	398	戊戌	安帝隆安二年	道武帝皇始三年、天兴元年
一一〇一	399	己亥	安帝隆安三年	道武帝天兴二年
一一〇二	400	庚子	安帝隆安四年	道武帝天兴三年
一一〇三	401	辛丑	安帝隆安五年	道武帝天兴四年
一一〇四	402	壬寅	安帝元兴元年	道武帝天兴五年
一一〇五	403	癸卯	安帝元兴二年	道武帝天兴六年

（东晋续表）

编号	公元纪年	干支	帝王名号、年号、纪年	
			晋	北魏
一一〇六	404	甲辰	安帝元兴三年	道武帝天兴七年、天赐元年
一一〇七	405	乙巳	安帝义熙元年	道武帝天赐二年
一一〇八	406	丙午	安帝义熙二年	道武帝天赐三年
一一〇九	407	丁未	安帝义熙三年	道武帝天赐四年
一一一〇	408	戊申	安帝义熙四年	道武帝天赐五年
一一一一	409	己酉	安帝义熙五年	道武帝天赐六年 明元帝拓跋嗣永兴元年
一一一二	410	庚戌	安帝义熙六年	明元帝永兴二年
一一一三	411	辛亥	安帝义熙七年	明元帝永兴三年
一一一四	412	壬子	安帝义熙八年	明元帝永兴四年
一一一五	413	癸丑	安帝义熙九年	明元帝永兴五年
一一一六	414	甲寅	安帝义熙十年	明元帝神瑞元年
一一一七	415	乙卯	安帝义熙十一年	明元帝神瑞二年
一一一八	416	丙辰	安帝义熙十二年	明元帝神瑞三年、泰常元年
一一一九	417	丁巳	安帝义熙十三年	明元帝泰常二年
一一二〇	418	戊午	安帝义熙十四年	明元帝泰常三年
一一二一	419	己未	恭帝司马德文元熙元年	明元帝泰常四年
	420	庚申	恭帝元熙二年	明元帝泰常五年

南　北　朝[①]

（公元 420 年—公元 589 年）

编号	公元纪年	干支	帝王名号、年号、纪年	
			南朝	北朝
一一二二	420	庚申	宋武帝刘裕永初元年	北魏明元帝拓跋嗣泰常五年
一一二三	421	辛酉	宋武帝永初二年	北魏明元帝泰常六年
一一二四	422	壬戌	宋武帝永初三年	北魏明元帝泰常七年
一一二五	423	癸亥	宋少帝刘义符景平元年	北魏明元帝泰常八年
一一二六	424	甲子	宋少帝景平二年 宋文帝刘义隆元嘉元年	北魏太武帝拓跋焘始光元年
一一二七	425	乙丑	宋文帝元嘉二年	北魏太武帝始光二年
一一二八	426	丙寅	宋文帝元嘉三年	北魏太武帝始光三年
一一二九	427	丁卯	宋文帝元嘉四年	北魏太武帝始光四年
一一三〇	428	戊辰	宋文帝元嘉五年	北魏太武帝始光五年、神䴥元年
一一三一	429	己巳	宋文帝元嘉六年	北魏太武帝神䴥二年
一一三二	430	庚午	宋文帝元嘉七年	北魏太武帝神䴥三年
一一三三	431	辛未	宋文帝元嘉八年	北魏太武帝神䴥四年

① 北魏公元 386 年至公元 419 年间纪年见东晋纪年。南北朝公元 581 年至公元 589 年间纪年见隋朝纪年。

（南北朝续表）

编号	公元纪年	干支	帝王名号、年号、纪年	
			南朝	北朝
一一三四	432	壬申	宋文帝元嘉九年	北魏太武帝延和元年
一一三五	433	癸酉	宋文帝元嘉十年	北魏太武帝延和二年
一一三六	434	甲戌	宋文帝元嘉十一年	北魏太武帝延和三年
一一三七	435	乙亥	宋文帝元嘉十二年	北魏太武帝太延元年
一一三八	436	丙子	宋文帝元嘉十三年	北魏太武帝太延二年
一一三九	437	丁丑	宋文帝元嘉十四年	北魏太武帝太延三年
一一四〇	438	戊寅	宋文帝元嘉十五年	北魏太武帝太延四年
一一四一	439	己卯	宋文帝元嘉十六年	北魏太武帝太延五年
一一四二	440	庚辰	宋文帝元嘉十七年	北魏太武帝太延六年、太平真君元年
一一四三	441	辛巳	宋文帝元嘉十八年	北魏太平真君二年
一一四四	442	壬午	宋文帝元嘉十九年	北魏太平真君三年
一一四五	443	癸未	宋文帝元嘉二十年	北魏太平真君四年
一一四六	444	甲申	宋文帝元嘉二十一年	北魏太平真君五年
一一四七	445	乙酉	宋文帝元嘉二十二年	北魏太平真君六年
一一四八	446	丙戌	宋文帝元嘉二十三年	北魏太平真君七年
一一四九	447	丁亥	宋文帝元嘉二十四年	北魏太平真君八年

（南北朝续表）

编号	公元纪年	干支	帝王名号、年号、纪年	
			南朝	北朝
一一五〇	448	戊子	宋文帝元嘉二十五年	北魏太平真君九年
一一五一	449	己丑	宋文帝元嘉二十六年	北魏太平真君十年
一一五二	450	庚寅	宋文帝元嘉二十七年	北魏太平真君十一年
一一五三	451	辛卯	宋文帝元嘉二十八年	北魏太武帝太平真君十二年、正平元年
一一五四	452	壬辰	宋文帝元嘉二十九年	北魏太武帝正平二年 北魏南安王拓跋余承平元年 北魏文成帝拓跋濬兴安元年
一一五五	453	癸巳	宋文帝元嘉三十年 刘劭太初元年	北魏文成帝兴安二年
一一五六	454	甲午	宋孝武帝刘骏孝建元年	北魏文成帝兴光元年
一一五七	455	乙未	宋孝武帝孝建二年	北魏文成帝兴光二年、太安元年
一一五八	456	丙申	宋孝武帝孝建三年	北魏文成帝太安二年
一一五九	457	丁酉	宋孝武帝大明元年	北魏文成帝太安三年
一一六〇	458	戊戌	宋孝武帝大明二年	北魏文成帝太安四年
一一六一	459	己亥	宋孝武帝大明三年	北魏文成帝太安五年
一一六二	460	庚子	宋孝武帝大明四年	北魏文成帝和平元年

（南北朝续表）

编号	公元纪年	干支	帝王名号、年号、纪年	
			南朝	北朝
一一六三	461	辛丑	宋孝武帝大明五年	北魏文成帝和平二年
一一六四	462	壬寅	宋孝武帝大明六年	北魏文成帝和平三年
一一六五	463	癸卯	宋孝武帝大明七年	北魏文成帝和平四年
一一六六	464	甲辰	宋孝武帝大明八年	北魏文成帝和平五年
一一六七	465	乙巳	宋前废帝刘子业永光元年、景和元年 宋明帝刘彧泰始元年	北魏文成帝和平六年
一一六八	466	丙午	宋明帝泰始二年	北魏献文帝拓跋弘天安元年
一一六九	467	丁未	宋明帝泰始三年	北魏献文帝天安二年、皇兴元年
一一七〇	468	戊申	宋明帝泰始四年	北魏献文帝皇兴二年
一一七一	469	己酉	宋明帝泰始五年	北魏献文帝皇兴三年
一一七二	470	庚戌	宋明帝泰始六年	北魏献文帝皇兴四年
一一七三	471	辛亥	宋明帝泰始七年	北魏献文帝皇兴五年 北魏孝文帝元宏延兴元年
一一七四	472	壬子	宋明帝泰豫元年	北魏孝文帝延兴二年
一一七五	473	癸丑	宋后废帝刘昱元徽元年	北魏孝文帝延兴三年

（南北朝续表）

编号	公元纪年	干支	帝王名号、年号、纪年	
			南朝	北朝
一一七六	474	甲寅	宋后废帝元徽二年	北魏孝文帝延兴四年
一一七七	475	乙卯	宋后废帝元徽三年	北魏孝文帝延兴五年
一一七八	476	丙辰	宋后废帝元徽四年	北魏孝文帝延兴六年、承明元年
一一七九	477	丁巳	宋后废帝元徽五年 宋顺帝刘凖昇明元年	北魏孝文帝太和元年
一一八〇	478	戊午	宋顺帝昇明二年	北魏孝文帝太和二年
一一八一	479	己未	宋顺帝昇明三年 齐高帝萧道成建元元年	北魏孝文帝太和三年
一一八二	480	庚申	齐高帝建元二年	北魏孝文帝太和四年
一一八三	481	辛酉	齐高帝建元三年	北魏孝文帝太和五年
一一八四	482	壬戌	齐高帝建元四年	北魏孝文帝太和六年
一一八五	483	癸亥	齐武帝萧赜永明元年	北魏孝文帝太和七年
一一八六	484	甲子	齐武帝永明二年	北魏孝文帝太和八年
一一八七	485	乙丑	齐武帝永明三年	北魏孝文帝太和九年
一一八八	486	丙寅	齐武帝永明四年	北魏孝文帝太和十年
一一八九	487	丁卯	齐武帝永明五年	北魏孝文帝太和十一年

（南北朝续表）

编号	公元纪年	干支	帝王名号、年号、纪年	
			南朝	北朝
一一九〇	488	戊辰	齐武帝永明六年	北魏孝文帝太和十二年
一一九一	489	己巳	齐武帝永明七年	北魏孝文帝太和十三年
一一九二	490	庚午	齐武帝永明八年	北魏孝文帝太和十四年
一一九三	491	辛未	齐武帝永明九年	北魏孝文帝太和十五年
一一九四	492	壬申	齐武帝永明十年	北魏孝文帝太和十六年
一一九五	493	癸酉	齐武帝永明十一年	北魏孝文帝太和十七年
一一九六	494	甲戌	齐鬱林王萧昭业隆昌元年 齐海陵王萧昭文延兴元年 齐明帝萧鸾建武元年	北魏孝文帝太和十八年
一一九七	495	乙亥	齐明帝建武二年	北魏孝文帝太和十九年
一一九八	496	丙子	齐明帝建武三年	北魏孝文帝太和二十年
一一九九	497	丁丑	齐明帝建武四年	北魏孝文帝太和二十一年
一二〇〇	498	戊寅	齐明帝建武五年、永泰元年	北魏孝文帝太和二十二年
一二〇一	499	己卯	齐东昏侯萧宝卷永元元年	北魏孝文帝太和二十三年

（南北朝续表）

编号	公元纪年	干支	帝王名号、年号、纪年	
			南朝	北朝
一二〇二	500	庚辰	齐东昏侯永元二年	北魏宣武帝元恪景明元年
一二〇三	501	辛巳	齐东昏侯永元三年 齐和帝萧宝融中兴元年	北魏宣武帝景明二年
一二〇四	502	壬午	齐和帝中兴二年 梁武帝萧衍天监元年	北魏宣武帝景明三年
一二〇五	503	癸未	梁武帝天监二年	北魏宣武帝景明四年
一二〇六	504	甲申	梁武帝天监三年	北魏宣武帝正始元年
一二〇七	505	乙酉	梁武帝天监四年	北魏宣武帝正始二年
一二〇八	506	丙戌	梁武帝天监五年	北魏宣武帝正始三年
一二〇九	507	丁亥	梁武帝天监六年	北魏宣武帝正始四年
一二一〇	508	戊子	梁武帝天监七年	北魏宣武帝正始五年、永平元年
一二一一	509	己丑	梁武帝天监八年	北魏宣武帝永平二年
一二一二	510	庚寅	梁武帝天监九年	北魏宣武帝永平三年
一二一三	511	辛卯	梁武帝天监十年	北魏宣武帝永平四年
一二一四	512	壬辰	梁武帝天监十一年	北魏宣武帝永平五年、延昌元年
一二一五	513	癸巳	梁武帝天监十二年	北魏宣武帝延昌二年

（南北朝续表）

编号	公元纪年	干 支	帝王名号、年号、纪年	
			南朝	北朝
一二一六	514	甲午	梁武帝天监十三年	北魏宣武帝延昌三年
一二一七	515	乙未	梁武帝天监十四年	北魏宣武帝延昌四年
一二一八	516	丙申	梁武帝天监十五年	北魏孝明帝元诩熙平元年
一二一九	517	丁酉	梁武帝天监十六年	北魏孝明帝熙平二年
一二二〇	518	戊戌	梁武帝天监十七年	北魏孝明帝熙平三年、神龟元年
一二二一	519	己亥	梁武帝天监十八年	北魏孝明帝神龟二年
一二二二	520	庚子	梁武帝普通元年	北魏孝明帝神龟三年、正光元年
一二二三	521	辛丑	梁武帝普通二年	北魏孝明帝正光二年
一二二四	522	壬寅	梁武帝普通三年	北魏孝明帝正光三年
一二二五	523	癸卯	梁武帝普通四年	北魏孝明帝正光四年
一二二六	524	甲辰	梁武帝普通五年	北魏孝明帝正光五年
一二二七	525	乙巳	梁武帝普通六年	北魏孝明帝正光六年、孝昌元年
一二二八	526	丙午	梁武帝普通七年	北魏孝明帝孝昌二年
一二二九	527	丁未	梁武帝普通八年、大通元年	北魏孝明帝孝昌三年
一二三〇	528	戊申	梁武帝大通二年	北魏孝明帝武泰元年 北魏孝庄帝元子攸建义元年、永安元年

（南北朝续表）

编号	公元纪年	干支	帝王名号、年号、纪年	
			南朝	北朝
一二三一	529	己酉	梁武帝大通三年、中大通元年	北魏孝庄帝永安二年
一二三二	530	庚戌	梁武帝中大通二年	北魏孝庄帝永安三年 北魏长广王元晔建明元年
一二三三	531	辛亥	梁武帝中大通三年	北魏长广王建明二年 北魏节闵帝元恭普泰元年 北魏安定王元朗中兴元年
一二三四	532	壬子	梁武帝中大通四年	北魏孝武帝元脩太昌元年、永兴元年、永熙元年
一二三五	533	癸丑	梁武帝中大通五年	北魏孝武帝永熙二年
一二三六	534	甲寅	梁武帝中大通六年	北魏孝武帝永熙三年 东魏孝静帝元善见天平元年
一二三七	535	乙卯	梁武帝大同元年	东魏孝静帝天平二年 西魏文帝元宝炬大统元年
一二三八	536	丙辰	梁武帝大同二年	东魏孝静帝天平三年 西魏文帝大统二年
一二三九	537	丁巳	梁武帝大同三年	东魏孝静帝天平四年 西魏文帝大统三年
一二四〇	538	戊午	梁武帝大同四年	东魏孝静帝元象元年 西魏文帝大统四年
一二四一	539	己未	梁武帝大同五年	东魏孝静帝兴和元年 西魏文帝大统五年
一二四二	540	庚申	梁武帝大同六年	东魏孝静帝兴和二年 西魏文帝大统六年

（南北朝续表）

编号	公元纪年	干 支	帝王名号、年号、纪年	
			南朝	北朝
一二四三	541	辛酉	梁武帝大同七年	东魏孝静帝兴和三年 西魏文帝大统七年
一二四四	542	壬戌	梁武帝大同八年	东魏孝静帝兴和四年 西魏文帝大统八年
一二四五	543	癸亥	梁武帝大同九年	东魏孝静帝武定元年 西魏文帝大统九年
一二四六	544	甲子	梁武帝大同十年	东魏孝静帝武定二年 西魏文帝大统十年
一二四七	545	乙丑	梁武帝大同十一年	东魏孝静帝武定三年 西魏文帝大统十一年
一二四八	546	丙寅	梁武帝大同十二年、中大同元年	东魏孝静帝武定四年 西魏文帝大统十二年
一二四九	547	丁卯	梁武帝中大同二年、太清元年	东魏孝静帝武定五年 西魏文帝大统十三年
一二五〇	548	戊辰	梁武帝太清二年 梁临贺王萧正德正平元年	东魏孝静帝武定六年 西魏文帝大统十四年
一二五一	549	己巳	梁武帝太清三年 梁临贺王正平二年	东魏孝静帝武定七年 西魏文帝大统十五年
一二五二	550	庚午	梁简文帝萧纲大宝元年	东魏孝静帝武定八年 西魏文帝大统十六年 北齐文宣帝高洋天保元年
一二五三	551	辛未	梁简文帝大宝二年 梁豫章王萧栋天正元年	西魏文帝大统十七年 西魏废帝元钦元年 北齐文宣帝天保二年

（南北朝续表）

编号	公元纪年	干支	帝王名号、年号、纪年	
			南朝	北朝
一二五四	552	壬申	梁武陵王萧纪天正二年 梁元帝萧绎承圣元年	西魏废帝元钦二年 北齐文宣帝天保三年
一二五五	553	癸酉	梁元帝承圣二年	西魏废帝元钦三年 北齐文宣帝天保四年
一二五六	554	甲戌	梁元帝承圣三年	西魏恭帝拓跋廓元年 北齐文宣帝天保五年
一二五七	555	乙亥	梁元帝承圣四年 梁建安公萧渊明天成元年 梁敬帝萧方智绍泰元年	西魏恭帝二年 北齐文宣帝天保六年
一二五八	556	丙子	梁敬帝绍泰二年、太平元年	西魏恭帝三年 北齐文宣帝天保七年
一二五九	557	丁丑	梁敬帝太平二年 陈武帝陈霸先永定元年	北齐文宣帝天保八年 北周孝闵帝宇文觉元年 北周明帝宇文毓元年
一二六〇	558	戊寅	陈武帝永定二年	北齐文宣帝天保九年 北周明帝二年
一二六一	559	己卯	陈武帝永定三年	北齐文宣帝天保十年 北周明帝武成元年
一二六二	560	庚辰	陈文帝陈蒨天嘉元年	北齐废帝高殷乾明元年 北齐孝昭帝高演皇建元年
一二六三	561	辛巳	陈文帝天嘉二年	北齐武成帝高湛太宁元年 北周武帝宇文邕保定元年

（南北朝续表）

编号	公元纪年	干支	帝王名号、年号、纪年	
			南朝	北朝
一二六四	562	壬午	陈文帝天嘉三年	北齐武成帝河清元年 北周武帝保定二年
一二六五	563	癸未	陈文帝天嘉四年	北齐武成帝河清二年 北周武帝保定三年
一二六六	564	甲申	陈文帝天嘉五年	北齐武成帝河清三年 北周武帝保定四年
一二六七	565	乙酉	陈文帝天嘉六年	北齐后主高纬天统元年 北周武帝保定五年
一二六八	566	丙戌	陈文帝天嘉七年 陈废帝陈伯宗天康元年	北齐后主天统二年 北周武帝天和元年
一二六九	567	丁亥	陈废帝光大元年	北齐后主天统三年 北周武帝天和二年
一二七〇	568	戊子	陈废帝光大二年	北齐后主天统四年 北周武帝天和三年
一二七一	569	己丑	陈宣帝陈顼太建元年	北齐后主天统五年 北周武帝天和四年
一二七二	570	庚寅	陈宣帝太建二年	北齐后主武平元年 北周武帝天和五年
一二七三	571	辛卯	陈宣帝太建三年	北齐后主武平二年 北周武帝天和六年
一二七四	572	壬辰	陈宣帝太建四年	北齐后主武平三年 北周武帝建德元年
一二七五	573	癸巳	陈宣帝太建五年	北齐后主武平四年 北周武帝建德二年
一二七六	574	甲午	陈宣帝太建六年	北齐后主武平五年 北周武帝建德三年
一二七七	575	乙未	陈宣帝太建七年	北齐后主武平六年 北周武帝建德四年
一二七八	576	丙申	陈宣帝太建八年	北齐后主隆化元年 北齐安德王高延宗德昌元年 北周武帝建德五年

（南北朝续表）

编号	公元纪年	干支	帝王名号、年号、纪年	
			南朝	北朝
一二七九	577	丁酉	陈宣帝太建九年	北齐幼主高恒承光元年 北齐范阳王高绍义武平元年 北周武帝建德六年
一二八〇	578	戊戌	陈宣帝太建十年	北周武帝建德七年、宣政元年
一二八一	579	己亥	陈宣帝太建十一年	北周宣帝宇文赟大成元年 北周静帝宇文阐大象元年
一二八二	580	庚子	陈宣帝太建十二年	北周静帝大象二年

隋[①]

（公元581年—公元618年）

编号	公元纪年	干支	帝王名号、年号、纪年		
			隋	南朝	北朝
一二八三	581	辛丑	文帝杨坚开皇元年	陈宣帝太建十三年	北周静帝大象三年、大定元年
一二八四	582	壬寅	文帝开皇二年	陈宣帝太建十四年	
一二八五	583	癸卯	文帝开皇三年	陈后主陈叔宝至德元年	
一二八六	584	甲辰	文帝开皇四年	陈后主至德二年	

① 含南北朝公元581年至公元589年间纪年。

（隋续表）

编号	公元纪年	干 支	帝王名号、年号、纪年	
			隋	南朝
一二八七	585	乙巳	文帝开皇五年	陈后主至德三年
一二八八	586	丙午	文帝开皇六年	陈后主至德四年
一二八九	587	丁未	文帝开皇七年	陈后主祯明元年
一二九〇	588	戊申	文帝开皇八年	陈后主祯明二年
一二九一	589	己酉	文帝开皇九年	陈后主祯明三年
一二九二	590	庚戌	文帝开皇十年	
一二九三	591	辛亥	文帝开皇十一年	
一二九四	592	壬子	文帝开皇十二年	
一二九五	593	癸丑	文帝开皇十三年	
一二九六	594	甲寅	文帝开皇十四年	
一二九七	595	乙卯	文帝开皇十五年	
一二九八	596	丙辰	文帝开皇十六年	
一二九九	597	丁巳	文帝开皇十七年	
一三〇〇	598	戊午	文帝开皇十八年	
一三〇一	599	己未	文帝开皇十九年	
一三〇二	600	庚申	文帝开皇二十年	
一三〇三	601	辛酉	文帝仁寿元年	
一三〇四	602	壬戌	文帝仁寿二年	
一三〇五	603	癸亥	文帝仁寿三年	
一三〇六	604	甲子	文帝仁寿四年	
一三〇七	605	乙丑	炀帝杨广大业元年	

（隋续表）

编号	公元纪年	干 支	帝王名号、年号、纪年
一三〇八	606	丙寅	隋炀帝大业二年
一三〇九	607	丁卯	隋炀帝大业三年
一三一〇	608	戊辰	隋炀帝大业四年
一三一一	609	己巳	隋炀帝大业五年
一三一二	610	庚午	隋炀帝大业六年
一三一三	611	辛未	隋炀帝大业七年
一三一四	612	壬申	隋炀帝大业八年
一三一五	613	癸酉	隋炀帝大业九年
一三一六	614	甲戌	隋炀帝大业十年
一三一七	615	乙亥	隋炀帝大业十一年
一三一八	616	丙子	隋炀帝大业十二年
一三一九	617	丁丑	隋炀帝大业十三年 隋恭帝杨侑义宁元年
	618	戊寅	隋炀帝大业十四年 隋恭帝义宁二年

唐

（公元 618 年—公元 907 年）

编号	公元纪年	干 支	帝王名号、年号、纪年
一三二〇	618	戊寅	唐高祖李渊武德元年
一三二一	619	己卯	唐高祖武德二年
一三二二	620	庚辰	唐高祖武德三年
一三二三	621	辛巳	唐高祖武德四年
一三二四	622	壬午	唐高祖武德五年
一三二五	623	癸未	唐高祖武德六年

（唐续表）

编号	公元纪年	干支	帝王名号、年号、纪年
一三二六	624	甲申	唐高祖武德七年
一三二七	625	乙酉	唐高祖武德八年
一三二八	626	丙戌	唐高祖武德九年
一三二九	627	丁亥	唐太宗李世民贞观元年
一三三〇	628	戊子	唐太宗贞观二年
一三三一	629	己丑	唐太宗贞观三年
一三三二	630	庚寅	唐太宗贞观四年
一三三三	631	辛卯	唐太宗贞观五年
一三三四	632	壬辰	唐太宗贞观六年
一三三五	633	癸巳	唐太宗贞观七年
一三三六	634	甲午	唐太宗贞观八年
一三三七	635	乙未	唐太宗贞观九年
一三三八	636	丙申	唐太宗贞观十年
一三三九	637	丁酉	唐太宗贞观十一年
一三四〇	638	戊戌	唐太宗贞观十二年
一三四一	639	己亥	唐太宗贞观十三年
一三四二	640	庚子	唐太宗贞观十四年
一三四三	641	辛丑	唐太宗贞观十五年
一三四四	642	壬寅	唐太宗贞观十六年
一三四五	643	癸卯	唐太宗贞观十七年
一三四六	644	甲辰	唐太宗贞观十八年
一三四七	645	乙巳	唐太宗贞观十九年
一三四八	646	丙午	唐太宗贞观二十年
一三四九	647	丁未	唐太宗贞观二十一年
一三五〇	648	戊申	唐太宗贞观二十二年

（唐续表）

编号	公元纪年	干支	帝王名号、年号、纪年
一三五一	649	己酉	唐太宗贞观二十三年
一三五二	650	庚戌	唐高宗李治永徽元年
一三五三	651	辛亥	唐高宗永徽二年
一三五四	652	壬子	唐高宗永徽三年
一三五五	653	癸丑	唐高宗永徽四年
一三五六	654	甲寅	唐高宗永徽五年
一三五七	655	乙卯	唐高宗永徽六年
一三五八	656	丙辰	唐高宗显庆元年
一三五九	657	丁巳	唐高宗显庆二年
一三六〇	658	戊午	唐高宗显庆三年
一三六一	659	己未	唐高宗显庆四年
一三六二	660	庚申	唐高宗显庆五年
一三六三	661	辛酉	唐高宗显庆六年、龙朔元年
一三六四	662	壬戌	唐高宗龙朔二年
一三六五	663	癸亥	唐高宗龙朔三年
一三六六	664	甲子	唐高宗麟德元年
一三六七	665	乙丑	唐高宗麟德二年
一三六八	666	丙寅	唐高宗乾封元年
一三六九	667	丁卯	唐高宗乾封二年
一三七〇	668	戊辰	唐高宗乾封三年、总章元年
一三七一	669	己巳	唐高宗总章二年
一三七二	670	庚午	唐高宗总章三年、咸亨元年
一三七三	671	辛未	唐高宗咸亨二年
一三七四	672	壬申	唐高宗咸亨三年
一三七五	673	癸酉	唐高宗咸亨四年
一三七六	674	甲戌	唐高宗咸亨五年、上元元年

（唐续表）

编号	公元纪年	干 支	帝王名号、年号、纪年
一三七七	675	乙亥	唐高宗上元二年
一三七八	676	丙子	唐高宗上元三年、仪凤元年
一三七九	677	丁丑	唐高宗仪凤二年
一三八〇	678	戊寅	唐高宗仪凤三年
一三八一	679	己卯	唐高宗仪凤四年、调露元年
一三八二	680	庚辰	唐高宗调露二年、永隆元年
一三八三	681	辛巳	唐高宗永隆二年、开耀元年
一三八四	682	壬午	唐高宗开耀二年、永淳元年
一三八五	683	癸未	唐高宗永淳二年、弘道元年
一三八六	684	甲申	唐中宗李显嗣圣元年 唐睿宗李旦文明元年 唐武则天光宅元年
一三八七	685	乙酉	唐武则天垂拱元年
一三八八	686	丙戌	唐武则天垂拱二年
一三八九	687	丁亥	唐武则天垂拱三年
一三九〇	688	戊子	唐武则天垂拱四年
一三九一	689	己丑	唐武则天永昌元年、载初元年
一三九二	690	庚寅	周武则天天授元年
一三九三	691	辛卯	周武则天天授二年
一三九四	692	壬辰	周武则天天授三年、如意元年、长寿元年
一三九五	693	癸巳	周武则天长寿二年
一三九六	694	甲午	周武则天长寿三年、延载元年
一三九七	695	乙未	周武则天证圣元年、天册万岁元年
一三九八	696	丙申	周武则天万岁登封元年、万岁通天元年
一三九九	697	丁酉	周武则天万岁通天二年、神功元年

（唐续表）

编号	公元纪年	干支	帝王名号、年号、纪年
一四〇〇	698	戊戌	周武则天圣历元年
一四〇一	699	己亥	周武则天圣历二年
一四〇二	700	庚子	周武则天圣历三年、久视元年
一四〇三	701	辛丑	周武则天大足元年、长安元年
一四〇四	702	壬寅	周武则天长安二年
一四〇五	703	癸卯	周武则天长安三年
一四〇六	704	甲辰	周武则天长安四年
一四〇七	705	乙巳	唐中宗李显神龙元年
一四〇八	706	丙午	唐中宗神龙二年
一四〇九	707	丁未	唐中宗神龙三年、景龙元年
一四一〇	708	戊申	唐中宗景龙二年
一四一一	709	己酉	唐中宗景龙三年
一四一二	710	庚戌	唐中宗景龙四年 唐殇帝李重茂唐隆元年 唐睿宗李旦景云元年
一四一三	711	辛亥	唐睿宗景云二年
一四一四	712	壬子	唐睿宗太极元年、延和元年 唐玄宗李隆基先天元年
一四一五	713	癸丑	唐玄宗先天二年、开元元年
一四一六	714	甲寅	唐玄宗开元二年
一四一七	715	乙卯	唐玄宗开元三年
一四一八	716	丙辰	唐玄宗开元四年
一四一九	717	丁巳	唐玄宗开元五年
一四二〇	718	戊午	唐玄宗开元六年
一四二一	719	己未	唐玄宗开元七年
一四二二	720	庚申	唐玄宗开元八年
一四二三	721	辛酉	唐玄宗开元九年

（唐续表）

编号	公元纪年	干支	帝王名号、年号、纪年
一四二四	722	壬戌	唐玄宗开元十年
一四二五	723	癸亥	唐玄宗开元十一年
一四二六	724	甲子	唐玄宗开元十二年
一四二七	725	乙丑	唐玄宗开元十三年
一四二八	726	丙寅	唐玄宗开元十四年
一四二九	727	丁卯	唐玄宗开元十五年
一四三〇	728	戊辰	唐玄宗开元十六年
一四三一	729	己巳	唐玄宗开元十七年
一四三二	730	庚午	唐玄宗开元十八年
一四三三	731	辛未	唐玄宗开元十九年
一四三四	732	壬申	唐玄宗开元二十年
一四三五	733	癸酉	唐玄宗开元二十一年
一四三六	734	甲戌	唐玄宗开元二十二年
一四三七	735	乙亥	唐玄宗开元二十三年
一四三八	736	丙子	唐玄宗开元二十四年
一四三九	737	丁丑	唐玄宗开元二十五年
一四四〇	738	戊寅	唐玄宗开元二十六年
一四四一	739	己卯	唐玄宗开元二十七年
一四四二	740	庚辰	唐玄宗开元二十八年
一四四三	741	辛巳	唐玄宗开元二十九年
一四四四	742	壬午	唐玄宗天宝元年
一四四五	743	癸未	唐玄宗天宝二年
一四四六	744	甲申	唐玄宗天宝三载
一四四七	745	乙酉	唐玄宗天宝四载
一四四八	746	丙戌	唐玄宗天宝五载

（唐续表）

编号	公元纪年	干 支	帝王名号、年号、纪年
一四四九	747	丁亥	唐玄宗天宝六载
一四五〇	748	戊子	唐玄宗天宝七载
一四五一	749	己丑	唐玄宗天宝八载
一四五二	750	庚寅	唐玄宗天宝九载
一四五三	751	辛卯	唐玄宗天宝十载
一四五四	752	壬辰	唐玄宗天宝十一载
一四五五	753	癸巳	唐玄宗天宝十二载
一四五六	754	甲午	唐玄宗天宝十三载
一四五七	755	乙未	唐玄宗天宝十四载
一四五八	756	丙申	唐玄宗天宝十五载 唐肃宗李亨至德元载
一四五九	757	丁酉	唐肃宗至德二载
一四六〇	758	戊戌	唐肃宗至德三载、乾元元年
一四六一	759	己亥	唐肃宗乾元二年
一四六二	760	庚子	唐肃宗乾元三年、上元元年
一四六三	761	辛丑	唐肃宗上元二年
一四六四	762	壬寅	唐代宗李豫宝应元年
一四六五	763	癸卯	唐代宗宝应二年、广德元年
一四六六	764	甲辰	唐代宗广德二年
一四六七	765	乙巳	唐代宗永泰元年
一四六八	766	丙午	唐代宗永泰二年、大历元年
一四六九	767	丁未	唐代宗大历二年
一四七〇	768	戊申	唐代宗大历三年
一四七一	769	己酉	唐代宗大历四年
一四七二	770	庚戌	唐代宗大历五年

（唐续表）

编号	公元纪年	干支	帝王名号、年号、纪年
一四七三	771	辛亥	唐代宗大历六年
一四七四	772	壬子	唐代宗大历七年
一四七五	773	癸丑	唐代宗大历八年
一四七六	774	甲寅	唐代宗大历九年
一四七七	775	乙卯	唐代宗大历十年
一四七八	776	丙辰	唐代宗大历十一年
一四七九	777	丁巳	唐代宗大历十二年
一四八〇	778	戊午	唐代宗大历十三年
一四八一	779	己未	唐代宗大历十四年
一四八二	780	庚申	唐德宗李适建中元年
一四八三	781	辛酉	唐德宗建中二年
一四八四	782	壬戌	唐德宗建中三年
一四八五	783	癸亥	唐德宗建中四年
一四八六	784	甲子	唐德宗兴元元年
一四八七	785	乙丑	唐德宗贞元元年
一四八八	786	丙寅	唐德宗贞元二年
一四八九	787	丁卯	唐德宗贞元三年
一四九〇	788	戊辰	唐德宗贞元四年
一四九一	789	己巳	唐德宗贞元五年
一四九二	790	庚午	唐德宗贞元六年
一四九三	791	辛未	唐德宗贞元七年
一四九四	792	壬申	唐德宗贞元八年
一四九五	793	癸酉	唐德宗贞元九年
一四九六	794	甲戌	唐德宗贞元十年
一四九七	795	乙亥	唐德宗贞元十一年

（唐续表）

编号	公元纪年	干 支	帝王名号、年号、纪年
一四九八	796	丙子	唐德宗贞元十二年
一四九九	797	丁丑	唐德宗贞元十三年
一五〇〇	798	戊寅	唐德宗贞元十四年
一五〇一	799	己卯	唐德宗贞元十五年
一五〇二	800	庚辰	唐德宗贞元十六年
一五〇三	801	辛巳	唐德宗贞元十七年
一五〇四	802	壬午	唐德宗贞元十八年
一五〇五	803	癸未	唐德宗贞元十九年
一五〇六	804	甲申	唐德宗贞元二十年
一五〇七	805	乙酉	唐德宗贞元二十一年 唐顺宗李诵永贞元年
一五〇八	806	丙戌	唐宪宗李纯元和元年
一五〇九	807	丁亥	唐宪宗元和二年
一五一〇	808	戊子	唐宪宗元和三年
一五一一	809	己丑	唐宪宗元和四年
一五一二	810	庚寅	唐宪宗元和五年
一五一三	811	辛卯	唐宪宗元和六年
一五一四	812	壬辰	唐宪宗元和七年
一五一五	813	癸巳	唐宪宗元和八年
一五一六	814	甲午	唐宪宗元和九年
一五一七	815	乙未	唐宪宗元和十年
一五一八	816	丙申	唐宪宗元和十一年
一五一九	817	丁酉	唐宪宗元和十二年
一五二〇	818	戊戌	唐宪宗元和十三年
一五二一	819	己亥	唐宪宗元和十四年
一五二二	820	庚子	唐宪宗元和十五年

（唐续表）

编号	公元纪年	干 支	帝王名号、年号、纪年
一五二三	821	辛丑	唐穆宗李恒长庆元年
一五二四	822	壬寅	唐穆宗长庆二年
一五二五	823	癸卯	唐穆宗长庆三年
一五二六	824	甲辰	唐穆宗长庆四年
一五二七	825	乙巳	唐敬宗李湛宝历元年
一五二八	826	丙午	唐敬宗宝历二年
一五二九	827	丁未	唐敬宗宝历三年 唐文宗李昂大和元年
一五三〇	828	戊申	唐文宗大和二年
一五三一	829	己酉	唐文宗大和三年
一五三二	830	庚戌	唐文宗大和四年
一五三三	831	辛亥	唐文宗大和五年
一五三四	832	壬子	唐文宗大和六年
一五三五	833	癸丑	唐文宗大和七年
一五三六	834	甲寅	唐文宗大和八年
一五三七	835	乙卯	唐文宗大和九年
一五三八	836	丙辰	唐文宗开成元年
一五三九	837	丁巳	唐文宗开成二年
一五四〇	838	戊午	唐文宗开成三年
一五四一	839	己未	唐文宗开成四年
一五四二	840	庚申	唐文宗开成五年
一五四三	841	辛酉	唐武宗李炎会昌元年
一五四四	842	壬戌	唐武宗会昌二年
一五四五	843	癸亥	唐武宗会昌三年
一五四六	844	甲子	唐武宗会昌四年

（唐续表）

编号	公元纪年	干 支	帝王名号、年号、纪年
一五四七	845	乙丑	唐武宗会昌五年
一五四八	846	丙寅	唐武宗会昌六年
一五四九	847	丁卯	唐宣宗李忱大中元年
一五五〇	848	戊辰	唐宣宗大中二年
一五五一	849	己巳	唐宣宗大中三年
一五五二	850	庚午	唐宣宗大中四年
一五五三	851	辛未	唐宣宗大中五年
一五五四	852	壬申	唐宣宗大中六年
一五五五	853	癸酉	唐宣宗大中七年
一五五六	854	甲戌	唐宣宗大中八年
一五五七	855	乙亥	唐宣宗大中九年
一五五八	856	丙子	唐宣宗大中十年
一五五九	857	丁丑	唐宣宗大中十一年
一五六〇	858	戊寅	唐宣宗大中十二年
一五六一	859	己卯	唐宣宗大中十三年
一五六二	860	庚辰	唐宣宗大中十四年 唐懿宗李漼咸通元年
一五六三	861	辛巳	唐懿宗咸通二年
一五六四	862	壬午	唐懿宗咸通三年
一五六五	863	癸未	唐懿宗咸通四年
一五六六	864	甲申	唐懿宗咸通五年
一五六七	865	乙酉	唐懿宗咸通六年
一五六八	866	丙戌	唐懿宗咸通七年
一五六九	867	丁亥	唐懿宗咸通八年

（唐续表）

编号	公元纪年	干 支	帝王名号、年号、纪年
一五七〇	868	戊子	唐懿宗咸通九年
一五七一	869	己丑	唐懿宗咸通十年
一五七二	870	庚寅	唐懿宗咸通十一年
一五七三	871	辛卯	唐懿宗咸通十二年
一五七四	872	壬辰	唐懿宗咸通十三年
一五七五	873	癸巳	唐懿宗咸通十四年
一五七六	874	甲午	唐懿宗咸通十五年 唐僖宗李儇乾符元年
一五七七	875	乙未	唐僖宗乾符二年
一五七八	876	丙申	唐僖宗乾符三年
一五七九	877	丁酉	唐僖宗乾符四年
一五八〇	878	戊戌	唐僖宗乾符五年
一五八一	879	己亥	唐僖宗乾符六年
一五八二	880	庚子	唐僖宗广明元年
一五八三	881	辛丑	唐僖宗广明二年、中和元年
一五八四	882	壬寅	唐僖宗中和二年
一五八五	883	癸卯	唐僖宗中和三年
一五八六	884	甲辰	唐僖宗中和四年
一五八七	885	乙巳	唐僖宗中和五年、光启元年
一五八八	886	丙午	唐僖宗光启二年
一五八九	887	丁未	唐僖宗光启三年
一五九〇	888	戊申	唐僖宗光启四年、文德元年
一五九一	889	己酉	唐昭宗李晔龙纪元年
一五九二	890	庚戌	唐昭宗大顺元年
一五九三	891	辛亥	唐昭宗大顺二年

（唐续表）

编号	公元纪年	干支	帝王名号、年号、纪年
一五九四	892	壬子	唐昭宗景福元年
一五九五	893	癸丑	唐昭宗景福二年
一五九六	894	甲寅	唐昭宗乾宁元年
一五九七	895	乙卯	唐昭宗乾宁二年
一五九八	896	丙辰	唐昭宗乾宁三年
一五九九	897	丁巳	唐昭宗乾宁四年
一六〇〇	898	戊午	唐昭宗乾宁五年、光化元年
一六〇一	899	己未	唐昭宗光化二年
一六〇二	900	庚申	唐昭宗光化三年
一六〇三	901	辛酉	唐昭宗光化四年、天复元年
一六〇四	902	壬戌	唐昭宗天复二年
一六〇五	903	癸亥	唐昭宗天复三年
一六〇六	904	甲子	唐昭宗天复四年 唐哀帝李柷天祐元年
一六〇七	905	乙丑	唐哀帝天祐二年
一六〇八	906	丙寅	唐哀帝天祐三年
一六〇九	907	丁卯	唐哀帝天祐四年

五　　代①

（公元907年—公元960年）

编号	公元纪年	干支	帝王名号、年号、纪年
一六一〇	907	丁卯	后梁太祖朱温开平元年
一六一一	908	戊辰	后梁太祖开平二年

① 含辽公元916年至公元959年间纪年。五代时期，除后梁、后唐、后晋、后汉、后周外，还出现过一些封建割据政权，如吴、前蜀、吴越、楚、闽、南汉、荆南（南平）、后蜀、南唐、北汉等国，史称“十国”。“十国”纪年本书从略。

（五代续表）

编号	公元纪年	干支	帝王名号、年号、纪年	
			五代	辽
一六一二	909	己巳	后梁太祖开平三年	
一六一三	910	庚午	后梁太祖开平四年	
一六一四	911	辛未	后梁太祖开平五年、乾化元年	
一六一五	912	壬申	后梁太祖乾化二年	
一六一六	913	癸酉	后梁郢王朱友珪凤历元年 后梁末帝朱友瑱乾化三年	
一六一七	914	甲戌	后梁末帝乾化四年	
一六一八	915	乙亥	后梁末帝乾化五年、贞明元年	
一六一九	916	丙子	后梁末帝贞明二年	太祖耶律阿保机神册元年
一六二〇	917	丁丑	后梁末帝贞明三年	太祖神册二年
一六二一	918	戊寅	后梁末帝贞明四年	太祖神册三年
一六二二	919	己卯	后梁末帝贞明五年	太祖神册四年
一六二三	920	庚辰	后梁末帝贞明六年	太祖神册五年
一六二四	921	辛巳	后梁末帝贞明七年、龙德元年	太祖神册六年
一六二五	922	壬午	后梁末帝龙德二年	太祖神册七年、天赞元年
一六二六	923	癸未	后梁末帝龙德三年 后唐庄宗李存勖同光元年	太祖天赞二年
一六二七	924	甲申	后唐庄宗同光二年	太祖天赞三年
一六二八	925	乙酉	后唐庄宗同光三年	太祖天赞四年

（五代续表）

编号	公元纪年	干支	帝王名号、年号、纪年	
			五代	辽
一六二九	926	丙戌	后唐庄宗同光四年 后唐明宗李亶天成元年	太祖天赞五年、天显元年
一六三〇	927	丁亥	后唐明宗天成二年	太宗耶律德光天显二年
一六三一	928	戊子	后唐明宗天成三年	太宗天显三年
一六三二	929	己丑	后唐明宗天成四年	太宗天显四年
一六三三	930	庚寅	后唐明宗天成五年、长兴元年	太宗天显五年
一六三四	931	辛卯	后唐明宗长兴二年	太宗天显六年
一六三五	932	壬辰	后唐明宗长兴三年	太宗天显七年
一六三六	933	癸巳	后唐明宗长兴四年	太宗天显八年
一六三七	934	甲午	后唐闵帝李从厚应顺元年 后唐末帝李从珂清泰元年	太宗天显九年
一六三八	935	乙未	后唐末帝清泰二年	太宗天显十年
一六三九	936	丙申	后唐末帝清泰三年 后晋高祖石敬瑭天福元年	太宗天显十一年
一六四〇	937	丁酉	后晋高祖天福二年	太宗天显十二年
一六四一	938	戊戌	后晋高祖天福三年	太宗天显十三年、会同元年
一六四二	939	己亥	后晋高祖天福四年	太宗会同二年
一六四三	940	庚子	后晋高祖天福五年	太宗会同三年
一六四四	941	辛丑	后晋高祖天福六年	太宗会同四年
一六四五	942	壬寅	后晋高祖天福七年	太宗会同五年

（五代续表）

编号	公元纪年	干支	帝王名号、年号、纪年	
			五代	辽
一六四六	943	癸卯	后晋出帝石重贵天福八年	太宗会同六年
一六四七	944	甲辰	后晋出帝天福九年、开运元年	太宗会同七年
一六四八	945	乙巳	后晋出帝开运二年	太宗会同八年
一六四九	946	丙午	后晋出帝开运三年	太宗会同九年
一六五〇	947	丁未	后汉高祖刘暠天福十二年	太宗会同十年、大同元年 世宗耶律阮天禄元年
一六五一	948	戊申	后汉隐帝刘承祐乾祐元年	世宗天禄二年
一六五二	949	己酉	后汉隐帝乾祐二年	世宗天禄三年
一六五三	950	庚戌	后汉隐帝乾祐三年	世宗天禄四年
一六五四	951	辛亥	后周太祖郭威广顺元年	世宗天禄五年 穆宗耶律璟应历元年
一六五五	952	壬子	后周太祖广顺二年	穆宗应历二年
一六五六	953	癸丑	后周太祖广顺三年	穆宗应历三年
一六五七	954	甲寅	后周世宗柴荣显德元年	穆宗应历四年
一六五八	955	乙卯	后周世宗显德二年	穆宗应历五年
一六五九	956	丙辰	后周世宗显德三年	穆宗应历六年
一六六〇	957	丁巳	后周世宗显德四年	穆宗应历七年
一六六一	958	戊午	后周世宗显德五年	穆宗应历八年
一六六二	959	己未	后周世宗显德六年	穆宗应历九年
	960	庚申	后周恭帝柴宗训显德七年	穆宗应历十年

宋、辽、西夏、金[1]

（公元960年—公元1279年）

编号	公元纪年	干支	帝王名号、年号、纪年	
			宋	辽
一六六三	960	庚申	太祖赵匡胤建隆元年	穆宗耶律璟应历十年
一六六四	961	辛酉	太祖建隆二年	穆宗应历十一年
一六六五	962	壬戌	太祖建隆三年	穆宗应历十二年
一六六六	963	癸亥	太祖建隆四年、乾德元年	穆宗应历十三年
一六六七	964	甲子	太祖乾德二年	穆宗应历十四年
一六六八	965	乙丑	太祖乾德三年	穆宗应历十五年
一六六九	966	丙寅	太祖乾德四年	穆宗应历十六年
一六七〇	967	丁卯	太祖乾德五年	穆宗应历十七年
一六七一	968	戊辰	太祖乾德六年、开宝元年	穆宗应历十八年
一六七二	969	己巳	太祖开宝二年	穆宗应历十九年 景宗耶律贤保宁元年
一六七三	970	庚午	太祖开宝三年	景宗保宁二年
一六七四	971	辛未	太祖开宝四年	景宗保宁三年
一六七五	972	壬申	太祖开宝五年	景宗保宁四年
一六七六	973	癸酉	太祖开宝六年	景宗保宁五年
一六七七	974	甲戌	太祖开宝七年	景宗保宁六年
一六七八	975	乙亥	太祖开宝八年	宗景保宁七年
一六七九	976	丙子	太祖开宝九年 太宗赵炅太平兴国元年	景宗保宁八年

① 含蒙古（元）公元1206年至公元1279年间纪年。辽公元907年至公元959年间纪年见五代部分。

（宋、辽、西夏、金续表）

编号	公元纪年	干支	帝王名号、年号、纪年	
			宋	辽
一六八〇	977	丁丑	太宗太平兴国二年	景宗保宁九年
一六八一	978	戊寅	太宗太平兴国三年	景宗保宁十年
一六八二	979	己卯	太宗太平兴国四年	景宗保宁十一年、乾亨元年
一六八三	980	庚辰	太宗太平兴国五年	景宗乾亨二年
一六八四	981	辛巳	太宗太平兴国六年	景宗乾亨三年
一六八五	982	壬午	太宗太平兴国七年	景宗乾亨四年
一六八六	983	癸未	太宗太平兴国八年	景宗乾亨五年 辽圣宗耶律隆绪统和元年
一六八七	984	甲申	太宗太平兴国九年、雍熙元年	圣宗统和二年
一六八八	985	乙酉	太宗雍熙二年	圣宗统和三年
一六八九	986	丙戌	太宗雍熙三年	圣宗统和四年
一六九〇	987	丁亥	太宗雍熙四年	圣宗统和五年
一六九一	988	戊子	太宗端拱元年	圣宗统和六年
一六九二	989	己丑	太宗端拱二年	圣宗统和七年
一六九三	990	庚寅	太宗淳化元年	圣宗统和八年
一六九四	991	辛卯	太宗淳化二年	圣宗统和九年
一六九五	992	壬辰	太宗淳化三年	圣宗统和十年
一六九六	993	癸巳	太宗淳化四年	圣宗统和十一年
一六九七	994	甲午	太宗淳化五年	圣宗统和十二年
一六九八	995	乙未	太宗至道元年	圣宗统和十三年
一六九九	996	丙申	太宗至道二年	圣宗统和十四年
一七〇〇	997	丁酉	太宗至道三年	圣宗统和十五年

（宋、辽、西夏、金续表）

编号	公元纪年	干支	帝王名号、年号、纪年	
			宋	辽
一七〇一	998	戊戌	真宗赵恒咸平元年	圣宗统和十六年
一七〇二	999	己亥	真宗咸平二年	圣宗统和十七年
一七〇三	1000	庚子	真宗咸平三年	圣宗统和十八年
一七〇四	1001	辛丑	真宗咸平四年	圣宗统和十九年
一七〇五	1002	壬寅	真宗咸平五年	圣宗统和二十年
一七〇六	1003	癸卯	真宗咸平六年	圣宗统和二十一年
一七〇七	1004	甲辰	真宗景德元年	圣宗统和二十二年
一七〇八	1005	乙巳	真宗景德二年	圣宗统和二十三年
一七〇九	1006	丙午	真宗景德三年	圣宗统和二十四年
一七一〇	1007	丁未	真宗景德四年	圣宗统和二十五年
一七一一	1008	戊申	真宗大中祥符元年	圣宗统和二十六年
一七一二	1009	己酉	真宗大中祥符二年	圣宗统和二十七年
一七一三	1010	庚戌	真宗大中祥符三年	圣宗统和二十八年
一七一四	1011	辛亥	真宗大中祥符四年	圣宗统和二十九年
一七一五	1012	壬子	真宗大中祥符五年	圣宗统和三十年、开泰元年
一七一六	1013	癸丑	真宗大中祥符六年	圣宗开泰二年
一七一七	1014	甲寅	真宗大中祥符七年	圣宗开泰三年
一七一八	1015	乙卯	真宗大中祥符八年	圣宗开泰四年
一七一九	1016	丙辰	真宗大中祥符九年	圣宗开泰五年

（宋、辽、西夏、金续表）

编号	公元纪年	干支	帝王名号、年号、纪年	
			宋	辽
一七二〇	1017年	丁巳	真宗天禧元年	圣宗开泰六年
一七二一	1018	戊午	真宗天禧二年	圣宗开泰七年
一七二二	1019	己未	真宗天禧三年	圣宗开泰八年
一七二三	1020	庚申	真宗天禧四年	圣宗开泰九年
一七二四	1021	辛酉	真宗天禧五年	圣宗开泰十年、太平元年
一七二五	1022	壬戌	真宗乾兴元年	圣宗太平二年
一七二六	1023	癸亥	仁宗赵祯天圣元年	圣宗太平三年
一七二七	1024	甲子	仁宗天圣二年	圣宗太平四年
一七二八	1025	乙丑	仁宗天圣三年	圣宗太平五年
一七二九	1026	丙寅	仁宗天圣四年	圣宗太平六年
一七三〇	1027	丁卯	仁宗天圣五年	圣宗太平七年
一七三一	1028	戊辰	仁宗天圣六年	圣宗太平八年
一七三二	1029	己巳	仁宗天圣七年	圣宗太平九年
一七三三	1030	庚午	仁宗天圣八年	圣宗太平十年
一七三四	1031	辛未	仁宗天圣九年	圣宗太平十一年 辽兴宗耶律宗真景福元年
一七三五	1032	壬申	仁宗天圣十年、明道元年	兴宗景福二年、重熙元年
一七三六	1033	癸酉	仁宗明道二年	兴宗重熙二年

（宋、辽、西夏、金续表）

编号	公元纪年	干支	帝王名号、年号、纪年		
			宋	辽	西夏
一七三七	1034	甲戌	仁宗景祐元年	兴宗重熙三年	景宗嵬名元昊广运元年
一七三八	1035	乙亥	仁宗景祐二年	兴宗重熙四年	景宗广运二年
一七三九	1036	丙子	仁宗景祐三年	兴宗重熙五年	景宗大庆元年
一七四〇	1037	丁丑	仁宗景祐四年	兴宗重熙六年	景宗大庆二年
一七四一	1038	戊寅	仁宗宝元元年	兴宗重熙七年	景宗天授礼法延祚元年
一七四二	1039	己卯	仁宗宝元二年	兴宗重熙八年	景宗天授礼法延祚二年
一七四三	1040	庚辰	仁宗宝元三年、康定元年	兴宗重熙九年	景宗天授礼法延祚三年
一七四四	1041	辛巳	仁宗康定二年、庆历元年	兴宗重熙十年	景宗天授礼法延祚四年
一七四五	1042	壬午	仁宗庆历二年	兴宗重熙十一年	景宗天授礼法延祚五年
一七四六	1043	癸未	仁宗庆历三年	兴宗重熙十二年	景宗天授礼法延祚六年
一七四七	1044	甲申	仁宗庆历四年	兴宗重熙十三年	景宗天授礼法延祚七年
一七四八	1045	乙酉	仁宗庆历五年	兴宗重熙十四年	景宗天授礼法延祚八年

（宋、辽、西夏、金续表）

编号	公元纪年	干支	帝王名号、年号、纪年		
			宋	辽	西夏
一七四九	1046	丙戌	仁宗庆历六年	兴宗重熙十五年	景宗天授礼法延祚九年
一七五〇	1047	丁亥	仁宗庆历七年	兴宗重熙十六年	景宗天授礼法延祚十年
一七五一	1048	戊子	仁宗庆历八年	兴宗重熙十七年	景宗天授礼法延祚十一年
一七五二	1049	己丑	仁宗皇祐元年	兴宗重熙十八年	毅宗嵬名谅祚延嗣宁国元年
一七五三	1050	庚寅	仁宗皇祐二年	兴宗重熙十九年	毅宗天祐垂圣元年
一七五四	1051	辛卯	仁宗皇祐三年	兴宗重熙二十年	毅宗天祐垂圣二年
一七五五	1052	壬辰	仁宗皇祐四年	兴宗重熙二十一年	毅宗天祐垂圣三年
一七五六	1053	癸巳	仁宗皇祐五年	兴宗重熙二十二年	毅宗福圣承道元年
一七五七	1054	甲午	仁宗皇祐六年、至和元年	兴宗重熙二十三年	毅宗福圣承道二年
一七五八	1055	乙未	仁宗至和二年	道宗耶律洪基清宁元年	毅宗福圣承道三年
一七五九	1056	丙申	仁宗至和三年、嘉祐元年	道宗清宁二年	毅宗福圣承道四年
一七六〇	1057	丁酉	仁宗嘉祐二年	道宗清宁三年	毅宗䄕都元年

（宋、辽、西夏、金续表）

编号	公元纪年	干支	帝王名号、年号、纪年		
			宋	辽	西夏
一七六一	1058	戊戌	仁宗嘉祐三年	道宗清宁四年	毅宗奲都二年
一七六二	1059	己亥	仁宗嘉祐四年	道宗清宁五年	毅宗奲都三年
一七六三	1060	庚子	仁宗嘉祐五年	道宗清宁六年	毅宗奲都四年
一七六四	1061	辛丑	仁宗嘉祐六年	道宗清宁七年	毅宗奲都五年
一七六五	1062	壬寅	仁宗嘉祐七年	道宗清宁八年	毅宗奲都六年
一七六六	1063	癸卯	仁宗嘉祐八年	道宗清宁九年	毅宗拱化元年
一七六七	1064	甲辰	英宗赵曙治平元年	道宗清宁十年	毅宗拱化二年
一七六八	1065	乙巳	英宗治平二年	道宗咸雍元年	毅宗拱化三年
一七六九	1066	丙午	英宗治平三年	道宗咸雍二年	毅宗拱化四年
一七七〇	1067	丁未	英宗治平四年	道宗咸雍三年	毅宗拱化五年
一七七一	1068	戊申	神宗赵顼熙宁元年	道宗咸雍四年	惠宗嵬名秉常乾道元年
一七七二	1069	己酉	神宗熙宁二年	道宗咸雍五年	惠宗天赐礼盛国庆元年
一七七三	1070	庚戌	神宗熙宁三年	道宗咸雍六年	惠宗天赐礼盛国庆二年
一七七四	1071	辛亥	神宗熙宁四年	道宗咸雍七年	惠宗天赐礼盛国庆三年

（宋、辽、西夏、金续表）

编号	公元纪年	干支	帝王名号、年号、纪年		
			宋	辽	西夏
一七七五	1072	壬子	神宗熙宁五年	道宗咸雍八年	惠宗天赐礼盛国庆四年
一七七六	1073	癸丑	神宗熙宁六年	道宗咸雍九年	惠宗天赐礼盛国庆五年
一七七七	1074	甲寅	神宗熙宁七年	道宗咸雍十年	惠宗大安元年
一七七八	1075	乙卯	神宗熙宁八年	道宗大康元年	惠宗大安二年
一七七九	1076	丙辰	神宗熙宁九年	道宗大康二年	惠宗大安三年
一七八〇	1077	丁巳	神宗熙宁十年	道宗大康三年	惠宗大安四年
一七八一	1078	戊午	神宗元丰元年	道宗大康四年	惠宗大安五年
一七八二	1079	己未	神宗元丰二年	道宗大康五年	惠宗大安六年
一七八三	1080	庚申	神宗元丰三年	道宗大康六年	惠宗大安七年
一七八四	1081	辛酉	神宗元丰四年	道宗大康七年	惠宗大安八年
一七八五	1082	壬戌	神宗元丰五年	道宗大康八年	惠宗大安九年
一七八六	1083	癸亥	神宗元丰六年	道宗大康九年	惠宗大安十年
一七八七	1084	甲子	神宗元丰七年	道宗大康十年	惠宗大安十一年
一七八八	1085	乙丑	神宗元丰八年	道宗大安元年	崇宗嵬名乾顺天安礼定元年

（宋、辽、西夏、金续表）

编号	公元纪年	干支	帝王名号、年号、纪年		
			宋	辽	西夏
一七八九	1086	丙寅	哲宗赵煦元祐元年	道宗大安二年	崇宗天安礼定二年
一七九〇	1087	丁卯	哲宗元祐二年	道宗大安三年	崇宗天仪治平元年
一七九一	1088	戊辰	哲宗元祐三年	道宗大安四年	崇宗天仪治平二年
一七九二	1089	己巳	哲宗元祐四年	道宗大安五年	崇宗天仪治平三年
一七九三	1090	庚午	哲宗元祐五年	道宗大安六年	崇宗天祐民安元年
一七九四	1091	辛未	哲宗元祐六年	道宗大安七年	崇宗天祐民安二年
一七九五	1092	壬申	哲宗元祐七年	道宗大安八年	崇宗天祐民安三年
一七九六	1093	癸酉	哲宗元祐八年	道宗大安九年	崇宗天祐民安四年
一七九七	1094	甲戌	哲宗元祐九年、绍圣元年	道宗大安十年	崇宗天祐民安五年
一七九八	1095	乙亥	哲宗绍圣二年	道宗寿昌（隆）元年	崇宗天祐民安六年
一七九九	1096	丙子	哲宗绍圣三年	道宗寿昌（隆）二年	崇宗天祐民安七年
	1097	丁丑	哲宗绍圣四年	道宗寿昌（隆）三年	崇宗天祐民安八年
一八〇〇	1098	戊寅	哲宗绍圣五年、元符元年	道宗寿昌（隆）四年	崇宗永安元年

（宋、辽、西夏、金续表）

编号	公元纪年	干支	帝王名号、年号、纪年		
			宋	辽	西夏
一八〇一	1099	己卯	哲宗元符二年	道宗寿昌（隆）五年	崇宗永安二年
一八〇二	1100	庚辰	哲宗元符三年	道宗寿昌（隆）六年	崇宗永安三年
一八〇三	1101	辛巳	徽宗赵佶建中靖国元年	道宗寿昌（隆）七年 天祚帝耶律延禧乾统元年	崇宗贞观元年
一八〇四	1102	壬午	徽宗崇宁元年	天祚帝乾统二年	崇宗贞观二年
一八〇五	1103	癸未	徽宗崇宁二年	天祚帝乾统三年	崇宗贞观三年
一八〇六	1104	甲申	徽宗崇宁三年	天祚帝乾统四年	崇宗贞观四年
一八〇七	1105	乙酉	徽宗崇宁四年	天祚帝乾统五年	崇宗贞观五年
一八〇八	1106	丙戌	徽宗崇宁五年	天祚帝乾统六年	崇宗贞观六年
一八〇九	1107	丁亥	徽宗大观元年	天祚帝乾统七年	崇宗贞观七年
一八一〇	1108	戊子	徽宗大观二年	天祚帝乾统八年	崇宗贞观八年
一八一一	1109	己丑	徽宗大观三年	天祚帝乾统九年	崇宗贞观九年
一八一二	1110	庚寅	徽宗大观四年	天祚帝乾统十年	崇宗贞观十年
一八一三	1111	辛卯	徽宗政和元年	天祚帝天庆元年	崇宗贞观十一年

（宋、辽、西夏、金续表）

编号	公元纪年	干支	帝王名号、年号、纪年			
			宋	辽	西夏	金
一八一四	1112	壬辰	徽宗政和二年	天祚帝天庆二年	崇宗贞观十二年	
一八一五	1113	癸巳	徽宗政和三年	天祚帝天庆三年	崇宗贞观十三年	
一八一六	1114	甲午	徽宗政和四年	天祚帝天庆四年	崇宗雍宁元年	
一八一七	1115	乙未	徽宗政和五年	天祚帝天庆五年	崇宗雍宁二年	太祖完颜旻收国元年
一八一八	1116	丙申	徽宗政和六年	天祚帝天庆六年	崇宗雍宁三年	太祖收国二年
一八一九	1117	丁酉	徽宗政和七年	天祚帝天庆七年	崇宗雍宁四年	太祖天辅元年
一八二〇	1118	戊戌	徽宗政和八年、重和元年	天祚帝天庆八年	崇宗雍宁五年	太祖天辅二年
一八二一	1119	己亥	徽宗重和二年、宣和元年	天祚帝天庆九年	崇宗元德元年	太祖天辅三年
一八二二	1120	庚子	徽宗宣和二年	天祚帝天庆十年	崇宗元德二年	太祖天辅四年
一八二三	1121	辛丑	徽宗宣和三年	天祚帝保大元年	崇宗元德三年	太祖天辅五年
一八二四	1122	壬寅	徽宗宣和四年	天祚帝保大二年	崇宗元德四年	太祖天辅六年
一八二五	1123	癸卯	徽宗宣和五年	天祚帝保大三年	崇宗元德五年	太祖天辅七年太宗完颜晟天会元年

（宋、辽、西夏、金续表）

编号	公元纪年	干支	帝王名号、年号、纪年			
			宋	辽	西夏	金
一八二六	1124	甲辰	徽宗宣和六年	天祚帝保大四年	崇宗元德六年	太宗天会二年
一八二七	1125	乙巳	徽宗宣和七年	天祚帝保大五年	崇宗元德七年	太宗天会三年
一八二八	1126	丙午	钦宗赵桓靖康元年		崇宗元德八年	太宗天会四年
一八二九	1127	丁未	钦宗靖康二年 高宗赵构建炎元年		崇宗正德元年	太宗天会五年
一八三〇	1128	戊申	高宗建炎二年		崇宗正德二年	太宗天会六年
一八三一	1129	己酉	高宗建炎三年		崇宗正德三年	太宗天会七年
一八三二	1130	庚戌	高宗建炎四年		崇宗正德四年	太宗天会八年
一八三三	1131	辛亥	高宗绍兴元年		崇宗正德五年	太宗天会九年
一八三四	1132	壬子	高宗绍兴二年		崇宗正德六年	太宗天会十年
一八三五	1133	癸丑	高宗绍兴三年		崇宗正德七年	太宗天会十一年
一八三六	1134	甲寅	高宗绍兴四年		崇宗正德八年	太宗天会十二年
一八三七	1135	乙卯	高宗绍兴五年		崇宗大德元年	太宗天会十三年
一八三八	1136	丙辰	高宗绍兴六年		崇宗大德二年	熙宗完颜亶天会十四年
一八三九	1137	丁巳	高宗绍兴七年		崇宗大德三年	熙宗天会十五年

（宋、辽、西夏、金续表）

编号	公元纪年	干支	帝王名号、年号、纪年		
			宋	西夏	金
一八四〇	1138	戊午	高宗绍兴八年	崇宗大德四年	熙宗天眷元年
一八四一	1139	己未	高宗绍兴九年	崇宗大德五年	熙宗天眷二年
一八四二	1140	庚申	高宗绍兴十年	仁宗嵬名仁孝大庆元年	熙宗天眷三年
一八四三	1141	辛酉	高宗绍兴十一年	仁宗大庆二年	熙宗皇统元年
一八四四	1142	壬戌	高宗绍兴十二年	仁宗大庆三年	熙宗皇统二年
一八四五	1143	癸亥	高宗绍兴十三年	仁宗大庆四年	熙宗皇统三年
一八四六	1144	甲子	高宗绍兴十四年	仁宗人庆元年	熙宗皇统四年
一八四七	1145	乙丑	高宗绍兴十五年	仁宗人庆二年	熙宗皇统五年
一八四八	1146	丙寅	高宗绍兴十六年	仁宗人庆三年	熙宗皇统六年
一八四九	1147	丁卯	高宗绍兴十七年	仁宗人庆四年	熙宗皇统七年
一八五〇	1148	戊辰	高宗绍兴十八年	仁宗人庆五年	熙宗皇统八年
一八五一	1149	己巳	高宗绍兴十九年	仁宗天盛元年	熙宗皇统九年金海陵王完颜亮天德元年

（宋、辽、西夏、金续表）

编号	公元纪年	干支	帝王名号、年号、纪年		
			宋	西夏	金
一八五二	1150	庚午	高宗绍兴二十年	仁宗天盛二年	海陵王天德二年
一八五三	1151	辛未	高宗绍兴二十一年	仁宗天盛三年	海陵王天德三年
一八五四	1152	壬申	高宗绍兴二十二年	仁宗天盛四年	海陵王天德四年
一八五五	1153	癸酉	高宗绍兴二十三年	仁宗天盛五年	海陵王天德五年、贞元元年
一八五六	1154	甲戌	高宗绍兴二十四年	仁宗天盛六年	海陵王贞元二年
一八五七	1155	乙亥	高宗绍兴二十五年	仁宗天盛七年	海陵王贞元三年
一八五八	1156	丙子	高宗绍兴二十六年	仁宗天盛八年	海陵王贞元四年、正隆元年
一八五九	1157	丁丑	高宗绍兴二十七年	仁宗天盛九年	海陵王正隆二年
一八六〇	1158	戊寅	高宗绍兴二十八年	仁宗天盛十年	海陵王正隆三年
一八六一	1159	己卯	高宗绍兴二十九年	仁宗天盛十一年	海陵王正隆四年
一八六二	1160	庚辰	高宗绍兴三十年	仁宗天盛十二年	海陵王正隆五年
一八六三	1161	辛巳	高宗绍兴三十一年	仁宗天盛十三年	海陵王正隆六年 世宗完颜雍大定元年

（宋、辽、西夏、金续表）

编号	公元纪年	干支	帝王名号、年号、纪年		
			宋	西夏	金
一八六四	1162	壬午	高宗绍兴三十二年	仁宗天盛十四年	世宗大定二年
一八六五	1163	癸未	孝宗赵昚隆兴元年	仁宗天盛十五年	世宗大定三年
一八六六	1164	甲申	孝宗隆兴二年	仁宗天盛十六年	世宗大定四年
一八六七	1165	乙酉	孝宗乾道元年	仁宗天盛十七年	世宗大定五年
一八六八	1166	丙戌	孝宗乾道二年	仁宗天盛十八年	世宗大定六年
一八六九	1167	丁亥	孝宗乾道三年	仁宗天盛十九年	世宗大定七年
一八七〇	1168	戊子	孝宗乾道四年	仁宗天盛二十年	世宗大定八年
一八七一	1169	己丑	孝宗乾道五年	仁宗天盛二十一年	世宗大定九年
一八七二	1170	庚寅	孝宗乾道六年	仁宗乾祐元年	世宗大定十年
一八七三	1171	辛卯	孝宗乾道七年	仁宗乾祐二年	世宗大定十一年
一八七四	1172	壬辰	孝宗乾道八年	仁宗乾祐三年	世宗大定十二年
一八七五	1173	癸巳	孝宗乾道九年	仁宗乾祐四年	世宗大定十三年
一八七六	1174	甲午	孝宗淳熙元年	仁宗乾祐五年	世宗大定十四年
一八七七	1175	乙未	孝宗淳熙二年	仁宗乾祐六年	世宗大定十五年

（宋、辽、西夏、金续表）

编号	公元纪年	干支	帝王名号、年号、纪年		
			宋	西夏	金
一八七八	1176	丙申	孝宗淳熙三年	仁宗乾祐七年	世宗大定十六年
一八七九	1177	丁酉	孝宗淳熙四年	仁宗乾祐八年	世宗大定十七年
一八八〇	1178	戊戌	孝宗淳熙五年	仁宗乾祐九年	世宗大定十八年
一八八一	1179	己亥	孝宗淳熙六年	仁宗乾祐十年	世宗大定十九年
一八八二	1180	庚子	孝宗淳熙七年	仁宗乾祐十一年	世宗大定二十年
一八八三	1181	辛丑	孝宗淳熙八年	仁宗乾祐十二年	世宗大定二十一年
一八八四	1182	壬寅	孝宗淳熙九年	仁宗乾祐十三年	世宗大定二十二年
一八八五	1183	癸卯	孝宗淳熙十年	仁宗乾祐十四年	世宗大定二十三年
一八八六	1184	甲辰	孝宗淳熙十一年	仁宗乾祐十五年	世宗大定二十四年
一八八七	1185	乙巳	孝宗淳熙十二年	仁宗乾祐十六年	世宗大定二十五年
一八八八	1186	丙午	孝宗淳熙十三年	仁宗乾祐十七年	世宗大定二十六年
一八八九	1187	丁未	孝宗淳熙十四年	仁宗乾祐十八年	世宗大定二十七年
一八九〇	1188	戊申	孝宗淳熙十五年	仁宗乾祐十九年	世宗大定二十八年

（宋、辽、西夏、金续表）

编号	公元纪年	干支	帝王名号、年号、纪年		
			宋	西夏	金
一八九一	1189	己酉	孝宗淳熙十六年	仁宗乾祐二十年	世宗大定二十九年
一八九二	1190	庚戌	光宗赵惇绍熙元年	仁宗乾祐二十一年	章宗完颜璟明昌元年
一八九三	1191	辛亥	光宗绍熙二年	仁宗乾祐二十二年	章宗明昌二年
一八九四	1192	壬子	光宗绍熙三年	仁宗乾祐二十三年	章宗明昌三年
一八九五	1193	癸丑	光宗绍熙四年	仁宗乾祐二十四年	章宗明昌四年
一八九六	1194	甲寅	光宗绍熙五年	桓宗嵬名纯祐天庆元年	章宗明昌五年
一八九七	1195	乙卯	宁宗赵扩庆元元年	桓宗天庆二年	章宗明昌六年
一八九八	1196	丙辰	宁宗庆元二年	桓宗天庆三年	章宗明昌七年、承安元年
一八九九	1197	丁巳	宁宗庆元三年	桓宗天庆四年	章宗承安二年
一九〇〇	1198	戊午	宁宗庆元四年	桓宗天庆五年	章宗承安三年
一九〇一	1199	己未	宁宗庆元五年	桓宗天庆六年	章宗承安四年
一九〇二	1200	庚申	宁宗庆元六年	桓宗天庆七年	章宗承安五年

（宋、辽、西夏、金续表）

编号	公元纪年	干支	帝王名号、年号、纪年			
			宋	西夏	金	蒙古（元）
一九〇三	1201	辛酉	宁宗嘉泰元年	桓宗天庆八年	章宗泰和元年	
一九〇四	1202	壬戌	宁宗嘉泰二年	桓宗天庆九年	章宗泰和二年	
一九〇五	1203	癸亥	宁宗嘉泰三年	桓宗天庆十年	章宗泰和三年	
一九〇六	1204	甲子	宁宗嘉泰四年	桓宗天庆十一年	章宗泰和四年	
一九〇七	1205	乙丑	宁宗开禧元年	桓宗天庆十二年	章宗泰和五年	
一九〇八	1206	丙寅	宁宗开禧二年	襄宗嵬名安全应天元年	章宗泰和六年	太祖孛儿只斤·铁木真元年
一九〇九	1207	丁卯	宁宗开禧三年	襄宗应天二年	章宗泰和七年	太祖二年
一九一〇	1208	戊辰	宁宗嘉定元年	襄宗应天三年	章宗泰和八年	太祖三年
一九一一	1209	己巳	宁宗嘉定二年	襄宗应天四年	卫绍王完颜永济大安元年	太祖四年
一九一二	1210	庚午	宁宗嘉定三年	襄宗皇建元年	卫绍王大安二年	太祖五年
一九一三	1211	辛未	宁宗嘉定四年	神宗嵬名遵顼光定元年	卫绍王大安三年	太祖六年
一九一四	1212	壬申	宁宗嘉定五年	神宗光定二年	卫绍王崇庆元年	太祖七年

（宋、辽、西夏、金续表）

编号	公元纪年	干支	帝王名号、年号、纪年			
			宋	西夏	金	蒙古（元）
一九一五	1213	癸酉	宁宗嘉定六年	神宗光定三年	卫绍王崇庆二年、至宁元年宣宗完颜珣贞祐元年	太祖八年
一九一六	1214	甲戌	宁宗嘉定七年	神宗光定四年	宣宗贞祐二年	太祖九年
一九一七	1215	乙亥	宁宗嘉定八年	神宗光定五年	宣宗贞祐三年	太祖十年
一九一八	1216	丙子	宁宗嘉定九年	神宗光定六年	宣宗贞祐四年	太祖十一年
一九一九	1217	丁丑	宁宗嘉定十年	神宗光定七年	宣宗贞祐五年、兴定元年	太祖十二年
一九二〇	1218	戊寅	宁宗嘉定十一年	神宗光定八年	宣宗兴定二年	太祖十三年
一九二一	1219	己卯	宁宗嘉定十二年	神宗光定九年	宣宗兴定三年	太祖十四年
一九二二	1220	庚辰	宁宗嘉定十三年	神宗光定十年	宣宗兴定四年	太祖十五年
一九二三	1221	辛巳	宁宗嘉定十四年	神宗光定十一年	宣宗兴定五年	太祖十六年
一九二四	1222	壬午	宁宗嘉定十五年	神宗光定十二年	宣宗兴定六年、元光元年	太祖十七年
一九二五	1223	癸未	宁宗嘉定十六年	神宗光定十三年	宣宗元光二年	太祖十八年

（宋、辽、西夏、金续表）

编号	公元纪年	干支	帝王名号、年号、纪年			
			宋	西夏	金	蒙古（元）
一九二六	1224	甲申	宁宗嘉定十七年	献宗嵬名德旺乾定元年	哀宗完颜守绪正大元年	太祖十九年
一九二七	1225	乙酉	理宗赵昀宝庆元年	献宗乾定二年	哀宗正大二年	太祖二十年
一九二八	1226	丙戌	理宗宝庆二年	献宗乾定三年	哀宗正大三年	太祖二十一年
一九二九	1227	丁亥	理宗宝庆三年	末帝嵬名睍宝义元年	哀宗正大四年	太祖二十二年
一九三〇	1228	戊子	理宗绍定元年		哀宗正大五年	孛儿只斤·拖雷监国
一九三一	1229	己丑	理宗绍定二年		哀宗正大六年	太宗孛儿只斤·窝阔台元年
一九三二	1230	庚寅	理宗绍定三年		哀宗正大七年	太宗二年
一九三三	1231	辛卯	理宗绍定四年		哀宗正大八年	太宗三年
一九三四	1232	壬辰	理宗绍定五年		哀宗正大九年、开兴元年、天兴元年	太宗四年
一九三五	1233	癸巳	理宗绍定六年		哀宗天兴二年	太宗五年
一九三六	1234	甲午	理宗端平元年		哀宗天兴三年	太宗六年

（宋、辽、西夏、金续表）

编号	公元纪年	干支	帝王名号、年号、纪年	
			宋	蒙古（元）
一九三七	1235	乙未	理宗端平二年	太宗七年
一九三八	1236	丙申	理宗端平三年	太宗八年
一九三九	1237	丁酉	理宗嘉熙元年	太宗九年
一九四〇	1238	戊戌	理宗嘉熙二年	太宗十年
一九四一	1239	己亥	理宗嘉熙三年	太宗十一年
一九四二	1240	庚子	理宗嘉熙四年	太宗十二年
一九四三	1241	辛丑	理宗淳祐元年	太宗十三年
一九四四	1242	壬寅	理宗淳祐二年	乃马真后元年
一九四五	1243	癸卯	理宗淳祐三年	乃马真后二年
一九四六	1244	甲辰	理宗淳祐四年	乃马真后三年
一九四七	1245	乙巳	理宗淳祐五年	乃马真后四年
一九四八	1246	丙午	理宗淳祐六年	乃马真后五年 定宗孛儿只斤·贵由元年
一九四九	1247	丁未	理宗淳祐七年	定宗二年
一九五〇	1248	戊申	理宗淳祐八年	定宗三年
一九五一	1249	己酉	理宗淳祐九年	海迷失后元年
一九五二	1250	庚戌	理宗淳祐十年	海迷失后二年
一九五三	1251	辛亥	理宗淳祐十一年	海迷失后三年 宪宗孛儿只斤·蒙哥元年
一九五四	1252	壬子	理宗淳祐十二年	宪宗二年
一九五五	1253	癸丑	理宗宝祐元年	宪宗三年
一九五六	1254	甲寅	理宗宝祐二年	宪宗四年
一九五七	1255	乙卯	理宗宝祐三年	宪宗五年

（宋、辽、西夏、金续表）

编号	公元纪年	干支	帝王名号、年号、纪年	
			宋	蒙古（元）
一九五八	1256	丙辰	理宗宝祐四年	宪宗六年
一九五九	1257	丁巳	理宗宝祐五年	宪宗七年
一九六〇	1258	戊午	理宗宝祐六年	宪宗八年
一九六一	1259	己未	理宗开庆元年	宪宗九年
一九六二	1260	庚申	理宗景定元年	世祖孛儿只斤·忽必烈中统元年
一九六三	1261	辛酉	理宗景定二年	世祖中统二年
一九六四	1262	壬戌	理宗景定三年	世祖中统三年
一九六五	1263	癸亥	理宗景定四年	世祖中统四年
一九六六	1264	甲子	理宗景定五年	世祖中统五年、至元元年
一九六七	1265	乙丑	度宗赵禥咸淳元年	世祖至元二年
一九六八	1266	丙寅	度宗咸淳二年	世祖至元三年
一九六九	1267	丁卯	度宗咸淳四年	世祖至元四年
一九七〇	1268	戊辰	度宗咸淳四年	世祖至元五年
一九七一	1269	己巳	度宗咸淳五年	世祖至元六年
一九七二	1270	庚午	度宗咸淳六年	世祖至元七年
一九七三	1271	辛未	度宗咸淳七年	世祖至元八年
一九七四	1272	壬申	度宗咸淳八年	世祖至元九年
一九七五	1273	癸酉	度宗咸淳九年	世祖至元十年
一九七六	1274	甲戌	度宗咸淳十年	世祖至元十一年
一九七七	1275	乙亥	恭帝赵㬎德祐元年	世祖至元十二年
一九七八	1276	丙子	恭帝德祐二年 端宗赵昰景炎元年	世祖至元十三年
一九七九	1277	丁丑	端宗景炎二年	世祖至元十四年

（宋、辽、西夏、金续表）

编号	公元纪年	干支	帝王名号、年号、纪年	
			宋	元
一九八〇	1278	戊寅	端宗景炎三年 帝昺赵昺祥兴元年	世祖至元十五年
一九八一	1279	己卯	帝昺祥兴二年	世祖至元十六年

元[①]

（公元1206年—公元1368年）

编号	公元纪年	干支	帝王名号、年号、纪年
一九八二	1280	庚辰	元世祖至元十七年
一九八三	1281	辛巳	元世祖至元十八年
一九八四	1282	壬午	元世祖至元十九年
一九八五	1283	癸未	元世祖至元二十年
一九八六	1284	甲申	元世祖至元二十一年
一九八七	1285	乙酉	元世祖至元二十二年
一九八八	1286	丙戌	元世祖至元二十三年
一九八九	1287	丁亥	元世祖至元二十四年
一九九〇	1288	戊子	元世祖至元二十五年
一九九一	1289	己丑	元世祖至元二十六年
一九九二	1290	庚寅	元世祖至元二十七年
一九九三	1291	辛卯	元世祖至元二十八年
一九九四	1292	壬辰	元世祖至元二十九年
一九九五	1293	癸巳	元世祖至元三十年
一九九六	1294	甲午	元世祖至元三十一年

① 蒙古孛儿只斤·铁木真于公元1206年建国。1271年忽必烈定国号为元。公元1206年至1279年间纪年见宋、辽、西夏、金部分。

（元续表）

编号	公元纪年	干 支	帝王名号、年号、纪年
一九九七	1295	乙未	元成宗孛儿只斤·铁穆耳元贞元年
一九九八	1296	丙申	元成宗元贞二年
一九九九	1297	丁酉	元成宗大德元年
二〇〇〇	1298	戊戌	元成宗大德二年
二〇〇一	1299	己亥	元成宗大德三年
二〇〇二	1300	庚子	元成宗大德四年
二〇〇三	1301	辛丑	元成宗大德五年
二〇〇四	1302	壬寅	元成宗大德六年
二〇〇五	1303	癸卯	元成宗大德七年
二〇〇六	1304	甲辰	元成宗大德八年
二〇〇七	1305	乙巳	元成宗大德九年
二〇〇八	1306	丙午	元成宗大德十年
二〇〇九	1307	丁未	元成宗大德十一年
二〇一〇	1308	戊申	元武宗孛儿只斤·海山至大元年
二〇一一	1309	己酉	元武宗至大二年
二〇一二	1310	庚戌	元武宗至大三年
二〇一三	1311	辛亥	元武宗至大四年
二〇一四	1312	壬子	元仁宗孛儿只斤·爱育黎拔力八达皇庆元年
二〇一五	1313	癸丑	元仁宗皇庆二年
二〇一六	1314	甲寅	元仁宗延祐元年
二〇一七	1315	乙卯	元仁宗延祐二年
二〇一八	1316	丙辰	元仁宗延祐三年
二〇一九	1317	丁巳	元仁宗延祐四年
二〇二〇	1318	戊午	元仁宗延祐五年
二〇二一	1319	己未	元仁宗延祐六年

（元续表）

编号	公元纪年	干 支	帝王名号、年号、纪年
二〇二二	1320	庚申	元仁宗延祐七年
二〇二三	1321	辛酉	元英宗孛儿只斤·硕德八剌至治元年
二〇二四	1322	壬戌	元英宗至治二年
二〇二五	1323	癸亥	元英宗至治三年
二〇二六	1324	甲子	元泰定帝孛儿只斤·也孙铁木儿泰定元年
二〇二七	1325	乙丑	元泰定帝泰定二年
二〇二八	1326	丙寅	元泰定帝泰定三年
二〇二九	1327	丁卯	元泰定帝泰定四年
二〇三〇	1328	戊辰	元泰定帝泰定五年、致和元年 元天顺帝孛儿只斤·阿速吉八天顺元年 元文宗孛儿只斤·图帖睦尔天历元年
二〇三一	1329	己巳	元文宗天历二年 元明宗孛儿只斤·和世㻋元年
二〇三二	1330	庚午	元文宗天历三年、至顺元年
二〇三三	1331	辛未	元文宗至顺二年
二〇三四	1332	壬申	元宁宗孛儿只斤·懿璘质班至顺三年
二〇三五	1333	癸酉	元顺帝孛儿只斤·妥懽帖睦尔至顺四年、元统元年
二〇三六	1334	甲戌	元顺帝元统二年
二〇三七	1335	乙亥	元顺帝元统三年、至元元年
二〇三八	1336	丙子	元顺帝至元二年
二〇三九	1337	丁丑	元顺帝至元三年
二〇四〇	1338	戊寅	元顺帝至元四年
二〇四一	1339	己卯	元顺帝至元五年
二〇四二	1340	庚辰	元顺帝至元六年

（元续表）

编号	公元纪年	干 支	帝王名号、年号、纪年
二〇四三	1341	辛巳	元顺帝至正元年
二〇四四	1342	壬午	元顺帝至正二年
二〇四五	1343	癸未	元顺帝至正三年
二〇四六	1344	甲申	元顺帝至正四年
二〇四七	1345	乙酉	元顺帝至正五年
二〇四八	1346	丙戌	元顺帝至正六年
二〇四九	1347	丁亥	元顺帝至正七年
二〇五〇	1348	戊子	元顺帝至正八年
二〇五一	1349	己丑	元顺帝至正九年
二〇五二	1350	庚寅	元顺帝至正十年
二〇五三	1351	辛卯	元顺帝至正十一年
二〇五四	1352	壬辰	元顺帝至正十二年
二〇五五	1353	癸巳	元顺帝至正十三年
二〇五六	1354	甲午	元顺帝至正十四年
二〇五七	1355	乙未	元顺帝至正十五年
二〇五八	1356	丙申	元顺帝至正十六年
二〇五九	1357	丁酉	元顺帝至正十七年
二〇六〇	1358	戊戌	元顺帝至正十八年
二〇六一	1359	己亥	元顺帝至正十九年
二〇六二	1360	庚子	元顺帝至正二十年
二〇六三	1361	辛丑	元顺帝至正二十一年
二〇六四	1362	壬寅	元顺帝至正二十二年
二〇六五	1363	癸卯	元顺帝至正二十三年
二〇六六	1364	甲辰	元顺帝至正二十四年
二〇六七	1365	乙巳	元顺帝至正二十五年
二〇六八	1366	丙午	元顺帝至正二十六年

（元续表）

编号	公元纪年	干 支	帝王名号、年号、纪年
二〇六九	1367	丁未	元顺帝至正二十七年
	1368	戊申	元顺帝至正二十八年

明[①]

（公元 1368 年—公元 1644 年）

编号	公元纪年	干 支	帝王名号、年号、纪年
二〇七〇	1368	戊申	明太祖朱元璋洪武元年
二〇七一	1369	己酉	明太祖洪武二年
二〇七二	1370	庚戌	明太祖洪武三年
二〇七三	1371	辛亥	明太祖洪武四年
二〇七四	1372	壬子	明太祖洪武五年
二〇七五	1373	癸丑	明太祖洪武六年
二〇七六	1374	甲寅	明太祖洪武七年
二〇七七	1375	乙卯	明太祖洪武八年
二〇七八	1376	丙辰	明太祖洪武九年
二〇七九	1377	丁巳	明太祖洪武十年
二〇八〇	1378	戊午	明太祖洪武十一年
二〇八一	1379	己未	明太祖洪武十二年
二〇八二	1380	庚申	明太祖洪武十三年
二〇八三	1381	辛酉	明太祖洪武十四年
二〇八四	1382	壬戌	明太祖洪武十五年
二〇八五	1383	癸亥	明太祖洪武十六年

① 含后金（清）公元 1616 年至公元 1643 年间纪年。

（明续表）

编号	公元纪年	干 支	帝王名号、年号、纪年
二〇八六	1384	甲子	明太祖洪武十七年
二〇八七	1385	乙丑	明太祖洪武十八年
二〇八八	1386	丙寅	明太祖洪武十九年
二〇八九	1387	丁卯	明太祖洪武二十年
二〇九〇	1388	戊辰	明太祖洪武二十一年
二〇九一	1389	己巳	明太祖洪武二十二年
二〇九二	1390	庚午	明太祖洪武二十三年
二〇九三	1391	辛未	明太祖洪武二十四年
二〇九四	1392	壬申	明太祖洪武二十五年
二〇九五	1393	癸酉	明太祖洪武二十六年
二〇九六	1394	甲戌	明太祖洪武二十七年
二〇九七	1395	乙亥	明太祖洪武二十八年
二〇九八	1396	丙子	明太祖洪武二十九年
二〇九九	1397	丁丑	明太祖洪武三十年
二一〇〇	1398	戊寅	明太祖洪武三十一年
二一〇一	1399	己卯	明惠帝朱允炆建文元年
二一〇二	1400	庚辰	明惠帝建文二年
二一〇三	1401	辛巳	明惠帝建文三年
二一〇四	1402	壬午	明惠帝建文四年
二一〇五	1403	癸未	明成祖朱棣永乐元年
二一〇六	1404	甲申	明成祖永乐二年
二一〇七	1405	乙酉	明成祖永乐三年
二一〇八	1406	丙戌	明成祖永乐四年
二一〇九	1407	丁亥	明成祖永乐五年
二一一〇	1408	戊子	明成祖永乐六年
二一一一	1409	己丑	明成祖永乐七年

（明续表）

编号	公元纪年	干支	帝王名号、年号、纪年
二一一二	1410	庚寅	明成祖永乐八年
二一一三	1411	辛卯	明成祖永乐九年
二一一四	1412	壬辰	明成祖永乐十年
二一一五	1413	癸巳	明成祖永乐十一年
二一一六	1414	甲午	明成祖永乐十二年
二一一七	1415	乙未	明成祖永乐十三年
二一一八	1416	丙申	明成祖永乐十四年
二一一九	1417	丁酉	明成祖永乐十五年
二一二〇	1418	戊戌	明成祖永乐十六年
二一二一	1419	己亥	明成祖永乐十七年
二一二二	1420	庚子	明成祖永乐十八年
二一二三	1421	辛丑	明成祖永乐十九年
二一二四	1422	壬寅	明成祖永乐二十年
二一二五	1423	癸卯	明成祖永乐二十一年
二一二六	1424	甲辰	明成祖永乐二十二年
二一二七	1425	乙巳	明仁宗朱高炽洪熙元年
二一二八	1426	丙午	明宣宗朱瞻基宣德元年
二一二九	1427	丁未	明宣宗宣德二年
二一三〇	1428	戊申	明宣宗宣德三年
二一三一	1429	己酉	明宣宗宣德四年
二一三二	1430	庚戌	明宣宗宣德五年
二一三三	1431	辛亥	明宣宗宣德六年
二一三四	1432	壬子	明宣宗宣德七年
二一三五	1433	癸丑	明宣宗宣德八年
二一三六	1434	甲寅	明宣宗宣德九年
二一三七	1435	乙卯	明宣宗宣德十年

（明续表）

编号	公元纪年	干支	帝王名号、年号、纪年
二一三八	1436	丙辰	明英宗朱祁镇正统元年
二一三九	1437	丁巳	明英宗正统二年
二一四〇	1438	戊午	明英宗正统三年
二一四一	1439	己未	明英宗正统四年
二一四二	1440	庚申	明英宗正统五年
二一四三	1441	辛酉	明英宗正统六年
二一四四	1442	壬戌	明英宗正统七年
二一四五	1443	癸亥	明英宗正统八年
二一四六	1444	甲子	明英宗正统九年
二一四七	1445	乙丑	明英宗正统十年
二一四八	1446	丙寅	明英宗正统十一年
二一四九	1447	丁卯	明英宗正统十二年
二一五〇	1448	戊辰	明英宗正统十三年
二一五一	1449	己巳	明英宗正统十四年
二一五二	1450	庚午	明代宗朱祁钰景泰元年
二一五三	1451	辛未	明代宗景泰二年
二一五四	1452	壬申	明代宗景泰三年
二一五五	1453	癸酉	明代宗景泰四年
二一五六	1454	甲戌	明代宗景泰五年
二一五七	1455	乙亥	明代宗景泰六年
二一五八	1456	丙子	明代宗景泰七年
二一五九	1457	丁丑	明英宗朱祁镇天顺元年
二一六〇	1458	戊寅	明英宗天顺二年
二一六一	1459	己卯	明英宗天顺三年
二一六二	1460	庚辰	明英宗天顺四年
二一六三	1461	辛巳	明英宗天顺五年

（明续表）

编号	公元纪年	干支	帝王名号、年号、纪年
二一六四	1462	壬午	明英宗天顺六年
二一六五	1463	癸未	明英宗天顺七年
二一六六	1464	甲申	明英宗天顺八年
二一六七	1465	乙酉	明宪宗朱见深成化元年
二一六八	1466	丙戌	明宪宗成化二年
二一六九	1467	丁亥	明宪宗成化三年
二一七〇	1468	戊子	明宪宗成化四年
二一七一	1469	己丑	明宪宗成化五年
二一七二	1470	庚寅	明宪宗成化六年
二一七三	1471	辛卯	明宪宗成化七年
二一七四	1472	壬辰	明宪宗成化八年
二一七五	1473	癸巳	明宪宗成化九年
二一七六	1474	甲午	明宪宗成化十年
二一七七	1475	乙未	明宪宗成化十一年
二一七八	1476	丙申	明宪宗成化十二年
二一七九	1477	丁酉	明宪宗成化十三年
二一八〇	1478	戊戌	明宪宗成化十四年
二一八一	1479	己亥	明宪宗成化十五年
二一八二	1480	庚子	明宪宗成化十六年
二一八三	1481	辛丑	明宪宗成化十七年
二一八四	1482	壬寅	明宪宗成化十八年
二一八五	1483	癸卯	明宪宗成化十九年
二一八六	1484	甲辰	明宪宗成化二十年
二一八七	1485	乙巳	明宪宗成化二十一年
二一八八	1486	丙午	明宪宗成化二十二年
二一八九	1487	丁未	明宪宗成化二十三年

（明续表）

编号	公元纪年	干 支	帝王名号、年号、纪年
二一九〇	1488	戊申	明孝宗朱祐樘弘治元年
二一九一	1489	己酉	明孝宗弘治二年
二一九二	1490	庚戌	明孝宗弘治三年
二一九三	1491	辛亥	明孝宗弘治四年
二一九四	1492	壬子	明孝宗弘治五年
二一九五	1493	癸丑	明孝宗弘治六年
二一九六	1494	甲寅	明孝宗弘治七年
二一九七	1495	乙卯	明孝宗弘治八年
二一九八	1496	丙辰	明孝宗弘治九年
二一九九	1497	丁巳	明孝宗弘治十年
二二〇〇	1498	戊午	明孝宗弘治十一年
二二〇一	1499	己未	明孝宗弘治十二年
二二〇二	1500	庚申	明孝宗弘治十三年
二二〇三	1501	辛酉	明孝宗弘治十四年
二二〇四	1502	壬戌	明孝宗弘治十五年
二二〇五	1503	癸亥	明孝宗弘治十六年
二二〇六	1504	甲子	明孝宗弘治十七年
二二〇七	1505	乙丑	明孝宗弘治十八年
二二〇八	1506	丙寅	明武宗朱厚照正德元年
二二〇九	1507	丁卯	明武宗正德二年
二二一〇	1508	戊辰	明武宗正德三年
二二一一	1509	己巳	明武宗正德四年
二二一二	1510	庚午	明武宗正德五年
二二一三	1511	辛未	明武宗正德六年
二二一四	1512	壬申	明武宗正德七年
二二一五	1513	癸酉	明武宗正德八年

(明续表)

编号	公元纪年	干支	帝王名号、年号、纪年
二二一六	1514	甲戌	明武宗正德九年
二二一七	1515	乙亥	明武宗正德十年
二二一八	1516	丙子	明武宗正德十一年
二二一九	1517	丁丑	明武宗正德十二年
二二二〇	1518	戊寅	明武宗正德十三年
二二二一	1519	己卯	明武宗正德十四年
二二二二	1520	庚辰	明武宗正德十五年
二二二三	1521	辛巳	明武宗正德十六年
二二二四	1522	壬午	明世宗朱厚熜嘉靖元年
二二二五	1523	癸未	明世宗嘉靖二年
二二二六	1524	甲申	明世宗嘉靖三年
二二二七	1525	乙酉	明世宗嘉靖四年
二二二八	1526	丙戌	明世宗嘉靖五年
二二二九	1527	丁亥	明世宗嘉靖六年
二二三〇	1528	戊子	明世宗嘉靖七年
二二三一	1529	己丑	明世宗嘉靖八年
二二三二	1530	庚寅	明世宗嘉靖九年
二二三三	1531	辛卯	明世宗嘉靖十年
二二三四	1532	壬辰	明世宗嘉靖十一年
二二三五	1533	癸巳	明世宗嘉靖十二年
二二三六	1534	甲午	明世宗嘉靖十三年
二二三七	1535	乙未	明世宗嘉靖十四年
二二三八	1536	丙申	明世宗嘉靖十五年
二二三九	1537	丁酉	明世宗嘉靖十六年
二二四〇	1538	戊戌	明世宗嘉靖十七年
二二四一	1539	己亥	明世宗嘉靖十八年

（明续表）

编号	公元纪年	干支	帝王名号、年号、纪年
二二四二	1540	庚子	明世宗嘉靖十九年
二二四三	1541	辛丑	明世宗嘉靖二十年
二二四四	1542	壬寅	明世宗嘉靖二十一年
二二四五	1543	癸卯	明世宗嘉靖二十二年
二二四六	1544	甲辰	明世宗嘉靖二十三年
二二四七	1545	乙巳	明世宗嘉靖二十四年
二二四八	1546	丙午	明世宗嘉靖二十五年
二二四九	1547	丁未	明世宗嘉靖二十六年
二二五〇	1548	戊申	明世宗嘉靖二十七年
二二五一	1549	己酉	明世宗嘉靖二十八年
二二五二	1550	庚戌	明世宗嘉靖二十九年
二二五三	1551	辛亥	明世宗嘉靖三十年
二二五四	1552	壬子	明世宗嘉靖三十一年
二二五五	1553	癸丑	明世宗嘉靖三十二年
二二五六	1554	甲寅	明世宗嘉靖三十三年
二二五七	1555	乙卯	明世宗嘉靖三十四年
二二五八	1556	丙辰	明世宗嘉靖三十五年
二二五九	1557	丁巳	明世宗嘉靖三十六年
二二六〇	1558	戊午	明世宗嘉靖三十七年
二二六一	1559	己未	明世宗嘉靖三十八年
二二六二	1560	庚申	明世宗嘉靖三十九年
二二六三	1561	辛酉	明世宗嘉靖四十年
二二六四	1562	壬戌	明世宗嘉靖四十一年
二二六五	1563	癸亥	明世宗嘉靖四十二年
二二六六	1564	甲子	明世宗嘉靖四十三年
二二六七	1565	乙丑	明世宗嘉靖四十四年

（明续表）

编号	公元纪年	干 支	帝王名号、年号、纪年
二二六八	1566	丙寅	明世宗嘉靖四十五年
二二六九	1567	丁卯	明穆宗朱载垕隆庆元年
二二七〇	1568	戊辰	明穆宗隆庆二年
二二七一	1569	己巳	明穆宗隆庆三年
二二七二	1570	庚午	明穆宗隆庆四年
二二七三	1571	辛未	明穆宗隆庆五年
二二七四	1572	壬申	明穆宗隆庆六年
二二七五	1573	癸酉	明神宗朱翊钧万历元年
二二七六	1574	甲戌	明神宗万历二年
二二七七	1575	乙亥	明神宗万历三年
二二七八	1576	丙子	明神宗万历四年
二二七九	1577	丁丑	明神宗万历五年
二二八〇	1578	戊寅	明神宗万历六年
二二八一	1579	己卯	明神宗万历七年
二二八二	1580	庚辰	明神宗万历八年
二二八三	1581	辛巳	明神宗万历九年
二二八四	1582	壬午	明神宗万历十年
二二八五	1583	癸未	明神宗万历十一年
二二八六	1584	甲申	明神宗万历十二年
二二八七	1585	乙酉	明神宗万历十三年
二二八八	1586	丙戌	明神宗万历十四年
二二八九	1587	丁亥	明神宗万历十五年
二二九〇	1588	戊子	明神宗万历十六年
二二九一	1589	己丑	明神宗万历十七年
二二九二	1590	庚寅	明神宗万历十八年
二二九三	1591	辛卯	明神宗万历十九年

（明续表）

编号	公元纪年	干支	帝王名号、年号、纪年
二二九四	1592	壬辰	明神宗万历二十年
二二九五	1593	癸巳	明神宗万历二十一年
二二九六	1594	甲午	明神宗万历二十二年
二二九七	1595	乙未	明神宗万历二十三年
二二九八	1596	丙申	明神宗万历二十四年
二二九九	1597	丁酉	明神宗万历二十五年
二三〇〇	1598	戊戌	明神宗万历二十六年
二三〇一	1599	己亥	明神宗万历二十七年
二三〇二	1600	庚子	明神宗万历二十八年
二三〇三	1601	辛丑	明神宗万历二十九年
二三〇四	1602	壬寅	明神宗万历三十年
二三〇五	1603	癸卯	明神宗万历三十一年
二三〇六	1604	甲辰	明神宗万历三十二年
二三〇七	1605	乙巳	明神宗万历三十三年
二三〇八	1606	丙午	明神宗万历三十四年
二三〇九	1607	丁未	明神宗万历三十五年
二三一〇	1608	戊申	明神宗万历三十六年
二三一一	1609	己酉	明神宗万历三十七年
二三一二	1610	庚戌	明神宗万历三十八年
二三一三	1611	辛亥	明神宗万历三十九年
二三一四	1612	壬子	明神宗万历四十年
二三一五	1613	癸丑	明神宗万历四十一年
二三一六	1614	甲寅	明神宗万历四十二年
二三一七	1615	乙卯	明神宗万历四十三年

（明续表）

编号	公元纪年	干支	帝王名号、年号、纪年	
			明	后金（清）
二三一八	1616	丙辰	神宗万历四十四年	太祖爱新觉罗·努尔哈赤天命元年
二三一九	1617	丁巳	神宗万历四十五年	太祖天命二年
二三二〇	1618	戊午	神宗万历四十六年	太祖天命三年
二三二一	1619	己未	神宗万历四十七年	太祖天命四年
二三二二	1620	庚申	神宗万历四十八年 光宗朱常洛泰昌元年	太祖天命五年
二三二三	1621	辛酉	熹宗朱由校天启元年	太祖天命六年
二三二四	1622	壬戌	熹宗天启二年	太祖天命七年
二三二五	1623	癸亥	熹宗天启三年	太祖天命八年
二三二六	1624	甲子	熹宗天启四年	太祖天命九年
二三二七	1625	乙丑	熹宗天启五年	太祖天命十年
二三二八	1626	丙寅	熹宗天启六年	太祖天命十一年
二三二九	1627	丁卯	熹宗天启七年	太宗爱新觉罗·皇太极天聪元年
二三三〇	1628	戊辰	思宗朱由检崇祯元年	太宗天聪二年
二三三一	1629	己巳	思宗崇祯二年	太宗天聪三年
二三三二	1630	庚午	思宗崇祯三年	太宗天聪四年
二三三三	1631	辛未	思宗崇祯四年	太宗天聪五年
二三三四	1632	壬申	思宗崇祯五年	太宗天聪六年
二三三五	1633	癸酉	思宗崇祯六年	太宗天聪七年
二三三六	1634	甲戌	思宗崇祯七年	太宗天聪八年
二三三七	1635	乙亥	思宗崇祯八年	太宗天聪九年

（明续表）

编号	公元纪年	干 支	帝王名号、年号、纪年	
			明	后金（清）
二三三八	1636	丙子	思宗崇祯九年	太宗天聪十年、崇德元年
二三三九	1637	丁丑	思宗崇祯十年	太宗崇德二年
二三四〇	1638	戊寅	思宗崇祯十一年	太宗崇德三年
二三四一	1639	己卯	思宗崇祯十二年	太宗崇德四年
二三四二	1640	庚辰	思宗崇祯十三年	太宗崇德五年
二三四三	1641	辛巳	思宗崇祯十四年	太宗崇德六年
二三四四	1642	壬午	思宗崇祯十五年	太宗崇德七年
二三四五	1643	癸未	思宗崇祯十六年	太宗崇德八年
二三四六	1644	甲申	思宗崇祯十七年	世祖爱新觉罗·福临顺治元年

清[①]

（公元 1616 年—公元 1911 年）

编号	公元纪年	干 支	帝王名号、年号、纪年
二三四七	1644	甲申	清世祖爱新觉罗·福临顺治元年
二三四八	1645	乙酉	清世祖顺治二年
二三四九	1646	丙戌	清世祖顺治三年
二三五〇	1647	丁亥	清世祖顺治四年
二三五一	1648	戊子	清世祖顺治五年
二三五二	1649	己丑	清世祖顺治六年
二三五三	1650	庚寅	清世祖顺治七年

① 清建国于公元 1616 年，初称后金。公元 1636 年始改国号为清。公元 1616 年至公元 1643 年间纪年见明代部分。

（清续表）

编号	公元纪年	干 支	帝王名号、年号、纪年
二三五四	1651	辛卯	清世祖顺治八年
二三五五	1652	壬辰	清世祖顺治九年
二三五六	1653	癸巳	清世祖顺治十年
二三五七	1654	甲午	清世祖顺治十一年
二三五八	1655	乙未	清世祖顺治十二年
二三五九	1656	丙申	清世祖顺治十三年
二三六〇	1657	丁酉	清世祖顺治十四年
二三六一	1658	戊戌	清世祖顺治十五年
二三六二	1659	己亥	清世祖顺治十六年
二三六三	1660	庚子	清世祖顺治十七年
二三六四	1661	辛丑	清世祖顺治十八年
二三六五	1662	壬寅	清圣祖爱新觉罗·玄烨康熙元年
二三六六	1663	癸卯	清圣祖康熙二年
二三六七	1664	甲辰	清圣祖康熙三年
二三六八	1665	乙巳	清圣祖康熙四年
二三六九	1666	丙午	清圣祖康熙五年
二三七〇	1667	丁未	清圣祖康熙六年
二三七一	1668	戊申	清圣祖康熙七年
二三七二	1669	己酉	清圣祖康熙八年
二三七三	1670	庚戌	清圣祖康熙九年
二三七四	1671	辛亥	清圣祖康熙十年
二三七五	1672	壬子	清圣祖康熙十一年
二三七六	1673	癸丑	清圣祖康熙十二年
二三七七	1674	甲寅	清圣祖康熙十三年
二三七八	1675	乙卯	清圣祖康熙十四年
二三七九	1676	丙辰	清圣祖康熙十五年

（清续表）

编号	公元纪年	干 支	帝王名号、年号、纪年
二三八〇	1677	丁巳	清圣祖康熙十六年
二三八一	1678	戊午	清圣祖康熙十七年
二三八二	1679	己未	清圣祖康熙十八年
二三八三	1680	庚申	清圣祖康熙十九年
二三八四	1681	辛酉	清圣祖康熙二十年
二三八五	1682	壬戌	清圣祖康熙二十一年
二三八六	1683	癸亥	清圣祖康熙二十二年
二三八七	1684	甲子	清圣祖康熙二十三年
二三八八	1685	乙丑	清圣祖康熙二十四年
二三八九	1686	丙寅	清圣祖康熙二十五年
二三九〇	1687	丁卯	清圣祖康熙二十六年
二三九一	1688	戊辰	清圣祖康熙二十七年
二三九二	1689	己巳	清圣祖康熙二十八年
二三九三	1690	庚午	清圣祖康熙二十九年
二三九四	1691	辛未	清圣祖康熙三十年
二三九五	1692	壬申	清圣祖康熙三十一年
二三九六	1693	癸酉	清圣祖康熙三十二年
二三九七	1694	甲戌	清圣祖康熙三十三年
二三九八	1695	乙亥	清圣祖康熙三十四年
二三九九	1696	丙子	清圣祖康熙三十五年
二四〇〇	1697	丁丑	清圣祖康熙三十六年
二四〇一	1698	戊寅	清圣祖康熙三十七年
二四〇二	1699	己卯	清圣祖康熙三十八年
二四〇三	1700	庚辰	清圣祖康熙三十九年
二四〇四	1701	辛巳	清圣祖康熙四十年
二四〇五	1702	壬午	清圣祖康熙四十一年

（清续表）

编号	公元纪年	干支	帝王名号、年号、纪年
二四〇六	1703	癸未	清圣祖康熙四十二年
二四〇七	1704	甲申	清圣祖康熙四十三年
二四〇八	1705	乙酉	清圣祖康熙四十四年
二四〇九	1706	丙戌	清圣祖康熙四十五年
二四一〇	1707	丁亥	清圣祖康熙四十六年
二四一一	1708	戊子	清圣祖康熙四十七年
二四一二	1709	己丑	清圣祖康熙四十八年
二四一三	1710	庚寅	清圣祖康熙四十九年
二四一四	1711	辛卯	清圣祖康熙五十年
二四一五	1712	壬辰	清圣祖康熙五十一年
二四一六	1713	癸巳	清圣祖康熙五十二年
二四一七	1714	甲午	清圣祖康熙五十三年
二四一八	1715	乙未	清圣祖康熙五十四年
二四一九	1716	丙申	清圣祖康熙五十五年
二四二〇	1717	丁酉	清圣祖康熙五十六年
二四二一	1718	戊戌	清圣祖康熙五十七年
二四二二	1719	己亥	清圣祖康熙五十八年
二四二三	1720	庚子	清圣祖康熙五十九年
二四二四	1721	辛丑	清圣祖康熙六十年
二四二五	1722	壬寅	清圣祖康熙六十一年
二四二六	1723	癸卯	清世宗爱新觉罗·胤禛雍正元年
二四二七	1724	甲辰	清世宗雍正二年
二四二八	1725	乙巳	清世宗雍正三年
二四二九	1726	丙午	清世宗雍正四年
二四三〇	1727	丁未	清世宗雍正五年
二四三一	1728	戊申	清世宗雍正六年

（清续表）

编号	公元纪年	干支	帝王名号、年号、纪年
二四三二	1729	己酉	清世宗雍正七年
二四三三	1730	庚戌	清世宗雍正八年
二四三四	1731	辛亥	清世宗雍正九年
二四三五	1732	壬子	清世宗雍正十年
二四三六	1733	癸丑	清世宗雍正十一年
二四三七	1734	甲寅	清世宗雍正十二年
二四三八	1735	乙卯	清世宗雍正十三年
二四三九	1736	丙辰	清高宗爱新觉罗·弘历乾隆元年
二四四〇	1737	丁巳	清高宗乾隆二年
二四四一	1738	戊午	清高宗乾隆三年
二四四二	1739	己未	清高宗乾隆四年
二四四三	1740	庚申	清高宗乾隆五年
二四四四	1741	辛酉	清高宗乾隆六年
二四四五	1742	壬戌	清高宗乾隆七年
二四四六	1743	癸亥	清高宗乾隆八年
二四四七	1744	甲子	清高宗乾隆九年
二四四八	1745	乙丑	清高宗乾隆十年
二四四九	1746	丙寅	清高宗乾隆十一年
二四五〇	1747	丁卯	清高宗乾隆十二年
二四五一	1748	戊辰	清高宗乾隆十三年
二四五二	1749	己巳	清高宗乾隆十四年
二四五三	1750	庚午	清高宗乾隆十五年
二四五四	1751	辛未	清高宗乾隆十六年
二四五五	1752	壬申	清高宗乾隆十七年
二四五六	1753	癸酉	清高宗乾隆十八年
二四五七	1754	甲戌	清高宗乾隆十九年

编号	公元纪年	干支	帝王名号、年号、纪年
二四五八	1755	乙亥	清高宗乾隆二十年
二四五九	1756	丙子	清高宗乾隆二十一年
二四六〇	1757	丁丑	清高宗乾隆二十二年
二四六一	1758	戊寅	清高宗乾隆二十三年
二四六二	1759	己卯	清高宗乾隆二十四年
二四六三	1760	庚辰	清高宗乾隆二十五年
二四六四	1761	辛巳	清高宗乾隆二十六年
二四六五	1762	壬午	清高宗乾隆二十七年
二四六六	1763	癸未	清高宗乾隆二十八年
二四六七	1764	甲申	清高宗乾隆二十九年
二四六八	1765	乙酉	清高宗乾隆三十年
二四六九	1766	丙戌	清高宗乾隆三十一年
二四七〇	1767	丁亥	清高宗乾隆三十二年
二四七一	1768	戊子	清高宗乾隆三十三年
二四七二	1769	己丑	清高宗乾隆三十四年
二四七三	1770	庚寅	清高宗乾隆三十五年
二四七四	1771	辛卯	清高宗乾隆三十六年
二四七五	1772	壬辰	清高宗乾隆三十七年
二四七六	1773	癸巳	清高宗乾隆三十八年
二四七七	1774	甲午	清高宗乾隆三十九年
二四七八	1775	乙未	清高宗乾隆四十年
二四七九	1776	丙申	清高宗乾隆四十一年
二四八〇	1777	丁酉	清高宗乾隆四十二年
二四八一	1778	戊戌	清高宗乾隆四十三年
二四八二	1779	己亥	清高宗乾隆四十四年
二四八三	1780	庚子	清高宗乾隆四十五年

（清续表）

编号	公元纪年	干 支	帝王名号、年号、纪年
二四八四	1781	辛丑	清高宗乾隆四十六年
二四八五	1782	壬寅	清高宗乾隆四十七年
二四八六	1783	癸卯	清高宗乾隆四十八年
二四八七	1784	甲辰	清高宗乾隆四十九年
二四八八	1785	乙巳	清高宗乾隆五十年
二四八九	1786	丙午	清高宗乾隆五十一年
二四九〇	1787	丁未	清高宗乾隆五十二年
二四九一	1788	戊申	清高宗乾隆五十三年
二四九二	1789	己酉	清高宗乾隆五十四年
二四九三	1790	庚戌	清高宗乾隆五十五年
二四九四	1791	辛亥	清高宗乾隆五十六年
二四九五	1792	壬子	清高宗乾隆五十七年
二四九六	1793	癸丑	清高宗乾隆五十八年
二四九七	1794	甲寅	清高宗乾隆五十九年
二四九八	1795	乙卯	清高宗乾隆六十年
二四九九	1796	丙辰	清仁宗爱新觉罗·颙琰嘉庆元年
二五〇〇	1797	丁巳	清仁宗嘉庆二年
二五〇一	1798	戊午	清仁宗嘉庆三年
二五〇二	1799	己未	清仁宗嘉庆四年
二五〇三	1800	庚申	清仁宗嘉庆五年
二五〇四	1801	辛酉	清仁宗嘉庆六年
二五〇五	1802	壬戌	清仁宗嘉庆七年
二五〇六	1803	癸亥	清仁宗嘉庆八年
二五〇七	1804	甲子	清仁宗嘉庆九年
二五〇八	1805	乙丑	清仁宗嘉庆十年
二五〇九	1806	丙寅	清仁宗嘉庆十一年

（清续表）

编号	公元纪年	干支	帝王名号、年号、纪年
二五一〇	1807	丁卯	清仁宗嘉庆十二年
二五一一	1808	戊辰	清仁宗嘉庆十三年
二五一二	1809	己巳	清仁宗嘉庆十四年
二五一三	1810	庚午	清仁宗嘉庆十五年
二五一四	1811	辛未	清仁宗嘉庆十六年
二五一五	1812	壬申	清仁宗嘉庆十七年
二五一六	1813	癸酉	清仁宗嘉庆十八年
二五一七	1814	甲戌	清仁宗嘉庆十九年
二五一八	1815	乙亥	清仁宗嘉庆二十年
二五一九	1816	丙子	清仁宗嘉庆二十一年
二五二〇	1817	丁丑	清仁宗嘉庆二十二年
二五二一	1818	戊寅	清仁宗嘉庆二十三年
二五二二	1819	己卯	清仁宗嘉庆二十四年
二五二三	1820	庚辰	清仁宗嘉庆二十五年
二五二四	1821	辛巳	清宣宗爱新觉罗·旻宁道光元年
二五二五	1822	壬午	清宣宗道光二年
二五二六	1823	癸未	清宣宗道光三年
二五二七	1824	甲申	清宣宗道光四年
二五二八	1825	乙酉	清宣宗道光五年
二五二九	1826	丙戌	清宣宗道光六年
二五三〇	1827	丁亥	清宣宗道光七年
二五三一	1828	戊子	清宣宗道光八年
二五三二	1829	己丑	清宣宗道光九年
二五三三	1830	庚寅	清宣宗道光十年
二五三四	1831	辛卯	清宣宗道光十一年
二五三五	1832	壬辰	清宣宗道光十二年

（清续表）

编号	公元纪年	干支	帝王名号、年号、纪年
二五三六	1833	癸巳	清宣宗道光十三年
二五三七	1834	甲午	清宣宗道光十四年
二五三八	1835	乙未	清宣宗道光十五年
二五三九	1836	丙申	清宣宗道光十六年
二五四〇	1837	丁酉	清宣宗道光十七年
二五四一	1838	戊戌	清宣宗道光十八年
二五四二	1839	己亥	清宣宗道光十九年
二五四三	1840	庚子	清宣宗道光二十年
二五四四	1841	辛丑	清宣宗道光二十一年
二五四五	1842	壬寅	清宣宗道光二十二年
二五四六	1843	癸卯	清宣宗道光二十三年
二五四七	1844	甲辰	清宣宗道光二十四年
二五四八	1845	乙巳	清宣宗道光二十五年
二五四九	1846	丙午	清宣宗道光二十六年
二五五〇	1847	丁未	清宣宗道光二十七年
二五五一	1848	戊申	清宣宗道光二十八年
二五五二	1849	己酉	清宣宗道光二十九年
二五五三	1850	庚戌	清宣宗道光三十年
二五五四	1851	辛亥	清文宗爱新觉罗·奕詝咸丰元年
二五五五	1852	壬子	清文宗咸丰二年
二五五六	1853	癸丑	清文宗咸丰三年
二五五七	1854	甲寅	清文宗咸丰四年
二五五八	1855	乙卯	清文宗咸丰五年
二五五九	1856	丙辰	清文宗咸丰六年
二五六〇	1857	丁巳	清文宗咸丰七年
二五六一	1858	戊午	清文宗咸丰八年

（清续表）

编号	公元纪年	干 支	帝王名号、年号、纪年
二五六二	1859	己未	清文宗咸丰九年
二五六三	1860	庚申	清文宗咸丰十年
二五六四	1861	辛酉	清文宗咸丰十一年
二五六五	1862	壬戌	清穆宗爱新觉罗·载淳同治元年
二五六六	1863	癸亥	清穆宗同治二年
二五六七	1864	甲子	清穆宗同治三年
二五六八	1865	乙丑	清穆宗同治四年
二五六九	1866	丙寅	清穆宗同治五年
二五七〇	1867	丁卯	清穆宗同治六年
二五七一	1868	戊辰	清穆宗同治七年
二五七二	1869	己巳	清穆宗同治八年
二五七三	1870	庚午	清穆宗同治九年
二五七四	1871	辛未	清穆宗同治十年
二五七五	1872	壬申	清穆宗同治十一年
二五七六	1873	癸酉	清穆宗同治十二年
二五七七	1874	甲戌	清穆宗同治十三年
二五七八	1875	乙亥	清德宗爱新觉罗·载湉光绪元年
二五七九	1876	丙子	清德宗光绪二年
二五八〇	1877	丁丑	清德宗光绪三年
二五八一	1878	戊寅	清德宗光绪四年
二五八二	1879	己卯	清德宗光绪五年
二五八三	1880	庚辰	清德宗光绪六年
二五八四	1881	辛巳	清德宗光绪七年
二五八五	1882	壬午	清德宗光绪八年
二五八六	1883	癸未	清德宗光绪九年
二五八七	1884	甲申	清德宗光绪十年

（清续表）

编号	公元纪年	干 支	帝王名号、年号、纪年
二五八八	1885	乙酉	清德宗光绪十一年
二五八九	1886	丙戌	清德宗光绪十二年
二五九〇	1887	丁亥	清德宗光绪十三年
二五九一	1888	戊子	清德宗光绪十四年
二五九二	1889	己丑	清德宗光绪十五年
二五九三	1890	庚寅	清德宗光绪十六年
二五九四	1891	辛卯	清德宗光绪十七年
二五九五	1892	壬辰	清德宗光绪十八年
二五九六	1893	癸巳	清德宗光绪十九年
二五九七	1894	甲午	清德宗光绪二十年
二五九八	1895	乙未	清德宗光绪二十一年
二五九九	1896	丙申	清德宗光绪二十二年
二六〇〇	1897	丁酉	清德宗光绪二十三年
二六〇一	1898	戊戌	清德宗光绪二十四年
二六〇二	1899	己亥	清德宗光绪二十五年
二六〇三	1900	庚子	清德宗光绪二十六年
二六〇四	1901	辛丑	清德宗光绪二十七年
二六〇五	1902	壬寅	清德宗光绪二十八年
二六〇六	1903	癸卯	清德宗光绪二十九年
二六〇七	1904	甲辰	清德宗光绪三十年
二六〇八	1905	乙巳	清德宗光绪三十一年
二六〇九	1906	丙午	清德宗光绪三十二年
二六一〇	1907	丁未	清德宗光绪三十三年
二六一一	1908	戊申	清德宗光绪三十四年
二六一二	1909	己酉	爱新觉罗·溥仪宣统元年
二六一三	1910	庚戌	宣统二年
二六一四	1911	辛亥	宣统三年

中国历代大事年表

历代大事记

夏①

（约公元前 2070 年—公元前 1600 年）

〇〇〇一

禹，夏的奠基者，第一代国君，曾治平水患。

启，夏的实际开创者，第二代国君，曾率诸侯击灭有扈氏。

太康，第三代国君，游乐不息，失国于后羿。

仲康，第四代国君。

相，第五代国君。

少康，第六代国君，击灭寒浞，中兴夏朝。

予，第七代国君。

槐，第八代国君，作“圜土”，即设置了监狱。

芒，第九代国君。

泄，第十代国君。

不降，第十一代国君，伐九苑。

扃，第十二代国君。

廑，第十三代国君。

孔甲，第十四代国君，传说曾命刘累豢龙。

皋，第十五代国君。

发，第十六代国君。发七年，泰山震，这是世界上最早的一次地震记录。

癸（桀），第十七代国君，为政残暴，为商汤所灭。

---

① 据夏商周断代工程专家组考证，夏朝年代约为公元前 2070 年至公元前 1600 年。详见《夏商周断代工程 1996—2000 年阶段成果报告：简本》，第 86 页《夏商周年表》。（世界图书出版公司北京公司，2000 年出版。）

商[1]

（公元前 1600 年—公元前 1046 年）

〇〇〇二

汤，第一代国君，商王朝的建立者，攻灭夏桀，定都亳。

外丙，第二代国君。

中壬，第三代国君。

太甲，第四代国君，曾被伊尹放逐到桐宫（今河南虞城东北），后又被迎回。

沃丁，第五代国君。

太庚，第六代国君。

小甲，第七代国君。

雍己，第八代国君。

太戊，第九代国君。

中丁，第十代国君。

外壬，第十一代国君。

河亶甲，第十二代国君。

祖乙，第十三代国君，与汤、太甲及后来的武丁，被称为“天下之盛君”。

祖辛，第十四代国君。

沃甲，第十五代国君。

祖丁，第十六代国君。

---

① 据夏商周断代工程专家组考证，商前期，即“盘庚迁殷”之前的年代约为公元前 1600 年至公元前 1300 年；商后期，即“盘庚迁殷”后的年代约为公元前 1300 年至公元前 1046 年。

南庚，第十七代国君。

阳甲，第十八代国君。

盘庚，第十九代国君，迁都于殷，使百姓安居乐业，被称为“中兴之贤王”。

小辛，第二十代国君。

小乙①，第二十一代国君。

武丁，第二十二代国君，任用傅说为相，中兴商朝。其妻妇好能征善战。武丁时商朝势力远及四方，达到极盛。

祖庚，第二十三代国君。

祖甲，第二十四代国君。

廪辛，第二十五代国君。

康丁②，第二十六代国君。

武乙，第二十七代国君。

文丁，第二十八代国君。文丁杀周首领季历，又铸后母戊鼎，为现存最大的青铜器。

乙，第二十九代国君。

辛（纣），第三十代国君。他将周文王囚于羑里，制炮烙之刑虐杀大臣和百姓。辛在牧野之战中被周武王击败，自焚而死。商亡。

① 按《夏商周年表》：自盘庚迁殷至小乙死这段时间，约为公元前1300年至公元前1251年。

② 自祖庚至康丁，约为公元前1191年至公元前1148年，前后共历44年。

周

（公元前1046年—公元前256年）

西　　周

（公元前1046年—公元前771年）

〇〇〇三

周文王昌，西周的奠基者。

周武王发，第一代国君，灭商朝，定都镐京，实行分封制，是西周建立者。

周成王诵，第二代国君，在周公的辅佐下，巩固了西周的统治。

周康王钊，第三代国君，励精图治，百姓安乐，史称“成康之治”。

周昭王瑕，第四代国君，征伐荆楚，死于汉水，史称“昭王南征而不复”。

周穆王满，第五代国君，攻伐戎、越。

周共王繄扈，第六代国君。

周懿王囏，第七代国君，将国都从镐京迁至犬丘（今陕西兴平东南）。

周孝王辟方，第八代国君。

周夷王燮，第九代国君。

周厉王胡，第十代国君，派人监督国人，“国人莫敢言，道路以目”。

〇〇〇四 前 841 年，庚申，周共和元年。

周厉王贪财好利，暴虐无道。以平民为主，包括百工、商贾等在内的国人攻击周厉王的王宫，周厉王仓皇逃到彘（今山西霍州），太子静躲到召公的家中，国人听闻这个消息，将召公家团团围住，召公把自己的儿子代替太子交给国人，太子因此得以保住性命。由于国家无主，于是周公和召公共同执政，改年号为“共和”，史称“共和行政”。

前 840 年，辛酉，周共和二年，晋釐侯元年。

前 839 年，壬戌，周共和三年。

前 838 年，癸亥，周共和四年。

前 837 年，甲子，周共和五年，楚熊严元年，蔡夷侯元年。

前 836 年，乙丑，周共和六年。

前 835 年，丙寅，周共和七年。

前 834 年，丁卯，周共和八年，曹幽伯元年。

前 833 年，戊辰，周共和九年。

前 832 年，己巳，周共和十年。

前 831 年，庚午，周共和十一年，陈釐公元年。

前 830 年，辛未，周共和十二年，宋惠公元年。

前 829 年，壬申，周共和十三年。

〇〇〇五 前 828 年，癸酉，周共和十四年。

周厉王死于彘，太子静继位，是为周宣王，共和行政结束。

〇〇〇六 前 827 年，甲戌，周宣王静元年，楚熊霜元年。

周宣王效仿周文王、周武王、周成王、周康王的治国之道，任用周公、召公共同辅政，重新获得诸侯的认可。　　周宣王废弃周天子亲耕的仪式，“不藉千亩”，虢文公进谏，认为天子放弃亲耕将不利于收拢民心，周宣王不听。

前 826 年，乙亥，周宣王二年，燕釐侯元年。

前 825 年，丙子，周宣王三年，鲁武公元年，曹戴伯元年。

前 824 年，丁丑，周宣王四年，齐厉公元年。

〇〇〇七 前 823 年，戊寅，周宣王五年。

猃狁是生活在周西北的戎狄部落之一，趁周王室衰微，屡次进犯。

周宣王命令南仲在朔方修筑防御工事，又命令兮伯吉父率军征伐，猃狁大败，臣服于周。　　周宣王南征淮夷，淮夷臣服。周对淮夷征收贡赋。

〇〇〇八　前 822 年，己卯，周宣王六年，晋献侯元年。

周宣王任用秦仲及秦仲之子征伐西戎，征伐取得了巨大的胜利，西戎的势力得到遏制。周宣王册立秦仲的长子为庄公，封他为西陲大夫。　　周宣王征讨淮夷，获得成功；又亲率大军征伐徐方，兵止于淮水，徐方来觐见。于是四方平定，周王室势力得到恢复，号称“中兴”。

前 821 年，庚辰，周宣王七年，秦庄公元年，楚熊徇元年。

前 820 年，辛巳，周宣王八年。

前 819 年，壬午，周宣王九年。

前 818 年，癸未，周宣王十年。

〇〇〇九　前 817 年，甲申，周宣王十一年。

鲁武公带其括和戏朝见周宣王。周宣王想让鲁武公的小儿子戏当鲁国的太子。大臣樊仲山父进谏，周宣王不听，仍立戏为鲁国太子。

〇〇一〇　前 816 年，乙酉，周宣王十二年。

鲁武公死，其子戏继位，是为鲁懿公。　　齐厉公暴虐无道，被齐人攻杀。齐人拥立齐厉公的儿子赤为国君，是为齐文公。

前 815 年，丙戌，周宣王十三年，鲁懿公元年，齐文公元年。

前 814 年，丁亥，周宣王十四年。

前 813 年，戊子，周宣王十五年。

〇〇一一　前 812 年，己丑，周宣王十六年，卫武公元年。

晋献侯死，子弗生继位，是为晋穆侯。晋将国都从曲沃（今山西闻喜东北）迁至绛（今山西翼城东南）。

前 811 年，庚寅，周宣王十七年，晋穆侯元年。

前 810 年，辛卯，周宣王十八年。

前 809 年，壬辰，周宣王十九年，蔡釐侯元年。

前 808 年，癸巳，周宣王二十年。

前807年，甲午，周宣王二十一年。

〇〇一二　前806年，乙未，周宣王二十二年，鲁伯御元年①，郑桓公元年。

周宣王把庶弟友封到郑（今陕西华县东），是为郑桓公。

前805年，丙申，周宣王二十三年。

前804年，丁酉，周宣王二十四年。

前803年，戊戌，周宣王二十五年，齐成公元年。

前802年，己亥，周宣王二十六年。

前801年，庚子，周宣王二十七年。

前800年，辛丑，周宣王二十八年。

前799年，壬寅，周宣王二十九年，宋戴公元年，楚熊鄂元年。

前798年，癸卯，周宣王三十年。

〇〇一三　前797年，甲辰，周宣王三十一年。

周宣王征讨太原之戎（今甘肃镇原一带），失利而归。

〇〇一四　前796年，乙巳，周宣王三十二年，鲁孝公元年。

周宣王派兵讨伐鲁国，杀死鲁君伯御，立鲁懿公之弟为鲁君，是为鲁孝公。

前795年，丙午，周宣王三十三年，陈武公元年，曹惠伯元年。

前794年，丁未，周宣王三十四年，齐庄公元年。

前793年，戊申，周宣王三十五年。

〇〇一五　前792年，己酉，周宣王三十六年。

周宣王讨伐位于今山西南部的条戎和奔戎，失败而归。

前791年，庚戌，周宣王三十七年。

前790年，辛亥，周宣王三十八年，楚若敖元年，燕顷侯元年。

〇〇一六　前789年，壬子，周宣王三十九年。

周宣王讨伐申戎获胜，又征伐姜氏之戎。双方大战于千亩，周军大

---

① 据《史记·十二诸侯年表》记载："鲁孝公称元年伯御立为君，称为诸公子。"一般年表以鲁君为伯御，非孝公。

败，“南国之师”尽失。　　周宣王统治后期，井田制破坏严重，“民不肯尽力于公田”，百姓大量流亡。周宣王料民（调查户口人丁）于太原。

前788年，癸丑，周宣王四十年。

前787年，甲寅，周宣王四十一年。

前786年，乙卯，周宣王四十二年。

〇〇一七　前785年，丙辰，周宣王四十三年。

周宣王要处死无罪的大夫杜伯，杜伯的好友左儒多次争论，但周宣王不听，最终还是将杜伯杀死，左儒也为这件事而死。杜伯的儿子隰叔为避难，逃到晋国，杜国遂亡。

前784年，丁巳，周宣王四十四年，晋殇叔元年。

前783年，戊午，周宣王四十五年。

〇〇一八　前782年，己未，周宣王四十六年。

周宣王死，太子宫涅继位，是为周幽王。

前781年，庚申，周幽王宫涅元年。

前780年，辛酉，周幽王二年，晋文侯元年，陈夷公元年。

〇〇一九　前779年，壬戌，周幽王三年。

周幽王命令伯士率军征伐六济之戎，周军失败，伯士战死。　　周幽王宠爱褒姒，打算立褒姒之子为太子。周幽王宠信虢石父，任其为卿士。褒姒伙同虢石父谮害申后和太子宜臼。

前778年，癸亥，周幽王四年。

前777年，甲子，周幽王五年，秦襄公元年，陈平公元年。

〇〇二〇　前776年，乙丑，周幽王六年。

《诗经·小雅·十月之交》记载：“十月之交，朔日辛卯，日有食之。”这一次的日食发生在周历十月初一，也就是当年的九月六日，这是世界上记载最早、最可靠的日食记录。

前775年，丙寅，周幽王七年。

〇〇二一　前774年，丁卯，周幽王八年。

周幽王废掉申后和太子宜臼，改立褒姒为王后，立褒姒之子伯服为太子。宜臼逃到申国。　　周幽王任命郑桓公为司徒，掌管土地和户籍。

〇〇二二　前773年，戊辰，周幽王九年。

郑桓公见周王室多事，知将大乱，于是向太史请教避难的办法。太史认为雒地以东，黄河、济水以南的地区适合居住，毗邻的虢国和郐国的国君都是贪财好利之徒，得不到百姓的拥护，如果郑桓公能够迁到那里，必然会得到当地百姓的拥护。于是郑桓公向周幽王请求迁移，周幽王同意。郑桓公遂率臣民迁移到雒地以东的地区。

〇〇二三　前772年，己巳，周幽王十年。

周幽王和诸侯在太室山结盟，并派兵讨伐申国。

〇〇二四　前771年，庚午，周幽王十一年。

申侯联合曾国和犬戎起兵，讨伐周幽王。因周幽王无道，诸侯多不援救。联军攻破镐京，在骊山之下杀死周幽王、太子伯服和郑桓公，西周灭亡。　周幽王死后，申侯、鲁侯和许文公在申国拥立太子宜臼继王位，是为周平王。　郑桓公死，国人拥立郑桓公之子掘突继位，是为郑武公。

东　周

（公元前770年—公元前256年）

春　秋

（公元前770年—公元前476年）

〇〇二五　前770年，辛未，周平王宜臼元年，郑武公元年。

周平王继位时，镐京残破不堪，又临近西戎，安全受到威胁。周平王在晋文侯、郑武公、卫武公和秦襄公等护送下迁都洛邑，史称东周。

周王室东迁后，因秦襄公护送有功，周平王封其为诸侯，把岐山以西的土地封给秦，并命秦襄公讨伐西戎。秦国从此位列诸侯。

前769年，壬申，周平王二年。
前768年，癸酉，周平王三年，鲁惠公元年。
前767年，甲戌，周平王四年。
〇〇二六　前766年，乙亥，周平王五年，燕哀侯元年。

秦襄公征讨西戎，死在岐地，其子秦文公继位。

〇〇二七　前765年，丙子，周平王六年，秦文公元年，宋武公元年。

郑国最初由周宣王分封于郑地（今陕西华县东），郑武公时灭东虢国和郐国，疆土东扩到洧溱之地，号称新郑。

前764年，丁丑，周平王七年，燕郑侯元年。
前763年，戊寅，周平王八年，楚霄敖元年。
前762年，己卯，周平王九年。
〇〇二八　前761年，庚辰，周平王十年，蔡共侯元年。

秦国在汧水、渭水之间营建城邑，秦文公率臣民迁居于此。

前760年，辛巳，周平王十一年。
前759年，壬午，周平王十二年，蔡戴侯元年，曹穆公元年。
〇〇二九　前758年，癸未，周平王十三年。

卫武公时年九十五岁，仍然向卫人求谏，要求卫人无论公卿、百姓都不要因为其年老而放弃进谏和劝导。卫人感念卫武公的德行，作《淇奥》来歌颂他。是年，卫武公去世，他的儿子扬继位，是为卫庄公。

前757年，甲申，周平王十四年，楚蚡冒元年，卫庄公元年。
前756年，乙酉，周平王十五年，曹桓公元年。
前755年，丙戌，周平王十六年。
前754年，丁亥，周平王十七年，陈文公元年。
〇〇三〇　前753年，戊子，周平王十八年。

秦国开始设立史官来记事，百姓多受教化。

前752年，己丑，周平王十九年。
前751年，庚寅，周平王二十年。
〇〇三一　前750年，辛卯，周平王二十一年。

秦文公征讨西戎，获胜并夺取岐地，收拢了西周的遗民，秦国国土得以扩大。秦文公将岐以东的土地献给了周王室。

前749年，壬辰，周平王二十二年，蔡宣侯元年。

前748年，癸巳，周平王二十三年。

前747年，甲午，周平王二十四年，宋宣公元年。

前746年，乙未，周平王二十五年。

〇〇三二 前745年，丙申，周平王二十六年，晋昭侯元年。

晋昭侯把桓叔分封到曲沃，桓叔修德政，晋人多归附。

〇〇三三 前744年，丁酉，周平王二十七年，陈桓公元年。

郑武公死，太子寤生继位，是为郑庄公。郑庄公任命祭仲为卿士。

〇〇三四 前743年，戊戌，周平王二十八年，郑庄公元年。

郑庄公接替郑武公担任周平王的卿士。郑庄公即位之初，其母武姜就要求把制（今河南荥阳西）分封给其弟段。郑庄公认为制是险要的关隘，并未应允，而是把段封到京地。段到达京邑，号称京城太叔，整理军队，和母亲武姜密谋袭击郑国的都城。

前742年，己亥，周平王二十九年。

前741年，庚子，周平王三十年。

前740年，辛丑，周平王三十一年，楚武王元年。

〇〇三五 前739年，壬寅，周平王三十二年，晋孝侯元年。

大夫潘父杀晋昭侯，并派人迎接曲沃的桓叔继国君之位，桓叔也有意入晋。晋人发兵抵御桓叔，桓叔败还曲沃。　　晋昭侯之子平继国君之位，是为晋孝侯。晋孝侯诛杀潘父。

前738年，癸卯，周平王三十三年。

前737年，甲辰，周平王三十四年。

前736年，乙巳，周平王三十五年。

前735年，丙午，周平王三十六年。

前734年，丁未，周平王三十七年，卫桓公元年。

前733年，戊申，周平王三十八年。

前732年，己酉，周平王三十九年。

前 731 年，庚戌，周平王四十年。

前 730 年，辛亥，周平王四十一年，齐釐公元年。

〇〇三六 前 729 年，壬子，周平王四十二年。

宋宣公病危，不立儿子与夷而立弟弟和，并说："父死子继，兄终弟及，这是天下共通的道理，我还是立和吧。"宋宣公死，和继位，是为宋穆公。

前 728 年，癸丑，周平王四十三年，宋穆公元年，燕穆侯元年。

前 727 年，甲寅，周平王四十四年。

前 726 年，乙卯，周平王四十五年。

前 725 年，丙辰，周平王四十六年。

〇〇三七 前 724 年，丁巳，周平王四十七年。

晋国曲沃庄伯率军进攻国都翼城，杀死晋孝侯。晋国大夫率兵进攻庄伯，庄伯退回曲沃。晋孝侯之弟郄（另一说为孝侯之子）继位，是为晋鄂侯。

〇〇三八 前 723 年，戊午，周平王四十八年，晋鄂侯元年。

曲沃庄伯讨伐晋鄂侯，公子万率军援救，庄伯退军。　鲁惠公死，太子年幼，庶子息姑因长子身份管理国事，是为鲁隐公。

〇〇三九 前 722 年，己未，周平王四十九年，鲁隐公元年。

鲁隐公以庶子身份继位，为了巩固统治，向邾国示好，是年春，鲁国和邾国国君在蔑地（今山东泗水东南）结盟。　我国最早的编年体史书——《春秋》，从此年开始记事。　五月，郑庄公之弟段据京邑叛乱，打算袭击郑国国都，其母武姜在国都响应。郑庄公出兵讨伐，在鄢（今河南鄢陵西北）击败段，段出逃到共地（今河南辉县），其乱遂平。　十月，郑国公子段叛乱失败后，和儿子滑都逃到卫国。卫国为叔段讨伐郑国，攻取郑的廪延（今河南延津北）。当时郑庄公是周的卿士，与北虢公共同为王室效力，于是派遣周王室的军队和虢国军队共同征讨卫国。

〇〇四〇 前 721 年，庚申，周平王五十年。

十二月，郑又伐卫，以报廪延之仇。

〇〇四一 前720年，辛酉，周平王五十一年。

三月，周平王死，因太子早死，太孙林继位，是为周桓王。　四月，郑国数代国君辅佐周王室，并担任周的卿士。周桓王继位后，为了分割郑庄公的权力，遂把政事交给虢公，引起了郑庄公的不满。于是郑庄公命令军队收割了周王室在温地（今河南温县西）的麦子，周和郑开始交恶。秋，郑国又收取了成周（今河南洛阳东）的禾稼（各类作物的统称）。

〇〇四二 前719年，壬戌，周桓王林元年，宋殇公元年。

夏，郑国的行动引起周天子的不满，周天子出动卫、宋、陈、蔡四国军队伐郑，包围郑都东门，过了五天才返回。　秋，卫、宋、陈、蔡、鲁五国伐郑，打败了郑国，收取了郑国的禾稼之后，退还本国。

卫国国君州吁擅杀卫桓公自立，引起国人不满。州吁为了平息民怨，赴陈国请求其国君向周天子疏通，以求正式封授。州吁到陈国后，被陈侯所杀。冬，州吁死后，卫桓公的弟弟公子晋继位，是为卫宣公。

〇〇四三 前718年，癸亥，周桓王二年，卫宣公元年。

春，曲沃庄伯率领郑国和邢国的军队攻晋鄂侯，周桓王也派遣大夫尹氏和武氏相助，晋鄂侯逃到随地（今山西介休东）。曲沃庄伯背叛了周王室，周桓王命令虢公率军攻打，庄伯退回曲沃自保。当时晋鄂侯躲在随国，于是晋人拥立晋鄂侯之子光继位，是为晋哀侯。

〇〇四四 前717年，甲子，周桓王三年，晋哀侯元年。

冬，周王室缺粮，周向鲁求援。鲁隐公为王室从宋、卫、齐、郑四国采购粮食。　郑庄公朝见周桓王，周桓王未以礼待之。

〇〇四五 前716年，乙丑，周桓王四年。

秦文公死，因太子早死，太孙秦宁公继位。　晋曲沃庄伯死，其子称继位。　秋，郑、宋讲和，在宿地（今山东东平东南）结盟。陈和郑议和。

〇〇四六 前715年，丙寅，周桓王五年，秦宁公元年。

三月，郑派遣大夫宛到鲁国，请求用郑国的祊田（今山东费县东，是天子祭祀泰山时沐浴的场所）交换鲁国的许田（今河南许昌东，是鲁君朝见天子时居住的城邑）。鲁国和郑国交换土地，反映出朝觐制度的废弛，周和郑的关系变得更紧张。

〇〇四七　前714年，丁卯，周桓王六年，蔡桓侯元年。

夏，宋殇公未朝见周天子，郑与宋素有嫌隙，于是借口此事以王命征讨，并通告各诸侯共同伐宋。　冬，齐和鲁的国君响应周天子的命令，在防地（今山东费县东北）相会，共谋伐宋。　秦宁公迁都平阳，讨伐荡社（今陕西西安东南）之戎。

〇〇四八　前713年，戊辰，周桓王七年。

六月，郑庄公和齐、鲁两国的君主在老桃相会，共同伐宋。宋军战败。　秋，卫和蔡出兵救宋国。三国联军不能协作作战，先胜后败。

〇〇四九　前712年，己巳，周桓王八年。

五月，因许国不奉王命讨伐宋国，郑庄公和鲁隐公在时来（今河南郑州北）相会，共谋伐许。七月，郑军会合齐鲁联军共同伐许，许军战败，许庄公逃到卫国。郑庄公分割许国，令许庄公之弟居于许国东部，郑大夫公孙获居于西部。　鲁隐公被杀，太子允继位，是为鲁桓公。

〇〇五〇　前711年，庚午，周桓王九年，鲁桓公元年。

燕穆侯死，其子燕宣侯继位。　四月，鲁桓公和郑庄公在越地结盟。

〇〇五一　前710年，辛未，周桓王十年，宋公冯元年，燕宣侯元年。

秋，楚国势力日益强大，郑庄公和蔡桓侯在邓（今河南郾城东南）会合，共同商议防御楚国。

〇〇五二　前709年，壬申，周桓王十一年，晋小子元年。

正月，曲沃武公进攻晋国都翼，俘获晋哀侯和大夫栾共叔。晋人在翼拥立晋哀侯之子为国君，是为晋小子。曲沃武公将晋哀侯杀死。

〇〇五三　前708年，癸酉，周桓王十二年。

冬，陈桓公死，陈桓公之弟佗杀太子而自立，陈国遂乱。

〇〇五四　前707年，甲戌，周桓王十三年。

秋，周桓王任命虢公分割郑庄公的权力，郑庄公遂不朝见天子。周桓王率王师和蔡、卫、陈的军队共同伐郑。双方战于繻葛，王师大败，周桓王被弓箭射中肩膀。

〇〇五五 前706年，乙亥，周桓王十四年，晋侯缗元年，陈厉公元年。

六月，北戎入侵齐国，各诸侯前去救援，郑太子忽在齐郊将北戎军队打败。齐回报诸侯相救之情，请鲁排次序，鲁国因为郑建国晚而将郑排在鲁之后，太子忽因此怨恨鲁国。　冬，曲沃武公诱杀晋小子①，周桓王命右卿士虢仲率军征讨，武公退保曲沃。　虢公立晋哀侯之弟缗，是为晋侯缗。

〇〇五六 前705年，丙子，周桓王十五年。

春，谷（今湖北谷城西北）伯、邓（今湖北襄阳北）侯到鲁国朝拜。按照周制，诸侯只能朝拜天子，不能朝拜大国。鲁国被朝拜事件标志着周王室的地位已经极大下降。

〇〇五七 前704年，丁丑，周桓王十六年。

夏，楚、随交战，随军战败求和。　秋，楚国国君熊通自立为武王，开始开发汉水和长江以南的地区。　秦宁公死，大臣废太子（后为秦武公）而立宁公幼子，是为秦出公。

〇〇五八 前703年，戊寅，周桓王十七年，秦出公元年。

夏，巴（今四川东部、湖北西部一带）君派遣使者到楚国，请求与邓国通好。楚武王派遣大臣带巴国使者到邓国送聘礼，经过鄾国（今湖北襄阳东北）时被杀。巴、楚联军讨伐邓国和鄾国，邓军大败，鄾人溃散。

〇〇五九 前702年，己卯，周桓王十八年。

虢国大夫詹父率王师讨伐虢仲，虢仲逃至虞国（都城在今山西平陆东北）。　冬，郑庄公联合齐、卫伐鲁，与鲁军在郎地（今山东曲阜近郊）交战。

〇〇六〇 前701年，庚辰，周桓王十九年，曹庄公元年。

郧国为了阻止楚国势力东进，打算联合随、州、绞、蓼四国共同伐楚。楚趁四国之师未至，先派军队大败郧国，于是四国之师不敢出，楚成功与贰、轸结盟后返回。　五月，郑庄公死，祭仲拥立太子忽继

① 据《史记·十二诸侯年表》《左传》记载此事在公元前705年。

位，是为郑昭公。　　九月，宋打算立公子突为郑君，郑昭公听到这个消息后，慌忙逃到卫国。祭仲拥立公子突为君，是为郑厉公。

〇〇六一　前700年，辛巳，周桓王二十年，郑厉公元年。

冬，宋因为帮助拥立郑厉公有功，便不断向郑索要好处，郑国不能忍受，两国因而不和。鲁桓公为两国说合，遭到宋的拒绝，于是郑、鲁联合伐宋。

〇〇六二　前699年，壬午，周桓王二十一年，卫惠公元年，陈庄公元年。

郑国联合纪、鲁伐宋，齐、卫、南燕帮宋对抗三国联军，宋军战败。

〇〇六三　前698年，癸未，周桓王二十二年。

宋率齐、蔡、陈、卫五国联军伐郑，郑军大败，联军攻入郑国都城，把郑国祖庙的椽木夺走安在了宋郊城门上。　　秦国大臣杀死秦出公，又拥立原来的太子即秦武公继位。

〇〇六四　前697年，甲申，周桓王二十三年，齐襄公元年，秦武公元年，燕桓公元年。

夏，周桓王死，其子佗继位，是为周庄王。　　郑国重臣祭仲专权，郑厉公命祭仲的女婿雍纠杀死祭仲。不料事情败露，祭仲杀雍纠，郑厉公出逃到蔡国，郑昭公回国恢复国君之位。郑国内乱，许叔趁机恢复了对许国的控制。

〇〇六五　前696年，乙酉，周庄王佗元年，卫黔牟元年，郑昭公元年。

四月，宋、鲁、卫、陈、蔡五国联军讨伐郑昭公。

〇〇六六　前695年，丙戌，周庄王二年。

春，齐国打算灭掉纪国，两国关系不睦，鲁桓公居中调解，三国国君在黄（今山东冠县南）结盟。　　秋，宋国联和卫国一起伐邾国。鲁国向宋国屈服，毁弃鲁、邾之间的和约，帮助宋一起伐邾。

〇〇六七　前694年，丁亥，周庄王三年，蔡哀侯元年，郑子亹元年。

四月，鲁桓公和夫人文姜在齐国做客，文姜和齐襄公私通。鲁桓公责骂文姜，文姜把这件事告诉了齐襄公。齐襄公命令大力士公子彭生杀死鲁桓公。鲁国派遣使者到齐国责问此事，齐襄公把罪名全加在彭生的身上，将其杀死向鲁国赔罪。　　鲁太子继位，是为鲁庄公。

〇〇六八　前693年，戊子，周庄王四年，鲁庄公元年，郑子婴元年。

十月，陈庄公死，少弟陈宣公继位。　　齐国迁徙纪国郱、郚、郚三地的百姓，并夺取这里的土地。

〇〇六九　前692年，己丑，周庄王五年，陈宣公元年。

夏，鲁庄公命令公子庆父率领军队讨伐於馀丘。　　十二月，宋庄公死，子宋湣公继位。

〇〇七〇　前691年，庚寅，周庄王六年，宋湣公元年。

正月，齐国为了给卫惠公恢复国君地位，派兵讨伐黔牟。　　鲁公子溺擅自命令鲁军联合齐军伐卫。　　秋，纪侯之弟纪季把酅地（今山东临淄东）献给齐国，成了齐的附庸。

〇〇七一　前690年，辛卯，周庄王七年，燕庄公元年。

三月，楚武王率军渡汉水讨伐随国，因病死在军中，令尹斗祁、莫敖、屈重秘不发丧，率军包围随国。随国胆怯请和，楚军全军得以返回。楚武王之子熊赀继位，是为楚文王。

〇〇七二　前689年，壬辰，周庄王八年，楚文王元年。

春，楚人最初以丹阳为国都，后来逐渐把疆土拓展到汉水和长江流域。楚文王继位后，把国都迁到郢（今湖北江陵北）。

〇〇七三　前688年，癸巳，周庄王九年。

冬，楚、巴联军讨伐申国（都城在河南南阳北），向邓国借道，伐申归来又伐邓。巴、楚伐申时，楚大夫羞辱了巴君，于是巴君叛楚而进攻楚的那处（今湖北荆门东南），楚大夫阎敖弃地出逃，巴军攻向楚都郢，楚文王杀阎敖。　　秦武公讨伐邽、冀之戎，大获全胜，在当地设置邽、冀两县。

〇〇七四　前687年，甲午，周庄王十年。

四月，《春秋》记载了流星雨："辛卯（四月五日），夜，恒星不见。夜中，星陨如雨。"这是世界上有关天琴座流星雨的最早记载。

秦设置杜、郑两县，又灭掉小虢国（都城在今陕西宝鸡东）。

〇〇七五　前686年，乙未，周庄王十一年。

无知是齐僖公的侄子、齐襄公的堂弟，齐僖公将其视如己出，宠爱有加。齐襄公继位之后，将其贬黜。十二月，无知联合齐大夫连称、管至父，杀死齐襄公，无知自立为齐君。之前，齐大夫鲍叔牙因齐襄公言行无常而带公子小白逃奔莒国。无知之乱后，管仲和召忽保护公子纠逃到鲁。纠是小白之兄，纠、小白二人均是齐襄公之弟。

〇〇七六　前685年，丙申，周庄王十二年，齐桓公元年。

春，齐渠丘大夫雍廪杀无知。高氏和国氏都是齐国的世代公卿，公子小白与他们关系密切。雍廪杀死无知后，齐大夫商讨新君人选时，高氏和国氏便秘密召唤小白回国。鲁国听到无知已死的消息，也派兵护送公子纠回国继位，同时派遣管仲领兵把守莒国到齐国的道路。管仲遇公子小白，举弓射之，射中其带钩。小白假装已死，骗过管仲，抢先回到齐国，在高氏和国氏的帮助下继位，是为齐桓公。　　秋，为了帮公子纠争夺国君之位，鲁庄公率军伐齐，两国交战于乾时（今山东临淄境内，河水名），鲁军大败，鲁庄公逃归本国。　　鲍叔牙推荐管仲为相，管仲向齐桓公进言，发展工商之业和鱼盐之利，进行政治与军事改革，齐国逐渐强大。

〇〇七七　前684年，丁酉，周庄王十三年。

春，齐国因鲁国支持公子纠的缘故而讨伐鲁国，鲁庄公将要出战，曹刿请求拜见鲁庄公，于是鲁庄公和他同坐一辆战车。双方战于长勺（今山东莱芜北），鲁庄公打算击鼓进攻，曹刿制止了鲁庄公。齐军已经击鼓三次，曹刿对鲁庄公说："可以出战了。"齐军大败，鲁庄公想要追击，曹刿又说："不行。"他走下战车看了看齐军车辙的走向，又登上车前的横木看了看齐军的兵势，才说："可以追击了。"于是鲁庄公下令追击齐军。打败齐军之后，鲁庄公问战胜的原因，曹刿说："夫战，勇气也。一鼓作气，再而衰，三而竭。彼竭我盈，故克之。夫大国，难测也，惧有伏焉。吾视其辙乱，望其旗靡，故逐之。"这就是历史上有名的曹刿论战。　　九月，蔡哀侯和息侯都娶了陈国女子为夫人。息侯夫人路过蔡国，蔡哀侯对其无礼。息侯请求楚国讨伐蔡国。楚打败蔡，俘虏蔡哀侯。楚文王听说息侯夫人息妫美貌，于是回军之时顺道灭掉息国，掳息妫而还。

〇〇七八　前 683 年，戊戌，周庄王十四年。

夏，宋军伐鲁，以报乘丘之仇。宋军还未列阵，鲁军就已经进逼上来，并在鄑（今山东汶上）将宋军打败。

〇〇七九　前 682 年，己亥，周庄王十五年。

宋闵公和南宫万在蒙泽（今河南商丘北）打猎，南宫万屡屡出言称赞鲁庄公，宋闵公很不高兴，责骂他是俘虏。南宫万勇力过人，遂将宋闵公搏杀，又杀死大夫仇牧、华督，拥立公子游为国君。宋国大乱，诸公子逃奔萧国（都城在今安徽萧县西北）。　十月，萧国和宋的诸位公子借曹国军队讨伐南宫万，南宫万逃奔陈国，宋请陈将其杀死。宋闵公之弟御说继位，是为宋桓公。　周庄王死，其子胡齐继位，是为周釐王。

〇〇八〇　前 681 年，庚子，周釐王胡齐元年，宋桓公元年。

春，齐桓公为平定宋国之乱，和宋、陈、蔡、邾四国国君在北杏（今山东东阿西北）会盟。春秋时期以诸侯为主的会盟从此开始。　六月，齐因为遂国（都城在今山东肥城南）国君不到北杏会盟，于是发兵灭遂。　冬，齐军伐鲁，鲁军不敌，鲁庄公请求献出遂地，齐桓公应允，双方在柯（今山东阳谷东）盟誓。宋背弃北杏之盟。

〇〇八一　前 680 年，辛丑，周釐王二年。

春，因宋背弃北杏之盟，齐桓公联合陈、曹两国伐宋。　夏，宋桓公请和，三国联军从宋返回。　郑厉公从栎邑讨伐郑都，军至大陵，俘获郑子婴的大夫傅瑕。傅瑕说：“如果你放了我，我将迎你为君。”郑厉公和他盟誓后将他释放，傅瑕杀死郑子婴和他的两个儿子，迎郑厉公为国君。　冬，齐桓公同意宋的请和，与周大夫单伯和卫、郑两国的国君在鄄（今山东鄄城北，当时属卫）结盟。

〇〇八二　前 679 年，壬寅，周釐王三年，郑厉公（复位）元年。

春，齐桓公在鄄地再次与宋桓公、陈宣公、卫惠公、郑厉公会盟，诸侯全都服从齐桓公，齐国开始称霸。　曲沃武公攻杀晋侯缗，完全占据了晋地，不改元。

〇〇八三　前678年，癸卯，周釐王四年。

夏，郑厉公攻打宋国，违背了鄄之盟，于是齐国联合宋、卫一起讨伐郑。　冬，齐、鲁、宋、卫、陈、郑、许、滑、滕九国国君在幽（宋邑）会盟。　曲沃武公攻灭晋侯缗之后，把他的金银财宝都献给了周釐王。周釐王大喜，命曲沃武公为晋侯，是为晋武公。

〇〇八四　前677年，甲辰，周釐王五年，秦德公元年。

是年，秦德公迁都到雍。　周釐王死，其子阆继位，是为周惠王。　晋武公死，其子诡诸继位，是为晋献公。

〇〇八五　前676年，乙巳，周惠王阆元年，晋献公元年，楚堵敖𪁺元年。

春，虢公、晋献公朝见周惠王，并和郑厉公一起令周大夫到陈国迎娶王后。　是年，秦德公死，其子秦宣公继位。

〇〇八六　前675年，丙午，周惠王二年，秦宣公元年。

王子颓是周庄王之子，周釐王同父异母的弟弟。周庄王在世时格外宠爱王子颓，命大夫蒍国担任他的老师。周惠王继位后，将王子颓贬黜，占有了蒍国的园圃和大夫边伯的府宅，夺取子禽祝跪和詹父两位大夫的土地，没收大夫膳夫的俸禄。　秋，五大夫尊奉王子颓攻打周惠王，失败之后逃到温邑。温邑是苏氏的领地，苏氏保护王子颓到达卫国，率卫国和南燕国的军队讨周惠王，周惠王逃离王城。　冬，边伯、蒍国等大夫在王城拥立王子颓为周王。

〇〇八七　前674年，丁未，周惠王三年，蔡穆侯元年。

春，郑厉公调解王室纷争失败，抓了南燕之君仲父。　夏，郑厉公把周惠王安置于郑国栎邑。

〇〇八八　前673年，戊申，周惠王四年。

夏，郑厉公和虢公共同尊奉周惠王而讨伐王子颓。周惠王和郑厉公从王都南门杀入，虢公从王城北门杀入，周惠王复国。周惠王杀死王子颓和五位大夫，把虎牢关以东郑武公原来的封地封给郑厉公，把酒泉封给虢公。郑厉公死，其子文公继位。

〇〇八九　前672年，己酉，周惠王五年，郑文公元年。

陈宣公打算立宠姬之子款为太子，将太子御寇杀死。御寇和陈厉公之子完素来交好，公子完害怕遭到株连，投奔齐国，齐桓公任命他为工正（掌管百工），公子完改姓田。　　晋献公讨伐骊山之戎，杀死其君主，虏获骊姬姐妹而还。

〇〇九〇　前 671 年，庚戌，周惠王六年，楚成王元年。

楚成王派遣使者朝见周惠王，周惠王赐胙（祭祀用的肉）曰："镇尔南方夷越之乱，无侵中国。"即命其为南方诸侯之首，不要向中原发展。

〇〇九一　前 670 年，辛亥，周惠王七年，曹釐公元年。

冬，戎族入侵曹国，曹君羁跑到陈国。曹赤回到曹国继位，是为曹釐公。

〇〇九二　前 669 年，壬子，周惠王八年。

二月，郑国迫于齐国的威势，替齐国伐蔡；又迫于楚国的威势，向楚国妥协。郑国在诸侯中的地位一落千丈。

〇〇九三　前 668 年，癸丑，周惠王九年，卫懿公元年。

秋，宋、齐、鲁三国联军讨伐徐国（今江苏泗洪北）。

〇〇九四　前 667 年，甲寅，周惠王十年。

夏，郑和陈向齐国臣服，于是齐桓公和鲁、宋、陈、郑的君主在幽地会盟。　　冬，周惠王派遣卿士召伯廖去齐国，任命齐桓公为侯伯，即诸侯首领。因为卫国曾经帮助王子颓作乱，于是周惠王命令齐桓公伐卫。齐桓公和鲁庄公在城濮（今山东鄄城西南）相会，商量伐卫的事宜。

〇〇九五　前 666 年，乙卯，周惠王十一年。

三月，齐桓公伐卫获胜，用周天子的名义责备了卫国，收取贿赂之后还师。　　晋献公有八个儿子，太子申生、公子重耳、夷吾都有贤德的名声。晋献公宠爱骊姬，骊姬打算立自己的儿子奚齐为太子，在献公面前谗陷三位公子。是年夏，晋献公令申生出居曲沃，重耳出居蒲城，夷吾出居二屈。

〇〇九六　前 665 年，丙辰，周惠王十二年。

夏，郑国入侵许国。

〇〇九七　前 664 年，丁巳，周惠王十三年。

冬，山戎进攻北燕，北燕向齐桓公求救。齐桓公率管仲等伐山戎，齐军直至令支、孤竹。在这次战役中，齐军迷路，管仲放老马在前，而率军在后跟随，最终找到道路，成语“老马识途”的典故便出于此。

是年，秦宣公死，其弟秦成公继位。

〇〇九八　前 663 年，戊午，周惠王十四年，秦成公元年。

六月，齐桓公讨伐山戎之前曾邀鲁国一起出兵，鲁国因路远推辞，齐桓公得胜归来，想要讨伐鲁国，管仲说：“伐远诛近，邻国不亲，非霸王之道。征讨鲁国，鲁国必然投向楚国，这对我们来说是一举两失。应当把战胜山戎所得的宝物进奉到周公的庙中。”齐桓公听从了管仲的建议。

〇〇九九　前 662 年，己未，周惠王十五年。

秋，鲁庄公有般、启、申三个儿子，三人都不是嫡子。鲁庄公病危，问三弟叔牙该立谁为嗣，叔牙说：“庆父（庄公二弟）有才能，可以为后嗣。”鲁庄公又问四弟季友，季友请求立般。于是鲁庄公命令季友杀死叔牙。鲁庄公死后，季友尊奉般为鲁君。冬，庆父命人杀死鲁君般，拥立公子启，是为鲁湣公。

〇一〇〇　前 661 年，庚申，周惠王十六年，曹昭公元年，鲁湣公元年。

冬，晋献公和太子申生领兵攻灭耿（都城在今山西河津东南）、霍（都城在今山西霍县西南）、魏（都城在今山西芮城北）三国，赵夙、毕万都在此战中立有功勋。晋献公还师，为太子申生扩建曲沃城，任命赵夙和毕万为大夫，把耿赐给赵夙、魏赐给毕万。后来，赵、魏都发展成晋国的强大家族。

〇一〇一　前 660 年，辛酉，周惠王十七年，卫戴公元年。

八月，庆父打算自立，于是击杀鲁湣公，鲁国大乱。鲁人要杀死庆父，庆父逃奔莒国。季友拥立公子申为国君，是为鲁釐公。季友用财物贿赂莒国国君求他抓住庆父，庆父自杀。　　卫懿公喜欢鹤，甚至封给鹤大夫的爵位。赤狄伐卫，战争即将开始，战士们都说：“快让鹤出战，鹤有禄位，我们哪里能战斗呢?”说完溃散而去，赤狄杀死卫懿公，攻取卫的都城。　　齐桓公聚集卫的残兵败将七百余人，又加上共、滕两地的卫国百姓共五千人，立申为卫戴公，使其寄居在曹。卫戴公死后，其子文公继位。齐国派遣公子无亏率军帮助戍守卫国。　　是年，秦成公死，其弟穆公继位。

〇一〇二　前 659 年，壬戌，周惠王十八年，秦穆公元年，卫文公元年。

春，赤狄攻打邢国，齐、宋、曹三国派军援救，打败赤狄。　　六月，邢国迁至夷仪（今山东聊城西南），齐、宋、曹三国帮助邢修筑城邑，齐国又派兵帮助戍守。　　八月，楚因为郑亲近齐国而讨伐郑，齐桓公会盟宋、鲁、郑、邾四国，共谋救郑。

〇一〇三　前 658 年，癸亥，周惠王十九年。

夏，晋献公用骏马、玉璧等财物贿赂虞国，请求借道伐虢。虞公应允并请求担任前军向导，晋军和虞国军队伐虢获胜，攻取虢国的下阳（今山西平陆北），虢迁都至上阳（今河南三门峡东南）。

〇一〇四　前 657 年，甲子，周惠王二十年，燕襄公元年。

秋，齐桓公在阳谷与宋、江、黄三国国君会盟，又向鲁国寻求结盟，共同伐楚。　　冬，楚伐郑，郑文公打算和楚议和，郑大夫孔叔劝郑文公与齐国亲善。

〇一〇五　前 656 年，乙丑，周惠王二十一年。

春，齐桓公率齐、鲁、宋、陈、卫、郑、许、曹诸国联军共同伐蔡，将蔡国击败后，又进攻楚国。联军攻至陉地（今河南郾城东）而还。楚国派遣大夫屈完到联军处议和，联军退到召陵（今河南郾城东），齐桓公和屈完同坐一辆战车观看联军的声势，然后说：“用这样的军队作战，谁能抵御？用这样的军队攻城，什么城池攻不下来？”屈完说：“大王您如果以德服人，天下谁敢不从？如果以力服人的话，那么楚国以长城为城，汉水为池，联军虽然众多，也无用武之地。”于是诸侯们和屈完盟誓而还。

〇一〇六　前 655 年，丙寅，周惠王二十二年。

正月，太子申生在曲沃祭祀，将祭祀用的胙肉归还晋献公。骊姬命人在肉中投毒，诬陷申生弑父，并诬赖公子重耳和夷吾参与此事。晋献公大怒，要杀死三个儿子。申生自缢而死①，夷吾退保封地二屈，重耳出逃到狄。　　十二月，晋国又向虞国借道伐虢，虞国大夫宫之奇进谏说：“虢国和虞国唇齿相依，唇亡而齿寒。”虞君不听。晋攻破上阳，灭掉虢国，又回师灭掉虞国，俘获虞君和大夫百里奚，并将百里奚送给秦穆公的夫人（晋献公之女）做奴隶。

〇一〇七　前654年，丁卯，周惠王二十三年。

秦穆公夫人的奴隶百里奚逃到楚国，秦穆公听说了他的贤德，打算花重金将他赎回来，又怕楚人不给，于是用五张黑色公羊的羊皮将其赎归。秦穆公和百里奚讨论了三天国家大事，非常高兴，任命他为大夫，打算把国政授予他，百里奚推辞道：“我不如我的好友蹇叔，世人均知蹇叔贤德。”于是秦穆公又任命蹇叔为上大夫。

〇一〇八　前653年，戊辰，周惠王二十四年。

春，齐桓公伐郑。　　夏，重耳在狄地，晋献公派里克率军讨伐，在采桑大败狄军。　　七月，郑国请和，齐桓公在宁母（今山东鱼台境内）集会宋、鲁、陈、郑，共谋议和。

〇一〇九　前652年，己巳，周惠王二十五年，曹共公元年。

正月，周惠王死②，太子郑继位，是为周襄王。齐桓公率鲁、宋、卫、许、曹诸国的君主和陈国世子与周襄王的大夫在洮地（今山东鄄城西南）盟誓，巩固了周襄王的地位。周襄王坐稳王位后才发丧。
冬，宋桓公身患重病，太子打算让位给庶兄目夷，目夷推辞道：“太子能将国家辞让出来，这份仁德谁能比拟？我不如你仁德，继位又名不正言不顺。”于是宋桓公不换太子。

〇一一〇　前651年，庚午，周襄王郑元年。

三月，宋桓公死，太子继位，是为宋襄公。　　九月，齐桓公和宋、鲁、卫、郑、许、曹诸国的君主在葵丘会盟，周襄王派遣使者参加，确立了齐桓公的霸主地位。　　晋献公死，晋大夫荀息拥立晋献公

---

① 《史记》记载申生死于公元前656年，此处从《春秋》《左传》。

② 周惠王死于去年十二月，太子郑担心王子带争位，故而秘不发丧，向齐桓公求助。至此时才通告诸侯。

之子奚齐继位。晋大夫里克杀死奚齐，荀息又立奚齐之弟卓子，里克又杀死卓子，荀息亦死。里克派人到狄国迎重耳，重耳拒绝归国；又派人到梁国迎夷吾。夷吾允诺将河西之地割给秦国换取了秦的支持，秦穆公派百里奚领兵护送夷吾归国，齐桓公听闻晋国内乱，也派兵到晋国，共立夷吾为国君，是为晋惠公。

〇一一一　前 650 年，辛未，周襄王二年，晋惠公元年，宋襄公元年。

夏，晋惠公允诺将河西之地割让给秦国换取了秦穆公的支持，继位之后颇为后悔，便派遣丕郑到秦国谢罪，推说大臣坚决反对惠公将河西之地割让，秦、晋因此失和。晋惠公担心里克做重耳的内应，遂将里克赐死。

〇一一二　前 649 年，壬申，周襄王三年。

夏，周襄王之弟王子带觊觎王位，召集王城四周和伊水、洛水一带的戎族攻打京师，烧毁东门，秦、晋出兵助周襄王伐戎。

〇一一三　前 648 年，癸酉，周襄王四年。

春，齐、宋等国给卫国修筑楚丘的外城以防备赤狄。　周襄王讨伐王子带。秋，王子带逃到齐国。

〇一一四　前 647 年，甲戌，周襄王五年，陈穆公元年。

夏，居住在伊水和洛水的戎族威胁王都，淮夷威胁杞国。为了安定周王室和杞国百姓，齐桓公在咸地大会诸侯，共谋守卫王都，迁徙杞人。　秋，齐、宋、鲁、陈、卫、郑、许、曹诸国联军戍守王都以防备戎族。　冬，晋国饥荒，请求向秦国购买粮食。秦穆公问大臣的意见，百里奚说："天灾流行，国家每一代都会发生，救助灾荒、体恤邻国，是自然的道理。"丕豹却建议趁机伐晋。秦穆公说："晋惠公作恶，但晋国百姓无罪。"于是秦国向晋国输送粟米，自雍至绛船只相连，人称"泛舟之役"。

〇一一五　前 646 年，乙亥，周襄王六年。

春，淮夷侵扰杞国，齐桓公将杞国迁到缘陵（今山东昌乐东南），率诸侯助其修建城邑，并留军戍守。　秦国饥荒，求助于晋。晋惠公和大臣商议，虢射认为因为晋国背弃了河西之约，秦、晋之间嫌隙已深，即使帮助了秦国，也不足以化解恩怨，只会使秦更强大，于是晋惠公回绝了秦的请求。

〇一一六　前645年，丙子，周襄王七年，蔡庄侯元年。

秦国因为晋的背叛而讨伐晋。秦军三次打败晋国戍守边疆的军卒，向东渡河，和晋惠公战于韩原（今山西河津、稷山之间）。晋军大败，晋惠公被俘。不久，秦穆公与晋惠公在王城（今陕西大荔东）讲和，秦答应释放晋惠公，晋惠公把晋太子圉送入秦国为质，并答应给秦河西之地。

〇一一七　前644年，丁丑，周襄王八年。

戎族威胁周王室，周襄王告于齐，齐桓公再次征调诸侯的军队拱卫王都。　　冬，淮夷进逼鄫国，齐桓公联合诸侯到淮水为鄫筑城。服役的人不堪穷困疲敝，有人趁夜色登高大喊："齐国有内乱啦！"于是联军没有筑好城邑就返回了。　　晋惠公和大臣们共谋杀死重耳，重耳听说后离开狄国逃到齐国，齐桓公把宗室女子嫁给他。

〇一一八　前643年，戊寅，周襄王九年。

夏，晋太子圉在秦国为质，秦国将宗室女子嫁与他为妻，并归还晋的河西之地。　　齐桓公立昭为太子。冬，齐桓公病危，无亏、元、潘、商人、雍五公子争位。齐桓公死后，五位公子互相征伐，易牙和宦官竖刁杀死群臣，立公子无亏为国君，太子昭逃奔宋国。齐桓公的尸体放在床上六十七天无人问津，直到尸虫爬出门窗后才予以殡葬。

〇一一九　前642年，己卯，周襄王十年，齐孝公元年。

春，宋襄公率领曹、卫、邾联军平定了齐国的内乱，送还太子昭。齐人把公子无亏杀死。齐国大夫拥立太子昭为国君，但潘、商人、元、雍四位公子的党徒抗拒此事，宋军在演地（今山东济南西）将这些党徒击败，太子昭继位，是为齐孝公。鲁国、狄国将四公子救走。

〇一二〇　前641年，庚辰，周襄王十一年。

三月，宋襄公扣押了滕宣公，因而触犯了齐国。宋襄公打算继齐桓公之后担任侯伯，六月，他召开诸侯的盟会，会盟曹、邾、鄫等国。鄫君迟到，于是宋襄公命令邾君抓住鄫君作了祭祀的祭品。宋襄公的大臣子鱼说："齐桓公使三个灭亡的国家得以保存，义士尚且说他薄德，今日您举办一次盟会便虐待两个国家的君主，将来想要称霸不是很困难吗？"曹国不服宋国，宋襄公派军包围曹。　　冬，鲁、蔡、楚、郑四国君主应陈穆公的邀请，共同到齐会盟。

〇一二一　前640年，辛巳，周襄王十二年。

夏，因滑国叛郑亲卫，郑派军伐滑。　　秦灭掉芮国（都城在今陕西韩城境内）。

〇一二二　前639年，壬午，周襄王十三年。

宋襄公和齐孝公、楚成王在鹿上（今安徽阜南）集会，请求两国答允宋国为诸侯的盟主，楚成王假装应允，和宋襄公、齐孝公结盟。秋，宋、楚、陈、蔡、郑、许、曹等国君主在宋国的盂会盟。楚成王在会上抓住宋襄公并出兵伐宋。冬，楚成王在薄邑和鲁、陈、蔡、郑、许、曹等国的君主会盟，会盟后将宋襄公释放。

〇一二三　前638年，癸未，周襄王十四年。

夏，因郑国唯楚国之命是从，宋襄公联合卫、许、滕三国伐郑。晋惠公病危，太子圉听闻，担心晋国的大夫拥立其他的公子继位，于是秘密地从秦国返回。　　楚国为救郑国派兵伐宋。十一月，楚、宋两国的军队战于泓水，楚军还未全部渡河而宋军已摆好阵势，宋大臣子鱼因为敌众我寡，劝宋襄公击其半渡，宋襄公不听。楚军渡江后还未摆好阵势，子鱼又说："此时可以出击。"宋襄公说："等他们列好阵势。"楚军摆好阵型之后，宋军出击，被楚军击败，宋襄公大腿受伤，宋人都埋怨宋襄公。宋襄公说："君子作战，不在隘口阻击，不对没摆好阵势的敌人发起冲锋，不伤已经受伤的人，不擒拿上年纪的人。"子鱼说："战争以获胜为功，如果按您所说的，还要战争干什么？"

〇一二四　前637年，甲申，周襄王十五年。

五月，宋襄公因伤病而死，其子宋成公继位。　　晋惠公死后，太子圉继位，是为晋怀公。　　是年，重耳在齐国居住了五年才离开，一路经过曹、宋、郑等国后到达楚国。楚成王用对待诸侯的礼仪招待他，并说："公子如果有一天能够返回晋国，该如何报答我？"重耳说："如果您的话灵验，我真的能够返回晋国的话，两国交兵，晋军当退避三舍①。"重耳在楚国居住数月后，应秦的邀请入秦。

---

① 一舍为三十里，三舍即九十里。

〇一二五　前636年，乙酉，周襄王十六年，晋文公元年，宋成公元年。

春，晋人听说重耳在秦国，暗地里派人劝他归国，于是秦穆公派兵帮助重耳归国，一路几乎未遇抵抗。重耳进入绛都，被立为国君，是为晋文公。晋怀公逃到高梁，被晋文公派人杀死，晋怀公的亲信打算作乱，晋文公借秦军剿灭。　秋，周襄王的王后隗氏和王子带私通，周襄王将王后隗氏废黜。狄国伙同王子带共同讨伐周襄王，打败王师，俘虏了周公忌父、原伯、毛伯、富辰，周襄王出逃到汜（今河南襄城南）。

〇一二六　前635年，丙戌，周襄王十七年。

四月，秦驻军河上，将要接纳周襄王。晋国大夫子犯对晋文公说："求霸莫如尊周，方今尊王，晋之资也。请先于秦而纳襄王。"于是晋国出兵，左军将王子带包围在温邑，右军到汜邑迎接周襄王，将周襄王接到王城，杀死王子带。周襄王将阳樊、温、原、攒茅四个邑封给晋文公，晋国疆土拓展到南阳（太行山以南，黄河以北）。　秋，秦、晋联合伐鄀（楚国附庸，今河南淅川西），鄀投降。秦俘获楚大臣申公、息公而还，楚令尹子玉闻讯，率军追之，不及。

〇一二七　前634年，丁亥，周襄王十八年，卫成公元年。

鲁国派遣使者到晋国，请晋国出兵讨伐齐、宋。冬，鲁国使者游说晋国无果，又转而游说楚国，并引导楚军讨伐齐国和宋国。楚军包围宋的缗邑，又攻取齐的谷地（今山东东阿），令齐桓公之子公子雍戍守，作为鲁国的外援。楚国派遣申公帮助公子雍守卫谷地，齐桓公的七个儿子全部逃到楚国，楚成王把他们都封为大夫。

〇一二八　前633年，戊子，周襄王十九年。

六月，齐孝公死，其弟潘依靠卫公子启方杀死齐孝公之子而自立，是为齐昭公。　冬，楚成王令前令尹子文和令尹子玉率军联合陈、蔡、郑、许等国的君主共同包围宋国。因楚军围宋，宋大夫公孙固赴晋国告急。晋臣先轸认为这是取得威信、建立霸业的好机会，劝晋文公应允。于是晋文公作上、中、下三军，分派大将率领，准备援宋。

〇一二九　前632年，己丑，周襄王二十年，齐昭公元年。

四月，楚令尹子玉派使者宛春到晋文公处说："您恢复卫、曹两国，我就解除对宋的包围。”晋文公私下与曹、卫两国盟约以离间楚国，又故意羁押宛春以激怒子玉。子玉大怒，率楚军攻晋。晋军退避三舍到城濮（今山东鄄城西南），以避楚军锋芒。子玉孤军深入，被晋军击败，楚军溃退，子玉自杀。晋军驻守衡雍（今河南原阳西）。这就是著名的城濮之战。　　晋军获胜后，周襄王到践土（今河南原阳西南）犒赏三军，晋文公向周襄王进献楚国的战俘。周襄王任命晋文公为侯伯，“敬服王命，以绥四国”。晋文公和齐、宋、鲁、蔡、郑、莒等国的国君以及卫成公之弟叔武盟誓，陈穆公也到会听命，史称“践土之盟”。

十月，卫国、许国不服践土之盟，晋文公打算联合诸侯共同讨伐，又担心诸侯国不听命令，于是用朝见天子的名义集会诸侯。晋与齐、鲁等国会盟于温，晋文公率领诸侯到践土朝见周襄王。

〇一三〇　前631年，庚寅，周襄王二十一年，陈共公元年。

夏，因郑国与楚国亲善，晋国重臣子犯在狄泉（今河南洛阳内）会盟周王子虎、鲁釐公、宋大夫公孙固以及齐、陈、秦、蔡等国代表，共谋伐郑。

〇一三一　前630年，辛卯，周襄王二十二年。

九月，秦、晋围郑，晋驻军函陵，秦驻军汜南。郑国烛之武见到秦穆公之后说：“秦、郑两国相去甚远，灭亡郑国对晋有利，对秦却没有丝毫益处，秦国为何要灭亡郑国来使晋国得到好处呢？何况晋国是永远不会满足的，它在东面灭郑辟疆之后，又会想向西拓土，如果不摧毁秦国，又到哪里去夺取土地呢？”秦穆公遂与郑国结盟，留兵帮助戍守之后便退去。郑于是又向晋求和，晋文公答应了郑的请求，率军回国。

〇一三二　前629年，壬辰，周襄王二十三年。

春，晋文公将曹国济水以西、洮水以南的土地全都分给鲁国。

十二月，狄国包围卫国都城楚丘，卫迁都帝丘（今河南濮阳西南）。

〇一三三　前628年，癸巳，周襄王二十四年。

春，楚派遣使者赴晋，两国讲和。　　冬，晋文公死，其子晋襄公继位。秦国留杞子、杨孙、逢孙三位大夫帮助郑国守城。郑国派杞子掌管北门，杞子秘密派人传话给秦国说：“如果秘密派兵前来，那么就可以攻下郑国。”秦穆公征求大臣蹇叔的意见，蹇叔说：“军队奔波千里，谁能不知道呢？劳师袭远，臣以前没听说过。”秦穆公不听劝阻，派遣军队袭郑。

〇一三四　前627年，甲午，周襄王二十五年，晋襄公元年，郑穆公元年。

春，郑国商人弦高在滑国遇到秦国派出的袭击郑国的军队，于是谎称自己是郑国的使者，以十二头牛犒赏秦军，暗地里派人将秦军来袭的消息传回郑国。秦军以为郑国已有防备，攻灭滑国后便还师，杞子逃奔齐国，逢孙和杨孙跑到宋国。　四月，秦军劳师远征，精疲力竭，晋国联合姜戎截击秦军。双方在殽山附近大战，秦军战败。

〇一三五　前626年，乙未，周襄王二十六年，鲁文公元年。

十月，楚成王打算废掉太子商臣而立商臣之弟王子职为太子。商臣和他的老师潘崇密谋，率领太子的亲兵围攻楚成王，楚成王自缢而死。商臣继位，是为楚穆王。

〇一三六　前625年，丙申，周襄王二十七年，楚穆王元年。

由余的祖先是晋国人，后来逃到了戎地。戎王派遣由余出使秦国，秦穆公向他展示秦的宫室和府库。由余说：“使鬼为之，则劳神矣；使人为之，亦苦民矣。”穆公见由余贤德，便将他留在秦国，不再遣还。

〇一三七　前624年，丁酉，周襄王二十八年。

四月，秦将孟明视虽然多次战败，但秦穆公始终信赖他，又派他率军伐晋。孟明视率军渡河后将渡船烧毁，以示必死之心。秦军攻取晋的王官（今山西闻喜西），晋军守城不出。秦军渡过茅津到达殽山，将殽之战中秦军战死的尸骨掩埋后班师还朝。

〇一三八　前623年，戊戌，周襄王二十九年。

秦穆公采纳由余的计谋攻打西戎，收服十二个小国，开拓疆土千里，称霸西戎。周襄王派召公送金鼓相贺。

〇一三九　前622年，己亥，周襄王三十年。

是年，晋国赵衰、栾枝、先且居、胥臣等军帅相继去世。

〇一四〇　前621年，庚子，周襄王三十一年。

春，晋国恢复原来的三军建制，并起用赵衰之子赵盾为中军帅，子犯之子狐射姑为中军佐。赵盾主国政①。　　秋，晋襄公死。当时秦、狄两国和晋国都有嫌隙，太子年少，大夫们大多打算废掉太子拥立年纪大一些的公子继位。赵盾派遣使者到秦国迎接公子雍，贾季则遣使到陈迎接公子乐。赵盾派人在路上将公子乐截杀，贾季则派人杀死赵盾的党羽阳处父。冬，贾季逃奔狄国。

〇一四一　前620年，辛丑，周襄王三十二年，晋灵公元年，秦康公元年。

春，赵盾派遣使者到秦国迎接公子雍。晋襄公的夫人每天抱着太子到朝堂上啼哭，并质问为何不立晋襄公的嫡子为国君。赵盾和诸位大夫没有办法，于是背弃公子雍，拥立太子夷皋继位，是为晋灵公。　　四月，晋公子雍返国，秦康公想到当年晋文公返国时因没有护卫而遭遇叛乱，于是派了很多军队护卫公子雍。赵盾违背盟约，率军击败秦军。　　八月，晋国新君继位，大会诸侯，赵盾和齐、宋、卫、陈、郑、许、曹、鲁等国的君主会盟于扈地。盟会时鲁文公迟到。赵盾主持盟会，春秋时期大夫主盟自此开始。

〇一四二　前619年，壬寅，周襄王三十三年，宋昭公元年。

夏，秦军攻晋，夺取武城（今陕西华县东北），以报赵盾拒秦师之仇。　　八月，周襄王死，其子壬臣继位，是为周顷王。

〇一四三　前618年，癸卯，周顷王壬臣元年。

春，楚国大夫范山对楚穆王进言道："晋国国君年幼，没有当侯伯的志向，我们可以趁机图谋北方。"楚穆王于是派兵伐郑，囚禁郑国的公子坚、公子龙和公子乐耳。郑国与楚国议和。晋率领诸侯联军救郑，联军到达郑国时，楚军已经退走了。　　夏，楚因陈亲附晋国，便派兵讨伐，攻取壶丘（今河南新蔡东南）。

〇一四四　前617年，甲辰，周顷王二年，曹文公元年，燕桓公元年。

楚穆王打算攻打宋国，与陈共公、郑穆公、蔡庄公在厥貉（今河南项城境内）驻军。宋昭公请求归服，并引导楚穆王到孟诸（今河南商丘

---

① 晋国的中军帅是正卿，出则主军，入则主政。

东北）狩猎。麇（今湖北西北部）君本来和楚一起伐宋，但中途逃回本国。

〇一四五　前 616 年，乙巳，周顷王三年。

春，楚穆王伐麇，攻占麇都锡穴（今陕西白河南）。　　秋，长狄袭齐，又攻鲁。十月，鲁大夫叔孙得臣在咸丘打败长狄，杀死其首领侨如。

〇一四六　前 615 年，丙午，周顷王四年。

冬，秦康公伐晋，双方战于河曲。晋军深沟壁垒，坚守不出以消耗秦军。双方都不能取胜，秦军撤退，晋也班师还朝。

〇一四七　前 614 年，丁未，周顷王五年。

冬，鲁文公到晋国朝拜，郑、卫两国请鲁国替他们向晋求和。

〇一四八　前 613 年，戊申，周顷王六年，楚庄王元年，陈灵公元年。

春，周顷王死，其子班继位，是为周匡王。周公阅、王孙苏两卿士争国政，赵盾为二人调和。晋国赵盾因卫、郑两国归服，于是大会诸侯于新城（今河南商丘西南）。　　《春秋》："秋七月，有星孛入于北斗。"这是世界上有关哈雷彗星最早、最可靠的记录。

〇一四九　前 612 年，己酉，周匡王班元年，齐懿公元年。

夏，因蔡不参与新城的盟会，晋出兵征讨，和蔡国签订城下之盟而还。　　秋，齐派兵攻打鲁国西部，季孙行父到晋国求助。　　冬，晋国联合诸侯，因齐国擅自伐鲁，准备出兵攻打齐国。齐国贿赂晋国，于是晋率诸侯联军归还。齐国又派兵攻打鲁国西部。

〇一五〇　前 611 年，庚戌，周匡王二年，蔡文侯元年。

楚庄王继位三年，不发布任何号令。伍举、苏从相继进谏。伍举说："有鸟在于阜，三年不飞不鸣，是何鸟也？"楚庄王说："三年不动，将定意志；不飞，将长羽翼；不鸣，将览民则。"又说："三年不飞，飞将冲天；三年不鸣，鸣将惊人。"楚庄王开始听政，诛杀数百人，又给数百人加官晋爵，任命伍举、苏从负责政事，得楚国百姓拥戴。

〇一五一　前 610 年，辛亥，周匡王三年，宋文公元年。

春，因宋擅自杀害宋昭公，晋国赵盾命荀林父率晋、卫、陈、郑四国联军伐宋。联军至宋时，宋文公已经继位，宋又贿赂晋国，联军退去。　　夏，齐伐鲁，鲁国请求议和，两国国君在谷地（今山东东阿境内）结盟。　　晋国大会诸侯，因郑国时而亲附楚国，拒绝郑穆公参加集会。郑国大臣子家给赵盾写书信辩解道："郑国地处晋、楚两大国之间，服从强者的命令以求自保，又有什么罪责呢?"晋国于是与郑国和解。

〇一五二　前609年，壬子，周匡王四年。

五月，齐懿公荒淫无道，被手下所杀。齐人废齐懿公之子而立公子元为国君，是为齐惠公。

〇一五三　前608年，癸丑，周匡王五年，鲁宣公元年，齐惠公元年，秦共公元年。

夏，鲁宣公因齐国支持而得以继位，所以继位后命季文子出使齐国，将济水以西的土地送给齐国作为贺礼，两国国君会于平州（今山东莱芜西）。　　郑国因为晋没有信义，伐齐、伐宋均因收取贿赂半途而废，所以背晋亲楚。陈灵公因楚国不吊陈共公之丧，叛楚亲晋。　　秋，因陈、宋两国叛楚附晋，楚庄王率军征讨，晋国听闻后，也决定出兵。赵盾率诸侯联军伐郑以救援陈、宋，在北林（今河南新郑）被援郑的楚军击败，大夫解扬被俘，晋军归国。　　冬，晋伐郑，以报北林战败之仇。

〇一五四　前607年，甲寅，周匡王六年。

春，郑国听从楚国的命令出兵伐宋，宋派华元、乐吕领兵抵御，双方战于大棘（今河南柘城西北），宋军战败。郑国囚禁华元，俘虏乐吕，缴获甲车四百六十乘。华元逃归，为宋国筑城。　　九月，晋灵公暴虐无道，因赵盾屡次进谏而打算杀死赵盾，赵盾于是出逃。赵穿一怒之下杀死晋灵公。当时，赵盾即将逃出晋国国境，听到这个消息便返回国都，让赵穿迎立晋襄公之弟公子黑臀，是为晋成公。晋太史董狐因赵盾是正卿，"亡不越境，返不讨贼"，于是在史书上记载："赵盾弑其君。"

十月，周匡王死，其弟瑜继位，是为周定王。

〇一五五　前606年，乙卯，周定王瑜元年，晋成公元年。

楚庄王讨伐姜戎，兵至洛水，观兵于周疆。周定王派遣王孙满慰劳楚军，楚庄王趁机询问九鼎的大小和轻重①，王孙满答曰："在德不在鼎。"

〇一五六　前605年，丙辰，周定王二年，郑灵公元年。

六月，楚国送郑灵公一只鼋鳖。郑子公、子家两位公子将要朝拜郑灵公，子公的食指突然动了一下，然后他笑着对子家说："往常食指动的时候，都是要吃一些特殊的东西。"等两人进入宫室，刚好看到厨师准备宰杀鼋鳖，于是相视一笑。郑灵公问原因，子家便把子公食指动的事告诉了郑灵公。等到请大夫们品尝鼋鳖时，郑灵公单单不分给子公，子公大怒，擅自品尝鼋鳖后愤然离席。郑灵公大怒，要杀子公。子公于是和子家谋划，将郑灵公杀死，拥立郑灵公之弟坚继位，是为郑襄公。

〇一五七　前604年，丁巳，周定王三年，郑襄公元年。

冬，楚庄王伐郑，陈国惧而附楚，晋大夫荀林父救郑伐陈。

〇一五八　前603年，戊午，周定王四年，秦桓公元年。

春，因陈亲附楚国，晋、卫联合伐陈。　　冬，楚出兵伐郑，郑国与楚国讲和，楚军还师。

〇一五九　前602年，己未，周定王五年。

黄河改道。旧道即所谓禹河，从滑县北流，至巨鹿又向东北，分流入海。新道从滑县向东流经濮阳，又东北经冠县、茌平北部，在旧河主道之南入海②。

〇一六〇　前601年，庚申，周定王六年，燕宣公元年。

夏，晋军联合白狄伐秦，俘获秦国间谍，将其在绛都闹市杀死。　　冬，陈、晋讲和。楚军伐陈，陈又和楚讲和。

〇一六一　前600年，辛酉，周定王七年。

秋，晋成公在扈地大会诸侯，陈亲附楚国，未来赴会，晋出兵征讨。晋成公死，其子晋景公继位。　　因郑亲晋，楚庄王派兵讨伐，晋派兵援郑，楚军败于柳棼。

---

① 传说禹铸九鼎，九鼎象征九州，夏、商、周奉为传国之宝。楚庄王问九鼎意在取周而代之。

② 学术界对此尚有异议，此处从《中国历史地图集》。

〇一六二　前 599 年，壬戌，周定王八年，晋景公元年，卫穆公元年。

夏，齐惠公死，其子齐顷公继位。齐惠公的宠臣崔杼被驱逐到卫国。郑国担心楚报柳棼之仇，于是请求与楚和谈，楚和郑结盟。晋国以郑背叛自己为借口，率领诸侯联军讨伐，与郑国议和后返回。　冬，楚因郑附晋而出兵伐郑，晋率宋、卫、曹救郑，击败楚军并留军戍守。

陈灵公淫乱大臣夏征舒之母夏姬，夏征舒杀陈灵公而自立，陈国大乱。

〇一六三　前 598 年，癸亥，周定王九年。齐顷公元年，陈成公元年。

冬，因夏征舒弑杀陈灵公，楚庄王率诸侯讨伐。诛杀夏征舒后，楚庄王打算把陈作为楚的一个县。大夫申叔时进谏道："大王讨伐有罪之臣，是深明大义，若贪图陈的富饶，则无法使诸侯们信服。"于是楚庄王恢复陈国，立陈国太子为国君，是为陈成公。

〇一六四　前 597 年，甲子，周定王十年。

六月，晋国听说楚军围郑，派兵救援，兵至黄河，便得到郑国投降楚国的消息。晋仍渡河，与楚国战于邲（今河南荥阳东北）。楚令尹孙叔敖命楚军快速出击，晋军抢舟争渡，自相砍杀，楚军大胜。

〇一六五　前 596 年，乙丑，周定王十一年。

邲之战中，晋军大败，中军佐先縠责无旁贷。先縠担心自己被追究，便秘密召集赤狄准备作乱。赤狄军至清原。晋出兵讨伐先縠，将其灭族。

〇一六六　前 595 年，丙寅，周定王十二年。

春，晋遣使责问卫救陈之事，卫正卿孔达主动承担责任，为"利社稷"而自杀。因郑在邲之战中帮助楚国，晋派兵伐郑。郑穆公到楚国求援。

〇一六七　前 594 年，丁卯，周定王十三年，曹宣公元年。

鲁国实行初税亩，即按亩收税，标志着井田制在鲁国瓦解。

〇一六八　前 593 年，戊辰，周定王十四年。

晋攻讨赤狄，大获全胜，向周定王进献赤狄之俘。

〇一六九　前592年，己巳，周定王十五年。

晋准备大会诸侯，派遣郤克到齐国征召齐顷公，恰逢鲁国季孙行父、卫国孙良父也到齐，三人一跛、一秃、一眇，齐人看到后笑个不停。郤克大怒，回国后请求伐齐，晋景公不许，并说："子之怨，安足以烦国?"夏，晋大会诸侯，齐顷公担心受辱，派四位大夫前往。晋果然折辱齐大夫，齐于是叛晋。

〇一七〇　前591年，庚午，周定王十六年，蔡景侯元年。

十月，鲁三桓（鲁桓公之族仲孙氏、叔孙氏、季孙氏）势力日盛，公室渐卑。公孙归父（东门襄仲之子）和鲁宣公打算借助晋的力量除去三桓，公孙归父于是前往晋国，但鲁宣公却于此时死去。季孙氏趁机驱逐东门氏，三桓势力更加强大。

〇一七一　前590年，辛未，周定王十七年，鲁成公元年，楚共王元年。

春，鲁曾请楚伐齐，被楚以楚庄王之丧拒绝，鲁国恐惧，便下令作丘甲，增收军赋，以加强其军事力量。

〇一七二　前589年，壬申，周定王十八年。

夏，晋出兵八百乘会合鲁、卫伐齐，双方战于鞍（今山东济南西北），齐军大败，请求和谈，答应归还抢占的鲁、卫两国土地，于是三国与齐议和。　冬，楚令尹子重起全国之兵讨伐鲁、卫以救齐，鲁送公子为质，并以工匠数百人贿赂楚国，请求议和。楚和鲁、蔡、许三国国君以及齐、秦、卫、陈、宋等国的大夫在蜀（今山东泰安东南，当时属鲁）结盟。由于蜀之盟，诸侯全无诚意，人称"匮盟"。

〇一七三　前588年，癸酉，周定王十九年，宋共公元年，卫定公元年。

十二月，晋于三军之外又作新三军，合为六军，于是晋又有新六卿。

〇一七四　前587年，甲戌，周定王二十年。

郑襄公死，其子郑悼公继位。　燕宣公死，燕昭公继位。

〇一七五　前586年，乙亥，周定王二十一年，郑悼公元年，燕昭公元年。

春，晋赵同、赵括因其弟赵婴和侄子赵朔之妻赵庄姬私通，将赵婴流放到齐国。　　周定王死，其子夷继位，是为周简王。　　是年，吴君去齐死，其子寿梦继位，改称王。

〇一七六　前 585 年，丙子，周简王夷元年，吴王寿梦元年。

夏，晋将都城从绛迁到新田，改名新绛。　　秋，楚因郑亲晋，派令尹子重率军讨伐郑。　　冬，晋派六军救郑，在绕角（今河南鲁山东）遇到楚军，楚军撤退。晋于是伐蔡，楚军救蔡，在桑隧（今河南确山东）布防，晋军回本国。

〇一七七　前 584 年，丁丑，周简王二年，郑成公元年。

秋，楚军伐郑，晋联合诸侯救郑，楚军大败，诸侯在马陵（今河北大名东南）结盟而还。　　晋、楚争霸，晋打算利用吴国削弱楚国。当时楚国的巫臣流亡到晋国，怨恨楚子重、子反灭其族，于是请求出使吴国。巫臣教导吴军使用战阵，又唆使吴国攻打楚、巢、徐，楚军疲于奔命。

〇一七八　前 583 年，戊寅，周简王三年。

晋国大夫屠岸贾打算诛杀赵氏，于是对诸将说："赵穿弑杀晋灵公，赵盾虽然不知，但仍旧是逆臣之首，其子孙仍然在朝为官，可以将之诛杀，以追究赵氏以臣弑君之罪。"便率军将赵氏灭族，孤儿赵武被程婴、公孙杵臼所救。

〇一七九　前 582 年，己卯，周简王四年。

春，晋屡次失信，诸侯多有离心。晋担忧自己侯伯地位动摇，于是大会诸侯于蒲（今河南长垣东），以求重温马陵之好。季文子对范文子说："德之不竟，寻盟何为？"晋征召吴王赴会，吴王不来。

〇一八〇　前 581 年，庚辰，周简王五年，齐灵公元年。

晋景公病，到秦国请医生治疗，秦派医缓前往。医缓看过晋景公之后，说："病在膏之上，肓之下，针灸药物皆不可为。"晋景公认为医缓是个良医，赠予重礼后将他送回秦国。晋景公死，其子晋厉公继位。

〇一八一　前 580 年，辛巳，周简王六年，晋厉公元年。

冬，宋国华元和晋国正卿栾书、楚国令尹子重都有私交，听说晋、楚两国有妥协之意，于是分别到晋国和楚国，以促成两国结盟。　　晋厉公继位，打算和诸侯们和平相处，和秦桓公约定在令狐（今山西临猗西）相会。晋厉公先到，秦桓公不肯过河，行至王城（今陕西大荔东），两国夹河而盟。秦国大夫到河东和晋厉公盟誓，晋国大夫到河西和秦桓公盟誓。

〇一八二　前579年，壬午，周简王七年。

宋国华元促成晋、楚结盟，双方在宋国盟誓。两国结盟后，卫、鲁、郑的国君也到晋受命。

〇一八三　前578年，癸未，周简王八年。

夏，晋派吕相到秦国，历数秦国的罪状，和秦绝交。吕相的《绝秦书》开后世檄文之先河。

〇一八四　前577年，甲申，周简王九年，曹成公元年。

是年，秦桓公死，其子秦景公继位。

〇一八五　前576年，乙酉，周简王十年，秦景公元年，卫献公元年。

晋、齐、宋、卫、郑和吴国在钟离（今安徽凤阳东北）会盟，吴开始参加中原的盟会。

〇一八六　前575年，丙戌，周简王十一年，宋平公元年。

夏，郑背叛晋国，亲附楚国，出兵伐宋，晋、卫派兵征讨。晋厉公率军渡河，又求得齐、鲁两国军队，共同伐郑。郑向楚求援，楚共王率楚军和蛮族军队援郑，双方战于鄢（今河南鄢陵北）。一日鏖战，楚军略处下风，楚共王一只眼睛受伤，子反准备明早再战，但楚共王连夜逃走，楚军返国，子反自杀。

〇一八七　前574年，丁亥，周简王十二年。

夏，晋厉公联合周使与诸侯一起伐郑，楚派兵相救，联军退走。

冬，晋国大夫栾氏、中行氏权重，晋厉公打算尽去两家之权，于是派遣亲信杀死郤锜、郤犨、郤至，又在朝堂上劫持栾书和中行偃，不久又将二人释放。栾书和中行偃趁晋厉公到匠丽氏（晋厉公的亲信）游玩之时将晋厉公扣押。

〇一八八　前573年，戊子，周简王十三年，燕武公元年。

春，栾书、中行偃杀死晋厉公，迎立晋襄公玄孙周子回国继国君位，是为晋悼公。晋悼公任命官吏，整顿内政，按照时令役使百姓，晋国国势再度兴盛。

〇一八九 前572年，己丑，周简王十四年，鲁襄公元年，晋悼公元年。

春，晋率诸侯联军帮宋攻打彭城并成功攻取。齐军并未参与彭城之战，晋又伐齐，齐向晋谢罪，并将太子光送入晋国为质。　五月，晋派韩厥、中行偃率诸侯联军伐郑，大获全胜，联军又南下攻楚。

〇一九〇 前571年，庚寅，周灵王泄心元年。

冬，晋曾经大会诸侯大夫共谋伐郑，鲁国大夫仲孙蔑建议修筑虎牢城进逼郑国，但因齐国大夫没有赴会，晋担忧齐有二心，于是将筑城之事暂时搁置。晋派人到齐国询问修筑虎牢城事宜，齐国同意，晋联合诸侯修筑虎牢城。郑国恐惧，又不堪忍受楚国的役使，便背叛楚国归附晋国。

〇一九一 前570年，辛卯，周灵王二年，郑釐公元年。

夏，晋悼公、单顷公和鲁、卫、宋、郑、莒、邾等国的国君以及齐国太子光在鸡泽（今河北邯郸东北）盟会，晋派遣使者到吴国迎邀吴王寿梦，吴王不来。陈成公因不堪楚国的压迫，派袁侨赴会请求与诸侯结盟，诸侯们接受了陈的结盟之请。

〇一九二 前569年，壬辰，周灵王三年。

冬，山戎请求与晋修好，晋悼公起初打算拒绝，魏绛主张和山戎和好，进谏道："和山戎修好，对我们有五大好处：一是戎族逐水草而居，不重视土地，我们可以向他们购买土地；二是减轻边防压力，有利于百姓生活；三是戎族归服，可宣扬国威；四是以德服人，可以避免动用军队；五是远邻至、近邻安。"晋悼公很高兴，于是和山戎结盟。

〇一九三 前568年，癸巳，周灵王四年，陈哀公元年。

夏，吴王寿梦派遣使者到晋国解释不赴鸡泽之会的原因，请求和诸侯修好，晋应允，并打算为吴国举办盟会。　秋，晋在戚地（今河南濮阳北）大会诸侯，吴王寿梦赴会，晋命诸侯戍守陈国防备楚国。
冬，楚伐陈，晋悼公率诸侯联军救陈。

〇一九四 前567年，甲午，周灵王五年。

三月，齐灵公灭掉莱国，因大夫叔夷作战有功，赐叔夷莱地"县三百”，造铁之徒四千。这反映出春秋中期山东一带采矿冶铁已经具有很大规模。

〇一九五 前566年，乙未，周灵王六年。

冬，楚派军包围陈国，晋悼公大会诸侯，共谋救陈。陈哀公畏惧楚国，逃离盟会。郑釐公赴会，行至鄵地，被子驷所杀。郑国大夫拥立釐公之子嘉继位，是为郑简公。

〇一九六 前565年，丙申，周灵王七年，郑简公元年。

夏，郑国诸公子因子驷杀死郑釐公，密谋杀死子驷，子驷抢先杀死子狐、子熙、子侯、子丁，孙击、孙恶出逃到卫国。　郑伐蔡，俘获蔡国司马公子燮。冬，因郑伐蔡，楚出兵伐郑。郑国群臣不知从楚还是从晋，子驷执掌国政，认为对郑这种小国来说，准备好币帛在二境（楚之北境和晋之南境）等待，楚军先到则从楚，晋军先到则从晋。当时，楚军已经逼近郑边境，于是郑暂且依附楚国，并派遣使者将情况告知晋国。

〇一九七 前564年，丁酉，周灵王八年。

冬，晋范宣子等八卿率上、中、下、新四军以及诸侯联军伐郑，攻打郑的东、西、北三门，郑国恐惧，向晋求和。当时，诸侯联军都不想再战，于是晋同意郑的和谈请求，率领诸侯和郑在戏（今河南巩义东南）结盟。　楚伐郑，郑又与楚议和，两国盟于郑都。

〇一九八 前563年，戊戌，周灵王九年。

春，晋悼公在柤（今江苏邳州北）大会诸侯，吴王寿梦赴会。　秋，楚军伐鲁、宋，晋悼公联合诸侯伐郑以救鲁、宋，联军驻扎在牛首（今河南通许北）。

〇一九九 前562年，己亥，周灵王十年。

正月，鲁国三桓世为公卿，季武子执掌国政，将公室的两军改为三军，三桓各领一军。三军兵力不足，三桓发动各自的家兵充实所属军队。

〇二〇〇 前561年，庚子，周灵王十一年。

九月，吴王寿梦死，长子诸樊继位。　冬，楚、秦两国伐宋，驻军杨梁（今河南商丘东南）。

〇二〇一　前560年，辛丑，周灵王十二年，吴王诸樊元年。

秋，楚共王病危，自认为无德，而且在鄢陵之战中大败，有辱社稷，自请谥为“灵”或“厉”，大夫们不答应，直到楚共王第五次下命令后才应允。楚共王死后，子囊说：“赫赫楚国，而君临之，抚有蛮夷，奄征南海，以属诸夏，而知其过，可不谓共乎？”于是谥为共王。其子昭继位，是为楚康王。　　吴趁楚丧伐楚，楚派子庚、养由基率军迎敌。养由基对子庚说：“吴趁丧讨伐，一定轻敌而不加戒备，我前往诱敌，您设好伏兵等待吴军进入圈套。”子庚听从了养由基的建议，在庸浦（今安徽无为南）大败吴军，俘获吴公子党。

〇二〇二　前559年，壬寅，周灵王十三年，楚康王元年。

楚康王派兵伐吴，以报其趁丧讨伐之仇。吴军坚守不出，楚于是撤军，令尹子囊殿后。令尹子囊不加警戒，被吴军在皋舟之隘拦腰截击，楚军大败。

〇二〇三　前558年，癸卯，周灵王十四年，卫殇公元年。

宋人得到美玉，献给司城子罕，子罕不接受。献玉的人说：“玉工都认为这是一块宝玉，因此才敢进献给您。”子罕说：“我把不贪婪当作宝贝，你把美玉当作宝贝，如果将玉给了我，那么我们都丧失了自己的宝物，不如都各自保留自己的宝物。”

〇二〇四　前557年，甲辰，周灵王十五年，晋平公元年。

三月，晋平公继位，在溴梁（今河南济源西）大会诸侯。齐、晋两国不和，齐灵公自己不赴会，而派大夫高厚前往。晋平公命令诸侯归还所侵占的别国土地，将邾、莒两国国君扣押，高厚恐惧，逃离盟会。

〇二〇五　前556年，乙巳，周灵王十六年。

秋，齐伐鲁，齐军围桃（今山东汶上东北）与防（今山东泗水西南），鲁军救防，齐撤军。

〇二〇六　前555年，丙午，周灵王十七年。

冬，齐伐鲁，晋平公联合诸侯伐齐，双方大战于平阴（今山东平阴东北），齐军多战死，齐灵公逃回临淄据守。诸侯军围临淄，焚毁外城，齐军不敢出战。郑简公跟随晋平公伐齐，命子孔、子西、子展留守。子孔打算背晋事楚，秘密派遣使者到楚国。楚派军到郑，作为外援。子西、子展知道子孔的阴谋，加强城防，子孔不敢和楚军相会。楚军攻打郑西北的费滑、胥靡和东北的虫牢等地，然后南归。

〇二〇七 前554年，丁未，周灵王十八年，曹武公元年，燕文公元年。

春，伐齐诸侯在祝柯（今山东长清东北）盟誓，相约“大毋侵小”。

〇二〇八 前553年，戊申，周灵王十九年，齐庄公元年。

六月，晋率诸侯与齐庄公在澶渊（今河南濮阳西北）会盟。

〇二〇九 前552年，己酉，周灵王二十年。

秋，晋栾黡死，其妻栾祁（范宣子之女）与人私通，害怕儿子栾盈知道真相，便诬告栾盈将作乱。当时范宣子主政，于是驱逐栾盈，将其亲信党羽尽皆杀死。栾盈逃到楚国。

〇二一〇 前551年，庚戌，周灵王二十一年。

秋，栾盈从楚国投奔齐国，齐庄公不听晏婴劝告，收纳栾盈。冬，晋平公在沙随（今河南宁陵北）大会诸侯，命令诸侯不准接纳栾盈。　鲁国叔梁纥娶颜氏之女，生孔丘。

〇二一一 前550年，辛亥，周灵王二十二年。

四月，栾盈在齐庄公的帮助下回到晋国，又在魏舒的掩护下白天进入都城作乱。晋平公想自杀，被范鞅制止，范鞅率人击败栾盈，栾盈困守曲沃。　秋，齐庄公为报晋国包围临淄之仇，率兵伐晋，以接应栾盈。齐军先伐卫，再伐晋，攻取朝歌（今河南淇县），然后分两路进军，一路入孟门（今河南辉县西），一路入太行陉（今河南沁阳西北），直至听说栾盈失败的消息后才退军。　冬，晋军在曲沃击败栾盈，将栾氏一族及其党徒尽皆诛杀。

〇二一二 前549年，壬子，周灵王二十三年。

八月，晋平公在夷仪（今山东聊城西南）大会诸侯，准备伐齐，恰逢洪水暴发，不能进军。齐向楚求援。冬，楚应齐之请，出兵伐郑，诸侯军回救郑国，楚军退走，齐国危机也得以解除。

〇二一三 前548年，癸丑，周灵王二十四年，燕懿公元年。

夏，齐庄公和崔杼之妻私通，被崔杼杀死。崔杼立齐庄公异母弟景公。齐太史秉笔直书："崔杼弑其君。"被崔杼所杀，齐太史的二弟、三弟仍这样写，又被崔杼杀死，四弟继续秉笔直书，崔杼无奈，不敢再杀齐太史的四弟。南史氏也执简前往，听闻太史已书才返回。晏婴哭齐庄公，因为晏婴深得百姓爱戴，所以崔杼也不敢杀。　　冬，楚国任命蒍掩治理军赋，检点甲兵。蒍掩把土地分为山林、薮泽、京陵、淳卤、疆潦、偃潴、原防、隰皋、衍沃九种，按照土地种类的不同，分别加以利用，根据九种土地的不同收入来制定军赋和甲兵的数量。

〇二一四　前547年，甲寅，周灵王二十五年，齐景公元年，吴王余祭元年。

二月，卫献公派遣使者告诉卫卿宁喜："如果我能回国做国君，国家大事就全交给你处理，我只负责祭祀。"于是宁喜杀死卫殇公，卫献公回国复位。孙林父率他的采邑叛卫献公，并到晋国申诉。夏，晋联合诸侯伐卫，将卫献公和宁喜等抓到晋国。秋，齐景公、郑简公到晋国替卫献公请罪，晋答应放卫献公回国。

〇二一五　前546年，乙卯，周灵王二十六年，卫献公复元元年。

秋，诸侯苦于战争，宋国大夫向戌和晋国正卿赵武以及楚国令尹屈建关系都很友好，于是分赴晋、楚，建议和平共处。晋、楚都应允之后，又告知齐、秦及其他诸侯国，尽皆应允。于是诸侯在蒙门（约在今河南商丘南）集会，相约："晋、楚之从，交相见也""勿用兵、勿残民、利小国"。楚争当盟主，赵武便将盟主之位让给楚国。史称"弭兵之会"。

〇二一六　前545年，丙辰，周灵王二十七年。

周灵王死，其子贵继位，是为周景王。

〇二一七　前544年，丁巳，周景王贵元年，楚郏敖元年，燕惠公元年。

吴王余祭派遣其弟季札通好北方诸侯，季札历访鲁、齐、郑、卫、晋等国。在鲁，观看礼乐；在齐，认为齐国国政将有所归；在郑，认为郑国国政将归子产；在卫，赞蘧瑗为君子；在晋，认为晋国国政将在家门。　　冬，晋、燕伐齐，齐军大败，晏婴推荐穰苴治军。齐景公命自己的宠臣庄贾为监军，庄贾迟到，犯了军纪，齐景公派人持节赦免庄贾。穰苴说："将在军，君命有所不受。"将庄贾斩首示众。穰苴对军士关怀备至，待遇优厚，军士皆愿死战，晋、燕听说后，引兵退去，齐景公命穰苴为大司马。

○二一八 前543年，戊午，周景王二年，卫襄公元年。

夏，蔡景侯从楚国给太子般迎娶妻子，之后又与太子妃私通，太子般杀死蔡景侯自立，是为蔡灵侯。　周儋括（周景王从兄弟）打算拥立佞夫（周景王之弟）取代周景王，事情泄露，佞夫被杀，儋括及其党羽逃奔晋国。

○二一九 前542年，己未，周景王三年，蔡灵侯元年。

冬，郑国人到乡校之中评论国家政治得失，郑国大夫然明知道后，请求毁掉乡校，子产不允许。

○二二○ 前541年，庚申，周景王四年，鲁昭公元年。

春，晋、楚与诸侯在虢（今河南郑州北）会盟，重温弭兵之好。

○二二一 前540年，辛酉，周景王五年，楚灵王元年。

夏，郑国大夫公孙黑专权。驷氏与诸大夫打算杀死公孙黑，子产命公孙黑自杀。

○二二二 前539年，壬戌，周景王六年。

正月，齐人晏婴到晋国，与叔向谈论齐、晋之事。晏婴认为齐国公室赋税沉重、刑法残暴，失去国人拥戴，而陈氏爱民如子，百姓拥护，必将得到齐国国政；叔向认为晋国公室奢侈腐化，重赋聚敛，也即将走到末世，国政将被大夫取得。

○二二三 前538年，癸亥，周景王七年。

郑国子产作丘赋，国人因兵役、军赋沉重，对子产有怨言。

○二二四 前537年，甲子，周景王八年。

正月，鲁三桓四分公室，季孙氏得其二，叔孙、孟孙各得其一，三桓益强，公室益弱。

○二二五 前536年，乙丑，周景王九年，秦哀公元年。

三月，郑子产将刑书铸在鼎上，作为常法，公布于世。这一事件标志着郑后期社会矛盾尖锐。

〇二二六　前535年，丙寅，周景王十年，燕悼公元年。

春，齐、晋伐燕，打算助燕惠公返国。当时燕已立新君燕悼公，燕悼公卑辞重礼向齐求和，齐应允，两国在濡上（易水支流）结盟，齐、晋还师。　　楚灵王修筑章华台，国民疲敝，府库用尽，费时数年才完工。

〇二二七　前534年，丁卯，周景王十一年，卫灵公元年。

冬，楚灵王趁陈国内乱灭陈，以陈地为楚县，立大夫穿封戌为陈公。

〇二二八　前533年，戊辰，周景王十二年，陈惠公元年。

周、晋两大夫争田，晋率陆浑之戎伐颖，周遣使责问晋国，晋将所争土地还给周并进献颖俘，周也将争田大夫羁押以取悦晋。

〇二二九　前532年，己巳，周景王十三年。

五月，齐国公族高强、栾施厌恶陈桓子和鲍国，打算将其驱逐。陈桓子联合鲍国打败高氏和栾氏，栾、高逃到鲁国。陈桓子召回被栾、高所驱逐的大夫，还用自家的粟米赈济孤寡贫弱的国人，陈氏更加强盛。

〇二三〇　前531年，庚午，周景王十四年，晋昭公元年，宋元公元年。

夏，楚灵王用重礼引诱蔡灵侯赴楚而杀之，随后派兵攻蔡。冬，楚灵王攻灭蔡国，扩建陈、蔡、不羹三城，并命公子弃疾为蔡公。

〇二三一　前530年，辛未，周景王十五年，蔡平侯元年，吴王余昧元年。

夏，晋为诸侯侯伯，晋昭公新立，各诸侯到晋朝拜。

〇二三二　前529年，壬申，周景王十六年，郑定公元年。

夏，楚灵王暴虐无道，众叛亲离，其弟公子比、公子弃疾、公子黑肱趁楚灵王出征时率军入郢都，杀死太子禄，立公子比为王。又派人到楚灵王处召楚军归，楚灵王师溃自缢，公子弃疾在王都假称楚灵王将回归，公子比、公子黑肱皆自杀，公子弃疾继位，是为楚平王。楚平王取得王位，多得陈、蔡、许、叶之助，于是在即位后恢复陈、蔡两国，分别立陈惠公和蔡平侯。　　秋，晋国自平公之后，公室日衰，赵、魏、韩、知、范、中行六氏强大，政出于多门，盟主威信逐渐下降，诸侯多有二心。晋趁鲁伐郠，联合诸侯伐鲁，治兵邾南，兵士甲车之盛前所未有。晋昭公借机在平丘（今河南封丘东）大会诸侯，不许鲁参加。

〇二三三 前528年，癸酉，周景王十七年，楚平王元年，燕共公元年。

楚平王继位后，担心国人反叛，于是罢去检阅，安抚国民，救济贫乏，并结好四邻，息兵五年。

〇二三四 前527年，甲戌，周景王十八年，曹平公元年。

正月，吴王余昧死，本该其弟季札继位，但季札将王位让于余昧之子僚，是为吴王僚。

〇二三五 前526年，乙亥，周景王十九年，吴王僚元年。

郑国大旱，派三位大夫到桑山祭祀，三大夫砍伐桑山树木。子产说："祭祀本应种植树木，如今砍倒桑山之树，乃是重罪。"于是夺去三大夫官职和采邑。

〇二三六 前525年，丙子，周景王二十年，晋顷公元年。

冬，吴、楚战于长岸（今安徽当涂西），楚军初败，司马子鱼战死，而后楚军大败吴军，夺得吴王所乘之舟，吴军夜袭，又将楚军击败，夺回乘舟。

〇二三七 前524年，丁丑，周景王二十一年。

五月，宋、卫、陈、郑四国国都均发生火灾。　周景王废小钱，铸大钱。

〇二三八 前523年，戊寅，周景王二十二年，曹悼公元年，燕平公元年。

夏，楚平王听取费无极的建议，打算向外扩张。楚平王率军进攻百濮，拓土江南，又扩建城父（今安徽亳县东南），让太子建居住。

〇二三九 前522年，己卯，周景王二十三年。

三月，楚大夫费无极诬陷太子建和伍奢，向楚平王说他们谋反。楚平王派人欲杀太子建，太子听闻后出逃，伍奢及其长子伍尚被杀。伍尚之弟伍子胥逃到吴国，游说吴国伐楚。

〇二四〇 前521年，庚辰，周景王二十四年，蔡悼侯元年。

蔡灵侯之孙东国驱逐新君朱而自立，是为蔡悼侯。

〇二四一　前520年，辛巳，周景王二十五年。

夏，周景王死，长子猛继位，是为周悼王。王子朝和周悼王争夺王位，击败王师，周悼王出逃，向晋告急。冬，晋护送周悼王回返王城。周悼王死，王子匄继位，是为周敬王。周敬王继续讨伐王子朝。

〇二四二　前519年，壬午，周敬王匄元年。

夏，王子朝兵败，晋军归国。晋军返回之后，王子朝势力又强大起来，击败周敬王，入居王城。秋，周敬王居于狄泉，在王城之东，人称东王；王子朝在王城称王，人称西王，周东、西两王并立。

〇二四三　前518年，癸未，周敬王二年，蔡昭侯元年。

二月，鲁仲孙貜去世，临终前嘱咐两个儿子孟懿子和南宫敬叔向孔子学礼。孔子这一年三十三岁，因知礼而闻名于鲁国贵族之间。

〇二四四　前517年，甲申，周敬王三年。

夏，晋赵鞅在黄父（今山西沁水西北）大会诸侯国大夫，命令诸侯给周敬王准备粮草和军队，并承诺第二年送敬王回王城。　九月，季孙氏把持鲁国国政，郈氏、臧氏对季氏怨念颇深。鲁昭公依靠郈氏和臧氏的力量讨伐季氏。季氏垂危，叔孙氏和孟孙氏前来搭救，三桓合力击败鲁昭公、郈氏和臧氏，鲁昭公逃到齐国。

〇二四五　前516年，乙酉，周敬王四年，宋景公元年。

秋，齐景公和鲁、莒、杞、邾会盟，商讨助鲁昭公返国之事。冬，晋助周敬王讨伐王子朝，攻克巩（今河南巩义西南），王子朝带周室典籍逃奔楚国，周敬王回到王都，晋留军戍守而还。

〇二四六　前515年，丙戌，周敬王五年，楚昭王元年。

春，吴王僚趁楚丧派其弟掩余、烛庸伐楚，又派季札到晋国观看诸侯的动向。伐楚之军被楚截击，进退两难。　四月，吴公子光宴请吴王僚，暗地里埋伏甲兵，专诸将匕首藏于烹饪好的鱼中，将吴王僚刺杀，公子光继位，是为吴王阖闾。　秋，晋大夫士鞅在扈（今河南原阳西）盟会诸侯国大夫，商讨戍守周室以及助鲁昭公回国之事。鲁季孙氏贿赂士鞅，鲁昭公返国之事因此作罢。

〇二四七　前514年，丁亥，周敬王六年，曹襄公元年，吴王阖闾元年。

祁氏和杨氏都是晋的宗室，但和晋顷公关系不睦。晋国六卿找借口诛杀祁氏和杨氏两族，公室更加孤立。秋，晋六卿诛灭祁氏、杨氏之后，将祁、杨两家的采邑划为十个县，势力更加强大。　　吴王阖闾任用伍子胥参谋国事。

〇二四八　前513年，戊子，周敬王七年，郑献公元年。

冬，晋国的赵鞅和荀寅率人在汝水之滨筑城，从民间征得铁一鼓（四百八十斤），将范宣子刑书铸于其上。这反映出晋国当时社会矛盾尖锐。同时可见，我国当时已掌握了冶铁技术，这比西方早一千九百年。

〇二四九　前512年，己丑，周敬王八年。

冬，伍子胥向吴王阖闾进谏，认为楚国大臣内部不和，互相推诿，如果将军队分成三部分轮流出战骚扰，楚军必定疲于奔命，到时候三军再一起出战，一定能取胜。吴王阖闾采纳了伍子胥这个建议，出兵楚国。

〇二五〇　前511年，庚寅，周敬王九年，晋定公元年。

四月，晋将季平子召到晋国，打算助鲁昭公返国。季平子到鲁昭公处迎接，鲁昭公拒绝。　　秋，吴国采纳伍子胥的计谋骚扰楚国，楚军疲于奔命。

〇二五一　前510年，辛卯，周敬王十年。

夏，吴王阖闾出兵伐越，越君允常迎战，吴、越开始交战。　　鲁昭公死，其弟继位．是为鲁定公。

〇二五二　前509年，壬辰，周敬王十一年，鲁定公元年，曹隐公元年。

蔡昭侯到楚朝拜，向楚昭王进献一佩一裘，但并未带礼物给令尹子常，被子常扣留，不准归国。

〇二五三　前508年，癸巳，周敬王十二年。

桐国（都城在今安徽桐城北）叛楚，楚出兵讨伐桐、吴，反被吴击败。

〇二五四　前507年，甲午，周敬王十三年。

冬，蔡送重礼给楚令尹子常，子常释放蔡昭侯。蔡昭侯返国途中，行至汉水，将美玉投入水中，发誓不再到楚朝拜。蔡昭侯到晋国，请求以子为质，与晋一起伐楚。

〇二五五　前 506 年，乙未，周敬王十四年。

晋应蔡昭侯伐楚之请，在召陵（今河南郾城东）大会诸侯。晋荀寅向蔡昭侯索要贿赂不成，因而拒绝了蔡昭侯的请求。晋于是失信于诸侯。　吴王阖闾联合蔡、唐等伐楚，与楚军战于柏举（今湖北麻城）。吴军五战五捷，杀入郢都，楚昭王逃到云梦，后又逃奔随。楚大夫申包胥到秦求援，在秦廷痛哭七日，秦哀公才出兵援楚。

〇二五六　前 505 年，丙申，周敬王十五年，陈怀公元年，曹靖公元年。

夏，秦军、楚军反击，大败吴军。　秋，吴王阖闾腹背受敌，前有秦、楚，后有越。阖闾之弟夫概乘机偷偷返国，自立为王。阖闾率军攻夫概，夫概兵败奔楚。吴又与秦、楚战，大败，于是吴王阖闾返国，楚昭王还都。

〇二五七　前 504 年，丁酉，周敬王十六年，燕简公元年。

夏，吴又伐楚，大败楚军，楚迁都到鄀（今湖北宜城东南）。

〇二五八　前 503 年，戊戌，周敬王十七年。

秋，齐、郑在咸（今河南濮阳东南）盟会。齐因鲁不赴会，派兵伐鲁。

〇二五九　前 502 年，己亥，周敬王十八年。

秋，晋派出的援鲁之军驻扎在卫国。因晋军轻侮卫灵公，卫叛晋。晋伐郑之后，又会合鲁军伐卫。　十月，鲁国季孙氏家臣阳虎、季孙氏庶子季寤、叔孙氏庶子叔孙辄密谋杀死三桓，取而代之。阳虎谋杀季桓子不成，三桓发兵攻阳虎，阳虎战败，据阳关等地叛乱。

〇二六〇　前 501 年，庚子，周敬王十九年，陈湣公元年，曹伯阳元年。

鲁军攻打阳关，阳虎战败，逃奔齐国，不久又逃到晋国。　秦哀公死，太子早死，太子之子继位，是为秦惠公。　鲁国任命孔子为中都宰，仅一年，四方效法，孔子又升为司空、大司寇。

〇二六一　前 500 年，辛丑，周敬王二十年，秦惠公元年，郑声公元年。

春，齐、鲁和谈，两国国君在祝其（今山东莱芜东南）盟会，孔子陪鲁定公赴会，齐归还汶水以北的土地给鲁。　　是年，齐国晏婴卒。

〇二六二　前 499 年，壬寅，周敬王二十一年。

冬，鲁叛晋，和郑结盟。

〇二六三　前 498 年，癸卯，周敬王二十二年。

夏，鲁司寇孔子对鲁定公说："臣无藏甲，大夫无百雉之城。"请求堕（通"隳"，毁坏）三都（三桓之都邑郈、费、成）。当时三桓的家臣势大震主，三桓也允许堕城，叔孙氏先堕郈，季孙氏反抗被镇压，堕费，孟孙氏未堕成。鲁军包围成邑，不能攻克，成最终不堕。

〇二六四　前 497 年，甲辰，周敬王二十三年。

春，孔子堕三都，意在增强公室力量，为三桓所不容。季氏排挤孔子，子路曰："夫子可以行矣。"于是孔子率众弟子离鲁赴卫。　　是年，越君允常死，其子勾践继位，越开始称王。

〇二六五　前 496 年，乙巳，周敬王二十四年。

夏，吴趁越国之丧伐越，双方战于槜李（今浙江嘉兴南），吴军大败。越大夫灵姑浮用戈击吴王阖闾，斩掉其足大拇指，阖闾逃至距离槜李七里的陉地死去，其子夫差继位。

〇二六六　前 495 年，丙午，周敬王二十五年，吴王夫差元年。

郑伐宋，攻取岩、戈、锡（三地在今河南杞县、通许、陈留一带）。

〇二六七　前 494 年，丁未，周敬王二十六年，鲁哀公元年。

春，吴王夫差伐越，在夫椒（今江苏太湖洞庭山）大败越军。吴军攻入越国，勾践命越军藏于会稽山中，又贿赂吴大夫伯嚭请和。伍子胥坚决反对和谈，认为越以后必成心腹大患，但夫差有志于争霸北方，便与越讲和。勾践和范蠡到吴国为质，文种执掌国政。

〇二六八　前 493 年，戊申，周敬王二十七年。

八月，齐给晋国的范氏送粟米，郑出兵护送。晋赵鞅誓师道："克敌者，上大夫受县，下大夫受郡①，士田十万，庶人、工商遂，人臣隶圉免。"晋军打败郑军，获得齐粟米千车。

---

① 当时县大于郡，县方百里，郡方五十里。

〇二六九　前 492 年，己酉，周敬王二十八年，卫出公元年，燕献公元年。

十月，晋赵鞅包围朝歌，荀氏、范氏突围，投奔邯郸赵稷。

〇二七〇　前 491 年，庚戌，周敬王二十九年。

夏，楚讨伐蛮氏，图谋北方，并威胁晋助攻。晋赵鞅以“晋国未宁，安能恶于楚?”于是诱捕蛮君及其五大夫，送予楚国。　冬，晋赵鞅围困邯郸三个月，邯郸投降，荀寅逃到鲜虞。齐为荀寅伐晋，攻取邢、栾、盂等多邑，将荀氏、范氏安置于柏人（今河北隆尧西南）。

勾践卧薪尝胆，和百姓同甘共苦，欲伐吴雪耻。

〇二七一　前 490 年，辛亥，周敬王三十年，秦悼公元年，蔡成侯元年。

春，晋赵鞅到柏人伐荀氏、范氏，荀、范逃奔齐国。　夏，晋赵鞅因卫国助荀氏、范氏，出兵征讨，包围中牟（今河南鹤壁西）。

〇二七二　前 489 年，壬子，周敬王三十一年，齐晏孺子元年。

六月，齐大夫陈乞（田僖子）打算专擅国政，污蔑齐国世卿高氏、国氏将作乱，率众大夫击之，高氏和国氏出逃。

〇二七三　前 488 年，癸丑，周敬王三十二年，齐悼公元年，楚惠王元年。

夏，吴王夫差和鲁哀公会于鄫（今山东苍山西北），令鲁国用百牢宴礼。夫差用礼过制①，但鲁哀公不敢违背。吴国太宰伯嚭召季康子，季康子不敢会见，而让子贡前往。

〇二七四　前 487 年，甲寅，周敬王三十三年。

春，宋攻灭曹国，杀死曹伯阳，曹亡。　吴王夫差应邾国大夫的请求伐鲁，吴军行至泗上，鲁选死士三百人准备夜袭吴王营舍。夫差听到这个消息，一晚上更换三次住处，知道灭不了鲁，便和鲁结盟而还。

〇二七五　前 486 年，乙卯，周敬王三十四年。

秋，吴王夫差打算讨伐齐、晋，称霸中原，于是开凿邗沟，沟通了

① 周制：周王会诸侯，宴礼十二牢。

长江和淮河。

〇二七六 前485年，丙辰，周敬王三十五年。

春，吴王夫差为称霸北方，率军北上伐齐。齐大夫陈乞杀死齐悼公向吴军谢罪。吴水军从海上进犯齐国，被齐军击败，夫差领兵回国。齐悼公之子齐简公继位。 夏，晋赵鞅因齐相助范氏、中行氏而心怀怨恨，趁齐有吴国之患，出兵讨伐，大胜而还。

〇二七七 前484年，丁巳，周敬王三十六年，齐简公元年。

春，齐因鲁助吴而伐鲁，两军战于鲁郊，齐被孔子弟子冉有所率的鲁左军击败。 五月，吴王听说齐伐鲁，领兵伐齐，双方战于艾陵（今山东泰安南。一说在今山东莱芜北）。齐大夫虽以死相激励，齐军仍不敌吴军，齐国大败。吴国俘获齐国五大夫，革车八百乘，甲首三千，献给鲁哀公。 秋，夫差命伍子胥出使齐国。吴胜齐之后，夫差听闻伍子胥将其子托付给鲍氏，便赐剑给伍子胥，令其自刎。 冬，在冉有的推荐下，孔子回到鲁国，著书立说，教授弟子。

〇二七八 前483年，戊午，周敬王三十七年。

正月，鲁国田赋，按亩征税。

〇二七九 前482年，己未，周敬王三十八年。

夏，吴王夫差远出，国内空虚，勾践趁机出兵伐吴，吴军大败，国都被破。 七月，吴王夫差和晋定公在黄池会盟，周卿士单平公和鲁哀公也赴会，夫差先歃血，为盟主。① 吴军乃还。 冬，吴、越和谈。

〇二八〇 前481年，庚申，周敬王三十九年。

齐简公在位时，陈恒和阚止为左右相，齐简公宠信阚止，陈恒深感忌惮。陈恒继续其父陈乞“大斗贷、小斗收”的做法，国人依附。是年夏，陈恒杀死齐简公和阚止，立齐简公之弟骜为国君，是为齐平公。

〇二八一 前480年，辛酉，周敬王四十年，齐平公元年，卫庄公元年。

鲁国成邑宰公孙宿反叛，以成邑降齐，孟孙氏派人到齐国交涉。当时陈恒刚杀死齐简公，惧怕诸侯来讨伐，为了结好鲁国，便将成邑

---

① 《左传》《史记·吴太伯世家》载夫差闻越师破都后将盟主让于晋。

归还。

〇二八二　前479年，壬戌，周敬王四十一年。

四月，孔子去世，享年七十二岁。　　七月，白公胜（楚废太子建之子）借献俘之名领兵入郢，杀死令尹子西、司马子期，劫持楚惠王。叶公沈诸梁率军平乱，在国人的帮助下击败白公胜，白公胜自杀，乱平。　　《春秋》记事至此年结束。上起鲁隐公元年，下至本年，共二百四十四年史事。

〇二八三　前478年，癸亥，周敬王四十二年。

三月，勾践伐吴，两国在笠泽（今吴淞江入太湖处）夹水而战，吴军大败。

〇二八四　前477年，甲子，周敬王四十三年，卫君起元年。

是年，秦悼公死，其子继位，是为秦厉共公。

〇二八五　前476年，乙丑，周敬王四十四年，秦厉共公元年。

齐田常（陈恒）专擅国政，尽诛鲍、晏及公室之强者。田氏（陈氏）封邑大于齐平公。

战　　国[①]

（公元前475年—公元前221年）

〇二八六　前475年，丙寅，周元王仁元年，赵襄子元年。

十一月，越出兵包围吴国。　　冬，公子庆忌建议吴王夫差更改吴国的政令，并说如果不做出改变，吴国一定会灭亡，吴王不听。当时越即将伐吴，庆忌打算为国除佞臣，反被吴人杀害。

〇二八七　前474年，丁卯，周元王二年，晋出公元年。

五月，越王勾践派使者到鲁国，开始和中原各国交往。

〇二八八　前473年，戊辰，周元王三年。

十一月，越王勾践伐吴，打败吴军。吴王夫差求和，被勾践拒绝，

---

① 含秦公元前255年至公元前222年间纪年和大事。

吴被越所灭。勾践让夫差到甬东（今浙江舟山）颐养天年，夫差辞谢后自杀。范蠡离越，先至齐，后又到陶，靠经商致富，号称陶朱公。越王勾践听信谗言，杀死大夫文种。越王勾践北上和齐、晋在徐州（今山东微山东北）会盟，向周王室朝贡，被封为侯伯，称霸诸侯。

〇二八九 前 472 年，己巳，周元王四年。

六月，晋知瑶领兵攻齐，齐派军抵御，双方战于犁丘（今山东禹城、济阳之间），齐军大败，大夫颜庚被擒。

〇二九〇 前 471 年，庚午，周元王五年。

四月，晋联合鲁伐齐，攻取廪丘（今山东郓城西北），晋送牛慰劳鲁军。

〇二九一 前 470 年，辛未，周元王六年。

五月，卫大夫作乱，驱逐卫出公。卫出公逃到宋国，派人到越国请兵平乱。

〇二九二 前 469 年，壬申，周元王七年。

五月，鲁、越、宋三国派兵助卫出公返国，卫国大开城门，卫出公不敢入。　　冬，周元王死，其子介继位，是为周贞定王。

〇二九三 前 468 年，癸酉，周贞定王介元年。

八月，鲁三桓强势，鲁哀公除之不成，逃奔越国。

〇二九四 前 467 年，甲戌，周贞定王二年。

鲁哀公从越返国，不久死去，其子鲁悼公继位。

〇二九五 前 466 年，乙亥，周贞定王三年。

鲁悼公时，三桓势力更加强大，公室日卑，如同小侯。

〇二九六 前 465 年，丙子，周贞定王四年。

越王勾践死，其子鹿郢继位，是为越王鹿郢。

前 464 年，丁丑，周贞定王五年，燕孝公元年。

〇二九七 前 463 年，戊寅，周贞定王六年。

郑声公死，其子郑哀公继位。

前 462 年，己卯，周贞定王七年。

〇二九八 前 461 年，庚辰，周贞定王八年。

秦沿黄河修筑防御壕沟，并出兵伐大荔（古戎国，都城在今陕西大荔东），攻取其王城。

前460年，辛巳，周贞定王九年。

〇二九九　前459年，壬午，周贞定王十年。

越王鹿郢死，其子不寿继位，是为越王不寿。

〇三〇〇　前458年，癸未，周贞定王十一年。

晋国六卿中的知、韩、赵、魏四家共同击灭范氏和中行氏，将两家封地瓜分。晋出公大怒，打算联合齐、鲁讨伐四家。

〇三〇一　前457年，甲申，周贞定王十二年。

晋四卿反攻晋出公，晋出公逃奔齐国，死于途中。晋知瑶拥立晋昭公曾孙骄为国君，是为晋哀公。

〇三〇二　前456年，乙酉，周贞定王十三年。

齐平公死，其子齐宣公继位；齐国田成子（陈恒）死，田襄子为嗣。

〇三〇三　前455年，丙戌，周贞定王十四年，齐宣公元年。

晋知瑶向韩、赵、魏三家索要土地，韩、魏皆予而赵不予，知瑶率韩、魏两家伐赵。赵襄子退保晋阳，被三家围困。

前454年，丁亥，周贞定王十五年，燕成公元年。

〇三〇四　前453年，戊子，周贞定王十六年。

晋知瑶率韩、魏围晋阳。赵襄子恐惧，派人联络韩、魏，晓以唇亡齿寒之理。赵、魏、韩三家共讨知瑶，将其攻灭，三分其地，知氏亡，“三家分晋”局面形成。

前452年，己丑，周贞定王十七年，晋敬公元年。

前451年，庚寅，周贞定王十八年。

前450年，辛卯，周贞定王十九年。

〇三〇五　前449年，壬辰，周贞定王二十年。

越王不寿死，其子朱勾继位，是为越王朱勾。

前448年，癸巳，周贞定王二十一年。

〇三〇六　前447年，甲午，周贞定王二十二年。

楚灭蔡，蔡侯齐出逃，蔡国灭亡。

前446年，乙未，周贞定王二十三年。

前445年，丙申，周贞定王二十四年，魏文侯元年。

〇三〇七　前444年，丁酉，周贞定王二十五年。

秦军攻义渠（古戎国，都城在今甘肃庆阳西南），抓获义渠王。

前443年，戊戌，周贞定王二十六年。

前442年，己亥，周贞定王二十七年，秦躁公元年。

〇三〇八　前441年，庚子，周贞定王二十八年。

周贞定王死，长子去疾继位，是为周哀王。周哀王继位三个月之后被其弟叔杀死，叔自立，是为周思王。周思王继位五个月，又被其弟嵬杀死，嵬自立，是为周考王。

〇三〇九　前440年，辛丑，周考王嵬元年。

周考王将其弟揭封到王城（今河南洛阳王城公园一带），号西周，是为西周君。

前439年，壬寅，周考王二年。

〇三一〇　前438年，癸卯，周考王三年，燕闵公元年。

晋哀公死，其子晋幽公继位。

〇三一一　前437年，甲辰，周考王四年。

晋幽公时，韩、赵、魏三家势力强大，晋幽公向三家朝拜。

前436年，乙巳，周考王五年。

前435年，丙午，周考王六年。

前434年，丁未，周考王七年。

前433年，戊申，周考王八年，晋幽公元年。

前432年，己酉，周考王九年。

前431年，庚戌，周考王十年，楚简王元年。

〇三一二　前430年，辛亥，周考王十一年。

义渠攻秦，兵至渭水北岸。

前429年，壬子，周考王十二年。

前428年，癸丑，周考王十三年，秦怀公元年。

前427年，甲寅，周考王十四年。

前426年，乙卯，周考王十五年。

〇三一三　前425年，丙辰，周威烈王午元年。

晋赵襄子死，其子浣嗣位，是为赵献子。赵献子年少，赵襄子之弟逐赵献子而自立，是为赵桓子。

〇三一四　前424年，丁巳，周威烈王二年，秦灵公元年，赵桓子元年，韩武子元年。

赵桓子嗣位不久后即死去，国人杀死赵桓子之子，复立赵献子。

前423年，戊午，周威烈王三年，赵献侯元年。

〇三一五　前422年，己未，周威烈王四年。

秦修筑上畤和下畤，分别用以祭祀黄帝和炎帝。

前421年，庚申，周威烈王五年。

前420年，辛酉，周威烈王六年。

前419年，壬戌，周威烈王七年。

前418年，癸亥，周威烈王八年。

〇三一六　前417年，甲子，周威烈王九年。

秦在黄河边修筑防御工事。　魏重修少梁城。

前416年，乙丑，周威烈王十年。

前415年，丙寅，周威烈王十一年，晋烈公元年。

前414年，丁卯，周威烈王十二年，秦简公元年。

〇三一七　前413年，戊辰，周威烈王十三年。

秦、魏交战，秦败于郑（今陕西华县西南）。　齐伐魏，毁黄城（今山东冠县南），围阳狐（今河北大名东北。一说在今山西垣曲东南）。

楚伐魏，攻至上洛（今陕西洛南）。

〇三一八　前412年，己巳，周威烈王十四年。

越王朱勾死，其子翳继位，是为越王翳。

〇三一九　前411年，庚午，周威烈王十五年。

齐攻鲁，又伐赵。齐田庄子死。

〇三二〇　前410年，辛未，周威烈王十六年。

齐田悼子嗣位，掌齐国政。　晋赵献子死，子赵烈侯嗣位。

韩武子死，子韩景侯嗣位。

〇三二一　前409年，壬申，周威烈王十七年。

魏伐秦，尽取河西之地（今陕西、山西两省之间黄河南段以西以北，洛水以东以北之间地区）。

〇三二二　前408年，癸酉，周威烈王十八年，韩景侯元年，赵烈侯元年。

秦实行“初租禾”，收取实物地租。

〇三二三　前407年，甲戌，周威烈王十九年，楚声王元年。

魏文侯派兵灭中山国，并任用李悝为相，主持变法；又任用吴起进行“武卒制”改革，魏从此富强。

前406年，乙亥，周威烈王二十年。

〇三二四　前405年，丙子，周威烈王二十一年。

齐田悼子死，田和嗣位，是为田齐和子。因廪丘叛入赵国，齐派田布围攻廪丘，被韩、赵、魏援军击败。

〇三二五　前404年，丁丑，周威烈王二十二年，齐康公元年，田齐和子元年。

周天子命韩、赵、魏伐齐，攻入齐长城。魏文侯向天子献俘，三晋声威大震。魏文侯励精图治，称雄三晋。

〇三二六　前403年，戊寅，周威烈王二十三年。

周王正式册封韩、赵、魏为诸侯。赵追尊赵献子为献侯，任用公仲连、牛畜、荀欣、徐越等进行改革。牛畜掌教化，荀欣掌指挥作战和选举官吏，徐越掌财物。赵实行法治，讲求仁义。

〇三二七　前402年，己卯，周威烈王二十四年。

周威烈王死，其子骄继位，是为周安王。　楚声王死，子楚悼王继位。

〇三二八　前401年，庚辰，周安王骄元年，楚悼王元年。

秦伐魏，至阳孤（今河北大名东北）。

〇三二九　前400年，辛巳，周安王二年。

韩景侯死，其子取继位，是为韩烈侯。　楚与三晋争郑国地，三晋攻楚至乘丘（今山东巨野西南）而还。　秦简公死，其子惠公继位。

前 399 年，壬午，周安王三年，秦惠公元年，韩烈侯元年。

〇三三〇　前 398 年，癸未，周安王四年。

楚攻郑，郑败，郑杀死相国驷子阳来讨好楚国。

〇三三一　前 397 年，甲申，周安王五年。

韩国严仲子因与相国侠累争权结怨，派聂政将侠累刺杀。　魏文侯因吴起善于用兵，命其为西河郡守，以防备秦、韩。魏文侯死，其子击继位，是为魏武侯。

〇三三二　前 396 年，乙酉，周安王六年。

郑国国相驷子阳的余党杀死郑缧公，郑幽公之弟乙继位，是为郑康公。

前 395 年，丙戌，周安王七年，魏武侯元年。

前 394 年，丁亥，周安王八年。

前 393 年，戊子，周安王九年。

前 392 年，己丑，周安王十年。

〇三三三　前 391 年，庚寅，周安王十一年。

三晋攻楚，大败楚军，魏取大梁。　秦伐韩宜阳（今河南宜阳西），取六邑。　齐田和将齐康公迁至海上，使食一城，以奉其祀。

〇三三四　前 390 年，辛卯，周安王十二年。

秦、魏战于武城（今陕西华县东）。　齐攻魏，取襄陵（今河南睢县）。

〇三三五　前 389 年，壬辰，周安王十三年。

秦攻魏阴晋（今陕西华阴东）。　齐田和大会魏、楚、卫于浊泽（今河南长葛西北。一说在今山西解州西），求为诸侯，魏武侯为之言于周天子及诸侯，周安王应允。

前 388 年，癸巳，周安王十四年。

〇三三六　前 387 年，甲午，周安王十五年。

魏武侯和吴起泛舟西河，吴起向魏武侯论治国之道，并说“为政之道，在德不在险”。　　秦惠公死，其子继位，是为秦出子。

〇三三七　前 386 年，乙未，周安王十六年，赵敬侯元年，秦出子元年，韩文侯元年。

齐田和始列诸侯。　　赵始都邯郸，公子朝作乱，逃奔魏国，联合魏军攻邯郸，失败后离去。

〇三三八　前 385 年，丙申，周安王十七年。

秦出子年幼继位，其母当政，秦人皆怨。秦庶长菌改杀死秦出子及其母，迎立秦灵公之子师隰，是为秦献公。　　魏乘秦乱，夺取河西之地。　　田齐太公田和死，子桓公午立。

〇三三九　前 384 年，丁酉，周安王十八年，田齐侯剡元年，秦献公元年。

秦国“止从死”，废除用人殉葬。

〇三四〇　前 383 年，戊戌，周安王十九年。

秦修筑栎阳城（今陕西阎良），并从泾阳迁都于此。

〇三四一　前 382 年，己亥，周安王二十年。

楚悼王任用在魏国被陷害而奔楚的吴起进行变法，楚国力日盛。吴起深受楚国旧贵族的忌恨。

〇三四二　前 381 年，庚子，周安王二十一年。

楚悼王死，太子臧继位，是为楚肃王。旧贵族作乱，杀死吴起，楚肃王将作乱贵族尽皆诛杀。

〇三四三　前 380 年，辛丑，周安王二十二年，楚肃王元年。

齐伐燕，攻取桑丘（今河北徐水西南），韩、赵、魏联合救燕，打败齐国。　　中山国起初被魏所灭，因魏鞭长莫及，于此年复国，迁都灵寿（今河北灵寿西北）。

〇三四四　前 379 年，壬寅，周安王二十三年。

齐康公死，太公望之后裔绝祀，姜齐至此灭亡。

〇三四五　前 378 年，癸卯，周安王二十四年。

韩、赵、魏伐齐，兵至灵丘（今山东高唐南）。

〇三四六　前 377 年，甲辰，周安王二十五年。

韩文侯去世，其子即位，是为韩哀侯。

〇三四七　前 376 年，乙巳，周安王二十六年，韩哀侯元年。

周安王死，其子喜继位，是为周烈王。　　韩、赵、魏三家分晋，贬晋静公为庶人，晋亡。

〇三四八　前 375 年，丙午，周烈王喜元年。

韩出兵灭郑，并其国，迁都至郑（今河南新郑）。　　秦“为户籍相伍”，即把百姓编入国家户籍。　　太子诸咎杀越王翳而自立，是为越王诸咎。

〇三四九　前 374 年，丁未，周烈王二年，韩懿侯元年，赵成侯元年，田齐桓公元年。

韩山坚杀死韩哀侯而立若山，是为韩懿侯，并于当年改元。

〇三五〇　前 373 年，戊申，周烈王三年。

魏伐齐，至博陵（今山东茌平西北）。　　燕简公死，燕桓公继位。

〇三五一　前 372 年，己酉，周烈王四年，燕桓公元年。

赵以太戊午为相。赵伐卫，攻取乡邑七十三，卫更加削弱。

〇三五二　前 371 年，庚戌，周烈王五年。

魏武侯死，因生前未立太子，公子罃与公子缓争位，魏国内乱。

〇三五三　前 370 年，辛亥，周烈王六年。

韩、赵趁魏国内乱攻魏。赵国打算杀公子罃，立公子缓，分割魏地；韩则打算将魏国一分为二。赵、韩两国不合，先后退兵，公子罃继位，是为魏惠王。　　楚肃王死，其弟继位，是为楚宣王。

〇三五四　前 369 年，壬子，周烈王七年，魏惠王元年，楚宣王元年。

周烈王死，其弟扁继位，是为周显王。

前 368 年，癸丑，周显王扁元年。

〇三五五　前 367 年，甲寅，周显王二年。

西周君威公死，公子根与太子朝争立。韩、赵助公子根立于巩（今河南巩义），是为东周君惠公。王畿七城，始有“东周”“西周”之称。

前 366 年，乙卯，周显王三年。

前 365 年，丙辰，周显王四年。

〇三五六　前 364 年，丁巳，周显王五年。

秦在石门（今山西运城西南）大败魏军，斩首六万。赵救魏，秦兵退。周天子派人到秦祝贺，秦献公开始称伯。

〇三五七　前 363 年，戊午，周显王六年。

韩懿侯死，韩昭侯继位。越王无余之死，越王无颛继位。

〇三五八　前 362 年，己未，周显王七年，韩昭侯元年。

魏军大败韩、赵于浍水北岸，攻取赵的皮牢（今山西翼城东北）、列人（今河北肥乡东北）、肥（今河北肥乡西），威逼赵都邯郸。魏从安邑迁都大梁，摆脱了秦、韩、赵的包围。　　秦献公死，秦孝公继位。

〇三五九　前 361 年，庚申，周显王八年，燕文公元年，秦孝公元年。

商鞅入秦，向秦孝公谈富国强兵之术，秦孝公大悦，和商鞅讨论国家大事。

〇三六〇　前 360 年，辛酉，周显王九年。

韩、魏易地，韩予魏平丘、户牖、首垣诸邑及驰道，魏又取轵道；魏予韩鹿地，魏在中原的疆域连成一片。

〇三六一　前 359 年，壬戌，周显王十年。

魏筑长城以防秦，北自卷（今河南原阳西），东至阳武（今河南原阳东南），南至密（今河南密县东北）。　　商鞅劝秦孝公变法图强，秦孝公听取建议，开始准备变法。

〇三六二　前 358 年，癸亥，周显王十一年。

楚伐魏，决河水灌长垣（今河南长垣东北）之外。　　秦败韩于西山（今河南宜阳东、登封西、鲁山北）。　　魏分别与韩、赵结盟。

〇三六三　前 357 年，甲子，周显王十二年。

田齐桓公死，其子继位，是为齐威王。邹忌相齐。

〇三六四　前 356 年，乙丑，周显王十三年，田齐威王元年。

商鞅在秦国第一次变法，令民为什伍，实行连坐法；奖励军功，按军功授爵；奖励耕织；焚诗书而明法令；“立木为信”，取信于民。

〇三六五　前 355 年，丙寅，周显王十四年。

秦孝公与魏惠王在杜平（今陕西澄县东）会盟，秦国结束了长期不与中原诸侯会盟的局面。

〇三六六　前354年，丁卯，周显王十五年。

秦派兵攻韩，占领上枳、安陵、山氏（今河南新郑东北），并在当地筑城。　魏围邯郸。

〇三六七　前353年，戊辰，周显王十六年。

赵向齐求救，齐威王命田忌为将，孙膑为军师，率兵救赵。田忌用孙膑的计策，攻打魏都大梁。魏军回救，与齐战于桂陵，魏军大败，史称“围魏救赵”。

〇三六八　前352年，己巳，周显王十七年。

商鞅领兵围安邑（今山西夏县西北），安邑降秦。　齐、卫、宋之师围魏襄陵，魏借韩师击败三国，齐向魏求和，齐魏之战结束。

〇三六九　前351年，庚午，周显王十八年。

申不害相韩，主张加强君主专制。韩国内修政教，外应诸侯，国治兵强，诸侯不敢侵伐。

〇三七〇　前350年，辛未，周显王十九年。

秦进行第二次变法，内容有“废井田，开阡陌封疆，统一度量衡，废分封，行县制”等。　齐筑长城，西起防门（今山东平阴东北），东经五道岭，绕泰山西北麓至琅琊入海。　赵成侯死，太子语继位，是为赵肃侯。

〇三七一　前349年，壬申，周显王二十年，赵肃侯元年。

秦国开始在县设置有定额、俸禄的官吏，县级组织日趋完备。

〇三七二　前348年，癸酉，周显王二十一年。

秦初为赋（按户按人口征收军赋）。

前347年，甲戌，周显王二十二年。

〇三七三　前346年，乙亥，周显王二十三年。

秦孝公太子驷犯法，商鞅因“太子君嗣也，不可施刑”，刑太子之师，“法大用，秦人治”。

前345年，丙子，周显王二十四年。

〇三七四　前344年，丁丑，周显王二十五年。

魏惠王以朝天子为名，纠合小国谋伐秦，秦派商鞅到魏惠王处说：

“不如先行王服，然后图齐楚。”魏惠王从之，自称为王，同时，又召集卫、宋、鲁等国到逢泽（今河南开封南）集会。秦派代表参加，会后，魏惠王率诸侯朝见周天子，史称“逢泽之会”。

〇三七五　前 343 年，戊寅，周显王二十六年。

齐派兵伐魏，双方战于马陵，马陵之战开始。

〇三七六　前 342 年，己卯，周显王二十七年。

魏伐韩，韩向齐求救，齐因不愿代韩受魏之兵，暂不发兵，韩五战皆败。

〇三七七　前 341 年，庚辰，周显王二十八年。

齐攻魏东鄙，包围平阳（今河南滑县东南）。　　秦商鞅攻魏西鄙。

赵攻魏北鄙。　　齐威王派田忌、田婴、孙膑率军救韩，魏派太子申、庞涓领兵十万迎战。孙膑用“减灶计”诱敌深入，在马陵万弩齐发，大败魏军，太子申被俘，庞涓自杀，这就是历史上有名的“马陵之战”，魏国从此日渐衰败。

〇三七八　前 340 年，辛巳，周显王二十九年。

秦、魏交战，商鞅诱执魏公子卬，魏军大败，魏惠王献部分河西地与秦和。商鞅因功被封于邬，改名商（今陕西商州东南），故称商君或商鞅①。　　楚宣王死，其子威王继位。

〇三七九　前 339 年，壬午，周显王三十年，楚威王元年。

秦败韩于岸门（今河南许昌北）。　　赵攻魏。

〇三八〇　前 338 年，癸未，周显王三十一年。

秦孝公死，太子继位，是为秦惠文王。秦国旧贵族一直忌恨商鞅，于此时告商鞅谋反。商鞅出逃不成，被杀死后车裂示众，其家尽灭，但“商君虽死，秦法未败”。

〇三八一　前 337 年，甲申，周显王三十二年，秦惠文王元年。

韩相申不害死。　　楚、韩、赵、蜀到秦国朝贺新君。

〇三八二　前 336 年，乙酉，周显王三十三年。

周天子贺秦新君。　　秦“初行钱”（初铸铜钱行于市）。

---

① 商鞅原名卫鞅。

〇三八三　前335年，丙戌，周显王三十四年，魏惠王后元元年。

秦惠文王举行冠礼。秦伐韩，取宜阳。　赵为赵肃侯建寿陵，帝王之墓称陵从此开始。魏惠王改元，称后元一年。

〇三八四　前334年，丁亥，周显王三十五年。

魏惠王到徐州会见齐威王，尊齐为王，齐也承认魏之王号，史称“徐州相王”。

〇三八五　前333年，戊子，周显王三十六年。

齐相田婴欺骗楚国，楚威王伐齐，围徐州，使人驱逐田婴。田婴派张丑游说楚威王，楚威王乃止。　韩鳌侯死，韩威侯继位。　燕文侯死，燕易王继位。

前332年，己丑，周显王三十七年，韩威侯元年，燕易王元年。

〇三八六　前331年，庚寅，周显王三十八年。

秦将公子卬与魏战，虏魏将龙贾，斩首八万。

〇三八七　前330年，辛卯，周显王三十九年。

秦继续攻魏，进围焦（今河南三门峡西）与曲沃（今河南三门峡西南），魏将河西地割让给秦。

〇三八八　前329年，壬辰，周显王四十年。

秦伐魏，攻取汾阴、皮氏、焦与曲沃等地。　张仪善纵横之术，是年入秦。　楚威王死，楚怀王继位。　魏伐楚，取陉山（今河南漯河东）。

〇三八九　前328年，癸巳，周显王四十一年，楚怀王元年。

秦设相国，张仪相秦，行“连横”之策。秦攻赵，败赵军于河西，取蔺（今山西离石西）和离石（今山西离石）。

〇三九〇　前327年，甲午，周显王四十二年。

秦更少梁名为夏阳，并将所占焦与曲沃归还魏国。

〇三九一　前326年，乙未，周显王四十三年。

赵肃侯死，其子赵武灵王继位。秦、楚、燕、齐、魏各出精兵万人到赵参加葬礼。

〇三九二　前325年，丙申，周显王四十四年，赵武灵王元年。

秦继魏、齐之后，开始称王。

前324年，丁酉，周显王四十五年，秦惠文王后元元年。

○三九三 前323年，戊戌，周显王四十六年。

魏将公孙衍行“合纵”之策，使魏、韩、赵、燕、中山“五国相王”以抗秦，赵、燕、中山开始称王。

○三九四 前322年，己亥，周显王四十七年。

魏驱逐惠施，以张仪为相。　　秦伐魏，攻取曲沃、平周。

○三九五 前321年，庚子，周显王四十八年。

齐封田婴于薛（今山东滕州东南），称薛公。田婴对齐威王说：“五官之计，不可不日听数览也。”齐威王纳谏，不久后便厌倦，都交给田婴处理，田婴因此得专国政。　　周显王死，其子定继位，是为周慎靓王。　　田齐威王死，其子辟疆继位，是为田齐宣王。　　燕易王死，其子哙继位，是为燕王哙。

○三九六 前320年，辛丑，周慎靓王定元年，燕王哙元年。

燕伐赵，围浊鹿（今河北涿鹿北），赵王及代人救之，在勺梁（今河北唐县东南）打败燕军。

○三九七 前319年，壬寅，周慎靓王二年，田齐宣王元年。

魏驱逐张仪，以公孙衍为相，惠施归魏。　　孟子见魏惠王，不久又至齐，见齐宣王，游说齐宣王行“仁政”。

○三九八 前318年，癸卯，周慎靓王三年，魏襄王元年。

公孙衍发动魏、赵、韩、燕、楚五国共伐秦，推举楚怀王为纵约长，秦在函谷关（今河南灵宝北）迎战，五国之师皆败走。

○三九九 前317年，甲辰，周慎靓王四年。

秦庶长樗里疾在修鱼（今河南原阳西南）击败韩、赵、魏，斩首八万。　　张仪又相秦。

○四○○ 前316年，乙巳，周慎靓王五年。

秦灭巴、蜀，愈益富强。　　燕相子之改革燕政，用事主断，燕王哙信任子之，效仿尧、舜，将国家托付给子之。

○四○一 前315年，丙午，周慎靓王六年。

周慎靓王死，其子延继位，是为周赧王。周赧王将都城从成周（今河南洛阳白马寺之东）迁至王城（今河南洛阳王城公园一带）。

〇四〇二　前314年，丁未，周赧王延元年。

秦攻义渠，广拓西北之地；又攻魏，取曲沃、焦；伐韩，迫使韩太子仓入秦为质。　燕相子之掌国三年，国内大乱，将军市被与太子平结党攻子之，反被百姓所杀。燕国内乱，齐趁机伐燕，杀燕王哙与子之，不久退走。赵将燕公子职送回燕国。

〇四〇三　前313年，戊申，周赧王二年。

秦惧齐、楚联合，派张仪到楚国，以商於之地六百里诱惑楚怀王和齐国绝交，后只给地六里，楚怀王大怒，出兵伐秦。

〇四〇四　前312年，己酉，周赧王三年。

秦军大败楚军，取楚汉中之地六百里，楚怀王又发国内之兵袭秦，被秦在蓝田击败。　韩宣王死，韩襄王继位。

〇四〇五　前311年，庚戌，周赧王四年，韩襄王元年，燕昭王元年。

燕公子职继位，是为燕昭王。燕昭王继位之后，发愤图强，求贤若渴，“乐毅自魏往，邹衍自齐往，剧辛自赵往，士争趋燕。”燕国从此殷富。　秦攻楚，取召陵（今河南郾城东）。秦王愿分汉中之半给楚，与楚结盟。楚怀王不愿得地，愿得张仪而杀之。张仪使楚，被楚怀王囚禁，张仪厚礼贿赂楚怀王的宠臣靳尚，又得楚怀王宠妃郑袖进言，成功脱险。张仪又游说楚怀王与秦结盟，并说服韩、魏、齐、赵、燕五国连横事秦。秦封张仪为武信君。秦惠文王死，其子武王继位。秦武王不喜张仪，诸侯又合纵。

〇四〇六　前310年，辛亥，周赧王五年，秦武王元年。

秦王与魏王会于临晋（今陕西大荔东南），魏依秦意立公子政为太子。　张仪担心被秦武王所杀，于是离秦相魏，一年后，卒。　是年，惠施卒。

〇四〇七　前309年，壬子，周赧王六年。

秦开始设置丞相，樗里疾为右丞相，甘茂为左丞相。

〇四〇八　前308年，癸丑，周赧王七年。

秦武王派遣甘茂率军攻韩宜阳（今河南宜阳西）。

〇四〇九　前307年，甲寅，周赧王八年。

秦攻破宜阳，又攻取武遂（今山西垣曲东南。一说在今山西临汾西南）。韩相公仲侈入秦请和。秦武王好以力戏，与力士孟说举鼎时绝膑而死，异母弟稷回国继位，是为秦昭襄王。　赵武灵王大掠中山地，又使国人胡服骑射。

〇四一〇　前306年，乙卯，周赧王九年，秦昭襄王元年。

秦昭襄王听从甘茂的建议，将武遂还给韩国。向寿、公孙奭怨恨甘茂，向秦王进谗言。甘茂恐惧，逃到齐国，被封为上卿。

〇四一一　前305年，丙辰，周赧王十年。

赵伐中山，中山献四邑求和，赵罢兵。　秦昭襄王初立，厚赂于楚，又迎娶楚女为妇，于是秦、楚亲善。

〇四一二　前304年，丁巳，周赧王十一年。

秦王与楚王盟于黄棘（今河南南阳南）。秦归还楚上庸（今湖北竹山西）。

〇四一三　前303年，戊午，周赧王十二年。

秦攻魏，取蒲阪、晋阳、封陵；又攻韩，取武遂。韩、齐、魏三国因楚背约而伐楚，楚以太子入秦为质求救。秦出兵，三国退。

〇四一四　前302年，己未，周赧王十三年。

秦王、魏王与韩太子婴会于临晋，韩太子到咸阳朝秦，秦归还魏的蒲阪。

〇四一五　前301年，庚申，周赧王十四年。

齐、韩、魏联合攻楚，大败楚军于垂沙（今河南唐河西南）。韩、魏取宛、叶以北地。与此同时，楚人起义，攻至郢，“吏不能禁”。　田齐宣王死，田齐湣王继位。

〇四一六　前300年，辛酉，周赧王十五年，田齐湣王元年。

秦相樗里疾死，楼缓为相，华阳君伐楚，大破楚师。　赵再攻中山，略地北至燕、代，西至云中，筑北长城。

〇四一七　前299年，壬戌，周赧王十六年。

赵武灵王自号“主父”，传位于孟姚之子何，是为赵惠文王。　秦伐楚，取八城，秦王约楚王武关相会，暗中伏兵，楚怀王赴会，被秦劫入咸阳。秦要求楚割巫、黔中等郡，楚怀王不许，被秦扣留。楚人立怀王太子横，是为楚顷襄王。　　齐孟尝君入秦为相。

〇四一八　前298年，癸亥，周赧王十七年，赵惠文王元年，楚顷襄王元年。

齐孟尝君借宾客“鸡鸣狗盗”之能从秦国逃回，联合韩、魏伐秦，攻至函谷关。　　齐、楚联合不利于赵，赵“结秦连宋”，又封公子胜为平原君。　　秦发兵出武关伐楚，斩首五万。

〇四一九　前297年，甲子，周赧王十八年。

楚怀王从秦国出逃，被秦国发现后追回，楚怀王患病。　　齐、韩、魏继续攻秦，兵至函谷关。

〇四二〇　前296年，乙丑，周赧王十九年。

齐、韩、魏攻秦，历时三年，攻破函谷关。秦求和，归还韩河外之地及武遂，归还魏河外之地及封陵，三国撤兵。　　楚怀王死于秦，楚人怜之，如悲亲戚。楚南公曰：“楚虽三户，亡秦必楚。”楚和秦绝交。　　赵灭中山国。　　韩襄王死，韩釐王继位。　　魏襄王死，魏昭王继位。

〇四二一　前295年，丙寅，周赧王二十年，韩釐王元年，魏昭王元年。

赵武灵王和赵惠文王到沙丘（今河北广宗西北）游玩，分宫而居。废太子章与其相田不礼趁机作乱，杀死赵惠文王之相肥义。公子成与李兑平叛，章逃至赵武灵王所在宫殿。公子成与李兑包围宫殿，杀死废太子章及田不礼，并尽灭其党。公子成与李兑率人将宫殿包围三月余，赵武灵王被饿死。赵惠文王年幼，成、兑二人专政。　　燕昭王任用乐毅为亚卿。楼缓被秦免相，魏冉代之。

〇四二二　前294年，丁卯，周赧王二十一年。

齐国田文（孟尝君）为相，专国政。齐人只闻有田文，不知有国君，有人对齐王说：“孟尝君将为乱。”田文在田甲劫王失败后逃到魏国，被任为国相。

〇四二三　前293年，戊辰，周赧王二十二年。

韩、魏伐秦，被白起败于伊阙（今河南洛阳），斩首二十四万。白起攻城略地，被封为国尉。

前 292 年，己巳，周赧王二十三年。

〇四二四 前 291 年，庚午，周赧王二十四年。

秦伐韩，取邓、宛；又伐魏，取轵、垣城。

〇四二五 前 290 年，辛未，周赧王二十五年。

秦相魏冉伐魏，魏将河东地四百里献给秦国。

〇四二六 前 289 年，壬申，周赧王二十六年。

秦白起攻魏，夺取六十一城。　　是年，孟子卒。

〇四二七 前 288 年，癸酉，周赧王二十七年。

十月，秦昭襄王称西帝，又遣魏冉立齐王为东帝。齐去帝号称王。十二月，秦去帝号，称王。

〇四二八 前 287 年，甲戌，周赧王二十八年。

苏秦、李兑联合赵、齐、楚、韩、魏五国攻秦，迫使秦归还魏之温、轵、高平以及赵之王公、符逾以求和。

〇四二九 前 286 年，乙亥，周赧王二十九年。

秦将司马错攻魏，魏割安邑、河内与秦。秦将两地居民赶走，募民徙居河东。

〇四三〇 前 285 年，丙子，周赧王三十年。

齐国国势日盛，威胁三晋和秦、楚。秦王打算合纵伐齐，分别和楚、赵相会，并派蒙武伐齐，夺九城以为九县，“先出声于天下”。燕国乐毅也和燕昭王谋划，联合诸侯伐齐。

〇四三一 前 284 年，丁丑，周赧王三十一年。

燕上将军乐毅率燕、秦、韩、赵、魏五国之军伐齐，一路势如破竹，攻取齐国七十余城，秦取定陶，魏取宋地，赵取济西，楚取淮北，鲁取徐州，齐国大败。燕王封乐毅为昌国君。楚派卓齿援齐，卓齿打算与燕国平分齐地，反将齐王杀死。

〇四三二 前 283 年，戊寅，周赧王三十二年，田齐襄王元年。

田齐湣王死，齐人杀死卓齿，立田齐湣王之子法章，是为田齐襄王。田齐襄王退保莒城抗燕。赵将廉颇大破齐军，攻取晋阳，被赵拜为上卿。蔺相如完璧归赵，被封上大夫。

〇四三三　前282年，己卯，周赧王三十三年。

秦王会韩王于新城；会魏王于新明邑；又派白起伐赵，取蔺、祁（今山西祁县东南）。

〇四三四　前281年，庚辰，周赧王三十四年。

秦攻赵，取石城；又赦罪人，将他们迁至穰（今河南邓州）。

〇四三五　前280年，辛巳，周赧王三十五年。

秦白起攻赵，取光狼城（今山西高平西）。秦又攻楚，取黔中。楚割上庸及汉水以北地与秦，秦赦罪人徙南阳（今河南西南）。　是年，庄子卒。

〇四三六　前279年，壬午，周赧王三十六年。

秦、赵渑池相会，蔺相如以智勇捍卫了赵国尊严，获封上卿。廉颇不服，扬言要羞辱蔺相如。蔺相如为赵国大局，礼让廉颇。廉颇听闻后负荆请罪，赵国将相和，为刎颈之交。　燕昭王死，燕惠王继位。燕惠王中齐反间计，命骑劫代替乐毅。乐毅担心被杀，逃到赵国，被封望诸君，后死于赵国。齐将田单利用这个机会发起反击，打败燕军，齐复国，田单获封安平君，成为齐相国。　秦、楚战于鄢。白起引水灌城，楚军大败，秦夺取鄢、邓、西陵，并徙罪人于三地。

〇四三七　前278年，癸未，周赧王三十七年，燕惠王元年。

秦将白起攻破楚都郢，楚迁都到陈（今河南淮阳）。秦封白起为武安君。

〇四三八　前277年，甲申，周赧王三十八年。

秦攻略楚地，设置黔中郡（治所在今湖南常德）。　魏昭王死，其子继位，是为魏安釐王。

〇四三九　前276年，乙酉，周赧王三十九年，魏安釐王元年。

魏安釐王继位，封其异母弟无忌于信陵，号为信陵君。无忌善养士，门下有食客“三千人”，致使各国“不敢加兵谋魏十余年”。

〇四四〇　前275年，丙戌，周赧王四十年。

秦伐魏，取温，围大梁，不久退走。赵伐魏，取防陵、安阳。

前274年，丁亥，周赧王四十一年。

〇四四一 前273年，戊子，周赧王四十二年。

赵、魏攻韩华阳（今河南新郑北），韩向秦求救。秦出兵，大败赵、魏，进围大梁。魏割南阳以求和。　　韩釐王死，其子韩桓惠王继位。

〇四四二 前272年，己丑，周赧王四十三年，韩桓惠王元年。

燕相公孙操杀燕惠王，拥立其子燕武成王继位。　　秦助韩、魏，楚趁机伐燕。　　秦置南阳郡。秦灭义渠。

〇四四三 前271年，庚寅，周赧王四十四年，燕武成王元年。

秦置北地郡，又统有上郡、陇西，筑长城以拒胡。

〇四四四 前270年，辛卯，周赧王四十五年。

秦围赵之阏与（今山西和顺），阏与之役开始。范雎到秦国，向秦王进献“远交近攻”之策，秦王用之为客卿。

〇四四五 前269年，壬辰，周赧王四十六年。

秦、赵战于阏与。赵奢率赵军大破秦军，解阏与之围，获封马服君。

〇四四六 前268年，癸巳，周赧王四十七年。

秦王用范雎之谋伐魏，夺取怀（今河南武陟西南）地。

〇四四七 前267年，甲午，周赧王四十八年。

秦太子在魏国为质，是年卒，归葬芷阳（今陕西临潼西）。

〇四四八 前266年，乙未，周赧王四十九年。

秦王废太后，收魏冉穰侯之印，命范雎为丞相。　　赵惠文王死，太子丹继位，是为赵孝成王。

〇四四九 前265年，丙申，周赧王五十年，赵孝成王元年。

秦王立其次子安国君为太子，又大举伐韩，取少曲、高平。　　田齐襄王死，其子建继位，太后掌国事。

〇四五〇 前264年，丁酉，周赧王五十一年，田齐王建元年。

秦白起伐韩，略九城，斩首五万。

〇四五一 前263年，戊戌，周赧王五十二年。

楚顷襄王死，太子完自秦逃归本国继位，是为楚考烈王。

〇四五二 前262年，己亥，周赧王五十三年，楚考烈王元年。

秦白起伐韩，取野王（今河南沁阳），断绝上党与韩之间的道路。

上党郡投赵，赵派廉颇率军到长平拒秦，秦、赵长平之战开始。

〇四五三 前 261 年，庚子，周赧王五十四年。

秦攻韩，取缑氏（今河南登封西北）、纶氏（今河南登封西南）。

〇四五四 前 260 年，辛丑，周赧王五十五年。

廉颇坚守长平，秦军用反间计，赵王中计，用赵奢之子赵括代替廉颇。赵括只会纸上谈兵，缺乏实战经验，被秦击败，赵军四十万降卒被秦坑杀，历时三年的长平之战至此结束。

〇四五五 前 259 年，壬寅，周赧王五十六年。

秦在长平击败赵国，尽有上党地。白起想乘胜围邯郸，范雎嫉妒白起的功劳，劝秦王罢兵，与韩、赵议和。韩、赵割地与秦和，白起、范雎始有嫌隙。后来秦王又伐赵，白起认为时机不成熟，托病不出，秦王派王陵领兵围邯郸。

〇四五六 前 258 年，癸卯，周赧王五十七年。

王陵围邯郸，久攻不下。秦王命白起代王陵，白起托病不出，秦王命王龁代王陵。　　平原君的门客毛遂自荐到楚国游说，说动楚王出兵救赵。　　燕武成王死，其子燕孝王继位。

〇四五七 前 257 年，甲辰，周赧王五十八年，燕孝王元年。

魏信陵君窃符救赵，秦军战败退走，信陵君留居赵国。　　秦军大败。白起怨秦王不听其言，秦王赐剑令白起自裁。白起自杀而死。秦国立异人为嗣，改名子楚。

〇四五八 前 256 年，乙巳，周赧王五十九年。

秦攻韩，取阳城、负黍；又攻赵，取二十余县；又攻灭西周国，周赧王死。

〇四五九 前 255 年，丙午，秦昭襄王嬴稷五十二年。

秦范雎免相，蔡泽为相国，号纲成君。　　燕孝王死，其子喜继位。

〇四六〇 前 254 年，丁未，秦昭襄王五十三年，燕王喜元年。

魏攻取秦孤悬东方之陶郡，又灭卫。

〇四六一 前 253 年，戊申，秦昭襄王五十四年。

楚迁都巨阳（今安徽太和东南）。

〇四六二　前 252 年，己酉，秦昭襄王五十五年。

卫怀君到魏朝拜被杀，魏立卫怀君之弟元君。

〇四六三　前 251 年，庚戌，秦昭襄王五十六年。

秦昭襄王死，其子秦孝文王继位，立华阳夫人为太后，子楚为太子。赵将子楚夫人与其子政送回秦国。秦蜀郡太守李冰修建都江堰，治平蜀地水患。

〇四六四　前 250 年，辛亥，秦孝文王柱元年。

秦孝文王死，子楚继位，是为秦庄襄王。华阳夫人被尊为华阳太后，秦庄襄王生母夏姬为夏太后。　是年，名家代表人物公孙龙卒。

〇四六五　前 249 年，壬子，秦庄襄王子楚元年。

吕不韦相秦，被封为文信侯。　秦灭东周，又攻韩，置三川郡。　楚灭鲁，将鲁君贬为庶民。

〇四六六　前 248 年，癸丑，秦庄襄王二年。

秦攻赵，取三十七城。　楚封春申君黄歇于淮北。春申君请以封地建郡拒齐，又徙封于吴。

〇四六七　前 247 年，甲寅，秦庄襄王三年。

秦庄襄王死，太子政年十三而继位，国事皆决于吕不韦。吕不韦为相邦，称“仲父”。　秦伐韩，置太原郡；又伐魏。魏王自赵召回信陵君，命为上将军，信陵君率五国之师大败秦将蒙骜于河外，追至函谷关，威震天下。

〇四六八　前 246 年，乙卯，秦王政元年。

韩使水工郑国到秦游说兴修水利，秦修“郑国渠”。渠成之后，关中为沃野。　魏安釐王中秦反间计，罢免信陵君。

〇四六九　前 245 年，丙辰，秦王政二年。

赵孝成王死，其子赵悼襄王继位，命武襄君乐乘代廉颇。廉颇逃至魏，后入楚，死于寿春。

〇四七〇　前 244 年，丁巳，秦王政三年，赵悼襄王元年。

秦攻韩，取十二城。

〇四七一　前 243 年，戊午，秦王政四年。

秦攻魏之暘、有诡；　赵太子自秦返国，赵国名将李牧伐燕，取武遂、方城。　　魏安釐王死，子魏景湣王继位。是年，信陵君卒。

○四七二　前242年，己未，秦王政五年，魏景湣王元年。

秦攻魏，略地二十城，建东郡。

○四七三　前241年，庚申，秦王政六年。

秦建东郡，危及韩、魏。五国合纵，命赵将庞煖率军攻秦。兵至蕞（今陕西临潼北），被秦击败，五国罢兵。这是战国时期的最后一次合纵。　　楚避秦锋芒，迁都寿春（今安徽寿县西南），仍名郢。

○四七四　前240年，辛酉，秦王政七年。

秦攻赵，取龙、孤、庆都；攻魏，取汲。　　是年，秦夏太后死，将军蒙骜死。

○四七五　前239年，壬戌，秦王政八年。

秦王弟长安君成蟜降赵，赵封之于饶北（今河北饶阳东北）。　　秦封嫪毐为长信侯，掌国政。　　《吕氏春秋》于此年问世，吕不韦谓"能增损一字者予千金"。　　韩桓惠王死，其子安继位。

○四七六　前238年，癸亥，秦王政九年，韩王安元年。

秦王政亲政，平定嫪毐之乱，又出兵伐魏，进逼大梁。　　李园本是赵国人，将其妹进献给春申君。其妹有孕后又说服春申君将自己献于楚王。李园之妹诞下男婴，楚考烈王将男婴立为太子。楚考烈王死，李园杀春申君。太子继位，是为楚幽王。　　是年，荀子卒于兰陵。

○四七七　前237年，甲子，秦王政十年，楚幽王元年。

秦免吕不韦相，命其出居封地洛阳；又下令逐客卿，李斯上《谏逐客书》，秦王纳谏，废止逐客令。

○四七八　前236年，乙丑，秦王政十一年。

秦攻赵，取安阳等九城，又勒令吕不韦迁蜀。　　赵废太子嘉，立庶子迁为太子。赵悼襄王死，太子迁继位。

○四七九　前235年，丙寅，秦王政十二年，赵王迁元年。

吕不韦担心被杀，饮鸩自尽，宾客秘密将其葬于洛阳北邙山。

○四八○　前234年，丁卯，秦王政十三年。

秦攻赵，斩首十万。秦置雁门郡和云中郡。

〇四八一 前 233 年，戊辰，秦王政十四年。

秦继续攻赵，取平阳、武城。　韩非入秦，韩王安派使者纳地及玺于秦，请为秦臣。

〇四八二 前 232 年，己巳，秦王政十五年。

秦攻赵，被李牧击败，但赵“亡卒数十万，邯郸仅存”。　燕太子丹在秦为质，逃回燕国。

〇四八三 前 231 年，庚午，秦王政十六年。

韩、魏向秦献地，秦国开始登记男子年龄。

〇四八四 前 230 年，辛未，秦王政十七年。

秦灭韩，虏韩王安，在其地置颍川郡，韩亡。

〇四八五 前 229 年，壬申，秦王政十八年。

秦攻赵，李牧率军抗敌。秦行反间计，赵王中计，杀李牧。

〇四八六 前 228 年，癸酉，秦王政十九年。

楚幽王死，其弟楚哀王继位。楚哀王之兄负刍杀楚哀王而自立，是为楚王负刍。　秦攻赵，破邯郸，虏赵王迁，置邯郸郡。　赵公子嘉率人逃往代郡，自立为代王，与燕军合。秦屯兵中山，兵临易水，燕国危急。　魏景湣王死，其子假继位。

〇四八七 前 227 年，甲戌，秦王政二十年，楚王负刍元年，魏王假元年，赵代王嘉元年。

燕太子丹派荆轲刺杀秦王政，未遂，荆轲被杀。秦下令攻燕，大破燕、代于易水之西。

〇四八八 前 226 年，乙亥，秦王政二十一年。

秦攻破燕都蓟城，燕王逃往辽东，杀太子丹以取悦秦。　秦出兵伐楚。　秦杀死韩王安。

〇四八九 前 225 年，丙子，秦王政二十二年。

秦攻魏，破大梁，虏魏王假，魏亡。　秦置砀、右北平、辽西三郡。　秦李信、蒙武伐楚，被楚击败。

〇四九〇 前 224 年，丁丑，秦王政二十三年。

秦王命王翦为将伐楚，大破楚国。　秦在旧燕地建广阳郡、渔阳郡；在旧魏地建泗水郡；又取齐地，建薛郡。

○四九一　前 223 年，戊寅，秦王政二十四年。

秦攻楚，攻下寿春，俘获楚王负刍，楚亡。秦在楚地置楚郡、九江郡和长沙郡。

○四九二　前 222 年，己卯，秦王政二十五年。

秦攻占辽东、代，燕、赵灭亡。秦在燕地置上谷郡、辽东郡，在赵地建代郡，又在楚江南地置会稽郡。

前 221 年，庚辰，秦王政二十六年。

（相关事件见○四九三）

秦［秦帝国］[①]

（公元前 221 年—公元前 206 年）

○四九三　前 221 年，庚辰，秦始皇嬴政二十六年。

秦攻齐，入临淄，俘获齐王建，齐亡。至此，秦统一六国。　　秦王自以为德兼三皇、功过五帝，于是称始皇帝，又定三公九卿之制；废分封制，实行郡县制；统一文字、货币、度量衡；统一车轨；颁布通行天下的《秦律》。

○四九四　前 220 年，辛巳，秦始皇二十七年。

秦始皇巡陇西、北地，又在全国各地修驰道，东通燕、齐，南达吴、楚。

○四九五　前 219 年，壬午，秦始皇二十八年。

秦始皇封禅泰山，修筑琅邪台以颂秦德。　　命人求神仙和不死之药。　　开凿灵渠。

---

① 公元前 256 年秦灭周，自公元前 255 年至公元前 222 年，史家以秦王纪年，这期间纪年和大事见战国部分。

前218年，癸未，秦始皇二十九年。

前217年，甲申，秦始皇三十年。

〇四九六 前216年，乙酉，秦始皇三十一年。

秦始皇“使黔首自实田”，命百姓自报土地亩数，为国家征收赋税提供依据。

〇四九七 前215年，丙戌，秦始皇三十二年。

秦始皇命蒙恬率军三十万北伐匈奴。

〇四九八 前214年，丁亥，秦始皇三十三年。

秦始皇发兵击南越，设置桂林、南海、象三郡，并迁罪犯五十万人与越人杂居。　蒙恬击匈奴，取河南地（今黄河河套地区）。　秦始皇征发大批百姓，将燕、赵、秦旧时长城连接，修成西起临洮，东至辽东的“万里长城”。　灵渠建成，沟通了湘江和漓江。

〇四九九 前213年，戊子，秦始皇三十四年。

因儒生非议郡县制，秦始皇下令“焚书”，仅余医药、卜筮、种树之书。

〇五〇〇 前212年，己丑，秦始皇三十五年。

秦营造宫殿和骊山陵墓。　因方士和儒生等讥议秦始皇，秦始皇将牵涉的四百六十多人全部坑杀，是为“坑儒”。长子扶苏劝谏，被秦始皇派到上郡为蒙恬监军。

〇五〇一 前211年，庚寅，秦始皇三十六年。

有人刻“始皇帝死而地分”于东郡陨石上，秦始皇将陨石周边百姓尽皆杀死，并将陨石烧毁。　秦始皇问卜，得“游徙吉”，于是迁三万家至北河榆中（今陕西榆林）。

〇五〇二 前210年，辛卯，秦始皇三十七年。

秦始皇东巡，病死于沙丘（今河北广宗北），本意立扶苏继位。赵高、李斯篡改遗诏，立幼子胡亥为太子，赐死扶苏，抓捕蒙恬。　胡亥即位，是为秦二世皇帝，秦二世将始皇帝葬于骊山，又将蒙恬、蒙毅兄弟杀死。

〇五〇三 前209年，壬辰，秦二世胡亥元年。

秦二世残暴，杀死诸公子、公主。　继续修建阿房宫，百姓不堪奴役，起而反抗。陈胜、吴广在大泽乡起义，“斩木为兵、揭竿为旗”，建立“张楚”政权。陈胜吴广政权派武臣、周市分取赵、魏旧地，周文进攻关中。　　秦二世赦免骊山刑徒，命章邯为将率军东征，击败周文。　　武臣自立为赵王，韩广自立为燕王，周市拥立魏公子咎为魏王，刘邦起兵于沛，项梁、项羽起兵于吴。　　秦二世废卫君角为庶人，周初所封诸侯至此全部灭亡。

〇五〇四　前 208 年，癸巳，秦二世二年。

周文兵败自杀，田臧闻讯，矫陈胜令杀吴广，亲自率军迎战章邯，兵败身亡。　　秦二世又派司马欣、董翳助章邯击楚，陈胜败退，被部下杀死。　　秦嘉立景驹为楚王。刘邦投奔景驹，途中遇到张良并将其收为谋臣。　　项梁杀秦嘉与景驹，立楚怀王之孙心为楚王，仍称楚怀王；项梁自号武信君，立韩公子成为韩王。　　赵王武臣被杀，张耳、陈余拥立赵贵族赵歇为赵王。　　章邯东进灭陈胜，又进击魏，打败魏军和齐、楚援军，杀死齐王田儋及周市。魏王咎自杀，其弟豹逃至楚国，被立为魏王。　　齐人听说田儋死，立齐王建之弟田假为王，田儋之弟田荣赶走田假，立田儋之子田市为齐王。　　章邯又击楚，杀楚将项梁，项羽、刘邦等随楚怀王迁都彭城。章邯破项梁后，以为楚地无忧，便北上击赵，破邯郸，围赵王歇于巨鹿。　　楚怀王以宋义为上将军，项羽为次将，范增为末将，率各路兵马救援。楚怀王另派沛公刘邦领兵伐秦。　　各地义军蜂起，秦二世多次责备李斯。赵高趁机诬陷李斯，将其腰斩，并夷其三族，赵高独专国政。

〇五〇五　前 207 年，甲午，秦二世三年。

宋义至赵，停留不进。项羽杀宋义，领兵渡河，破釜沉舟，在巨鹿（今河北平乡）大破秦军，一战成名，被封为诸侯上将军。　　巨鹿战后，章邯驻军棘原，秦二世多次派人责备，章邯恐惧，又接连被项羽击败，于是降楚，被项羽封为雍王。

〇五〇六　前 206 年，乙未，秦子婴元年。

赵高专擅国政，指鹿为马。八月，刘邦破武关，赵高担心秦二世问责，于是称病不朝，暗中作乱，逼秦二世自杀，立子婴为秦王。　　子婴设计杀死赵高，并夷其三族，又派兵守峣关，但不久被刘邦攻克。子婴“素车白马”、自缚请降于刘邦，秦亡。

汉

（公元前206年—公元220年）

西　　汉

（公元前206年—公元25年）

○五○七　前206年，乙未，汉高祖刘邦元年。

十月，刘邦率军到达霸上（今陕西西安）。秦王子婴向刘邦投降，秦朝灭亡。　刘邦封锁了秦王朝的府库。萧何从秦丞相府中收集了府内的地图与文书。　十一月，刘邦宣布废除秦朝严苛的律法，与关中父老约法三章。　十二月，刘邦派兵驻守函谷关（今河南灵宝），被项羽率军攻破。项羽在鸿门（今陕西临潼）设宴，刘邦赴宴并机智脱身。　项羽下令焚毁秦朝的宫殿，杀秦王子婴。项羽自立为西楚霸王，又分封十八诸侯王，刘邦被封为汉王。　张良劝说刘邦烧毁了栈道，防止诸侯偷袭，并以此麻痹项羽。八月，刘邦采纳韩信的计谋，偷袭陈仓（今陕西宝鸡），击败章邯的军队，迫使司马欣与董翳投降，攻占了关中地区，并以此为根据地，与项羽争夺天下。

○五○八　前205年，丙申，汉高祖二年。

十月，项羽派英布、吴芮杀死了义帝楚怀王。　刘邦出关，安抚当地的百姓。河南王申阳向刘邦投降，设置了河南郡（治所在今河南洛阳）。　十一月，刘邦封韩襄王孙韩信为韩王。刘邦回到关中，定都于栎阳（今陕西临潼）。　三月，刘邦渡过黄河，魏王豹向刘邦投降。

刘邦占领了河内地区，设置河内郡（治所在今河南武陟县）。　刘邦为义帝发丧，并派遣使节与各路诸侯相联合，共同讨伐项羽。　四月，刘邦乘项羽出兵攻打齐国，率领诸侯兵马五十六万人攻伐项羽，占领了彭城（今江苏徐州）。项羽听闻彭城失守，命令手下将领继续攻击齐国，他带领精兵三万回城援救，大败汉军。刘邦的妻儿老小被项羽俘虏。　五月，刘邦在荥阳（今河南荥阳）汇集了溃败的士兵，又得到萧何派来的援军，军势复振。　九月，韩信擒魏王，平定了魏国地区。韩信率军击败了代国，擒代国丞相夏说。

〇五〇九　前204年，丁酉，汉高祖三年。

十月，韩信与张耳进攻赵国，斩杀陈余，俘获赵王歇。刘邦封张耳为赵王。　十二月，英布被楚国军队击败，归顺了汉国，英布的妻儿都被楚军杀害。　四月，楚军围攻荥阳，刘邦请求议和。　陈平的反间计生效，范增愤而离开项羽，不久病死。　楚军猛攻荥阳，纪信代替刘邦出降，使刘邦乘机逃走。

〇五一〇　前203年，戊戌，汉高祖四年。

十月，韩信袭击齐国，攻陷临淄（今山东临淄），齐王田广向东逃到高密（今山东高密），派遣使节向楚国求救。项羽率军进攻汉军，双方在广武（今河南荥阳东北）对峙。刘邦列举了项羽所犯下的擅杀大将、坑杀降军、不守信用、杀害怀王等十大罪状。项羽大怒，挥军攻击。刘邦负伤，坚守成皋（今河南荥阳西北）不出。　十一月，项羽派龙且领兵二十万援救齐国。韩信击败楚军，杀死龙且，俘虏了齐王田广，占领了齐国全部的土地。　二月，刘邦封韩信为齐王，派他攻打楚国。　七月，刘邦封英布为淮南王。　八月，楚汉两军相持不下，双方讲和，以鸿沟（今河南太康南）为界，二分天下。鸿沟以西属汉，以东属于楚国。　九月，项羽送还刘邦的父亲和妻子，率军返楚。张良与陈平向刘邦进言，趁楚军疲惫，派军追击。

〇五一一　前202年，己亥，汉高祖五年。

十月，刘邦追击项羽至固陵（今河南太康南），并与韩信和彭越相约，共同攻击楚国。但韩信与彭越均没有赶到，楚军打败汉军。汉军重新转入守势。刘邦采取张良的建议，划分了韩信与彭越的封地，二人果然率军与汉军汇合。　　十二月，项羽逃至垓下（今安徽灵璧），楚军人少并且缺乏粮食，被汉军包围。项羽趁夜率军突围，汉将灌婴追击。项羽渡过淮河后，只有很少的将士跟随。项羽击杀数百名汉军，退至乌江（今安徽和县），自刎。　　正月，刘邦封韩信为楚王，统治淮北地区，都城在下邳（今江苏睢宁）。封彭越为梁王，统治原来魏国治理的地区，都城在定陶（今山东菏泽）。　　诸侯及将相们共同请汉王即皇帝位。二月，刘邦称帝，是为汉高祖，定都洛阳（今河南洛阳）。齐人娄敬向汉高祖提议迁都关中，张良也赞同这一点。刘邦听取了娄敬的建议，定都长安，兴建长乐宫。

〇五一二　前 201 年，庚子，汉高祖六年。

十月，汉高祖采用陈平之策，假装游览云梦泽（今湖北京山），并召见诸侯。　　十二月，楚王韩信来迎接汉高祖。汉高祖趁机拘捕他，并降为淮阴侯。汉高祖封曹参、陈平、夏侯婴等十人为彻侯。　　正月，汉高祖又封张良、萧何、樊哙、周勃、灌婴等十七人为彻侯。刘邦为巩固统治，分封同姓宗室为王。

〇五一三　前 200 年，辛丑，汉高祖七年。

十月，汉高祖亲自率军讨伐韩王信，韩王信不敌，逃入匈奴。汉高祖听闻匈奴军队在代谷（今山西繁峙、旧崞一带）附近，遂率军进击。冒顿单于示弱，诱使汉军先头部队到达平城（今山西大同），被冒顿军队包围于白登山。这次的包围长达七天，断绝了汉军内外的联系。汉高祖采用陈平的计策，逃出重围。　　二月，迁都长安（今陕西西安）。

〇五一四　前 199 年，壬寅，汉高祖八年。

十月，汉高祖在东垣肃清韩王信的残余势力。十二月，汉高祖率军回到长安。　　三月，规定商人不得穿带有锦绣和使用绫罗制作的衣服，不能持有兵器，不得乘马车与骑马。　　九月，匈奴屡次侵犯汉的北部边境。刘敬建议与匈奴和亲。汉高祖准备派遣长公主，吕后劝说汉高祖不要这样做，和亲的计划没有实施。

〇五一五　前 198 年，癸卯，汉高祖九年。

十月，汉高祖另封他人为长公主，嫁给匈奴单于，派遣刘敬前往匈奴缔结和亲的盟约。　　十一月，迁齐国和楚国的豪强大族十万人关中。　　正月，赵王相贯高谋反，赵王敖受到牵连，降为宣平侯。代王刘如意改封为赵王。

〇五一六　前197年，甲辰，汉高祖十年。

七月，汉高祖欲废去太子改立赵王如意为太子，为御史大夫周昌谏阻。九月，赵国相陈豨在代地（今山西北部和河北西北部）举兵反叛，自立为代王。汉高祖亲自率军平叛。

〇五一七　前196年，乙巳，汉高祖十一年。

十一月，陈豨战败。　　正月，吕后与萧何密谋，杀死韩信。汉高祖封刘恒为代王。　　三月，汉高祖派军队偷袭梁王彭越，把彭越囚禁于洛阳。吕后又派人状告彭越谋反，彭越被杀，三族尽灭。　　七月，淮南王英布在韩信被杀之后十分惊恐，在彭越被烹杀后十分愤怒，举兵反叛。英布向东进攻，杀死荆王刘贾，又渡过淮河攻击楚国，楚王刘交被打败。汉高祖率军讨伐英布，改封皇子刘长为淮南王。

〇五一八　前195年，丙午，汉高祖十二年。

十月，汉高祖在蕲春击败英布的军队，英布逃亡到江南地区。长沙王吴臣派人诱杀英布。太尉周勃占领代地，杀死了陈豨。　十一月，燕王卢绾谋反。　　二月，汉高祖派樊哙率军讨伐卢绾，并封皇子刘建为燕王。　　四月，汉高祖病死于长乐宫。卢绾逃往匈奴。　　五月，太子刘盈即皇帝位。尊吕后为皇太后。

〇五一九　前194年，丁未，汉惠帝刘盈元年。

十二月，吕后杀死了赵王如意及刘邦宠妃戚夫人。汉惠帝见此十分伤心，患病，不理朝政。

〇五二〇　前193年，戊申，汉惠帝二年。

七月，萧何病死，曹参担任丞相。曹参完全执行萧何定下的制度，从不变更，史称“萧规曹随”。

〇五二一　前192年，己酉，汉惠帝三年。

春，征发长安城六百里之内的百姓修筑长安城，修筑三十天后停止。　　匈奴冒顿单于写信侮辱吕太后，汉廷虽然认为是奇耻大辱，但考虑到初定天下，实力有限，汉军无力应付匈奴骑兵，只能采取和亲政策。

〇五二二　前 191 年，庚戌，汉惠帝四年。

汉廷下令推举天下各地孝悌之人与认真耕田之人，免除这些人的赋税和徭役。

〇五二三　前 190 年，辛亥，汉惠帝五年。

正月，再次征发长安城六百里之内的百姓修筑长安城，修筑三十天后停止。　八月，丞相曹参死去。　九月，长安修筑完毕。

〇五二四　前 189 年，壬子，汉惠帝六年。

十月，王陵被任命为右丞相，陈平为左丞相。　留侯张良死①，舞阳侯樊哙死。　周勃被任命为太尉。　朝廷规定，凡女子在十五岁至三十岁之间没有嫁人的，加收五算的赋税。

〇五二五　前 188 年，癸丑，汉惠帝七年。

八月，汉惠帝死。　九月，吕后临朝，把控朝政。由于汉惠帝没有嫡子，吕后立一位后宫美人所生之子为皇帝，是为少帝。

〇五二六　前 187 年，甲寅，汉高后吕雉元年。

十一月，吕后任命王陵为太傅，陈平为右丞相，审食其为左丞相，任敖为御史大夫。　四月，吕后封吕台为吕王，开“非刘氏不王”先河。

〇五二七　前 186 年，乙卯，汉高后二年。

七月，汉朝实行八铢钱。

前 185 年，丙辰，汉高后三年。

〇五二八　前 184 年，丁巳，汉高后四年。

四月，少帝因吕后杀掉自己的母亲，口出怨言，被吕后所杀。　五月，吕后立恒山王刘义为皇帝，改名为弘。

〇五二九　前 183 年，戊午，汉高后五年。

春，赵佗自立为南越武帝，发兵攻打长沙（今湖南长沙），被当地军队击败。

〇五三〇　前 182 年，己未，汉高后六年。

四月，推行五分钱。

---

① 张良卒年从《汉书·张良传》。

〇五三一 前 181 年，庚申，汉高后七年。

二月，任命吕产为梁王。

〇五三二 前 180 年，辛酉，汉高后八年。

七月，任命赵王吕禄为上将军。　　吕后死去，遗诏任命吕产为相国，吕禄的女儿为皇后。　　九月，吕产与吕禄阴谋作乱，被太尉周勃、丞相陈平等平定。　　闰九月，群臣拥立代王刘恒为皇帝，是为汉文帝。

〇五三三 前 179 年，壬戌，汉文帝刘恒前元元年。

十一月，汉文帝任命陈平为左丞相，周勃为右丞相，灌婴为太尉。

正月，汉文帝立自己的儿子刘启为太子。　　三月，立窦氏为皇后。　　八月，汉文帝派遣陆贾到南越，说服赵佗与汉和好，赵佗自愿除去帝王的称号，向汉朝称臣纳贡。

〇五三四 前 178 年，癸亥，汉文帝前元二年。

十月，丞相陈平死。十一月，周勃继任丞相。

〇五三五 前 177 年，甲子，汉文帝前元三年。

十二月，免除周勃丞相职位，任命太尉灌婴为丞相，罢废太尉之职。　　五月，匈奴入侵，掠夺了上郡地区（治所在今陕西榆林鱼河堡）。汉文帝派遣丞相灌婴率军反击匈奴。　　济北王刘兴居得知皇上赴代地，趁朝中无主发动叛乱。八月，刘兴居被俘，自杀。

〇五三六 前 176 年，乙丑，汉文帝前元四年。

十二月，丞相灌婴死。　　正月，任命御史大夫张苍为丞相。任命贾谊为长沙王太傅。

〇五三七 前 175 年，丙寅，汉文帝前元五年。

四月，废除盗铸钱令，允许私铸。赐邓通蜀严道铜山（今四川雅安），可自行铸钱。吴王刘濞开铜矿铸钱。邓氏钱与吴王钱遍行天下。

〇五三八 前 174 年，丁卯，汉文帝前元六年。

十月，匈奴单于上书请求继续和亲。汉文帝同意了匈奴的要求，派遣宗室女子为单于阏氏。　　贾谊上《治安策》，提出加强中央集权的主张。　　十一月，淮南王刘长企图谋反，事情败露，在流放的途中死去。

〇五三九　前 173 年，戊辰，汉文帝前元七年。

十月，下令对列侯太夫人、夫人、诸侯王子及二千石的官员不得擅自进行搜捕。

〇五四〇　前 172 年，己巳，汉文帝前元八年。

夏，封淮南王长子刘安等四人为列侯。

前 171 年，庚午，汉文帝前元九年。

前 170 年，辛未，汉文帝前元十年。

前 169 年，壬申，汉文帝前元十一年。

〇五四一　前 168 年，癸酉，汉文帝前元十二年。

十二月，黄河在酸枣（今河南延津西南）决口。汉文帝派人堵塞决口。　是年，贾谊卒。

〇五四二　前 167 年，甲戌，汉文帝前元十三年。

五月，汉文帝下诏修改律令，减少了肉刑。

〇五四三　前 166 年，乙亥，汉文帝前元十四年。

冬，匈奴老上单于率十四万骑进攻西北边境，屠杀当地官吏与民众，掠夺牲畜与粮食。汉派东阳侯张相如为大将军，建成侯董赫、内史栾布任将军，出击匈奴，匈奴退走。

〇五四四　前 165 年，丙子，汉文帝前元十五年。

九月，汉文帝下诏令群臣举荐贤良能直言极谏之人，由皇上策问。晁错的策问得到汉文帝的认可，晁错被提升为中大夫。

〇五四五　前 164 年，丁丑，汉文帝前元十六年。

四月，汉分齐国为六个小国，淮南为三王国，以减弱其权力。

〇五四六　前 163 年，戊寅，汉文帝后元元年。

汉文帝因过去几年粮食歉收，灾害频发而召集丞相、列侯、吏二千石及博士进行商讨。

〇五四七　前 162 年，己卯，汉文帝后元二年。

六月，汉文帝派使节出使匈奴，再与匈奴和亲。

〇五四八　前 161 年，庚辰，汉文帝后元三年。

二月，汉文帝出巡到代地。　是年，老上单于死，其子军臣继任单于。

〇五四九　前160年，辛巳，汉文帝后元四年。

五月，汉大赦天下，使官家奴婢成为平民。

前159年，壬午，汉文帝后元五年。

〇五五〇　前158年，癸未，汉文帝后元六年。

冬，匈奴三万骑兵入侵上郡、云中（今内蒙古托克托）。朝廷命中大夫令免、苏意、张武等人率军驻兵于北部边境地区，河内太守周亚夫为将军驻兵于细柳（今陕西咸阳西南），宗正刘礼为将军驻兵于霸上，以防备匈奴。匈奴退兵后，任周亚夫为中尉。

〇五五一　前157年，甲申，汉文帝后元七年。

六月，汉文帝死于未央宫。太子刘启即位，是为汉景帝。

〇五五二　前156年，乙酉，汉景帝刘启前元元年。

四月，汉景帝派遣御史大夫陶青与匈奴商议和亲之事。　五月，诏农田减租一半，变为三十税一。

〇五五三　前155年，丙戌，汉景帝前元二年。

六月，丞相申屠嘉死。　秋，汉与匈奴和亲。　八月，任命陶青为丞相，晁错为御史大夫。

〇五五四　前154年，丁亥，汉景帝前元三年。

正月，晁错上书请求削藩。汉景帝采用晁错的建议，削减楚王东海郡、赵王常山郡等数郡。吴王刘濞联合楚、赵等六国发动叛乱，打出“诛晁错，清君侧”的口号。汉景帝杀晁错。　汉景帝派遣太尉周亚夫领军平叛。　二月，周亚夫派骑兵断了联军的粮道，大破叛军。

三月，周亚夫率军追击吴王刘濞，刘濞被杀，其余诸王自杀或被杀。七国之乱平定。

〇五五五　前153年，戊子，汉景帝前元四年。

四月，汉景帝立皇子刘荣为皇太子，刘彻为胶东王。

〇五五六　前152年，己丑，汉景帝前元五年。

夏，汉景帝选派公主嫁匈奴单于。

前151年，庚寅，汉景帝前元六年。

〇五五七 前 150 年，辛卯，汉景帝前元七年。

二月，汉景帝以周亚夫为丞相。　　四月，立夫人王氏为皇后，立胶东王刘彻为皇太子。

前 149 年，壬辰，汉景帝中元元年。

前 148 年，癸巳，汉景帝中元二年。

〇五五八 前 147 年，甲午，汉景帝中元三年。

十一月，下令不再设置诸侯御史大夫官。　　四月，禁止民间卖酒。　　九月，周亚夫因病辞去宰相之职，汉以御史大夫刘舍为丞相。

前 146 年，乙未，汉景帝中元四年。

前 145 年，丙申，汉景帝中元五年。

〇五五九 前 144 年，丁酉，汉景帝中元六年。

十二月，改廷尉、奉常等官名。公布对铸造伪黄金货币者处以极刑的律条。　　六月，匈奴入侵雁门（今山西右玉）、上郡。太守李广率军迎敌，匈奴退兵。

〇五六〇 前 143 年，戊戌，汉景帝后元元年。

八月，汉任命卫绾为丞相。　　因周亚夫之子僭越使用皇室的丧葬物品为周亚夫营造坟墓，被人举报，牵连到周亚夫。周亚夫在狱中绝食身亡。

〇五六一 前 142 年，己亥，汉景帝后元二年。

春，匈奴入侵雁门，雁门太守冯敬战死。朝廷派车骑、材官屯守雁门。

〇五六二 前 141 年，庚子，汉景帝后元三年。

正月，汉景帝死。皇太子刘彻即位。

〇五六三 前 140 年，辛丑，汉武帝刘彻建元元年。

十月，采用建元为年号。年号纪年始于汉武帝。　　诏令推举贤良方正直言极谏之人。董仲舒上书献《天人三策》，汉武帝很认同他的观点，封他为江都相。　　六月，免除卫绾丞相的官职，任命窦婴为丞相，田蚡为太尉，赵绾为御史大夫。

〇五六四 前 139 年，壬寅，汉武帝建元二年。

十月，窦太后喜好黄老之学，不喜欢儒家学说。御史大夫赵绾犯

“请不向太皇太后奏事”之罪，触怒窦太后。赵绾与郎中令王臧一同下狱，二人皆自杀。丞相窦婴、太尉田蚡被免职。　　三月，任命许昌为丞相，卫青为太中大夫。

〇五六五　前138年，癸卯，汉武帝建元三年。

闽越兵围困东瓯（今浙江温州），东瓯向汉廷求救，汉武帝派中大夫严助持令征调驻会稽军，渡海来救援东瓯。汉军未到，闽越退军。

汉武帝下诏选拔天下博学有才智的人才，予以破格重用。很多士人因此得到提拔与重用，如朱买臣、司马相如、东方朔等。　　黄河在平原（治所在今山东平原南）发生决口，导致大饥荒。　　汉武帝募人出使西域，张骞应诏，出使西域。

〇五六六　前137年，甲辰，汉武帝建元四年。

南越王赵佗死，他的孙子赵胡继承了王位。

〇五六七　前136年，乙巳，汉武帝建元五年。

春，废除三铢钱，使用新铸造的半两钱。　　设置五经博士。

〇五六八　前135年，丙午，汉武帝建元六年。

五月，太皇太后窦氏去世。　　六月，免许昌宰相之职，以田蚡为丞相。　　匈奴派遣使节，请求和亲。汉武帝与大臣们商议，同意和亲。

〇五六九　前134年，丁未，汉武帝元光元年。

下诏察举贤良、文学之人，汉武帝出题考试。

〇五七〇　前133年，戊申，汉武帝元光二年。

六月，汉武帝采用王恢的计策，准备伏击匈奴，派遣御史大夫韩安国、卫尉李广以及公孙贺率领三十万士兵埋伏于马邑（今山西朔州）山谷之中。匈奴单于入塞后，发觉有异立即率军退出。

〇五七一　前132年，己酉，汉武帝元光三年。

春，黄河改道，从顿丘东南流入渤海。在濮阳决口，淹没十六郡。汉武帝调士卒十万救灾。

〇五七二　前131年，庚戌，汉武帝元光四年。

冬，魏其侯窦婴因罪被杀。　　五月，任命薛泽为丞相。

〇五七三　前130年，辛亥，汉武帝元光五年。

汉武帝派遣使者唐蒙、司马相如与西南诸国建立联系。

〇五七四　前129年，壬子，汉武帝元光六年。

冬，开始对商人的车辆收税。　秋，匈奴掠夺边境地区，汉武帝派将军韩安国屯兵渔阳，防备匈奴的进攻。

〇五七五　前128年，癸丑，汉武帝元朔元年。

汉武帝诏令凡是不举荐孝廉的地方官，按对皇帝不敬的罪来处理。

三月，立卫氏为皇后。　东夷秽君南闾等率臣民归顺于汉，设立苍海郡（治所在今朝鲜江原道境内）。

〇五七六　前127年，甲寅，汉武帝元朔二年。

正月，汉武帝采纳主父偃的策略，颁布推恩令，削减地方诸国势力。　匈奴入侵上谷（今河北怀来）、渔阳（今北京密云）。朝廷派将军卫青、李息领兵从云中出发，收复黄河河套地区，设置朔方郡（今内蒙古鄂尔多斯一带）、五原郡（治所在今内蒙古包头西）。　夏，招募民众迁徙朔方郡。

〇五七七　前126年，乙卯，汉武帝元朔三年。

冬，匈奴伊稚斜自立为单于，军臣单于太子於单投降汉朝。　夏，张骞从月氏返回，被封为太中大夫。

〇五七八　前125年，丙辰，汉武帝元朔四年。

冬，汉武帝巡至甘泉宫。　夏，匈奴进攻代、定襄（治所在今内蒙古和林格尔西北）以及上郡。

〇五七九　前124年，丁巳，汉武帝元朔五年。

卫青率兵，俘获匈奴大小王十余人。汉武帝封卫青为大将军。

〇五八〇　前123年，戊午，汉武帝元朔六年。

四月，卫青带领公孙敖、公孙贺、李广、苏建、赵信、李沮等六位将领攻击匈奴。赵信军队被匈奴打败，投降匈奴；苏建的军队被击溃，苏建独自逃回。霍去病率轻骑兵八百余人，俘虏了匈奴的相国及两千余人的军队，功劳最大，被封为冠军侯。张骞因为了解匈奴地区的水草丰沛的地点，使得军队减少了后顾之忧，功劳很大，被封为博望侯。

○五八一　前 122 年，己未，汉武帝元狩元年。

春，淮南王刘安以及衡山王刘赐企图谋反，因事情泄露自杀。多人受牵连被杀。　　汉朝使者探寻前往身毒国的道路，到达滇国。汉武帝决定重新开始经营西南夷地区。

○五八二　前 121 年，庚申，汉武帝元狩二年。

三月，汉武帝命霍去病为骠骑将军，从陇西出兵讨伐匈奴。汉军杀死匈奴折兰王和卢侯王，俘虏浑邪王的王子。　　夏季，霍去病与公孙敖、李广、张骞等人进攻匈奴。霍去病深入匈奴地区二千余里，斩首敌人三万二千人，俘虏小王七十余人。张骞因贻误战机，被废为庶民。

秋，匈奴浑邪王归顺汉朝。汉武帝设立五个“属国”用来安置降服的浑邪王部属，将他们迁徙到陇西郡（治所在今甘肃临洮）、武威郡（治所在今甘肃民勤）、北地郡（治所在今甘肃庆阳）、朔方郡（治所在今内蒙古鄂托克旗）和酒泉郡（治所在今甘肃酒泉）。

○五八三　前 120 年，辛酉，汉武帝元狩三年。

崤山以东的地域暴发了水灾，汉武帝派使臣赈济百姓，将陇西（治所在今甘肃临洮）、北地（治所在今甘肃庆阳）、上郡（治所在今陕西榆林东南）的屯戍部队裁减一半，削减百姓的徭役。　　汉武帝征调有罪的官员兴建昆明池。

○五八四　前 119 年，壬戌，汉武帝元狩四年。

冬，汉武帝重新发行货币。用白鹿皮制成的钱币，称为皮币；又用银、锡铸造白金币，维持国家的开支。汉武帝把煮盐和铸造铁器的权力收归国有，并命令商人和手工业者申报自己的财产，按照财产征收赋税，即算缗。　　夏，汉武帝派遣卫青与霍去病分别领兵进攻匈奴，老将李广为前将军。卫青率军消灭并俘虏匈奴一万九千余人。李广中途迷路，没有参与作战，后因不愿受问责之辱，自刎而死。霍去病带军俘虏匈奴屯头王、韩王等三人，擒获匈奴七万四百四十三人。霍去病于狼居胥山祭祀天神，于姑衍山祭祀地神。汉武帝任命卫青、霍去病同时担任大司马。匈奴请求和亲，汉武帝要求匈奴称臣。匈奴单于大怒，扣留了汉朝的使者。　　汉武帝任命张骞为中郎将，再次出使西域。

〇五八五　前118年，癸亥，汉武帝元狩五年。

三月，丞相李蔡受到检举，自杀。　汉武帝停止三铢钱的使用，颁行五铢钱。　四月，任命太子少傅庄青翟为丞相。

〇五八六　前117年，甲子，汉武帝元狩六年。

四月，汉武帝立刘闳为齐王，刘旦为燕王，刘胥为广陵王。　六月，汉武帝派遣博士褚大、徐偃等六人巡视全国各地，检举各地侵吞耕地之人与违法犯罪的地方官吏。同时命各地推举品德高洁的人才。九月，霍去病死。

〇五八七　前116年，乙丑，汉武帝元鼎元年。

五月，汉武帝大赦天下。　济东王彭离被废。

〇五八八　前115年，丙寅，汉武帝元鼎二年。

十一月，御史大夫张汤畏罪自杀。　十二月，丞相庄青翟获罪，在狱中自杀。　春，汉武帝为求长生之术，修筑柏梁台。　二月，汉武帝任命太子太傅赵周为丞相，桑弘羊为大农中丞。　夏，发生大水灾，有许多百姓因饥饿而死。　汉武帝命全国各郡与诸侯国设置均输官，调节各地物资的运输与使用；将铸造钱币的权力收归国家，专由朝廷在上林设三官负责铸钱。张骞从西域归来，乌孙使者与其一同拜见汉武帝。西域各国开始与汉朝来往。汉武帝将大宛出产的汗血马，赐名为“天马”，派遣使节赴西域求取良马。

〇五八九　前114年，丁卯，汉武帝元鼎三年。

冬季，将函谷关迁至新安（今河南新安）。　十一月，汉武帝下令由杨可主持告缗，很多商人失去了自己的产业。　匈奴单于伊稚斜死，伊稚斜之子乌维即单于位。

〇五九〇　前113年，戊辰，汉武帝元鼎四年。

十月，汉武帝巡游天下，到达荥阳后返回长安。　汉武帝派遣使者到南越，要求南越王与内地诸侯王一样施行汉代的法律。

〇五九一　前112年，己巳，汉武帝元鼎五年。

三月，南越国相国吕嘉谋反，杀死了汉朝使者、南越王赵兴以及太后，另立建德为王。秋，汉武帝命令路博德以及杨仆共同率军十余万攻击南越。　羌族与匈奴共同进攻陇西郡（治所在今甘肃临洮），杀死该地的太守。

〇五九二　前111年，庚午，汉武帝元鼎六年。

冬季，汉武帝派李息与徐自为率军平息西羌部族的反叛。　汉平定南越国的叛乱，并在南越故地设立了南海（治所在今广东广州）、苍梧（治所在今广西梧州）、郁林（治所在今广西桂平西南）、合浦（治所在今广西合浦）、交趾（治所在今越南河内）等九郡。　且兰族发动叛乱，汉武帝派中郎将郭昌、卫广率军平息叛乱，并设牂牁郡（治所在今贵州一带）。夜郎及冉駹等周边部族纷纷向汉朝称臣，汉廷设立汶山郡（治所在今四川茂县）、武都郡（治所在今甘肃西和）进行管理。

东越王余善谋反，汉朝派遣韩说和杨仆平定东越。　汉缩小武威、酒泉二郡的面积，增设张掖（治所在今甘肃张掖）、敦煌（治所在今甘肃敦煌）二郡。

〇五九三　前110年，辛未，汉武帝元封元年。

汉武帝敕令将东越人迁徙到长江、淮河一带。　正月，汉武帝东巡，令人寻求蓬莱神仙。　四月，汉武帝封禅泰山，下诏改元元封。

〇五九四　前109年，壬申，汉武帝元封二年。

四月，汉武帝至黄河决口处，命人封堵堤坝。　秋季，汉武帝募兵准备进攻朝鲜。　滇王向汉朝称臣，汉朝设立益州郡（治所在今云南一带），并赐予滇王王印，仍由滇王管理当地百姓。

〇五九五　前108年，癸酉，汉武帝元封三年。

汉武帝命将军赵破奴和王恢攻打车师国（都城在今新疆吐鲁番）。赵破奴率轻骑兵进攻楼兰（都城在今新疆鄯善），生擒楼兰王，而后大败车师国的军队。　夏，朝鲜归顺汉朝，汉设立乐浪（治所在今朝鲜平壤南）、真番（治所在今朝鲜礼成江与汉江之间）、临屯（治所在今朝鲜江原道江陵）、玄菟（治所在今朝鲜咸镜南道咸兴）四郡。

〇五九六　前107年，甲戌，汉武帝元封四年。

秋，匈奴侵入汉朝边界。汉武帝命令郭昌与赵破奴镇守朔方（治所在今内蒙古鄂托克旗）。

〇五九七　前106年，乙亥，汉武帝元封五年。

三月，汉武帝至泰山，命人扩建祭天神坛。　大将军卫青死。

汉武帝将全国划分为十三个州，每州设刺史，以监察地方官吏及豪强。这十三个州是：交趾、朔方、冀州、幽州、并州、兖州、徐州、青州、扬州、荆州、豫州、益州、凉州。

〇五九八　前105年，丙子，汉武帝元封六年。

汉武帝令郭昌率军前往征讨昆明。　乌孙国希望与汉朝和亲。汉武帝选择宗室之女，嫁与乌孙王。　葡萄、苜蓿等外来物种传入汉朝。　匈奴乌维单于死，其子乌师庐即位，因其年纪幼小，被称为儿单于。

〇五九九　前104年，丁丑，汉武帝太初元年。

二月，汉武帝修建建章宫。　五月，汉武帝敕令公孙卿、壶遂、司马迁等人制定新历，即《太初历》。　八月，汉武帝派使者前往大宛求取良马，大宛王不肯给与。汉武帝派遣将军李广利出兵攻击大宛。

〇六〇〇　前103年，戊寅，汉武帝太初二年。

正月，汉武帝任命公孙贺为丞相。　秋，李广利攻击大宛失败，欲退军，汉武帝不允。　汉武帝派将军赵破奴率领二万骑兵从朔方郡（治所在今内蒙古鄂托克旗）出发，准备接应匈奴左大都尉归汉。汉军被匈奴军队包围，全军覆灭。

〇六〇一　前102年，己卯，汉武帝太初三年。

汉武帝命光禄勋徐自为在五原（治所在今内蒙古包头西）修筑围墙，防备匈奴；又命令韩说、卫伉在庐朐驻扎；命令路博德建造居延城并驻守。秋季，匈奴入侵定襄、云中二郡，杀死并掠走数千人，破坏徐自为所修建的防御工事等；又入侵酒泉（治所在今甘肃酒泉）、张掖（治所在今甘肃张掖）二郡，杀死都尉，掠夺人口。　汉武帝从国内大举征兵，增援李广利。汉军围攻大宛多日，大宛的贵族杀死大宛国王，向汉军投降。汉军从大宛获得了许多优良的战马。

〇六〇二　前101年，庚辰，汉武帝太初四年。

春，李广利班师回朝，沿途经过的小国纷纷派遣使节一同朝拜天子。　汉朝在敦煌至盐泽（治所在今新疆罗布泊）沿线修建烽火台，同时在轮台（治所在今新疆轮台东南）、渠犁（治所在今新疆轮台东）等地组织军队屯田。　匈奴呴犁湖单于死，其弟左大都尉且鞮侯继任为单于。

〇六〇三 前100年，辛巳，汉武帝天汉元年。

春，且鞮侯单于将以前扣留在匈奴的汉使路充国等人全部放回，又命使臣前来朝拜天子。汉武帝令苏武送回留在汉朝的匈奴使臣，并拜见单于。到达匈奴后，单于却更加骄横。张胜与虞常准备劫走单于的母亲，事情败露。单于派人招降苏武，苏武宁死不屈。　　汉武帝征发囚犯戍守五原（治所在今内蒙古包头西）。

〇六〇四 前99年，壬午，汉武帝天汉二年。

五月，汉武帝令李广利率领三万骑兵从酒泉（治所在今甘肃酒泉）出发，袭击匈奴右贤王，生擒并斩杀匈奴一万余人。　　李陵率步兵五千攻击匈奴，在浚稽山（今蒙古国乌兰巴托）杀死数千匈奴兵。单于率领八万骑兵包围李陵的军队，李陵无路可退，投降匈奴。太史令司马迁为李陵辩护，被处以宫刑。　　汉武帝制定《沉命法》，要求各地官员严厉打击地方的叛乱势力。由于法律严苛，导致上下官员瞒报，逃脱处罚，以虚文应付朝廷。

〇六〇五 前98年，癸未，汉武帝天汉三年。

汉实行酒类专卖。　　秋，匈奴入侵雁门。雁门太守因畏惧敌人而被处以死刑。

〇六〇六 前97年，甲申，汉武帝天汉四年。

汉武帝命李广利带领骑兵六万、步兵七万从朔方（治所在今内蒙古鄂托克旗）出击，韩说领步兵三万自五原（治所在今内蒙古包头西）出击，公孙敖领骑兵一万、步兵三万偏师配合，共同攻击匈奴。单于率十万大军迎战。李广利与单于大军交战，双方互有胜负。韩说的军队没有遇见匈奴主力。公孙敖打了败仗，撤退回来。

〇六〇七 前96年，乙酉，汉武帝太始元年。

正月，公孙敖被处以腰斩。　　武帝将各郡国的豪强及不遵守法纪的官员迁徙到茂陵。

〇六〇八 前95年，丙戌，汉武帝太始二年。

秋季大旱。　　白渠修建完毕。

〇六〇九 前94年，丁亥，汉武帝太始三年。

正月，汉武帝前往东海郡巡游。　　皇子刘弗陵出生。

〇六一〇　前93年，戊子，汉武帝太始四年。

三月，汉武帝巡至泰山。五月，回长安，在建章宫颁布大赦天下的命令。

〇六一一　前92年，己丑，汉武帝征和元年。

十一月，汉武帝令卫士在上林苑等地大规模搜查施行巫术的人。

〇六一二　前91年，庚寅，汉武帝征和二年。

正月，公孙贺被灭族。　　汉武帝拜涿郡太守刘屈氂为丞相。　　七月，韩说与江充在太子住处发现施行巫蛊的木人。太子与皇后杀死江充，率军与刘屈氂作战，后被刘屈氂击败。皇后自杀，太子逃跑。八月，太子自杀。　　九月，匈奴入侵上谷郡（治所在今河北怀来）和五原郡（治所在今内蒙古包头西），杀死官吏，掠夺百姓。

〇六一三　前90年，辛卯，汉武帝征和三年。

三月，汉武帝命李广利率领七万士兵从五原郡（治所在今内蒙古包头西）出发，商丘成带领二万士兵从西河出发，马通率领四万骑兵从酒泉（治所在今甘肃酒泉）起兵，三路大军共同进攻匈奴。李广利击败匈奴军队，乘胜追击到达范夫人城（今蒙古国达兰扎兰省加德城西北）。匈奴单于率五万骑兵围攻李广利，李广利战败，投降匈奴。汉武帝获悉李广利战败并投降匈奴一事，将其满门抄斩。刘屈氂曾与李广利密谋拥立昌邑王为太子，此事被揭发后，刘屈氂被处死。　　九月，郎官田千秋上奏，为太子鸣冤。汉武帝任命田千秋为大鸿胪。

〇六一四　前89年，壬辰，汉武帝征和四年。

三月，汉武帝封禅泰山，斥逐神仙方士。　　六月，桑弘羊请求继续派遣军队赴轮台屯田驻守，汉武帝没有采纳。　　大鸿胪田千秋升任为丞相，封为富民侯；赵过为搜粟都尉，推广代田法，重视农业生产，恢复发展经济。

〇六一五　前88年，癸巳，汉武帝后元元年。

六月，御史大夫商丘成自杀。　　汉武帝借故赐死钩弋夫人。

〇六一六　前87年，甲午，汉武帝后元二年。

汉武帝病重，拜霍光为大司马大将军，金日磾为车骑将军，太仆上官桀为左将军，共同辅佐幼主。又任用搜粟都尉桑弘羊为御史大夫。汉武帝死，刘弗陵即位，是为汉昭帝。三月，葬汉武帝于茂陵。　　冬季，匈奴入侵朔方郡（治所在今内蒙古鄂托克旗），汉朝廷令左将军上官桀巡视北部边疆。

〇六一七　前 86 年，乙未，汉昭帝刘弗陵始元元年。

夏，益州夷人反叛汉朝。汉朝廷派水衡都尉吕破胡前去平叛，大破叛军。　　闰十月，汉昭帝派遣使者巡视各地，推举贤良人士，监察地方官员。

〇六一八　前 85 年，丙申，汉昭帝始元二年。

正月，汉昭帝拜大将军霍光为博陆侯，左将军上官桀为安阳侯。　　匈奴发生内讧，左贤王与右谷蠡王留居在自己的辖地，不再参与祭祀大典。

〇六一九　前 84 年，丁酉，汉昭帝始元三年。

十一月一日，日食。

〇六二〇　前 83 年，戊戌，汉昭帝始元四年。

三月，汉昭帝册封上官氏为皇后，并大赦天下。　　七月，因为这一年的收成不好，昭帝下令停止人民向官府提供马匹。　　西南夷姑缯、叶榆两部族反叛，汉朝廷命吕辟胡率领当地军队平定叛乱。吕辟胡的军队被击败。冬，汉朝廷令大鸿胪田广明带兵平叛。

〇六二一　前 82 年，己亥，汉昭帝始元五年。

正月，有人假冒卫太子刘据，被处以腰斩。　　秋，西南夷姑缯、叶榆两部族的叛乱被平定。

〇六二二　前 81 年，庚子，汉昭帝始元六年。

二月，汉停止盐、铁和酒由国家专卖的政策。　　七月，汉昭帝降低赋税和徭役，使百姓得到休息。　　匈奴要求与汉和亲，归还苏武和马宏等汉朝使节。苏武回到京师，被封为典属国。

〇六二三　前 80 年，辛丑，汉昭帝始元七年、元凤元年。

八月，鄂邑盖长公主、上官桀、上官安、桑弘羊与燕王刘旦，谋划除掉霍光，更立新帝。事情败露，长公主及燕王自杀，上官桀等被灭族。

〇六二四　前 79 年，壬寅，汉昭帝元凤二年。

四月，汉昭帝搬到未央宫。　　六月，汉免除今年的养马税。

匈奴调派九千骑兵驻扎在受降城（今内蒙古乌拉特中旗），以防备汉朝袭击。

〇六二五　前78年，癸卯，汉昭帝元凤三年。

春，匈奴军队进攻张掖（治所在今甘肃张掖），被张掖太守发兵击败。　冬，汉昭帝任命范明友为度辽将军，平定辽东乌桓部落的叛乱。

〇六二六　前77年，甲辰，汉昭帝元凤四年。

正月，汉昭帝行加冠典礼。　富民侯田千秋去世，朝政由霍光专断。

〇六二七　前76年，乙巳，汉昭帝元凤五年。

六月，汉征发罪犯在辽东屯田。　秋，汉撤销象郡，将其地归属郁林（治所在今广西桂平西）、牂牁（治所在今贵州遵义南）二郡。

〇六二八　前75年，丙午，汉昭帝元凤六年。

正月，朝廷征发招募各地服劳役的百姓修建辽东、玄菟二座城。　乌桓再度进攻汉朝边境地区，朝廷令范明友率军迎战。

〇六二九　前74年，丁未，汉昭帝元平元年。

二月，汉昭帝敕令减少口赋。　四月，汉昭帝在未央宫驾崩。　六月，霍光与众臣商议，决定立昌邑王刘贺为皇帝。汉昭帝被葬于平陵。不久，刘贺因荒淫无度被废。霍光与诸位大臣共同推举孝武皇帝曾孙刘病已作为孝昭皇帝的继承人。刘病已后改名刘询，是为汉宣帝。

〇六三〇　前73年，戊申，汉宣帝刘询本始元年。

正月，汉宣帝即位后，封赏群臣。　七月，汉朝廷追加皇太子刘据尊号和谥号。

〇六三一　前72年，己酉，汉宣帝本始二年。

秋，匈奴攻击乌孙。乌孙王请求汉朝出兵相助。汉廷任命御史大夫田广明为祁连将军，率领骑兵四万余，从西河出发；范明友率骑兵三万余人，从张掖（治所在今甘肃张掖）出塞；韩增统领骑兵三万余人，从云中出击；赵充国为蒲类将军，统领骑兵三万余人，从酒泉（治所在今甘肃酒泉）出击，校尉常惠与乌孙王合军，共同进攻匈奴。

〇六三二　前 71 年，庚戌，汉宣帝本始三年。

匈奴得知汉朝大军即将到来，随即逃窜。五月，汉军撤兵回国。田顺、田广明有避战的过失，汉宣帝下令责罚二人，二人自杀。乌孙王与校尉常惠率军抓获匈奴贵族多人和大量牲畜。汉宣帝拜常惠为长罗侯。

冬季，匈奴单于统兵数万攻击乌孙，退兵时，由于环境恶劣，部下和牲畜多被冻死。丁零、乌桓与乌孙三部趁机进攻匈奴，杀死匈奴部众数万人。从此，匈奴无力对付属国的背叛和骚扰。汉朝边境的战事减少很多。

〇六三三　前 70 年，辛亥，汉宣帝本始四年。

春，汉宣帝册封霍光的女儿霍成君为皇后。　　四月，全国多处发生地震。汉宣帝大赦天下。

〇六三四　前 69 年，壬子，汉宣帝地节元年。

三月，命各郡国向贫民出租土地。　　十一月，楚王刘延寿谋反不成，自杀。

〇六三五　前 68 年，癸丑，汉宣帝地节二年。

三月，大司马大将军霍光死。汉宣帝赐霍光谥号为“宣成侯”，免去霍光后代子孙的赋税和徭役，任命霍山领尚书事。　　秋，部分匈奴部落向南迁徙，归降汉朝。

〇六三六　前 67 年，甲寅，汉宣帝地节三年。

四月，汉宣帝册立刘奭为皇太子，拜丙吉为太傅，太中大夫疏广为少傅。　　十二月，汉宣帝设立廷尉平。　　汉宣帝诏令把公田出租给贫困的民众。

〇六三七　前 66 年，乙卯，汉宣帝地节四年。

七月，大司马霍禹谋反。霍云、霍山、范明友自杀。霍禹被腰斩，霍氏兄弟姐妹全部被处死。与霍氏有牵连而被诛杀的大臣达数十家。八月，霍皇后被废。

〇六三八　前 65 年，丙辰，汉宣帝元康元年。

正月，龟兹王及其夫人觐见汉宣帝，汉宣帝赐予丰厚的礼品。　　五月，汉恢复高祖时期功臣子孙的爵位。　　莎车王反叛汉朝，与各国结盟。冯奉世率军平定叛乱，莎车王自杀。

〇六三九　前 64 年，丁巳，汉宣帝元康二年。

二月，立皇后王氏。

〇六四〇　前 63 年，戊午，汉宣帝元康三年。

三月，汉宣帝册封原昌邑王刘贺为海昏侯。

〇六四一　前 62，己未，汉宣帝元康四年。

正月，汉宣帝派太中大夫疆等人在各地巡查，推举贤才，奖惩官吏。

〇六四二　前 61 年，庚申，汉宣帝神爵元年。

正月，汉宣帝前往甘泉巡视。　　四月，赵充国率领金城（今甘肃兰州）军队击败先零部。十二月，汉宣帝派遣部队增援赵充国。赵充国上书请求屯田，汉宣帝采纳了屯田的建议。赵充国率军留守，负责屯田。

〇六四三　前 60 年，辛酉，汉宣帝神爵二年。

五月，羌族的反叛者投降，赵充国上奏请求罢除屯田部队，汉宣帝批准所奏。　　匈奴日逐王带领部族投奔汉朝，郑吉奉命迎接。汉朝设立都护一职，负责管理西域地区，郑吉为首任都护。

〇六四四　前 59 年，壬戌，汉宣帝神爵三年。

春，兴建乐游苑。　　三月，丞相魏相卒。

〇六四五　前 58 年，癸亥，汉宣帝神爵四年。

夏四月，颍川太守黄霸因政绩优良被封为关内侯，后又被任命为太子太傅。　　五月，匈奴单于派遣使节觐见宣帝。

〇六四六　前 57 年，甲子，汉宣帝五凤元年。

七月，匈奴出现了五位单于，他们互相攻伐，陷入内乱。

〇六四七　前 56 年，乙丑，汉宣帝五凤二年。

十一月，匈奴呼速累单于带领部众数万人归顺汉朝。汉宣帝封乌厉屈为新城侯，乌厉温敦为义阳侯。

〇六四八　前 55 年，丙寅，汉宣帝五凤三年。

正月，丞相博阳侯丙吉去世。　　二月，汉宣帝命黄霸为丞相。　　设置西河（治所在今内蒙古鄂尔多斯）、北地（治所在今甘肃庆阳）两属国，用来安顿归降的匈奴。

〇六四九　前 54 年，丁卯，汉宣帝五凤四年。

正月，匈奴向汉朝俯首称臣，派右谷蠡王当作人质。边境地区战乱减少，朝廷削减了驻扎的士兵，并在北部边疆地区实行常平仓制度，以稳定物价。

〇六五〇　前 53 年，戊辰，汉宣帝甘露元年。

正月，呼韩邪单于派其子右贤王铢娄渠堂来汉充当人质。匈奴左贤王觐见汉宣帝。

〇六五一　前 52 年，己巳，汉宣帝甘露二年。

十二月，匈奴呼韩邪单于到达五原（治所在今内蒙古包头西）边塞，声称将于甘露三年正月觐见汉宣帝。汉宣帝敕令韩昌前去迎接，征调沿途骑兵守卫道路。

〇六五二　前 51 年，庚午，汉宣帝甘露三年。

正月，匈奴呼韩邪单于觐见汉宣帝，汉宣帝赐予单于冠带、官服和金印。二月，呼韩邪单于请求驻扎在光禄塞（今内蒙古包头西北）下，汉宣帝准许。自从呼韩邪单于向汉朝称臣以后，郅支单于率领部族西迁，西域各国更加听命于汉朝的号令。　　汉宣帝在麒麟阁绘制功臣画像，表彰臣子的功劳，有霍光、张安世、赵充国、苏武等十一人。

〇六五三　前 50 年，辛未，汉宣帝甘露四年。

匈奴呼韩邪、郅支两单于都派使臣朝贡汉朝。

〇六五四　前 49 年，壬申，汉宣帝黄龙元年。

正月，匈奴呼韩邪单于觐见汉宣帝，二月回国。郅支单于率部族西迁，击败乌孙，吞并了乌揭、坚昆、丁零这三个部族，在此定居。
十二月，汉宣帝在未央宫驾崩。太子刘奭即位，是为汉元帝。

〇六五五　前 48 年，癸酉，汉元帝刘奭初元元年。

正月，汉宣帝葬于杜陵，汉元帝诏令大赦天下。　　呼韩邪单于上书汉元帝，称缺乏粮食，请求汉朝帮助。汉元帝下诏命云中郡与五原郡（治所在今内蒙古包头西）向呼韩邪单于提供二万斛粮食。　　设置戊己校尉，在车师的故地屯田。

〇六五六　前 47 年，甲戌，汉元帝初元二年。

四月，汉元帝立子刘骜为皇太子。

〇六五七　前46年，乙亥，汉元帝初元三年。

春，汉元帝敕令诸侯国相的地位在各地郡守之下。　　汉取消珠崖郡的设置。

〇六五八　前45年，丙子，汉元帝初元四年。

三月，汉元帝到河东地区出巡，沿途经过的地方免去当年的赋税。

〇六五九　前44年，丁丑，汉元帝初元五年。

四月，废除盐铁专卖，取消常平仓。　　六月，匈奴郅支单于杀死汉朝使者谷吉等人，率部西迁，数次进攻乌孙国，杀死百姓，抢劫财物。

〇六六〇　前43年，戊寅，汉元帝永光元年。

匈奴呼韩邪单于的部族人越来越多，兵力足够来自卫，不再畏惧郅支单于。呼韩邪单于的大臣多劝其向北回到故地，呼韩邪单于最终决定北归故地。

〇六六一　前42年，己卯，汉元帝永光二年。

七月，陇西郡（治所在今甘肃临洮）地区的羌人造反。汉元帝派遣冯奉世率领六万军队平叛。汉军撤退后，留下部分军队在要害之地屯田。

〇六六二　前41年，庚辰，汉元帝永光三年。

春，汉军平定西羌。　　十一月，汉朝廷重新确立了盐铁专卖制度，并指定博士弟子的定员为一千人。

〇六六三　前40年，辛巳，汉元帝永光四年。

十月，汉元帝敕令撤除设立在各郡、各封国的祖宗祭庙，诏令各位皇帝的陵园由三辅地区长官进行管理。

〇六六四　前39年，壬午，汉元帝永光五年。

黄河在清河郡（治所在今河北清河）所属灵县鸣犊堤决口。

〇六六五　前38年，癸未，汉元帝建昭元年。

汉元帝下令撤除汉文帝母亲薄太后和孝昭太后赵氏的陵园。

〇六六六　前37年，甲申，汉元帝建昭二年。

闰八月，上官太皇太后去世。

〇六六七　前36年，乙酉，汉元帝建昭三年。

冬，西域都护甘延寿与副校尉陈汤出兵进攻匈奴，斩杀了郅支单于，消灭了西迁的匈奴部族。

〇六六八　前35年，丙戌，汉元帝建昭四年。

正月，汉元帝下令将郅支单于首级示众并祭告祖先，同时大赦天下。

〇六六九　前34年，丁亥，汉元帝建昭五年。

匈奴呼韩邪单于向汉朝皇帝上表，请求入朝面圣。

〇六七〇　前33年，戊子，汉元帝竟宁元年。

正月，匈奴呼韩邪单于入长安觐见汉元帝，并请皇帝赐婚。汉元帝将后宫女子王嫱赐予呼韩邪单于。　汉元帝因解除了边疆地区的战乱，改元为竟宁。　五月，汉元帝死。　六月，太子刘骜即帝位，是为汉成帝。汉成帝任用舅父王凤为大司马大将军，掌管尚书台事务。

七月，汉元帝葬于渭陵。

〇六七一　前32年，己丑，汉成帝刘骜建始元年。

正月，汉成帝下令撤销上林苑的诏狱。　二月，汉成帝封外戚王谭、王商、王立、王根为关内侯，王崇为安成侯。

〇六七二　前31年，庚寅，汉成帝建始二年。

正月，汉成帝在南郊祭天。　三月，汉成帝册立许氏为皇后。

〇六七三　前30年，辛卯，汉成帝建始三年。

三月，汉成帝下诏赦免天下罪犯，敕令免除因逃亡和赈灾增加的赋税。　秋季，关内大雨，京师百姓，四散奔逃。　十二月一日，日食，关中地震。

〇六七四　前29年，壬辰，汉成帝建始四年。

正月，汉成帝废除中书宦官，敕令尚书人数增为五人。　四月，黄河在东郡（治所在今河南濮阳）金堤发生决口，影响的区域多达四郡三十二县。

〇六七五　前28年，癸巳，汉成帝河平元年。

春，杜钦向王凤举荐王延世负责治理黄河。王延世修缮加固河堤。

三月，汉成帝诏令王延世担任光禄大夫一职，加封为关内侯。

〇六七六　前27年，甲午，汉成帝河平二年。

六月，汉成帝舅父王谭、王商、王立、王根、王逢时全部封侯，人称“五侯”。王氏的专权从此时开始。　　西南夜郎、漏卧等国发动叛乱，汉朝使者陈立率军平息叛乱。

〇六七七　前26年，乙未，汉成帝河平三年。

八月，汉成帝命陈农到天下各地去收集失传的书籍。汉成帝诏令光禄大夫刘向负责校雠经传、诸子、诗赋等典籍；步兵校尉任宏负责校雠兵书；太史令尹咸负责校雠占卜之书；侍医李柱国校雠医药书。刘向总揽其成，罗列篇目，总结内容，编成《洪范五行传论》一书，进呈汉成帝。　　黄河在平原郡（治所在今山东平原）决口。朝廷敕令王延世等人共同负责治理黄河。黄河的治理持续六个月后完工。

〇六七八　前25年，丙申，汉成帝河平四年。

正月，匈奴单于觐见汉成帝。　　三月，汉成帝派遣光禄大夫等人巡查沿黄河的郡县，寻访敢于直言的人才。

〇六七九　前24年，丁酉，汉成帝阳朔元年。

三月，汉赦天下囚徒。

〇六八〇　前23年，戊戌，汉成帝阳朔二年。

五月，汉成帝将八百石和五百石官员的俸禄降低为六百石和四百石。　　秋季，关东地区发生水灾。

〇六八一　前22年，己亥，汉成帝阳朔三年。

六月，颍川（治所在今河南禹州）铁官徒申屠圣等刑徒发动叛乱，这场叛乱波及到九个郡。汉成帝命令丞相长史及御史中丞负责追捕，申屠圣等人全部被杀。　　八月，大司马王凤逝世。　　九月，汉成帝拜王音为大司马车骑将军，又封王谭为特进，掌管城门兵。

〇六八二　前21年，庚子，汉成帝阳朔四年。

乌孙内乱，西域诸国请求原都护段会宗担任西域都护，汉成帝同意了西域诸国的请求。乌孙的内乱得以平息。

〇六八三　前20年，辛丑，汉成帝鸿嘉元年。

匈奴复株累单于逝世，其弟且麋胥继位，是为搜谐若鞮单于。搜谐若鞮单于派他的儿子左祝都韩王朐留斯侯来汉作为人质。

〇六八四　前19年，壬寅，汉成帝鸿嘉二年。

三月，汉成帝下诏求取贤才。　夏，汉成帝敕令将郡国豪族资产在五百万以上的五千户人迁移到昌陵（今陕西西安东北郊）地区。

〇六八五　前18年，癸卯，汉成帝鸿嘉三年。

四月，汉成帝诏令大赦天下，又敕令官员和民众出资买爵。　十一月，汉成帝废许皇后。赵飞燕和她的妹妹被封为婕妤。　广汉（今四川射洪南）人郑躬聚众反叛。

〇六八六　前17年，甲辰，汉成帝鸿嘉四年。

秋季，勃海（治所在今河北沧州）、清河（治所在今河北清河）、信都（治所在今河北冀州）三地发生水灾，水灾波及三十一个县邑。汉成帝派使者赈济灾区。　广汉人郑躬的反叛被平定。

〇六八七　前16年，乙巳，汉成帝永始元年。

四月，汉成帝拜赵婕妤之父赵临为成阳侯。　五月，汉成帝拜王莽为新都侯。　六月，汉成帝立赵飞燕为皇后，大赦天下。　汉成帝决定停建昌陵，原定迁往昌陵的五千户不再迁徙。

〇六八八　前15年，丙午，汉成帝永始二年。

正月，大司马王音死。　三月，汉成帝任命王商为大司马。

〇六八九　前14年，丁未，汉成帝永始三年。

十一月，樊井在河南陈留（治所在今河南开封）起义，失败被杀。

十二月，山阳（治所在今山东菏泽一带）铁官徒起义，后被汝南太守严厉镇压。

〇六九〇　前13年，戊申，汉成帝永始四年。

正月，汉成帝大赦天下，赐帛于鳏寡高龄之民。　四月，长乐宫临华殿、未央宫东司马门被大火烧毁。

〇六九一　前12年，己酉，汉成帝元延元年。

十二月，汉成帝委任王商为大将军，王商上任不久去世。　匈奴搜谐若鞮单于在前往长安朝见的路上逝世，其弟且莫车继位为单于，是为车牙若鞮单于。

〇六九二　前11年，庚戌，汉成帝元延二年。

乌孙发生内乱，小昆弥被杀。汉朝派遣中郎将段会宗前往乌孙，叛乱平息。　　康居国王命其子前往长安为人质，同时向汉朝进贡。

〇六九三　前10年，辛亥，汉成帝元延三年。

正月，蜀郡的岷山发生山崩，堵塞了江水。　　二月，汉成帝封淳于长为定陵侯。

〇六九四　前9年，壬子，汉成帝元延四年。

二月，汉罢除司隶校尉之官。

〇六九五　前8年，癸丑，汉成帝绥和元年。

二月，汉成帝册立定陶王刘欣为皇太子。　　四月，汉成帝恢复了三公的设置。　　十一月，汉成帝任命王莽为大司马。十二月，汉成帝改刺史为州牧，官秩为二千石。

〇六九六　前7年，甲寅，汉成帝绥和二年。

二月，丞相翟方进逝世。　　三月，汉成帝突然驾崩。皇太后认为皇帝驾崩与赵昭仪有关，逼迫赵昭仪自杀，委任孔光为丞相。　　四月，太子刘欣即皇帝位，是为汉哀帝。　　刘歆编成《七略》进呈汉哀帝。《七略》包括有《辑略》《六艺略》《诸子略》《诗赋略》《兵书略》《术数略》和《方技略》，是我国第一部目录学的典籍。　　师丹上书请求限制王侯土地数量，遭到贵族的反对。

〇六九七　前6年，乙卯，汉哀帝刘欣建平元年。

汉哀帝免除赵飞燕之弟赵钦的侯位，将其发配到辽西。

〇六九八　前5年，丙辰，汉哀帝建平二年。

三月，汉哀帝废除大司空的官职，重设御史大夫；废除州牧的设置，恢复刺史。六月，汉哀帝改年号为太初元年，自称“陈圣刘太平皇帝”。　　八月，汉哀帝杀死夏贺良，恢复了建平年号。

〇六九九　前4年，丁巳，汉哀帝建平三年。

四月，汉哀帝委任王嘉为丞相，河南太守王崇为御史大夫。

〇七〇〇　前3年，戊午，汉哀帝建平四年。

冬，匈奴单于请求明年朝见，汉哀帝同意了请求。　　汉哀帝下诏要求将军以及二千石官员各推举通晓军事、熟悉兵法者一人。

〇七〇一　前2年，己未，汉哀帝元寿元年。

三月，丞相王嘉触怒汉哀帝，在狱中死去。　　十二月，汉哀帝封董贤为大司马卫将军。　　大月氏王使者伊存口授《浮屠经》给博士弟子景庐，此标志着佛教传入中国。

〇七〇二　前1年，庚申，汉哀帝元寿二年。

五月，汉哀帝确立三公的官名和分工。汉哀帝封董贤为大司马，丞相孔光为大司徒，彭宣为大司空。　　六月，汉哀帝死。董贤自杀。太皇太后王政君委任王莽为大司马，主管尚书台。　　九月，中山王刘箕子即位，是为汉平帝。太皇太后临朝听政，大司马王莽独揽朝政。十月，哀帝被安葬在义陵（今陕西咸阳秦都区窑店镇西北）。

〇七〇三　1年，辛酉，汉平帝刘衎元始元年。

二月，太皇太后下诏封王莽为安汉公，委任孔光为太师、王舜为太保、王莽为太傅、甄丰为少傅，合称为四辅。太皇太后接受群臣的建议，下诏只有封爵之事才禀告太皇太后，其他事项由安汉公和四辅裁决。

〇七〇四　2年，壬戌，汉平帝元始二年。

春，黄支国（今印度康契普拉姆）向汉朝进贡犀牛，汉朝赏赐甚厚。　　四月，各郡国发生大旱灾和蝗灾，百姓流离失所。王莽主动捐献钱物和土地，公卿大臣纷纷仿效。

〇七〇五　3年，癸亥，汉平帝元始三年。

春，王莽的女儿被选入宫中。　　夏，王莽上奏关于修改车马和衣服穿着的制度，按等级制定人们日常生活的规范。在各地设立祭祀和学官。　　王莽借王宇、吴章谋反之事，株连了许多不依从他的大臣。

〇七〇六　4年，甲子，汉平帝元始四年。

二月，王莽的女儿被立为皇后。　　夏，王莽接受了宰衡的封号，位居上公。王莽奏请修建明堂、辟雍和灵台，大范围地更改地名和官名，造成了很大的混乱。

〇七〇七　5年，乙丑，汉平帝元始五年。

正月，汉平帝诏令各地设立官员管理宗室子弟。　　五月，汉平帝颁册书，赐王莽九锡。　　十二月，王莽毒死汉平帝。太皇太后拜王莽为摄政，称其为摄皇帝。

〇七〇八 6年，丙寅，汉孺子婴居摄元年。

三月，太皇太后册封汉宣帝玄孙刘婴为皇太子，王莽称其为孺子。

〇七〇九 7年，丁卯，汉孺子婴居摄二年。

五月，王莽颁行改铸货币的命令，发行错刀（五千钱）、契刀（五百钱）、大钱（五十钱）。这些新钱与五铢钱同时流通。　九月，东郡（治所在今河南濮阳）太守、丞相翟方进的儿子翟义举兵讨伐王莽。京城周边地区听闻翟义起兵的消息，发生了大范围的动乱，王莽派兵平叛。十二月，翟义起兵失败。

〇七一〇 8年，戊辰，汉孺子婴居摄三年。

十二月，王莽即皇帝位，定国号为新，把十二月初一定为始建国元年正月初一。

〇七一一 9年，己巳，新王莽始建国元年。

王莽颁布诏书，仿照周礼，改定官制。又改革币制，致使经济混乱不堪。王莽敕令不允许买卖田地和奴婢。家庭人数较少但拥有大量田地的人需要把多余田地分给亲属和同乡，如有违反，发配到边疆。自诸侯、大夫到平民，有许多人因这条法令获罪。

〇七一二 10年，庚午，新王莽始建国二年。

王莽下诏设立六项财政经济管理制度，规定由官府专卖酒、食盐、铁器和铸钱，凡是开采矿山及山湖资源的，要征收赋税。又在长安、洛阳等五地设置五均司市和钱府官。发放贷款给人民，按月利率百分之三收息。设置酒士，每郡一人。禁止民间私藏弓弩和铠甲，一旦违反，处以流放之刑。　十二月，王莽把匈奴单于的称呼改为降奴服于，派遣孙建等领兵进攻匈奴。严禁私自铸钱。官吏和百姓外出必须携带布钱作为通关的凭证，否则无法通行过关。触犯这条法令的人数众多，导致农民、商人失业，全国经济陷于崩溃。

〇七一三 11年，辛未，新王莽始建国三年。

王莽命蔺苞率军进攻匈奴，并收买匈奴呼韩邪单于的儿子。匈奴南下入塞，掳掠官吏百姓、牲畜财产。

〇七一四 12年，壬申，新王莽始建国四年。

王莽敕令洛阳为东都，长安为西都。按照禹贡分为九州，按照周代制定五等爵制。王莽命高句丽派军队进攻匈奴，高句丽军纷纷逃亡。王莽把高句丽改名为下句骊。

〇七一五　13 年，癸酉，新王莽始建国五年。

西域焉耆国（都城在今新疆焉耆）反叛，杀死了汉朝西域都护但钦。西域各国与汉朝的关系分崩离析。

〇七一六　14 年，甲戌，新王莽天凤元年。

七月，王莽根据《周官》和《王制》，重新订立职官的名称。将大的郡加以分割，多次改动地名，造成了行政的混乱。王莽敕令重新使用金币、银币、龟币、贝币，取消现有的大钱、小钱，频繁地更改货币导致了经济的崩溃。

〇七一七　15 年，乙亥，新王莽天凤二年。

王莽派遣使节到匈奴，改匈奴名称为恭奴，单于为善于，重新赐给新朝颁发的印信。单于栾提咸贪图钱财，勉强接受了修改名称的要求，但依然继续骚扰掠夺汉朝的边境。　五原郡（治所在今内蒙古包头西）和代郡（治所在今河北蔚县东北）多有民众起事。王莽命令孔仁率军平定叛乱。

〇七一八　16 年，丙子，新王莽天凤三年。

五月，王莽制定官吏俸禄制度，共划分十五等，但这些制度很难核算，导致俸禄分配不均。　新朝派使节试图恢复对西域的统治，但使节被杀，剩余的军队退回到龟兹（都城在今新疆库车）。西域与中原的关系愈加疏远。

〇七一九　17 年，丁丑，新王莽天凤四年。

八月，王莽创立羲和命士这一职官，由富豪或者大商人担任。
荆州（今河南安阳南部至湖南、湖北境内）发生大范围的饥荒。新市人王匡、王凤成为流民的首领，集结在绿林山中。其他各地豪强崛起，对抗新朝。

〇七二〇　18 年，戊寅，新王莽天凤五年。

琅邪人樊崇在莒城（治所在今山东莒县）聚众起义，在青州、徐州一带活动。王莽命当地驻军平定起义，没有取得胜利。

〇七二一 19年，己卯，新王莽天凤六年。

春，王莽敕令每隔六年改换一次年号。　函谷关以东地区连年干旱，导致大范围的饥荒。樊崇起义军人数大增，达到六七万人。

〇七二二 20年，庚辰，新王莽地皇元年。

王莽下令将私自铸钱的人一律处死，由于犯法的人数众多，无法执行。又把处罚减轻，规定私自铸钱的人全家没收为官府的奴婢。官吏和邻居如果没有检举，与犯法的人同罪。散布谣言的人同样治罪，平民服一年的劳役，官吏免去职务。

〇七二三 21年，辛巳，新王莽地皇二年。

秋，函谷关以东地区发生饥荒与蝗灾。各地民众聚集起义，反抗王莽的统治。荆州牧率领军队攻打绿林军，官军大败，绿林军截获了大量物资。绿林军乘胜进攻，占领了竟陵（今湖北潜江西北），又袭击了云杜（今湖北京山）、安陆（治所在今湖北安陆）等地。

〇七二四 22年，壬午，新王莽地皇三年。

二月，樊崇等杀死了前来平叛的太师羲仲景尚。　四月，王莽敕令太师王匡、更始将军廉丹东征讨伐起义的军队。樊崇命令士兵用朱砂涂抹双眉，被称为赤眉军。　绿林军受瘟疫的影响，实力削弱，一分为三。王常、成丹的军队被称为“下江兵”，王凤、王匡、马武等的军队自称为“新市兵”，平林人陈牧、廖湛所聚集的部队称为“平林兵”。　不久赤眉军击败官军，王匡逃走，廉丹战死。　汉朝宗室刘縯及刘秀率领子弟兵八千人起兵，并派宾客与新市和平林的义军商议，共同进攻棘阳（治所在今河南新野）。

〇七二五 23年，癸未，新王莽地皇四年，汉更始帝刘玄更始元年，隗嚣复汉元年。

二月，刘玄登基，封朱鲔为大司马，拜刘縯为大司徒。　王莽命司空王邑和司徒王寻出兵平定叛乱，二人统帅的军队总数为四十三万人，对外号称百万。六月，刘秀率军击杀了王寻、王邑，王莽的军队四散而逃。　刘玄借故诛杀了刘縯。刘秀返回宛城（治所在今河南南阳），向刘玄谢罪。刘玄遂委任刘秀为破虏大将军，拜为武信侯。　九月，刘玄派遣大将申屠建进攻武关（今陕西丹凤东南），武关守将投降，三辅地区为之震动。　绿林军攻入长安，王莽被杀。　刘玄任命刘秀为代理大司马，镇抚黄河以北诸州郡。刘秀利用这一时机，扩充实力，为后来建立政权打下了基础。

〇七二六　24 年，甲申，汉更始帝更始二年。

正月，刘秀率军攻击王郎失利。　二月，刘玄迁都长安，将政事交由赵萌负责。赵萌施行暴政，导致各地的将领离心离德。此时，赤眉军兵分两路准备进攻长安。　五月，刘秀攻占邯郸（今河北邯郸），杀死王郎，占领了河北地区。随后，刘秀平定铜马义军，势力大增。

东　汉

（公元 25 年—公元 220 年）

〇七二七　25 年，乙酉，汉更始帝更始三年，汉光武帝刘秀建武元年。

赤眉军击败了刘玄的军队，拥立刘盆子为皇帝。　四月，公孙述在成都自称皇帝。　六月，刘秀即皇帝位，建元建武。　七月，刘秀封赏诸将，邓禹为大司徒，吴汉为大司马。　九月，赤眉军攻入长安，更始帝刘玄逃走，刘玄的部下多数投降了赤眉军。　十月，刘秀定都洛阳，史称东汉。　刘玄向赤眉军投降，被封为长沙王，后被处死。

〇七二八　26 年，丙戌，汉光武帝建武二年。

三月，汉光武帝大赦天下，减轻刑罚。　六月，汉光武帝册立贵人郭氏为皇后，嫡长子刘强为皇太子。　八月，汉光武帝统领军队讨伐五校的起义军，取得了胜利。　九月，赤眉军再次进入长安。汉光武帝命冯异接替邓禹继续进攻赤眉军。由于缺乏粮食，赤眉军东归。冯异领兵与赤眉军作战，击败赤眉军，招降了大部分的士兵。　渔阳（治所在今北京密云西南）太守彭宠起兵反叛。

〇七二九　27年，丁亥，汉光武帝建武三年。

正月，赤眉军的残余士卒继续向东逃窜，汉光武帝率军阻断其退路。赤眉军向汉光武帝投降。　二月，吴汉击退了青犊义军。　三月，汉光武帝委任伏湛为大司徒。　四月，冯异统军收复关中，消灭地方割据势力。　七月，岑彭领军南下，击败秦丰。

〇七三〇　28年，戊子，汉光武帝建武四年。

二月，右将军邓禹率军打败延岑。　四月，大司马吴汉与五校军战于箕山（今河南登封东南），大破之。

〇七三一　29年，己丑，汉光武帝建武五年。

汉光武帝继续平定各地的割据势力。　七月，汉光武帝下诏修葺长安周围的陵园。

〇七三二　30年，庚寅，汉光武帝建武六年。

汉光武帝敕令天下各地的田租恢复旧制，仿照西汉制度，按三十分之一征税。下诏凡是在王莽时期被没为奴婢的人恢复为平民。

〇七三三　31年，辛卯，汉光武帝建武七年。

三月，下诏裁撤轻车、骑士、材官、楼船等军，军士为民，以恢复生产。

〇七三四　32年，壬辰，汉光武帝建武八年。

四月，汉光武帝率军击败隗嚣，占据河东地区。　十二月，高句丽王委派使者向汉光武帝朝贡，汉光武帝恢复了其王号。

〇七三五　33年，癸巳，汉光武帝建武九年。

汉光武帝重设护羌校尉，防御羌人的进攻。

〇七三六　34年，甲午，汉光武帝建武十年。

正月，吴汉率军在平城（今山西大同北）击败匈奴。　十月，羌人部落入侵金城（治所在今甘肃兰州）、陇西（治所在今甘肃临洮）两郡，被将军来歙打败。陇右地区稳定，中原地区通往凉州的道路得以畅通。

〇七三七 35 年，乙未，汉光武帝建武十一年。

官军集中力量讨伐公孙述，屡获胜利。

〇七三八 36 年，丙申，汉光武帝建武十二年。

十一月，官军攻入成都，尽灭公孙氏，平定了蜀地。

〇七三九 37 年，丁酉，汉光武帝建武十三年。

四月，汉光武帝不再任用功臣参与国家政务，拜邓禹为高密侯，拜李通为固始侯、贾复为胶东侯。对已经故去的功臣，封赏其子孙或宗族旁支。

〇七四〇 38 年，戊戌，汉光武帝建武十四年。

莎车王贤、鄯善王安都委任使者向汉朝进贡。西域各国不满匈奴的统治，请求汉朝重新设置都护，汉光武帝没有接受。

〇七四一 39 年，己亥，汉光武帝建武十五年。

汉光武帝敕令吴汉统领大军北上攻击匈奴，又将雁门郡、代郡的官员民众迁徙到居庸关（今北京昌平境内）、常山关（今河北唐山境内）附近。　汉光武帝敕令清查全国土地，各地地方官趁机侵占土地。

〇七四二 40 年，庚子，汉光武帝建武十六年。

二月，交趾民众起兵反叛。九真（治所在今越南清化）、日南（治所在今越南广治）、合浦（治所在今广西合浦）参与叛乱，占领六十余座城，其首领征侧自立为王。　东汉恢复西汉的传统币制，铸造五铢钱通行天下。

〇七四三 41 年，辛丑，汉光武帝建武十七年。

十月，罢免皇后郭氏，改立贵人阴氏为皇后。　莎车王贤委派使者前来进贡，请求设置都护。汉光武帝任命莎车王贤为西域都护，并赐予印信和绶带。敦煌太守裴遵上书反对，汉光武帝决定收回都护的印信、绶带，改封莎车王为大将军。莎车国王仍宣称自己是汉朝所封的西域都护。　汉光武帝封马援为伏波将军，南征交趾（今越南北部）。

〇七四四 42 年，壬寅，汉光武帝建武十八年。

三月，马援击败了交趾的叛军。　汉光武帝敕令撤销州牧的称号，重新设立刺史。

〇七四五 43年，癸卯，汉光武帝建武十九年。

马援率军杀死了叛军的首领征侧，平息了叛乱。　　汉光武帝封刘强为东海王；册立刘阳为皇太子，并将皇太子的名字由刘阳改为刘庄。董宣担任洛阳令，对豪强的势力有所抑制。

〇七四六 44年，甲辰，汉光武帝建武二十年。

十二月，匈奴攻打天水（治所在今甘肃通渭）、扶风（治所在今陕西兴平）、上党（治所在今山西长子）三地。

〇七四七 45年，乙巳，汉光武帝建武二十一年。

八月，乌桓、匈奴和鲜卑的军队相约入侵汉朝的边境。汉光武帝命马援和谒者分别修建城堡及要塞，号召百姓返回旧地。　　莎车王贤妄图称霸西域，不断攻击邻国，索取赋税。西域各国派遣使节前往洛阳，希望汉朝维持西域的秩序。汉光武帝同意敦煌太守裴遵的请求，把西域诸国的人质留在敦煌以警示莎车王。

〇七四八 46年，丙午，汉光武帝建武二十二年。

匈奴单于舆逝世，左贤王蒲奴继承单于之位。匈奴所在区域发生旱灾，无力对付汉朝的攻击，向汉朝请求和亲。乌桓部落趁机向匈奴发动突袭，大败匈奴的军队，迫使匈奴大规模的迁移。汉光武帝敕令取消边境诸郡的亭候和士兵，利用金钱和绢帛劝谕乌桓停止战争。

〇七四九 47年，丁未，汉光武帝建武二十三年。

匈奴右日逐王比派遣使节到汉朝，请求归附。

〇七五〇 48年，戊申，汉光武帝建武二十四年。

匈奴推举右日逐王比为呼韩邪单于。呼韩邪单于请求做汉王朝的北方屏障，替代汉朝守卫边疆。东汉朝廷同意了其请求。

〇七五一 49年，己酉，汉光武帝建武二十五年。

正月，高句丽侵扰右北平（治所在今内蒙古宁城西南）、渔阳（治所在今北京密云西南）等地，辽东太守祭肜采取了招降政策，又用财物诱使其攻击匈奴。此后，高句丽常年侵扰匈奴，接受东汉的赏赐。匈奴势力进一步衰落。　　鲜卑、乌桓入朝觐见汉光武帝，献上贡品。辽西郡（治所在今辽宁义县西）乌桓部落归顺汉朝，朝廷命移居塞内，协助朝廷攻击匈奴和鲜卑。汉光武帝设置了乌桓校尉。

〇七五二　50 年，庚戌，汉光武帝建武二十六年。

正月，汉光武帝敕令增加各级官员的俸禄。　　冬，汉光武帝敕令南单于及其部族迁徙到西河郡美稷县（今内蒙古准格尔旗纳林）。匈奴北单于遣返了被掠走的汉朝居民，以示友好。

〇七五三　51 年，辛亥，汉光武帝建武二十七年。

五月，汉光武帝敕令去掉大司徒、大司空的“大”字，改大司马的名为太尉，委任太仆赵憙为太尉、大司农冯勤为司徒。　　北匈奴派使节向汉朝请求和亲，汉光武帝没有同意。

〇七五四　52 年，壬子，汉光武帝建武二十八年。

北匈奴派遣使节请求和亲，汉光武帝赐予绢帛和弓矢。

〇七五五　53 年，癸丑，汉光武帝建武二十九年。

四月，诏令天下在押囚犯自斩首以下，各减本罪一等，其余赎罪罚作苦役各不等。

〇七五六　54 年，甲寅，汉光武帝建武三十年。

二月，群臣请求汉光武帝到泰山封禅。汉光武帝认为自己所为远不及祖先，拒绝封禅。　　是年，史学家班彪卒。

〇七五七　55 年，乙卯，汉光武帝建武三十一年。

五月，发生水患。　　北匈奴派遣使者向汉朝朝贡。

〇七五八　56 年，丙辰，汉光武帝建武三十二年、中元元年。

二月，汉光武帝封禅泰山。　　四月，汉光武帝大赦天下，改年号为中元。

〇七五九　57 年，丁巳，汉光武帝中元二年。

倭奴国王派遣使节奉贡朝贺，汉光武帝赐赠金印一枚。二月，汉光武帝去世。皇太子刘庄即位，是为汉明帝，尊阴皇后为皇太后。

〇七六〇　58 年，戊午，汉明帝刘庄永平元年。

七月，马武率军平定羌族叛乱。辽东郡（治所在今辽宁辽阳）太守祭肜调派鲜卑攻击乌桓，取得胜利。塞外诸族请求归顺。边境地区局势日趋平稳，东汉遂裁减了驻扎在边境的军队。

〇七六一　59 年，己未，汉明帝永平二年。

正月，汉明帝举办隆重的仪式祭祀汉光武帝。　　三月，汉明帝驾临辟雍，举行大射礼。　　十月，汉明帝驾临辟雍，首次举办养老礼。

〇七六二　60 年，庚申，汉明帝永平三年。

马援的女儿被立为皇后。汉明帝在云台绘制了二十八位将领的肖像。第一位是邓禹，然后是马成、吴汉等人。由于马援是外戚，没有被列入其中。

〇七六三　61 年，辛酉，汉明帝永平四年。

于阗王广德统领各国军队杀死莎车国王，占领了莎车国。匈奴调派西域诸国军队围困于阗（都城在今新疆和田），于阗向匈奴投降。

〇七六四　62 年，壬戌，汉明帝永平五年。

是年，汉明帝号召迁到内地的边疆居民回到边疆地区，朝廷赐给治装费。

〇七六五　63 年，癸亥，汉明帝永平六年。

南匈奴湖邪尸逐侯鞮单于继位。

〇七六六　64 年，甲子，汉明帝永平七年。

正月，皇太后阴氏死。　　北匈奴请求与汉朝恢复贸易，汉明帝允准。

〇七六七　65 年，乙丑，汉明帝永平八年。

东汉使者将佛教从西域传至中原地区。

〇七六八　66 年，丙寅，汉明帝永平九年。

汉明帝推崇儒学。外戚、宗室子弟、官员的子弟等都被要求学习儒家经典。匈奴的贵族子弟也开始学习儒学。

〇七六九　67 年，丁卯，汉明帝永平十年。

汉明帝巡游南阳（治所在今河南南阳），同学校的学生共同演奏正乐。

〇七七〇　68 年，戊辰，汉明帝永平十一年。

正月，沛王刘辅、楚王刘英、济南王刘康等八王，进京朝拜。

〇七七一　69 年，己巳，汉明帝永平十二年。

春，哀牢王柳貌带领民众归顺汉朝。　　四月，修筑黄河堤坝。堤坝从荥阳向东，直到千乘（今山东利津）入海，长达一千余里。自从堤坝修筑完工，黄河很少发生决溢。

〇七七二 70年，庚午，汉明帝永平十三年。

楚王刘英因谋反被废黜，迁居到丹阳郡泾县（今安徽泾县）。

〇七七三 71年，辛未，汉明帝永平十四年。

朝廷全力调查楚王谋反的案件，牵连多人，有数千人被处死或流放。

〇七七四 72年，壬申，汉明帝永平十五年。

二月，汉明帝继续巡视东方。　三月，汉明帝驾临孔子故居，命太子与宗室亲王讲读儒家学说。

〇七七五 73年，癸酉，汉明帝永平十六年。

东汉占领伊吾卢地区，设立宜禾都尉对这一地区进行管理。　窦固命副司马班超作为使节访问西域各国，西域与汉朝的关系得以恢复。

〇七七六 74年，甲戌，汉明帝永平十七年。

西南一百多个小国向汉朝称臣，进献贡赋。　十一月，汉派窦固、耿秉进攻西域。先击败北匈奴部队，又平定车师。窦固向汉明帝建议重新设立西域都护，汉明帝同意了窦固的请求，委任陈睦为西域都护。

〇七七七 75年，乙亥，汉明帝永平十八年。

八月，汉明帝死。太子即帝位，是为汉章帝。

〇七七八 76年，丙子，汉章帝刘炟建初元年。

汉章帝敕令取消在西域设立的职官，召班超等回国。

〇七七九 77年，丁丑，汉章帝建初二年。

三月，朝廷取消了在西域伊吾卢的驻军。北匈奴重新占领伊吾卢。

永昌（治所在今云南云龙）、越嶲（治所在今四川西昌）、益州（治所在今云南晋宁）三郡联合击败了哀牢的军队，杀死哀牢国国王。

〇七八〇 78年，戊寅，汉章帝建初三年。

三月，汉章帝册立贵人窦氏为皇后。　闰九月，班超统领西域各国的军队，攻入姑墨国石城（今新疆温宿西）。

〇七八一 79年，己卯，汉章帝建初四年。

十一月，《白虎议奏》撰成，汉将其作为官方典籍予以发布。

〇七八二　80 年，庚辰，汉章帝建初五年。

班超统军平定了西域数个国家，他上书请求加强与乌孙的交往，汉章帝同意了班超的请求。

〇七八三　81 年，辛巳，汉章帝建初六年。

七月，以大司农邓彪为太尉。

〇七八四　82 年，壬午，汉章帝建初七年。

六月，汉章帝废去刘庆的皇太子地位，将刘肇立为皇太子。

〇七八五　83 年，癸未，汉章帝建初八年。

正月，东平王刘苍逝世。　　窦宪凭借外戚的身份，强占土地庄园。汉章帝严厉训斥了窦宪，窦氏逐渐失去皇帝的信任。

〇七八六　84 年，甲申，汉章帝建初九年、元和元年。

二月，汉章帝敕令各地官员允许无地农民迁移，迁移者享受政策优待。　　七月，汉章帝下诏禁止对犯人使用酷刑。

〇七八七　85 年，乙酉，汉章帝元和二年。

正月，汉章帝敕令优待孕妇，由官府赐予钱粮，同时免除其丈夫人头税一年。

〇七八八　86 年，丙戌，汉章帝元和三年。

班超杀死叛乱的疏勒国王，西域南部的道路变得顺畅。

〇七八九　87 年，丁亥，汉章帝元和四年、章和元年。

班超征调西域诸国的军队围攻莎车，莎车投降，班超威名远扬。

〇七九〇　88 年，戊子，汉章帝章和二年。

二月，汉章帝崩，太子即位，是为汉和帝。窦太后临朝听政，窦宪以外戚的身份把持朝政。　　十月，太后封窦宪为车骑将军、耿秉为副帅，率军进攻北匈奴。

〇七九一　89 年，己丑，汉和帝刘肇永元元年。

六月，窦宪与耿秉统军在稽洛山（今蒙古国西南部）击败北匈奴军。班固在燕然山（今蒙古国杭爱山）刻石记功。单于差遣他的弟弟右温禺鞮王前往汉朝充当人质。　　九月，窦宪被任命为大将军，地位在三公之上。

〇七九二 90年，庚寅，汉和帝永元二年。

五月，东汉夺回伊吾卢（今新疆哈密）。　班超平定了月氏的反叛，月氏派遣使节向汉朝进贡。　九月，北匈奴向汉称臣。　十月，南匈奴单于向汉朝请求消灭北匈奴。窦宪与南匈奴联合攻击北匈奴，北匈奴单于受伤逃跑。

〇七九三 91年，辛卯，汉和帝永元三年。

二月，窦宪命令耿夔、司马任尚从居延塞（今内蒙古额济纳旗）出击，在金微山（今阿尔泰山附近）包围了北匈奴单于。汉军大败北匈奴，北匈奴单于逃走。龟兹、姑墨、温宿等国请求归顺汉朝。　十二月，朝廷恢复西域都护，班超被任命为西域都护。

〇七九四 92年，壬辰，汉和帝永元四年。

六月，窦宪及其党羽准备谋杀汉和帝。汉和帝在宦官的协助下，处死了窦宪的党羽，窦宪及其家人被迫自杀，凡与窦宪有关的官员都遭到罢免。

〇七九五 93年，癸巳，汉和帝永元五年。

二月，汉和帝下令减少养马数量，将禁苑的土地赐予贫民耕种，不收取赋税。

〇七九六 94年，甲午，汉和帝永元六年。

西域都护班超统领西域各国军队进攻焉耆（都城在今新疆焉耆），焉耆王死。至此，西域五十多个大小国归顺汉朝。

〇七九七 95年，乙未，汉和帝永元七年。

四月，汉采用察举制，从选出郎官中取三十余人补充为县长、侯相。

〇七九八 96年，丙申，汉和帝永元八年。

二月，汉和帝册立贵人阴氏为皇后。　南匈奴右温禺犊王乌居战背叛汉朝。　七月，度辽将军庞奋与越骑校尉冯柱率军杀死乌居战，并将其余部迁至安定（治所在今甘肃泾川）、北地（治所在今宁夏吴忠）二郡。

〇七九九 97年，丁酉，汉和帝永元九年。

烧当羌部落入侵陇西郡（治所在今甘肃临洮），杀死当地的官员。

刘尚杀死了羌族首领，平息了叛乱。　　汉和帝追封梁贵人为皇太后，梁氏势力逐渐强大。甘英访问大秦帝国（即罗马帝国）和条支王国（今伊拉克境内两河流域），到达波斯湾后返回。

〇八〇〇　98 年，戊戌，汉和帝永元十年。

三月，汉和帝诏令各地刺史、二千石疏导堤防沟渠。　　五月，京师发生水灾。

〇八〇一　99 年，己亥，汉和帝永元十一年。

二月，汉和帝选派使臣赈济贫困的百姓，允许百姓打柴捕鱼，不再收取赋税。

〇八〇二　100 年，庚子，汉和帝永元十二年。

正月，汉和帝敕令借贷给受灾百姓种子与粮食。　　十一月，西域蒙奇（今土库曼斯坦南部）、兜勒（今阿富汗北部）两国对汉称臣。　　烧当羌部族再次叛变。

〇八〇三　101 年，辛丑，汉和帝永元十三年。

八月，护羌校尉周鲔平息烧当羌部族的叛乱，将其余部迁徙到汉阳（治所在今甘肃甘谷）、安定（治所在今甘肃泾川）和陇西（治所在今甘肃临洮）三郡。

〇八〇四　102 年，壬寅，汉和帝永元十四年。

春季，迁徙到安定郡的羌人反叛，当地汉军平定叛乱。　　六月，汉和帝立贵人邓氏为皇后。　　班超请求回到故乡。八月，班超到达洛阳。汉和帝封班超为射声校尉。

〇八〇五　103 年，癸卯，汉和帝永元十五年。

正月，汉和帝敕令优待流民，又下令太官不再接受边远地区的美味贡品，如荔枝、龙眼等。

〇八〇六　104 年，甲辰，汉和帝永元十六年。

正月，汉和帝下令官府应借贷给贫民种子及粮食，以此恢复农业生产。

〇八〇七　105 年，乙巳，汉和帝元兴元年。

春季，高句丽攻打辽东郡（治所在今辽宁辽阳）。　　九月，辽东郡太守耿夔统领军队大败高句丽军队。　　十二月，汉和帝死。刘隆即位，是为汉殇帝，邓太后临朝摄政。　　蔡伦改进了造纸术。

〇八〇八　106年，丙午，汉殇帝刘隆延平元年。

八月，汉殇帝死。刘祜即位，是为汉安帝，邓太后仍然临朝摄政。

〇八〇九　107年，丁未，汉安帝刘祜永初元年。

周章密谋改立刘胜为皇帝，因事泄，自杀。　　汉安帝敕令车骑将军邓骘和征西校尉任尚，驻扎在汉阳（治所在今甘肃天水）。　　鲜卑首领燕荔阳入朝觐见，邓太后赐印信、绶带，允许鲜卑部族定居在宁城（今河北万全）附近，并开展贸易。

〇八一〇　108年，戊申，汉安帝永初二年。

正月，邓骘率军到达汉阳（治所在今甘肃天水），与羌人的攻伐互有胜负。　　十一月，汉朝廷任命邓骘为大将军，返回京师。

〇八一一　109年，己酉，汉安帝永初三年。

洛阳及周边地区发生水灾，并州和凉州爆发大饥荒。

〇八一二　110年，庚戌，汉安帝永初四年。

正月，汉安帝诏令减免三辅地区的赋税。　　二月，汉安帝命五经博士校订东观五经。　　十月，邓骘被授予“奉朝请”。

〇八一三　111年，辛亥，汉安帝永初五年。

二月，先零羌人入侵河东郡（治所在今山西蒲州），后抵达河内郡（治所在今河南焦作）。　　九个州出现蝗灾，八个郡国爆发水灾。

〇八一四　112年，壬子，汉安帝永初六年。

汉安帝下诏，恢复汉光武帝建武年间云台二十八将的爵位，由这些功臣的后裔继承。　　五月，下诏恢复全国官员的俸禄。

〇八一五　113年，癸丑，汉安帝永初七年。

秋季，护羌校尉侯霸与骑都尉马贤在安定郡（治所在今甘肃泾川）击败先零羌人。　　九月，朝廷调运粮食赈济受灾的百姓。

〇八一六　114年，甲寅，汉安帝元初元年。

正月，改年号为元初。　　免除三辅地区三年的田租、口赋和更赋。

〇八一七　115年，乙卯，汉安帝元初二年。

春，护羌校尉庞参招降了羌人诸部。至此，河西走廊与内地之间的道路变得通畅。

〇八一八　116年，丙辰，汉安帝元初三年。

正月，苍梧（治所在今广西梧州一带）、郁林（治所在今广西桂平西南）、合浦（治所在今广西合浦）三郡的少数民族发动叛乱。二月，汉平定叛乱。十一月，苍梧、郁林、合浦三郡的少数民族向汉朝称臣。

〇八一九　117年，丁巳，汉安帝元初四年。

十二月，任尚与马贤在北地（治所在今宁夏吴忠）击败了先零部落的羌人，陇右地区得以稳定。

〇八二〇　118年，戊午，汉安帝元初五年。

羌人首领被杀，羌人各部族瓦解，三辅地区恢复安宁。羌人的反叛给东汉王朝造成了巨大损失，国库空虚，民众伤亡惨重。

〇八二一　119年，己未，汉安帝元初六年。

二月，洛阳以及周边郡国发生地震。　北匈奴胁迫西域各国归顺自己。汉派索班为敦煌长史，驻守伊吾（治所在今新疆哈密）。

〇八二二　120年，庚申，汉安帝永宁元年。

北匈奴攻击汉军，杀死敦煌长史索班。汉派援兵前往敦煌郡（今甘肃敦煌西），并命西域副校尉驻守敦煌，以防备匈奴。

〇八二三　121年，辛酉，汉安帝建光元年。

正月，幽州刺史冯焕带领玄菟郡太守、辽东郡太守一同攻打高句丽，没有取得胜利。　四月，高句丽与鲜卑共同攻打辽东郡（治所在今辽宁辽阳）、玄菟郡（治所在今辽宁沈阳）。辽东太守蔡讽战死。九月，鲜卑首领其至鞬入侵居庸关（今北京昌平境内），云中郡（治所在今内蒙古托克托东北）太守成严战败身亡。　许慎写成《说文解字》一书。

〇八二四　122年，壬戌，汉安帝延光元年。

三月，汉安帝改元延光，大赦天下。　七月，高句丽向汉朝称臣，东部边境趋于稳定。

〇八二五　123年，癸亥，汉安帝延光二年。

北匈奴与车师国联合攻击河西地区，汉安帝委任班勇为西域长史，率军驻扎柳中（治所在今新疆鄯善）。　十月，太尉刘恺被废黜。

〇八二六　124 年，甲子，汉安帝延光三年。

正月，班勇联合鄯善、龟兹等西域诸国击败了北匈奴和车师后王国的联军，再次打通了西域与中原的道路。　　三月，太尉杨震自杀。四月，汉安帝命冯石为太尉。

〇八二七　125 年，乙丑，汉安帝延光四年。

三月，汉安帝死，北乡侯刘懿即位，是为汉少帝。　　七月，西域长史班勇率军大败车师后王国。　　十月，少帝刘懿死。　　十一月，中常侍孙程拥立济阴王刘保为帝，是为汉顺帝。

〇八二八　126 年，丙寅，汉顺帝刘保永建元年。

班勇消灭了车师后王国的反叛势力，车师等西域六国归顺汉朝。

〇八二九　127 年，丁卯，汉顺帝永建二年。

二月，鲜卑入侵辽东地区。乌桓校尉耿晔领兵击退鲜卑。　　班勇与张郎平定焉耆等国。

〇八三〇　128 年，戊辰，汉顺帝永建三年。

正月，京师发生地震，汉阳郡地面陷落并开裂。汉顺帝敕令免除汉阳（治所在今甘肃天水）的赋税，委派大臣救济贫民。

〇八三一　129 年，己巳，汉顺帝永建四年。

八月，汉顺帝任命大鸿胪庞参为太尉，执掌尚书台的政事。　　鲜卑攻击朔方郡（治所在今内蒙古鄂托克）。

〇八三二　130 年，庚午，汉顺帝永建五年。

正月，疏勒王派其子入朝为质，大宛王、莎车王派使者来朝进贡。

〇八三三　131 年，辛未，汉顺帝永建六年。

三月，汉顺帝敕令重派军队在伊吾驻扎屯田，并设伊吾司马对此地进行管理。　　于阗王送其子入朝为质，并遣使朝贡。

〇八三四　132 年，壬申，汉顺帝阳嘉元年。

正月，汉顺帝册立贵人梁氏为皇后。　　恢复玄菟郡。　　张衡成功创制地动仪。

〇八三五　133 年，癸酉，汉顺帝阳嘉二年。

四月，汉顺帝在陇南西部重新设立尉官。　　五月，汉顺帝召见公卿举荐的道德饱学之士，李固、马融、张衡等人受到汉顺帝的赏识。

〇八三六　134 年，甲戌，汉顺帝阳嘉三年。

五月，太史令张衡上书，认为图谶是虚假的，应该禁止图谶的传播。

〇八三七　135 年，乙亥，汉顺帝阳嘉四年。

二月，汉顺帝允许宦官以养子继承封爵。　十月，乌桓入侵云中郡，朝廷调兵支援，乌桓被击退。

〇八三八　136 年，丙子，汉顺帝永和元年。

正月，扶余王来到洛阳觐见汉顺帝。　日南郡象林县（今越南中部）的蛮族叛乱。

〇八三九　137 年，丁丑，汉顺帝永和二年。

日南郡象林县的蛮族杀死了当地官员。交趾刺史樊演派兵前往支援。　七月，交趾郡（治所在今越南河内西北）和九真郡（治所在今越南清化）的士兵反叛汉朝，被击退。

〇八四〇　138 年，戊寅，汉顺帝永和三年。

二月，京师洛阳、金城郡（治所在今甘肃兰州）、陇西郡（治所在今甘肃临洮）发生地震。　六月，九真太守祝良、交趾刺史张乔采用慰问的办法，使日南郡象林县叛乱的少数民族降服。　十月，烧当羌人反叛，攻击金城郡。

〇八四一　139 年，己卯，汉顺帝永和四年。

正月，中常侍张逵、蘧政、杨定因罪被处以死刑。　四月，护羌校尉马贤平定烧当羌人的叛乱。　八月，太原郡（治所在今山西太原西南）发生旱灾。

〇八四二　140 年，庚辰，汉顺帝永和五年。

四月，南匈奴左部句龙王吾斯围攻美稷县（今内蒙古准格尔旗纳林），杀死朔方郡（治所在今内蒙古鄂托克旗）和代郡（治所在今河北蔚县东北）的长史。　五月，度辽将军马续击败吾斯，南匈奴单于自杀。南匈奴句龙王吾斯等勾结乌桓与羌胡，立车纽为单于，侵扰汉朝边境。　十一月，朝廷派遣匈奴中郎将张耽攻打南匈奴，迫使车纽投降。

〇八四三　141 年，辛巳，汉顺帝永和六年。

正月，征西将军马贤率军与且冻羌人在射姑山（今甘肃庆阳境内）交战，汉军大败。巩唐部族的羌人到达三辅地区（今陕西关中），焚毁西汉皇帝的陵寝，掠夺百姓。　　三月，武威太守赵冲讨伐巩唐部族，取得胜利。　　八月，大将军梁商逝世，汉顺帝拜梁冀为大将军。

〇八四四　142 年，壬午，汉顺帝汉安元年。

十月，多个羌人部族投降。　　十一月，汉顺帝委任赵峻为太尉，胡广为司徒。

〇八四五　143 年，癸未，汉顺帝汉安二年。

四月，护羌校尉赵冲与汉阳太守张贡围攻烧当部族的羌人，汉军获得胜利。　　六月，南匈奴守义王兜楼储被立为南单于。

〇八四六　144 年，甲申，汉顺帝建康元年。

三月，羌人的反叛被朝廷平定。　　八月，汉顺帝死。太子刘炳继位，是为汉冲帝。梁太后临朝称制，李固担任太尉。

〇八四七　145 年，乙酉，汉冲帝刘炳永憙元年。

正月，汉冲帝死。梁冀与梁太后立刘缵继承皇位，是为汉质帝。

〇八四八　146 年，丙戌，汉质帝刘缵本初元年。

四月，汉要求各地推荐学生在太学学习。太学生人数逐渐增长，达到三万人。　　六月，大将军梁冀杀汉质帝。梁太后与大将军梁冀立蠡吾侯刘志为帝，是为汉桓帝。梁太后继续临朝听政。

〇八四九　147 年，丁亥，汉桓帝刘志建和元年。

八月，汉桓帝册立皇后梁氏。　　十一月，刘文欲立清河王刘蒜为天子，事泄，刘文被诛，刘蒜被迫自杀。梁冀指控李固、杜乔与刘文等人勾结，李固、杜乔二人被抓，死于狱中。

〇八五〇　148 年，戊子，汉桓帝建和二年。

十月，长平人陈景起兵反叛，不久失败。

〇八五一　149 年，己丑，汉桓帝建和三年。

十月，汉桓帝任命司徒袁汤为太尉，张歆为司徒。

〇八五二　150 年，庚寅，汉桓帝和平元年。

正月，汉桓帝执政。　　二月，梁太后死。

〇八五三　151 年，辛卯，汉桓帝元嘉元年。

春，京师爆发瘟疫，汉桓帝指派大臣处理瘟疫。　　汉桓帝任吴雄为司徒。

〇八五四 152年，壬辰，汉桓帝元嘉二年。

正月，西域长史王敬被于阗人杀死。

〇八五五 153年，癸巳，汉桓帝永兴元年。

七月，三十二个郡国发生蝗灾、水灾。百姓四处流散，其中冀州（治所在今河北临漳西南）的受灾最为严重。汉桓帝敕令朱穆为冀州刺史，恢复冀州发展。

〇八五六 154年，甲午，汉桓帝永兴二年。

十一月，泰山郡（治所在今山东兖州）、琅邪郡（治所在今山东临沂）公孙举、东郭窦等人起兵反叛。

〇八五七 155年，乙未，汉桓帝永寿元年。

二月，司隶（治所在今河南洛阳）与冀州（治所在今河北临漳西南）发生大饥荒。　　秋，南匈奴左薁鞬台耆等人背叛汉朝，围攻美稷（今内蒙古准格尔旗纳林）。属国都尉张奂招降了羌人，与其共同进攻匈奴。

〇八五八 156年，丙申，汉桓帝永寿二年。

檀石槐围攻云中郡（治所在今内蒙古托克托），汉桓帝委派李膺平定叛乱，李膺凭借声望招降了叛乱的羌人和胡人。　　公孙举、东郭窦等召集部众围攻青州（治所在今山东青州）、徐州（治所在今江苏徐州），被官军打败，公孙举、东郭窦被杀。

〇八五九 157年，丁酉，汉桓帝永寿三年。

九真（治所在今越南清化）少数民族反叛，太守倪式战死。汉朝令九真都尉魏朗率军平叛。

〇八六〇 158年，戊戌，汉桓帝延熹元年。

十二月，南匈奴下属的部众联合乌桓、鲜卑等部族进攻汉朝边疆。匈奴中郎将张奂瓦解了叛乱的联盟，说服乌桓杀死南匈奴首领，匈奴投降。

〇八六一 159年，己亥，汉桓帝延熹二年。

六月，梁皇后死。　　八月，梁冀被处死，朝中三公被废黜。汉桓帝任用宦官担任要职。

〇八六二 160年，庚子，汉桓帝延熹三年。

泰山郡（治所在今山东兖州）人叔孙无忌发动叛乱。宗资领兵平定叛乱。汉桓帝封皇甫规为泰山郡太守，以维持这一地区的稳定。

〇八六三　161 年，辛丑，汉桓帝延熹四年。

七月，汉缩减官员的俸禄，公开售卖关内侯、虎贲郎等官爵。

〇八六四　162 年，壬寅，汉桓帝延熹五年。

三月，沈氐羌人围攻张掖郡（治所在今甘肃张掖）、酒泉郡（治所在今甘肃酒泉），皇甫规招降了叛乱的羌人。

〇八六五　163 年，癸卯，汉桓帝延熹六年。

桂阳郡（治所在今湖南郴州）人李研造反，武陵郡（治所在今湖南常德）少数民族乘机再度起兵，被太守陈奉讨平。

〇八六六　164 年，甲辰，汉桓帝延熹七年。

七月，荆州刺史度尚出兵讨伐零陵郡（治所在今湖南零陵）、桂阳郡（治所在今湖南郴州）的叛乱者，平息了叛乱。

〇八六七　165 年，乙巳，汉桓帝延熹八年。

二月，汉桓帝废黜皇后邓氏。　　五月，荆州士兵朱盖发动起义，与桂阳郡的义军围攻桂阳、零陵。度尚统兵平定叛乱。

〇八六八　166 年，丙午，汉桓帝延熹九年。

司隶校尉部（治所在今河南洛阳）发生饥荒。　　七月，鲜卑再次入侵汉朝边疆。汉桓帝指派张奂为护匈奴中郎将，负责边境的军事。张成的徒弟诬告李膺和太学学生结为朋党。汉桓帝下令逮捕李膺、杜密等人，免去太尉陈蕃的官职。

〇八六九　167 年，丁未，汉桓帝永康元年。

六月，贾彪、窦武等请求赦免李膺等人。宦官也请求赦免李膺等人。汉桓帝下令大赦天下，改年号为永康。将党人遣送回乡，终身不许担任官职，史称“党锢之祸”。　　十二月，汉桓帝死。群臣商议后，立刘宏为帝，是为汉灵帝。窦太后主持朝政。

〇八七〇　168 年，戊申，汉灵帝刘宏建宁元年。

正月，窦太后委任窦武为大将军，陈蕃担任太傅。　　九月，陈蕃与窦武联合窦太后，打算除掉中常侍曹节等人，事情泄露。曹节等劫持窦太后，下诏逮捕陈蕃、窦武。

〇八七一　169 年，己酉，汉灵帝建宁二年。

七月，段颖率军平定了东羌部族的叛乱。　　十月，李膺等人虽被禁止做官，但仍有很高的声望。宦官曹节、侯览等暗示官吏诬告李膺、杜密等人结党。这些党人被逮捕，株连多人。

〇八七二　170 年，庚戌，汉灵帝建宁三年。

冬，济南地区有民众造反，围攻东平郡（治所在今山东东平）。　凉州（治所在今甘肃张家川）刺史孟佗调遣汉军与西域诸国的军队征讨疏勒国（都城在今新疆石城子），作战失败。东汉逐渐失去对西域诸国的控制。

〇八七三　171 年，辛亥，汉灵帝建宁四年。

正月，汉灵帝正式加冕。　　七月，汉灵帝册立贵人宋氏为皇后。　　冬季，鲜卑部落入侵并州（治所在今山西太原）

〇八七四　172 年，壬子，汉灵帝熹平元年。

六月，窦太后死。窦太后以皇后的身份与汉桓帝合葬。

〇八七五　173 年，癸丑，汉灵帝熹平二年。

正月，各地发生大瘟疫。

〇八七六　174 年，甲寅，汉灵帝熹平三年。

正月，扶余国遣使朝贡。　　十二月，鲜卑进攻北地郡（治所在今宁夏吴忠西南）。

〇八七七　175 年，乙卯，汉灵帝熹平四年。

三月，汉灵帝敕令诸儒校订《五经》的文字，并将《五经》铭刻成石碑，这些石碑被称为熹平石经。

〇八七八　176 年，丙辰，汉灵帝熹平五年。

汉灵帝下令凡是与党人有关联的在职的官员，全部撤职，禁止做官。

〇八七九　177 年，丁巳，汉灵帝熹平六年。

鲜卑入侵汉朝的边疆。八月，汉灵帝派遣夏育、田晏、臧旻等三人统领军队，迎击鲜卑。汉军大败。

〇八八〇　178 年，戊午，汉灵帝光和元年。

汉灵帝创设“西邸”，公开售卖官爵与职位，依照官位的高低来定价。　　鲜卑人侵酒泉郡（治所在今甘肃酒泉）。

〇八八一　179 年，己未，汉灵帝光和二年。

四月，汉灵帝大赦天下，解除对部分党人的禁锢。　　十月，刘郃等人密谋铲除宦官，事情泄漏，刘郃等人被杀。

〇八八二　180 年，庚申，汉灵帝光和三年。

六月，汉灵帝任命精通儒家经典的学者担任议郎。　　十二月，汉灵帝册立贵人何氏为皇后。皇后之兄何进为侍中。

〇八八三　181 年，辛酉，汉灵帝光和四年。

正月，汉灵帝设騄骥厩丞官，豪门大族借此获得了大量财富。　　汉灵帝于后宫举行各种游戏，引发京师人的效仿。　　汉灵帝要求各地向皇帝进献珍宝。

〇八八四　182 年，壬戌，汉灵帝光和五年。

二月，全国爆发了大规模的瘟疫。　　四月，汉灵帝命袁隗担任司徒一职。

〇八八五　183 年，癸亥，汉灵帝光和六年。

秋，汉灵帝设立圃囿署。

〇八八六　184 年，甲子，汉灵帝中平元年。

二月，张角发动黄巾起义。　　三月，汉灵帝拜河南尹何进为大将军，驻扎在都亭（今河南洛阳）。又创设函谷、孟津等八关都尉，负责防御义军。　　七月，张修以五斗米道组织起义，攻占巴郡（治所在今重庆江北区）。　　八月，张角病死。

〇八八七　185 年，乙丑，汉灵帝中平二年。

正月，各地爆发瘟疫，多地爆发起义。

〇八八八　186 年，丙寅，汉灵帝中平三年。

二月，汉灵帝下令大赦天下，任中常侍赵忠为车骑将军，张温为太尉。

〇八八九　187 年，丁卯，汉灵帝中平四年。

四月，韩遂围攻汉阳（治所在今甘肃甘谷），汉阳太守战死。扶风人马腾、汉阳人王国起兵造反，攻打三辅地区。　　十一月，汉灵帝命大司农曹嵩担任太尉。　　十二月，休屠部族的胡人反叛汉朝。

〇八九〇 188年，戊辰，汉灵帝中平五年。

二月，黄巾军余部围攻太原（今山西太原西南）、河东（今山西夏县）。　三月，汉灵帝敕令改刺史为州牧。　八月，设立西园上军、中军等八个校尉。

〇八九一 189年，己巳，汉灵帝中平六年，汉少帝刘辩光熹元年、昭宁元年，汉献帝刘协永汉元年。

四月，汉灵帝死，皇子刘辩继承皇位，是为汉少帝。何太后临朝听政，改年号为光熹。　八月，中常侍张让、段珪等杀死大将军何进，司隶校尉袁绍等领兵攻入皇宫。汉少帝被宦官劫持。　二十八日后，汉少帝返回洛阳，将年号光熹改为昭宁。　九月，司空董卓废汉少帝为弘农王。立皇子刘协为帝，是为汉献帝，改元永汉。董卓自封太尉。

十一月，董卓自任相国。汉献帝下诏废除永汉年号，恢复中平年号。

〇八九二 190年，庚午，汉献帝初平元年。

正月，关东诸侯推举袁绍为盟主，起兵讨伐董卓。　董卓派李儒杀死弘农王刘辩，烧毁洛阳，迁都长安，并将太傅袁隗、太仆袁基杀死。

〇八九三 191年，辛未，汉献帝初平二年。

董卓自为太师，位列诸侯王之上。　孙坚大破董卓兵，攻入洛阳，获得传国玉玺。诸侯联盟解散。　袁绍驱逐韩馥，自领冀州牧。

公孙瓒攻冀州（治所在今河北临漳），以刘备为平原相。

〇八九四 192年，壬申，汉献帝初平三年。

袁术派孙坚攻刘表，孙坚战死襄阳（今湖北襄樊）。　司徒王允联合吕布袭杀董卓。董卓部将李傕、郭汜攻陷长安，杀王允。　曹操收降青州黄巾军，号称“青州兵”。

〇八九五 193年，癸酉，汉献帝初平四年。

因徐州兵杀曹操之父曹嵩，曹操领兵攻打徐州（治所在今山东郯城）陶谦，夺取十余座城邑。

〇八九六 194年，甲戌，汉献帝兴平元年。

汉献帝改元兴平。陶谦请刘备为豫州刺史，不久陶谦死，刘备代领徐州事。　　马腾、韩遂攻李傕，失败后退往凉州（今甘肃武威）。益州牧刘焉死，子刘璋嗣位。　　孙坚之子孙策击败扬州刺史刘繇，自领会稽（今浙江绍兴）太守，占据江东。

〇八九七　195 年，乙亥，汉献帝兴平二年。

杨奉、董承奉汉献帝东归，李傕、郭汜领兵追赶，大败王师，汉献帝趁夜渡过黄河。

〇八九八　196 年，丙子，汉献帝建安元年。

汉献帝改元建安，东还洛阳。　　曹操入朝，奉汉献帝东迁许昌（今河南许昌），“挟天子而令诸侯”。

〇八九九　197 年，丁丑，汉献帝建安二年。

袁术在寿春（今安徽寿县）称帝，派兵进攻吕布，反被击败。　　曹操攻袁术，斩杀其大将桥蕤等，袁术败走淮南。

〇九〇〇　198 年，戊寅，汉献帝建安三年。

曹操攻破下邳（今江苏睢宁），将吕布、陈宫等人杀死。

〇九〇一　199 年，己卯，汉献帝建安四年。

袁绍攻灭公孙瓒。　　袁术败死。　　张绣归降曹操。　　刘备攻据徐州（今江苏徐州），遣使与袁绍连兵。曹操派兵攻徐州，不克。

〇九〇二　200 年，庚辰，汉献帝建安五年。

董承等谋杀曹操，事泄被杀，并夷三族。　　曹操击破刘备，俘获其家小和大将关羽。　　关羽杀袁绍大将颜良，解白马（今河南滑县）之围，以报曹操之恩。关羽报恩之后，挂印封金，投奔刘备。　　曹操与袁绍战于官渡（今河南中牟），曹军以少胜多，大破袁绍。　　孙策被刺客刺杀，其弟孙权掌江东。

〇九〇三　201 年，辛巳，汉献帝建安六年。

曹操破刘备于汝南。刘备投奔刘表，屯兵新野（今河南新野）。

〇九〇四　202 年，壬午，汉献帝建安七年。

袁绍死，其子袁谭与袁尚争立，曹操趁机打败二袁。

〇九〇五　203 年，癸未，汉献帝建安八年。

袁谭被袁尚击败，求救于曹操。　　孙权平定山越叛乱，又击破建安（今福建建瓯）、吴兴（今浙江湖州）、南平（今福建南平）等地暴动民众。

〇九〇六　204 年，甲申，汉献帝建安九年。

曹操攻破邺城（今河北临漳），自领冀州牧，袁尚败逃。曹操又在平原（今山东平原）击破袁谭。

〇九〇七　205 年，乙酉，汉献帝建安十年。

曹操攻破青州，斩杀袁谭，袁熙、袁尚投奔辽西乌桓。并州（治所在今山西太原西南）刺史高干反，河内张晟、弘农张琰起兵响应，曹操征召关中诸将马腾等平定叛乱。

〇九〇八　206 年，丙戌，汉献帝建安十一年。

曹操攻并州，高干败死，并州平定。　　袁熙、袁尚联结辽西乌桓屡扰边塞，曹操出兵征讨，开凿平虏渠、泉州渠，以通粮运。

〇九〇九　207 年，丁亥，汉献帝建安十二年。

曹操发兵攻灭辽西乌桓，袁熙、袁尚投奔辽东太守公孙康。公孙康杀袁熙、袁尚，将二人函首送与曹操。　　刘备三顾茅庐，诸葛亮献“东联孙吴，西据荆益，南和夷越，北抗曹操”的“隆中对”。

〇九一〇　208 年，戊子，汉献帝建安十三年。

刘表死，其子刘琮立。曹操趁机进攻荆州（治所在今湖北襄阳），刘琮投降。　　刘备率众走投夏口（今湖北武汉）刘琦。　　江东危急，孙权召集文武商议对策，周瑜力主抵抗，孙权纳谏，联合刘备抗击曹操。孙刘联军在赤壁火攻大败曹军，曹操败走，刘备趁机攻占荆州的武陵（治所在今湖南常德）、长沙（治所在今湖南长沙）、桂阳（治所在今湖南郴县）、零陵（治所在今湖南永州）四郡。

〇九一一　209 年，己丑，汉献帝建安十四年。

刘琦死。孙权表请刘备为荆州牧，又将妹妹嫁与刘备。　　周瑜破曹操兵，攻占江陵（今湖北荆州）。

〇九一二　210 年，庚寅，汉献帝建安十五年。

曹操确立了唯才是举的方式选拔人才。修建铜雀台。　　周瑜病死。孙权听从鲁肃建议，将荆州借与刘备共同抗曹。

〇九一三　211 年，辛卯，汉献帝建安十六年。

曹操领兵攻马超、韩遂，二人败走凉州（今甘肃武威）。　　刘璋请刘备入蜀，以攻汉中张鲁。

〇九一四　212 年，壬辰，汉献帝建安十七年。

孙权营建石头城，迁治所到秣陵，将秣陵改名建业（今江苏南京）。

刘备斩杀刘璋部将杨怀、高沛，进据涪城（今四川绵阳东）。

〇九一五　213 年，癸巳，汉献帝建安十八年。

曹操自为魏公，加九锡，领冀州牧。　　刘璋遣将击刘备，不克。刘备进围雒城（今四川广汉）。　　马超兵败，投奔张鲁。

〇九一六　214 年，甲午，汉献帝建安十九年。

刘备击败刘璋，自领益州牧。诸葛亮以严治蜀。　　曹操平定陇右。

〇九一七　215 年，乙未，汉献帝建安二十年。

曹操攻克汉中，张鲁投降。　　孙权、刘备以湘水为界，分荆州而治。长沙、江夏（今湖北武昌）、桂阳以东属孙权，南郡（今湖北江陵）、零陵、武陵以西属刘备。

〇九一八　216 年，丙申，汉献帝建安二十一年。

曹操进位魏王。

〇九一九　217 年，丁酉，汉献帝建安二十二年。

魏以曹丕为世子。　　刘备率军进攻汉中，曹操命曹洪领兵抵御。

鲁肃死，孙权命吕蒙代其任。

〇九二〇　218 年，戊戌，汉献帝建安二十三年。

曹操率军击刘备。　　曹彰率军击破代郡乌桓，平定北方。

〇九二一　219 年，己亥，汉献帝建安二十四年。

刘备率军击灭夏侯渊。　　曹操至汉中（今陕西汉中），与刘备相持数月，不能取胜，退走。刘备占据汉中，进位汉中王。　　关羽攻樊城（今湖北樊城），大破曹军。　　孙权派吕蒙袭取江陵，关羽兵败麦城（今湖北当阳），惨遭杀害。　　孙权向曹操上表称臣。

220 年，庚子，汉献帝建安二十五年、延康元年。

（相关事件见〇九二二）

三　国[①]

（公元 220 年—公元 280 年）

〇九二二　220 年，庚子，魏文帝曹丕黄初元年，汉献帝建安二十五年、延康元年。

正月，汉丞相、魏王曹操因病于洛阳逝世，被葬于高陵。　二月，魏确立九品中正制，规定各州郡均设中正官，选择贤能且有鉴别能力的人担任，负责考察本州郡士人的德行和才能，并给出评语和等级。共分为九等，政府据等选用人才，故称九品中正制。　十月，曹操之子曹丕废汉献帝，自立为帝，改国号曰“魏”，改元黄初，建都洛阳，曹丕即魏文帝。

〇九二三　221 年，辛丑，魏文帝黄初二年，蜀昭烈帝刘备章武元年。

正月，魏国实行察举制，命郡国每年举荐孝廉。规定人口满十万者，每年举孝廉各一人。

四月，汉中王刘备在成都即皇帝位，即为汉昭烈皇帝，国号仍称汉，史称“蜀汉”，改元章武。以诸葛亮为丞相，许靖为司徒。因荆州被夺、关羽与张飞被杀，刘备兴师攻吴。

八月，孙权被迫向魏称臣，魏文帝拜孙权为吴王，加授九锡。

〇九二四　222 年，壬寅，魏文帝黄初三年，蜀昭烈帝章武二年，吴大帝孙权黄武元年。

正月，魏国下诏各郡国荐举上计吏及孝廉，不再限定年龄。　二月，魏国复通西域，设置戊己校尉驻守。

---

① 公元 266 年至公元 280 年间纪年和大事见西晋部分。

刘备亲率大军屯于夷道猇亭（今湖北宜都北）。

六月，吴将陆逊火攻蜀军大营，大胜。　　十月，孙权改元黄武。

十二月，蜀国汉嘉太守黄元，举兵叛蜀。

〇九二五　223 年，癸卯，魏文帝黄初四年，蜀昭烈帝章武三年，蜀后主刘禅建兴元年，吴大帝黄武二年。

三月，刘备在永安（今重庆奉节东）病亡，临终命丞相诸葛亮辅佐太子刘禅。五月，刘禅即位，年十七岁，是为蜀后主，改元建兴。

〇九二六　224 年，甲辰，魏文帝黄初五年，蜀后主建兴二年，吴大帝黄武三年。

吴使张温至蜀，蜀又遣使邓芝至吴，双方恢复关系。

十一月，鲜卑轲比能击杀扶罗韩，又袭击东部大人素利。

〇九二七　225 年，乙巳，魏文帝黄初六年，蜀后主建兴三年，吴大帝黄武四年。

三月，魏在召陵（今河南郾城东）开凿讨虏渠，准备攻吴。

诸葛亮南征，出兵南中（今云南、贵州和四川西南部），并讨伐雍闿。　　七月，诸葛亮七擒七纵孟获，孟获归顺蜀国。

十月，魏文帝攻吴，但无法渡江，又因天气寒冷，吴固守，因此退兵。

〇九二八　226 年，丙午，魏文帝黄初七年，蜀后主建兴四年，吴大帝黄武五年。

正月，吴陆逊上表孙权，令诸将屯垦，自此东吴开始屯田。

五月，魏文帝死。

八月，吴交趾起兵。　　吴朱应出使扶南（今柬埔寨）。孙权在建业（今江苏南京）接见大秦（古罗马帝国）商人秦论。秦论居住在吴国七八年后回国。

〇九二九　227 年，丁未，魏明帝曹叡太和元年，蜀后主建兴五年，吴大帝黄武六年。

正月，魏明帝改元太和。

三月，诸葛亮出师汉中。

十二月，司马懿发兵攻打孟达。

〇九三〇 228年，戊申，魏明帝太和二年，蜀后主建兴六年，吴大帝黄武七年。

正月，诸葛亮第一次伐魏。诸葛亮令赵云、邓芝据守箕谷（今陕西勉县北）诈为疑兵，亲率大军进攻祁山（今甘肃礼县东）。蜀将马谡与魏将张郃大战于街亭（今甘肃庄浪东南）。马谡战败，街亭失守，蜀军被迫退军。诸葛亮自请降官三等，奖励王平，挥泪斩马谡。

五月，魏明帝命曹休领兵十万出皖（今安徽潜山），司马懿出江陵（今湖北江陵），贾逵出东关（今安徽含山西南濡须山），分三路进攻吴国。

八月，吴以陆逊为大都督，以朱桓、全琮为左右督，各督三万人，与魏将曹休战于石亭（今安徽潜山），斩获万余人，获军资器械无数。

十二月，诸葛亮第二次伐魏。

〇九三一 229年，己酉，魏明帝太和三年，蜀后主建兴七年，吴大帝黄武八年、黄龙元年。

春，诸葛亮攻陷魏武都（治所在今甘肃成县西）、阴平（治所在今甘肃文县西）二郡。后主刘禅再拜诸葛亮为丞相。

四月，吴王孙权即皇帝位，改元黄龙，立子孙登为皇太子，以诸葛恪为太子左辅。　六月，吴蜀组成联盟，共同伐魏。　九月，吴迁都建业（今江苏南京）。

〇九三二 230年，庚戌，魏明帝太和四年，蜀后主建兴八年，吴大帝黄龙二年。

二月，孙权派遣将军卫温等人到达夷洲，这是大陆军民大规模到达台湾的第一次明确记载。

八月，诸葛亮屯兵城固以御魏军。　九月，魏军班师。

〇九三三 231年，辛亥，魏明帝太和五年，蜀后主建兴九年，吴大帝黄龙三年。

二月，卫温等遭遇瘟疫，死者十之八九，返回东吴。

诸葛亮领兵围攻祁山，制造木牛运输粮食。五月，蜀军大胜。六月，诸葛亮因粮尽退兵。

〇九三四 232年，壬子，魏明帝太和六年，蜀后主建兴十年，吴大帝嘉禾元年。

九月，魏帝因公孙渊与吴通好，遂命田豫督青州（治所在今山东临淄西）诸军自海道入辽东、幽州刺史王雄督陆军共讨公孙渊。多次进军没有获胜，只好下诏停止进军。　十一月，曹魏陈王曹植卒。

〇九三五 233年，癸丑，魏明帝太和七年、青龙元年，蜀后主建兴十一年，吴大帝嘉禾二年。

二月，魏改元青龙。

三月，吴封公孙渊为燕王。十二月，吴使张弥等至辽东，公孙渊斩张弥。曹魏封公孙渊为乐浪公。

诸葛亮制作木牛流马，运粮集于斜谷口（今陕西眉县西南），准备攻魏。

司马懿在雍州（治所在今陕西西安）、凉州（治所在今甘肃武威）开凿国渠，筑临晋陂。

〇九三六 234年，甲寅，魏明帝青龙二年，蜀后主建兴十二年，吴大帝嘉禾三年。

二月，诸葛亮领兵出斜谷攻曹魏，并遣使约吴国共同伐魏。四月，蜀军进据渭水南岸五丈原（今陕西眉县西南），与北岸魏军对峙。诸葛亮因魏军坚壁不战，乃分兵屯田。八月，蜀军数次挑战，魏军仍固守不出。诸葛亮卒于军中，时年五十四岁。长史杨仪整军还蜀。

〇九三七 235年，乙卯，魏明帝青龙三年，蜀后主建兴十三年，吴大帝嘉禾四年。

正月，魏命司马懿为太尉。　四月，魏明帝立子芳为齐王。魏明帝诏博士扶风（今陕西兴平东南）人马钧制造指南车。马钧改进织绫机，创制灌溉工具翻车。

〇九三八 236年，丙辰，魏明帝青龙四年，蜀后主建兴十四年，吴大帝嘉禾五年。

三月，东吴元老张昭死。

〇九三九 237年，丁巳，魏明帝青龙五年、景初元年，蜀后主建兴十五年，吴大帝嘉禾六年。

三月，魏改元景初。　七月，魏遣荆州刺史毌丘俭率诸军并联合鲜卑、乌桓屯辽东（今辽宁辽河以东）南界，命公孙渊入朝。公孙渊起兵拒之，自立为燕王，改元绍汉，派遣使者授予鲜卑单于印玺。

〇九四〇 238年，戊午，魏明帝景初二年，蜀后主延熙元年，吴大帝嘉禾七年、赤乌元年。

正月，蜀改元延熙。蜀立刘培为太子。

六月，司马懿攻辽东，进围襄城。

九月，吴改元赤乌。

〇九四一 239年，己未，魏明帝景初三年，蜀后主延熙二年，吴大帝赤乌二年。

正月，魏明帝死，皇太子曹芳继位，时年八岁，曹爽、司马懿辅政。

〇九四二 240年，庚申，魏齐王曹芳正始元年，蜀后主延熙三年，吴大帝赤乌三年。

十一月，吴发生饥荒，孙权下令开仓赈济。

〇九四三 241年，辛酉，魏齐王正始二年，蜀后主延熙四年，吴大帝赤乌四年。

四月，吴出动四路大军攻魏，吴将全琮攻淮南（治所在今安徽寿县），与魏将王凌等战于芍陂（今安徽寿县南），全琮败走。吴将诸葛恪攻六安（今安徽六安），朱然围樊城（今湖北樊城），魏将胡质以轻兵救樊；吴将诸葛瑾攻柤中（今湖北南漳）。六月，吴撤军。　闰六月，魏尚书郎邓艾建议屯田，并广开河渠。

〇九四四 242年，壬戌，魏齐王正始三年，蜀后主延熙五年，吴大帝赤乌五年。

正月，吴王立子孙和为太子。

高句丽王位宫袭魏辽东西安平（今辽宁宽甸南鸭绿江北岸），大掠而去。

〇九四五 243年，癸亥，魏齐王正始四年，蜀后主延熙六年，吴大帝赤乌六年。

正月，吴将诸葛恪偷袭魏六安（今安徽六安），击败魏军。

十一月，蒋琬病重，蜀后主命费祎为大将军、录尚书事。

吴丞相顾雍死，其任吴相十九年。

〇九四六 244年，甲子，魏齐王正始五年，蜀后主延熙七年，吴大帝赤乌七年。

正月，吴命陆逊为丞相。

二月，魏帝诏曹爽攻蜀。四月，曹爽因军需不能供给，蜀援军又至，遂退兵。

五月，蜀将费祎击曹爽，曹爽战败。

〇九四七 245年，乙丑，魏齐王正始六年，蜀后主延熙八年，吴大帝赤乌八年。

二月，吴丞相陆逊死。

蜀皇帝刘禅任宦官黄皓为中常侍。

〇九四八 246年，丙寅，魏齐王正始七年，蜀后主延熙九年，吴大帝赤乌九年。

二月，魏攻高句丽，诛杀及归降者八千余人，刻石记功而回。

十一月，蜀大司马蒋琬卒。

〇九四九 247年，丁卯，魏齐王正始八年，蜀后主延熙十年，吴大帝赤乌十年。

二月，吴主修建建业（今江苏南京）宫。曹爽专擅朝政，司马懿称病，不参与政事。

西域僧人康僧会至建业，为佛经译注。吴大帝为其建塔立寺，号“建初寺”。自此，江南佛教渐兴。

〇九五〇 248年，戊辰，魏齐王正始九年，蜀后主延熙十一年，吴大帝赤乌十一年。

九月，司马懿谎称病重，曹爽不以司马懿为虑。

〇九五一 249年，己巳，魏齐王正始十年、嘉平元年，蜀后主延熙十二年，吴大帝赤乌十二年。

正月，魏帝曹芳与大将军曹爽、中领军曹羲等至高平陵（今河南洛阳东南大石山），祭扫魏明帝陵墓。太傅司马懿遂以皇太后名义，下令关闭洛阳城门，占据武库，命司徒高柔、太仆王观分别占据曹爽军营与曹羲军营；并揭露曹爽兄弟罪恶，请求罢免曹爽兵权。司农桓范建议曹爽兄弟奉皇帝驾临许昌，招兵讨伐司马懿。曹爽、曹羲兄弟无所作为，遂奉帝还宫。不久，司马懿以曹爽与何晏、邓飏、丁谧、毕轨、李胜等阴谋反叛罪，将曹爽等斩首，夷灭三族。历史上称此事为“高平陵事变”。　是年，王弼卒。

○九五二　250 年　庚午，魏齐王嘉平二年，蜀后主延熙十三年，吴大帝赤乌十三年。

十一月，吴孙权立孙亮为太子。

十二月，魏征南将军王昶建议分道攻吴，魏帝遂命州泰攻巫（今四川巫山）、秭归（今湖北秭归），王基攻夷陵（今湖北宜昌东南），王昶攻江陵（今湖北江陵）。　印度高僧昙柯迦罗来洛阳白马寺，传授佛教戒律。

○九五三　251 年，辛未，魏齐王嘉平三年，蜀后主延熙十四年，吴大帝赤乌十四年、太元元年。

五月，吴改元太元，立宠妃潘夫人为皇后。

八月，司马懿死，其子司马师为抚军大将军、录尚书事，掌握魏国大政。

○九五四　252 年，壬申，魏齐王嘉平四年，蜀后主延熙十五年，吴大帝太元二年、神凤元年，吴会稽王孙亮建兴元年。

正月，魏以司马师为大将军。

四月，吴大帝孙权死，子孙亮即位，改元建兴，任命诸葛恪为太傅，滕胤为卫将军，吕岱为大司马。

印度僧人康僧铠在洛阳白马寺翻译佛经。

○九五五　253 年，癸酉，魏齐王嘉平五年，蜀后主延熙十六年，吴会稽王建兴二年。

正月，蜀大将军费祎被曹魏降将刺杀。　十月，吴国孙峻杀诸葛恪，诛其三族。

○九五六　254 年，甲戌，魏齐王嘉平六年，魏高贵乡公曹髦正元元年，蜀后主延熙十七年，吴会稽王五凤元年。

九月，魏司马师废魏帝曹芳为齐王，从元城（今河北大名东）迎接高贵乡公曹髦。曹髦十月至洛阳，即皇帝位，改元正元。

〇九五七　255年，乙亥，魏高贵乡公正元二年，蜀后主延熙十八年，吴会稽王五凤二年。

二月，司马师死，其弟司马昭自为大将军、录尚书事。

八月，蜀姜维领兵数万攻魏，击败魏将王经，进围狄道（今甘肃临洮西南）。魏发兵援救，姜维退兵。

〇九五八　256年，丙子，魏高贵乡公正元三年、甘露元年，蜀后主延熙十九年，吴会稽王五凤三年、太平元年。

正月，蜀姜维进位大将军。

九月，吴丞相孙峻死。孙琳被命为侍中，督军事。十月，吴将吕据反对孙琳辅政，与诸将联名推举滕胤为丞相。孙琳发兵杀滕胤等人。吕据自杀。

〇九五九　257年，丁丑，魏高贵乡公甘露二年，蜀后主延熙二十年，吴会稽王太平二年。

四月，魏诸葛诞向吴称臣。

六月，蜀姜维乘魏内乱，领兵出骆谷（今陕西周至西南）攻魏。蜀人因姜维多次攻伐，怨声载道，中散大夫谯周作《仇国论》以讽刺这种行为。

〇九六〇　258年，戊寅，魏高贵乡公甘露三年，蜀后主景耀元年，吴会稽王太平三年，吴景帝孙休永安元年。

正月，蜀宦官黄皓开始专权。

二月，魏司马昭攻破寿春（今安徽寿县），诸葛诞被杀。

十二月，吴帝孙休和左将军丁奉密谋杀死孙琳，诛杀其三族。

〇九六一　259年，己卯，魏高贵乡公甘露四年，蜀后主景耀二年，吴景帝永安二年。

正月，魏帝曹髦作《潜龙诗》，引起司马昭极大不满。

〇九六二　260年，庚辰，魏高贵乡公甘露五年，魏元帝曹奂景元元年，蜀后主景耀三年，吴景帝永安三年。

正月，魏帝曹髦见司马昭威权日重，率殿中宿卫及官僮讨伐司马昭。司马昭遣中护军贾充迎战，太子舍人成济刺死曹髦。司马昭另立曹奂为帝，是为魏元帝。成济被屠三族。

魏朱士行往西域取经，从于阗（今新疆和田一带）取得梵文正本《大品般若经》，遣弟子送归洛阳，后由竺叔兰、无罗叉等译为汉文。

〇九六三 261 年，辛巳，魏元帝景元二年，蜀后主景耀四年，吴景帝永安四年。

七月，乐浪外夷韩及秽貊各率其属来魏朝贡。

蜀制造十石铜弩机。

〇九六四 262 年，壬午，魏元帝景元三年，蜀后主景耀五年，吴景帝永安五年。

十月，嵇康拒绝与司马氏合作，被司马昭杀害。

〇九六五 263 年，癸未，魏元帝景元四年，蜀后主景耀六年、炎兴元年，吴景帝永安六年。

五月，魏帝下诏攻蜀，命征西将军邓艾率兵自狄道（今甘肃临洮西南）进军甘松（今四川迭部一带）、沓中（今甘肃舟曲以西）；雍州刺史诸葛绪督三万余人自祁山进军武街（今甘肃徽县西）、桥头（今甘肃文县西北），断绝姜维归路；钟会统领十余万人攻汉中（今陕西汉中）。

十一月，刘禅降魏，蜀亡。蜀自刘备在公元 221 年称帝，经二帝，历四十三年。

刘徽为汉代的数学著作《九章算术》作注。　阮籍卒。

〇九六六 264 年，甲申，魏元帝景元五年、咸熙元年，吴景帝永安七年，吴末帝孙皓元兴元年。

三月，司马昭被封为晋王，增封十郡。封刘禅为安乐公。魏改元咸熙。

七月，乌程侯孙皓继位，改元元兴。

十月，魏司马昭立司马炎为世子。

265 年，乙酉，魏元帝咸熙二年，吴末帝元兴二年、甘露元年。

（相关事件见〇九六七）

晋

（公元265年—公元420年）

西　　晋[1]

（公元265年—公元317年）

〇九六七　265年，乙酉，晋武帝司马炎泰始元年，吴末帝孙皓元兴二年、甘露元年。

四月，吴改元甘露。

五月，魏司马昭死。其子司马炎袭爵，继任相国、晋王。　十二月，司马炎迫魏帝曹奂退位，自称皇帝，改国号为晋，史称西晋，改元泰始，建都洛阳。

〇九六八　266年，丙戌，晋武帝泰始二年，吴末帝甘露二年、宝鼎元年。

八月，吴陆凯建议还都建业（今江苏南京）。

十一月，倭人遣使向晋进贡。

〇九六九　267年，丁亥，晋武帝泰始三年，吴末帝宝鼎二年。

正月，晋武帝立子司马衷为皇太子，时年九岁。　李密上《陈情表》。

① 含三国公元266年至公元280年间纪年和大事。

○九七○ 268年，戊子，晋武帝泰始四年，吴末帝宝鼎三年。

正月，贾充等就汉律九章增为二十篇，晋武帝亲自临讲，并命抄新律死罪条目公布于众。

十月，吴遣刘俊等攻交趾（治所在今越南河内北），被晋将毛炅击败。郁林（治所在今广西桂平西）、九真（治所在今越南清化西北）皆附晋。　吴攻晋江夏（治所在今湖北安陆北）、襄阳（今湖北襄阳）、芍陂（今安徽寿县南），皆败还。

○九七一 269年，己丑，晋武帝泰始五年，吴末帝宝鼎四年、建衡元年。

二月，晋设置秦州，任命胡烈为刺史。

○九七二 270年，庚寅，晋武帝泰始六年，吴末帝建衡二年。

西晋所属鲜卑酋长秃发树机能据万斛堆（今甘肃靖远）反叛，秦州刺史胡烈举兵讨伐，反被击杀。

○九七三 271年，辛卯，晋武帝泰始七年，吴末帝建衡三年。

三月，裴秀卒，他创立了著名的“制图六体”理论，著有《禹贡地域图》《地形方丈图》。

十二月，安乐公刘禅死。

○九七四 272年，壬辰，晋武帝泰始八年，吴末帝凤凰元年。

吴西陵（治所在今湖北宜昌北）都督步阐降晋，晋任其为都督西陵诸军事，领交州牧。十月，吴陆抗遣将军左奕、吾彦讨伐步阐。晋帝命羊祜率步军出江陵，徐胤率水军击建平，以救步阐。十二月，陆抗击败晋军，攻破西陵，诛杀步阐。

○九七五 273年，癸巳，晋武帝泰始九年，吴末帝凤凰二年。

吴帝孙皓欲为父亲作纪，但被左国史韦昭拒绝，于是吴帝杀死韦昭。

○九七六 274年，甲午，晋武帝泰始十年，吴末帝凤凰三年。

七月，吴大司马陆抗死，吴帝命其子陆晏、陆景、陆玄、陆机、陆云等分掌军队。

九月，杜预因为孟津（今河南孟津）的河流湍急险要，上表要求修建河桥，以造福一方。

晋引黄河水东注洛水（今陕西北洛河），以通漕运。

〇九七七 275年，乙未，晋武帝咸宁元年，吴末帝天册元年。

正月，鲜卑索头部落酋长拓跋沙漠汗朝见西晋。

〇九七八 276年，丙申，晋武帝咸宁二年，吴末帝天玺元年。

五月，晋立国子学。　十二月，晋武帝授予杨骏为车骑将军，封临晋侯。

〇九七九 277年，丁酉，晋武帝咸宁三年，吴末帝天纪元年。

三月，晋平虏护军文鸯率凉、秦、雍州诸军，攻鲜卑树机能。　七月，晋武帝诏改封宗室诸王。又封异姓功臣，皆为郡公、郡侯。

〇九八〇 278年，戊戌，晋武帝咸宁四年，吴末帝天纪二年。

七月，晋司州（今河南洛阳以西）、冀州（今河北中部）等地发生水灾，杜预上疏给灾区官牛四万五千余头，以恢复耕作。

〇九八一 279年，己亥，晋武帝咸宁五年，吴末帝天纪三年。

正月，鲜卑树机能攻陷凉州（治所在今甘肃武威），晋以司马督马隆为讨虏护军、武威（今甘肃武威）太守，领兵讨伐树机能。　十月，晋汲郡（今河南卫辉西南）一个名叫不准的人挖掘战国魏襄王墓，得到竹简小篆古书十余万字。　十一月，晋武帝分水陆六路大举进攻吴。

〇九八二 280年，庚子，晋武帝咸宁六年、太康元年，吴末帝天纪四年。

二月，杜预集中各路军队攻打吴国都城，取得胜利。

三月，吴帝孙皓向晋请降。晋军进入建业，收吴版图、户籍，至此，全国又归于统一。

四月，晋武帝封孙皓为归命侯。　六月，东夷十国内附。　晋颁占田法、课田法、户调法。

〇九八三 281年，辛丑，晋武帝太康二年。

平吴以后，晋武帝专注游宴，怠于政事。　晋下令卫恒整理不准掘墓时所获竹书，改写为今文。卫恒死后，由束皙完成了整理工作。

〇九八四 282年，壬寅，晋武帝太康三年。

王恺、石崇斗富。　皇甫谧卒。

〇九八五　283 年，癸卯，晋武帝太康四年。

正月，山涛卒。　八月，鄯善（今新疆罗布泊以西地区）国王向晋遣子作为人质，晋武帝封其子为归义侯。

十一月，归命侯孙皓死。

〇九八六　284 年，甲辰，晋武帝太康五年。

正月，刘毅等人请求废除九品中正制，太尉司马亮、司空卫瓘也都曾上疏请求废止九品中正制，实行土断。晋武帝没有采纳。　闰十二月，杜预卒。

〇九八七　285 年，乙巳，晋武帝太康六年。

四月，扶南（今柬埔寨）等十国向晋朝献。　十月，龟兹（今新疆库车一带）、焉耆（今新疆焉耆一带）向晋遣子作为人质。　百济国王遣王仁赴日本，赠《论语》十卷、《千字文》一卷，汉字从此传入日本，使其有了书面文字。

〇九八八　286 年，丙午，晋武帝太康七年。

月氏僧竺法护来晋，翻译经书二百一十部。　秋，匈奴等部向晋归降。匈奴胡都大博及萎莎胡各率部落十余万人至雍州（治所在今陕西西安），向晋归降。　扶南（今柬埔寨国一带）等二十一国、马韩（今朝鲜半岛西南部）等十一国遣使向晋朝贡。

〇九八九　287 年，丁未，晋武帝太康八年。

八月，东夷二国归附。　十二月，扶南及西域康居（今巴尔喀什湖和咸海之间）国王遣使朝贡。

〇九九〇　288 年，戊申，晋武帝太康九年。

八月，晋下诏各郡国，释放五年以下刑徒。

〇九九一　289 年，己酉，晋武帝太康十年。

十一月，荀勖卒。　晋武帝封皇子司马乂为长沙（今湖南长沙）王，司马颖为成都（今湖北武昌）王。任命刘渊为匈奴北部都尉。

〇九九二　290 年，庚戌，晋武帝太熙元年，晋惠帝司马衷永熙元年。

四月，晋武帝死，太子司马衷继位，是为晋惠帝，改元永熙。贾充之女贾南风被立为皇后，晋武帝杨皇后之父杨骏被任命为太尉、太傅、大都督，总揽朝政。立广陵王遹为皇太子。　　十月，晋惠帝任命刘渊为建威将军、匈奴五部大都督。

○九九三　291 年，辛亥，晋惠帝永平元年、元康元年。

三月，皇后贾氏欲干预政事，被太傅杨骏压制。贾后命楚王司马玮带兵入朝，杀杨骏等，废皇太后杨氏为庶人。改元元康，命汝南王司马亮为太宰与太尉卫瓘皆录尚书事，共同辅政。　　六月，贾后杀司马亮和司马玮。　　是年，卫恒为贾后所杀。

○九九四　292 年，壬子，晋惠帝元康二年。

二月，废太后杨氏卒于金墉城（今河南洛阳东北）。

○九九五　293 年，癸丑，晋惠帝元康三年。

九月，带方（今朝鲜黄海南道、黄海北道一带）郡等六县发生严重的蝗灾。

○九九六　294 年，甲寅，晋惠帝元康四年。

五月，淮南寿春（今安徽寿县）发生洪水，并伴有地震。蜀郡（今四川成都一带）山崩地陷，百姓房屋以及官府衙门等都被损坏。幽州发生地震。　　九月，因为发生大范围的饥荒，晋惠帝下令减免诸州遭灾地区赋税。

○九九七　295 年，乙卯，晋惠帝元康五年。

六月，荆、扬、兖、豫、青、徐等六州发生水灾。东海（今山东郯城西）降冰雹。金城（今甘肃兰州）发生地震。　　十月，武库火灾，大量宝物和二百万器械被焚毁，其中有汉高祖斩白蛇之剑、孔子屐等稀世文物。

○九九八　296 年，丙辰，晋惠帝元康六年。

八月，秦（治所在今甘肃天水）、雍（治所在今陕西西安）二州氐羌部落反叛，拥立氐族酋长齐万年为帝。　　略阳（治所在今甘肃秦安东南）氐部酋长杨茂搜避齐万年之乱，率民四千户至仇池（今甘肃西和西），号称氐王。

○九九九　297 年，丁巳，晋惠帝元康七年。

是年，陈寿卒。

一〇〇〇 298 年，戊午，晋惠帝元康八年。

九月，荆、豫、徐、扬、冀五州发生水灾。

一〇〇一 299 年，己未，晋惠帝元康九年。

正月，孟观在中亭（今陕西武功西）大败氐众，擒齐万年。

十二月，贾后逼迫晋惠帝废太子遹为庶人，杀其母谢淑媛。

一〇〇二 300 年，庚申，晋惠帝永康元年。

正月，贾后幽禁废太子遹于许昌宫。　三月，贾后杀废太子遹。

四月，赵王司马伦、孙秀以贾后杀太子罪，矫诏遣齐王冏等带兵入宫，杀贾后亲党贾谧等人，伪造诏书处死贾后，下诏恢复故太子遹的名位。　八月，淮南王起兵讨赵王伦，失败。　是年，向秀卒。

一〇〇三 301 年，辛酉，晋惠帝永康二年、永宁元年。

正月，赵王司马伦逼晋惠帝禅位，自称皇帝，改元建始。尊晋惠帝为太上皇，囚于金墉城（今河南洛阳东北）。　三月，齐王司马冏在许昌起兵，檄告诸王及各地共同讨伐赵王司马伦、孙秀等。成都王司马颖、河间王司马颙、常山王司马乂等起兵响应，赵王司马伦失败被杀。

四月，晋惠帝复位。　六月，晋惠帝任齐王司马冏为大司马，成都王颖为大将军，河间王颙为太尉。七月，复封常山王乂为长沙王。

一〇〇四 302 年，壬戌，晋惠帝永宁二年、太安元年。

五月，立清河王覃为太子，年八岁。　齐王司马冏骄奢淫逸，臣民对他深恶痛绝。　十二月，长沙王司马乂起兵诛杀齐王司马冏。改元太安。　是年，陈留王曹奂死，谥号“魏元皇帝”。

一〇〇五 303 年，癸亥，晋惠帝太安二年。

正月，略阳人李特起兵，蜀郡太守徐俭投降，李特入城大赦，建元建初。　十月，成都王司马颖杀死陆机及其弟陆云。　十一月，司马颖等进兵逼围京师。　是年，古文字学家、《汲冢竹书》整理者之一束皙去世。

一〇〇六 304 年，甲子，晋惠帝永安元年、建武元年、永安元年、永兴元年。

正月，东海王司马越处死长沙王司马乂。成都王司马颖进入洛阳，被任命为丞相，还镇邺城（治所在今河北临漳西南），东海王司马越为尚书令。　　三月，成都王司马颖废太子覃为清河王，司马颖自为皇太弟。

八月，匈奴左贤王刘渊在离石（今山西离石）起兵反晋，自称大单于。　　十月，李特之子李雄称成都王，建元建兴，废除晋法。　　刘渊称汉王，迁都左国城（今山西离石东北），建国号曰“汉”，尊蜀汉刘禅为孝怀皇帝，建元元熙。

十一月，权臣张方挟持晋惠帝和成都王司马颖、豫章王司马炽等前往长安（今陕西西安）。

一〇〇七　305 年，乙丑，晋惠帝永兴二年。

七月，东海王司马越起兵，讨伐河间王司马颙。　　是年，左思卒。“竹林七贤”之一——王戎卒。

一〇〇八　306 年，丙寅，晋惠帝永兴三年、光熙元年。

三月，晋惠帝东还洛阳。

六月，李雄自称皇帝，改元晏平，国号大成，建立百官制度。

十一月，晋惠帝中毒死，时年四十八岁。皇太弟司马炽继位，是为晋孝怀皇帝。　　是年，嵇含卒。

一〇〇九　307 年，丁卯，晋怀帝司马炽永嘉元年。

七月，晋以琅邪王司马睿为安东将军、都督扬州江南诸军事。　　九月，司马睿至建业，得到大士族王导的支持。

一〇一〇　308 年，戊辰，晋怀帝永嘉二年。

十月，刘渊称帝，改元永凤。

一〇一一　309 年，己巳，晋怀帝永嘉三年。

正月，汉刘渊迁都平阳（今山西临汾西）。　　三月，刘渊遣将攻打洛阳，晋将朱诞归附刘渊。刘渊命朱诞为前锋都督、刘景为大都督，攻下黎阳（今河南浚县西南），又攻陷延津（今河南延津西北）。

八月，晋将领王浚联合鲜卑兵，在飞龙山（今河北石家庄西南）击败石勒。

十月，刘渊遣刘聪、王弥、王景等率精骑五万进攻洛阳，不胜。不久，退兵。

一〇一二 310年，庚午，晋怀帝永嘉四年。

七月，刘渊死，谥号光文皇帝，庙号高祖，其子刘和继位。刘和生性猜忌，刘聪于是起兵杀刘和等人，即帝位，改元光兴。

天竺高僧佛图澄来到洛阳，得到石勒的信任。

一〇一三 311年，辛未，晋怀帝永嘉五年。

正月，李雄攻陷巴西（治所在今四川阆中）、涪城（今四川绵阳东）。

三月，东海王司马越死。

六月，刘聪攻陷洛阳，纵兵抢掠，杀晋太子司马铨及士民三万余人，将被俘的晋怀帝送到平阳。

一〇一四 312年，壬申，晋怀帝永嘉六年。

正月，刘聪封晋怀帝为会稽郡公。　　七月，石勒用张宾的计谋进兵襄国（今河北邢台西南）、冀州。汉主刘聪任命石勒为都督冀、幽、并、营四州诸军事，进封上党公。

九月，贾疋立秦王业为皇太子，自为征西大将军。

一〇一五 313年，癸酉，晋怀帝永嘉七年，晋愍帝司马邺建兴元年。

正月，刘聪杀晋怀帝。　　三月，刘聪立刘娥为皇后，建造凰仪殿。将“逍遥园”更名为“纳贤园”，“李中堂”更名为“愧贤堂”。

四月，秦王司马邺在长安即皇帝位，是为晋孝愍皇帝，改元建兴。

七月，祖逖中流击楫，屯兵淮阴。　　晋改建业（今江苏南京）为建康。

十月，刘曜进攻长安，在外城杀掠千人。

一〇一六 314年，甲戌，晋愍帝建兴二年。

三月，石勒杀王浚。

五月，张轨死，儿子张寔继位。此后，张寔政权成为割据政权，史称前凉。

一〇一七 315年，乙亥，晋愍帝建兴三年。

二月，晋诏拓跋猗卢为代王，设置属官，建立代国。　　晋帝以琅邪王司马睿为丞相、大都督，以南阳王司马保为相国，以刘琨为司空、都督并、幽、冀三州诸军事。

一〇一八 316年，丙子，晋愍帝建兴四年。

正月，汉刘聪游宴后宫，王沈等得以专权。　七月，刘曜攻陷北地，攻泾阳（今甘肃平凉西）。　平阳（今山西临汾西）闹蝗灾，百姓饿死的有十分之五六。石勒招纳流民，归附的有二十万户。　十一月，刘曜攻陷长安，俘获晋愍帝。至此，西晋灭亡。

东　晋[①]

（公元317年—公元420年）

一〇一九 317年，丁丑，晋元帝司马睿建武元年。

三月，琅邪王司马睿在建康（今江苏南京）称晋王，改元建武，史称东晋。　六月，豫州刺史祖逖进入谯城（今河南夏邑北），谋划北伐。　七月，汉刘聪立刘粲为皇太子，令其总揽朝政。　十二月，刘聪在平阳（今山西临汾西）杀害了晋愍帝。

一〇二〇 318年，戊寅，晋元帝建武二年、大兴元年。

三月，司马睿称帝，是为晋元帝，改元太兴，立司马绍为皇太子。

七月，汉王刘聪死，其子刘粲继位，改元汉昌。　十月，刘曜称皇帝，改元光初，任用石勒为大司马、大将军。

一〇二一 319年，己卯，晋元帝大兴二年。

四月，刘曜迁都长安，任命其子刘熙为太子。

祖逖攻打豪强陈川，石虎、桃豹带领五万兵马来援救，双方在浚仪（今河南开封西北）激战，祖逖战败，遂退兵屯于淮南。

六月，刘曜改国号为“赵”，史称前赵。

---

① 东晋时期，在我国北方和巴蜀地区出现了一些封建割据政权，如汉（前赵）、成（成汉）、前凉、后赵（魏）、前燕、前秦、后燕、后秦、西秦、后凉、南凉、南燕、西凉、北凉、北燕、夏等国，史称“十六国”。“十六国”大事在此一并叙述。

十一月，石勒称王，国号“赵”，史称后赵，并占据了河内等地共二十四郡。

一〇二二 320年，庚辰，晋元帝大兴三年。

刘曜建立太学，选一千五百人作为学生，选择儒臣教导他们。

七月，祖逖为了攻取河北，劝课农桑，练兵积粮。黄河以南地区大多归附于晋。

一〇二三 321年，辛巳，晋元帝大兴四年。

三月，石勒占据幽、冀、并等三州。

十二月，晋元帝封慕容廆为辽东公。

一〇二四 322年，壬午，晋元帝永昌元年。

正月，晋大将军王敦以清君侧为由反叛，沈充在吴兴（今浙江湖州西）起兵响应。晋元帝勃然大怒，亲自率领六军攻打王敦。 闰十一月，晋元帝忧愤成疾致死。太子司马绍即皇帝位，司空王导受遗诏辅政。

一〇二五 323年，癸未，晋元帝永昌二年，晋明帝司马绍太宁元年。

六月，晋明帝立妃子庾氏为皇后，其兄庾亮任中书监。

七月，前赵皇帝刘曜率兵进攻前凉，张茂投降，被封为凉王。

一〇二六 324年，甲申，晋明帝太宁二年。

张茂死后，其子张骏继位。留在姑臧（今甘肃凉州）的晋使史淑授张骏为大将军、凉州刺史、西平公，大赦境内。前赵主刘曜也派遣使者任命张骏为上大将军、凉州牧、凉王。

一〇二七 325年，乙酉，晋明帝太宁三年。

二月，晋明帝立司马衍为皇太子。

四月，石勒接连打败刘曜，占据司、豫、徐、兖等州，与晋以淮河为界。

七月，晋明帝死。皇太子司马衍继帝位，是为晋成帝。

一〇二八 326年，丙戌，晋明帝太宁四年，晋成帝司马衍咸和元年。

十一月，石勒派遣将领攻打淮南，东晋司徒王导击退后赵军队。

一〇二九 327年，丁亥，晋成帝咸和二年。

东晋中书令庾亮猜忌历阳内史苏峻，将其调为大司农，削其兵权。

一〇三〇 328年，戊子，晋成帝咸和三年。

二月，苏峻攻打建康，庾亮出逃，庾太后忧虑而死。

八月，刘曜与后赵石虎交战于高堡（今山西闻喜北），石虎大败，刘曜乘胜追击，围攻洛阳。

十二月，石勒统率步骑四万援救洛阳，与刘曜大战，擒获刘曜。

一〇三一 329年，己丑，晋成帝咸和四年。

前赵皇太子刘熙率领百官放弃首都长安，逃到上邽（今甘肃天水）。后赵石虎攻陷上邽，前赵灭亡，后赵尽占华北地区。

一〇三二 330年，庚寅，晋成帝咸和五年。

二月，石勒称大赵天王。　　六月，石勒称皇帝，改年号为建平。石弘为皇太子。

十二月，前凉张骏恐惧后赵的强大，派遣使者向石勒称臣进贡。

一〇三三 331年，辛卯，晋成帝咸和六年。

正月，东晋诏令举荐贤良直言之士。

九月，石勒以洛阳为南都，设置行台。

一〇三四 332年，壬辰，晋成帝咸和七年。

张骏立次子张重华为世子。

一〇三五 333年，癸巳，晋成帝咸和八年。

七月，石勒死，其子石弘继位，石虎专权。　　八月，石虎任丞相、大单于，总揽朝政。石虎杀刘太后、彭城王石堪、河东王石生，朝野为之震撼。

一〇三六 334年，甲午，晋成帝咸和九年。

正月，后赵石弘改年号延熙。

仇池杨难敌死，儿子杨毅继立，自称左贤王，派遣使者向晋称臣。

六月，东晋名将陶侃告老回长沙（今湖南长沙），于途中病死，享年七十五岁。

十月，成汉主李雄的儿子李期、李越兄弟杀李班。李期即皇帝位，封李越为相国、建宁王。

十一月，石虎废黜石弘为海阳王，自称摄赵天王。

一〇三七 335 年，乙未，晋成帝咸康元年。

二月，扬州诸郡饥荒，晋成帝派使者赈济。

九月，石虎迁都于邺县（治所在今河北临漳西南）。

一〇三八 336 年，丙申，晋成帝咸康二年。

三月，晋下诏免受灾郡县徭役。

十二月，石虎在襄国（今河北邢台西南）建太武殿，在邺县（今河北临漳西南）建东、西宫。　　是年，后赵大旱，黄金一斤值粟米二斗，百姓大饥。

一〇三九 337 年，丁酉，晋成帝咸康三年。

正月，石虎称大赵天王，太子石邃为天王皇太子。　　七月，后赵太子石邃被石虎杀死。

十月，慕容皝接受封奕建议，即燕王位，称元年，不用晋年号，史称前燕。

一〇四〇 338 年，戊戌，晋成帝咸康四年。

四月，成汉李寿废黜李期，自称皇帝，改国号为汉，改年号为汉兴，立李势为皇太子。

一〇四一 339 年，己亥，晋成帝咸康五年。

七月，东晋丞相王导死，享年六十四岁。　　八月，东晋改丞相为司徒。

冬，前燕王慕容皝进攻高句丽，高句丽王钊乞求结盟，燕退兵。

是年，后赵命令各郡国设立五经博士，以网罗士人。

一〇四二 340 年，庚子，晋成帝咸康六年。

前燕王慕容皝进军攻打后赵，军队到了蓟城（今北京西南）。

一〇四三 341 年，辛丑，晋成帝咸康七年。

二月，晋成帝封慕容皝为大将军，任命他的儿子慕容俊为安北将军，并赐军资器械数以千万计。　　四月，晋成帝下诏实行土断、白籍政策。土断指废除侨置郡县，使侨居户口编入所在郡县；白籍就是其户口以白色纸登记，以与本地户籍相区别。

一〇四四 342 年，壬寅，晋成帝咸康八年。

六月，晋成帝死，时年二十二岁，其兄琅邪王司马岳继位，是为晋康帝。庾冰、何充执政。

十月，前燕王慕容皝迁都龙城（今辽宁朝阳北）。

十二月，后赵王石虎在邺城（今河北临漳西南）筑台观四十多所，又营建洛阳、长安两宫，又想进攻前燕，劳役繁重，百姓难以承受。

一〇四五 343 年，癸卯，晋康帝司马岳建元元年。

七月，晋康帝下诏议经略中原，庾翼带领自己的部队北伐。

八月，成汉主李寿死，太子李势继承王位。

一〇四六 344 年，甲辰，晋康帝建元二年。

九月，晋康帝死，太子司马聃即位，是为晋穆帝，年二岁，皇太后褚氏临朝称制。

一〇四七 345 年，乙巳，晋穆帝司马聃永和元年。

后赵石虎征发各州百姓修筑长安未央宫、洛阳宫，又征召牛二万头配朔州牧官，另外征召民女三万多人配属公侯，民众不堪重负。

四月，桓温被任安西将军。

一〇四八 346 年，丙午，晋穆帝永和二年。

五月，前凉张骏死，其子张重华继承王位。

十月，成汉太保李奕因李势骄横、刑罚严酷，在晋寿（今四川广元南）起兵反叛，围攻成都，中流箭而死，部众溃散。

一〇四九 347 年，丁未，晋穆帝永和三年。

三月，东晋桓温灭成汉。成汉共历四十七年。

七月，成汉将领邓定、隗文等人在成都建立政权，以范贲为皇帝。

常璩著成《华阳国志》，记录了巴蜀历史，这是研究西南少数民族历史的重要典籍。

一〇五〇 348 年，戊申，晋穆帝永和四年。

八月，平定蜀地之后，桓温威名大震。会稽王司马昱任命心腹殷浩为扬州刺史，以制约桓温。

后赵石虎宠爱石韬，太子石宣与杨怀谋杀了石韬。石虎杀石宣。

燕王慕容皝死，十一月，其子慕容儁继位。

一〇五一 349 年，己酉，晋穆帝永和五年。

正月，前燕慕容儁称元年。

四月，东晋任命慕容儁为幽、平二州刺史、大将军、大单于、燕王。

后赵石虎死，太子石世即位，其兄石遵起兵杀石世，自立为帝。石冲发兵攻石遵，战败而死。

一〇五二 350 年，庚戌，晋穆帝永和六年。

正月，后赵将石闵自立，改国号“卫”，改姓李，改年号为青龙，国内大乱。　闰正月，李闵自立为帝，恢复本姓冉，改年号永兴，国号大魏，史称冉魏。　三月，后赵石祗在襄国即皇帝位，改年号为永宁。

七月，苻健自称晋征西大将军、雍州刺史，拥兵占据关中。

一〇五三 351 年，辛亥，晋穆帝永和七年。

正月，苻健称天王、大单于，国号大秦，定都长安，建元皇始，史称前秦，立其子苻苌为太子。

三月，前燕和姚弋仲进攻襄国，解救后赵石祗，冉闵战败。石祗派部将攻击冉闵，大败。　四月，石祗被部将刘显所杀，后赵灭亡，历时三十三年。

一〇五四 352 年，壬子，晋穆帝永和八年。

七月，前秦王苻健迁移中原民众五万多户到关中。

十一月，燕王慕容儁称帝，改年号为元玺，设置百官，定都蓟（今北京西南）。

是年，前秦苻健称帝。

一〇五五 353 年，癸丑，晋穆帝永和九年。

十一月，前凉张重华死去，太子张曜灵即位，由张重华的庶兄张祚辅政。　十二月，张祚将张曜灵废黜，自封为凉州牧、凉公。

一〇五六 354 年，甲寅，晋穆帝永和十年。

正月，张祚自称凉王。

二月，桓温北伐关中，兵分数路攻打前秦。　四月，晋、秦两国军队在蓝田（今陕西蓝田西）大战。桓温大败前秦的军队，进军灞上（今陕西西安东），三辅各郡县百姓都来迎接桓温。　　六月，桓温与前秦丞相苻雄在白鹿原（今陕西西安东）交战，桓温战败。

一〇五七　355 年，乙卯，晋穆帝永和十一年。

六月，前秦苻健死，太子苻生即位，改元寿光。

七月，后凉张祚杀张曜灵。　　闰九月，张瓘弟弟张琚及其子张嵩杀死张祚，册立七岁的凉武侯张玄靓为主。

东晋右军将军、会稽内史王羲之因病隐退。

一〇五八　356 年，丙辰，晋穆帝永和十二年。

七月，桓温大败姚襄，姚襄逃到襄陵（今山西临汾南）。桓温入洛阳，拜先帝陵墓，留兵戍守，后班师建康。

一〇五九　357 年，丁巳，晋穆帝升平元年。

正月，东晋太后下诏归政于晋穆帝。

二月，前燕王慕容儁立其子中山王为太子。前秦苻坚以王猛为主要谋士。　　六月，苻坚杀苻生，自称为大秦王，改年号永兴。苻坚任命权翼为给事黄门侍郎，与王猛共同掌管机要，注重民生。

十一月，前燕王慕容儁从蓟城（今北京西南）迁都至邺城（今河北临漳西南）。

一〇六〇　358 年，戊午，晋穆帝升平二年。

东晋徐州刺史荀羡攻打山茌（今山东长清东北），在前燕军队的反攻下，荀羡战败撤退。

一〇六一　359 年，己未，晋穆帝升平三年。

六月，前凉辅国将军宋混取代张瓘辅政，并劝说凉王张玄靓去掉尊号复称凉州牧。

一〇六二　360 年，庚申，晋穆帝升平四年。

正月，前燕王慕容儁死，太子慕容暐继位，改年号为建熙，任命太原王慕容恪为太宰。

是年，仇池公杨俊死，其子杨世继位。

一〇六三　361 年，辛酉，晋穆帝升平五年。

四月，东晋穆帝司马聃死去，琅邪王司马丕继承帝位，是为晋哀帝。

十二月，凉州张玄靓废黜建兴年号，改为供奉东晋升平年号。晋哀帝任命张玄靓为大都督。

一〇六四 362年，壬戌，晋哀帝司马丕隆和元年。

正月，晋哀帝改年号为隆和，大赦天下，减免农业税。

一〇六五 363年，癸亥，晋哀帝隆和二年、兴宁元年。

四月，前燕宁东将军慕容忠攻打荥阳，东晋守将刘远逃奔到鲁阳（今河南鲁山）。

五月，东晋诏令加授征西将军桓温为大司马、录尚书事。

八月，前凉中领军丁赐与右将军刘肃等人杀张玄靓，自称大将军。

一〇六六 364年，甲子，晋哀帝兴宁二年。

三月，晋哀帝命令各地土断，后世称为“庚戌土断”。

四月，前燕军击败东晋军队，攻克许昌（今河南许昌），又攻打洛阳，东晋守将陈祐领兵逃走，沈劲坚守孤城。

是年，东晋著名道家人物葛洪卒。

一〇六七 365年，乙丑，晋哀帝兴宁三年。

二月，晋哀帝死，琅邪王司马奕继承帝位，是为晋废帝。　十月，晋梁州刺史司马勋反叛，自称梁、益二州牧、成都王，后被桓温杀死。　十一月，庞勋率军进入剑阁，包围成都。

一〇六八 366年，丙寅，晋废帝司马奕太和元年。

十月，晋废帝任司徒司马昱为丞相、录尚书事。

前秦开凿敦煌石窟。

一〇六九 367年，丁卯，晋废帝太和二年。

五月，前燕太原王慕容恪死。

十月，前秦宗室晋公苻柳、赵公苻双、燕公苻武、魏公苻庾等人图谋叛乱，起兵反对苻坚。

一〇七〇 368年，戊辰，晋废帝太和三年。

正月，苻坚派兵平定叛乱的晋公苻柳、赵公苻双、燕公苻武。十二月，东晋诏令加大司马桓温特殊礼遇，地位在诸侯王之上。

一〇七一 369年，己巳，晋废帝太和四年。

四月，桓温率领五万步骑兵北伐前燕，势如破竹。前燕吴王慕容垂在枋头（今河南浚县东南）切断晋军粮道，桓温大败，死三万人。到达谯郡（今安徽亳州）时，晋军再败，损失一万余人。

一〇七二 370年，庚午，晋废帝太和五年。

正月，王猛进入洛阳。　四月，苻坚派王猛等率兵分两路进攻前燕。　九月，王猛攻晋阳（今山西太原）。　十月，前秦军队与燕将慕容评在潞川（今山西浊漳河岸）大战，燕军大败，进而围攻邺城（今河北临漳西南）。　十一月，苻坚灭前燕，并迁徙一万多户到长安。

一〇七三 371年，辛未，晋废帝太和六年，晋简文帝司马昱咸安元年。

正月，苻坚迁徙关东（今河南函谷关以东）豪强和民众十五万户到关中。　四月，前秦攻破仇池。

十一月，桓温进入建康，废晋帝为东海王，以司马昱为皇帝，是为简文帝，改年号为咸安。

一〇七四 372年，壬申，晋简文帝咸安二年。

六月，苻坚任命王猛为丞相，任命苻融为都督六州诸军事、冀州牧。

七月，晋简文帝死，太子司马昌明立为皇帝，是为晋孝武帝。

一〇七五 373年，癸酉，晋孝武帝司马曜宁康元年。

七月，桓温病危，其弟桓冲暂时辅政。桓温死，桓冲遵桓温遗命立桓玄为继承人，袭封南郡公。

冬，前秦王苻坚派遣军队进攻梁（治所在今陕西汉中）、益（治所在今四川成都）二州。

一〇七六 374年，甲戌，晋孝武帝宁康二年。

二月，张育自称蜀王，起兵攻打前秦，并派人到东晋求援。　九月，前秦将领邓羌击杀张育，益州又归前秦。

一〇七七 375年，乙亥，晋孝武帝宁康三年。

七月，前秦重臣王猛死。　十月，苻坚下令禁止老子、庄子、图谶之学，又命令公卿王侯子弟及将士都学习儒学。

一〇七八 376 年，丙子，晋孝武帝太元元年。

正月，东晋皇太后下诏归政，晋孝武帝亲政，以徐州刺史桓冲为都督豫江二州六郡诸军事。

八月，苻坚灭前凉，至此，前秦统一北方。

十二月，文学家兼史学家袁宏卒。

一〇七九 377 年，丁丑，晋孝武帝太元二年。

春，高句丽、新罗、西南夷均派使者向前秦进贡。

十月，晋帝下诏抵御前秦。谢玄在京口（今江苏镇江）招募骁勇将士，任命刘牢之为参军。因为当时京口称为北府，所以这支军队被称为“北府兵”。

一〇八〇 378 年，戊寅，晋孝武帝太元三年。

四月，前秦的军队渡过汉水直达襄阳，晋将朱序守城，他的母亲韩氏率领一百多奴婢及城中女子，修筑新城抵御敌军。襄阳人称新城为“夫人城”。

九月，前秦派遣使者出使西域，宣扬前秦的威德。　　十月，大宛向前秦献汗血马。

一〇八一 379 年，己卯，晋孝武帝太元四年。

二月，前秦攻陷襄阳（今湖北襄阳），擒获晋将朱序。

三月，东晋因多次与前秦交战，国库入不敷出，于是下诏减少官员一半俸禄。

前秦发生大规模饥荒。

一〇八二 380 年，庚辰，晋孝武帝太元五年。

前秦幽州刺史苻洛占据和龙（今辽宁朝阳）、镇北大将军苻重占据蓟城（今北京西南），起兵反叛。

一〇八三 381 年，辛巳，晋孝武帝太元六年。

二月，东夷、西域六十二国向前秦进贡。

一〇八四 382 年，壬午，晋孝武帝太元七年。

三月，前秦将邺城的铜驼、铜马等文物迁到长安。　　十月，苻坚与群臣商议攻打东晋。群臣不支持，只有京兆尹慕容垂竭力劝苻坚出兵。苻坚自恃兵多，不听群臣意见，决心攻占江东。

一〇八五 383年，癸未，晋孝武帝太元八年。

七月，苻坚下达诏书，征召军队，准备进攻东晋。　八月，前秦兵分三路，从长安出发，大举攻晋。

九月，东晋任命尚书仆射谢石为征讨大都督，谢玄为前锋都督，与谢琰、桓伊等人率领北府兵八万人抵抗秦军。　十一月，晋将刘牢之率兵袭击秦军，大获全胜。谢石等率各路水陆军相继进发。东晋军进至淝水（今安徽东肥河）时，因前秦军队拒守，不能渡过，苻坚欲待晋军半渡之时发动袭击，遂命其军后退。这时，降将朱序在阵后乘机高呼："秦兵被打败了！"秦军大乱，争相溃逃，苻坚收集分散部队，回到洛阳。这就是历史上著名的淝水之战。

一〇八六 384年，甲申，晋孝武帝太元九年。

正月，前秦战败后，其将慕容垂在荥阳（今河南荥阳西南）自称大将军、大都督、燕王，建立政权，史称后燕。慕容垂率军到达邺城。

三月，慕容泓占据华阴（今陕西华阴东），建立西燕。

四月，姚苌自称大单于、万年秦王，史称后秦国。

七月，前秦将领吕光降服西域三十余国。　八月，前秦苻坚任命吕光为西域校尉。

一〇八七 385年，乙酉，晋孝武帝太元十年。

正月，慕容冲在阿房宫（今陕西西安北）即皇帝位。

二月，东晋下诏建立国学。

六月，前秦太子苻宏放弃长安，逃到下辨（今甘肃成县西）。西燕慕容冲进入长安，纵兵烧杀抢掠。

七月，谢安死。东晋任命琅邪王司马道子为录尚书、都督中外诸军事。

前秦长乐公苻丕得知长安失守，便从邺城至晋阳（今山西太原南），后听说苻坚已死，自立为帝。

九月，乞伏国仁自称大单于，史称西秦国，都城在勇士城（今甘肃榆中东北）。

一〇八八 386 年，丙戌，晋孝武帝太元十一年，北魏道武帝拓跋珪登国元年。

正月，拓跋珪在牛川（今内蒙古呼和浩特西南）大集会，即代王位，建元登国。

后燕王慕容垂称帝。

西燕左将军韩延杀死慕容冲，立段随为燕王。

四月，代王拓跋珪改国号为魏，自称魏王，史称北魏，也称为后魏或拓跋魏。

后秦姚苌在长安称皇帝。

十月，慕容永占据长子（今山西长子）称帝。

十一月，苻登在南安（今甘肃陇西东北）称帝。

十二月，吕光自称凉州牧、酒泉公，建都姑臧，国号凉，史称后凉。

一〇八九 387 年，丁亥，晋孝武帝太元十二年。

十二月，后凉西平太守康宁自立，称匈奴王。　张掖太守彭晃自立，与康宁、王穆相结。　吕光率领三万骑兵击杀彭晃，大败王穆。

一〇九〇 388 年，戊子，晋孝武帝太元十三年。

二月，丁零部落酋长翟辽称魏天王。

六月，西秦苑川王乞伏国仁死，其弟乞伏乾归继位，自称大单于。

八月，西秦乞伏乾归迁都金城郡（治所在今甘肃兰州）。

一〇九一 389 年，己丑，晋孝武帝太元十四年。

二月，吕光自称三河王，立儿子吕绍为世子。

九月，仇池杨定为秦州牧、陇西王。

十一月，晋朝豫章太守范宁上奏请求正其疆界，人口都用土断。

一〇九二 390 年，庚寅，晋孝武帝太元十五年。

正月，西燕慕容永进攻洛阳，被东晋朱序击败。

四月，魏王拓跋珪联合燕军打败贺兰、纥突邻、纥奚三部，纥突邻、纥奚投降。

七月，晋将刘牢之大败翟辽。

一〇九三 391年，辛卯，晋孝武帝太元十六年。

二月，后燕应魏王拓跋珪的请求，派遣部下将领攻打贺兰部。六月，后燕打败贺兰部。

十月，魏王拓跋珪因柔然不归附，率兵攻打柔然，迁徙柔然部众到云中（治所在今内蒙古托克托东北）。

丁零部落酋长翟辽去世，其子翟钊继位。

一〇九四 392年，壬辰，晋孝武帝太元十七年。

正月，前秦骠骑将军没弈干率领部落归附后秦国，被封为高平公。

六月，燕王慕容垂进军黎阳（今河南浚县东南），翟钊战败逃走，归降西燕。慕容垂收翟氏所属七郡三万多户。

十二月，前秦休官（少数民族部落的名称）权千成（一作干城）占据显亲（今甘肃秦安北），自称秦州牧，成为略阳豪族。

一〇九五 393年，癸巳，晋孝武帝太元十八年。

六月，前秦右丞相窦冲反叛苻登，自称秦王。

七月，司马徽在马头（今安徽怀远南）聚众起事，不久兵败身亡。

十二月，后秦王姚苌死，其子姚兴自称大将军。前秦苻登得知姚苌死讯后，决定大举进攻后秦。

一〇九六 394年，甲午，晋孝武帝太元十九年。

正月，后凉吕光任命秃发乌孤为冠军大将军、河西鲜卑大都统。

二月，后燕慕容垂发兵攻打西燕。

四月，后秦太子姚兴称帝。

七月，后凉吕光任命儿子吕覆为都督玉门关（今甘肃敦煌西北）以西诸军事、西域大都护，镇守高昌（今新疆吐鲁番）。

苻登向河南王乞伏乾归求救。乞伏乾归派一万骑兵援救。苻登率军与后秦姚兴战于马髦山（今宁夏固原南），苻登被姚兴擒杀，前秦灭亡。　乞伏乾归自称秦王。

是年，慕容垂灭西燕。

一〇九七 395 年，乙未，晋孝武帝太元二十年。

三月，晋孝武帝重用王恭、郗恢、殷仲堪等人，以制约司马道子。司马道子拉拢士大夫作为自己的羽翼，东晋内乱。

九月，魏王拓跋珪兵临黄河与燕军相持。

一〇九八 396 年，丙申，晋孝武帝太元二十一年，北魏道武帝皇始元年。

三月，后燕主慕容垂率兵偷袭平城（今山西大同东北），俘虏了守城的全部士兵，并乘胜进军参合陂。　四月，慕容垂病危，于是率军返回，死于沮阳（今河北怀来东南），太子慕容宝继位。

六月，三河王吕光即天王位，国号大凉，改年号为龙飞，以世子吕绍为太子。

七月，魏王拓跋珪开始用天子旌旗，改年号为皇始。

九月，晋孝武帝死，皇太子司马德宗继位，是为晋安帝。会稽王司马道子专权。

一〇九九 397 年，丁酉，晋安帝司马德宗隆安元年。

正月，秃发乌孤自称大单于、西平王，建都西平（今青海西宁），史称南凉。

五月，沮渠蒙逊堂兄沮渠男成起兵乐涫（今甘肃酒泉东南），推太守段业为主，自称凉州牧、建康公，史称北凉。

七月，燕将慕容麟自称皇帝，改年号延平（或作建平）。　十月，慕容麟去掉皇帝称号，逃奔邺城（今河北临漳西南）。

一一〇〇 398 年，戊戌，晋安帝隆安二年，北魏道武帝天兴元年。

正月，后燕范阳王慕容德因为魏军逼近邺城（今河北临漳西南），南迁滑台（今河南滑县），自称燕王，史称南燕。

七月，魏主拓跋珪迁都平城（今山西大同东北），建立宗庙。

九月，晋帝加授会稽王司马道子黄钺，任命司马元显为征讨都督。

十月，燕长乐王慕容盛称皇帝。

十二月，魏主拓跋珪称皇帝，迁徙民户到平城。

西平王秃发乌孤称南凉武威王。

一一〇一　399 年，己亥，晋安帝隆安三年。

二月，北魏大败高车。

段业即凉王位，改年号天玺，任命沮渠蒙逊为尚书左丞。

十月，晋司马元显征召东方各郡（今浙江东一带）免除奴隶身份的佃客至京都服兵役，称之为“乐属”。　　十二月，司马元显加任桓玄为都督荆州四郡（即长沙、衡阳、湘东、零陵）军事。　　是年，荆州发生大水灾，殷仲堪赈济饥民。桓玄屡次打败殷、杨的军队，占据荆州，杀殷仲堪、杨佺期。

后凉王吕光自称太上皇，立儿子吕绍为天王。未及传位，吕光死。吕光另一子吕纂进攻吕绍，吕绍自杀，吕纂即天王位。

高僧法显与慧景、慧应从长安出发，到天竺求取佛经。

一一〇二　400 年，庚子，晋安帝隆安四年。

正月，后燕王慕容盛自贬称“庶人天王”。

西秦王乞伏乾归迁都苑川（今甘肃榆中西北）。

七月，后秦姚兴袭击西秦，乞伏乾归失败逃走，被迫向后秦投降。

十一月，晋朝廷任命司马元显为开府仪同三司、都督扬、徐等十六州诸军事。

北凉晋昌太守唐瑶起兵，推李暠为凉公，兼任敦煌太守，史称西凉。

南燕慕容德改名为慕容备德，自称皇帝，都广固（今山东青州西北）。

一一〇三　401 年，辛丑，晋安帝隆安五年。

二月，东晋五斗米道士孙恩起兵反晋，率领部众登陆，从浃口（今浙江宁波）进攻句章（今浙江宁波南），没有攻下。三月，孙恩转而进攻海盐（今浙江海盐），被晋将刘裕打败。

后凉部将吕超杀吕纂，拥立吕隆为天王，改年号为神鼎。

五月，沮渠蒙逊在张掖（今甘肃张掖）斩杀段业，自称凉州牧、张掖公，改年号永安。

是年，后秦姚兴派人去迎接鸠摩罗什来到长安。鸠摩罗什与四大弟子翻译出《摩诃般若》《法华》《维摩》《金刚》等经典。

一一〇四 402 年，壬寅，晋安帝元兴元年。

正月，东晋下诏讨伐桓玄，命司马元显为骠骑大将军、征讨大都督，刘牢之为前锋都督。桓玄起兵东下。　三月，桓玄攻入建康（今江苏南京），废会稽王司马道子，杀司马元显等。

北凉河西王秃发利鹿孤死，弟弟秃发傉檀继位，迁到乐都。

四月，三吴发生大饥荒，人口大减。卢循起兵反叛东晋，被刘裕击败，逃到永嘉。

十月，后秦把河西豪强一万多户迁到长安。

是年，顾恺之卒。

一一〇五 403 年，癸卯，晋安帝元兴二年。

七月，南凉王秃发傉檀与北凉沮渠蒙逊联合出兵进攻后凉，吕隆派使者去后秦求援。　后秦将领齐难将吕隆宗族、属官和万户百姓迁徙到长安。后凉灭亡。

卢循于永嘉（今浙江温州）被晋将刘裕打败，从海上向南逃走。

九月，晋安帝任命桓玄为相国，总百揆。　十二月，桓玄逼迫晋帝禅位。桓玄即皇帝位，国号楚，改年号为永始，晋安帝被废为平固王。

一一〇六 404 年，甲辰，晋安帝元兴三年，北魏道武帝天赐元年。

二月，东晋益州刺史毛璩率军进驻白帝城（今重庆奉节）讨伐桓玄。　三月，刘裕与刘毅率兵攻入建康，诛杀桓玄全族。桓玄挟持晋安帝逃到江陵（今湖北江陵）。　四月，桓玄在峥嵘洲（今湖北武汉新洲双柳地）被刘毅、何无忌等人打败。桓玄逃到枚回洲（今湖北江陵南），被益州督护冯迁斩杀。晋安帝恢复帝位。

九月，北魏改革官制，列爵四等，又设置五等散官。　十一月，北魏主拓跋珪给宗室设置宗师，州、郡也各设置宗师，以推荐人才。

一一〇七 405 年，乙巳，晋安帝义熙元年。

正月，晋将刘毅等各路大军进抵马头（今湖北江陵南），打败桓振，进入江陵。

后秦姚兴拜鸠摩罗什为国师，大建塔寺。后秦佛教盛行。

四月，刘裕任都督荆、司等十六州诸军事，镇守京口（今江苏镇江）。

六月，后秦攻打仇池王杨盛，把三千多家流民迁徙到关中。

七月，前秦任命杨盛为都督益、宁二州诸军事、益州牧。

九月，南燕慕容备德去世，其兄之子慕容超继位，改年号太上。

十二月，后燕王慕容熙进攻契丹。

一一〇八 406 年，丙午，晋安帝义熙二年。

正月，北魏在诸州设置三个刺史，郡设置三个太守，县设置三个令长。

十一月，南凉秃发傉檀迁都姑臧（今甘肃武威）。

一一〇九 407 年，丁未，晋安帝义熙三年。

四月，仇池氐王杨盛向晋称臣。

六月，刘勃勃自称大夏天王、大单于，国号夏，建年号龙升，不久改姓赫连，设置百官。

七月，北燕冯跋发动政变，拥护高云为天王，建年号正始，定都龙城（今辽宁朝阳），史称北燕。高云杀死慕容熙，后燕灭亡。

八月，刘裕任命其弟刘道规为征蜀都督，攻打谯纵。

九月，谯纵向后秦称臣。

十月，南燕国主慕容超向后秦献歌舞伎一百二十人，后秦归还慕容超的母亲、妻子。

一一一〇 408 年，戊申，晋安帝义熙四年。

正月，晋安帝任命刘裕为侍中、录尚书事。

三月，高句丽遣使北燕。

七月，后秦攻打夏，大败而回。

十一月，秃发傉檀再称凉王，设置百官。

一一一一 409 年，己酉，晋安帝义熙五年，北魏明元帝拓跋嗣永兴元年。

正月，后秦姚兴任命谯纵为蜀王，加九锡。　二月，冯翊（治所在今陕西大荔）人刘厥聚集数千人，在万年（今陕西临潼北）起事，被秦国太子姚泓等人杀死。

四月，夏国主赫连勃勃掠后秦国平凉（今甘肃平凉西北）七千多户。

七月，后秦姚兴派遣使者警告刘裕，刘裕不理，仍加紧进攻。

十月，北燕王高云被宠臣离班等人所杀，冯跋杀死离班等，自立为天子，改年号为太平。

北魏皇帝拓跋珪被其子元绍所杀，太子杀元绍后继位，是为北魏明元帝，改年号永兴。

一一一二 410 年，庚戌，晋安帝义熙六年。

二月，刘裕攻克广固，擒南燕主慕容超，南燕灭亡。

徐道覆劝说卢循趁刘裕讨伐南燕之机袭击建康。卢循率兵在长沙郡（治所在今湖南长沙）击败刘道规。徐道覆率兵，攻破南康（治所在今江西赣州）。　　五月，卢循在桑落洲（今江西九江东北）击败豫州刺史刘毅，直逼建康。刘裕班师固守石头城。卢循被将军刘钟击退。十二月，徐道覆与刘裕军队交战于大雷（今安徽望江）。卢循的军队大败。卢循逃到番禺（治所在今广东广州）。徐道覆逃到始兴（治所在今广东韶关）。

一一一三 411 年，辛亥，晋安帝义熙七年。

正月，西秦乞伏乾归向后秦请降，姚兴任命乞伏乾归为河南王。

四月，卢循部队在番禺被包围，卢循败逃，至交州龙编（今越南慈仙一带），被交州刺史杜慧度击败，卢循投水而死。

八月，西秦乞伏乾归进攻南凉秃发傉檀，掳掠牛马十余万头。

北凉沮渠蒙逊攻击西凉李暠，大败而回。

一一一四 412 年，壬子，晋安帝义熙八年。

正月，西秦乞伏乾归为乞伏公府所杀。乞伏乾归长子平昌公乞伏炽磐追杀乞伏公府。　　八月，乞伏炽磐自称河南王。

九月，刘裕诈称皇帝诏书说刘毅与刘藩、谢琨图谋不轨，赐死刘藩和谢琨；任命参军王镇恶为先锋攻打刘毅。　　十月，刘裕军攻破江陵，刘毅自缢而死。

十一月，北凉沮渠蒙逊即河西王位，改年号玄始。

一一一五　413 年，癸丑，晋安帝义熙九年。

刘裕上表请求实行庚戌土断制度依界土断。会稽（今浙江绍兴）世家大族虞亮抗命，被刘裕处死。

大夏国征发岭北夷夏十万人在朔方水以北、黑水以南修筑都城，夏主赫连勃勃命其为统万（今陕西靖边）。

高句丽、日本以及西南夷向东晋进贡。

一一一六　414 年，甲寅，晋安帝义熙十年，北魏明元帝神瑞元年。

六月，东晋泰山太守刘研、河西的匈奴部落酋长刘遮等率民户向北魏投降。

十月，西秦乞伏炽磐再称秦王，设置百官。

一一一七　415 年，乙卯，晋安帝义熙十一年。

正月，刘裕发兵攻打司马休之。雍州刺史鲁宗之与子鲁轨起兵响应司马休之。　二月，司马休之上表罗列刘裕罪状，率兵抗拒。　三月，刘裕大军攻克江陵。司马休之北逃，王镇恶率兵追击。

四月，夏王赫连勃勃攻陷后秦国杏城（今陕西黄陵），坑杀士兵二万人。

五月，刘裕军队在石城打败鲁轨，鲁轨和司马休之、鲁宗之等人一起投奔后秦。后秦姚兴任命司马休之为扬州刺史，并命其侵扰襄阳。

一一一八　416 年，丙辰，晋安帝义熙十二年，北魏明元帝泰常元年。

正月，东晋加授刘裕都督二十二州，任命他的儿子刘义符为豫州刺史。

二月，西秦王乞伏炽磐亲自剿灭秃发氏。

后秦姚兴死，太子姚泓继位，改年号为永和。

八月，刘裕讨伐后秦，秦国陈留公姚洸开城投降。

一一一九　417 年，丁巳，晋安帝义熙十三年。

二月，西凉李嵩去世，儿子李歆即位，改年号嘉兴。

四月，刘裕率领水军进入黄河，刘裕杀死魏将阿薄干，北魏军撤退，刘裕进入洛阳。　七月，晋军分两路进攻关中，姚泓等人请求投降，后秦灭亡。　九月，刘裕进入长安。

一一二〇　418 年，戊午，晋安帝义熙十四年。

正月，北魏派遣部将率领丁零、高车民众，北掠到弱水（今河流名，在今内蒙古东部）而返回。

六月，刘裕接受相国、宋公、九锡之命。　　十月，东晋封西凉李歆为酒泉公。

夏国大举进攻关中，关中郡县投降了夏国，夏王赫连勃勃率军进占咸阳（今陕西咸阳），后进入长安，称帝，改元昌武。

十二月，刘裕杀晋安帝，立琅邪王司马德文为帝，是为晋恭帝。

一一二一　419 年，己未，晋恭帝司马德文元熙元年。

二月，夏王赫连勃勃回到统万城，改年号为真兴。

七月，刘裕晋封为宋王。

420 年，庚申，晋恭帝元熙二年。

（相关事件见一一二二）

南　北　朝[①]

（公元 420 年—公元 589 年）

一一二二　420 年，庚申，晋恭帝元熙二年，宋武帝刘裕永初元年，北魏明元帝拓跋嗣泰常五年。

六月，刘裕废晋恭帝为零陵王，东晋灭亡。刘裕即皇帝位，定都建康（今江苏南京），建元永初，国号宋，史称刘宋，刘裕即宋武帝。南北朝时期由此开始。

七月，西凉李歆进攻沮渠蒙逊，兵败被杀。

---

① 公元 581 年至公元 589 年间纪年和大事见隋朝纪年。

一一二三 421年，辛酉，宋武帝永初二年，北魏明元帝泰常六年。

三月，北魏修筑禁苑，东起白登（今山西大同东北），周长三十余里。

北凉沮渠蒙逊攻破西凉敦煌（今甘肃敦煌西），李恂自杀，西凉灭亡。西域诸国归附北凉。　　七月，北凉沮渠蒙逊进攻西秦王炽磐，兵败，损失兵士二千人。

九月，宋武帝刘裕派人杀死零陵王（晋恭帝）。

一一二四 422年，壬戌，宋武帝永初三年，北魏明元帝泰常七年。

四月，宋武帝封仇池公杨盛为武都王。　　五月，宋武帝刘裕死，太子刘义符继位，是为宋少帝。

九月，北魏得知宋武帝死，命司空奚斤率步骑二万渡河攻宋。十一月，北魏攻下滑台，乘胜进逼虎牢（今河南荥阳），宋黄河沿岸之地多为北魏所占据。

一一二五 423年，癸亥，宋少帝刘义符景平元年，北魏明元帝泰常八年。

正月，北魏攻克宋金墉城（今河南洛阳东）。　　二月，北魏修筑长城，东起赤城（今河北赤城），西至五原（今内蒙古乌拉特前旗东北），绵延二千余里，以防御柔然。　　三月，北魏将领奚斤、公孙表共攻虎牢，被宋将毛祖德击败。　　闰四月，虎牢被攻破。

高丽向宋进贡。　　北魏明元帝拓跋嗣死，其子拓跋焘立，是为北魏太武帝。　　十二月，北魏崇奉道士寇谦之，道教兴盛。

一一二六 424年，甲子，宋少帝景平二年，宋文帝刘义隆元嘉元年，北魏太武帝拓跋焘始光元年。

六月，邢安泰杀宋少帝，从江陵迎回宜都王刘义隆。不久，又杀庐陵王刘义真。　　八月，宜都王刘义隆在建康即皇帝位，改元元嘉，是为宋文帝。

一一二七 425年，乙丑，宋文帝元嘉二年，北魏太武帝始光二年。

四月，北魏遣使至宋修好。

八月，夏国赫连勃勃死，其子赫连昌继位，改元承光。

一一二八 426年，丙寅，宋文帝元嘉三年，北魏太武帝始光三年。

正月，宋文帝下诏追究徐羡之、傅亮、谢晦等人杀营阳王、庐陵王的罪过，下令诛徐羡之和傅亮及其二子。谢晦举兵反叛。二月，谢晦兵败，被送至建康斩首。

八月，西秦王进攻北凉蒙逊，夏王赫连昌支援北凉，进攻西秦南安（治所在今甘肃陇西东）。西秦王炽磐听说后退兵。

九月，北魏主拓跋焘派遣奚斤率兵进攻蒲阪（今山西永济西），宋调兵数万进攻陕城（今河南三门峡西）。 十一月，北魏袭夏都统万城，夏军战败。 十二月，北魏军攻入长安，秦、雍一带的氐、羌等族都向北魏投降。

一一二九 427年，丁卯，宋文帝元嘉四年，北魏太武帝始光四年。

六月，北魏攻陷统万城。 十一月，北魏封仇池氐王杨玄为南秦王。

是年，陶潜卒。

一一三〇 428年，戊辰，宋文帝元嘉五年，北魏太武帝始光五年、神䴥元年。

二月，北魏在定州捕获白䴥，故改元神䴥。

夏王赫连昌为北魏将所俘获，其弟赫连定即皇帝位，改元胜光。

五月，西秦王乞伏炽磐死，太子乞伏暮末即位，改元永弘。

一一三一 429年，己巳，宋文帝元嘉六年，北魏太武帝神䴥二年。

四月，北魏崔浩等撰成《国书》三十卷。 五月，北魏太武帝征柔然，纥升盖可汗逃走。

七月，柔然纥升盖可汗死，子吴提立，是为敕连可汗。

北魏遣将攻高车，高车数十万落投降，北魏获牛马羊数百余万。

十月，北魏迁柔然、高车归附之民于漠南。

一一三二 430年，庚午，宋文帝元嘉七年，北魏太武帝神䴥三年。

三月，宋遣到彦之率兵攻魏。至七月，北魏撤虎牢（今河南荥阳西北）、碻磝（今山东茌平西南）、滑台（今河南滑县东）、金墉（今河南洛阳东北）等守兵至黄河北岸，以诱宋军。

九月，夏赫连定约宋攻北魏，北魏太武帝发兵攻夏。 十月，北魏攻陷宋洛阳，又攻陷虎牢。

西秦乞伏暮末被北凉逼迫，东迁入北魏，其旧地皆为吐谷浑所有。

十一月，北魏破夏军，赫连定单骑逃往上邽（今甘肃天水）。

宋文帝诏檀道济帅军伐北魏。

一一三三 431 年，辛未，宋文帝元嘉八年，北魏太武帝神䴥四年。

正月，北燕改元太兴。

夏赫连定击降西秦乞伏暮末，西秦灭亡。

二月，宋将檀道济军至历城（今山东济南），因缺粮不能北进，退兵。

六月，夏主赫连定为北魏所逼，西迁，被吐谷浑俘获，夏亡。

北凉沮渠蒙逊被北魏封为凉王，改元义和。

十月，北魏命崔浩更定律令。

一一三四 432 年，壬申，宋文帝元嘉九年，北魏太武帝延和元年。

正月，北魏改元延和，立拓跋晃为皇太子。

六月，吐谷浑将灭夏之事告于宋文帝。

七月，北魏攻打北燕，攻陷其郡县多处，徙诸郡民三万余家于幽州。

一一三五 433 年，癸酉，宋文帝元嘉十年，北魏太武帝延和二年。

四月，北凉沮渠蒙逊死，子牧犍立，改元永和，遣使请命于北魏。

九月，北魏以氐王杨难当为南秦王。杨难当攻宋，占据汉中（今陕西汉中）。

宋前秘书监谢灵运以谋反罪被杀。

一一三六 434 年，甲戌，宋文帝元嘉十一年，北魏太武帝延和三年。

正月，宋将萧思话遣将攻汉中，杨难当败退。

二月，北魏以西海公主嫁柔然敕连可汗，迎娶敕连可汗之妹为夫人。

林邑、扶南等遣使向宋贡奉。

一一三七 435 年，乙亥，宋文帝元嘉十二年，北魏太武帝太延元年。

正月，北燕为北魏所攻，遣使向宋称藩属，宋封其为燕王。

五月，焉耆、龟兹、疏勒、乌孙等遣使向北魏入贡。北魏遣使往西域，为柔然所阻。　　六月，高句丽王琏遣使向北魏入贡。北魏拜其为辽东郡公、高句丽王。　　北魏攻北燕，大掠而归。　　十一月，北魏定租输三等九品之制，又称九品混通、九品相通。

一一三八　436 年，丙子，宋文帝元嘉十三年，北魏太武帝太延二年。

三月，宋文帝因檀道济威名甚重，担心其功高震主，便无故杀之。

氐王杨难当自称大秦王，改元建义。

五月，北燕主害怕北魏入侵，焚宫殿，逃往高句丽。北燕亡。

七月，北魏因杨难当占据上邽（今甘肃天水），便出兵攻击。至九月，杨难当撤还仇池。秦、陇一带遂安。

一一三九　437 年，丁丑，宋文帝元嘉十四年，北魏太武帝太延三年。

四月，宋将王道恩斩杀程道养，益州（今四川、陕西南部、云南、贵州一带）遂平。

五月，北魏主因地方守令多贪污，诏吏民可举告。　　十一月，北魏遣散骑侍郎董琬等出使西域，乌孙王遣向导送北魏使者至破落那（古大宛国）、者舌（古康居国），其他各国听说此事，多遣使通北魏。

一一四〇　438 年，戊寅，宋文帝元嘉十五年，北魏太武帝太延四年。

三月，北魏诏罢年五十以下沙门，令其还俗为民，用以征役。

高句丽杀北燕主冯弘。

七月，北魏自五原（今内蒙古包头一带）攻柔然，未遇敌而返。

宋立玄、史、文、儒四学。玄学以何尚之、史学以何承天、文学以谢元、儒学以雷次宗教授。

一一四一　439 年，己卯，宋文帝元嘉十六年，北魏太武帝太延五年。

六月，北魏主领兵攻北凉。柔然欲乘虚攻其边境，大败而归。

九月，北魏军至姑臧（今甘肃武威），沮渠牧犍降，北凉亡。自西晋末年以来的十六国割据的局面结束。　　十二月，北魏废除封禁良田之令，任百姓耕种。北魏用学者索敞、张湛、常爽等人，以儒学教导王公子弟，欲改北魏崇武之风为崇儒之风。北魏主命崔浩监秘书事，综理史职，编修国史。

一一四二　440 年，庚辰，宋文帝元嘉十七年，北魏太武帝太延六年、太平真君元年。

宋彭城王刘义康擅权，领军刘湛等依附之。宋文帝与殷景仁杀刘湛，以刘义康为江州刺史。

六月，北魏因皇孙拓跋濬出生，改元太平真君。

八月，沮渠无讳向北魏请降，归还酒泉郡及所俘将士等。

一一四三 441年，辛巳，宋文帝元嘉十八年，北魏太平真君二年。

正月，北魏以沮渠无讳为凉州牧、酒泉王，沮渠万年为张掖王。

四月，北魏恐沮渠无讳为边患，派兵攻酒泉（今甘肃酒泉）。十一月，沮渠无讳败逃。

一一四四 442年，壬午，宋文帝元嘉十九年，北魏太平真君三年。

正月，宋下诏兴办国子学。

北魏主听信寇谦之，至道坛受符箓。自是传为永制，每帝即位皆受箓。

五月，宋裴方明等入据仇池（今甘肃成县西北），氐王杨难当奔北魏，仇池平。宋以胡崇之镇守其地。

九月，沮渠无讳据鄯善，袭高昌（今新疆吐鲁番），遣使通宋，宋授沮渠无讳都督凉、河、沙三州诸军事、河西王。

十二月，因沮渠无讳西迁，李宝自伊吾移居敦煌，向北魏称藩。北魏以其为沙州牧、敦煌公。

一一四五 443年，癸未，宋文帝元嘉二十年，北魏太平真君四年。

二月，北魏军从宋军手中夺取了仇池。

四月，氐人杨文德自号仇池公，起兵攻北魏，不久失败。杨文德附宋，宋以其为武都王。北魏发兵击败杨文德，杨文德向宋求援。七月，宋以杨文德为北秦州刺史、武都王。

十一月，北魏主诏令皇太子拓跋晃总理百揆。

一一四六 444年，甲申，宋文帝元嘉二十一年，北魏太平真君五年。

正月，北魏太子拓跋晃命民无牛者向人借牛耕种，代人耕田每二十二亩以七亩为偿，于是垦田大增。　　北魏下诏禁止王公士庶私养沙门、巫觋。又诏禁私立学校，王、公、卿、大夫之子皆到太学学习。百工商贾之子各习父兄之业，不得私自建立学校。

六月，沮渠无讳死，弟沮渠安周立。

宋何承天修定完《元嘉新历》，自次年施行。

一一四七　445 年，乙酉，宋文帝元嘉二十二年，北魏太平真君六年。

四月，鄯善王断绝西域通北魏道路。北魏发兵攻鄯善（都城在今新疆若羌）。次月，鄯善王投降，西域复通。

九月，卢水胡人盖吴在杏城（今陕西黄陵）聚众反，附近各族纷纷起兵响应，有众十余万。盖吴遣使上表归宋。　　十月，盖吴斩北魏将领拓跋纥，势力大振。　　十一月，河东蜀人薛永宗聚众袭击闻喜（今山西闻喜），以应盖吴。

十二月，范晔因参与谋杀宋文帝而被杀，其著有《后汉书》纪传八十卷传世。

一一四八　446 年，丙戌，宋文帝元嘉二十三年，北魏太平真君七年。

正月，薛永宗被北魏攻击，战败而死，其族人薛安都奔宋。

林邑王范阳迈虽遣使入贡于宋，但仍侵扰不断，宋文帝遂遣檀和之等讨伐。檀和之等人攻入林邑。

三月，北魏诏禁佛教。

五月，盖吴屯杏城，自号秦地王。　　六月，因北魏以重兵镇压，盖吴战败被杀。

一一四九　447 年，丁亥，宋文帝元嘉二十四年，北魏太平真君八年。

正月，宋文帝下诏，减免百姓拖欠的租税，并赐孤老病残者谷五斛。

一一五〇　448 年，戊子，宋文帝元嘉二十五年，北魏太平真君九年。

正月，氐王杨文德据城叛北魏，被北魏军击败。杨文德逃往汉中（今陕西汉中）。　　九月，北魏将领万度归率军击败焉耆（都城在今新疆焉耆），焉耆王投奔龟兹（都城在今新疆库车）。　　十二月，北魏军自焉耆攻龟兹，诸国归服，西域遂平。　　是年，道士寇谦之死。

一一五一　449 年，己丑，宋文帝元嘉二十六年，北魏太平真君十年。

三月，宋募民数千家以充实京口（今江苏镇江），给愿迁移者田宅，并免其赋役。

九月，北魏攻柔然，柔然王处罗可汗逃往远处，柔然自此衰落，不敢侵犯。

一一五二 450年，庚寅，宋文帝元嘉二十七年，北魏太平真君十一年。

正月，宋沈庆之屡破雍州（治所在今湖北襄阳）山蛮，迁归降者至建康（今江苏南京）为营户。

二月，北魏主攻宋，围悬瓠（今河南汝南）。　三月，宋文帝遣南平内史臧质等将兵救悬瓠。臧质斩北魏任城公乞地真。　四月，北魏主撤悬瓠之围，退兵平城（今山西大同）。　六月，北魏因崔浩撰载其先世之事，以“暴扬国恶”之名，杀之。清河崔氏与崔浩同宗者皆被杀。

七月，宋文帝遣王玄谟等攻北魏。　九月，滑台（今河南滑县东）之战，宋军大溃。　闰十月，雍州宋军攻入弘农（今河南灵宝北）。　十一月，宋军攻克陕城，进据潼关。

十二月，北魏主引兵南下，直趋瓜步（今江苏六合），扬言渡江。建康大震。

一一五三 451年，辛卯，宋文帝元嘉二十八年，北魏太武帝太平真君十二年、正平元年。

正月，北魏兵北撤，围攻盱眙（今江苏盱眙）。宋将臧质、沈璞等率众坚守。　二月，北魏主染病，又得知宋遣水军自海入淮，故率军北撤。此次北魏军南下，共攻破南兖、徐、兖、豫、青、冀六州。

宋文帝下诏救济遭北魏军劫掠之郡县，并免收其租调。

三月，北魏安置宋降民五万家于平城（今山西大同）周边。　六月，北魏命太子少傅游雅等更定律令。

一一五四 452年，壬辰，宋文帝元嘉二十九年，北魏太武帝正平二年，北魏南安王拓跋余承平元年，北魏文成帝拓跋濬兴安元年。

二月，北魏中常侍宗爱杀死北魏太武帝拓跋焘，立南安王拓跋余，改元承平。北魏以宗爱为大司马、太师、都督中外诸军事。

宋文帝闻北魏太武帝死，遣萧思话等攻北魏，至八月无功而返。

十月，宗爱因拓跋余欲夺其权，乃杀之。源贺等立皇孙拓跋濬，改元兴安，是为北魏文成帝。其后，北魏文成帝诛杀宗爱等人。

一一五五 453年，癸巳，宋文帝元嘉三十年，刘劭太初元年，北魏文成帝兴安二年。

二月，宋太子刘劭杀其父宋文帝自立，改元太初。　三月，宋武陵王刘骏起兵讨伐刘劭。　四月，刘骏自寻阳（今江西九江）东下，大败刘劭军队，至新亭（今江苏南京南）即位，是为宋孝武帝。　五月，入建康（今江苏南京），杀刘劭及其子。

是年，北魏文成帝在今山西大同开凿云冈石窟。

一一五六 454年，甲午，宋孝武帝刘骏孝建元年，北魏文成帝兴光元年。

正月，宋改元孝建，立皇子刘子业为太子。　二月，南郡王刘义宣在江州刺史臧质支持下起兵反，战败而死。

一一五七 455年，乙未，宋孝武帝孝建二年，北魏文成帝兴光二年、太安元年。

七月，宋武昌王刘浑自号楚王，建元永光，置备百官。至八月，宋孝武帝逼刘浑自杀。　十月，宋下诏减诸王侯车服、器用、乐舞制度，以削弱诸侯王实力。

一一五八 456年，丙申，宋孝武帝孝建三年，北魏文成帝太安二年。

宋以宗悫为豫州刺史。

一一五九 457年，丁酉，宋孝武帝大明元年，北魏文成帝太安三年。

七月，宋孝武帝下诏实行土断，将雍州侨置三郡并为一郡，使流寓于此之人皆编入户籍。

扶余、于阗等五十余国遣使朝北。

一一六〇 458年，戊戌，宋孝武帝大明二年，北魏文成帝太安四年。

正月，北魏设酒禁，又增设内外候官，调查百官过失。若纳赃物满二丈者皆斩。

宋彭城民高阇、沙门昙标与殿中将军苗允等谋起事，后因事泄被杀。因此，宋孝武帝下诏沙汰沙门。

一一六一 459年，己亥，宋孝武帝大明三年，北魏文成帝太安五年。

四月，宋孝武帝对竟陵王刘诞猜忌，刘诞遂据广陵（治所在今江苏扬州）反。宋孝武帝遣沈庆之领兵击之。七月，攻破广陵，杀刘诞。

十月，沮渠安周向宋贡奉，宋以其为凉州刺史。　　肃慎献楛矢、石砮，西域献舞马至宋。

一一六二 460年，庚子，宋孝武帝大明四年，北魏文成帝和平元年。

六月，北魏主因吐谷浑王拾寅同时受北魏、宋爵命，遂以兵击之。

十一月，柔然攻高昌（治所在今新疆吐鲁番东南），杀沮渠安周，以汉族阚伯周为高昌王，自此高昌称王。

北魏名僧昙曜监造云冈石窟，至太和十八年完成。

一一六三 461年，辛丑，宋孝武帝大明五年，北魏文成帝和平二年。

三月，北魏征发并州、肆州一带民夫，令其修治河西猎道。

四月，宋海陵王、雍州刺史刘休茂起兵反，不久败死。　　十二月，宋规定民户每年缴纳布四匹。　　宋诏士族与工商杂户通婚者将补为将吏，士族多避役逃亡。

先前，北魏每有征调，刺史多向民借贷，商人所得之利润与官分。是年，特下诏禁止。

一一六四 462年，壬寅，宋孝武帝大明六年，北魏文成帝和平三年。

正月，宋孝武帝于中堂策问秀才、孝廉。

十月，南徐州从事祖冲之奏上所修新历法《大明历》，纠正了何承天《元嘉历》中很多错误，定一回归年为365.2428日，圆周率在3.1415926与3.1415927之间。

一一六五 463年，癸卯，宋孝武帝大明七年，北魏文成帝和平四年。

六月，柔然、高句丽遣使向宋贡奉特产。

十二月，北魏主因长期以来贵族之门内多行不法之事，婚姻无所选择，致使贵贱不分，下诏："皇族、王公侯伯及士民之家，不得与百工、伎巧卑姓通婚，犯者加罪。"

一一六六　464年，甲辰，宋孝武帝大明八年，北魏文成帝和平五年。

闰五月，宋孝武帝死，终年三十五岁，其子刘子业即位，是为宋前废帝。以太宰刘义恭录尚书事。

七月，柔然处罗可汗死，子继位，号受罗部真可汗，改元永康，率众攻北魏，不久败还。

宋罢孝建以来所改各种制度，恢复元嘉制度。　　宋东部诸郡连年旱饥，民饿死者十之六七。

一一六七　465年，乙巳，宋前废帝刘子业永光元年、景和元年，宋明帝刘彧泰始元年，北魏文成帝和平六年。

正月，宋改元永光。　　二月，宋因民间私铸钱多，商货不行，遂改铸二铢钱，结果盗铸情况更严重。

五月，北魏文成帝死，其子拓跋弘即位，是为献文帝，年仅十二岁，冯太后临朝称制。

八月，宋前废帝杀戴法兴。柳元景、颜师伯、江夏王刘义恭等谋废立，因事泄被杀。　　九月，宋义阳王刘昶据徐州（今山东东南部、江苏北部、安徽东北部）反，后因兵败降北魏。北魏主以公主妻之，封为丹阳王。　　宋因开钱禁，允许民私铸钱币，出现大量质量低劣的钱币，有"鹅眼钱""綖环钱"等名目，物价飞涨。　　十一月，宋前废帝派人杀太尉沈庆之。　　宋江州刺史、晋安王刘子勋起兵。宋湘东王刘彧与阮佃夫等杀宋前废帝。　　十二月，湘东王刘彧即皇帝位，改元泰始，是为宋明帝。　　宋罢二铢钱，禁"鹅眼钱""綖环钱"等。

一一六八　466年，丙午，宋明帝泰始二年，北魏献文帝拓跋弘天安元年。

正月，宋晋安王刘子勋在寻阳（今江西九江）称帝，改元义嘉。徐州刺史薛安都、冀州刺史崔道固、青州刺史沈文秀等皆起兵响应。

二月，北魏冯太后因宰相乙浑专擅朝政，诛之，临朝称制。

八月，宋将沈攸之率诸军入寻阳，杀晋安王刘子勋。

十月，薛安都闻朝廷大军将北上，降北魏。北魏兵南下彭城救援，北魏封薛安都为徐州刺史、河东公。

一一六九　467 年，丁未，宋明帝泰始三年，北魏献文帝天安二年、皇兴元年。

正月，北魏将领与薛安都击败宋将张永、沈攸之，淮北的青、徐、兖、冀四州及豫州淮西之地，皆为北魏所有。　二月，北魏攻汝阴（今安徽合肥），没有攻克。　三月，北魏攻宋青州（今山东临淄、益都一带），攻下数城。

八月，宋将沈攸之攻彭城（今江苏徐州），大败而还，下邳等郡被北魏占领。

一一七〇　468 年，戊申，宋明帝泰始四年，北魏献文帝皇兴二年。

正月，北魏攻宋武津（今河南上蔡西南）、义阳（今河南信阳），败还。　二月，北魏攻破历城（今山东济南），崔道固降北魏。

七月，宋以萧道成代替沈攸之为南兖州刺史。

一一七一　469 年，己酉，宋明帝泰始五年，北魏献文帝皇兴三年。

正月，北魏攻陷东阳（今山东益都北），俘沈文秀。　二月，北魏免除上中下三品九等输租之法及杂调十五，改定为贫富三等输租之法。自此，民能自足。　五月，北魏徙青、齐民至平城（今山西大同），设平齐郡（治所在今山西大同西北）使其居住，其余皆为奴婢，分赐百官。　北魏献文帝听从沙门统昙曜所议，以“平齐户”及诸民能年输谷六十斛者为“僧祇户”。民犯重罪与官奴为“佛图户”，供诸寺洒扫之用。　六月，北魏立皇子宏为太子。　北魏遣使与宋修好。自此，南北每年有使者来往。

一一七二　470 年，庚戌，宋明帝泰始六年，北魏献文帝皇兴四年。

宋命萧道成自广陵（今江苏江北淮南地区）移镇淮阴（今江苏淮阴西南）。

九月，柔然部真可汗攻北魏。北魏大胜，斩首五万，归降者甚众。

一一七三　471 年，辛亥，宋明帝泰始七年，北魏献文帝皇兴五年，北魏孝文帝元宏延兴元年。

七月，宋明帝诛杀其诸兄弟刘休祐、刘休仁、刘休若等，唯有江州刺史、桂阳王刘休范因才能庸劣得免。

八月，北魏献文帝好佛道之学，传位于五岁的太子拓跋宏，改元延兴，是为北魏孝文帝，北魏献文帝为太上皇。

一一七四 472年，壬子，宋明帝泰豫元年，北魏孝文帝延兴二年。

正月，宋明帝因久病未愈，改元泰豫。　四月，宋明帝死，太子刘昱即位，年十岁，是为后废帝。　闰七月，宋荆州刺史沈攸之压迫群蛮，激起诸蛮起义。诸蛮起义被宋军打败。

一一七五 473年，癸丑，宋后废帝刘昱元徽元年，北魏孝文帝延兴三年。

正月，北魏制定守令升迁之法。　七月，北魏诏河南六州（青州、徐州、兖州、豫州、齐州、东徐州）之民，每户收绢一匹、绵一斤、租三十石。　九月，北魏遣使者巡行州郡清查户口。　十月，北魏诏州郡之民十丁取一，每户收租五十石作为军粮，以备攻宋之用。

一一七六 474年，甲寅，宋后废帝元徽二年，北魏孝文帝延兴四年。

五月，宋桂阳王刘休范起兵寻阳（今江西九江）。萧道成命张敬儿等诈降，杀刘休范，大破其众。　六月，宋以萧道成为中领军、南兖州刺史，与袁粲等人共参决朝政。

一一七七 475年，乙卯，宋后废帝元徽三年，北魏孝文帝延兴五年。

宋萧道成以张敬儿为雍州刺史，以提防荆州刺史沈攸之。

一一七八 476年，丙辰，宋后废帝元徽四年，北魏孝文帝延兴六年、承明元年。

六月，北魏冯太后毒死太上皇献文帝。因北魏孝文帝年幼，冯太后遂再次临朝称制，改元承明。

七月，宋建平王刘景素在京口（今江苏镇江）起兵，不久败死。

一一七九 477年，丁巳，宋后废帝元徽五年，宋顺帝刘凖昇明元年，北魏孝文帝太和元年。

四月，宋阮佃夫等谋废帝，后因事泄被杀。　七月，宋帝刘昱忌萧道成位高权重，欲杀之。萧道成遂与袁粲、褚渊等谋废立，联合皇帝近臣杨玉夫等杀之，立安成王刘準为帝，是为宋顺帝，改元昇明。宋以萧道成为录尚书事。　　十月，宋荆州刺史沈攸之起兵反萧道成。十二月，宋司徒袁粲等据石头城（今江苏南京）起兵反萧道成，兵败被杀。

一一八〇　478年，戊午，宋顺帝昇明二年，北魏孝文帝太和二年。

正月，张敬儿攻入江陵，沈攸之自缢而死。

五月，北魏禁皇族、贵戚及士民与普通百姓通婚。

六月，宋以氐帅杨文弘为北秦州刺史、武都王。　　九月，宋加萧道成假黄钺、都督中外诸军事、太傅、扬州牧。

一一八一　479年，己未，宋顺帝昇明三年，齐高帝萧道成建元元年，北魏孝文帝太和三年。

三月，宋以萧道成为相国，封齐公，加九锡。　　四月，宋顺帝被迫退位。萧道成即皇帝位，国号齐，改元建元，是为齐高帝，都建康（今江苏南京）。至此，刘宋亡。萧道成诏诸王不得“营立屯村，封略山湖”。　　五月，齐高帝诏禁止将帅募部曲。

一一八二　480年，庚申，齐高帝建元二年，北魏孝文帝太和四年。

二月，北魏刘昶等以步骑二十万攻齐寿阳（今安徽寿县），大败。

齐置板籍官，检定民籍。

十月，徐、兖二州民众起义反北魏，不久被北魏击败。

一一八三　481年，辛酉，齐高帝建元三年，北魏孝文帝太和五年。

正月，北魏攻齐淮阳（今河南淮阳），先胜后败，死伤以万计。

九月，柔然遣使访齐，约定共同攻北魏。

十月，北魏中书令高闾等制定新律，共八百三十二章。

高车灭高昌阚氏，立张明为王。国人杀张明，立马儒为高昌王。

一一八四　482年，壬戌，齐高帝建元四年，北魏孝文帝太和六年。

三月，齐高帝死，皇太子萧赜继位，是为齐武帝。

七月，北魏发州郡五万人修治灵丘道。

齐置国子学生二百人，以中书令张绪为国子祭酒。至九月，齐因国哀废国子学。

一一八五 483年，癸亥，齐武帝萧赜永明元年，北魏孝文帝太和七年。

三月，齐定地方官吏任期以三年为限，谓之“小满”。至是，改刘宋末以来官吏任职过久之弊。

一一八六 484年，甲子，齐武帝永明二年，北魏孝文帝太和八年。

六月，北魏始置“班禄”。规定给禄之后，纳赃满一匹者死。是年，因坐赃被处死者有四十余人。

一一八七 485年，乙丑，齐武帝永明三年，北魏孝文帝太和九年。

正月，北魏诏禁图谶、秘纬。

齐复立国学，用上公礼仪祭奠孔子，以王俭为国子祭酒。

十月，北魏主听从李安世建议，下诏实行均田。

是年，柔然部真可汗死，其子立，号伏名敦可汗，改元太平。

一一八八 486年，丙寅，齐武帝永明四年，北魏孝文帝太和十年。

正月，唐寓之攻陷钱塘（今浙江杭州），称帝，国号吴，建元兴平，并置百官。遣将攻东阳（今浙江金华、东阳一带）、山阴（今浙江绍兴），后为汤休武所败。

二月，北魏采纳秘书令李冲的建议，以三长制代替宗主督护制。

十一月，北魏以官吏所领民户多少给俸禄。　　是年，北魏改中书学为国子学。北魏分置州郡，共三十八州。

一一八九 487年，丁卯，齐武帝永明五年，北魏孝文帝太和十一年。

正月，齐人桓天生自称桓玄宗族，鼓动雍（今湖北襄阳一带）、司（今湖北随州、河南信阳一带）二州蛮攻占南阳（今河南南阳一带），降北魏，后被齐攻破。　　胡丘生在悬瓠（今河南汝南）起兵应齐，被北魏兵击败，胡丘生逃往齐。

北魏春、夏大旱，民多饿死。北魏诏有司开仓救济，允许民出关就食。

一一九〇 488年，戊辰，齐武帝永明六年，北魏孝文帝太和十二年。

四月，桓天生引北魏兵占据隔城，齐将连败北魏军，桓天生逃。

齐将陈显达攻北魏沘阳（今河南沁阳南），不能攻克，于是退兵。

齐因谷贱伤农，出府库及诸州钱收购。　　沈约所撰《宋书》完成。

一一九一　489 年，己巳，齐武帝永明七年，北魏孝文帝太和十三年。

王伯恭在兖州起义，抵御北魏南侵。

一一九二　490 年，庚午，齐武帝永明八年，北魏孝文帝太和十四年。

九月，北魏冯太后死，北魏孝文帝亲政。

一一九三　491 年，辛未，齐武帝永明九年，北魏孝文帝太和十五年。

正月，齐遣散骑常侍裴昭明、谢竣至北魏，吊冯太后之丧。

十一月，北魏制定完备的官员制度，考察各州郡长官。

齐修订律书。先前西晋泰始中张斐、杜预注律，律书沿用已达二百余年。两家所注有迥然不同之处，至此加以校订。

一一九四　492 年，壬申，齐武帝永明十年，北魏孝文帝太和十六年。

三月，北魏封高句丽王云为辽东公、高句丽王。　　四月，北魏颁行新定《律令》。　　八月，北魏发兵十万攻打柔然，大破而还。

柔然人杀伏名敦可汗，立其叔那盖为候其伏代库者可汗，改元太安。

九月，氐王杨集始攻齐之汉中（今陕西汉中），为齐兵所败。杨集始向北魏请降，北魏封其为武兴王。

一一九五　493 年，癸酉，齐武帝永明十一年，北魏孝文帝太和十七年。

四月，齐立南郡王萧昭业为皇太孙。

七月，北魏立皇子拓跋恂为太子。

齐武帝死，皇太孙萧昭业继位，后被废，是为废帝郁林王。

北魏孝文帝仰慕中原文化，有迁都洛阳之意，但群臣多有不从者。因此，以伐齐为名胁迫众人。　　九月，大军至洛阳，群臣谏止南伐，北魏主乃宣布迁都洛阳。

一一九六 494年，甲戌，齐鬱林王萧昭业隆昌元年，齐海陵王萧昭文延兴元年，齐明帝萧鸾建武元年，北魏孝文帝太和十八年。

七月，齐西昌侯萧鸾掌兵权，与齐帝不和。萧鸾矫诏废帝为鬱林王，另立新安王萧昭文为帝，改元延兴。萧鸾权势日重，大杀诸王。

十月，萧鸾废萧昭文为海陵王，自立为皇帝，是为齐明帝，改元建武。

十二月，北魏诏禁士民穿胡服，并下诏自代地迁居洛阳者免其租赋三年。　北魏孝文帝闻萧鸾自立，发动对齐战争。

一一九七 495年，乙亥，齐明帝建武二年，北魏孝文帝太和十九年。

自二月至五月，北魏攻齐钟离、义阳、寿阳，以及赭阳、南郑等地，皆未攻克。　四月，北魏孝文帝至鲁，亲祀孔子，命修孔子墓。

六月，北魏诏禁止三十岁以下官员讲鲜卑语，违者免官。又，禁止迁洛之人返葬北方，籍贯皆改为河南洛阳人。　八月，北魏在洛阳立国子、太学、四门小学于洛阳。　北魏孝文帝为天竺僧人佛陀扇多于嵩山兴建少林寺。

一一九八 496年，丙子，齐明帝建武三年，北魏孝文帝太和二十年。

正月，北魏改族姓拓跋氏为元。定氏族，鲜卑贵族穆（丘穆陵）、陆（步六孤）、贺（贺赖）、刘（独孤）等八大姓与汉族大姓卢、崔、郑、王地位相同。　八月，北魏太子元恂不愿南迁，常私穿胡服，又趁北魏孝文帝出游之际谋划逃往平城（今山西大同）。不久，北魏孝文帝废太子为庶人，囚之于河阳无鼻城（今河南孟州）。　十月，因北魏孝文帝重用中原儒生，鲜卑贵族穆泰于是与陆叡谋划作乱，后被捕。

北魏置常平仓。

一一九九 497年，丁丑，齐明帝建武四年，北魏孝文帝太和二十一年。

正月，北魏立皇子元恪为太子。　四月，北魏杀穆泰等，赐废太子元恂死。　八月，北魏孝文帝发兵围南阳、新野等地。　齐遣萧衍等率兵援救。氐帅杨灵珍叛北魏，举州降齐，北魏孝文帝命李崇发兵讨伐。杨灵珍因兵败乃归汉中。　　十一月，齐以杨灵珍为仇池公、武都王。

高昌王马儒打算举国内迁，为部下所杀。长史麴嘉称王，高昌麴氏自此始。

一二〇〇　498年，戊寅，齐明帝建武五年、永泰元年，北魏孝文帝太和二十二年。

四月，齐会稽太守王敬受到齐明帝猜忌，遂起兵造反，不久被杀。

七月，齐明帝死，太子萧宝卷即位，后被废为东昏侯。

一二〇一　499年，己卯，齐东昏侯萧宝卷永元元年，北魏孝文帝太和二十三年。

三月，齐太尉陈显达攻北魏。北魏孝文帝亲征，大败齐军。　　四月，北魏孝文帝病死。太子元恪即位，是为北魏宣武帝。　　北魏尚书令王肃为北魏制定官品，依南朝之制，共九品，每品皆有正、从。

东昏侯萧宝卷信任宦官及左右之人，始安王萧遥光谋废立，不久败死。东昏侯萧宝卷杀徐孝嗣、萧坦之等大臣。

一二〇二　500年，庚辰，齐东昏侯永元二年，北魏宣武帝元恪景明元年。

正月，齐豫州刺史裴叔业闻东昏侯大肆诛杀大臣，遂降北魏。三月，齐将崔景慧奉命进攻寿阳（今安徽寿县），至广陵而还，围建康。四月，兵败被杀。　　东昏侯大兴土木，民众赋役沉重。　　十一月，齐雍州刺史萧衍在襄阳起兵。　　十二月，齐萧颖胄在江陵（今湖北江陵）起兵，奉南康王萧宝融为主。

一二〇三　501年，辛巳，齐东昏侯永元三年，齐和帝萧宝融中兴元年，北魏宣武帝景明二年。

三月，萧宝融在江陵称帝，改元中兴，是为齐和帝。以萧衍为左仆射、都督征讨诸军事、假黄钺。

五月，北魏主年少，咸阳王元禧欲谋反，事泄被杀。

七月，齐雍州刺史张欣泰等谋立建安王萧宝夤，事泄被杀。　　九月，萧衍围建康（今江苏南京）。　　十二月，建康城中生变，东昏侯萧宝卷被杀。萧衍入城，以太后命追贬萧宝卷为东昏侯。萧衍任中书监、大司马。

一二〇四 502年，壬午，齐和帝中兴二年，梁武帝萧衍天监元年，北魏宣武帝景明三年。

正月，齐大司马萧衍加九锡，进位相国，封梁公。　　二月，萧衍进爵为梁王。萧衍称齐诸王谋反，杀齐明帝诸子。鄱阳王萧宝夤惧，逃往北魏。　　四月，萧衍在建康称帝，是为梁武帝，改元天监，国号梁，定都建康。废齐和帝为巴陵王，不久杀之。齐亡。　　十一月，梁立皇子萧统为皇太子。　　梁土断南徐州诸侨郡县。江东旱灾严重，百姓多饿死。

一二〇五 503年，癸未，梁武帝天监二年，北魏宣武帝景明四年。

正月，成都为梁兵所围，城中食尽，刘季连请降。

四月，梁颁行新修成的律令。

十月，北魏因任城王元澄与萧宝夤等攻梁，围梁义阳（今河南信阳）。

一二〇六 504年，甲申，梁武帝天监三年，北魏宣武帝正始元年。

三月，北魏元英击败梁援助义阳之兵，义阳归北魏。

九月，柔然攻北魏沃野（今内蒙古五原东北）、怀朔（今内蒙古固阳西南）。北魏将源怀遂在北边东西筑九城，派兵戍守，以防柔然。

十一月，时北魏因承平日久，学业大盛，诏置国学。

梁宣布佛教为国教。

一二〇七 505年，乙酉，梁武帝天监四年，北魏宣武帝正始二年。

正月，梁置五经博士各一人，又派博士祭酒巡视州、郡学校。

四月，北魏大败梁军，占有梁十四郡。

十月，梁武帝攻北魏，诏王公以下出租谷以助军用，以临川王萧宏为帅。

一二〇八 506年，丙戌，梁武帝天监五年，北魏宣武帝正始三年。

正月，北魏攻下武兴（治所在今陕西略阳），俘杨绍先，氐王杨氏亡。北魏改武兴为东益州。　　北魏秦州屠各胡人王法智聚众起义，推秦州主簿吕苟儿为主，建元建明，进攻州郡。泾州民陈瞻聚众称王，建元圣明。皆失败。

自二月始，梁、北魏之间爆发一系列战争。梁徐州刺史昌义之在梁城（今安徽寿县东北）攻北魏，败退。梁萧昞攻北魏徐州（治所在今江苏徐州），围淮阳（今江苏淮阴）。梁刘思效在胶水（今山东胶河）击败北魏军。　　四月，北魏以中山王英、邢峦等领兵援淮南拒梁。五月，韦睿大败北魏军，拔合肥（今安徽合肥）。　　七月，北魏发定、冀、瀛、相、并、肆六州人大举攻梁。　　九月，梁临川王萧宏率军在洛口（今安徽洛涧入淮之处）大败于北魏军。　　十月，柔然库者可汗死，其子伏图立，号佗汗可汗。

一二〇九　507 年，丁亥，梁武帝天监六年，北魏宣武帝正始四年。

正月，梁昌义之率三千人固守钟离（今安徽凤阳），抗拒北魏军数十万。　　二月，梁武帝派韦睿救援，解钟离之围。

九月，北魏开通斜谷旧道（今陕西眉县），以连通梁、益二州。

范缜著《神灭论》，驳斥佛教人死精神不灭的主张。

一二一〇　508 年，戊子，梁武帝天监七年，北魏宣武帝正始五年、永平元年。

正月，梁定百官九品十八班之制。　　二月，梁增置将军以下十品二十四班，不登十品的另有八班。此外，置州望、郡宗、乡豪各一人，负责搜求与推荐人才。　　五月，梁诏置宗正、太仆等共十二卿。

十月，北魏郢、豫二州守将多投降梁，自悬瓠（今河南汝南）以南至安陆（今湖北安陆），北魏仅有义阳（今河南信阳）一城。　　北魏遣尚书邢峦等率兵夺悬瓠。

一二一一　509 年，己丑，梁武帝天监八年，北魏宣武帝永平二年。

五月，梁诏试通经之士，不限其门第加以授官。

北魏佛教大盛，北魏宣武帝为僧人、朝臣讲授《维摩诘经》，佛教日盛。

一二一二　510 年，庚寅，梁武帝天监九年，北魏宣武帝永平三年。

三月，梁武帝至国子学讲习，令皇太子以下及王侯之子皆入学。

四月，梁尚书五都令史改用士流。　　十月，梁颁布祖冲之所制《大明历》。

北魏诏于京师设立医馆，收纳、治疗病人，并整理医方书，分发各地。

一二一三 511年，辛卯，梁武帝天监十年，北魏宣武帝永平四年。

三月，梁琅邪人王万寿杀其太守，据朐山（今江苏连云港西南）降北魏，梁发兵击之，北魏则遣徐州刺史卢昶援救。至十二月，梁大败北魏兵，再得朐山。

北魏提高里正的地位，里正可授勋品。

一二一四 512年，壬辰，梁武帝天监十一年，北魏宣武帝永平五年、延昌元年。

正月，为防止外戚专权，北魏制：凡立嗣子，先杀其母。到立皇子元诩为太子，开始不杀其母。

十一月，梁修《五礼》成，共八千零一十九条。诏有司颁行。

一二一五 513年，癸巳，梁武帝天监十二年，北魏宣武帝延昌二年。

二月，梁郁州民徐道角杀青、冀二州刺史，归降北魏，不久败死。

八月，北魏恒（治所在今山西大同）、肆（治所在今山西忻定西）二州发生大地震，民死伤无数。　北魏六镇、河南、青州发生严重饥荒。

一二一六 514年，甲午，梁武帝天监十三年，北魏宣武帝延昌三年。

秋，北魏高肇发兵十五万攻梁益州（治所在今四川成都北）。

梁于钟离（今安徽凤阳）修筑浮山堰，准备用淮河水灌北魏之寿阳城。

一二一七 515年，乙未，梁武帝天监十四年，北魏宣武帝延昌四年。

正月，北魏宣武帝死，太子元诩继位，是为北魏孝明帝。　三月，北魏于忠专擅朝政。　八月，杀大臣裴植、郭祚等，解高阳王元雍之职。　九月，北魏孝明帝之母胡太后临朝称制，以于忠为冀州刺史，以元澄为尚书令。十二月，又以于忠录尚书事。

一二一八 516年，丙申，梁武帝天监十五年，北魏孝明帝元诩熙平元年。

四月，梁筑浮山堰成。九月，淮水暴涨，浮山堰崩坏，沿淮水城镇村落十余万人漂流入海。

因北魏胡太后崇佛，造永宁寺。此外，筑有九层浮图，高九十丈。

一二一九 517年，丁酉，梁武帝天监十六年，北魏孝明帝熙平二年。

十月，北魏诏代地士民未南迁者任其留居。　北魏根据尚书崔亮的奏请，在王屋等山采铜铸钱。

一二二〇 518年，戊戌，梁武帝天监十七年，北魏孝明帝熙平三年、神龟元年。

正月，北魏幽州（治所在今北京西南）发生饥荒，诏刺史开仓赈济。　十月，胡太后遣宋云与僧惠生求佛经。

一二二一 519年，己亥，梁武帝天监十八年，北魏孝明帝神龟二年。

正月，北魏改革选举之法，排斥武人，使其不入清品。羽林、虎贲近千人至尚书省抗议，且焚烧提出该议案的张仲瑀家，杀其父兄。胡太后杀其为首者八人，仍令武官得依资入选。北魏吏部尚书崔亮奏立“停年格”，不问贤愚，只问年资。

一二二二 520年，庚子，梁武帝普通元年，北魏孝明帝神龟三年、正光元年。

二月，梁封高句丽世子为高句丽王，并遣使送衣冠佩剑，但途中被北魏兵劫至洛阳。

北魏清河王元怿辅政多年，打压侍中元叉等人。七月，元叉等人杀元怿，幽禁胡太后，权倾内外。北魏中山王元熙以讨元叉为名起兵，不久战败而死。

一二二三 521年，辛丑，梁武帝普通二年，北魏孝明帝正光二年。

正月，梁武帝据佛经所载，于建康（今江苏南京）置“孤独园”，收养贫民。

五月，北魏南荆州刺史恒叔兴率部众附梁。

六月，梁义州刺史及边城太守率众降北魏。

十一月，北魏东益州、南秦州氐人起兵反抗，北魏派兵镇压，失利而回。

一二二四 522年，壬寅，梁武帝普通三年，北魏孝明帝正光三年。

二月，北魏宋云、僧惠生取回佛经一百七十部。 十一月，北魏颁行《正光历》，该历为著作郎崔光综合张龙祥等九家历法而成。

一二二五 523年，癸卯，梁武帝普通四年，北魏孝明帝正光四年。

十二月，梁因钱制混乱，乃罢铜钱，以新铸铁钱代替。

北魏怀荒镇民因柔然劫掠向镇将于景请求赈济不得，民愤骤起，遂杀于景起兵。不久，沃野镇民破六韩拔陵聚众起义，杀其镇将，建元真王。诸边镇各族群起响应。破六韩拔陵遣兵围武川镇（今内蒙古武川西南），又攻怀朔镇（今内蒙古固阳西南）。六镇起义自此始。

一二二六 524年，甲辰，梁武帝普通五年，北魏孝明帝正光五年。

三月，北魏遣临淮王元彧进攻破六韩拔陵。 四月，北魏高平镇（今宁夏固原）民起义，推敕勒酋长胡琛为王，响应破六韩拔陵，不久败走。 五月，北魏临淮王元彧屡为破六韩拔陵所败，被削除官爵。北魏遂改派尚书令李崇会同崔暹、元渊进攻起义军。 七月，李崇部将崔暹与破六韩拔陵战于白道，大败。李崇退至云中（今内蒙古托克托）。 六月，北魏莫折大提率众起义，称秦王。不久，莫折大提病死，部下推其子莫折念生为主，称帝，建元天建。莫折念生攻破岐州等地。 八月，北魏秀容郡（治所在今山西忻州西北）牧民起义。不久，为秀容帅尔朱荣所败。

是年，梁武帝见北魏内乱，出兵攻北魏。起初，梁军屡胜，后攻打寿阳、涡阳、淮阳皆不能克，继而因北魏援军至而退兵。

一二二七 525年，乙巳，梁武帝普通六年，北魏孝明帝正光六年、孝昌元年。

正月，北魏徐州刺史元法僧称帝，建元天启。北魏发兵攻之，元法僧降梁。

梁裴邃攻陷北魏数城，北魏河间王元琛至寿阳与之战，大败。

四月，北魏杀尚书令元叉，胡太后再次临朝称制。

胡琛遣将万俟丑奴等攻破泾州（治所在今甘肃泾川北），斩北魏将领崔定伯。

六月，梁豫章王萧综降北魏，北魏封其为高平郡公、丹阳王。西部铁勒酋长乜列河等被北魏收买，降北魏。破六韩拔陵得知乜列河降北魏，遂引兵追击，途中被北魏伏兵击败。

一二二八 526 年，丙午，梁武帝普通七年，北魏孝明帝孝昌二年。

正月，北魏五原降户鲜于修礼在定州左城（今河北唐县）起义，建元鲁兴。　　四月，鲜于修礼在五鹿大破北魏军。　　八月，鲜于修礼为部下元洪业所杀，葛荣杀元洪业自立。葛荣得鲜于修礼部众，北攻瀛州（治所在今河北河间），破北魏将元融。　　九月，葛荣自称天子，国号齐，建元广安。

胡琛为破六韩拔陵部将所杀，万俟丑奴尽有其众。

一二二九 527 年，丁未，梁武帝普通八年、大通元年，北魏孝明帝孝昌三年。

正月，葛荣攻殷州（治所在今河北隆尧），杀其刺史崔楷，进围冀州（治所在今河北冀州）。莫折念生攻打岐州（治所在今陕西凤翔西），连败北魏军。北华州（治所在今陕西黄陵）、豳州（治所在今甘肃宁县）等地群起响应，关中大乱。

三月，梁武帝舍身同泰寺，改元大通。

九月，秦州民杜粲杀莫折念生，自行州事。　　十月，北魏尚书令萧宝夤进据关中。不久，自称齐帝，建元隆绪。　　十二月，秦州民骆超杀杜粲，归降北魏。　　是年，北方反北魏武装蜂起。

一二三〇 528 年，戊申，梁武帝大通二年，北魏孝明帝武泰元年，北魏孝庄帝元子攸建义元年、永安元年。

正月，杜洛周攻下北魏定州（治所在今河北定县）、瀛州（治所在今河北河间）。　　二月，葛荣杀杜洛周，拥其部众。

萧宝夤为北魏军所败，携其妻、子投奔万俟丑奴。

北魏孝明帝因与胡太后不和，秘密诏尔朱荣举兵。胡太后毒杀孝明帝，立元钊为帝。　　尔朱荣自晋阳出兵。　　四月，尔朱荣立长乐王元子攸为帝，改元建义，是为北魏孝庄帝。尔朱荣遣人执胡太后及幼主元钊至河阴（治所在今河南孟津东），溺杀之，同时被杀的有宗室、百官二千余人，史称“河阴之变”。

七月，万俟丑奴自称天子，置百官。　　九月，葛荣引兵围邺城（今河北临漳西南），尔朱荣、侯景等率军破葛荣。葛荣战败被俘，其众皆散。

一二三一　529 年，己酉，梁武帝大通三年、中大通元年，北魏孝庄帝永安二年。

四月，北魏北海王元颢在梁将陈庆之的支持下击败北魏兵，称帝于睢阳（今河南商丘南），建元孝基。　　五月，元颢引梁兵入洛阳，北魏主北逃。　　闰六月，元颢等为尔朱荣所败，被杀。　　尔朱荣遣将击虏韩楼，幽州定。

九月，梁武帝再次舍身同泰寺，群臣以一亿钱奉赎梁武帝还俗为皇帝。

一二三二　530 年，庚戌，梁武帝中大通二年，北魏孝庄帝永安三年，北魏长广王元晔建明元年。

四月，北魏将尔朱天光奉命击万俟丑奴于平凉（今甘肃平凉），俘万俟丑奴及萧宝夤，后将二人送至洛阳处死。　　六月，万俟丑奴余部万俟道洛为尔朱天光所败，归附王庆云。王庆云于水洛城（今甘肃庄浪）称帝。　　七月，尔朱天光率军至水洛城，俘王庆云、万俟道洛等人，坑杀其全部部众。秦、河、渭等州皆降北魏。　　九月，北魏孝庄帝杀尔朱荣于殿上。　　十月，尔朱兆与尔朱世隆等拥立长广王元晔为帝，改元建明。　　十二月，尔朱兆入洛阳，抓北魏孝庄帝至晋阳并杀之。　北魏纥豆陵步蕃在秀容（今山西忻定西北）大败尔朱兆，逼近晋阳。尔朱兆向晋州刺史高欢求救。高欢大破步蕃并斩之。

一二三三　531 年，辛亥，梁武帝中大通三年，北魏长广王建明二年，北魏节闵帝元恭普泰元年，北魏安定王元朗中兴元年。

二月，北魏尔朱世隆废长广王元晔，立广陵王元恭为帝，改元普泰，是为北魏节闵帝。

四月，梁昭明太子萧统死，其编有《文选》一书，世称《昭明文选》。

六月，高欢于信都起兵，攻尔朱世隆等。　　十月，高欢立安定王元朗于信都（今河北冀州），改元中兴，自为丞相。

一二三四　532年，壬子，梁武帝中大通四年，北魏孝武帝元脩太昌元年、永兴元年、永熙元年。

正月，高欢攻陷邺城（今河北临漳西南），以杨愔为行台右丞。　闰三月，高欢在邺城大败尔朱天光。　　四月，斛斯椿尽杀尔朱氏之党，以洛阳降。高欢入洛阳后，废北魏节闵帝与北魏后废帝，立平阳王元脩为帝，是为北魏孝武帝，改元太昌。高欢自为大丞相。贺拔岳率宇文泰等杀尔朱显，以长安降高欢。　　七月，高欢攻尔朱兆，入晋阳，尔朱兆北逃秀容（今山西忻定西北）。

一二三五　533年，癸丑，梁武帝中大通五年，北魏孝武帝永熙二年。

正月，尔朱兆为高欢部将窦泰所败，自缢而亡。　　八月，北魏以贺拔胜为荆州刺史，贺拔岳为雍州刺史，以牵制高欢。　　十二月，北魏贺拔胜攻梁雍州（今湖北襄阳一带）诸城戍，煽动诸蛮反抗，梁军屡败，沔北变为废墟。

一二三六　534年，甲寅，梁武帝中大通六年，北魏孝武帝永熙三年，东魏孝静帝元善见天平元年。

二月，高欢指使泰州刺史侯莫陈悦杀贺拔岳，贺拔岳部众推宇文泰为帅。北魏孝武帝以宇文泰为大都督，统贺拔岳之军，西攻侯莫陈悦。

四月，侯莫陈悦为宇文泰所败，逃奔至灵州（今宁夏灵武西南），自缢而亡。　　七月，高欢渡河至洛阳，北魏孝武帝被迫逃往关中。宇文泰遣使迎北魏孝武帝入长安，自掌军国大政。　　十月，高欢立清河王世子元善见为帝，是为东魏孝静帝，改元天平，迁都于邺（今河北临漳西南）。自此，北魏分裂为东、西魏。　　闰十二月，宇文泰毒杀北魏孝武帝，另立南阳王元宝炬为帝。

一二三七　535年，乙卯，梁武帝大同元年，东魏孝静帝天平二年，西魏文帝元宝炬大统元年。

正月，元宝炬即位于长安城西，改元大统，史称西魏。以丞相宇文泰为大行台，斛斯椿为太保。　　三月，西魏丞相宇文泰定新制二十四条。宇文泰用苏绰为大行台左丞、参与国事。

八月，东魏拆毁洛阳宫室，兴建新宫于邺。

一二三八 536年，丙辰，梁武帝大同二年，东魏孝静帝天平三年，西魏文帝大统二年。

九月，东魏以定州刺史侯景兼尚书右仆射，督军攻梁。　十月，梁陈庆之发兵打败侯景。

西魏关中发生大饥荒，死者众多。

一二三九 537年，丁巳，梁武帝大同三年，东魏孝静帝天平四年，西魏文帝大统三年。

七月，东魏遣李谐访梁。梁使亦至东魏。

高欢与宇文泰两战皆不利。宇文泰以计袭击东魏骁将窦泰，窦泰兵败自杀，高欢撤兵。　八月，宇文泰率李弼等攻东魏，取其恒农（今河南三门峡西南）。　闰九月，高欢发兵二十万自壶口（今山西长治东南）西渡黄河以攻西魏。　十月，宇文泰在沙苑（今陕西大荔南）以伏兵大败高欢，高欢狼狈败退。

一二四〇 538年，戊午，梁武帝大同四年，东魏孝静帝元象元年，西魏文帝大统四年。

二月，东魏侯景等攻西魏，收复南汾、颍、豫、广四州。　七月，侯景等烧毁洛阳，存者仅十之二三。　八月，宇文泰救洛阳，大破东魏军队。　东魏因民多为尼僧以避赋役，遂下诏有擅立寺者，以枉法论。

一二四一 539年，己未，梁武帝大同五年，东魏孝静帝兴和元年，西魏文帝大统五年。

九月，东魏发畿内十万人筑邺城（今河北临漳西南）。

一二四二 540年，庚申，梁武帝大同六年，东魏孝静帝兴和二年，西魏文帝大统六年。

五月，吐谷浑王向梁献马及特产。　五月，吐谷浑王遣使者经柔然，至东魏访问。

一二四三 541年，辛酉，梁武帝大同七年，东魏孝静帝兴和三年，西魏文帝大统七年。

十月，东魏颁行新法令，号《麟趾格》。　东魏因调绢长度不一，定一匹为四十尺。　　东魏连年丰收，谷每斛仅九钱。

西魏增新制十二条。

一二四四　542 年，壬戌，梁武帝大同八年，东魏孝静帝兴和四年，西魏文帝大统八年。

正月，梁安成大族刘敬躬据郡反，建元永汉。　　二月，王僧辩等擒刘敬躬，将其送至建康斩杀。

西魏初置六军。

八月，东魏以侯景为河南道大行台，以备梁与西魏。　　十月，东魏高欢率兵攻西魏，遇大雪，士卒多死，遂还。

一二四五　543 年，癸亥，梁武帝大同九年，东魏孝静帝武定元年，西魏文帝大统九年。

三月，宇文泰为牵制东魏兵力，率兵至洛阳。高欢以兵十万与宇文泰战于邙山。宇文泰军初战不利，为伏兵所败。次日，宇文泰反败为胜，高欢败走。

十一月，东魏修筑长城，西起马陵（今山西静乐北），东至土墱（今山西宁武东）。

一二四六　544 年，甲子，梁武帝大同十年，东魏孝静帝武定二年，西魏文帝大统十年。

七月，西魏改度量之制，并颁行修订后的律令。

十月，东魏遣使括户，无籍户达六十余万，侨居者皆令还原籍。

东魏命散骑常侍魏收修国史。

一二四七　545 年，乙丑，梁武帝大同十一年，东魏孝静帝武定三年，西魏文帝大统十一年。

六月，梁遣将攻李贲。李贲大败，逃往嘉宁城。

西魏宇文泰遣使至突厥。

一二四八　546 年，丙寅，梁武帝大同十二年、中大同元年，东魏孝静帝武定四年，西魏文帝大统十二年。

四月，梁武帝令重造十二层浮屠，其将成时适逢侯景之乱而止。

八月，东魏高澄迁洛阳《石经》五十二碑至邺（今河北临漳西南）。

九月，东魏高欢攻打西魏玉壁（今山西稷山西南）。　　十月，高欢督兵攻城五十日，皆为西魏守将韦孝宽所阻。至十一月，高欢染病，下令撤军东归。

一二四九 547 年，丁卯，梁武帝中大同二年、太清元年，东魏孝静帝武定五年，西魏文帝大统十三年。

正月，东魏丞相高欢死，其子高澄秘不发丧。侯景因与高氏不和，遂据河南，降西魏。

二月，西魏以侯景为太傅、上谷公。不久，侯景遣使降梁，梁武帝以侯景为河南王。

三月，梁武帝再次舍身同泰寺。四月，梁群臣以一亿钱奉赎武帝，梁武帝改元太清。

八月，东魏孝静帝因不堪受制于高澄，与荀济等谋诛高澄。后事泄，高澄囚东魏孝静帝，杀荀济。

一二五〇 548 年，戊辰，梁武帝太清二年，梁临贺王萧正德正平元年，东魏孝静帝武定六年，西魏文帝大统十四年。

八月，侯景起兵反，占据寿阳（今安徽寿县）。　十月，侯景攻克谯州（今安徽滁州）、历阳（今安徽和县），直入建康，围攻台城。临贺王萧正德反叛以响应侯景。　十一月，侯景立萧正德为帝，自为丞相，改元正平。

一二五一 549 年，己巳，梁武帝太清三年，梁临贺王正平二年，东魏孝静帝武定七年，西魏文帝大统十五年。

二月，侯景因缺粮食，遣任约向梁武帝求和。梁武帝拜侯景为大丞相。　三月，侯景攻陷台城，囚梁武帝，废萧正德为大司马，纵兵烧杀抢掠。　五月，梁武帝萧衍崩。侯景立皇太子萧纲为帝，是为简文帝。　六月，西江督护陈霸先与成州刺史王怀明等起兵讨侯景。

西魏下诏，太和年间改汉姓者皆恢复其原来的姓氏。

一二五二 550 年，庚午，梁简文帝萧纲大宝元年，东魏孝静帝武定八年，西魏文帝大统十六年，北齐文宣帝高洋天保元年。

正月，陈霸先进军南康（今江西南康），湘东王萧绎授陈霸先为明威将军、交州刺史。

五月，高洋废东魏孝静帝自立，改元天保，建都于邺（今河北临漳西南)，国号齐，是为北齐文宣帝。

十二月，西魏设八柱国大将军，正式创立府兵制。诏免府兵身租、调、庸。农闲讲武，战争时自备所需马、粮。府兵共分二十四军，分属六柱国。府兵另立户籍。

一二五三　551 年，辛未，梁简文帝大宝二年，梁豫章王萧栋天正元年，西魏文帝大统十七年，西魏废帝元钦元年，北齐文宣帝天保二年。

三月，西魏文帝死，其子元钦立，是为西魏废帝。

四月，侯景督师西上，取郢州（今湖北武汉南）。　六月，侯景兵败巴陵（今湖南岳阳)，退走。王僧辩攻克郢州。　八月，侯景废梁简文帝，立豫章王萧栋为帝，改元天正。　十一月，侯景强迫豫章王萧栋让位，自称皇帝，国号汉，改元太始。

十二月，北齐杀东魏孝静帝。

一二五四　552 年，壬申，梁武陵王萧纪天正二年，梁元帝萧绎承圣元年，西魏废帝元钦二年，北齐文宣帝天保三年。

三月，梁将王僧辩、陈霸先攻克建康（今江苏南京)，侯景东逃。　四月，侯景为部下所杀。　梁武陵王萧纪在成都（今四川成都）称帝，改元天正。

五月，西魏破梁南郑（今陕西汉中南)，剑阁以北之地皆为西魏所有。

十一月，湘东王萧绎在江陵称帝，改元承圣，是为梁元帝。

一二五五　553 年，癸酉，梁元帝承圣二年，西魏废帝元钦三年，北齐文宣帝天保四年。

三月，梁元帝萧绎得知武陵王萧纪自蜀东下，于是邀西魏出兵攻蜀。宇文泰派原珍等率士卒攻打益州（治所在今四川成都)。　七月，梁武陵王萧纪兵败被杀。　八月，西魏攻陷梁益州，以尉迟迥为益州刺史。

十一月，因突厥进攻不断，柔然举国奔齐，北齐帝使其居于马邑川（今山西朔州)。

一二五六 554年，甲戌，梁元帝承圣三年，西魏恭帝拓跋廓元年，北齐文宣帝天保五年。

正月，西魏宇文泰废皇帝元钦，立齐王元廓，是为西魏恭帝。诏恢复鲜卑旧姓拓跋，汉族大姓改为鲜卑姓。　十月，西魏遣于谨、宇文护、杨忠等领兵五万攻江陵（今湖北江陵）。　十一月，西魏军攻入江陵，俘虏梁元帝，后杀之。　十二月，梁将王僧辩、陈霸先等奉晋安王萧方智为太宰。

一二五七 555年，乙亥，梁元帝承圣四年，梁建安公萧渊明天成元年，梁敬帝萧方智绍泰元年，西魏恭帝二年，北齐文宣帝天保六年。

正月，梁王萧詧在江陵（今湖北江陵）称帝，改元大定，向西魏称藩属，史称后梁。　五月，王僧辩迎萧渊明至建康（今江苏南京），即皇帝位，改元天成，向北齐称藩属。　九月，陈霸先起兵京口（今江苏镇江），杀王僧辩。　十月，陈霸先拥立萧方智为帝，改元绍泰，是为梁敬帝。陈霸先自为尚书令、都督中外诸军事。

梁谯、秦二州刺史徐嗣徽向北齐请降，袭击建康，占据石头城。

十一月，北齐兵渡江援助徐嗣徽。　十二月，陈霸先打败北齐兵，北齐将求和，陈霸先同意请和。

一二五八 556年，丙子，梁敬帝绍泰二年、太平元年，西魏恭帝三年，北齐文宣帝天保七年。

正月，西魏仿《周礼》建六官。

三月，北齐萧轨、徐嗣徽率兵攻梁，陈霸先大败北齐军，杀萧、徐二人。　九月，梁改元太平，以陈霸先为丞相、录尚书事。

十月，西魏宇文泰死，其子宇文觉嗣其爵位。宇文泰之侄宇文护迫使西魏恭帝禅位于宇文觉。西魏亡。

一二五九 557年，丁丑，梁敬帝太平二年，陈武帝陈霸先永定元年，北齐文宣帝天保八年，北周孝闵帝宇文觉元年，北周明帝宇文毓元年。

正月，宇文觉称天王，是为北周孝闵帝，建都长安（今陕西西安），国号周。　九月，北周晋公宇文护废宇文觉为略阳公，不久杀之，另立宁都公宇文毓为天王，是为北周明帝。

十月，陈霸先进爵为陈王，不久陈霸先称皇帝，建都建康（今江苏南京），国号陈，建元永定，是为陈武帝。梁亡。

一二六〇 558年，戊寅，陈武帝永定二年，北齐文宣帝天保九年，北周明帝二年。

三月，北齐发兵送梁永嘉王萧庄至湓城（今江西九江），即帝位，改元天启。以王琳为梁侍中、丞相，录尚书事。

一二六一 559年，己卯，陈武帝永定三年，北齐文宣帝天保十年，北周明帝武成元年。

六月，陈武帝陈霸先死，其侄临川王陈蒨继位，是为陈文帝。

八月，北周天王宇文毓称帝，用年号，建元武成。

十月，北齐文宣帝死，其子高殷继帝位，是为北齐废帝。

一二六二 560年，庚辰，陈文帝陈蒨天嘉元年，北齐废帝高殷乾明元年，北齐孝昭帝高演皇建元年。

二月，北齐常山王高演杀尚书令杨愔等，自立为宰相，录尚书事。

四月，北周晋公宇文护杀北周明帝，立其弟鲁公宇文邕为帝，是为北周武帝。

八月，北齐常山王高演废其主，自立为帝，改元皇建，是为北齐孝昭帝。

一二六三 561年，辛巳，陈文帝天嘉二年，北齐武成帝高湛太宁元年，北周武帝宇文邕保定元年。

十一月，北齐孝昭帝死，其弟长广王高湛在晋阳（今山西太原）即位，改元太宁，是为北齐武成帝。

一二六四 562年，壬午，陈文帝天嘉三年，北齐武成帝河清元年，北周武帝保定二年。

正月，北周在同州（今陕西大荔）开凿龙首渠，用以灌溉农田。

闰二月，后梁主萧詧死，其子萧岿继位，是为后梁明帝，改元天保。

一二六五 563年，癸未，陈文帝天嘉四年，北齐武成帝河清二年，北周武帝保定三年。

三月，北齐诏司空斛律光率兵筑勋掌城于轵关（今河南济源西北）；

筑长城二百里，设十二戍。

九月，北周遣柱国杨忠率兵与突厥攻北齐，又遣大将军达奚武率步骑三万自南道出平阳（今山西临汾西南），两军约期会师于晋阳（今山西太原）。

一二六六 564 年，甲申，陈文帝天嘉五年，北齐武成帝河清三年，北周武帝保定四年。

正月，北齐军击败突厥与北周兵，突厥劫掠晋阳（今山西太原）而还。　三月，北齐颁行新修律令、均田令。

十月，北周发兵攻北齐。十一月，兵围洛阳。十二月，北齐斛律光、段韶、兰陵王高长恭救洛阳，大破北周军。

一二六七 565 年，乙酉，陈文帝天嘉六年，北齐后主高纬天统元年，北周武帝保定五年。

四月，北齐武成帝高湛禅位于皇太子高纬，改元天统，是为北齐后主。

一二六八 566 年，丙戌，陈文帝天嘉七年，陈废帝陈伯宗天康元年，北齐后主天统二年，北周武帝天和元年。

四月，陈文帝死，太子陈伯宗继位，是为陈废帝。以陈文帝之弟安成王陈顼为司徒、录尚书事、都督中外诸军事。

一二六九 567 年，丁亥，陈废帝光大元年，北齐后主天统三年，北周武帝天和二年。

正月，陈改元光大，安成王陈顼专权。

是年，北齐左丞相斛律金死。

一二七〇 568 年，戊子，陈废帝光大二年，北齐后主天统四年，北周武帝天和三年。

七月，北周随国公杨忠死，其子杨坚袭爵。

十一月，陈安成王陈顼废陈帝为临海王。

北齐太上皇武成帝高湛死。

一二七一 569 年，己丑，陈宣帝陈顼太建元年，北齐后主天统五年，北周武帝天和四年。

正月，陈安成王陈顼即皇帝位，改元太建，是为陈宣帝。　九月，陈左卫将军欧阳纥据广州（今广东广州）反。

十二月，北周将包围北齐宜阳城（今河南宜阳西），断其粮道。

一二七二 570年，庚寅，陈宣帝太建二年，北齐后主武平元年，北周武帝天和五年。

北齐命斛律光领步骑三万救宜阳，大败北周军。

二月，阳春太守冯仆之母冼夫人擒欧阳纥至建康（今江苏南京），陈宣帝封冼夫人为石龙太夫人。

一二七三 571年，辛卯，陈宣帝太建三年，北齐后主武平二年，北周武帝天和六年。

四月，北周攻陷北齐宜阳等九城。

七月，北齐琅邪王高俨矫诏杀和士开，被北齐后主杀死。

一二七四 572年，壬辰，陈宣帝太建四年，北齐后主武平三年，北周武帝建德元年。

三月，宇文护专权，北周武帝与卫国公宇文直等合谋杀宇文护及其诸子，改元建德。

六月，北齐杀其丞相斛律光。祖珽与侍中高元海共执北齐政。

一二七五 573年，癸巳，陈宣帝太建五年，北齐后主武平四年，北周武帝建德二年。

二月，北齐帝好文学，设文林馆，以黄门侍郎颜之推治馆。

三月，陈帝命吴明彻、裴忌领兵十万，分出秦郡（今江苏六合一带）、历阳（今安徽和县）攻北齐。 十二月，陈攻下北齐数十城，尽复江北、淮泗之地。

九月，北周太子宇文赟纳杨坚之女为妃。

一二七六 574年，甲午，陈宣帝太建六年，北齐后主武平五年，北周武帝建德三年。

二月，北齐朔州行台南安王高思好以清君侧为名，在曲阳（今河北曲阳西）起兵，不久败死。

五月，北周武帝禁佛教、道教，下令沙门、道士还俗。

一二七七 575年，乙未，陈宣帝太建七年，北齐后主武平六年，北周武帝建德四年。

七月，北周武帝发兵十七万，分兵六路攻北齐，连战皆捷。九月，因北周武帝病重，只得班师回长安。

一二七八 576 年，丙申，陈宣帝太建八年，北齐后主隆化元年，北齐安德王高延宗德昌元年，北周武帝建德五年。

十月，北周再次大举攻北齐，攻破晋州（治所在今山西临汾）。北齐后主兵败至晋阳（今山西太原）。北周攻陷晋阳后，北齐后主退至邺城（今河北临漳西南）。安德王高延宗在晋阳即位，改元德昌。北周军攻破晋阳，擒高延宗，进兵邺城。　北齐后主传位于太子高恒。

一二七九 577 年，丁酉，陈宣帝太建九年，北齐幼主高恒承光元年，北齐范阳王高绍义武平元年，北周武帝建德六年。

正月，高恒即位，是为北齐幼主，改元承光。北周军攻陷邺城（今河北临漳西南），北齐太上皇、北齐幼主逃至济州（治所在今山东茌平），禅位于任城王高湝。北齐太上皇、幼主至青州（今山东青州）被北周军俘获。　二月，北周攻破信都（今河北冀州），俘任城王高湝。北齐范阳王高绍义兵败，逃往突厥。北齐亡，北周统一北方。　八月，北周颁新定度量衡。

一二八〇 578 年，戊戌，陈宣帝太建十年，北周武帝建德七年、宣政元年。

五月，北周武帝发兵五路大军攻突厥，至云阳（今陕西泾阳西北），因病诏停诸军。　六月，北周武帝还长安，病死。太子宇文赟继位，是为北周宣帝。　闰六月，册杨坚女为皇后。　七月，北周以亳州总管杨坚为上柱国、大司马。

一二八一 579 年，己亥，陈宣帝太建十一年，北周宣帝宇文赟大成元年，北周静帝宇文阐大象元年。

正月，北周服汉魏衣冠朝贺，改元大成。　二月，北周宣帝传位于太子宇文阐，改元大象，是为北周静帝。北周宣帝自称天元皇帝。　北周迁移邺城（今河北临漳西南）石经至洛阳。

一二八二 580 年，庚子，陈宣帝太建十二年，北周静帝大象二年。

二月，突厥遣使迎娶千金公主。

五月，北周宣帝死，北周静帝时年八岁，随国公杨坚总理朝政。

六月，北周相州总管尉迟迥起兵反杨坚。　七月，青州总管尉迟勤、郧州总管司马消难起兵响应尉迟迥。　八月，尉迟迥及尉迟勤皆败死，司马消难逃往陈。　益州总管王谦起兵反杨坚，至十月，王谦败死。　十二月，周以杨坚为相国，总理朝政，进爵随王。　杨坚大杀北周宗室诸王。

隋[1]

（公元581年—公元618年）

一二八三　581年，辛丑，隋文帝杨坚开皇元年，陈宣帝太建十三年，北周静帝大象三年、大定元年。

二月，北周静帝宇文阐禅位于随王杨坚，北周亡。杨坚即位，改国号隋，是为隋文帝，建元开皇。隋废除北周六官之制，依汉、魏之制，置尚书等五省、御史等二台、太常等十一寺、左右卫等十二府。　八月，突厥阿波可汗遣使进奉物产。　九月，因民间私钱甚众，轻重不一，遂更铸五铢钱，禁私钱。　十月，命高颎等制定新律，颁行全国。

一二八四　582年，壬寅，隋文帝开皇二年，陈宣帝太建十四年。

正月，陈宣帝陈顼死，子陈叔宝即位，是为陈后主。

六月，隋文帝诏左仆射高颎、将作大匠刘龙、钜鹿郡公贺娄子干、太府少卿高龙叉、太子左庶子宇文恺等于龙首山筑新都。　十二月，命名新都为大兴城。　突厥雄踞漠北，攻武威（今甘肃民勤东北）、延安（今陕西延安北）等地，大掠而还，河西一带，六畜皆尽。

---

① 含南北朝公元581年至公元589年间纪年和大事。

一二八五 583 年，癸卯，隋文帝开皇三年，陈后主陈叔宝至德元年。

三月，隋迁入新都大兴城（今陕西西安）。　　四月，吐谷浑寇临洮等地。隋文帝以卫王杨爽为行军元帅率军分道攻突厥，突厥大败，沙钵略可汗重伤而遁。　　十一月，隋文帝命使巡省风俗。　　隋文帝以律法尚严，又命苏威、牛弘等更定新律，共十二卷五百条。

一二八六 584 年，甲辰，隋文帝开皇四年，陈后主至德二年。

正月，西梁孝明帝萧岿以臣礼入朝隋文帝。　　隋颁张宾等所编新历。　　二月，萧岿南归，隋文帝于灞上饯行。　　突厥内讧，苏尼部万余人、达头可汗率属来降。　　六月，隋文帝命宇文恺率水工自大兴城东至潼关凿渠引渭水，以通漕运，名曰“广通渠”。　　十一月，隋遣薛道衡、豆卢寔使于陈。

陈后主筑临春、结绮、望仙三阁，宠妃居于其间，君臣在此酣歌，不理政务。陈后主宠信孔范、江总等人，朝政日坏。

一二八七 585 年，乙巳，隋文帝开皇五年，陈后主至德三年。

正月，隋下诏颁行新礼。　　五月，隋令诸州广置义仓，以备荒年赈济之用。

西梁孝明帝萧岿死，子萧琮嗣位。

七月，突厥沙钵略可汗上表称臣。　　八月，沙钵略遣其子库合真（一名窟含真）入朝，隋文帝赏赐甚厚。沙钵略大悦，自此贡奉不绝。

一二八八 586 年，丙午，隋文帝开皇六年，陈后主至德四年。

正月，党项羌内附于隋。　　二月，隋命崔仲方发丁男十五万，于朔方（治所在今陕西子长东）以东筑城数十，以防胡寇。

一二八九 587 年，丁未，隋文帝开皇七年，陈后主祯明元年。

隋令诸州岁贡贤能之才三人。　　二月，隋发丁男十万余人修筑长城，二十天而罢。　　四月，隋于扬州（今江苏扬州）开山阳渎，以通漕运。　　八月，隋文帝召西梁帝萧琮入朝。

九月，西梁安平王萧岩掠其国奔陈。隋遂废梁国，封萧琮为上柱国、莒国公。西梁亡。

一二九〇 588年，戊申，隋文帝开皇八年，陈后主祯明二年。

三月，隋文帝在诏书中暴扬陈后主恶行，遍谕江东，为进攻陈朝做舆论准备。　十月，隋在寿春（今安徽寿县）置淮南行台省，以晋王杨广为尚书令。隋文帝命晋王杨广、秦王杨俊、清河公杨素为行军元帅，发兵五十一万八千人伐陈。

十二月，陈叔宝闻隋军抵长江北仍奏乐纵酒，作诗不辍。

一二九一 589年，己酉，隋文帝开皇九年，陈后主祯明三年。

正月，隋将贺若弼自广陵（今江苏扬州）渡江，攻克京口（今江苏镇江）。韩擒虎自采石（今安徽马鞍山）渡江，攻克姑孰（今安徽当涂）。隋大军逼近建康（今江苏南京），贺若弼于蒋山大败陈军，韩擒虎入建康。陈叔宝与十余宫人出景阳殿，与张贵妃、孔贵嫔自投于枯井中。隋兵以绳引出，擒之，陈亡。至此，历时近三百年的大分裂时代结束，隋朝统一中国。隋朝灭陈，共得州三十，郡一百，县四百。

一二九二 590年，庚戌，隋文帝开皇十年。

五月，隋文帝下诏改革府兵制，使府兵的户籍与土地归于州县，由其管理，与百姓相同，但其有关军役之务仍归军府所辖。　十一月，江南民众不习隋之法令，婺州（今浙江金华）、会稽（今浙江绍兴）、饶州（今江西鄱阳）、永嘉（今浙江温州）等地豪民一时皆叛。隋遣杨素率军征讨，平之。

一二九三 591年，辛亥，隋文帝开皇十一年。

五月，高句丽遣使进奉物产。　八月，上柱国、沛国公郑译卒。

一二九四 592年，壬子，隋文帝开皇十二年。

八月，隋文帝因官吏引用法律多错误，因此下诏天下死罪，诸州不得审决，上报大理寺最终定案。

一二九五 593年，癸丑，隋文帝开皇十三年。

二月，营建仁寿宫于岐州普润（今陕西麟游），命杨素监修。　四月，诏免战亡将士之家赋役一年。　五月，诏民间有私自撰国史、臧否人物者，皆令禁绝。

一二九六 594年，甲寅，隋文帝开皇十四年。

四月，雅乐修成，诏令施行，禁民间流行之音乐。　六月，诏省府州县，皆给公廨田。诏废公廨钱制，即官吏不再以公廨钱放债收息求利，改以土地代之，不得与民争利。　八月，关中大旱，民以豆屑杂糠为食。隋文帝率民就食于洛阳。　十一月，颁诏规定州县佐吏三年一代，不得重任，以加强对地方官吏的控制。

一二九七　595 年，乙卯，隋文帝开皇十五年。

二月，收天下兵器，民间有敢私造者治罪。关中、沿边地区不在其例。　三月，仁寿宫建成，民夫劳累至死者甚多，杨素下令将死者焚除。　六月，隋文帝诏凿底柱（又名砥柱山、三门山，在今山西平陆县东、河南陕县东北）以使黄河漕运畅通。　十二月，隋文帝下令盗边粮一升以上者皆斩，并籍没其家。

一二九八　596 年，丙辰，隋文帝开皇十六年。

六月，规定工、商者不得为官。诏九品以上官员之妻，五品以上之妾，夫亡后不得改嫁。　八月，规定判决死罪者，三奏而后行刑。

一二九九　597 年，丁巳，隋文帝开皇十七年。

二月，南宁州（治所在今云南曲靖）蛮帅爨翫叛，隋以太平公史万岁为行军总管率兵击之，破其三十余部，虏获二万余人。诸夷恐惧，遣使向隋请降。　四月，废张宾、刘晖等所造甲子元历，颁张胄玄新历。　七月，上柱国、并州（治所在今山西太原）总管秦王杨俊因违反制度而被免官。

一三〇〇　598 年，戊午，隋文帝开皇十八年。

正月，诏江南诸州，民间有船长三丈以上皆收入官府。　二月，高句丽王元联合靺鞨进攻辽西。隋文帝以汉王杨谅、王世积并为行军元帅，率水陆三十万伐高句丽。　六月，下诏废黜高句丽王的官爵。

杨谅军出临渝关（今河北秦皇岛东北山海关），军中乏食，且疾疫严重。九月，无功而还，死者十之八九。

一三〇一　599 年，己未，隋文帝开皇十九年。

二月，突厥都蓝可汗与达头可汗联兵击突利可汗，突利可汗大败，投奔隋朝。　四月，突利可汗至长安，其众内附，隋文帝厚待之。

达头可汗犯塞，隋遣行军总管史万岁击破之。　十月，隋封突利可汗为启民可汗，筑大利城（今内蒙古和林格尔西北土城子）以置其部落。时安义公主已卒，又以义成公主妻之。　　十二月，突厥都蓝可汗为部下所杀，其部多附启民可汗，达头可汗自立为步迦可汗。

一三〇二　600 年，庚申，隋文帝开皇二十年。

四月，突厥达头可汗犯塞，隋诏晋王杨广、杨素出灵武道（今宁夏灵武西南），汉王杨谅、史万岁出马邑道（今山西朔州）击之。杨广斩首千余人。史万岁至大斤山（今内蒙古呼和浩特市西北大青山）与达头可汗相遇，斩首数千。　　六月，秦王杨俊薨。杨素伺机对皇太子杨勇多加谗毁，并诬杨勇谋反。隋文帝大怒。　　十月，废杨勇及诸子为庶人，杀太平县公史万岁。　　十一月，以晋王杨广为皇太子。　十二月，诏东宫官属不得称臣于皇太子。　　诏禁毁佛道神像。

一三〇三　601 年，辛酉，隋文帝仁寿元年。

六月，诏留国子学学生七十人，太学、四门学及州县学并废。七月，改国子学为太学。　　十一月，诏以杨素为云州道行军元帅、长孙晟为受降使者挟启民可汗北击步迦可汗。

一三〇四　602 年，壬戌，隋文帝仁寿二年。

三月，突厥步迦可汗部南下渡河，掠启民可汗部落六千人，杂畜二十余万。杨素率军追击，大破其众，所获人畜皆归启民可汗。自此步迦可汗远遁，不敢攻掠漠南。　　八月，独孤皇后崩。　　闰十月，诏令杨素、苏威等修订五礼。　　十二月，上柱国、益州总管蜀王杨秀被废为庶人。

一三〇五　603 年，癸亥，隋文帝仁寿三年。

九月，隋置常平官以掌义仓。　　突厥步迦可汗所部大乱，特勒、仆骨等十余部皆降于启民可汗，步迦可汗西奔吐谷浑。自此，启民可汗尽有原属步迦可汗之众，东突厥始盛。

一三〇六　604 年，甲子，隋文帝仁寿四年。

正月，隋文帝至仁寿宫，诏事无巨细，并付皇太子处理。　　四月，隋文帝卧病仁寿宫。　　七月，杨广即位，是为隋炀帝。遣人矫称隋文帝诏书杀原太子杨勇。　　八月，汉王杨谅起兵于晋阳（今山西太原），隋炀帝遣杨素率兵迎击，大破之。杨谅请降，后除名为民，被囚至死。　　十一月，隋炀帝至洛阳（今河南洛阳），发丁男数十万掘堑，以置关防。下诏在伊、洛之间营建东京。

一三〇七 605年，乙丑，隋炀帝杨广大业元年。

三月，诏尚书令杨素、纳言杨达、将作大匠宇文恺营建东京，工程浩大，每月役丁二百万人。迁徙豫州郭内居民及诸州富商大贾数万户以充实东京。　命尚书右丞皇甫议发河南、淮北诸郡民前后百余万开通济渠。　四月，大将军刘方击林邑，破其国，以其地为三郡。　五月，隋于洛阳筑西苑。　八月，隋炀帝乘龙舟，至江都。所用船只首尾相接二百余里，所过州县五百里内都被命令献食。

一三〇八 606年，丙寅，隋炀帝大业二年。

正月，东京洛阳筑成，隋炀帝赐监督者。　二月，隋炀帝诏杨素、牛弘等制定舆服、仪卫制度。　四月，隋炀帝自江都（今江苏扬州）还，入东京。大赦，免天下今年租税。　七月，隋炀帝建进士科。　十月，于巩义（今河南巩义）置洛口仓，仓城周围二十余里凿三千窖，每窖容八千石，并置监官及镇兵千余人。　十二月，置回洛仓于洛阳城北七里，仓城周围十里凿三百窖。

一三〇九 607年，丁卯，隋炀帝大业三年。

四月，颁新造律令，是为《大业律》。改州为郡，改度量权衡皆依古式。改官制。　五月，发河北十余郡丁男凿太行山，达于并州（治所在今山西太原），以通驰道。　六月，隋炀帝北巡入突厥境，启民可汗及义成公主来行宫朝见。　七月，发丁男百余万筑长城，西起榆林东至紫河（又名紫乾河，今内蒙古和林格尔南之浑河，蒙古语名为乌兰穆伦河）。　大臣高颎、贺若弼等因议论隋炀帝征散乐、筑长城等事，以“诽谤朝政”被杀。　八月，隋炀帝临启民可汗帐，赏赐甚厚。　十月，隋炀帝以裴矩为黄门侍郎命其驻张掖（今甘肃张掖），经略西域。

一三一〇 608年，戊辰，隋炀帝大业四年。

正月，发河北民百余万开永济渠，引沁水南至黄河，北达涿郡（今北京）。丁男不足，妇女开始被迫服役。　三月，隋炀帝车驾至五原（今内蒙古五原），出塞巡长城，行宫为六合板城。　隋炀帝募能通域外者，遣常骏等出使赤土国（今马来西亚境内）。十月，常骏等至赤土国，其王利富多塞遣使以船三十艘迎接，并遣其子随使入贡。　四月，隋炀帝诏于汾州（治所在今山西汾阳）之北建汾阳宫。　七月，发丁男二十余万筑长城。　　裴矩使铁勒击吐谷浑，大破之。吐谷浑可汗伏允南逃，隋于其故地置郡、县等。

一三一一　609 年，己巳，隋炀帝大业五年。

正月，突厥启民可汗来朝，隋赏赐甚厚。　　诏天下均田。制禁民间造铁叉、搭钩之类。　　三月，隋炀帝自长安西巡，四月渡黄河，将击吐谷浑。　　六月，遣将梁默等追讨吐谷浑伏允可汗。伏允可汗败走，率数千骑投奔党项。　　隋炀帝西巡至张掖，西域二十七国皆遣使谒于道旁。　　隋因设西海、河源、鄯善、且末等四郡，令天下罪人戍之，大开屯田。　　七月，隋炀帝至大斗拔谷（今甘肃民乐东南扁都口河谷）遇大风雪，士卒冻死大半。　　民部侍郎裴蕴以民间户籍脱漏者甚多，奏以貌阅（隋唐时期地方官验看百姓体貌以核实户籍的制度）。是年，共检出二十余万丁，新附口六十四余万。　　是年，突厥启民可汗卒，其子始毕可汗立。

一三一二　610 年，庚午，隋炀帝大业六年。

正月，隋炀帝因诸蕃酋长皆集于洛阳，便于十五日在洛阳端门街举行盛大表演。元宵行乐之俗，起自于此。　　二月，陈稜、张镇周击流求（今台湾），大破之，俘一万七千人。　　三月，隋炀帝游江都，以王世充统领江都宫监。　　十二月，自京口（今江苏镇江）至余杭（今浙江杭州）开通江南河，以供东巡会稽（浙江绍兴）之用。　　是年，隋炀帝命高句丽王明年至涿郡（治所在今河北涿州）入朝，因其不至，故谋征讨高句丽。

一三一三　611 年，辛未，隋炀帝大业七年。

二月，隋炀帝自江都乘龙舟至涿郡，下诏讨高句丽。　　四月，隋炀帝至涿郡临朔宫。　　五月，令河南、淮南、江南造戎车以备军用。发河南、河北民夫以供军需。　　七月，发江淮以南的民夫及船运黎阳等仓之米至涿郡。道路常数十万人在途，昼夜不绝，死者甚众，天下骚动。山东、河南等地大水，淹没三十余郡。官吏催逼，民变骤然增多。王薄起兵于长白山（今山东邹平境内），作《无向辽东浪死歌》为号召。窦建德起兵于高鸡泊（今河北故城西南），高士达起兵于清河（今河北清河），张金称起兵于河曲（今山东夏津北）。

一三一四 612年，壬申，隋炀帝大业八年。

正月，举全国之兵会于涿郡，隋炀帝下诏誓师，将攻高句丽。三月，隋炀帝渡辽河，围攻高句丽辽东城（今辽宁辽阳）。至五月，辽东城久攻不下。　　六月，右翊卫大将军来护儿率水军登陆，大破高句丽之师，攻平壤城时中埋伏，大败。　　七月，宇文述等统帅九军三十万余人渡鸭绿江，大败于萨水（今朝鲜清川江），丧三十余万人，至辽东仅余二千七百余人。隋炀帝下诏班师，所得之地置辽东郡。　　是年，天下大旱，瘟疫横行，人多死亡，尤以山东最重。

一三一五 613年，癸酉，隋炀帝大业九年。

正月，隋炀帝再征天下之兵集于涿郡以攻打高句丽。　　四月，隋炀帝至辽东，遣宇文述等率兵至平壤。　　六月，礼部尚书杨玄感起兵于黎阳（今河南浚县），其众十余万。杨玄感攻洛阳不克，又西攻潼关。隋炀帝久攻辽东不下，且闻杨玄感起兵，大惧，令宇文述、来护儿追击。其后，杨玄感兵败被杀。隋炀帝杀杨玄感其党三万余人。　　是年，民变蜂起。孟海公起兵于济阴（治所在今山东曹县西北）。郭方预起兵于北海（治所在今山东昌乐）。八月，吴人朱燮、晋陵人管崇自称将军，进攻江左。九月，济阴人吴海流、东海人彭孝才共同举兵，其众数万。

一三一六 614年，甲戌，隋炀帝大业十年。

二月，隋炀帝下诏再征天下兵，以攻高句丽。时天下骚动，士兵多逃亡者。　　七月，隋炀帝至怀远镇（今辽宁辽中），高句丽困于战争，遣使请降，隋炀帝乃班师。　　是年，民变布于全国。扶风人唐弼举兵反。刘迦论举兵于延安。离石胡刘苗王举兵反。孟让率众十余万据都梁宫（今江苏盱眙南都梁山），后为王世充所破。涿郡卢明月起兵于祝阿（今山东禹城西南），为隋将张须陀所败。

一三一七 615年，乙亥，隋炀帝大业十一年。

四月，隋以李渊为山西、河东抚慰大使。　　五月，隋炀帝至太原，避暑于汾阳宫（今山西宁武西南管涔山）。　　八月，隋炀帝巡北塞。突厥始毕可汗率骑数十万计划袭其乘舆，义成公主遣使告变。隋炀帝至雁门（治所在今山西代县），为突厥所围，官军频战不利。隋炀帝欲率精骑溃围而出，民部尚书樊子盖固谏乃止。隋炀帝下诏各地募兵，各地守令率援军至。隋炀帝遣使求救于义成公主。　　九月，突厥解围而去。　　是年，民变日剧。

一三一八　616 年，丙子，隋炀帝大业十二年。

五月，隋炀帝问苏威伐高句丽之事，苏威以实情告知。隋炀帝大怒，不久下诏数其罪状，将其除名为民。　　七月，龙舟造成，隋炀帝再游江都，奉信郎崔民象、王爱仁等因极谏隋炀帝游江被杀。　　十月，李密投奔翟让，于荥阳大海寺（今河南荥阳东北四十里）设伏，大破隋将张须陀。　　是年，起义遍及全国，林士弘称楚帝。窦建德收高士达之残兵，自称将军。涿郡隋将罗艺自称幽州总管。

一三一九　617 年，丁丑，隋炀帝大业十三年，隋恭帝杨侑义宁元年。

正月，杜伏威大败隋将陈稜，攻陷历阳郡（今安徽和县），自称总管，以辅公祏为长史，占据江淮地区。窦建德据河间乐寿（今河北献县），自称长乐王，置百官，建元丁丑。鲁郡（治所在今山东曲阜）徐圆朗率众数千，攻破东平郡（治所在今山东郓城）。　　二月，朔方（今陕西靖边东北）梁师都起兵反，攻占弘化、延安等郡，自称皇帝，国号梁。马邑（今山西朔州）鹰扬校尉刘武周举兵作乱，自称定杨可汗。李密、翟让等攻克兴洛仓（今河南巩义），开仓任饥民取食。翟让推李密为主，号魏公，建元永平。　　四月，金城校尉薛举率众反，自称西秦霸王，建元秦兴，攻陷陇右诸郡。　　五月，太原留守李渊起兵。　　七月，武威人李轨举兵反，攻陷河西诸郡，自称凉王，建元安乐。　　八月，李渊斩宋老生，取霍邑（今山西霍州）。　　九月，李渊率诸军围河东，东进长安。　　十一月，李渊攻陷长安，与民约法，除苛政，迎代王杨侑即皇帝位，改元义宁，遥尊隋炀帝为太上皇。李渊被封为大丞相、唐王。

618 年，戊寅，隋炀帝大业十四年，隋恭帝义宁二年。

（相关事件见一三二〇）

唐

（公元618年—公元907年）

一三二〇 618年，戊寅，唐高祖李渊武德元年，隋炀帝大业十四年，隋恭帝义宁二年。

三月，隋炀帝到达江都（治所在今江苏扬州）后，无意北归，从驾卫士多为关中人，多欲北归，逃亡不止。右屯卫将军宇文化及等杀隋炀帝，立秦王杨浩为帝。　五月，隋恭帝禅位于李渊，国号唐，建元武德，以长安（今陕西西安）为都，罢郡置州。　八月，薛举卒，其子薛仁杲称帝。　九月，李密杀翟让。王世充选精锐出师击李密，大败之。李密率两万人入关降唐。　宇文化及至魏县（今河北大名西南），杀隋秦王杨浩，自称帝，国号许。　十一月，李世民大破薛仁杲于浅水原（今陕西长武浅水村一带），薛仁杲降唐，陇右平。　十二月，幽州总管罗艺降唐。　李密降唐后所待甚薄，李密不满，乃请旨往山东，在东进途中叛唐，被唐将盛彦师斩杀。

一三二一 619年，己卯，唐高祖武德二年。

正月，定租庸调法。诏天下宗室无任职者免其徭役，每州置宗师一人管理。　窦建德大败宇文化及，诛杀其众，奉表于隋。

四月，王世充废杨侗，自称天子，国号郑，建元开明。　五月，唐杀李轨，河西平。　九月，唐打败梁师都。　李子通克江都，称帝，国号吴。唐杀其户部尚书刘文静。　刘武周据并州（治所在今山西太原），齐王李元吉逃至长安。　十月，唐发关中之兵，由李世民统率征讨刘武周。

一三二二 620年，庚辰，唐高祖武德三年。

三月，唐恢复旧官名，改纳言为侍中、内史令为中书令等。　窦建德于河北自称夏王，开府置官属。　　四月，李世民大破刘武周及其将宋金刚，宋金刚部将尉迟敬德降于李世民。刘武周从并州逃入突厥，宋金刚亦入突厥，后二人皆为突厥所杀。唐军攻克并州，刘武周所得州县归唐。　　六月，唐封杜伏威为吴王。　　唐下诏埋葬死于江都之难的隋朝宗室并置庙祭祀。　　十一月，突厥处罗可汗死，弟颉利可汗立。

一三二三　621年，辛巳，唐高祖武德四年。

二月，李世民攻王世充，败之于谷水，围困洛阳（今河南洛阳）宫城。窦建德发兵十余万救洛阳，李世民败之于虎牢（今河南荥阳西北汜水镇西）。　　五月，唐军突袭窦建德，窦建德受伤被俘。王世充率群臣投降，唐军进入洛阳。窦建德、王世充故地皆平。　　七月，唐铸造开元通宝钱。　　窦建德旧部拥刘黑闼起事。　　九月，赵郡王李孝恭与李靖发巴蜀兵，大败并活捉萧铣于江陵（今湖北江陵）。　　十二月，刘黑闼尽得窦建德旧地，声势大振。

一三二四　622年，壬午，唐高祖武德五年。

三月，李世民与刘黑闼战于洺水（今河北曲周南），刘黑闼大败逃往突厥，山东皆平。　　六月，刘黑闼引突厥兵侵扰山东、定州（治所在今河北定州）。　　七月，杜伏威入朝，留居长安。　　八月，改葬隋炀帝于扬州。　　十一月，刘黑闼再次起兵，唐诏太子李建成率军讨伐。　　十二月，李建成大破刘黑闼，刘黑闼带数百骑逃走。

一三二五　623年，癸未，唐高祖武德六年。

正月，刘黑闼被部下送至李建成处，被斩于洺州（治所在今河北永年东南）。　　二月，徐圆朗败死。　　四月，吐谷浑侵扰芳、洮、岷等州。　　八月，辅公祏称帝，国号宋。唐诏李靖、李世勣等率兵征讨。

一三二六　624年，甲申，唐高祖武德七年。

二月，唐封高句丽王高建武为辽东郡王，百济王扶余璋为带方郡王，新罗王金真平为乐浪郡王。　　置州、县、乡学，令王公子弟皆入学。　　辅公祏兵败被斩，江南皆平。　　四月，颁布新律令，定均田、租庸调法。　　庆州都督杨文干反，后被其部下杀害。

一三二七 625 年，乙酉，唐高祖武德八年。

正月，突厥、吐谷浑皆请求互市，唐高祖许之。　八月，并州道总管张公谨与突厥战于太谷，唐军大败，温彦博被俘。　十一月，加授秦王李世民中书令、齐王李元吉侍中，以天策上将府司马宇文士及为检校侍中。

一三二八 626 年，丙戌，唐高祖武德九年。

六月，秦王李世民与太子李建成、齐王李元吉各自发展势力，以争夺皇位。李世民率长孙无忌等伏兵于宫城北门玄武门，杀太子李建成、李元吉及其诸子。　唐高祖立李世民为太子。八月，唐高祖称太上皇，太子李世民即位，是为唐太宗。突厥颉利、突利可汗扰泾州（治所在今甘肃泾川北）。颉利可汗军至渭水便桥北，唐太宗与之盟于便桥之上，突厥退走。　九月，颉利可汗归还所掠唐人，温彦博回唐。唐太宗置弘文馆，选文学之士虞世南、姚思廉等人为学士。　十月，唐立皇子李承乾为皇太子。

一三二九 627 年，丁亥，唐太宗李世民贞观元年。

正月，改元贞观。令长孙无忌等更定律令，放宽绞刑五十条。二月，裁并州县，依据山川之势分天下为十道。诏令男子二十岁未婚、女子十五岁未嫁者由地方以礼聘娶；贫穷者不能自行婚配，由乡里富人及亲戚资助。　九月，岭南酋长冯盎遣子入朝。

一三三〇 628 年，戊子，唐太宗贞观二年。

四月，唐太宗遣柴绍、薛万彻等人征讨梁师都，颉利可汗遣兵来援，唐军大败之。梁师都被其弟梁洛仁杀害。唐于其故地设夏州（治所在今陕西靖边北）。自此，隋末群雄皆平。

是年，西突厥内乱，突厥北部诸部多叛颉利可汗而归薛延陀部，推其酋长俟斤夷男为可汗。唐太宗欲争取颉利可汗，便遣使册封其为真珠毗伽可汗。

一三三一 629 年，己丑，唐太宗贞观三年。

二月，以房玄龄、杜如晦为宰相。　四月，太上皇李渊移居大安宫，唐太宗开始在太极殿坐朝听政。　十一月，以并州都督李世勣为通漠道行军总管，兵部尚书李靖为定襄道行军总管，以征讨突厥颉利可汗。　十二月，突厥突利可汗入朝。　是年，高僧玄奘赴印度求取经书。

一三三二　630年，庚寅，唐太宗贞观四年。

正月，定襄道行军总管李靖大破突厥，俘获隋炀帝皇后萧氏及其孙杨正道，并将二人送至京师。　二月，李靖大破东突厥于阴山，颉利可汗轻骑远逃。　三月，大同道行军副总管张宝相生擒颉利可汗，东突厥亡。唐于其故地设六州，安置降唐突厥人于幽、灵二州之间，由四都督府管辖。　尚书右仆射、蔡国公杜如晦卒。　四月，四夷首领皆请上尊号“天可汗”。　是年，全国断死刑仅二十九人。

一三三三　631年，辛卯，唐太宗贞观五年。

四月，下诏用金帛赎回自隋末以来因动乱为突厥所掠夺的八万余人，全部交还其家属。　八月，遣使至高句丽收隋朝征高句丽战亡之人的骸骨，祭奠后埋葬。

一三三四　632年，壬辰，唐太宗贞观六年。

三月，唐太宗至九成宫（今陕西麟游西）。　九月，至庆善宫（今陕西武功），唐太宗席间赋诗，命配之以乐，取名《功成庆善乐》。　是年，党项羌前后内附之人达三十万。

一三三五　633年，癸巳，唐太宗贞观七年。

正月，改《秦王破阵乐》名为《七德舞》，《功成庆善乐》名为《九功舞》，规定宴会三品及以上高官及州牧、蛮夷酋长时表演二舞。　八月，山东、河南三十州大水，遣使赈恤。

一三三六　634年，甲午，唐太宗贞观八年。

二月，皇太子加元服。　夏，吐谷浑寇凉州（治所在今甘肃武威），遣段志玄为西海道行军总管，樊兴为赤水道行军总管，以伐之。　十月，败吐谷浑，追奔不及而还。　七月，山东、河南、淮南发生水灾，唐太宗遣使赈恤。　吐谷浑扰凉州。　十二月，命李靖、侯君集、任城王李道宗、李大亮等为大总管，各率师分道征讨吐谷浑。

一三三七　635年，乙未，唐太宗贞观九年。

四月，大总管李靖、侯君集、李大亮、任城王李道宗破吐谷浑于牛心堆。吐谷浑可汗慕容伏允逃入沙漠。　五月，副总管薛万均、薛万御又破吐谷浑于赤水源，获其名王二十人。李靖平定吐谷浑。　　五月，太上皇李渊崩于大安宫，终年七十岁。十月，葬唐高祖李渊于献陵。

一三三八　636年，丙申，唐太宗贞观十年。

正月，尚书左仆射房玄龄、侍中魏徵上梁、陈、齐、周、隋五代史，唐太宗下诏藏于秘阁。　　六月，皇后长孙氏死。十一月，葬文德皇后长孙氏于昭陵。　　定府兵制，全国共置六百三十四个折冲府，分属中央各卫，折冲府分上、中、下三等。

一三三九　637年，丁酉，唐太宗贞观十一年。

正月，诏定律令五百条，较隋律轻。　　二月，诏于九嵕山昭陵赐功臣、宗室陪葬坟茔及秘器。　　武则天被纳入后宫，封为才人。

一三四〇　638年，戊戌，唐太宗贞观十二年。

正月，修《氏族志》以皇族为第一等，外戚次之，崔氏为第三等，共二百九十三姓，下令颁行天下。　　五月，银青光禄大夫、永兴县公虞世南卒。

一三四一　639年，己亥，唐太宗贞观十三年。

二月，高昌王麹文泰与西突厥结盟，阻断西域各国朝贡的道路，唐朝遣使责之。　　突厥突利可汗之弟中郎将阿史那结社率暗结旧部谋反，失败被杀。　　十二月，遣吏部尚书、陈国公侯君集为交河道行军大总管，率师讨伐高昌。

一三四二　640年，庚子，唐太宗贞观十四年。

正月，唐太宗至魏王李泰府第，赦雍州长安县，免除延康里当年的租赋。　　八月，兴建襄城宫（今河南临汝鸣皋山南）。　　侯君集灭高昌，于其地设置西州。　　九月，置安西都护府于交河城（今新疆吐鲁番西北雅尔湖西），留兵镇之。　　闰十月，吐蕃赞普请求与唐朝通婚。唐太宗以宗室女文成公主许之。　　十二月，侯君集献俘虏于观德殿。此役所获高昌乐工甚多，于是增《九部乐》为《十部乐》。

一三四三　641年，辛丑，唐太宗贞观十五年。

正月，命礼部尚书、江夏王李道宗送文成公主入吐蕃。　　赞普松赞干布慕唐之服装仪卫之美，遣贵族子弟至长安学习。　　唐太宗至洛阳，途中至温汤宫时，卫士崔卿、刁文懿因谋反被杀。　　六月，下诏停止封禅泰山。　　十一月，薛延陀真珠可汗率诸部侵扰边境，唐诏李世勣、李大亮、李袭誉等为行军总管讨伐。　　十二月，李世勣大败薛延陀于诺真水（今内蒙古艾不盖河）。

一三四四　642 年，壬寅，唐太宗贞观十六年。

正月，魏王李泰组织人所修撰的《括地志》一书修成。

一三四五　643 年，癸卯，唐太宗贞观十七年。

正月，魏徵薨，陪葬昭陵。唐太宗起草碑文并写之。　　二月，诏所画功臣图挂于凌烟阁。　　三月，齐王李祐反，诏李世勣讨之，齐王失败被诛。　　四月，废皇太子李承乾为庶人，汉王李元昌、侯君集等被处死。　　诏立晋王李治为皇太子。降魏王李泰为东莱郡王。　　六月，徙封李泰为顺阳郡王。　　九月，安置李承乾于黔州，李泰于均州。

一三四六　644 年，甲辰，唐太宗贞观十八年。

七月，唐太宗欲征高句丽，命人试探。　　八月，任安西都护郭孝恪为西州道行军总管伐焉耆。　　九月，郭孝恪大败焉耆。　　十一月，以张亮为平壤道行军大总管，由海道进平壤。李世勣等率十六总管兵以伐高句丽。　　十二月，废太子李承乾卒于贬所。

一三四七　645 年，乙巳，唐太宗贞观十九年。

二月，唐太宗率军亲征高句丽，诏皇太子监国。　　四月，李世勣克盖牟城（今辽宁抚顺）。　　九月，唐军虽屡获胜利，但未能速取辽东，遂班师回朝，损失很大。

一三四八　646 年，丙午，唐太宗贞观二十年。

正月，夏州都督乔师望大败薛延陀。　　三月，唐太宗至长安，病重，诏太子李治听政。　　七月，李世勣大败薛延陀。

一三四九　647 年，丁未，唐太宗贞观二十一年。

三月，令牛进达、李世勣为行军大总管，率军由海、陆出兵以伐高句丽。　　四月，因唐太宗患风疾，畏暑热，命重修太和宫（今陕西西安长安区南），更名为翠微宫。　　五月，唐太宗至翠微宫，命太子李治听政并处理国事。　　七月，因翠微宫狭小，营建玉华宫（今陕西铜川西北）。

一三五〇 648年，戊申，唐太宗贞观二十二年。

正月，唐太宗撰《帝范》十二篇以赐太子。诏薛万彻为行军大总管讨伐高句丽。　五月，王玄策借兵于吐蕃和尼婆罗（今尼泊尔），大败中天竺，俘其王及宗室。　七月，司空、梁国公房玄龄薨。　闰十二月，昆山道总管阿史那社尔破西突厥处密、处月，破龟兹，擒其王，虏获数万人。

一三五一 649年，己酉，唐太宗贞观二十三年。

三月，唐太宗命太子李治听政于金液门。　五月，卫国公李靖薨。　五月二十六日，唐太宗李世民驾崩于翠微宫含风殿，终年五十二岁。　六月，太子李治即位于柩前。　八月，百官上谥号文皇帝，庙号太宗，葬于昭陵。

一三五二 650年，庚戌，唐高宗李治永徽元年。

正月，改元永徽，立太子妃王氏为皇后。　六月，右骁卫郎将高侃击突厥，擒车鼻可汗。　九月，高侃献车鼻可汗于社庙及昭陵。

十二月，瑶池都督、沙钵罗叶护阿史那贺鲁叛，自称可汗，领有西域之地。

一三五三 651年，辛亥，唐高宗永徽二年。

七月，阿史那贺鲁侵扰庭州（治所在今新疆吉木萨尔北），唐遣梁建方、契苾何力等为总管以讨之。

八月，大食国始遣使朝贡。　九月，改九成宫为万年宫，废玉华宫为佛寺。　闰九月，颁长孙无忌等所上新定律令格式于天下。

一三五四 652年，壬子，唐高宗永徽三年。

正月，弓月道总管梁建方、契苾何力等大败处月。　七月，王皇后无子，其舅柳奭为其谋，欲立陈王李忠为皇太子以为己用，唐高宗从之。

一三五五 653年，癸丑，唐高宗永徽四年。

二月，房玄龄之子房遗爱与薛万彻、柴令武、高阳公主、巴陵公主谋反事泄，皆被杀。同时受牵连被杀的有荆王李元景、吴王李恪，蜀王李愔、江夏王李道宗被流放岭南。

一三五六 654 年，甲寅，唐高宗永徽五年。

三月，武则天拜为昭仪。自此，王皇后、萧淑妃皆失宠。　十月，筑长安外郭城。

一三五七 655 年，乙卯，唐高宗永徽六年。

正月，唐高宗谒昭陵，赦醴泉县民，免其当年租赋。　五月，命左屯卫大将军、卢国公程知节等五将军率军讨西突厥阿史那贺鲁。　李义府上表请废王皇后，改立武昭仪为皇后。　十月，唐高宗废王皇后为庶人，诏立昭仪武氏为皇后。　是年末，武则天杀废后王氏与萧淑妃。

一三五八 656 年，丙辰，唐高宗显庆元年。

正月，废太子忠为梁王，改立武则天之子代王李弘为皇太子。　五月，长孙无忌进史官所撰梁、陈、周、齐、隋五代史志三十卷。　八月，程知节大破西突厥歌逻禄、处月、突骑施等部。　十一月，皇子李显出生。　十二月，程知节因讨阿史那贺鲁不力，被免官。

一三五九 657 年，丁巳，唐高宗显庆二年。

闰正月，唐高宗至洛阳宫。　命苏定方等四将军为伊丽道将军，率师以讨贺鲁，大破其众。　八月，许敬宗、李义府奉武则天之命，诬韩瑗、来济、褚遂良谋反，三人皆被贬。　十二月，改洛阳宫为东都。

一三六〇 658 年，戊午，唐高宗显庆三年。

正月，长孙无忌等上所修新礼一百三十卷，诏颁行天下。　二月，苏定方副将萧嗣业擒阿史那贺鲁，西域平。分西突厥故地置濛池、昆陵都护府。　六月，程名振、薛仁贵等打败高句丽兵。　十一月，李义府被贬为普州刺史。　开府仪同三司、鄂国公尉迟敬德薨。

一三六一 659 年，己未，唐高宗显庆四年。

四月，武则天因长孙无忌不支持改立自己为后之事，令许敬宗诬其谋反。唐高宗未曾当面询问，即下诏罢相，削其太尉及封邑，安置于黔州（治所在今四川彭水），仍一品供给。其后，许敬宗遣人至黔州逼长孙无忌自缢。诏斩柳奭、韩瑗等人。　六月，改《氏族志》为《姓氏录》，升武氏为第一等，其余按出仕官品高低分为九等。　十月，因山东士族自恃门第高，缔结婚姻多求资财，故诏其不得自结婚姻。

一三六二 660 年，庚申，唐高宗显庆五年。

正月，唐高宗至并州。　百济屡结高句丽侵扰新罗，新罗向唐求救。三月，唐命苏定方等率水陆十万攻百济。　八月，苏定方引兵围其都城，大破之，百济王扶余慈降唐。唐于其故地置熊津都督府，以其首领为都督刺史。　十月，唐高宗因苦于头重，目不能视，遂命皇后武则天参决国事。

一三六三 661 年，辛酉，唐高宗显庆六年、龙朔元年。

正月，募兵以击高句丽。　三月，百济旧将反唐，唐遣刘仁轨领兵会合新罗兵击之。　五月，命契苾何力、苏定方、任雅相攻高句丽。　七月，苏定方率军打败高句丽，围其国都平壤。　九月，契苾何力大破高句丽兵于鸭绿水，随即奉诏班师。　大食强盛，波斯（今伊朗）萨珊王朝为其所灭。波斯王子卑路斯入唐求助。唐于波斯、吐火罗等十六国置都督府，这些都督府皆隶属于安西都护府。　铁勒反唐，唐命郑仁泰、薛仁贵征讨。

一三六四 662 年，壬戌，唐高宗龙朔二年。

正月，立波斯都督卑路斯为波斯王。　二月，改京诸司及百官名：尚书省为中台，门下省为东台，中书省为西台，左右仆射为左右匡政，左右丞为肃机，侍中为左相，中书令为右相等。　苏定方久围平壤不下，解围还唐。　三月，薛仁贵败铁勒于天山。郑仁泰为取敌军辎重，入沙漠北遇大雪，士马死者大半。诏以契苾何力招抚铁勒九姓余众，皆降。　六月一日，皇子李旭轮（后改名李旦）出生。

一三六五 663 年，癸亥，唐高宗龙朔三年。

二月，迁燕然都护府于回纥，更名瀚海都护府。迁原瀚海都护府于云中，更名云中都护府。以沙漠为界，沙漠以北属瀚海，沙漠以南属云中。　四月，蓬莱宫含元殿建成，唐高宗移居于其内，改太极宫为西内。　右相李义府因卖官鬻爵，被除名流放于嶲州（今四川西昌）。　八月，唐破百济兵及日本援军，百济平，唐诏刘仁轨率兵镇守。

一三六六 664 年，甲子，唐高宗麟德元年。

正月，改云中都护府为单于大都护府。　十二月，因宰相上官仪起草废武则天诏书，武则天令许敬宗诬上官仪与废太子李忠谋反，上官仪下狱被杀，并籍没其家。十五日，杀废太子李忠。　　是年，玄奘卒。

一三六七　665年，乙丑，唐高宗麟德二年。

闰三月，唐高宗至洛阳。　　五月，李淳风上其所制《麟德历》，颁行天下。　　十月，唐高宗及武则天自洛阳出发往泰山封禅，从驾军队及百官仪仗数百里不绝，各国首领皆率其众助祭，朝会者及牛马驼羊填塞道路，盛况空前。

一三六八　666年，丙寅，唐高宗乾封元年。

正月，封禅于泰山。唐高宗首献，武则天亚献。大赦天下，改元乾封。归途至曲阜，祭祀孔子，尊其为太师。　　二月，至亳州，祭祀老子，赠号太上玄元皇帝。　　六月，高句丽莫离支泉盖苏文死，子泉男生继父位，为其弟泉男建所逐。泉男生遣使求救于唐，唐诏契苾何力率兵接应。　　十月，命李世勣为辽东道行军大总管，讨伐高句丽。

一三六九　667年，丁卯，唐高宗乾封二年。

正月，因乾封泉宝行于世，物价飞涨，诏废之。　　九月，唐高宗命太子监国。　　李世勣等渡辽水，攻克高句丽十余城。

一三七〇　668年，戊辰，唐高宗乾封三年、总章元年。

二月，薛仁贵攻克扶余城等四十余城。李世勣打败泉男建之兵于萨贺水（今辽宁丹东西南）。　　九月，李世勣率诸军破高句丽，攻克平壤城，擒高句丽王高藏及泉男建等归，高句丽境内尽降。　　十二月，唐以其地为安东都护府，分置四十二州，以薛仁贵为都护镇守。

一三七一　669年，己巳，唐高宗总章二年。

三月，武则天主持祭先蚕之礼。　　四月，至九成宫。　　移高句丽之众三万余户入内地，安置于江淮以南及山南、并、凉等州。　　八月，改瀚海都护府为安北都护府。　　十二月，司空、太子太师、英国公李世勣薨。其长子早卒，孙敬业袭英国公爵。

一三七二　670年，庚午，唐高宗总章三年、咸亨元年。

三月，改蓬莱宫为含元宫。　　四月，吐蕃攻陷白州等十八州，又与于阗连兵攻陷龟兹拨换城（今新疆阿克苏温宿）。　　唐罢安西四镇。

八月，唐命薛仁贵、郭待封等击吐蕃。因郭待封策略失误，唐兵大败于大非川，与吐蕃约和而还。　　是年末，恢复龙朔二年所改百官之名称。

一三七三　671 年，辛未，唐高宗咸亨二年。

正月，唐高宗至洛阳，留皇太子李弘监国。

一三七四　672 年，壬申，唐高宗咸亨三年。

二月，因吐蕃强盛，吐谷浑之地皆为吐蕃所占。唐先迁其众于鄯州（治所在今青海乐都），后又迁至灵州（治所在今宁夏吴忠北）。　　十一月，唐高宗自洛阳返回长安。　　是年末，左监门大将军高侃于横水大败高句丽起事之众。

一三七五　673 年，癸酉，唐高宗咸亨四年。

三月，因许敬宗所修国史记载不实，诏刘仁轨等修改。　　闰五月，燕山道总管靺鞨人李谨行破高句丽叛党于瓠卢河之西，余众皆逃入新罗。　　八月，唐高宗因病令太子受诸司奏事。　　十二月，弓月、疏勒二国王入朝请降，唐赦其罪，令归其国。

一三七六　674 年，甲戌，唐高宗咸亨五年、上元元年。

正月，因新罗王纳高句丽所逃之人且据百济故地，唐遣刘仁轨、李弼、李谨行率兵讨伐新罗。　　八月，皇帝称天皇，皇后称天后，宫中号为“二圣”。　　九月，追复长孙无忌官爵，以其曾孙袭封赵国公，许归葬于昭陵先造之坟。

一三七七　675 年，乙亥，唐高宗上元二年。

正月，刘仁轨大破新罗兵，新罗王金法敏遣使入朝谢罪。　　三月，唐高宗风眩更重，欲以武则天摄知国政，宰相郝处俊谏止之。时武则天用文学之士起草诏敕且参决百官奏疏，以分宰相之权，时人称之为“北门学士”。　　四月，太子李弘死。六月，立雍王李贤为太子。

一三七八　676 年，丙子，唐高宗上元三年、仪凤元年。

二月，高句丽余众反抗，唐迁安东都护府于辽东故城。　　闰三月，吐蕃侵扰鄯、廓、河、芳等州，唐遣刘审礼等十二总管及契苾何力等率军征讨吐蕃。　　四月，自洛阳返回长安。数日后，至九成宫。

一三七九 677年，丁丑，唐高宗仪凤二年。

二月，以原高句丽王高藏为辽东都督、朝鲜郡王，遣归安东府。原百济太子扶余隆为熊津州都督、带方郡王，令归安辑百济余众，移安东都护府于新城以统之。 八月，封周王李显为英王，改名哲。

一三八〇 678年，戊寅，唐高宗仪凤三年。

正月，百官及四夷酋长于光顺门朝见武则天。 唐命李敬玄攻吐蕃。九月，李敬玄、刘审礼率兵与吐蕃战于青海，唐军大败，刘审礼被俘。

一三八一 679年，己卯，唐高宗仪凤四年、调露元年。

二月，吐蕃赞普卒，子器弩悉弄嗣位，论钦陵执国政。唐高宗遣使吊祭之。 五月，命太子监国。 六月，西突厥阿史那都支联合吐蕃侵扰安西。 波斯王卑路斯死，裴行俭送其子归国。 七月，唐军过西州（治所在今新疆吐鲁番东），破阿史那都支，留王方翼筑碎叶城。 十月，单于大都护府突厥阿史德温傅及奉职二部相继反叛，立阿史那泥熟匐为可汗，二十四州首领并叛。唐遣萧嗣业、花大智等讨之。与突厥战，唐军败。 十一月，唐以裴行俭为定襄道大总管，与周道务、程务挺、李文暕等，率兵共三十万讨伐突厥。

一三八二 680年，庚辰，唐高宗调露二年、永隆元年。

三月，裴行俭大破突厥于黑山。突厥可汗泥熟匐为部下所杀，传首来降。 七月，吐蕃侵扰河源，屯于良非川。河西镇抚大使李敬玄与吐蕃将赞婆战于湟中，唐军战败。左武卫将军黑齿常之力战，大破吐蕃军队，升任河源军经略大使。是时，吐蕃东接凉、松、茂、巂等州，在西攻陷四镇，声势大盛。 八月，武则天与太子李贤不睦，遂使人诬告太子好声色。唐高宗被迫下诏废太子李贤为庶人，立英王李哲为太子。 十月，自洛阳返回长安。 文成公主卒于吐蕃，唐高宗遣使吊祭。

一三八三 681年，辛巳，唐高宗永隆二年、开耀元年。

七月，太平公主出嫁薛绍。 裴行俭还唐后，突厥阿史那伏念自立为可汗。是年正月，突厥犯塞，诏裴行俭率军击之。至闰七月，裴行俭擒阿史那伏念，突厥残部尽平。 唐高宗命太子监国。 十一月，徙废太子李贤于巴州（治所在今四川巴中）。

一三八四 682 年，壬午，唐高宗开耀二年、永淳元年。

四月，唐高宗至东都，命皇太子留守京师，以刘仁轨、裴炎、薛元超等辅之。　阿史那车薄率西突厥十姓反唐，唐遣裴行俭、阎怀旦率兵分道讨击。裴行俭未行而卒。安西都护王方翼破阿史那车薄，西域平。　十二月，突厥余党阿史那骨笃禄等招合残众，占黑沙城（今内蒙古武川境内），入侵并州。薛仁贵败其于云州。

一三八五 683 年，癸未，唐高宗永淳二年、弘道元年。

四月，绥州部落稽胡白铁余反叛，唐命将军程务挺率兵讨之。七月，唐改封相王李轮为豫王，改名李旦。　八月，因唐高宗病危，太子朝于洛阳。　十一月，诏皇太子监国。　十二月，唐高宗李治崩于洛阳贞观殿，终年五十六岁。太子李显即位，是为唐中宗。军国大事有不决者，由皇太后武则天决断。

一三八六 684 年，甲申，唐中宗李显嗣圣元年，唐睿宗李旦文明元年，唐武则天光宅元年。

正月，改元嗣圣，唐中宗李显立其妃韦氏为皇后。唐中宗欲以皇后之父韦玄贞为侍中，为宰相裴炎所阻。裴炎遂与皇太后武则天谋废皇帝。　二月，武则天废唐中宗为庐陵王，另立豫王李旦为皇帝，是为唐睿宗，改元文明，武则天临朝称制。　三月，武则天逼废太子李贤自杀。　四月，迁庐陵王李显于均州，数天后又迁至房陵。　八月，葬唐高宗于乾陵。　九月，武则天改元光宅，追尊武氏五代祖。

柳州司马徐敬业于扬州起兵反对武则天，唐遣李孝逸等率兵三十万讨伐。十一月，徐敬业兵败被杀。

一三八七 685 年，乙酉，唐武则天垂拱元年。

正月，大赦天下，改元垂拱。　三月，迁庐陵王于房州。　五月，诏内外文武九品以上及百姓，皆可自举以求仕进。　八月，唐睿宗之子李隆基出生于洛阳。

一三八八 686 年，丙戌，唐武则天垂拱二年。

正月，武则天下诏归政于唐睿宗。唐睿宗坚决推辞。武则天再次临朝称制。　三月，自徐敬业起兵，武则天疑心愈重。于是重用酷吏索元礼、周兴、来俊臣等人，残酷打击异己，致使许多人死于非命。此外，武则天于朝堂上设置铜匦，欲征求对朝政得失的意见，但实为接受天下密奏，以加强控制。

一三八九 687 年，丁亥，唐武则天垂拱三年。

闰正月，封唐睿宗之子李成义为恒王，李隆基为楚王，李隆范为卫王，李隆业为赵王。　七月，突厥骨笃禄侵扰朔州等地，黑齿常之、李多祚等大破突厥于黄花堆（今山西应县西北）。

一三九〇 688 年，戊子，唐武则天垂拱四年。

二月，毁洛阳乾元殿，以建明堂。　四月，武承嗣令人凿石刻文“圣母临人，永昌帝业”，诈称得之于洛水。武则天命其石为“宝图”。

七月，大赦天下，改“宝图”为“天授圣图”，改洛水为永昌洛水，封其神为显圣侯，禁渔钓。　八月，琅琊郡王李冲、越王李贞等宗室诸王起兵反对武则天。　九月，李冲、李贞等先后败死。唐杀韩王李元嘉、鲁王李灵夔、黄国公李譔、东莞郡公李融及常乐公主，皆改其姓为虺氏。　十二月，杀霍王李元轨、江都郡王李绪及殿中监裴承先。

同月，明堂落成，改名为万象神宫。

一三九一 689 年，己丑，唐武则天永昌元年、载初元年。

正月，武则天大飨于万象神宫。　十一月，武则天亲飨明堂，大赦天下。依周制建子月为正月，改永昌元年十一月为载初元年正月，十二月为腊月，改旧正月为一月。颁宗秦客所造新字十二。武则天自以“曌”字为名，改诏书为制书。

一三九二 690 年，庚寅，周武则天天授元年。

二月，武则天亲策问贡士于洛城殿，后世殿试始于此。　七月，僧人法明等撰《大云经》，言武则天为弥勒下世，应当代唐为天下主。武则天下令将该书颁行天下。　八月，杀许王李素节之子李璟等宗室十余人，至此唐之宗室几被屠戮殆尽。　九月，改国号为周，改元为天授，以洛阳为神都。武则天加尊号“圣神皇帝”，降睿宗为皇嗣，赐姓武，太子为皇孙。　十月，立武氏七庙于神都。

一三九三 691 年，辛卯，周武则天天授二年。

正月，受尊号于万象神宫，改置社稷于洛阳，旗帜色为赤。纳武氏神主于太庙。唐之七庙在长安者改称飨德庙。　　四月，以《大云经》为代唐之依据，升佛教于道教之上。

一三九四　692 年，壬辰，周武则天天授三年、如意元年、长寿元年。

一月，武则天将引荐举人全部授官，从试凤阁舍人到试侍御史、拾遗、补阙等各有差。试官自此而始。　　四月，禁断天下屠杀。　　九月，因武则天齿落后又生，百官皆贺。　　以并州为北都。　　十月，武威军总管王孝杰大破吐蕃，复取龟兹、于阗、疏勒、碎叶四镇。唐置安西都护府于龟兹，发兵戍守。

一三九五　693 年，癸巳，周武则天长寿二年。

武则天杀皇嗣李旦妃刘氏、德妃窦氏。改封皇孙李成器为寿春郡王，恒王李成义为衡阳郡王，李隆基为临淄郡王，卫王李隆范为巴陵郡王，李隆业为彭城郡王。　　正月，据宰相姚崇的建议，令宰相撰录皇帝与宰臣所言军国政要，每月封送史馆，称为“时政记”。　　九月，武则天加尊号“金轮圣神皇帝”。

一三九六　694 年，甲午，周武则天长寿三年、延载元年。

三月，遣僧怀义等率军击突厥，未出兵敌退而止。　　五月，武则天加尊号“越古金轮圣神皇帝”。　　八月，武三思率四夷酋长请铸天枢，立于端门之外，铭功记德。武则天命姚崇为督作使。

一三九七　695 年，乙未，周武则天证圣元年、天册万岁元年。

正月，加尊号“慈氏越古金轮圣神皇帝”。万象神宫被武则天男宠薛怀义放火烧毁。　　二月，去“慈氏越古”之号，杀薛怀义。　　四月，大周万国颂德天枢建成。　　九月，亲祀南郊，加尊号“天册金轮圣神皇帝”，改元为天册万岁。

一三九八　696 年，丙申，周武则天万岁登封元年、万岁通天元年。

腊月，封禅于嵩山，改元万岁登封。　　三月，重建的明堂建成，较原明堂略小，号称通天宫。　　王孝杰、娄师德与吐蕃论钦陵、赞婆战于素罗汗山，唐军大败。　　五月，营州契丹首领李尽忠、孙万荣举兵反，攻陷营州。唐命曹仁师、张玄遇、李多祚等二十八将讨之。

八月，张玄遇、曹仁师、麻仁节与契丹战于西硖石黄獐谷，唐军大败，张玄遇、麻仁节为契丹所虏。　　九月，唐命武攸宜为大总管以讨契丹。突厥侵扰灵州（治所在今宁夏吴忠北），都督许钦明被突厥俘获。

十月，武则天拜默啜为立功报国可汗。孙万荣攻陷冀州（治所在今河北冀州），河北震动。

一三九九　697 年，丁酉，周武则天万岁通天二年、神功元年。

正月，武则天大飨于通天宫。　　三月，王孝杰、苏宏晖等率兵十八万与契丹孙万荣战于东硖石谷，唐军大败，王孝杰战死。　　四月，铸九鼎成，置于通天宫之庭。张易之、张昌宗兄弟入侍禁中，宠遇非常。　　五月，命娄师德等率兵二十万讨伐契丹。　　六月，来俊臣以罪伏诛。　　孙万荣为其家奴所杀，余党大溃，投于突厥。　　九月，因契丹平，大赦天下，改元为神功。

一四〇〇　698 年，戊戌，周武则天圣历元年。

正月，武则天飨明堂，大赦天下，改元圣历。　　三月，召庐陵王李显自房州返回洛阳。　　八月，魏王武承嗣因不得为太子之位郁郁而死。　　九月，立李显为太子。　　突厥默啜杀掠赵、定等州万人，回到漠北。

一四〇一　699 年，己亥，周武则天圣历二年。

正月，武则天封皇嗣李旦为相王。初为宠臣张易之、张昌宗置控鹤府。　　四月，武则天担忧李唐宗室与武氏诸王不协，令立誓于明堂。

一四〇二　700 年，庚子，周武则天圣历三年、久视元年。

武则天封太子之子李重润为邵王。　　正月，造三阳宫于嵩山。

四月，至三阳宫（今河南登封西）。　　五月，武则天因其疾病康复，大赦天下，改元为久视，停天册金轮大圣等尊号。　　九月，梁国公狄仁杰薨。　　十月，恢复旧正朔，改一月为正月，仍以为岁首，正月依旧为十一月。

一四〇三　701 年，辛丑，周武则天大足元年、长安元年。

五月，武则天至三阳宫。　　九月，邵王李重润为张易之所谗构，李重润、永泰郡主及主婿武延基皆被杀。　　十月，武则天与李旦、李显等返回长安，大赦天下，改元为长安。

一四〇四 702 年，壬寅，周武则天长安二年。

正月，初设武举考试。　十月，日本国遣使贡奉物产。　十一月，相王李旦为司徒。武则天在长安举行南郊大典。　十二月，置北庭都护府于庭州。

一四〇五 703 年，癸卯，周武则天长安三年。

九月，宰相魏元忠为张昌宗所谮，贬为端州高要尉。　是年，吐蕃内乱，赞普器弩悉弄死，其子弃隶蹜赞立，时年七岁。

一四〇六 704 年，甲辰，周武则天长安四年。

三月，进封皇孙平恩郡王李重福为谯王。　十月，以张柬之为宰相。　十二月，武则天病重。

一四〇七 705 年，乙巳，唐中宗李显神龙元年。

正月，张柬之等人发动政变，率禁军闯入宫中，诛杀张易之、张昌宗等人。唐中宗李显复位。迁武则天于上阳宫，上尊号则天大圣皇帝。

二月，恢复国号唐，立韦氏为皇后。以礼改葬武则天所诛杀唐之宗室子孙，其子孙各以亲疏袭爵拜官。　四月，追赠故邵王李重润为懿德太子。　五月，降梁王武三思等武氏子弟为郡王、公爵等。　十一月，武则天崩于上阳宫，终年八十二岁。遗制去帝号，称“则天大圣皇后”。

一四〇八 706 年，丙午，唐中宗神龙二年。

闰正月，为太平、长宁、安乐、宜城等七位公主开府，置官署。发动政变复位唐中宗的功臣敬晖、桓彦范、袁恕己等全部被贬出朝廷，外任地方官。　五月，葬武则天于乾陵。　六月，武三思诬敬晖、桓彦范、张柬之、袁恕己等五人，五人皆被贬为边州司马。次月，武三思派人将其全部杀害。　七月，立卫王李重俊为皇太子。　十月，唐中宗自洛阳返回长安。　十二月，安乐公主恃宠而骄，请废太子，立己为皇太女。唐中宗虽不从，但未加谴责。

一四〇九 707 年，丁未，唐中宗神龙三年、景龙元年。

四月，唐中宗以其所养雍王李守礼之女金城公主嫁给吐蕃赞普。

七月，太子李重俊与李多祚矫制发羽林兵杀武三思、武崇训，又引兵入宫城欲铲除韦后，失败被杀。　八月，皇后及群臣上唐中宗尊号曰

“应天神龙皇帝”，又加韦后尊号“顺天翊圣皇后”。　十一月，安乐公主出嫁。

一四一〇　708年，戊申，唐中宗景龙二年。

三月，朔方道大总管张仁愿于黄河北岸筑东、中、西三受降城。三城首尾相应，杜塞了突厥的南下之路。　四月，修文馆增置大学士四员，直学士八员，学士十二员，选公卿以下有文学之才者充任。　七月，韦后、安乐公主、上官婉儿等人倚仗权势，卖官鬻爵。

一四一一　709年，己酉，唐中宗景龙三年。

正月，长宁、安乐等公主放纵家奴抢掠百姓子女为奴婢，侍御史袁从之将触法家奴收押在狱，唐中宗下诏释放。　二月，唐中宗至玄武门，观宫女拔河。设宫市，任由宫人与群臣戏闹其间。　十一月，吐蕃赞普遣其大臣等千余人来迎金城公主入藏。

一四一二　710年，庚戌，唐中宗景龙四年，唐殇帝李重茂唐隆元年，唐睿宗李旦景云元年。

正月，上元夜放宫女数千人看灯，多有亡逸者。　唐中宗至始平（今陕西兴平），送金城公主归吐蕃。　六月二日，唐中宗李显被韦后及安乐公主合谋毒死，终年五十五岁。韦后矫诏立温王李重茂为皇帝，自己临朝称制。　二十日，临淄郡王李隆基率万骑营禁军诛杀韦后、安乐公主、上官婉儿及韦巨源、武延秀等人。　二十四日，相王李旦即皇帝位于承天门，是为唐睿宗。立李隆基为太子，追谥雍王李贤为章怀太子，加太平公主实封万户。　八月，唐中宗之子谯王李重福与郑愔谋反，未成被杀。　十一月，葬唐中宗于定陵。

一四一三　711年，辛亥，唐睿宗景云二年。

正月，改封李重茂为襄王。追册唐睿宗已故妃刘氏、窦氏为皇后。

二月，命太子监国。姚元之（崇）、宋璟欲使诸王与太平公主出居外地，被太平公主阻止。李隆基被迫贬姚、宋二人为边州刺史。　是年，以左、右万骑与左、右羽林为北门四军。

一四一四　712年，壬子，唐睿宗太极元年、延和元年，唐玄宗李隆基先天元年。

五月，亲祀北郊。　六月，幽州都督孙佺率左骁卫将军李楷洛、左威卫将军周以悌等将兵三万，与奚族首领李大酺战，被俘，被献于突厥，为默啜所杀。　　八月，立太子李隆基为皇帝，唐睿宗自称太上皇，改元先天。大事仍需报太上皇处分。立太子妃王氏为皇后。

一四一五　713 年，癸丑，唐玄宗先天二年、开元元年。

正月，令卫士二十五岁入军，五十岁免。羽林飞骑以卫士选补。

二月，封靺鞨首领大祚荣为渤海郡王，设忽汗州，以其为都督。自此靺鞨称渤海。　　七月，唐玄宗与宰相郭元振等引兵入宫，尽诛太平公主集团，赐太平公主自尽。　　十一月，群臣上尊号曰开元神武皇帝。

十二月，大赦天下，改元为开元。改官名，以雍州为京兆府，洛州为河南府。

一四一六　714 年，甲寅，唐玄宗开元二年。

正月，置左右教坊以教俗乐。　　用宰相姚崇之议，诏淘汰僧尼。

二月，突厥默啜遣其子同俄特勒率众侵扰北庭都护府，右骁卫将军郭虔瓘将其击败，斩同俄特勒于城下。　　三月，毁天枢，熔其铜铁，经月不尽。　　七月，薛讷与杜宾客、崔宣道等将兵六万击契丹，至滦河中伏，大败。薛讷被除名为庶人。　　襄王李重茂薨，谥曰唐殇帝。

九月，在兴庆里旧邸兴建兴庆宫。　　十二月，置陇右节度大使，辖鄯、秦、河、渭等十二州。　　迁安东都护府于平州（治所在今河北卢龙）。

一四一七　715 年，乙卯，唐玄宗开元三年。

五月，山东诸州蝗灾。宰相姚崇奏请御史下诸道督促官吏遣人驱扑以救庄稼。是年，田有收获，人不甚饥。　　十一月，吐蕃与大食攻拔汗那（今乌兹别克斯坦费尔干纳盆地），其王奔安西求救。唐遣张孝嵩率兵出龟兹西，攻下数百城。大食等八国遣使请降。

一四一八　716 年，丙辰，唐玄宗开元四年。

二月，山东再次大旱，蝗灾又起。姚崇命捕之，并遣使详察州县捕蝗情况。　　六月，太上皇李旦驾崩于百福殿，终年五十五岁。　　八月，契丹酋长李失活、奚酋长李大酺率部来降。以李失活为松漠都督，李大酺为饶乐都督。　　十月，葬唐睿宗于桥陵。　　闰十二月，姚崇请退相位，荐宋璟。是时，宋璟与苏颋为相。

一四一九　717 年，丁巳，唐玄宗开元五年。

正月，唐玄宗东都洛阳。　三月，于柳城复置营州都督府。　四月，毁武则天所筑拜洛受图坛及碑文并显圣侯庙。　十二月，契丹首领松漠郡王李失活来朝，唐以宗女为永乐公主嫁于李失活。

一四二〇　718 年，戊午，唐玄宗开元六年。

二月，移蔚州横野军于山北。命拔曳固、回纥、仆固等部皆受天兵军节度，以防备突厥南下。　八月，改革州县官员俸禄制度。

一四二一　719 年，己未，唐玄宗开元七年。

三月，渤海靺鞨郡王大祚荣死，其子大武艺嗣位。　九月，改昭文馆为弘文馆。　十一月，令太子入学。　是年，置剑南节度使，辖彭、益等二十五州。

一四二二　720 年，庚申，唐玄宗开元八年。

正月，太子加元服，谒太庙。宋璟等人严查恶钱，所行过急，民怨骤起。与中书侍郎苏颋并罢宰相。此后钱禁松弛，恶钱复行。　二月，皇子李敏薨，追封怀王，谥号曰哀。　减卫士服役年限。

一四二三　721 年，辛酉，唐玄宗开元九年。

正月，改蒲州（治所在今山西永济）为河中府，置中都。后又罢中都，仍为蒲州。　二月，命监察御史宇文融检括逃户及籍外田地，限令百日内自首，得户口十余万。　四月，唐玄宗亲策试应制举人于含元殿。　兰池州胡人康待宾、安慕容等，攻陷六胡州（治所在今内蒙古鄂托克旗和鄂托克前旗境内），兵部尚书王晙发陇右诸军及河东九姓兵讨伐。　七月，王晙大破康待宾，杀三万五千骑。　九月，开府仪同三司、梁国公姚崇薨。　僧一行受命造新历《大衍历》，较《麟德历》更为精密。　置朔方节度使。　凡是诸王为都督、刺史者，全部被召回长安。

一四二四　722 年，壬戌，唐玄宗开元十年。

正月，唐玄宗至洛阳。　诏停天下公廨钱，以税钱充百官俸禄。除公廨田外，收内外官职田，授予逃户及贫下户欠丁田。　九月，吐蕃攻小勃律，小勃律王求救于北庭都护府。节度使张孝嵩出兵大破吐蕃兵。

张说擒康待宾余党康愿子于木盘山。　诏移河曲六州残胡五万余人于许、汝等州，空河南、朔方千里之地。张说请募壮士以充宿卫。

一四二五 723 年，癸亥，唐玄宗开元十一年。

正月，自洛阳至并州，改并州为北都。　　二月，以大同军为太原以北节度使，领太原、辽等十州。　　五月，以张说为修书使总丽正书院之事。书院主要负责修书及侍讲。　　十一月，自京兆、蒲等州选府兵及白丁十二万，称“长从宿卫”，免其杂役，州县不得役使。　　张说奏改政事堂为中书门下，且于其堂后设置五房。

一四二六 724 年，甲子，唐玄宗开元十二年。

三月，经僧一行建议，太史监南宫说等于河南、河北测日晷及北极星，得出子午线每一度为三百五十一里八十步，这是世界上第一次对子午线长度的实测。　　七月，废皇后王氏为庶人。　　溪州首领覃行璋起兵，唐命宦官杨思勖带兵击之，擒覃行璋，斩首三万人。

一四二七 725 年，乙丑，唐玄宗开元十三年。

二月，长从宿卫更名为彍骑，分隶十二卫。　　四月，改集仙殿为集贤殿，丽正殿书院改集贤殿书院。置学士、直学士等，以张说知院事。　　十月，僧一行与梁令瓒等制成水运浑天仪，除能显示日月星辰运动外，还能击鼓、撞钟报时。　　十一月，唐玄宗封禅于泰山。百官、贵戚、四夷酋长随行。　　是年，因连年丰收，东都每斗米十五钱，青、齐五钱，粟三钱。

一四二八 726 年，丙寅，唐玄宗开元十四年。

二月，邕州僚首领梁大海等据宾州（治所在今广西宾阳东南）、横州（治所在今广西横县西南）反。唐令杨思勖领兵击之。至十二月，擒梁大海等人，斩首两万而还。　　四月，太子少师、岐王李范薨，册赠惠文太子。唐玄宗欲立武惠妃为皇后，为群臣所谏止。　　秋，十五州报旱及霜灾，五十州报水灾，尤以河南、河北最为严重，遣御史中丞宇文融赈济。　　黑水靺鞨遣使入朝，以其国为黑水都督府，渤海王发兵攻黑水，其弟大门艺力谏不从，便投奔唐朝。

一四二九 727 年，丁卯，唐玄宗开元十五年。

五月，在苑城附近建十王宅，诸皇子皆居其中。后又兴建百孙院，以安置皇孙。太子住于少阳院。　　十月，以萧嵩为河西节度副大使，领兵以御吐蕃。因吐蕃攻扰不断，确定防秋之制。　　秋，十七州发生霜灾、旱灾。河北饥，运江淮之南租米百万石赈济。

一四三〇　728 年，戊辰，唐玄宗开元十六年。

正月，唐玄宗始听政于兴庆宫。　　春、泷等州僚首领、泷州刺史陈行范与广州僚首领冯仁智、何游鲁叛，唐遣杨思勖讨之，大败其众，斩首六万。　　张说上《大衍历》，诏有司颁行之。

一四三一　729 年，己巳，唐玄宗开元十七年。

二月，巂州都督张审素攻下昆明城（治所在今四川盐源）及盐城，杀获万人。　　三月，张守珪打败吐蕃，朔方节度使、信安王李祎率众攻下吐蕃石堡城（今青海湟源西南），更名振武军。　　八月五日，唐玄宗生日，定为千秋节，全国放假一天。

一四三二　730 年，庚午，唐玄宗开元十八年。

三月，改定州县上中下户口之数，给京官职田。　　四月，筑京城外郭城，十个月完成。　　五月，契丹将可突干杀其王李邵固，率部落投降突厥。　　十月，吐蕃请和，遣其大臣名悉猎贡奉物产。　　是年，全国判处死刑仅二十四人。

一四三三　731 年，辛未，唐玄宗开元十九年。

正月，贬王毛仲为瀼州别驾，贬黜其党羽数人。高力士更被宠信，自此宦官势力愈盛。　　吐蕃求经籍，又请互市，诏许之。

一四三四　732 年，壬申，唐玄宗开元二十年。

正月，以礼部尚书、信安王李祎率兵讨契丹。　　三月，大破奚、契丹于幽州之北山，斩获甚众。　　九月，中书令萧嵩等上新修《开元礼》一百五十卷，诏有司行用之。　　渤海靺鞨犯登州，杀刺史韦俊，唐命左领军将军盖福顺发兵讨之。　　是年，户部计天下户七百八十六万一千二百三十六，口四千五百四十三万一千二百六十五。

一四三五　733 年，癸酉，唐玄宗开元二十一年。

二月，金城公主请立界碑于唐蕃边境赤岭（今青海湟源日月山）。

闰三月，幽州道副总管郭英杰等征讨契丹，郭英杰战死，部众无一降者。　　关中长时间下雨，京师饥馑，裴耀卿建议分段漕运。　　分全国为十五道，各置采访使，以六条检事。

一四三六 734年，甲戌，唐玄宗开元二十二年。

二月，秦州（治所在今甘肃天水）地震，房屋毁坏殆尽，死四千余人。　五月，吏部侍郎李林甫结交武惠妃及宦官，知唐玄宗所欲，奏对称旨，因而官拜丞相。　六月，幽州节度使张守珪大破契丹，杀契丹王屈烈及其大臣可突干。　七月，遣侍中裴耀卿为江淮、河南转运使，于河口置输场督运漕米。

一四三七 735年，乙亥，唐玄宗开元二十三年。

正月，举行藉田大典。　十月，突骑施侵扰北庭及安西拔换城（今新疆温宿东）。　十二月，册故蜀州司户杨玄琰之女杨玉环为寿王妃。

一四三八 736年，丙子，唐玄宗开元二十四年。

吐蕃遣使贡奉物产。　北庭都护盖嘉运率兵攻破突骑施。　三月，因考功员外郎位卑掌贡举难以服众，改以礼部侍郎知贡举。　四月，安禄山犯军法被押至京城，被唐玄宗赦免。　十一月，张九龄罢相，以李林甫为中书令。

一四三九 737年，丁丑，唐玄宗开元二十五年。

正月，置玄学博士，习《老子》《庄子》《文子》《列子》，与明经相同举存，称为道举。　二月，河西节度使崔希逸大破吐蕃于青海西，斩首二千余级。自此，吐蕃再次断绝朝贡。　四月，因被武惠妃、李林甫等人设计，皇太子李瑛、鄂王李瑶、光王李琚废为庶人，随后被赐死。　九月，颁新定《令》《式》《格》及《事类》一百三十卷于天下。　十一月，宋璟薨。　十二月，武惠妃薨，追谥为贞顺皇后。

一四四〇 738年，戊寅，唐玄宗开元二十六年。

正月，令州县每乡置一学。　诸乡贡每年至国子监谒先师。明经加口试。　二月，葬贞顺皇后武惠妃于敬陵。　三月，吐蕃侵扰河西，崔希逸败之。鄯州都督杜希望攻克新罗城，以其城为威戎军。

六月，立第三子忠王李玙为皇太子。七月，册皇太子。　八月，渤海靺鞨王大武艺死，其子大钦茂嗣立。　九月，在旧六胡州地置宥州。　南诏统一六诏，唐册封南诏蒙归义（皮逻阁）为云南王。

一四四一 739年，己卯，唐玄宗开元二十七年。

八月，碛西节度使盖嘉运以轻骑破突骑施于碎叶城（今吉尔吉斯斯坦托克马克西南），杀苏禄，威震西陲。　制追赠孔子为文宣王，颜回为兖国公，余十哲皆为侯。　十月，改建洛阳明堂。

一四四二 740年，庚辰，唐玄宗开元二十八年。

三月，剑南节度使章仇兼琼攻下吐蕃安戎城（今四川茂县西南），分兵镇守。　十二月，突骑施酋长莫贺达干率众内属。　金城公主薨，吐蕃遣使来告丧。　是年，因连年丰收，京师米每斛不满二百钱，绢每匹价亦较低。此即为开元全盛之时。

一四四三 741年，辛巳，唐玄宗开元二十九年。

正月，下诏立玄元皇帝（老子）庙。　八月，重用安禄山，以其为营州都督。　十一月，宁王李宪薨，追册为让皇帝，葬于惠陵。

一四四四 742年，壬午，唐玄宗天宝元年。

正月，置平卢节度使，以安禄山为节度使。是时全国共有十节度、经略使：安西、北庭、河西、朔方、河东、范阳、平卢、陇右、剑南、岭南。　开元时期所供边地兵衣粮每年不过二百万贯。天宝以后，边兵日增，所费大涨至一千二百万余贯，民深以为苦。　二月，祭礼玄元皇帝于新庙。　改侍中为左相，中书令为右相，尚书左、右丞复为仆射。改东都、北都为东京、北京。改州为郡，刺史改称太守。　四月，广平郡王李俶之子李适（唐德宗）出生于长安东宫。

一四四五 743年，癸未，唐玄宗天宝二年。

正月，安禄山入朝，唐玄宗宠信之。　三月，改长安玄元皇帝庙为太清宫，洛阳玄元皇帝庙为太微宫，天下诸郡为紫极宫。

一四四六 744年，甲申，唐玄宗天宝三载。

正月，改年为载。　二月，皇太子李玙改名亨。　三月，以平卢节度使安禄山兼范阳节度使。　八月，拔悉密可汗攻杀突厥乌苏米施可汗，突厥余众立其弟为白眉可汗。回纥、葛逻禄攻杀拔悉密可汗。回纥骨力裴罗自立为骨咄禄毗伽阙可汗。唐册其为怀仁可汗。自此，回纥南据突厥故地，势力大增。　十一月，唐玄宗为寿王另娶左卫郎将韦昭训之女，将原寿王妃杨玉环接入宫中。

一四四七　745 年，乙酉，唐玄宗天宝四载。

三月，以唐玄宗外孙女独孤氏为静乐公主，嫁契丹松漠都督李怀节；以唐玄宗外甥女杨氏为宜芳公主，嫁奚饶乐都督李延宠。　八月，册封杨玉环为贵妃，赠其父杨玄琰为兵部尚书，以其叔父杨玄珪为光禄卿。　九月，因安禄山贪功，多次入侵契丹、奚。故契丹及奚酋长举部落叛。陇右节度使皇甫惟明与吐蕃战于石堡城，唐军败。

一四四八　746 年，丙戌，唐玄宗天宝五载。

正月，以王忠嗣为河西、陇右节度使，兼知朔方、河东节度使。李林甫派人诬告韦坚、皇甫惟明等谋立太子为皇帝，致使二人皆遭贬逐。七月，赐韦坚、皇甫惟明死。

一四四九　747 年，丁亥，唐玄宗天宝六载。

四月，王忠嗣功名大振，李林甫深忌之。王忠嗣辞河东、朔方节度使。　八月，小勃律王附于吐蕃，高仙芝率兵大败之。　是年，唐以高仙芝为安西四镇节度使。　十月，唐玄宗命王忠嗣攻吐蕃石堡城。王忠嗣遭李林甫诬陷，被贬为汉阳太守。唐以王忠嗣部将哥舒翰为陇右节度使，安思顺为河西节度使。

一四五〇　748 年，戊子，唐玄宗天宝七载。

四月，知内侍省事高力士加骠骑大将军。　六月，赐范阳节度使安禄山实封及铁券。　八月，改千秋节为天长节。　十一月，封杨贵妃的三个姐姐为韩国夫人、虢国夫人、秦国夫人。

一四五一　749 年，己丑，唐玄宗天宝八载。

二月，唐玄宗率百官参观左藏库，见钱货堆积如山，遂赏赐无度。

三月，朔方节度使张齐丘于中受降城北五百余里筑横塞军。　六月，陇右节度使哥舒翰率兵六万余人攻吐蕃石堡城，唐军死者数万，攻克其城。　闰六月，改石堡城为神武军，于剑南索磨川新置保宁都护府。

一四五二　750 年，庚寅，唐玄宗天宝九载。

五月，封安禄山为东平郡王。　七月，国子监置广文馆，以教导生徒为进士。　十二月，高仙芝击石国，俘虏其王及部众而归。南诏王阁罗凤被云南太守张虔陀羞辱，起兵反唐。

一四五三 751年，辛卯，唐玄宗天宝十载。

二月，安禄山兼领三镇节度使，日益骄纵。他见内地武备废弛，有轻唐室之心，故谋作乱。安禄山养同罗、契丹、奚等降者八千余人，称为“曳落河”。　四月，剑南节度使鲜于仲通率兵与南诏战于西洱河，唐军大败。南诏攻陷云南都护府。　七月，高仙芝与大食战于怛逻斯城（今哈萨克斯坦江布尔城南），唐军败绩，被俘士卒甚多，其中有不少工匠。中国的造纸术等科学技术传入阿拉伯，又传入欧洲。

一四五四 752年，壬辰，唐玄宗天宝十一载。

三月，改尚书省八部名。　五月，杨国忠加御史大夫、京畿关内采访等二十余使职。杨国忠与李林甫不和，揭李林甫罪状，由此唐玄宗疏远李林甫，杨国忠势力更大。　六月，吐蕃发兵救南诏，剑南兵败其于云南，攻克三城。　十一月，李林甫死，杨国忠为右相。

一四五五 753年，癸巳，唐玄宗天宝十二载。

五月，阿布思为回纥部落所败，安禄山招其余众，兵力增强。　八月，唐以哥舒翰兼任河西节度使，赐爵西平郡王。

一四五六 754年，甲午，唐玄宗天宝十三载。

正月，杨国忠屡言安禄山将反，唐玄宗不信。　三月，安禄山回范阳。陇右、河西节度使哥舒翰败吐蕃，收复河源九曲。是年七月，唐于哥舒翰所开九曲之地置洮阳、浇河二郡和神策军。　六月，剑南节度留后李宓率军攻南诏，全军覆没。

一四五七 755年，乙未，唐玄宗天宝十四载。

二月，安禄山请以蕃兵代替汉将，唐玄宗准许。　宰相韦见素数次进言安禄山将反，唐玄宗不听。　十一月，安禄山以讨杨国忠为名在范阳举兵造反，攻陷河北诸郡。唐诏以封常清为范阳、平卢节度使，讨安禄山；以荣王李琬为元帅，高仙芝为副元帅，统帅诸军东征。　十二月，叛军攻陷洛阳。封常清、高仙芝因战败被杀。唐任命哥舒翰为兵马副元帅，镇守潼关。

一四五八 756年，丙申，唐玄宗天宝十五载，唐肃宗李亨至德元载。

正月，安禄山在洛阳称大燕皇帝，改元圣武。　六月，哥舒翰被俘，潼关失守。　唐玄宗率太子、杨贵妃等自长安仓皇出逃，至马嵬驿，禁军哗变，杀死宰相杨国忠，并逼迫唐玄宗赐死杨贵妃。　自马嵬西行，太子李亨与唐玄宗分道，率部分禁军直奔灵武。　安禄山叛军攻陷长安。　七月，太子李亨即位于灵武（今宁夏灵武），改元至德，是为唐肃宗，遥尊唐玄宗为太上皇。唐玄宗一行到达成都。　九月，唐肃宗以广平王李俶为天下兵马元帅，诸将皆属其。唐肃宗欲借外夷兵以张军势，遣仆固怀恩等借兵于回纥。　十月，第五琦行榷盐法，以资军用。　十二月，永王李璘反。　吐蕃攻陷威戎、神威、定戎等七军及石堡等三城。

一四五九　757 年，丁酉，唐肃宗至德二载。

正月，安庆绪杀其父安禄山，自立为帝。　张皇后与李辅国诬陷建宁王李倓，致使其被处死。　二月，永王李璘败死，被废为庶人。

四月，以郭子仪为关内、河东副元帅。　闰八月，命广平王李俶为天下兵马元帅，郭子仪为副元帅。　九月，回纥怀仁可汗遣其子叶护率领精兵四千至凤翔（今陕西凤翔）。广平王李俶与郭子仪率朔方军等与回纥、西域之兵大破叛军，收复西京长安。　十月，唐军与回纥军夹击叛军，收复洛阳。安庆绪杀所获唐军将领哥舒翰等，逃往河北。

十二月，太上皇唐玄宗自成都返回长安，居兴庆宫。　史思明请降，唐封其为归义王、范阳节度使。

一四六〇　758 年，戊戌，唐肃宗至德三载、乾元元年。

正月，太上皇御宣政殿，正式授唐肃宗传国、受命宝符，册号曰光天文武大圣孝感皇帝。　二月，改元乾元，免一年租庸，改“载”为“年”。　三月，改封李俶为成王，立淑妃张氏为皇后。　六月，史思明再叛。　七月，宁国公主下嫁回纥可汗。　八月，回纥派遣精兵三千助唐讨安庆绪，遣仆固怀恩领之。　九月，命郭子仪、李光弼等九节度使讨安庆绪，大军不设元帅，而以宦官鱼朝恩为观军容宣慰处置使监护之。　十月，立李俶为太子，改名李豫。

一四六一　759 年，己亥，唐肃宗乾元二年。

正月，史思明在魏州自称大圣燕王。　三月，郭子仪、李光弼等九位节度使率军讨安庆绪于邺城（今河南安阳）大败，诸节度使各归本镇。史思明见唐军退，遂诱杀安庆绪，收其兵马。　　四月，史思明自称大燕皇帝，建元顺天，改范阳为燕京。　　七月，以赵王李系为天下兵马元帅，李光弼为副。　　十月，李光弼败史思明于河阳，唐军大捷。

一四六二　760 年，庚子，唐肃宗乾元三年、上元元年。

闰四月，追谥太公望为武成王，与文宣王同样置庙。　　七月，太上皇唐玄宗被李辅国强行从兴庆宫迁入太极宫。　　八月，以卫伯玉为神策军节度使，神策军自此成为禁军部队。

一四六三　761 年，辛丑，唐肃宗上元二年。

正月，唐肃宗重孙李诵（唐顺宗）出生于长安大明宫。　　二月，李光弼被迫出师攻打洛阳，史思明乘其军未定，率兵进击，唐军大败。

三月，史朝义杀其父史思明，称帝，改元显圣。　　九月，唐肃宗下制去尊号，但称皇帝。使用去年年号，但称元年。以建子月（十一月）为岁首，月皆以所建为名。

一四六四　762 年，壬寅，唐代宗李豫宝应元年。

正月，租庸使元载追征天宝十三载以来江淮之民所欠租庸，民多逃亡、反抗。　　二月，河东、绛州等地兵变多发，唐以郭子仪为汾阳王，知朔方、河中、北庭、潞泽节度行营兼兴平、定国等军副元帅，镇抚诸军。　四月，太上皇唐玄宗驾崩于太极宫神龙殿，享年七十八岁。

十七日，李辅国、程元振出动禁军，迁张皇后于别殿，杀越王李系等。唐肃宗闻讯大惊，当夜驾崩于长生殿，终年五十二岁。李辅国杀张皇后。次日，拥立太子李豫即位，是为唐代宗。　　五月，史朝义围宋州（治所在今河南商丘南），李光弼军至徐州，命田神功击破之。

六月，罢李辅国兵权。　　九月，唐遣使于回纥征兵，以讨史朝义。

十月，唐代宗遣人杀李辅国。以雍王李适为元帅，仆固怀恩为副，同诸道节度使及回纥兵攻打史朝义，诸军连战皆捷，收复洛阳、郑、汴等州。　　十一月，叛军将领薛嵩以相、卫等州降，张忠志以赵、恒、深等州降。唐赐张忠志姓名李宝臣，以其为成德军节度使。　　唐军围史朝义于莫州（治所在今河北任丘北）。　　是年，唐代诗人李白卒。

一四六五 763年，癸卯，唐代宗宝应二年、广德元年。

正月，叛将田承嗣以莫州降，李怀仙以范阳降。史朝义自缢而死。安史之乱至此平定。　闰正月，以安史之乱降将为河北诸镇节度使。薛嵩为相、卫等六州节度使，田承嗣为魏、博等五州都防御使，李怀仙为幽州、卢龙节度使。　三月，来瑱死，部众推梁崇义为首，唐授其为山南东道节度留后。　三月，葬唐玄宗于泰陵，葬唐肃宗于建陵。

四月，袁晁聚众近二十万起义，被李光弼部将张伯仪等镇压，浙东皆平。　六月，以田承嗣为魏博节度使。其选骁勇者为牙兵，用以自卫，藩镇有牙兵自此始。　七月，改元广德。　自安史之乱爆发以来，西北精锐皆入援勤王，吐蕃、党项等不断侵扰。吐蕃入大震关（今甘肃清水东北），尽得河西、陇右之地。　十月，吐蕃进攻长安，唐代宗逃往陕州。　十一月，削大宦官程元振官爵，放归田里。　十二月，唐代宗自陕州返回长安。

一四六六 764年，甲辰，唐代宗广德二年。

正月，立雍王李适为太子。　河北副元帅、朔方节度使仆固怀恩反，起兵攻太原。唐诏以郭子仪为关内、河东副元帅、河中节度等使、朔方节度大使，以瓦解仆固怀恩势力。仆固怀恩北逃，所统军队多归郭子仪。　诏流放宦官程元振于溱州（治所在今贵州习水东北），不久又安置于江陵。　三月，以刘晏为河南、江淮转运使。　七月，以税青苗、地头钱供官员俸禄。　是年，李光弼病死。

一四六七 765年，乙巳，唐代宗永泰元年。

正月，以李抱真为泽潞节度副使，自此，泽潞步兵遂以精锐著称。

五月，平卢节度使侯希逸拥李怀玉为帅。　七月，朝廷任命李怀玉为留后，赐名李正己。　升平公主下嫁郭子仪之子郭暧。　九月，仆固怀恩引吐蕃进攻奉天（今陕西乾县）等地，党项羌进攻同州，吐谷浑、奴剌进攻盩厔，长安戒严。　十月，郭子仪在灵台击败吐蕃军队。

一四六八 766年，丙午，唐代宗永泰二年、大历元年。

正月，以刘晏、第五琦分理天下财赋。　二月，元载专权，刑部尚书颜真卿为元载所诬陷，被贬为峡州别驾。　以杜鸿渐为山南西道、剑南西川节度使，以平崔旰之乱。　　八月，杜鸿渐畏惧不前，唐代宗命崔旰为成都尹、西川节度行军司马。

一四六九　767 年，丁未，唐代宗大历二年。

正月，诏郭子仪讨同华节度使周智光，周智光为其部将所杀。　　七月，杜鸿渐还朝，以崔旰为西川节度使。　　当时唐代宗与宰相元载、杜鸿渐等皆好佛，京畿之内良田多归僧寺。　　九月，吐蕃攻灵州（治所在今宁夏吴忠北）、邠州（治所在今陕西彬县），长安戒严。　　十月，朔方军节度使路嗣恭败吐蕃军队于灵州。

一四七〇　768 年，戊申，唐代宗大历三年。

四月，山南西道节度使张献诚病，举荐其从父弟张献恭代己，诏许之。　　六月，幽州军将朱希彩等人杀卢龙节度使李怀仙。朱希彩自任留后。朝廷被迫同意，后正式任其为幽州节度使。　　八月，吐蕃进攻灵州、邠州，长安戒严。　　九月，朔方将白元光在灵州击败吐蕃军。

十二月，吐蕃连年扰边，元载迁马璘为泾原节度使。以邠、宁等州隶朔方。

一四七一　769 年，己酉，唐代宗大历四年。

二月、四月，京师长安两次地震。　　五月，唐册仆固怀恩女为崇徽公主，嫁回纥可汗。

一四七二　770 年，庚戌，唐代宗大历五年。

三月，唐代宗与宰相元载合谋诛杀鱼朝恩。　　五月，令青苗、地头钱自今以后，一切以青苗钱为名。　　是年，诗人杜甫卒。

一四七三　771 年，辛亥，唐代宗大历六年。

三月，岭南蛮首领梁崇牵自称平南十道大都统，据容州（治所在今广西北流）。容管经略使王翃等人擒梁崇牵。　　番禺冯崇道、桂州朱济时起兵攻陷十余州，后皆为王翃所破，五岭皆平。　　是年，以韩滉为户部侍郎判度支。

一四七四　772 年，壬子，唐代宗大历七年。

正月，回纥使者擅自于长安大街上掠良家子女，殴辱官吏。　　十月，卢龙节度使朱希彩被部下杀害，朱泚被拥立为留后。藩镇自行废立后，朝廷多顺其情而授之，不加干预；或先授留后，其后再授节度使，成为惯例。

一四七五 773 年，癸丑，唐代宗大历八年。

九月，循州刺史哥舒晃据岭南反，杀岭南节度使吕崇贲。 十月，吐蕃十万攻扰泾、邠州，郭子仪遣朔方兵马使浑瑊、泾原节度使马璘力战拒之。

一四七六 774 年，甲寅，唐代宗大历九年。

二月，郭子仪入朝，言吐蕃势力大增，望增兵隶属朔方军以抵御吐蕃。 三月，唐代宗将永乐公主嫁于魏博节度使田承嗣之子田华。田承嗣更加骄横。 六月，幽州、卢龙节度使朱泚入朝，领防秋兵。 九月，回纥使者在长安杀人，唐代宗释而不问。

一四七七 775 年，乙卯，唐代宗大历十年。

正月，田承嗣教唆昭义将士作乱，逐其留后薛崿。田承嗣出兵攻取相、洺、卫三州。 四月，诏命成德、淄青、幽州等八道进讨田承嗣。因魏博兵屡败，田承嗣诈称愿以其地归李正己，淄青兵不进。田承嗣又遣使说成德李宝臣，称愿与其共取范阳。 十一月，岭南节度使路嗣恭击杀哥舒晃，岭南平。容管经略使王翃擒西原蛮帅覃问。

一四七八 776 年，丙辰，唐代宗大历十一年。

二月，朝廷无力讨伐田承嗣，赦免其罪。 五月，汴宋留后田神玉死，都虞候李灵曜作乱，谋效法河北藩镇，北结田承嗣为援。 八月，唐朝廷发淮西、永平、河阳、淮南、淄青五道兵讨伐，李灵曜军为李忠臣、马燧所破，被擒至京师斩首。 十二月，泾原节度使马璘病死。

一四七九 777 年，丁巳，唐代宗大历十二年。

三月，宰相元载因罪被诛。 四月，以杨绾、常衮为宰相。元载任宰相时厌恶仕进者多乐居京师，故外官禄厚而京官薄。杨绾以此奏之，诏加京官俸。 五月，定诸州兵数，其招募入伍后，发给家属口粮、衣物，谓之"官健"。派遣当地民众春夏耕种，秋冬时召集，只给本人衣粮，谓之"团结兵"。 是年，因州县官俸不一，规定节度使以下至主簿、县尉俸禄。

一四八〇 778年，戊午，唐代宗大历十三年。

二月，皇帝重孙李淳（唐宪宗李纯）出生于长安大明宫。　二月至九月，吐蕃频繁侵扰灵、盐、庆、泾等州。　是年，以刘晏为仆射，仍领转运、盐铁等使，财赋所入约一千二百万缗，盐利居其大半。

一四八一 779年，己未，唐代宗大历十四年。

二月，魏博节度使田承嗣死，以其侄田悦为留后。　三月，淮西节度使李忠臣被其族子李希烈所逐。朝廷以李希烈为淮西留后，后为节度使。　五月，唐代宗病危，诏太子监国。唐代宗崩于大明宫紫宸殿，终年五十四岁。　太子李适即位于太极殿，是为唐德宗。诏尊郭子仪为尚父，加太尉兼中书令，以其部将李怀光、常谦光、浑瑊等为节度使。　八月，任杨炎为相。　十月，葬唐代宗于元陵。　吐蕃、南诏攻蜀，唐遣李晟等率军救蜀。唐大破之，南诏移其都城于阳苴咩城（今云南大理北）。　十二月，立宣王李诵为太子。

一四八二 780年，庚申，唐德宗李适建中元年。

正月，群臣上尊号圣神文武皇帝，改元建中。诏行杨炎议，改租庸调制为两税法：量出以制入，户无主客之分；以现居地为据征税；人无丁中之分，以资产定户等；行商以其所在州县纳税，税率三十取一；税收每年夏秋两次缴纳；其租庸调及杂徭皆省。　六月，回纥登里可汗欲乘国丧攻唐，其相顿莫贺达干谏之不从，杀其主，自立为合骨咄禄毗伽可汗，唐册之为武义成功可汗。　刘晏为杨炎所构陷，唐德宗将其贬官。七月，下诏赐死刘晏。

一四八三 781年，辛酉，唐德宗建中二年。

正月，成德节度使李宝臣死，其子李惟岳请求继任，唐德宗不许。李惟岳遂与魏博田悦、淄青李正己连兵反抗。　五月，田悦攻邢州（今河北邢台）、临洺（今河北永年），二城拒守。　七月，田悦为河东节度使马燧所破。是时，淄青节度使李正己死，其子李纳自领军务，奏请袭其父位，诏不许。故李纳、李惟岳遣兵救田悦。　六月，山南东道节度使梁崇义拒绝入朝，唐德宗命淮西节度使李希烈率诸道兵讨之。　八月，李希烈破襄阳（今湖北襄阳），梁崇义自杀。　六月，平定安史之乱的功臣汾阳王郭子仪薨。　七月，宰相杨炎被罢，贬为崖州司马，后被缢杀。

一四八四 782 年，壬戌，唐德宗建中三年。

正月，马燧等大败田悦于洹水（今河南安阳河），田悦逃回魏州（治所在今河北大名东北）。卢龙留后朱滔及张孝忠等大败李惟岳于束鹿，李惟岳逃回恒州（治所在今河北正定）。　闰正月，成德将王武俊杀李惟岳，降唐。　二月，田悦遣使说朱滔、王武俊二人皆反，三镇联合对抗朝廷。　五月，诏朔方节度使李怀光讨田悦，为朱滔等所败。诸军退至魏县。　十一月，朱滔称冀王、田悦称魏王、王武俊称赵王、李纳称齐王。　十二月，淮宁兼平卢、淄青等州节度李希烈同李纳、朱滔等反，自称天下都元帅、建兴王。　是年，因用兵财政困难。诏借商人钱，积蓄钱帛粟麦者四分借一，民间骚然。

一四八五 783 年，癸亥，唐德宗建中四年。

正月，陇右节度使张镒与吐蕃尚结赞在清水会盟。　宰相卢杞欲除颜真卿，故请唐德宗派颜真卿宣慰李希烈。颜真卿至许州为李希烈所扣，后为其所杀。唐德宗以哥舒曜为东都、汝州节度使率万余人击李希烈。　二月，攻克汝州。　三月，江西节度使、曹王李皋击败李希烈，攻克黄、蕲等州。　八月，李希烈围哥舒曜于襄城（今河南襄城），朝廷诏李勉及神策军救之。　九月，神策军大败，襄城危急，诏发泾原等道兵救之。　十月，泾原兵因无犒赏而哗变，拥立朱泚为主。唐德宗逃往奉天（今陕西乾县），朱泚自称大秦皇帝，改元应天，攻奉天。　十一月，朔方节度使李怀光、李晟、马燧等率勤王兵至，大败朱泚军，朱泚退守长安。　十二月，李怀光屯兵不进，上表言卢杞罪，唐德宗贬卢杞为新州司马。

一四八六 784 年，甲子，唐德宗兴元元年。

正月，唐德宗改元兴元，下罪己诏，宣布除朱泚外，李希烈、田悦、王武俊、李纳、朱滔皆赦其罪。诸将赴难者皆加“奉天定难功臣”之号。　二月，李怀光屯兵咸阳，与朱泚勾结，图谋不轨。唐德宗逃往梁州（今陕西汉中）。李怀光撤兵回到河中。　三月，唐德宗至梁州。魏博兵马使田绪杀节度使田悦，归附朝廷，朝廷以其为节度使。

五月，李晟、浑瑊收复长安。　六月，姚令言、朱泚被杀。　唐以梁州为兴元府。七月，唐德宗自兴元府返回长安。李怀光遣使谢罪。唐德宗遣孔巢父赴河中宣慰，被杀。李怀光再次抗命。唐德宗遣浑瑊、马燧等讨伐。　　唐德宗猜忌诸将，又以宦官窦文场、王希迁分掌神策军。自此，宦官专掌禁军。

一四八七　785 年，乙丑，唐德宗贞元元年。

六月，朱滔病死，将士推刘怦知幽州军事。　　八月，浑瑊、骆元光、马燧等人率兵讨伐李怀光。李怀光自缢而死。

一四八八　786 年，丙寅，唐德宗贞元二年。

二月，唐朝廷允李泌建议，自集津仓至三门仓凿山开车道十八里，避免水运砥柱的危险。　　四月，淮西将陈仙奇毒杀李希烈。后，吴少诚杀陈仙奇，自为留后。　　九月，将神策左右厢改为左右神策军，殿前射生左右厢改为殿前左右射生军。

一四八九　787 年，丁卯，唐德宗贞元三年。

正月，南诏王异牟寻遣使至西川节度使韦皋处以求内附。　　二月，葬王皇后于靖陵。　　三月，吐蕃求和于马燧。唐德宗用和亲之计，遣使于吐蕃。　　五月，唐德宗遣浑瑊为会盟使与吐蕃盟于平凉川（今甘肃平凉），吐蕃伏精骑数万，浑瑊幸免。　　六月，吐蕃因士兵思归，弃城焚舍而走。　　九月，吐蕃大掠吴山等地。　　因回纥合骨咄禄可汗屡次求和亲，唐德宗以咸安公主妻之。

一四九〇　788 年，戊辰，唐德宗贞元四年。

正月，诏两税法等级，三年一定。　　四月，改殿前左、右射生为神威军，与左、右羽林、龙武、神武、神策共十军。　　五月，吐蕃侵扰邠、宁、庆、鄜等州，掠人畜数万。　　十月，咸安公主出嫁于回纥可汗，请改回纥为回鹘，诏许之。　　吐蕃发兵十万侵扰西川。南诏不助吐蕃。节度使韦皋破吐蕃于清溪关（今四川汉源西南、甘洛西北交界处）外。　　十一月，再次打败吐蕃。　　以张建封为徐、泗、濠节度使。

一四九一　789 年，己巳，唐德宗贞元五年。

三月，李泌薨。　　十月，韦皋遣将大败吐蕃于巂州（治所在今四川西昌）。琼州（治所在今海南琼山）自乾封年间即为黎人所占，至此为唐军所收复。　　十二月，回鹘天亲可汗死，册其子为登里罗没密施俱录忠贞毗伽可汗。

一四九二　790 年，庚午，唐德宗贞元六年。

唐德宗诏迎岐山无忧王寺佛指骨至宫中供养。二月，遣中使复葬其原处。　　三月，回鹘忠贞可汗为其弟所杀，其部下杀篡位者，改忠贞可汗之子阿啜为主。　　是年，吐蕃大败回鹘，攻陷北庭都护府。自此，至安西路绝，仅西州（治所在今新疆吐鲁番东）为唐所守。

一四九三　791 年，辛未，唐德宗贞元七年。

二月，封回鹘可汗为奉诚可汗。　　四月，因安南都护赋敛繁重，土人首领杜英翰等围攻都护府。都护高正平忧虑致死，不久杜英翰罢兵。　　七月，以虔州刺史赵昌为安南都护，土人遂安。

一四九四　792 年，壬申，唐德宗贞元八年。

五月，平卢节度使李纳死，众推其子师古为留后，其后受命为节度使。　　河南、江淮等州发生水灾，谷贵人贫。关中丰收，谷贱农伤。宰相陆贽主张减少第二年自江淮运至京师粮数。　　八月，韦皋攻维州（治所在今四川理县东北），俘获吐蕃大将论赞热。

一四九五　793 年，癸酉，唐德宗贞元九年。

正月，征收茶税，十分税一，岁收四十万缗。　　五月，南诏异牟寻遣使上表，愿弃吐蕃归附唐朝。　　十一月，唐德宗祭祀于太清宫，大飨于太庙。举行南郊大典，大赦天下。

一四九六　794 年，甲戌，唐德宗贞元十年。

正月，南诏异牟寻杀吐蕃使者，与唐使会盟于点苍山（今云南大理西）。　　五月，唐德宗性多疑，不信任朝臣。宰相陆贽屡谏，唐德宗不纳。

一四九七　795 年，乙亥，唐德宗贞元十一年。

四月，回鹘奉诚可汗死，其相骨咄禄自立为可汗。五月，唐遣使册其为腾里逻羽录没密施合胡禄毗伽怀信可汗。　　七月，皇帝重孙李宥（唐穆宗李恒）出生于长安大明宫别殿。

一四九八　796 年，丙子，唐德宗贞元十二年。

四月，魏博节度使田绪死，其众推其子田季安为留后，后为节度使。　六月，封宦官窦文场、霍仙鸣为神策军左右护军中尉，自此以宦官任中尉统神策军遂成为制度。

一四九九　797 年，丁丑，唐德宗贞元十三年。

正月，邠宁节度使杨朝晟筑方渠、合道等四城，以备吐蕃。　四月，大旱，求雨于兴庆宫。　吐蕃赞普乞立赞死，子足之煎继位。　十二月，徐州节度使张建封入朝，向唐德宗进奏宫市之弊，唐德宗不纳。

一五〇〇　798 年，戊寅，唐德宗贞元十四年。

闰五月，神策军屯长武城者作乱，逐其节度使，后以高崇文为长武城都知兵马使。

一五〇一　799 年，己卯，唐德宗贞元十五年。

二月，宣武军节度使董晋死，以其行军司马陆长源为节度使。宣武军士作乱，杀陆长源。监军俱文珍召宋州刺史刘逸准入城，叛乱乃定。唐遂以刘逸准为节度使，刘逸准改名为刘全谅。　八月，刘全谅死，其众推都知兵马使韩弘为留后，不久韩弘被命为节度使。　淮西吴少诚攻许州（治所在河南许州）。唐朝廷诏削吴少诚官爵，令诸道进兵讨伐。因诸道军队无帅，与吴少诚战不利。

一五〇二　800 年，庚辰，唐德宗贞元十六年。

二月，以韩全义为招讨使，官军屡败。至十月，唐德宗诏赦吴少诚。　五月，徐、泗、濠节度使张建封死，军士拥其子张愔为留后，诏不许，命淮南节度使杜佑兼徐、泗、濠节度使击张愔，失利。唐朝廷遂以张愔为徐州团练使，后又命其为留后。

一五〇三　801 年，辛巳，唐德宗贞元十七年。

六月，朔方、邠宁节度使杨朝晟死，朝廷以李朝寀为节度使。军士作乱，拥兵马使高固为帅，唐朝廷允许。　七月，吐蕃攻扰盐、麟等州。韦皋遣将发兵攻吐蕃。　九月，韦皋大破吐蕃于雅州（治所在今四川雅安西），围维州（治所在今四川理县东北）及昆明城。

一五〇四　802 年，壬午，唐德宗贞元十八年。

正月，骠国（古代缅甸骠族建立的国家）王遣使来朝，献其国音乐十二首及乐工三十五人。

韦皋大败吐蕃救援维州之军，擒其大将论莽热，攻维州、昆明城不下，遂引兵还。

一五〇五 803 年，癸未，唐德宗贞元十九年。

二月，修葺大明宫含元殿。　　三月，杜佑入朝为相。

一五〇六 804 年，甲申，唐德宗贞元二十年。

二月，因天旱歉收，朝廷罢中和节宴。　　四月，陈、许军被赐名为忠武军。　　六月，昭义节度使李长荣死，唐德宗遣中使持手诏赴军，兵马使卢从史自荐为帅，朝廷即命其为节度使。　　九月，太子患风疾，不能言。

一五〇七 805 年，乙酉，唐德宗贞元二十一年，唐顺宗李诵永贞元年。

正月，唐德宗李适驾崩于会宁殿，终年六十四岁。太子李诵即位于太极殿，是为唐顺宗。诏王伾居禁中，王叔文在翰林院中决事。王叔文欲改革时政。　　三月，以宰相杜佑为度支及诸道盐铁转运使，王叔文为副。宦官俱文珍、薛盈珍等反对王叔文改革，以唐顺宗久病为由，促立太子。是月，册封广陵郡王李淳为太子，改名李纯。　　五月，宦官俱文珍等厌恶王叔文专权，罢其翰林之职。　　六月，王叔文因母亲去世辞官。　　七月，诏军国大事皆令太子掌管。　　八月，命太子李纯即位于宣政殿，是为唐宪宗，改元永贞。唐顺宗自称太上皇。王叔文、王伾等人被贬为边州司马。王伾不久病死贬所，王叔文于第二年被赐死，是为二王八司马事件。　　十月，葬唐德宗于崇陵。

一五〇八 806 年，丙戌，唐宪宗李纯元和元年。

正月，太上皇李诵驾崩于兴庆宫咸宁殿，终年四十六岁。　　刘辟因求领三川不得，发兵攻东川，攻陷梓州（治所在今四川三台）。宰相杜黄裳荐神策军使高崇文等讨之，高崇文屡败刘辟。至九月，攻陷成都。刘辟被送至京师斩首。　　闰四月，平卢节度使李师古死，部下奉其弟李师道为帅。　　七月，葬唐顺宗于丰陵。

一五〇九 807 年，丁亥，唐宪宗元和二年。

四月，任右金吾大将军范希朝为朔方、灵、盐节度使。　　十月，镇海节度使李锜反，发淮南等道兵讨伐之，后为部下所执，被送至长安斩。　　是年，宰相李吉甫撰《元和国计簿》。

一五一〇　808 年，戊子，唐宪宗元和三年。

四月，策试贤良方正直言极谏科举人。牛僧孺、皇甫湜、李宗闵在策论中抨击时政得失，署为上第。宰相李吉甫厌恶其直言，故牛僧孺等人久不得重用。此事被视为牛李党争的诱因。　　五月，回鹘腾里可汗死，册新可汗为爱登里啰汨密施合毗伽保义可汗，其在位时期为回鹘极盛之世。　　六月，沙陀首领朱邪执宜为吐蕃所侵逼，脱离吐蕃，率部至灵州（治所在今宁夏吴忠北）附唐，唐将其安置于盐州。　　十二月，南诏王异牟寻死，子寻阁劝立。

一五一一　809 年，己丑，唐宪宗元和四年。

三月，成德节度使王士真死，其子王承宗自为留后。唐宪宗派人出任节度使，王承宗不受命。　　十月，唐宪宗命宦官吐突承璀率军讨王承宗。　　六月，皇孙李湛（唐敬宗）出生于长安大明宫。　　因沙陀所处近吐蕃，唐宪宗虑其反复，迁其众于定襄（今山西定襄）。　　十月，皇孙李涵（唐文宗李昂）出生。　　十一月，彰义节度使吴少诚死，部将吴少阳杀其子自为留后。次年唐以吴少阳为节度使。　　是年，南诏王寻阁劝死，子劝龙晟立。

一五一二　810 年，庚寅，唐宪宗元和五年。

正月，吐突承璀与王承宗战，屡败。　　三月，昭义节度使卢从史暗中勾结王承宗，吐突承璀设计擒卢从史。　　七月，朝廷因出师长久且无功，又有王承宗遣使请罪，故诏仍以王承宗为成德节度使，罢诸道兵。　　六月，皇子李怡（唐宣宗李忱）出生于长安大明宫。　　七月，卢龙节度使刘济被其次子刘总毒杀，刘总自领军务。　　九月，吐突承璀师出无功，返朝后被贬为军器使，三年后复为神策中尉。

一五一三　811 年，辛卯，唐宪宗元和六年。

九月，因黔州（治所在今四川彭水）发生水灾，其观察使窦群征发“溪洞蛮”修城。因役使过急，辰、溆二州蛮首领张伯靖反。　　闰十二月，太子李宁病死，谥号惠昭太子，废朝十三日。

一五一四　812 年，壬辰，唐宪宗元和七年。

三月，因葬惠昭太子李宁，罢曲江上巳宴会。　　六月，册立遂王李宥为太子，李宥改名为李恒。　八月，魏博节度使田季安死，其子田怀谏立。不久，士卒拥田兴为留后。田兴以魏、博、贝等六州之地请命于朝，唐以田兴为魏博节度使，改名弘正。

一五一五　813 年，癸巳，唐宪宗元和八年。

七月，西受降城被河水毁坏，故移卫戍于天德故城。

一五一六　814 年，甲午，唐宪宗元和九年。

六月，皇孙李瀍（唐武宗李炎）出生。　闰八月，淮西节度使吴少阳死，其子吴元济自为留后，发兵屠舞阳、叶县等地。　十月，朝廷免淮西节度使吴元济一切官爵，并出动诸道军队讨伐之。

一五一七　815 年，乙未，唐宪宗元和十年。

正月，平卢节度使李师道、成德节度使王承宗上表请赦吴元济，唐宪宗不从。李师道派人焚烧河阴所储备军粮、物资。　六月，丞相武元衡被刺身亡，御史中丞裴度被刺伤。　以永州司马柳宗元为柳州刺史，朗州司马刘禹锡为播州刺史。

一五一八　816 年，丙申，唐宪宗元和十一年。

正月，因成德节度使王承宗纵兵肆掠，唐宪宗颁制削王承宗官爵，发河东等六道兵讨伐。　六月，唐、随、邓节度使高霞寓攻吴元济大败。唐宪宗继续用兵。　十二月，以太子詹事李愬为唐、随、邓节度使，攻吴元济。　是年，南诏王劝龙晟为其部下所杀，其弟劝利晟为王。

一五一九　817 年，丁酉，唐宪宗元和十二年。

三月，李愬擒吴元济骁将丁士良且为己所用，又用其计攻克文城栅，得其将吴秀琳、李忠义。　李光颜打败淮西兵三万于郾城。五月，六镇讨王承宗无功，唐宪宗被迫撤去河北行营。　八月，因淮西用兵数年无果，朝中罢兵之声屡起。裴度自请督战，唐遂以裴度兼彰义节度使、淮西宣慰使。　十月，唐邓节度使李愬夜袭蔡州（治所在今河南汝南），擒叛臣吴元济，淮西叛乱平定。

一五二〇　818 年，戊戌，唐宪宗元和十三年。

正月，于含元殿受百官朝贺，又至丹凤门楼，大赦天下。　二月，大宴群臣以贺削平叛乱藩镇战争的胜利。　淮西既平，平卢李师道献沂、密、海三州；成德王承宗献德、棣二州。七月，唐因李师道反复，不肯献地，命五道兵讨伐。　　十一月，诸军屡胜，李师道忧虑成疾。

一五二一　819 年，己亥，唐宪宗元和十四年。

正月，朝廷举行盛大的迎佛骨活动，刑部侍郎韩愈上表谏之，唐宪宗大怒，贬其为潮州刺史。　　二月，李师道部将刘悟杀李师道投降，叛乱平定。至此，自唐代宗以来河北藩镇跋扈的局面被打破，藩镇皆能遵守朝廷约束。　　七月，群臣上尊号元和圣文神武法天应道皇帝。

十月，唐宪宗服方士所制金丹药，起居舍人裴潾上表切谏，唐宪宗大怒，将其贬官。

一五二二　820 年，庚子，唐宪宗元和十五年。

正月，唐宪宗因服食丹药不适，罢元日大朝会，后于麟德殿召见义成军节度使刘悟。不久，唐宪宗被宦官害死，终年四十三岁。　　闰正月，太子李恒即位于太极殿，是为唐穆宗。

一五二三　821 年，辛丑，唐穆宗李恒长庆元年。

四月，李德裕厌恶中书舍人李宗闵，翰林学士元稹也与李宗闵有隙，所以，二人一起弹劾李宗闵，李守闵被贬。自此，李德裕、李宗闵各为朋党，互相倾轧四十余年。　　五月，太和公主嫁回鹘登逻骨没密施合毗伽可汗。　　茶税每百钱加五十。　　七月，群臣上尊号文武孝德皇帝。　　八月，令两税改纳实物。

一五二四　822 年，壬寅，唐穆宗长庆二年。

二月，唐穆宗下诏削兵，引起藩镇反弹，致使唐宪宗朝的削藩成果丧失殆尽。　　十一月，唐穆宗受惊吓致风眩卧床。　　十二月，唐诏景王李湛为太子。

一五二五　823 年，癸卯，唐穆宗长庆三年。

三月，牛僧孺拜相。　　六月，以韩愈为京兆尹，神策六军无敢犯法者。　　七月，南诏王劝利晟死，国人立其弟丰祐。

一五二六　824 年，甲辰，唐穆宗长庆四年。

正月，唐穆宗诏太子监国不久驾崩，终年三十岁。太子李湛即位，是为唐敬宗。　　四月，染工张韶等百余人登御榻而食，被神策军镇压。　　是年，回鹘崇德可汗死，弟曷萨特勒立为可汗。　　十一月，葬唐穆宗于光陵。

一五二七　825 年，乙巳，唐敬宗李湛宝历元年。

三月，册回鹘新可汗为爱登里啰汨没密施合毗伽昭礼可汗。　　四月，群臣上尊号文武大圣广孝皇帝。　　八月，昭义节度使刘悟死，其子刘从谏求为留后。　　十二月，朝廷以刘从谏为昭义留后，不久任其为节度使。

一五二八　826 年，丙午，唐敬宗宝历二年。

三月，横海节度使李全略死，其子李同捷自为留后。　　五月，卢龙军乱，杀节度使朱克融，立其子朱延嗣。　　八月，都知兵马使李载义杀朱延嗣及其家人，唐以李载义为卢龙节度使。　　十二月，唐敬宗李湛被宦官刘克明等人谋害死。　　江王李涵即位于宣政殿，更名李昂，是为唐文宗。

一五二九　827 年，丁未，唐敬宗宝历三年，唐文宗李昂大和元年。

五月，诏横海节度副使李同捷为兖海节度使，天平节度使乌重胤为横海节度使。李同捷拒不受诏。　　八月，命七道兵讨李同捷，仅成德节度使王庭凑助李同捷造反。　　十月，乌重胤屡破李同捷。　　七月，葬唐敬宗于庄陵。

一五三〇　828 年，戊申，唐文宗大和二年。

三月，昌平人刘蕡在对策中言宦官专权为乱政之祸。考官皆叹服，但畏于宦官权势而不敢录取，史称“刘蕡对策案”。　　五月，诏今后公主入朝面见皇帝，不得广插钗梳，以倡导节俭之风。　　九月，因成德节度使王庭凑助李同捷反，发诸军讨之。　　十二月，魏博大将亓志绍奉命讨伐李同捷，却与王庭凑勾结，进攻魏州（治所在今河北大名东北）。

一五三一　829 年，己酉，唐文宗大和三年。

四月，李同捷因屡败请降，不久被杀。　　六月，亓志绍败死。　　魏博节度使史宪诚请入朝。魏博军乱，杀史宪诚，拥何进滔为留后。朝廷无力讨伐。八月，以何进滔为魏博节度使，并赦免王庭凑，复其官爵。　　九月，诏神策左右军、诸司以及宦官不得穿着绫罗，以示节俭。　　十一月，南诏侵蜀巂、戎二州。至十二月，攻陷成都外郭，大掠而还。

一五三二　830 年，庚戌，唐文宗大和四年。

正月，李宗闵举荐牛僧孺为相，排斥李德裕之党。　　三月，柳公绰奏以沙陀首领朱邪执宜为阴山都督、代北行营招抚使，使其捍卫北边。　　十月，以李德裕为西川节度使。

一五三三　831 年，辛亥，唐文宗大和五年。

正月，卢龙军将杨志诚逐其节度使李载义，自为留后。　　二月，宦官诬告宰相宋申锡谋立漳王李凑为皇帝。唐文宗怒，杀宋申锡，并降李凑为巢县公。　　五月，西川节度使李德裕遣使向南诏索其所掠唐百姓四千人。　　九月，李德裕纳吐蕃维州副使悉怛谋及其所率之众，收复维州（治所在今四川理县东北）。但宰相牛僧孺力阻之，唐文宗诏将悉怛谋及其城归还吐蕃。

一五三四　832 年，壬子，唐文宗大和六年。

十月，立鲁王李永为太子。　　十二月，唐文宗后悔维州之事。牛僧孺自请罢相，出任淮南节度使。

一五三五　833 年，癸丑，唐文宗大和七年。

二月，李德裕拜相。　　六月，贬宰相李宗闵为山南西道节度使。

八月，唐文宗从李德裕之议，令进士试策论，不试诗赋。　　十一月，光王之子李温（唐懿宗李漼）出生。

一五三六　834 年，甲寅，唐文宗大和八年。

十月，卢龙军乱，逐其节度使杨志诚，推史元忠为主。　　宦官王守澄厌恶李德裕，举荐李宗闵为相，李德裕外任镇海节度使。　　十一月，成德节度使王庭凑死，其子王元逵知留后，后被命为节度使。

一五三七　835 年，乙卯，唐文宗大和九年。

四月，郑注、李训诬陷李德裕，李德裕被贬为袁州长史。唐文宗与李训、郑注谋诛宦官，任宦官仇士良为左神策中尉以分王守澄之权。

六月，郑注谗毁李宗闵，李宗闵被贬为明州刺史。　　九月，以郑注为凤翔节度使。　　十月，王守澄被唐文宗派人毒杀。　　十一月，宰相李训等人谋诛宦官，发动“甘露之变”，结果被宦官识破，行动失败。

宰相李训、王涯等朝臣千余人被杀。凤翔监军使张仲清杀其节度使郑注。此后，朝官受到宦官的绝对压制，唐文宗本人也受制于宦官。

一五三八 836 年，丙辰，唐文宗开成元年。

二月，昭义节度使刘从谏上表质问王涯为何被杀，宦官有所收敛。

一五三九 837 年，丁巳，唐文宗开成二年。

六月，河阳节度使李泳残暴，其部下不堪忍受，逐李泳。以左金吾将军李执方为河阳节度使。　十月，经国子监校正，刻《石经》成，现存于西安碑林。

一五四〇 838 年，戊午，唐文宗开成三年。

九月，义武节度使张璠死，生前告诫其子张元益不得自为留后。军中欲立张元益，拒绝新任节度使李仲迁。朝廷以张元益为代州刺史，改派韩威为义武节度使。　十月，太子李永薨。

是年，吐蕃赞普彝泰死，其弟达磨立。达磨荒淫无道，国人不附，吐蕃日衰。

一五四一 839 年，己未，唐文宗开成四年。

三月，裴度卒。　十月，立陈王李成美为太子。　回鹘相掘罗勿借沙陀朱邪赤心兵击败彰信可汗，可汗兵败自杀，国人立㕎馺特勒为主。回鹘渐衰。

一五四二 840 年，庚申，唐文宗开成五年。

正月，唐文宗病危。左右神策军护军中尉鱼弘志、仇士良立颍王李瀍为皇太弟，矫诏废太子李成美为陈王。唐文宗驾崩于太和殿，终年三十三岁。颍王李瀍即位于灵柩前，改名李炎，是为唐武宗。　八月，葬唐文宗于章陵。　九月，召李德裕入朝为相。　魏博节度使何进滔死，军中立其子何重顺为留后。唐以何重顺为节度使，改其名为何弘敬。

回鹘与黠戛斯交战二十余年，是年为其所破，可汗被杀，诸部逃散。其中一支奔天德军请求内附；一支迁往高昌（今吐鲁番），是为高昌回鹘或西州回鹘；一支迁往河西，称甘州回鹘或河西回鹘；一支迁往中亚，成为葱岭西回鹘。

一五四三 841年，辛酉，唐武宗李炎会昌元年。

九月，卢龙军乱，杀其节度使史元忠，众推陈行泰为留后。不久，陈行泰被杀，立张绛。雄武军使张仲武起兵击败张绛，唐以张仲武为节度使。　闰十一月，远嫁回鹘的太和公主遣使入朝，言因黠戛斯攻击，故可汗死。其众被迫迁至漠南，部众推选乌介为可汗，请唐册封。唐武宗同意其请求。

一五四四 842年，壬戌，唐武宗会昌二年。

吐蕃赞普达磨死。首相结都那因不满所立赞普之争被杀。大将论恐热起兵，自称国相，吐蕃大乱。

一五四五 843年，癸亥，唐武宗会昌三年。

二月，黠戛斯遣使者入朝，言攻破回鹘，并派人送回太和公主。三月，太和公主到达长安。　四月，昭义节度使刘从谏死，其从子刘稹掌军务，求为留后，诏不许。命成德节度使王元逵、魏博节度使何弘敬同诸道兵讨之。　六月，大宦官仇士良致仕。

一五四六 844年，甲子，唐武宗会昌四年。

正月，河东都将杨弁发动兵变，与刘稹约为兄弟，节度使李石逃往汾州。二月，杨弁被监军所擒。　三月，唐武宗好道教，以道士赵归真为右街道门教授先生。　六月，诏削宦官仇士良官爵，籍没家产。

八月，部将郭谊等杀刘稹，降唐，昭义镇平定。　十月，李德裕借昭义事构陷牛僧孺、李宗闵。牛僧孺被贬为循州长史，李宗闵被流放于封州。

一五四七 845年，乙丑，唐武宗会昌五年。

七月，诏毁天下佛寺，勒令僧尼还俗为民。同时，还禁止已在中国流行多年的景教、摩尼教、祆教等外来宗教。

一五四八 846年，丙寅，唐武宗会昌六年。

三月，唐武宗因久服丹药病危。左神策军护军中尉马元贽矫诏立光王李怡为皇太叔。唐武宗李炎驾崩于大明宫，终年三十三岁。皇太叔李怡即位于灵柩前，改名李忱，是为唐宣宗。　四月，李德裕罢相，被任为荆南节度使。唐宣宗下令诛杀道士赵归真等人。　五月，下诏恢复佛教，增加寺院名额。　八月，葬唐武宗于端陵。

一五四九 847 年，丁卯，唐宣宗李忱大中元年。

闰三月，令会昌五年所废寺，由僧尼修复居住。　　十二月，贬李德裕为潮州司马。

一五五〇 848 年，戊辰，唐宣宗大中二年。

正月，群臣上尊号圣敬文思和武光孝皇帝。　　九月，贬李德裕为崖州司户。　　十一月，沙州张议潮率领当地汉族民众将吐蕃沙州守将赶走，接管了沙州政权。

一五五一 849 年，己巳，唐宣宗大中三年。

二月，吐蕃以秦、原、安乐三州及石门、木峡、驿藏、制胜、石峡、六盘、萧关七关降唐。　　四月，卢龙节度使张仲武死，众立其子张直方。不久，军乱，张直方逃至长安，军士推周綝为节度使。　　五月，武宁军乱，逐其节度使李廓。新任节度使卢弘止诛杀作乱者，其镇遂定。　　闰十一月，李德裕病死于崖州，朋党之争渐少。

一五五二 850 年，庚午，唐宣宗大中四年。

八月，卢龙节度使周綝死，将士请以张允伸为留后。不久张允伸被命为节度使。　　九月，吐蕃相论恐热大掠河西鄯（治所在今青海乐都）、廓（治所在今青海华隆西）等八州。

一五五三 851 年，辛未，唐宣宗大中五年。

二月，张议潮派使者至长安。唐宣宗下诏命张议潮为沙州防御使。

十月，张议潮派遣其兄率使团至长安，进献诸州版籍。唐宣宗遂改沙州为归义军，以张议潮为节度使。沙州遂成为河陇地区的政治军事中心，至此唐朝收回自安史之乱后丧失的河西地区。

一五五四 852 年，壬申，唐宣宗大中六年。

六月，党项扰边，朝廷派邠宁节度使毕諴招抚，至十月，党项降。

一五五五 853 年，癸酉，唐宣宗大中七年。

度支奏：“自河、湟平，每岁天下所纳钱九百二十五万余缗，内五百五十万余缗租税，八十二万余缗榷酤，二百七十八万余缗盐利。”

一五五六 854 年，甲戌，唐宣宗大中八年。

三月，宰相、监修国史魏謩将修成的《文宗实录》四十卷献给唐宣宗。　　十月，唐宣宗欲除宦官，问计于宰相令狐绹，密奏：“但有罪勿舍，有阙勿补，自然渐耗，至于尽矣。”宦官知其奏，自此，南衙、北司势同水火。

一五五七 855 年，乙亥，唐宣宗大中九年。

正月，成德节度使王元逵死，其子绍鼎为留后，后命为节度使。

三月，博学宏词科考试因泄露题目被御史台弹劾，主考官被贬官、罚俸。　七月，浙东军逐其观察使李讷，后以沈询代之。

一五五八 856 年，丙子，唐宣宗大中十年。

十一月，回鹘可汗遣使入贡，册拜为嗢禄登里罗汨没密施合俱录毗伽怀建可汗。

一五五九 857 年，丁丑，唐宣宗大中十一年。

五月，容州军乱，驱逐经略使王球。　六月，以宋涯为容管经略使。　八月，成德节度使王绍鼎死，其弟王绍懿被立为留后，后被命为节度使。

一五六〇 858 年，戊寅，唐宣宗大中十二年。

四月，岭南军乱，囚其节度使杨发。诏以李承勋为岭南节度使，发兵平之。　五月，湖南军乱，逐观察使韩悰。诏山南东道节度使徐商遣兵平之。　六月，江西军乱，都将毛鹤逐观察使郑宪。十月，诏以韦宙为江西观察使，发兵击毛鹤。至十二月，斩毛鹤及其党，平之。

七月，宣州军逐观察使郑薰，诏令淮南节度使讨平之。

一五六一 859 年，己卯，唐宣宗大中十三年。

八月，唐宣宗因长期服食丹药致使病重，左神策军护军中尉王宗实立郓王李温为太子。　七日，唐宣宗李忱驾崩于咸宁殿，终年五十岁。太子李温即位于灵柩前，改名李漼。　十二月，浙东裘甫以百人起义，攻陷象山。浙东观察使遣兵击之。　南诏丰祐死，其子世隆立。唐以其礼遇不足，又名犯唐太宗、唐玄宗之讳，遂不册，称之为酋龙。酋龙自称皇帝，国号大礼，建元建极，遣兵攻陷播州（治所在今贵州遵义）。

一五六二 860 年，庚辰，唐宣宗大中十四年，唐懿宗李漼咸通元年。

正月，裘甫大败浙东兵，攻陷剡县（今浙江嵊州），势力大增。

二月，葬唐宣宗于贞陵。　　裘甫自称天下都知兵马使，建元罗平，铸印称天平。其后又攻陷余姚、慈溪等地。　　六月，以王式为浙东观察使，发忠武、义成、淮南等道兵击裘甫。起义军失利，裘甫被斩杀。

一五六三　861 年，辛巳，唐懿宗咸通二年。

七月，南诏攻陷邕州（治所在今广西南宁），占据二十余日返。

一五六四　862 年，壬午，唐懿宗咸通三年。

正月，群臣上尊号睿文明圣孝德皇帝。　　四月，唐懿宗奉佛，施舍无度。　　五月，分岭南为两道，东道治所广州，西道治所邕州。是月，皇子李俨（唐僖宗李儇）出生。　　七月，徐州牙兵骄悍，逐其节度使温璋。诏以王式代温璋。王式杀银刀都等七军数千人，事平。

八月，岭南西道节度使蔡京为政苛虐，为军士所逐，赐自尽。以桂管观察使郑愚为岭南西道节度使。

一五六五　863 年，癸未，唐懿宗咸通四年。

正月，举行南郊大典。　　南诏攻陷交趾（今越南河内附近），都护蔡袭战死。　　三月，归义节度使张议潮逐吐蕃，攻克凉州（治所在今甘肃武威）。　　六月，废安南都护府，在海门镇置行交州，不久又置安南都护府于行交州。

一五六六　864 年，甲申，唐懿宗咸通五年。

三月，新任岭南西道节度使康承训至邕州（治所在今广西南宁），被南诏打败，却以小胜诈称大捷。　　七月，任命神策军将高骈为安南都护，率大军讨伐安南。

一五六七　865 年，乙酉，唐懿宗咸通六年。

五月，南诏攻陷巂州（治所在今四川西川）。

一五六八　866 年，丙戌，唐懿宗咸通七年。

二月，归义军节度使张议潮奏回鹘逐吐蕃，收复西州、北庭等城。

六月，高骈大破南诏，收复安南。　　十一月，唐置静海军于安南，以高骈为节度使。因收复安南之故，唐懿宗大赦天下。

一五六九　867 年，丁亥，唐懿宗咸通八年。

二月，归义军节度使张议潮入朝，命其族子张惟深守之。　　皇子李杰（唐昭宗李晔）出生。

一五七〇　868 年，戊子，唐懿宗咸通九年。

南诏攻陷安南时，唐令徐泗募兵二千余人赴援，分八百人戍桂州（今广西桂林），约定三年一换。是年，戍兵已达六年，屡求北归。徐泗观察使崔彦曾令再留戍一年，戍兵怒，推举庞勋为主，杀都将自行北归。戍卒先后破宿州（今安徽宿州）、徐州（今江苏徐州）、濠州（治所在今安徽凤阳）、泗州（治所在今江苏盱眙西北）等地。诏康承训为徐州行营都招讨使，发诸道兵及沙陀、达靼、契苾等部兵以击庞勋。归附起义军者至二十万。

一五七一　869 年，己丑，唐懿宗咸通十年。

正月，同昌公主下嫁右拾遗韦保衡。唐懿宗出尽宫中珍宝为公主陪嫁。　四月，庞勋自称天册将军。　九月，庞勋起义失败。　十月，唐以朱邪赤心为大同军节度使，赐姓名李国昌。

一五七二　870 年，庚寅，唐懿宗咸通十一年。

正月，群臣上尊号睿文英武明德至仁大圣广孝皇帝。　八月，同昌公主病死，唐懿宗痛惜不已。　魏博军乱，杀其节度使何全皞，部众拥韩君雄为留后。　十二月，以李国昌（朱邪赤心）为振武节度使。

一五七三　871 年，辛卯，唐懿宗咸通十二年。

正月，唐懿宗葬同昌公主，葬礼花费无数。

一五七四　872 年，壬辰，唐懿宗咸通十三年。

正月，卢龙节度使张允伸死。二月，平州刺史张公素率兵奔丧，朝廷遂以张公素为留后，后为节度使。　八月，归义军节度使张议潮病死，诏以其侄张惟深为节度使，后以长史曹议金代之。

一五七五　873 年，癸巳，唐懿宗咸通十四年。

四月，迎佛骨于宫中供奉三日后，置于安国崇化寺。　六月，唐懿宗病危，宦官刘行深、韩文约立普王李俨为太子。　七月，唐懿宗驾崩于咸宁殿，终年四十一岁。太子李俨即位于灵柩前，更名李儇。

十二月，诏送还佛骨至法门寺。

一五七六　874 年，甲午，唐懿宗咸通十五年，唐僖宗李儇乾符元年。

二月，葬唐懿宗于简陵。　十一月，群臣上尊号圣神聪睿仁哲明孝皇帝。　　魏博节度使韩允中死，军士立其子节度副使简为留后。南诏攻扰西川，攻陷黎州（治所在今四川汉源北）、雅州（治所在今四川雅安西），唐命高骈讨伐。　　自唐懿宗以来，百姓流离失所，多相聚为盗。是年末，濮州人王仙芝聚众数千起义。

一五七七　875 年，乙未，唐僖宗乾符二年。

正月，高骈大破南诏于大渡河。　　四月，浙西将王郢等起事，攻陷苏、常二州，攻掠二浙及福建。　　六月，王仙芝率起义军攻陷濮州（治所在今山东鄄城北）、曹州（治所在今山东曹县西北）。冤句人黄巢聚众数千人响应。　　十二月，王仙芝率起义军攻沂州（治所在今山东临沂），被平卢节度使宋威击退。

一五七八　876 年，丙申，唐僖宗乾符三年。

正月，朝廷命福建、江西、湖南诸道观察使、刺史训练士卒，又令天下乡村各置弓箭等以备起义军。　　八月，王仙芝率起义军破阳翟、郏城。　　九月，起义军攻陷汝州（治所在今河南临汝），执其刺史王镣，东都大震。数月之间，攻陷六州城，转战数千里。　　十二月，攻蕲州（治所在今湖北蕲春西北）时，刺史裴偓为王仙芝求官。黄巢大怒，击伤王仙芝。王仙芝不敢受命，大掠蕲州。此后，王仙芝、黄巢二人分军作战。

一五七九　877 年，丁酉，唐僖宗乾符四年。

二月，王仙芝起义军攻陷鄂州（治所在今湖北武昌）。黄巢起义军攻陷郓州（治所在今山东东平西北），杀其节度使薛崇。　　十一月，招讨副使、都监杨复光诱降王仙芝，王仙芝遣尚君长降于杨复光。招讨使宋威劫持尚君长，谎称在战斗中俘获。　　十二月，唐僖宗处死尚君长，招降落空。

一五八〇　878 年，戊戌，唐僖宗乾符五年。

二月，招讨使曾元裕奏大破王仙芝于黄梅（今湖北黄梅），王仙芝战死。余部推黄巢为主，号“冲天大将军”，改元王霸。此后几个月，黄巢起义军转战南北，攻和州（治所在今安徽和县）不克，便渡江攻宣州（治所在今安徽宣州）。　　十二月，起义军攻克福州。　　是年，云州沙陀将士拥振武节度使李国昌及其子李克用起事，杀大同防御使段文楚等。唐僖宗发昭义、卢龙两道及吐谷浑等部讨李国昌父子。李克用大败河东、昭义之兵。

一五八一 879年，己亥，唐僖宗乾符六年。

正月，黄巢率众自闽南赴岭南一带。　六月，黄巢军攻克广州（今广东广州）。　十月，黄巢军在岭南，士卒多患瘴疫死，于是北归。黄巢军经永、衡二州，攻陷潭州（治所在今湖南长沙），进逼江陵。唐荆南节度使王铎弃城逃往襄阳。　十一月，黄巢入江陵，向襄阳进军，被唐将刘巨容、曹全晸败于荆门。　十二月，黄巢弃江陵，率师沿江东下，攻鄂州，攻下其外郭城。

一五八二 880年，庚子，唐僖宗广明元年。

六月，卢龙节度使李克举、吐谷浑都督赫连铎共讨李国昌父子。七月，李国昌父子大败，向北逃往鞑靼。　黄巢起义军自采石渡长江，攻占和（治所在今安徽和县）、滁（治所在今安徽滁州）二州，兵势大盛。高骈上表告急。诏河南诸道发兵备黄巢。　十月，黄巢起义军破申州，入颍州（治所在今安徽阜阳）。　十一月，黄巢起义军攻克东都洛阳。　十二月，黄巢起义军攻陷潼关，进逼长安。唐僖宗与宦官田令孜等逃往成都。　黄巢即皇帝位于含元殿，国号大齐，改元金统。

一五八三 881年，辛丑，唐僖宗广明二年、中和元年。

正月，唐僖宗一行至成都。　三月，诏赦李克用罪。李克用率兵对黄巢义军进行镇压。黄巢部将朱温率兵攻克邓州（治所在今河南邓州）。黄巢遣尚让等率军五万攻凤翔，中伏兵，大败。　四月，郑畋传檄各藩镇，令合兵攻黄巢。黄巢率众东出，空长安以诱之，官军大败。

一五八四 882年，壬寅，唐僖宗中和二年。

九月，黄巢部将朱温以同州（治所在今陕西大荔）投降唐军，被任命为右金吾卫大将军、河中行营招讨副使，赐名朱全忠。　十二月，沙陀首领、雁门节度使李克用率大军四万人至河中（治所在今山西蒲州），渡过黄河，抵达同州。

一五八五 883年，癸卯，唐僖宗中和三年。

正月，李克用在沙苑（今陕西大荔东南四十余里）大败黄巢军队。诏以李克用为京城东北面行营都统，率军围攻黄巢军于长安。　二月，李克用在梁田陂（今陕西渭南西）大败起义军。　三月，以河中行营招讨副使朱全忠为宣武节度使。　四月，沙陀、忠武、河中、义成、义武等军并趋长安，黄巢军大败。李克用等入京师，黄巢军撤离关中。唐军收复长安。　七月，因黄巢起义军未平，任朱全忠为东北面招讨使，李克用为河东节度使。

一五八六 884年，甲辰，唐僖宗中和四年。

三月，朱全忠攻克黄巢瓦子寨。　四月，黄巢军解陈州之围，退军故阳里。　六月，黄巢在泰山虎狼谷自杀身亡。

一五八七 885年，乙巳，唐僖宗中和五年、光启元年。

正月，唐僖宗自成都取道凤翔返回长安。三月，至长安。　五月，群臣上尊号至德光烈皇帝。　李克用进军长安。　十二月，唐僖宗与田令孜仓皇逃往凤翔。长安再次遭到乱兵焚毁。

一五八八 886年，丙午，唐僖宗光启二年。

正月，唐僖宗出逃至兴元（今陕西汉中）。　四月，朱玫拥戴襄王李煴监军国事。　十月，朱玫拥立李煴为皇帝，尊唐僖宗为太上元皇圣帝。　十二月，朱玫部将王行瑜擒杀朱玫。李煴逃往河中投奔王重荣，被杀。

一五八九 887年，丁未，唐僖宗光启三年。

三月，唐僖宗自兴元到达凤翔，诛杀萧遘、裴澈、郑昌图等朝臣。

一五九〇 888年，戊申，唐僖宗光启四年、文德元年。

二月，唐僖宗至长安，大赦天下，改元文德。　三月，唐僖宗驾崩于灵符殿，终年二十七岁。皇太弟李杰即位于灵柩前，是为唐昭宗。

四月，朱全忠兼有河阳。　十月，葬唐僖宗于靖陵。

一五九一 889年，己酉，唐昭宗李晔龙纪元年。

二月，朱全忠杀秦宗权，以郭璠为淮西留后。　六月，李克用遣将大败昭义节度使孟方立，围邢州（今河北邢台）。孟方立自杀，众推其弟孟迁为留后，求援于朱全忠，朱全忠遣将共守邢州。　十一月，唐昭宗改名为李晔。

一五九二 890 年，庚戌，唐昭宗大顺元年。

正月，群臣上尊号圣文睿德光武弘孝皇帝，大赦天下，改元大顺。

五月，赫连铎、朱全忠等上表请讨李克用。诏削夺李克用官爵，命宰相张濬为河东行营都招讨制置宣慰使，以朱全忠为南面招讨使，以讨李克用。　十月，张濬会诸道兵于晋州。李克用遣兵拒官军于赵城（今山西洪洞），官军大败。　十一月，李克用攻取晋、绛二州。

一五九三 891 年，辛亥，唐昭宗大顺二年。

正月，魏博请和于朱全忠。　诏复李克用官爵，使其归晋阳。

八月，王建攻成都，陈敬瑄战败。王建自称西川留后，不久被任为节度使。　十月，杨复恭与其养子玉山军使杨守信举兵反叛。失败后逃亡兴元府杨守亮处。

一五九四 892 年，壬子，唐昭宗景福元年。

正月，凤翔节度使李茂贞等五节度使以杨守亮容匿杨复恭为由，请求出兵讨之。唐昭宗下诏和解，李茂贞等不听，擅举兵攻兴元。　二月，以李茂贞为山南西道招讨使。　七月，李茂贞攻取凤、兴、洋三州。八月，取兴元，杨守亮等出逃。　以杨行密为淮南节度使。

九月，皇子李祚（唐哀帝李柷）出生。

一五九五 893 年，癸丑，唐昭宗景福二年。

闰五月，以钱镠为苏杭观察使。　七月，钱镠发军士、民夫二十万筑杭州罗城。　九月，以钱镠为镇海节度使。　凤翔节度使李茂贞举兵进攻长安，唐昭宗被迫处死宰相杜让能，任命李茂贞兼任山南西道节度使。

一五九六 894 年，甲寅，唐昭宗乾宁元年。

正月，李茂贞入朝。　七月，在李茂贞、王行瑜的攻击下，杨复恭及杨守亮弃兴元逃往河东，欲投靠李克用，途经华州时被韩建擒获处死。

一五九七 895 年，乙卯，唐昭宗乾宁二年。

正月，河中节度使王重盈死，其子王珙与其侄王珂争夺节度使之位。王珙向李茂贞、王行瑜、韩建三镇求援。三镇向唐昭宗提出当任命王珙为节度使，为唐昭宗所拒。三镇联合进兵长安，向唐昭宗施压。但王珂以其岳父河东节度使李克用为靠山，唐昭宗左右为难。　六月，李克用以讨伐李茂贞等人为名向长安进军。李茂贞、王行瑜退走。

七月，李克用打败王行瑜军，王行瑜为部下所杀。

一五九八　896 年，丙辰，唐昭宗乾宁三年。

闰正月，魏博与河东绝交，结好于朱全忠。　七月，李茂贞兵犯长安，唐昭宗避难于渭北。华州节度使韩建劝唐昭宗至华州（治所在今陕西华县），唐昭宗遂成为韩建的傀儡。　十月，以钱镠为镇海、威胜节度使。自此，钱镠领有两浙。

一五九九　897 年，丁巳，唐昭宗乾宁四年。

正月，韩建诬告诸王拥兵谋反，逼迫唐昭宗下诏解散禁军。　立德王李裕为太子。　八月，韩建在华州杀唐宗室诸王十一人。　九月，因西川节度使李茂贞拒命，唐削其官爵，复其姓名宋文通。复以王建为西川节度使。　十月，王建攻克东川，遂有东西川。　十二月，威武节度使王潮死，其弟王审之自称留后，后唐任其为节度使。

一六〇〇　898 年，戊午，唐昭宗乾宁五年、光化元年。

正月，唐昭宗下罪己诏，赦免李茂贞之罪，恢复其官爵。李茂贞迎唐昭宗回长安。　三月，以朱全忠为宣武、宣义、天平三镇节度使。

八月，唐昭宗至长安，改元光化。

一六〇一　899 年，己未，唐昭宗光化二年。

正月，幽州刘仁恭发兵十万攻魏博，魏博节度使罗绍威求救于朱全忠。　三月，朱全忠遣将救之。刘仁恭军先败于内黄，再败于魏州。

朱全忠乘胜攻河东，李克用遣将大破之。

一六〇二　900 年，庚申，唐昭宗光化三年。

十一月，宦官刘季述、王仲先等作乱，幽禁唐昭宗于少阳院。

一六〇三　901 年，辛酉，唐昭宗光化四年、天复元年。

正月，宰相崔胤与神策军将孙德昭、董彦弼、周承诲率兵讨乱，重新拥立唐昭宗，恢复其帝位。刘季述、薛齐偓等二十余位宦官被杀。降太子李裕为德王。　十月，宣武节度使朱全忠发兵关中，宦官韩全诲强迫唐昭宗迁往李茂贞处。　十一月，朱全忠率兵围凤翔城。

一六〇四　902 年，壬戌，唐昭宗天复二年。

三月，封杨行密为吴王，以讨朱全忠。　　六月，杨行密发兵讨朱全忠，攻宿州（治所在今安徽宿州）不克。　　十二月，李茂贞与朱全忠议和，表示愿意奉天子回长安，并杀死宦官。

一六〇五　903 年，癸亥，唐昭宗天复三年。

正月，李茂贞杀韩全诲等宦官及禁军将领李继筠等人。　　二月，李茂贞送唐昭宗至朱全忠营，唐昭宗返回长安。　　宰相崔胤与朱全忠大肆诛杀宦官。自此，宦官集团从唐朝的政治舞台上消失。

一六〇六　904 年，甲子，唐昭宗天复四年，唐哀帝李柷天祐元年。

正月，在朱全忠的授意下，崔胤被处死。朱全忠强迫唐昭宗迁都洛阳。　　二月，唐昭宗到达陕州（治所在今河南陕县）。闰四月，至洛阳。　　八月，朱全忠指使左右龙武统军朱友恭、枢密使蒋玄晖等人率兵冲入宫中，杀唐昭宗。唐昭宗终年三十八岁。辉王李柷即位于灵柩前。

一六〇七　905 年，乙丑，唐哀帝天祐二年。

二月，朱全忠杀唐宗室诸王。葬唐昭宗于和陵。　　六月，朱全忠聚裴枢等朝士三十余人于白马驿（今河南滑县东），诛杀之，并投尸于黄河。　　十一月，吴王杨行密死，其子杨渥为淮南节度使。

一六〇八　906 年，丙寅，唐哀帝天祐三年。

十月，朱全忠进攻幽州刘仁恭，刘仁恭向李克用求救。李克用遂出兵攻潞州（治所在今山西长治）。潞州守将丁会因不满朱全忠欲篡位而弑唐昭宗，故投降李克用，致使汴州所处的河南地区门户洞开。朱全忠只得放弃幽州还师。

一六〇九　907 年，丁卯，唐哀帝天祐四年。

正月，唐哀帝派大臣薛贻矩慰劳朱全忠并表示愿意禅位。　　二月，唐哀帝命百官向朱全忠劝进。　　四月，唐哀帝禅位于朱全忠。唐朝灭亡。

朱全忠即皇帝位，改国号为梁。唐哀帝被封为济阴王，安置于曹州，次年被鸩杀。

五　　代①

（公元907年—公元960年）

一六一〇　907年，丁卯，后梁太祖朱温开平元年。

正月，耶律阿保机统一各部，为契丹主，即皇帝位。

四月，唐哀帝李柷禅位于朱全忠。朱全忠更名晃，即皇帝位，国号梁，史称后梁，建元开平，是为梁太祖。朱全忠封武安节度使马殷为楚王，封镇海、镇东节度使吴王钱镠为吴越王。卢龙镇内讧，节度使刘仁恭被其子刘守光囚禁，刘守光自称卢龙留后，请命于后梁。

九月，蜀王王建称帝，国号蜀，史称前蜀。

一六一一　908年，戊辰，后梁太祖开平二年。

二月，晋王李克用死，其子李存勖嗣位。

五月，后梁军围潞州（治所在今山西长治）。李存勖率军救潞州，突袭后梁军“夹寨”，大获全胜。

淮南弘农王杨渥日益骄奢，被部将徐温所杀。徐温立杨渥弟杨隆演为弘农王。

一六一二　909年，己巳，后梁太祖开平三年。

四月，后梁朱全忠封清海、镇海节度使刘隐为南平王，武威节度使王审知为闽王。朱全忠晚年对部下猜忌日盛，忠武节度使刘知俊内不自安，起兵降岐王李茂贞。　　七月，朱全忠封卢龙节度使刘守光为燕王。

① 含辽公元916年至公元959年间纪年和大事。五代时期，除后梁、后唐、后晋、后汉、后周外，还出现过一些封建割据政权，如吴、前蜀、吴越、楚、闽、南汉、荆南（南平）、后蜀、南唐、北汉等国，史称“十国”。“十国”大事在此一并叙述。

一六一三 910 年，庚午，后梁太祖开平四年。

燕王刘守光攻其兄刘守文，久围沧州（治所在今河北沧县东南）。沧州城中粮尽，百姓吃黏土充饥，沧州节度判官吕衮挑选男女瘦弱者，喂食而烹之以充军粮，称“宰杀务”。

淮南弘农王杨隆演称吴王。

吴越筑捍海石塘。

朱全忠怀疑赵王、武顺节度使王镕与晋暗通，派兵袭击，王镕向晋求救。

晋王李存勖出兵救援，与后梁军对峙于柏乡（今河北柏乡西南）。

一六一四 911 年，辛未，后梁太祖开平五年、乾化元年。

正月，后梁与晋在柏乡会战，转战至高邑（今河北高邑），后梁军大败，死二万余人，陈尸三十里，弃粮食、器械不计其数。

八月，燕王刘守光称帝，国号大燕，建都幽州（今北京西南）。

一六一五 912 年，壬申，后梁太祖乾化二年。

朱全忠亲自率兵攻打成德节度使王镕，付出惨重代价攻陷枣强。又攻蓨县，晋先锋指挥使史建瑭偷袭后梁军，纵火而归。后梁军大乱。

六月，朱全忠病情加重，想召回养子朱友文托付后事，被其子朱友珪得知。朱友珪将朱全忠谋害，并矫诏杀朱友文，然后即皇帝位。

一六一六 913 年，癸酉，后梁郢王朱友珪凤历元年，后梁末帝朱友瑱乾化三年。

正月，后梁郢王朱友珪改元凤历。 二月，均王朱友瑱起兵杀朱友珪，即位于开封，复称乾化三年。朱友贞改名锽，后又改名瑱，是为后梁末帝。

晋王李存勖大举攻燕，擒获燕王刘守光及其父刘仁恭。燕亡。

后梁军入侵吴的庐（治所在今安徽合肥）、寿（治所在今安徽寿县）二州，被吴军击败。

一六一七 914 年，甲戌，后梁末帝乾化四年。

晋王李存勖亲自监斩刘守光，又把刘仁恭押至代州（治所在今山西代县），用以祭奠先王李克用墓。

一六一八 915年，乙亥，后梁末帝乾化五年、贞明元年。

天雄节度使（即魏博节度使，治所魏州在今河北大名东北）杨师厚死，后梁因魏博地广兵多，难以驾驭，乘机分为相州、澶州、卫州，另置昭德军。以张筠为昭德节度使，贺德伦为天雄节度使，二镇各分魏州将士府库之半。魏兵皆父子相承，族姻盘结，不愿分徙，于是叛变，囚贺德伦并向晋求救。

晋王李存勖入魏州，兼天雄节度使。

一六一九 916年，丙子，后梁末帝贞明二年，辽太祖耶律阿保机神册元年。

后梁将领刘鄩率兵袭击魏州（治所在今河北大名东北），大败，步卒七万被晋军围攻，杀溺殆尽。刘鄩收残兵，退保滑州（治所在今河南滑县）。　后梁匡国节度使王檀引兵三万袭太原，晋昭义节度使李嗣昭率军救太原，内外夹击，后梁军死伤十之二三，王檀引兵大掠而退。

三月，晋攻取后梁的卫、磁二州，四月，攻取洺州。　八月，攻陷相、邢二州。　九月，又攻取沧州、贝州。至此，河北之地几乎全被晋所占。

十二月，辽主耶律阿保机称皇帝，建元神册，史称辽太祖。

一六二〇 917年，丁丑，后梁末帝贞明三年，辽太祖神册二年。

正月，前蜀改国号为汉。

辽围幽州，晋安国节度使李嗣源救幽州，斩俘万余，辽大败而退。

七月，后梁清海、建武节度使刘岩称帝，建都广州（清海军治所，今广东广州），国号大越，建元乾亨。后梁任吴越王钱镠为天下兵马大元帅。

一六二一 918年，戊寅，后梁末帝贞明四年，辽太祖神册三年。

正月，前蜀复改国号为蜀。　六月，蜀高祖王建死，太子衍即位，是为后主。

徐知诰掌吴国大政，求才纳谏，又免去丁口钱，大获民心。

十一月，越改国号为汉，史称南汉。

十二月，后梁、晋大战于胡柳陂（今河南濮阳南），两军均死伤惨重。

一六二二　919年，己卯，后梁末帝贞明五年，辽太祖神册四年。

四月，吴王杨隆演即吴国王位，建元武义，以徐温为大丞相、都督中外诸军事，封东海郡王。

吴越王钱镠命其子钱传瓘攻吴，双方大战于狼山江，吴军大败，吴将彭彦章自杀。钱传瓘进至常州（今江苏常州），徐温率诸将迎击，在无锡大败吴越军。徐温感叹天下乱离，人民困苦，遂把所获俘虏归还给吴越。吴越也遣使求和。从此二十余年间，双方相安无事。

一六二三　920年，庚辰，后梁末帝贞明六年，辽太祖神册五年。

五月，吴主杨隆演死，其弟丹阳公杨溥即位，是为吴睿帝。

一六二四　921年，辛巳，后梁末帝贞明七年、龙德元年，辽太祖神册六年。

成德节度使王镕不理政事，出游西山，数月不归，引起镇州（治所在今河北正定）兵变。亲兵杀王镕，拥戴防城使张文礼为留后。张文礼向北与辽结交，向南通好于后梁。晋王李存勖获悉此事，任成德旧将符习为成德留后，发兵征讨。张文礼惊惧而死，其子张处瑾全力抵御。晋军包围镇州。　　义武节度使王处直被养子王都所囚，王都自任留后，降于晋。

辽长驱南下，陷涿州（治所在今河北涿州），攻定州（治所在今河北定县），王都告急，晋王回兵救定州。

一六二五　922年，壬午，后梁末帝龙德二年，辽太祖神册七年、天赞元年。

晋王李存勖率亲军五千救定州，大败辽。　　晋攻镇州经年，连失四员大将。镇州食尽请降，晋王不许，破城后杀张处瑾族党。

一六二六　923年，癸未，后梁末帝龙德三年，后唐庄宗李存勖同光元年，辽太祖天赞二年。

四月，晋王李存勖在魏州（治所在今河北大名）称帝，国号唐，是为唐庄宗，史称后唐。

后梁末帝任命段凝为招讨使，授以五万精兵，准备大军进攻后唐。

十月，后唐大军自杨刘渡河，乘虚直袭大梁，后梁军节节败退，后梁末帝自杀，段凝率军降于后唐，后梁亡。后唐迁都洛阳。

一六二七 924 年，甲申，后唐庄宗同光二年，辽太祖天赞三年。

岐王李茂贞遣子入贡于后唐，奉表称臣，改封秦王。　　后唐庄宗下诏命诸道将流散的宦官送赴洛阳，用宦官为诸道监军。宦官凌辱主帅，诸将无不愤怒。

一六二八 925 年，乙酉，后唐庄宗同光三年，辽太祖天赞四年。

九月，后唐命魏王李继岌为伐前蜀都统，枢密使郭崇韬为副，发兵六万攻前蜀。

十一月，前蜀军节节败退，成都被攻下，前蜀主王衍降，前蜀亡。

宦官嫉恨郭崇韬，向后唐庄宗进谗言说其谋反。因前蜀人反抗，郭崇韬滞留四川未归，后唐庄宗怀疑其有异心，刘皇后密令魏王杀了郭崇韬。

一六二九 926 年，丙戌，后唐庄宗同光四年，后唐明宗李亶天成元年，辽太祖天赞五年、天显元年。

后唐魏王李继岌杀郭崇韬，后唐庄宗又杀郭崇韬诸子，以至于朝野叹息，人心浮动。　　二月，天雄军卒皇甫晖乘人心不安，遂叛，杀节度使杨仁晸，拥赵在礼为帅，入据邺都（今河北大名东北），发兵四掠。李存勖命内外马步军都总管李嗣源讨邺都。　　三月，李嗣源部下与叛军勾结，逼李嗣源与叛军合兵，回兵进军开封。李存勖亲自攻打李嗣源，因开封已被李嗣源占据，遂回洛阳。　　四月，伶人指挥使郭从谦作乱，后唐庄宗中流矢而死。李嗣源入洛阳，称帝，更名亶，改元天成，是为后唐明宗。后唐明宗罢诸道监军使。

七月，辽太祖耶律阿保机死，次子耶律德光即位。

十月，威武节度使王延翰自称闽王，建州刺史王延禀杀王延翰，立泉州刺史王延钧为节度使。

一六三〇 927 年，丁亥，后唐明宗天成二年，辽太宗耶律德光天显二年。

荆南节度使、南平王高季兴强据夔州（今重庆奉节东），攻涪州（今重庆涪陵），劫朝廷贡品。后唐夺高季兴官爵，并派兵击败荆南军，收复夔州。　　后唐遣邺都兵三千五百人驻守卢台（今河北沧州北）。当时卢台军帅是泰宁节度使房知温，然而诏书命冀州刺史乌震代替，这引起房知温的不满，遂率兵叛乱，杀死乌震。乱兵旋即被歼灭，家属在邺都的全部处斩，死者万余人。　八月，后唐封楚王马殷为楚国王，马殷建国，建宫殿，置左、右丞相等官。

吴大丞相徐温死，养子徐知诰辅政。　十一月，吴国王杨溥称皇帝，改元乾贞。

一六三一　928 年，戊子，后唐明宗天成三年，辽太宗天显三年。

楚水军攻南汉，围封州（治所在今广东封开），南汉大败。

吴攻楚岳州（治所在今湖南岳阳），楚王马殷派右丞相许德勋率千艘战舰迎敌，大败吴军。吴求和，楚放归其被俘将领。

后唐义武节度使王都叛，向辽求救。后唐将王宴球两度大败辽兵。

六月，南平王高季兴死，吴立其子高从诲为荆南节度使。

一六三二　929 年，己丑，后唐明宗天成四年，辽太宗天显四年。

王宴球攻陷定州（治所在今河北定县），俘奚首领秃馁及辽兵二千人，王都举族自焚。　南平王高从诲改向后唐称藩。

一六三三　930 年，庚寅，后唐明宗天成五年、长兴元年，辽太宗天显五年。

后唐西川节度使孟知祥、东川节度使董璋联合举兵反唐。后唐派天雄节度使石敬瑭为东川行营招讨使，率兵伐蜀，石敬瑭久战无功。

十一月，楚王马殷死，其子马希声即位。

一六三四　931 年，辛卯，后唐明宗长兴二年，辽太宗天显六年。

后唐凤翔节度使朱弘昭诬告安重诲谋反，安重诲被贬为护国节度使。后唐明宗杀安重诲，命石敬瑭退兵，并遣使慰谕两川。西川节度使孟知祥上表谢罪，东川节度使董璋因家已被屠，不受降。

一六三五　932 年，壬辰，后唐明宗长兴三年，辽太宗天显七年。

三月，吴越王钱镠死，其子传瓘嗣位，改名元瓘。

七月，楚王马希声死，其弟马希范立。

东川董璋大举攻西川，孟知祥迎战，大败东川军，从此并有两川。董璋被部下所杀。

辽西掠云州（治所在今山西大同），后唐以石敬瑭为河东节度使，抵御辽。

一六三六 933年，癸巳，后唐明宗长兴四年，辽太宗天显八年。

正月，闽王王延钧称帝，国号大闽，建元龙启，改名鏻，是为惠帝。

后唐封孟知祥为蜀王，封吴越钱元瓘为吴王。　后唐明宗病重，秦王李从荣想率兵入宫，被禁军所杀。　十一月，后唐明宗李嗣源死，宋王李从厚即位，是为后唐闵帝。

一六三七 934年，甲午，后唐闵帝李从厚应顺元年，后唐末帝李从珂清泰元年，辽太宗天显九年。

闰正月，蜀王孟知祥称帝，改元明德，定都成都，国号蜀，史称后蜀。

后唐枢密使朱弘昭与同中书门下二品冯赟二人忌惮凤翔节度使李从珂，便调其为河东节度使。　四月，李从珂以"清君侧"名起兵，直抵洛阳，后唐闵帝逃至卫州（今河南汲县）。潞王李从珂即帝位，并改元清泰。

七月，后蜀高祖孟知祥死，其子孟昶嗣位。

一六三八 935年，乙未，后唐末帝清泰二年，辽太宗天显十年。

十月，闽帝王延钧病重，福王王继鹏杀王延钧，即皇帝位，改名昶，是为康宗。

吴加中书令徐知诰为大元帅，进封齐王，以升、润等十州为齐国。

一六三九 936年，丙申，后唐末帝清泰三年，后晋高祖石敬瑭天福元年，辽太宗天显十一年。

后唐末帝调河东节度使石敬瑭为天平节度使，石敬瑭拒绝受命，并向辽乞兵。辽主耶律德光亲自率领五万铁骑支援石敬瑭，大败唐军，直逼洛阳。　十一月，唐末帝李从珂自焚而死，后唐亡。

耶律德光册封石敬瑭为大晋皇帝，建元天福，是为后晋高祖。

后晋割幽、蓟（治所在今天津蓟县）、瀛（治所在今河北河间）、莫（治所在今河北任丘）、涿（治所在今河北涿州）、檀（治所在今北京密云）、顺（治所在今北京顺义）、新（治所在今河北涿鹿）、妫（治所在今河北怀来）、儒（治所在今北京延庆）、武（治所在今河北宣化）、云（治所在今山西大同）、应（治所在今山西应县）、寰（治所在今山西朔州东)、朔(治所在今山西朔州)、蔚(治所在今河北蔚县)十六州予辽，并每年输金帛三十万匹。

一六四〇 937年，丁酉，后晋高祖天福二年，辽太宗天显十二年。

后晋天雄节度使范延光叛乱，后晋派东都巡检使张从宾、侍卫都军使杨光远讨伐范延光。张从宾被范延光策反，引兵入洛阳(今河南洛阳)，逼汴州(今河南开封)。七月，张从宾败死，范延光奉表请罪，后晋帝不许，令杨光远继续攻打。

八月，吴主杨溥下诏让位于齐王徐知诰，吴亡。

十月，徐知诰即帝位，都金陵(今江苏南京)，建元升元，改国号唐，是为烈祖，史称南唐。

一六四一 938年，戊戌，后晋高祖天福三年，辽太宗天显十三年、会同元年。

后晋上尊号于辽，称耶律德光为“父皇帝”，自称“儿皇帝”。后晋杨光远攻天雄节度使范延光于广晋，久攻不下。石敬瑭不得已，赦范延光罪。范延光降，被封为天平节度使。

一六四二 939年，己亥，后晋高祖天福四年，辽太宗会同二年。

后晋废除枢密院。

闽帝王昶猜忌心重，肆意屠戮。控鹤军使连重遇杀王昶，拥立皇叔王延羲嗣位。王延羲改名曦，改元永隆，是为景宗，向后晋称臣。

一六四三 940年，庚子，后晋高祖天福五年，辽太宗会同三年。

闽主王曦骄淫暴虐，其弟建州刺史王延政多次劝谏，王曦大怒，派亲信前往监视王延政军。王延政于是叛变，双方攻伐不休。

一六四四 941年，辛丑，后晋高祖天福六年，辽太宗会同四年。

闽建州刺史王延政以建州(今福建建瓯)为镇武军，自任节度使。闽帝王曦自称大闽皇，双方仍是攻伐不止，互有胜负。

后晋山南东道节度使安从进叛乱，西京留守高行周率军征讨。成德节度使安重荣又叛，后晋派天平节度使杜重威征讨。

一六四五 942年，壬寅，后晋高祖天福七年，辽太宗会同五年。

镇州(成德军治所，今河北正定)兵叛乱，引导官军入城，杜重威斩杀安重荣，杀军民二万多人。高行周攻陷襄州(治所在今湖北襄阳)，安从进自焚。　六月，后晋高祖石敬瑭死，其侄石重贵嗣位，向辽告哀，称孙不称臣。

辽耶律德光对石重贵大为不满，有攻后晋之心。

南汉博罗县吏张遇贤起义，攻陷循州（治所在今广东龙川）。

一六四六　943 年，癸卯，后晋出帝石重贵天福八年，辽太宗会同六年。

二月，南唐烈祖李昪死，其子李璟嗣位，改元保大。

闽富沙王王延政称帝，都建州（治所在今福建建瓯），国号殷，改元天德。用杨思恭为仆射、录军国事，聚敛苛刻，国人谓之“杨剥皮”。

张遇贤率众北上攻打南唐的虔州（治所在今江西赣县），攻陷数个县城，并在白云洞建宫室，后被南唐派兵击败，被斩于金陵（今江苏南京）。

后晋囚辽使，并杀在后晋贸易的辽人，与辽之间产生裂痕。加之后唐降辽的忠武节度使赵延寿的教唆，辽集兵五万，准备南下。　是年，水旱蝗灾不断。后晋政府搜刮民间谷物，老百姓饿死数十万人，流亡者更是数不胜数。

一六四七　944 年，甲辰，后晋出帝天福九年、开运元年，辽太宗会同七年。

辽分东西两路攻后晋。　后晋平卢节度使杨光远叛后晋通敌，辽自马家口渡河援救杨光远，被后晋军打败，溺死、斩俘各数千人。

辽兵北归，沿途大肆焚掠。　后晋军围青州数月，城中粮尽。杨承勋劫持父亲杨光远出城投降，杨光远被杀。

闽帝王曦被部将朱文进杀害，不久，林仁翰又杀朱文进，投降殷。

后晋因内外用兵，国库空虚，遣使三十六人分道搜刮民财。

一六四八　945 年，乙巳，后晋出帝开运二年，辽太宗会同八年。

辽大举进攻后晋的邢州、洺州、磁州，进入邺都，后晋将领皇甫遇与慕容彦超力战退敌。　后晋出帝石重贵任命顺国节度使杜重威为都招讨使，统诸道兵马乘胜北攻辽，连克满城、遂城。　辽主耶律德光回击，后晋军退至白团卫村（今河北望都），被辽兵层层包围。后晋将领率军奋击，大败辽。

殷帝王延政改国号为闽，仍居建州。闽将李仁达据福州，立僧卓岩明为帝，不久，杀卓岩明自称威武留后，称藩于南唐。又遣使修好于吴越和后晋。

后晋因连年征战，疲于奔命，向辽请和。

南唐攻建州，闽主王延政投降。

一六四九 946年，丙午，后晋出帝开运三年，辽太宗会同九年。

南唐召威武节度使李仁达入朝不久，李仁达叛变，南唐派兵攻打。李仁达向后晋和吴越求救。

后晋因屡次胜辽，信心大增，派天雄节度使杜重威、天平节度使李守贞大举攻辽。　　辽主耶律德光迎战，直入恒州（治所在今河北正定），围杜重威于中度桥，并许诺立杜重威为帝，杜重威投降辽。耶律德光命降将张彦泽率骑兵夜袭大梁。　　十二月，后晋帝石重贵出城投降，后晋亡。

一六五〇 947年，丁未，后汉高祖刘暠天福十二年，辽太宗会同十年、大同元年，辽世宗耶律阮天禄元年。

辽主耶律德光进入大梁，废后晋帝为负义侯，将其迁至黄龙府（今吉林农安）。辽兵四处剽掠，谓之“打草谷”。又遣使搜刮各州钱帛，导致民不聊生，纷起反抗。　　二月，耶律德光服汉衣冠，登正殿，受百官朝贺，改国号为辽，改元大同。

后晋河东节度使刘知远在晋阳（今山西太原）称帝，不改晋国号，称天福十二年。

耶律德光留萧翰为宣武节度使，镇大梁，自己携宝物返国，至杀胡林（今河北栾城）病死。

六月，刘知远入汴州，仍以汴州为东京、开封府，改国号为汉，仍用天福年号，是为后汉高祖。

耶律德光侄子耶律兀欲嗣位，囚祖母述律太后，改元天禄，自称天授皇帝，是为辽世宗。

七月，楚王马希范死，其弟马希广嗣位。

后汉高祖刘知远亲征杜重威，杜重威请降。

一六五一 948 年，戊申，后汉隐帝刘承祐乾祐元年，辽世宗天禄二年。

后汉高祖刘知远死。皇子刘承祐即位，是为后汉隐帝。 赵思绾据长安，李守贞据河中，王景崇据凤翔，先后反叛。后汉以郭威为招慰安抚使，统兵讨伐三镇。

南平因与后汉绝交导致北方商旅不至，境内贫乏，于是遣使上表谢罪，向后汉称藩。 不久，高从诲死，其子高保融嗣位。

一六五二 949 年，己酉，后汉隐帝乾祐二年，辽世宗天禄三年。

长安被围已久，城中无粮，赵思绾以妇女儿童为军粮，每犒军就屠杀数百人。最后，出城投降，不久被杀。李守贞据河中，城中食尽，百姓饿死大半，李守贞自焚而死。汉军急攻凤翔，王景崇听闻二镇已败，举家自焚。于是，三镇皆平。

一六五三 950 年，庚戌，后汉隐帝乾祐三年，辽世宗天禄四年。

楚武平节度使马希萼联合辰、溆及梅山蛮，攻楚王马希广，又得到南唐相助，攻陷潭州（治所在今湖南长沙），杀其弟马希广，自称楚王。

后汉隐帝年岁渐长，讨厌被大臣制约，又因听信谗言，杀重臣杨邠、史弘肇、王章等人，又密令人赴邺都杀郭威。

郭威起兵南下。后汉隐帝刘承祐出战，后战败而逃，于逃亡途中被杀。 郭威立后汉高祖侄武宁节度使刘赟为帝，请李太后临朝听政。

辽南侵，攻陷内丘（今河北内丘），李太后派郭威率兵还击。行至澶州，士兵哗变，拥郭威为皇帝，返回京师。郭威废刘赟为湘阴公。

一六五四 951 年，辛亥，后周太祖郭威广顺元年，辽世宗天禄五年，辽穆宗耶律璟应历元年。

正月，郭威即位，国号周，建元广顺，是为后周太祖。

后汉高祖弟河东节度使刘崇在晋阳（今山西太原）称帝，仍用乾祐年号，是为北汉世祖。其向辽称臣，并请求辽助攻后周。

辽主耶律兀欲强征各部兵助北汉，燕王述轧杀耶律兀欲自立，各部奉耶律德光之子耶律述律以攻述轧。 九月，耶律述律嗣位，改元应历，是为辽穆宗。

马希崇囚其兄楚王马希萼，自称武安留后，双方都向南唐求援。南唐信州刺史边镐率兵攻入长沙，迁马氏全族于江宁，楚亡。

一六五五 952年，壬子，后周太祖广顺二年，辽穆宗应历二年。

后周泰宁节度使慕容彦超联合南唐与北汉反后周。昭武节度使曹英率军征讨，久战无功。后周太祖郭威亲征，慕容彦超投井自杀。曹英纵兵大掠，死者近万人。

南唐武安节度使边镐经略朗州（治所在今湖南常德），昏庸无能。楚朗州将武平留后刘言起兵攻陷长沙，边镐遁逃。刘言收复楚故地，向后周称藩。

一六五六 953年，癸丑，后周太祖广顺三年，辽穆宗应历三年。

后蜀刻印《九经》，蜀中文学日渐繁盛。

楚武安节度使王逵袭朗州，杀武平节度使刘言。

一六五七 954年，甲寅，后周世宗柴荣显德元年，辽穆宗应历四年。

正月，后周太祖郭威死，养子柴荣即位，史称周世宗。　北汉主刘崇趁后周太祖死，联合辽兵大举攻后周。　后周世宗柴荣率军抵御，战于高平（今山西晋城东北）。后周将樊爱能、何徽率骑兵先逃，步兵千余人投降北汉。后周世宗亲自引兵督战，宿卫将赵匡胤身先士卒，士卒受到激励，无不死战，所向披靡。　北汉军大败，刘崇仅率百余骑逃归晋阳。　后周军乘胜追击，久攻晋阳不克，于是退兵。

一六五八 955年，乙卯，后周世宗显德二年，辽穆宗应历五年。

后周凤翔节度使王景攻后蜀，后蜀保宁节度使李廷珪率军抵抗，双方战于黄花（治所在今陕西凤县），后蜀军大败。后周连取秦（治所在今甘肃秦安）、成（治所在今甘肃成县）、阶（治所在今甘肃武都）、凤（治所在今陕西凤县）等四州。　后周世宗废除大量佛寺，禁止私度僧尼。是年，天下寺院仅存二千六百九十四所，废除三万三百三十六所。

一六五九 956年，丙辰，后周世宗显德三年，辽穆宗应历六年。

后周世宗大举攻南唐，于正阳东大败南唐军，斩南唐神武统军刘彦贞，杀万余人。连取南唐滁（治所在今安徽滁州）、舒（治所在今安徽潜山）、扬（治所在今江苏扬州）、和（治所在今安徽和县）等州，江北几乎一半为后周所有。又进攻寿州（治所在今安徽寿县），久不能克，便征附近州县数十万丁夫攻城。　　南唐数度请和，后周不许。　　赵匡胤以不足二千的兵力击败南唐军二万，杀获近五千人，溺死者更多。至此，南唐精锐殆尽。

一六六〇　957 年，丁巳，后周世宗显德四年，辽穆宗应历七年。

寿州粮尽，南唐派永安节度使许文缜屯于八公山，筑甬道抵寿州，以运输军粮，被后周兵所破。

后周军攻紫金寨，杀获万余人，穷追南唐兵，战溺及降者四万多人。　　后周发兵至寿州城北，寿州守将刘仁瞻病重，监军使等开城门投降。

一六六一　958 年，戊午，后周世宗显德五年，辽穆宗应历八年。

后周屡破南唐军，南唐元宗李璟上表请和，去帝号、年号，献江北之地，每年输贡物数十万。后周得江北十四州，六十县。

后周颁行《大周刑统》。　　后周世宗派遣使者分行诸州，均定田租。诏令各种课户和俸户一律统归州县管理。

八月，南汉中宗刘晟死，其子刘张即位，改元大宝，是为后主。

一六六二　959 年，己未，后周世宗显德六年，辽穆宗应历九年。

后周世宗命枢密使王朴至河阴检查黄河堤坝，于汴口立水闸。发数万民夫疏通汴水，自大梁（今河南开封）城东导入蔡水。又疏通五丈渠。　　后周世宗大举攻辽，连陷益津关（故址在今河北霸州）、瓦桥关（故址在今河北雄县西南）、淤口关（故址在今河北霸州信安）、莫州（治所在今河北任丘北）、瀛州（治所在今河北河间）、易州（治所在今河北易县）等。正准备进攻幽州时，后周世宗因病返回大梁。　　六月，后周世宗病逝，其子柴宗训即位，是为后周恭帝，年仅七岁。

960 年，庚申，后周恭帝柴宗训显德七年，辽穆宗应历十年。

（相关事件见一六六三）

宋、辽、西夏、金[①]

（公元960年—公元1279年）

一六六三 960年，庚申，宋太祖赵匡胤建隆元年，辽穆宗耶律璟应历十年。

正月，后周群臣正在庆贺正旦，传闻辽与北汉军南下。后周帝命赵匡胤率军抵御。军队行至陈桥驿（今河南开封东北），士兵哗变，拥赵匡胤为皇帝，返回大梁，胁迫后周帝柴宗训退位。赵匡胤即位，建元建隆，定国号为宋，是为宋太祖。　后周昭义节度使李筠起兵反宋，赵匡胤亲征，李筠战败，自焚而死。淮南节度使李重进起兵讨赵匡胤，兵败，举族自焚。　宋太祖加强禁军，立更戍法。

一六六四 961年，辛酉，宋太祖建隆二年，辽穆宗应历十一年。

南唐元宗李璟迁都南昌（今江西南昌）。　六月，李璟病死，其子李煜即位，是为南唐后主。李煜还都江宁（今江苏南京）。

宋太祖召石守信、王审琦等将领饮酒，酒酣，对诸位大将晓以利害。后，众人称疾，请求交出兵权。自此，兵权集中于中央。

一六六五 962年，壬戌，宋太祖建隆三年，辽穆宗应历十二年。

武平节度使周行逢死，其子周保权继为刺史。衡州刺史张文表不服周保权，袭据潭州（治所在今湖南长沙），周保权向宋乞援。宋命荆南发兵相助。

宋太祖削夺镇将兵权，每县设置县尉一人，负责盗贼、斗讼等事，原先由镇将主管的事务转归县尉主管。

---

① 含蒙古（元）公元1206年至公元1279年间纪年和大事。辽公元907年至公元959年间纪年和大事见五代部分。

一六六六 963年，癸亥，宋太祖建隆四年、乾德元年，辽穆宗应历十三年。

宋任山南东道节度使慕容延钊为都部署，率军讨张文表。这时周保权部将杨师璠已经攻陷长沙，擒获张文表。宋军途经荆门（今湖北荆门），以奇兵袭击江陵（今湖北江陵），南平王高继冲仓皇出降。南平亡。　宋太祖采纳赵普建议，在各州设通判一名，大州二名。通判为州府副长官，凡民政、财政、户口、赋役、司法等文书，都须知州与通判联署，方能生效。通判还负有监察州府官员、向皇帝通报的职责，实际上发挥监督知州的作用。

一六六七 964年，甲子，宋太祖乾德二年，辽穆宗应历十四年。

范质、王溥、魏仁浦罢相。宋太祖任枢密使赵普为门下侍郎、平章事、集贤院大学士，即宰相。宋太祖担心赵普独断政事，遂以兵部侍郎薛居正、吕余庆并本官参知政事，以分赵普之权，宋自此始置参知政事。　宋在京师、建安（今福建建瓯）、汉阳（今湖北汉阳）、蕲口（今湖北蕲口）设置榷茶场。　宋派忠武节度使王全斌与刘光义、曹彬率六万大军分路进攻后蜀。后蜀命王昭远领兵抵御。宋兵屡胜，连克兴州（治所在今陕西略阳）、夔州（治所在今重庆奉节）等州。

一六六八 965年，乙丑，宋太祖乾德三年，辽穆宗应历十五年。

正月，宋平后蜀，后主孟昶出城投降，后蜀亡。宋得蜀四十六州、二百四十县。　宋兵入成都后大肆抢掠，引起民变。都部署王全斌又擅自削减给蜀兵的钱财，引起蜀兵怨愤，众人推举蜀国旧将全师雄为帅，集结十余万之众反抗，号兴国军。　宋太祖听从赵普的建议，削弱藩镇财权。

一六六九 966年，丙寅，宋太祖乾德四年，辽穆宗应历十六年。

宋命客省使丁德裕为西川都巡检使，领兵数千围剿全师雄。王全斌破全师雄于灌口寨（今四川灌县附近），全师雄奔金堂（今四川金堂）。十二月，全师雄死于金堂，王全斌招抚余党。

一六七〇 967年，丁卯，宋太祖乾德五年，辽穆宗应历十七年。

因黄河屡次决堤，宋太祖派人修缮黄河堤。

一六七一 968年，戊辰，宋太祖乾德六年、开宝元年，辽穆宗应历十八年。

北汉主刘继恩被杀，其弟刘继元嗣位。刘继元刚即位时，宋军已经进入北汉境内。北汉急忙向辽求援，并派刘继业等率军防守。

辽南院大王挞烈为兵马总管，统各道兵支援北汉。宋军将领引兵回，北汉顺势入侵，大掠晋（治所在今山西临汾）、绛（治所在今山西新绛）二州。

一六七二 969年，己巳，宋太祖开宝二年，辽穆宗应历十九年，辽景宗耶律贤保宁元年。

宋太祖亲征北汉，围太原城，决汾水灌城。北汉急塞水口，全力守城。宋军因屯于甘草地中，恰逢大雨，兵士多患病。再加有辽兵援助北汉，于是宋班师回朝。

辽穆宗嗜酒好杀，在怀州（治所在今辽宁巴林佐旗林东）春蒐，酒醉后被侍从奴隶小哥等六人刺杀。辽世宗第二子贤即位，是为辽景宗。

一六七三 970年，庚午，宋太祖开宝三年，辽景宗保宁二年。

宋大举进攻南汉，命潘美为贺州道行营兵马都部署，率兵攻南汉，攻陷贺（治所在今广西贺州）、昭（治所在今广西平乐）、韶（治所在今广东韶关）等州。

一六七四 971年，辛未，宋太祖开宝四年，辽景宗保宁三年。

潘美攻克英（治所在今广东英德）、雄（治所在今广东南雄）二州。

二月，南汉主刘𬬮素服出降，南汉亡。宋得六十州，二百一十四县。

南唐主李煜奉表请去唐国号，改称江南国主，改印文为“江南国印”。

一六七五 972年，壬申，宋太祖开宝五年，辽景宗保宁四年。

五月至六月，黄河接连决口，南北各州都发生水灾，宋征发各州卒及丁夫五万人塞决口。

一六七六 973年，癸酉，宋太祖开宝六年，辽景宗保宁五年。

宋太祖于讲武殿亲自进行殿试，自此，殿试成为常制。宋整饬诸州举人考试，令诸州长官精选才学公正者充当考试官，知贡举与考试官同阅试卷。

一六七七 974年，甲戌，宋太祖开宝七年，辽景宗保宁六年。

宋遣使者到辽国，辽派涿州刺史耶律昌术来聘和，双方议和。宋借口李煜不入朝，派曹彬征讨。曹彬先后败南唐兵于铜陵（今安徽铜陵）、当涂（今安徽当涂），后在采石矶（今安徽当涂西北）以浮梁渡江，败南唐兵于新寨。

一六七八 975年，乙亥，宋太祖开宝八年，辽宗景保宁七年。

曹彬驻军秦淮，潘美率军大败南唐兵。南唐企图夺采石浮梁，又被潘美击败。曹彬败南唐兵于白鹭洲，进围金陵。十一月，李煜奉表乞降，南唐亡。

一六七九 976年，丙子，宋太祖开宝九年，宋太宗赵炅太平兴国元年，辽景宗保宁八年。

四月，李煜降宋后，曹彬以李煜手书令各城守兵降，各城都相继归降，只有江州（今江西九江）军校胡则不降，曹翰率兵攻讨，入城后大肆抢夺屠杀。　八月，宋命侍卫马步军都指挥使党进为河东道行营马军都部署，与潘美等分五路攻北汉。又命郭进等攻忻（治所在今山西忻州）、代（治所在今山西代县）、汾（治所在今山西汾阳）、辽（治所在今山西左权）、石（治所在今山西离石）等州。党进败北汉兵于太原城下，辽南府宰相耶律沙救北汉。　十月，宋太祖死，终年五十岁，其弟晋王赵光义即位，是为宋太宗，改元太平兴国。

一六八〇 977年，丁丑，宋太宗太平兴国二年，辽景宗保宁九年。

宋废江南铁钱，化铁为农具，并在昇（治所在今江苏南京）、鄂（治所在今湖北武昌）、饶（治所在今江西鄱阳）等州大铸铜钱。　宋太宗罢节镇领支郡，诸州直隶于京师。

一六八一 978年，戊寅，宋太宗太平兴国三年，辽景宗保宁十年。

建隆初年，史馆、昭文馆、保贤馆三馆藏书一万二千余卷。平蜀后得书一万三千卷，平江南得书二万卷。是年，三馆图籍大备，遂建崇文院以藏书。　平海节度使陈洪进献所管漳（治所在今福建漳州）、泉（治所在今福建泉州）二州，宋封陈洪进为武宁节度使、同平章事。

吴越王钱俶上表献所辖十三州、一军。宋封钱俶为淮海国王。吴越亡。　　七月，陇西公李煜死。

一六八二　979 年，己卯，宋太宗太平兴国四年，辽景宗保宁十一年、乾亨元年。

宋太宗以潘美为北路都招讨制置使，令崔彦进、曹翰、李汉琼分路进攻太原。　　辽南府宰相耶律沙救北汉，被宋军败于白马岭。　　宋太宗亲自于太原城下督战，宋军势不可挡，北汉不支。　　五月，北汉遣使上表纳款。北汉亡，宋得十州，四十一县。至此，北宋统一全国。

宋太宗趁势北上攻辽，起初宋军收复河北易州、涿州，后与辽军大战于高梁河（今北京西直门外），宋军败，死一万多人，宋太宗乘驴车逃走。　　宋太宗令北汉主刘继元招降骁将刘继业（即杨业），任刘继业知代州兼三交驻泊兵马部署。

辽景宗派南京（今北京）留守燕王韩匡嗣、耶律沙、耶律休哥攻宋，以报围燕之仇。宋军诈降诱敌，辽军被打得措手不及，死万余人。韩匡嗣狼狈逃回。

一六八三　980 年，庚辰，宋太宗太平兴国五年，辽景宗乾亨二年。

宋因平太原后，获得汾晋、燕蓟之马四万多匹，于是在景阳门外设天驷监。　　宋派邕州知州侯仁宝为交州（治所在今越南河内）转运使、兰州团练使孙全兴为都部署，进攻交趾（今越南北部）。

一六八四　981 年，辛巳，宋太宗太平兴国六年，辽景宗乾亨三年。

因侯仁宝被交州兵所杀，且军队遇到炎瘴，士兵多死，宋从交趾班师。　　宋太宗规定决狱之制：大案四十日，中案三十日，小案十日。

一六八五　982 年，壬午，宋太宗太平兴国七年，辽景宗乾亨四年。

夏州定难军留后李继捧献所管银（治所在今陕西米脂）、夏（治所在今陕西横山）、绥（治所在今陕西绥德）、宥（治所在今陕西靖边）等地。宋太宗大喜，迁李继捧亲族来开封。李继捧族弟李继迁出奔地斤泽（今内蒙古伊金霍洛旗西南），聚众起兵。

辽分三路攻宋，分别袭击雁门（今山西代县）、府州（今陕西府谷）、高阳关（今河北高阳东），都被宋军击败。

九月，辽景宗死于焦山，其子梁王隆绪即位，是为辽圣宗。因皇帝年幼，辽太后萧氏摄政。

一六八六 983年，癸未，宋太宗太平兴国八年，辽景宗乾亨五年，辽圣宗耶律隆绪统和元年。

黄河决口，澶（治所在今河南濮阳）、曹（治所在今山东菏泽）、濮（治所在今山东鄄城）、济（治所在今山东巨野）等州都受大水影响，朝廷调发民夫堵塞决口。　宋太宗诏史馆修《太平总类》，后改名《太平御览》。

一六八七 984年，甲申，宋太宗太平兴国九年、雍熙元年，辽圣宗统和二年。

赐华山隐士陈抟号希夷先生。

一六八八 985年，乙酉，宋太宗雍熙二年，辽圣宗统和三年。

李继迁遣使至银州（治所在今陕西米脂），诱杀都巡检使曹光实于葭芦川（今陕西佳县西北），借其旗帜，袭据银州。

一六八九 986年，丙戌，宋太宗雍熙三年，辽圣宗统和四年。

宋大举攻辽。曹彬至涿州，辽南京留守耶律休哥迎击，宋军败于岐沟关（今河北涿州西南），又败于拒马河。潘美与杨业护送云、朔、寰、应四州民南迁。辽将耶律斜轸在飞狐（今河北涞源）击败潘美。杨业建议出大石口，被监军王铣所阻，不得已出雁门关。辽设伏兵于路，杨业力战至陈家谷（今山西朔州西南），身受数十处伤，绝食而死。

一六九〇 987年，丁亥，宋太宗雍熙四年，辽圣宗统和五年。

京兆府叛卒刘沃起事，聚众攻属县。

一六九一 988年，戊子，宋太宗端拱元年，辽圣宗统和六年。

宋赐感德军节度使李继捧姓赵，名保忠，又以其为定难军节度使。

辽圣宗攻破涿州城，败宋军于益津关（今河北霸州）；又攻陷满城（今河北满城附近）、祁州（治所在今河北固安），纵兵大掠。

宋都部署李继隆大败辽军于唐河，追击辽兵至曹河。

一六九二 989年，己丑，宋太宗端拱二年，辽圣宗统和七年。

辽军奔赴易州（治所在今河北易县），宋从满城（今河北满城附近）出师援救易州，被辽军击退，易州沦陷。威虏军粮草不继，宋廷派定州路都部署李继隆发镇、定大军护送军粮。　辽耶律休哥听闻此事，率精兵数万袭击李继隆军。　宋将尹继伦领步骑数千偷袭辽军，杀死一员大将。耶律休哥受伤，辽退兵。

一六九三 990年，庚寅，宋太宗淳化元年，辽圣宗统和八年。

宋改铸“淳化元宝”，宋太宗以真、行、草三种字体书写。此后，每改元都要铸钱，以年号为钱文。

辽封李继迁为夏国主。

一六九四 991年，辛卯，宋太宗淳化二年，辽圣宗统和九年。

李继迁降辽，辽封其为西平王。

宋派翟守素率兵讨李继迁，李继迁恐惧，奉表归顺。宋封李继迁为银州观察使，赐名赵保吉。

一六九五 992年，壬辰，宋太宗淳化三年，辽圣宗统和十年。

宋考试采用糊名法，以防作弊。　在京师设置常平仓，以调控物价。

一六九六 993年，癸巳，宋太宗淳化四年，辽圣宗统和十一年。

益州自后蜀亡国以来，除常赋外，宋又置博买务，禁止商旅私自买卖，于是小民贫困。青城（今四川灌县南）民王小波聚众起义，号召民众曰：“吾恨贫富不均，今为汝均之。”贫民多归附，杀彭山县令齐元振。西川都巡检史张玘派兵镇压，王小波中流矢死，众人推举李顺为主。

一六九七 994年，甲午，宋太宗淳化五年，辽圣宗统和十二年。

李顺入据成都，号大蜀王。昭宣使王继恩攻陷成都，杀三万多人，擒获李顺。　宋马步军都指挥使李继隆击败李继迁，李继迁遣使贡马谢罪。

一六九八 995年，乙未，宋太宗至道元年，辽圣宗统和十三年。

宋授李继迁为鄜州节度使，李继迁拒绝赴任。　宋新制浑天仪完成。

一六九九 996年，丙申，宋太宗至道二年，辽圣宗统和十四年。

宋将白守荣护送刍粟四十万到灵州（治所在今宁夏宁武西南），在浦洛河被李继迁所劫。宋廷派李继隆为环、庆十州都部署，率兵讨伐。

一七〇〇 997年，丁酉，宋太宗至道三年，辽圣宗统和十五年。

三月，宋太宗赵光义卒，其子赵恒即位，是为宋真宗。　李继迁遣使修好，宋复赐姓名为赵保吉，任定难节度使。

一七〇一 998年，戊戌，宋真宗赵恒咸平元年，辽圣宗统和十六年。

宋在河东府州（治所在今陕西府谷），岢岚军（治所在今山西岢岚），陕西秦（治所在今甘肃天水）、渭（治所在今甘肃平凉）、泾（治所在今甘肃泾川）、原（治所在今甘肃镇原），四川益（治所在今四川成都）、黎（治所在今四川汉源）等州设置估马司。

辽名将耶律休哥卒。

一七〇二 999年，己亥，宋真宗咸平二年，辽圣宗统和十七年。

辽攻宋，破狼山寨（今河北易县西南）。宋都部署傅潜守镇州（治所在今河北正定），闭营自守不敢出战。辽又攻遂城（今河北徐水西），杨延昭招壮丁汲水注城外，因天寒地冻，水结成冰，辽兵难以攻入。

一七〇三 1000年，庚子，宋真宗咸平三年，辽圣宗统和十八年。

辽军攻瀛州（治所在今河北河间），宋高阳关都部署康保裔兵败被擒。辽大掠德（治所在今山东德州）、棣（治所在今山东惠民）、淄（治所在今山东淄博）、齐（治所在今山东济南）等州而去。

一七〇四 1001年，辛丑，宋真宗咸平四年，辽圣宗统和十九年。

因为乾元历有所偏差，新编《仪天历》，颁行天下。　宋裁汰冗吏，官员减少十九万五千八百零二人。　邢昺校订《周礼》《仪礼》《公羊传》《穀梁传》等正义，共一百六十五卷。

一七〇五 1002年，壬寅，宋真宗咸平五年，辽圣宗统和二十年。

李继迁围灵州（治所在今宁夏灵武西南），灵州饷道断绝。宋援军未到，灵州被攻陷。李继迁以灵州为西平府。

一七〇六 1003年，癸卯，宋真宗咸平六年，辽圣宗统和二十一年。

李继迁攻西藩，取西凉府（治所在今甘肃武威）。

六谷藩部首领潘罗支伪降，遣使至宋，相约共同征讨李继迁。宋命潘罗支为朔方节度使。

五月，潘罗支趁李继迁不备发兵反击，李继迁中流矢死，其子李德明嗣位。

一七〇七　1004 年，甲辰，宋真宗景德元年，辽圣宗统和二十二年。

辽圣宗耶律隆绪与其母萧太后亲统大军攻宋，深入中原，抵澶州（今河南濮阳附近）城下，三面合围。　宋参知政事王钦若请迁都金陵（今江苏南京）。陈尧叟请迁都成都。宋真宗听从宰相寇准建议，亲征澶州。宋真宗亲征极大地鼓舞了军队士气，宋击杀辽大将萧挞览。辽有意议和，于是宋与辽订立盟约。宋辽约为兄弟之国，宋每年送辽银十万两，绢二十万匹，史称澶渊之盟。此后，辽与宋和平共处一百多年。

一七〇八　1005 年，乙巳，宋真宗景德二年，辽圣宗统和二十三年。

澶渊之盟后，辽再置榷场于振武军（今内蒙古和林格尔北）。参知政事王钦若因向来与宰相寇准不和而罢政。宋真宗任王钦若为资政殿学士，又因资政殿学士班秩稍低，又特置资政殿大学士以授王钦若，其班秩在文明殿学士之下，翰林学士承旨之上。资政殿自此置大学士。

一七〇九　1006 年，丙午，宋真宗景德三年，辽圣宗统和二十四年。

宋授赵德明为定难军节度使兼侍中，封西平王。又赐赵德明银万两、绢万匹、钱二万贯、茶二万斤。

一七一〇　1007 年，丁未，宋真宗景德四年，辽圣宗统和二十五年。

宋宜州知州刘家被军校陈进所杀，众人推判官卢成均为南平王。忠州（治所在今四川忠县）刺史曹利用率兵攻讨，卢成均投降，陈进被杀。

一七一一　1008 年，戊申，宋真宗大中祥符元年，辽圣宗统和二十六年。

宋真宗诈称降天书《大中祥符》，于是改元大中祥符。　是年，又东封泰山。

一七一二　1009 年，己酉，宋真宗大中祥符二年，辽圣宗统和二十七年。

宋真宗崇奉道教，召辅臣朝拜天书。下诏诸地建道观，于是道观遍布天下。

辽萧太后卒，宋遣使吊唁。

一七一三 1010年，庚戌，宋真宗大中祥符三年，辽圣宗统和二十八年。

高丽西北巡检使康肇杀高丽王王诵，立王询为高丽王。辽圣宗发兵讨其弑君之罪，杀康肇，王询出逃。

一七一四 1011年，辛亥，宋真宗大中祥符四年，辽圣宗统和二十九年。

宋政府免除两浙等地身丁钱。　姚铉采集唐代文苑辞章，分门别类，纂成《文粹》一百卷（今称《唐文粹》）。

一七一五 1012年，壬子，宋真宗大中祥符五年，辽圣宗统和三十年、开泰元年。

宋真宗命江、淮、两浙路播种占城稻，并让各路转运使教授民众播种法。

一七一六 1013年，癸丑，宋真宗大中祥符六年，辽圣宗开泰二年。

王钦若等上《新编修君臣事迹》，宋真宗为此书制序，并且赐名《册府元龟》。

一七一七 1014年，甲寅，宋真宗大中祥符七年，辽圣宗开泰三年。

宋副都部署、英州防御使杨延昭死。　道观玉清昭应宫建成，共二千六百一十栋，费时七年。

一七一八 1015年，乙卯，宋真宗大中祥符八年，辽圣宗开泰四年。

辽派东京留守善宁等率大军及女真诸部分道进攻高丽，无功而还。

五月，辽命北府宰相刘晟为都统、枢密使耶律世良为副，再攻高丽。　九月，辽军攻取高丽的定远、兴化二镇。　十一月，辽又命上京、中京及诸宫选精兵五万五千人以备东征。

一七一九 1016年，丙辰，宋真宗大中祥符九年，辽圣宗开泰五年。

辽耶律世良、萧屈烈部与高丽军在郭州西交战，大败高丽。辽师驻扎南海军，耶律世良卒于军中。

宋京畿、京东、河北路蝗灾严重，至七月，影响到江淮地区。

一七二〇 1017年，丁巳，宋真宗天禧元年，辽圣宗开泰六年。

辽枢密使萧合卓攻打高丽兴化军，无功而返。

因蝗害严重，宋真宗命各路转运使与本县官吏焚捕。

一七二一 1018年，戊午，宋真宗天禧二年，辽圣宗开泰七年。

辽东平郡王萧排押攻高丽，辽军失利，伤亡惨重。

一七二二 1019年，己未，宋真宗天禧三年，辽圣宗开泰八年。

宋开通扬州古河，撤去龙舟、新兴、茱萸三堰。工程竣工后河水流入新河与三堰齐平，漕运船只通行无阻。

一七二三 1020年，庚申，宋真宗天禧四年，辽圣宗开泰九年。

高丽王王询向辽上表请求称藩纳贡，辽准其请，两国修好。

一七二四 1021年，辛酉，宋真宗天禧五年，辽圣宗开泰十年、太平元年。

十一月，辽改元太平，册封皇子梁王宗真为皇太子。宗真喜爱儒术，精通音律。

宋统计天下户数八百六十七万七千六百七十七、人口一百三十九万三千三百二十。

一七二五 1022年，壬戌，宋真宗乾兴元年，辽圣宗太平二年。

二月，宋真宗死，终年五十五岁。太子赵祯即位，是为宋仁宗。宋仁宗年幼，嫡母刘太后临朝称制。　寇准先前被贬为道州（治所在今湖南道县）司马，是年，再贬为雷州（治所在今广东雷州）司户参军。

一七二六 1023年，癸亥，宋仁宗赵祯天圣元年，辽圣宗太平三年。

宋改茶法为贴射法，允许商人与种茶户之间自由买卖茶叶，茶叶价格一律按中等茶计算，官府征其税。但茶户必须将茶叶送到官府指定的地方出卖。宋在益州设置交子务，每年发行交子一百二十五万六千三百四十贯。

一七二七 1024年，甲子，宋仁宗天圣二年，辽圣宗太平四年。

西夏主李德明在省嵬山（今宁夏石嘴山东）西南山麓修筑城池，称为省嵬城，以控制吐蕃诸蕃。

一七二八 1025年，乙丑，宋仁宗天圣三年，辽圣宗太平五年。

孙奭等人上书陈述贴射法的种种弊端，宋因而废除贴射法，仍旧实行原来的三税法。

一七二九 1026年，丙寅，宋仁宗天圣四年，辽圣宗太平六年。

泰州（治所在今江苏泰州）捍海堰久废不治，海潮倒灌经常毁坏农田。范仲淹建议发运副使张纶修复海堤。宋仁宗任命张纶兼任泰州知府，督率兵夫重新修筑，海堤总长一百八十里。堤建成后，二千余户流亡的农民返回家乡。

一七三〇 1027年，丁卯，宋仁宗天圣五年，辽圣宗太平七年。

宋仁宗命医官校定《黄帝内经》《素问》《病源》等医书，令国子监刊印颁行，并让翰林学士宋绶撰写《病源序》。　　王惟一主持设计并铸造了两座腧穴铜人，又献上所撰的《铜人针灸图经》，宋仁宗令摹印颁行。

一七三一 1028年，戊辰，宋仁宗天圣六年，辽圣宗太平八年。

宋仁宗接受燕肃等人建议，凡是京师储备的物资可供两年之用，就不再向诸路摊派。

一七三二 1029年，己巳，宋仁宗天圣七年，辽圣宗太平九年。

辽东京（今辽宁辽阳）地区，官吏苛虐，民不堪命，舍利军详稳（官名）大延琳趁机发动叛乱，囚禁东京留守、驸马都尉萧孝先，杀户部使韩绍勋，建国号“兴辽”，改年号为天庆。辽大军围东京，大延琳固守城池不敢出。

一七三三 1030年，庚午，宋仁宗天圣八年，辽圣宗太平十年。

辽都统萧孝穆攻克东京，生擒大延琳。辽改以萧孝穆为东京留守，萧孝穆安抚流民，为政宽简，辽东地区逐渐平定。

一七三四 1031年，辛未，宋仁宗天圣九年，辽圣宗太平十一年，辽兴宗耶律宗真景福元年。

六月，辽圣宗耶律隆绪死，其子耶律宗真即位，是为辽兴宗，改元景福。辽封李德明子元昊为夏国公，嫁兴平公主与元昊。

一七三五 1032年，壬申，宋仁宗天圣十年、明道元年，辽兴宗景福二年、重熙元年。

西夏主李德明死，其子元昊嗣位。

一七三六 1033年，癸酉，宋仁宗明道二年，辽兴宗重熙二年。

宋太后死，宋仁宗亲政。宋仁宗改变原来的杂变（田赋之外的附加税，又称沿纳）之法，下令三司将杂变之税合为一税，分夏秋两次交纳，减轻了人民负担。

一七三七 1034年，甲戌，宋仁宗景祐元年，辽兴宗重熙三年，西夏景宗嵬名元昊广运元年。

辽太后担心儿子耶律宗真年长难制，想要废掉耶律宗真，改立少子耶律重元。事情泄露，耶律宗真囚辽太后于庆州（治所在今内蒙古巴林右旗北）。

西夏王嵬名元昊下秃发令，改年号为广运，侵扰宋边。

一七三八 1035年，乙亥，宋仁宗景祐二年，辽兴宗重熙四年，西夏景宗广运二年。

西夏王嵬名元昊率众攻猫牛城（又作牦牛城，今青海西宁北），又攻青唐、安二、宗哥、带星岭诸城。嘉勒斯赉部将安子罗派兵截断了西夏军队的退路，西夏王嵬名元昊率军突围，血战二百余天，才击退安子罗的兵马，西夏军死伤无数。此后，西夏王嵬名元昊多次被嘉勒斯赉击败，自此不再向西扩展。

一七三九 1036年，丙子，宋仁宗景祐三年，辽兴宗重熙五年，西夏景宗大庆元年。

西夏王嵬名元昊制夏国文字十二卷，改广运三年为大庆元年，又举兵西攻回鹘的瓜（治所在今甘肃安西）、沙（治所在今甘肃敦煌）、肃（治所在今甘肃酒泉）三州，使西夏的疆域扩大了一倍。

一七四〇 1037年，丁丑，宋仁宗景祐四年，辽兴宗重熙六年，西夏景宗大庆二年。

河东地区忻（治所在今山西忻县）、代（治所在今山西代县）、并（治所在今山西太原）等地发生强烈地震，毁坏房舍无数，人员伤亡数以万计。

一七四一 1038年，戊寅，宋仁宗宝元元年，辽兴宗重熙七年，西夏景宗天授礼法延祚元年。

十月，西夏王嵬名元昊称帝，建国号大夏，改元天授礼法延祚，并遣使奉表告于宋。

一七四二 1039年，己卯，宋仁宗宝元二年，辽兴宗重熙八年，西夏景宗天授礼法延祚二年。

西夏王嵬名元昊遣使上表，要求宋朝承认他的君主之位。宋仁宗下诏削夺赐给嵬名元昊的“赵”姓以及官爵。

一七四三 1040年，庚辰，宋仁宗宝元三年、康定元年，辽兴宗重熙九年，西夏景宗天授礼法延祚三年。

西夏攻宋金明寨（今陕西安塞南），包围了延州（治所在今陕西延安）。鄜延路副部署刘平、保安副部署石元孙前往增援，与西夏军战于三川口（今陕西延安西北），宋军大败，刘平、石元孙两人被擒。西夏军围延州七天，因遇大雪，才不得已撤军。

一七四四 1041年，辛巳，宋仁宗康定二年、庆历元年，辽兴宗重熙十年，西夏景宗天授礼法延祚四年。

宋陕西安抚使韩琦派副部署任福攻西夏，西夏军佯败，诱宋军到六盘山下的好水川（今宁夏隆德）。宋军遭遇埋伏，全军覆没，任福战死。

一七四五 1042年，壬午，宋仁宗庆历二年，辽兴宗重熙十一年，西夏景宗天授礼法延祚五年。

辽见宋屡被西夏打败，想要夺回晋阳及瓦桥以南十县之地，找借口向宋兴师问罪。宋派富弼出使辽，以每年增加岁币银十万两、绢十万匹的代价与辽议和。　泾原副都部署葛怀敏攻西夏，宋军在定川寨（今宁夏固原西北）陷入西夏军队的重围，全军九千余人全部覆没。

一七四六 1043年，癸未，宋仁宗庆历三年，辽兴宗重熙十二年，西夏景宗天授礼法延祚六年。

辽遣使西夏，督促西夏与宋议和。

西夏派遣贺从勖赴宋请和。

范仲淹上呈《答手诏条陈十事》，主要内容包括：明黜陟，抑侥幸，精贡举，择官长，均公田，厚农桑，修武备，减徭役，推恩信，重命令。宋仁宗赞同其看法，推行新政。

一七四七 1044年，甲申，宋仁宗庆历四年，辽兴宗重熙十三年，西夏景宗天授礼法延祚七年。

辽兴宗亲征西夏，派皇太弟重元为先锋，战于河曲（今山西永济一带），辽军大败。

宋与西夏议和，西夏向宋称臣，奉宋年号，宋封嵬名元昊为夏国王，每年赐西夏绢十三万匹、银五万两、茶二万斤。

一七四八 1045年，乙酉，宋仁宗庆历五年，辽兴宗重熙十四年，西夏景宗天授礼法延祚八年。

十月，辽国遣使赠给宋九龙车以及其征伐西夏时所获的羊马。

一七四九 1046年，丙戌，宋仁宗庆历六年，辽兴宗重熙十五年，西夏景宗天授礼法延祚九年。

交趾向宋进献驯象十头。

一七五〇 1047年，丁亥，宋仁宗庆历七年，辽兴宗重熙十六年，西夏景宗天授礼法延祚十年。

贝州（治所在今河北清河）小校王则传布弥勒教，言"释迦佛谢世，弥勒佛持世"，聚众起义，攻陷贝州，建国号安阳，称东平郡王。

一七五一 1048年，戊子，宋仁宗庆历八年，辽兴宗重熙十七年，西夏景宗天授礼法延祚十一年。

嵬名元昊被其长子嵬名宁令哥所杀，幼子嵬名谅祚即位。

宋参知政事文彦博任河北宣抚使，率兵攻贝州，王则被俘。

一七五二 1049年，己丑，宋仁宗皇祐元年，辽兴宗重熙十八年，西夏毅宗嵬名谅祚延嗣宁国元年。

辽派萧惠为河南道行军都统，率兵攻打西夏。辽军遭西夏军袭击。辽军大败，萧惠勉强逃脱，士卒死伤无数。

宋广源州（属宋邕州，治所在今越南广渊）知州侬智高袭据安德州，称南天国。

一七五三 1050年，庚寅，宋仁宗皇祐二年，辽兴宗重熙十九年，西夏毅宗天祐垂圣元年。

西夏没藏太后遣使向辽请和，请依旧称藩。

一七五四　1051 年，辛卯，宋仁宗皇祐三年，辽兴宗重熙二十年，西夏毅宗天祐垂圣二年。

宋仁宗下诏河北地区入中粮草恢复现钱法。

一七五五　1052 年，壬辰，宋仁宗皇祐四年，辽兴宗重熙二十一年，西夏毅宗天祐垂圣三年。

侬智高攻破邕州（治所在今广西南宁），建大南国，号仁惠皇帝，改年启历。接着攻陷横（治所在今广西横县）、贵（治所在今广西贵县）、梧（治所在今广西梧州）、封（治所在今广东封开）、康（治所在今广东德庆）等州。围广州五十七日不克，又攻陷昭州（治所在今广西乐平）、宾州（治所在今广西宾阳）。

宋命狄青为荆湖南北路宣抚使，率军击侬智高。

一七五六　1053 年，癸巳，宋仁宗皇祐五年，辽兴宗重熙二十二年，西夏毅宗福圣承道元年。

狄青军至宾州，逼近昆仑关（今广西宾阳西南）。狄青冒雨夜过昆仑关，在归仁铺与侬智高军交战。侬智高大败，逃往大理国（都城在今云南大理）。

一七五七　1054 年，甲午，宋仁宗皇祐六年、至和元年，辽兴宗重熙二十三年，西夏毅宗福圣承道二年。

宋改元至和，铸“至和元宝”钱。

一七五八　1055 年，乙未，宋仁宗至和二年，辽道宗耶律洪基清宁元年，西夏毅宗福圣承道三年。

八月，辽兴宗耶律宗真死，其子耶律洪基即位，是为辽道宗。

一七五九　1056 年，丙申，宋仁宗至和三年、嘉祐元年，辽道宗清宁二年，西夏毅宗福圣承道四年。

宋龙图阁学士包拯出任开封府府尹。

一七六〇　1057 年，丁酉，宋仁宗嘉祐二年，辽道宗清宁三年，西夏毅宗奲都元年。

宋仁宗采用枢密使韩琦的建议，在各地建立广惠仓，即招募农户耕种户绝田（即无主田地），以夏秋税来救济老弱贫穷的人。这些仓库建成后，由提点刑狱司专门管理。

一七六一　1058 年，戊戌，宋仁宗嘉祐三年，辽道宗清宁四年，西夏毅宗䜩都二年。

至和年间，开封遭受特大水灾，损失极为惨重。为了防止洪水再度泛滥成灾，宋仁宗下令征发民夫开凿永济河。

一七六二　1059 年，己亥，宋仁宗嘉祐四年，辽道宗清宁五年，西夏毅宗䜩都三年。

三司使张方平上所编《驿券则例》三卷，宋仁宗下令颁布到全国，并赐名《嘉祐驿令》。　宋仁宗下诏在扬州、庐州、江宁府等重要地区设置禁军，由知州担任本路兵马总管。

一七六三　1060 年，庚子，宋仁宗嘉祐五年，辽道宗清宁六年，西夏毅宗䜩都四年。

交趾与甲峒蛮合兵寇宋边，都巡检宋士尧等战死。宋仁宗诏发诸州兵讨捕。　翰林学士欧阳修等上所修《唐书》二百五十卷，即《新唐书》。

一七六四　1061 年，辛丑，宋仁宗嘉祐六年，辽道宗清宁七年，西夏毅宗䜩都五年。

以度支判官、直集贤院、同修起居注王安石知制诰。　宋仁宗诏三馆、秘阁校定《宋》《齐》《梁》《陈》《后魏》《后周》《北齐》七部史书。

一七六五　1062 年，壬寅，宋仁宗嘉祐七年，辽道宗清宁八年，西夏毅宗䜩都六年。

宋枢密副使包拯卒。

一七六六　1063 年，癸卯，宋仁宗嘉祐八年，辽道宗清宁九年，西夏毅宗拱化元年。

三月，宋仁宗赵祯死。　四月，皇子赵曙（宗实）即位，是为宋英宗。

辽道宗耶律洪基狩猎于滦河太子山，皇太叔重元起兵袭击行宫，被南院枢密使耶律仁先等击退，耶律重元兵败自杀。

一七六七 1064年，甲辰，宋英宗赵曙治平元年，辽道宗清宁十年，西夏毅宗拱化二年。

因宋宗室人数数倍于前，宋英宗命增置宗室学官。　西夏侵扰秦凤、泾原，杀掠人畜以万计，宋遣文思副使王无忌持诏诘问。　宋畿内、宋、亳、陈、许等州发生水灾，百姓受害严重，宋英宗遣使行视，并免除灾区赋租。

一七六八 1065年，乙巳，宋英宗治平二年，辽道宗咸雍元年，西夏毅宗拱化三年。

宋英宗命群臣讨论崇奉其生父濮安懿王赵允让典礼，于是引发了“濮议”之争。天章阁待制司马光、翰林学士王珪、侍御史吕诲、范纯仁，以及监察御史吕大防等力主称宋仁宗为皇考，濮王为皇伯，而中书韩琦、欧阳修等则主张称濮王为皇考。

一七六九 1066年，丙午，宋英宗治平三年，辽道宗咸雍二年，西夏毅宗拱化四年。

曹太后下诏命宋英宗称生父赵允让为父。侍御史吕诲、范纯仁及监察御史吕大防三人被贬官。

一七七〇 1067年，丁未，宋英宗治平四年，辽道宗咸雍三年，西夏毅宗拱化五年。

正月，宋英宗死，其子赵顼即位，是为宋神宗。

西夏将领嵬名山率部降宋，清涧（今陕西清涧）守将种谔得以进驻绥州（治所在今陕西绥德）。西夏大怒，设计诱杀了宋保安军知军杨定等人。

一七七一 1068年，戊申，宋神宗赵顼熙宁元年，辽道宗咸雍四年，西夏惠宗嵬名秉常乾道元年。

宋神宗召翰林学士王安石越次入对。

一七七二 1069年，己酉，宋神宗熙宁二年，辽道宗咸雍五年，西夏惠宗天赐礼盛国庆元年。

宋神宗命翰林学士王安石为参知政事，实行变法。设置三司条例司，颁布青苗法、均输法。新法在朝中引起很多官员的反对，御史中丞吕诲、知谏院范纯仁、侍御史刘琦、条例司检详文字苏辙等纷纷上书弹劾王安石，均被贬官。

一七七三 1070年，庚戌，宋神宗熙宁三年，辽道宗咸雍六年，西夏惠宗天赐礼盛国庆二年。

西夏筑闹讹堡，宋庆州知州李复圭派兵出击，结果大败而还。李复圭又派兵攻打西夏的邛州堡、金汤等，这引起西夏人怨恨。西夏人集结兵力，大举入侵宋的环庆路，攻大顺城（今甘肃华池）。

宋颁布保甲法、免役法。

一七七四 1071年，辛亥，宋神宗熙宁四年，辽道宗咸雍七年，西夏惠宗天赐礼盛国庆三年。

宋颁布贡举法，罢诗赋及明经诸科，以经义、策论取士。

西夏攻陷宋抚宁城（今陕西米脂西）。

监官告院苏轼、开封知府韩维、御史中丞杨绘，纷纷上书攻击新法，均被贬为地方官。

一七七五 1072年，壬子，宋神宗熙宁五年，辽道宗咸雍八年，西夏惠宗天赐礼盛国庆四年。

宋颁布市易法、保马法。宋神宗诏司农重定了方田均税法，从京东路开始实行，然后推行到河北、陕西、河东等路，但并未推广到全国。

一七七六 1073年，癸丑，宋神宗熙宁六年，辽道宗咸雍九年，西夏惠宗天赐礼盛国庆五年。

宋洮河路安抚使王韶攻打吐蕃，筑武胜城，定名熙州（今甘肃临洮）。

一七七七 1074年，甲寅，宋神宗熙宁七年，辽道宗咸雍十年，西夏惠宗大安元年。

吐蕃酋长木征攻陷宋的河州（治所在今甘肃临夏），河州知州景思立战死。王韶当时身在开封，得知此事后，立刻率兵回击。木征败走，于是岷（治所在今甘肃岷县）、宕（治所在今甘肃宕县）、洮（治所在今甘肃临潭）、叠（治所在今青海迭部）四州都降宋。此次战役招抚羌番三十余万，辟地两千余里。　监安上门郑侠上《流民图》，认为从去年以来蝗灾大作，干旱不雨，百姓困苦无依、四处逃散，是由王安石变法造成的。宋神宗迫于压力，贬王安石为江宁知府。

一七七八 1075年，乙卯，宋神宗熙宁八年，辽道宗大康元年，西夏惠宗大安二年。

宋神宗复召王安石任观文殿大学士、同平章事。王安石撰《三经新义》，被颁赐给宗室、大学及诸州府学。

交趾（今越南）攻陷宋钦（治所在今广西灵山）、廉（治所在今广西合浦）二州。

一七七九 1076年，丙辰，宋神宗熙宁九年，辽道宗大康二年，西夏惠宗大安三年。

交趾陷邕州（治所在今广西南宁），屠杀全城五万八千多人。宋将郭逵率兵回击，与交趾兵战于富良江。宋斩交趾太子李弘真，交趾王李乾德派人请降。　　王安石罢相，出判江宁府。

一七八〇 1077年，丁巳，宋神宗熙宁十年，辽道宗大康三年，西夏惠宗大安四年。

辽耶律乙辛执掌大权，诬太子耶律濬与北院枢宣徽使耶律挞不也谋反。太子被废，被囚禁于上京（今内蒙古巴林左旗林东）

一七八一 1078年，戊午，宋神宗元丰元年，辽道宗大康四年，西夏惠宗大安五年。

宋太傅兼侍中曾公亮卒，终年八十岁，被赠太师、中书令，谥宣靖。

一七八二 1079年，己未，宋神宗元丰二年，辽道宗大康五年，西夏惠宗大安六年。

御史中丞李定诬蔑湖州知州苏轼作诗诽谤朝廷，苏轼因此下狱，史称“乌台诗案”。不久，苏轼被释，被贬为黄州团练副使。

一七八三 1080年，庚申，宋神宗元丰三年，辽道宗大康六年，西夏惠宗大安七年。

宋神宗针对宋初以来官制的弊病，成立详定官制所，制定寄禄格，改正官名。

一七八四 1081年，辛酉，宋神宗元丰四年，辽道宗大康七年，西夏惠宗大安八年。

西夏内乱，西夏惠宗嵬名秉常被囚。宋趁机发兵大举进攻西夏。起先，宋军一路势如破竹，直抵灵州（治所在今宁夏灵武）城下。西夏军决黄河水灌宋营，又断绝宋军运输线。宋军大败，死二十多万，举国震惊。

一七八五 1082年，壬戌，宋神宗元丰五年，辽道宗大康八年，西夏惠宗大安九年。

宋改革官制，仿照《唐六典》制度，中书省草诏，门下省审议，尚书省执行。　　宋在原来的银州（治所在今陕西米脂）西二十五里处修筑永乐城。城刚修好，西夏就倾全国兵力来攻，宋军寡不敌众，再加水源被西夏军占据，永乐城被攻陷，兵卒役夫死二十多万人。

一七八六 1083年，癸亥，宋神宗元丰六年，辽道宗大康九年，西夏惠宗大安十年。

西夏围兰州（治所在今甘肃兰州），不能攻克。西夏国主嵬名秉常上表请和。

一七八七 1084年，甲子，宋神宗元丰七年，辽道宗大康十年，西夏惠宗大安十一年。

端明殿学士司马光与刘邠、刘恕、范祖禹等人编成《资治通鉴》一书，历时十九年。

一七八八 1085年，乙丑，宋神宗元丰八年，辽道宗大安元年，西夏崇宗嵬名乾顺天安礼定元年。

三月，宋神宗死，其子赵煦即位，即宋哲宗，年十岁，高太皇太后执政。高太皇太后反对新法，任守旧派人物司马光为门下侍郎，大量擢用旧党，废保甲法、市易法、保马法，罢义仓。

一七八九 1086年，丙寅，宋哲宗赵煦元祐元年，辽道宗大安二年，西夏崇宗天安礼定二年。

保守派又接着废除青苗法、免役法，新法几乎全被废除。　　是年，王安石和司马光先后去世。

一七九〇 1087年，丁卯，宋哲宗元祐二年，辽道宗大安三年，西夏崇宗天仪治平元年。

程颐的门人右司谏贾易、左正言朱光庭弹劾苏轼所出试题诽谤朝廷，蜀人吕陶、上官均等不肯坐视苏轼受攻击，指出朱光庭借机为程颐泄私忿。结果苏轼外放，程颐被罢崇政殿说书。于是，原来的保守派分为三派：洛党以程颐为首，蜀党以苏轼为首，朔党以刘挚为首，三派互相倾轧。

一七九一　1088 年，戊辰，宋哲宗元祐三年，辽道宗大安四年，西夏崇宗天仪治平二年。

三佛齐、于阗、西南蕃等遣使入宋贡奉。　　据宋户部统计：天下主户二百一十三万四千七百三十三户，丁二千八百五十三万三千九百三十四口；客户六百一十五万四千六百五十二户，丁三百六十二万九千零八十三口。判死刑二千九百一十五人。

一七九二　1089 年，己巳，宋哲宗元祐四年，辽道宗大安五年，西夏崇宗天仪治平三年。

宋哲宗改革科举，设经义、诗赋两科，罢明法科。

一七九三　1090 年，庚午，宋哲宗元祐五年，辽道宗大安六年，西夏崇宗天祐民安元年。

宋自司马光等旧党上台执政后，肆意报复，新党全被罢黜。

西夏将永乐城之战中俘获的将士交还宋朝，宋朝把米脂（今陕西米脂）、葭芦（今陕西佳县）、安疆（今甘肃庆阳西北）、浮图（今陕西绥德东）四寨还给西夏。

一七九四　1091 年，辛未，宋哲宗元祐六年，辽道宗大安七年，西夏崇宗天祐民安二年。

宋保守党内斗越来越烈，洛党右司谏贾易弹劾翰林学士苏轼诽谤先帝，贾易被贬为庐州知州，苏轼被贬为颍州知州。洛党御史中丞郑雍又弹劾朔党刘挚朋党不公，刘挚被贬为郓州知州。

一七九五　1092 年，壬申，宋哲宗元祐七年，辽道宗大安八年，西夏崇宗天祐民安三年。

宋册封马军都虞候孟元之孙女孟氏为皇后。

一七九六　1093 年，癸酉，宋哲宗元祐八年，辽道宗大安九年，西夏崇宗天祐民安四年。

高太皇太后死，宋哲宗亲政。

一七九七 1094年，甲戌，宋哲宗元祐九年、绍圣元年，辽道宗大安十年，西夏崇宗天祐民安五年。

宋哲宗主张变法，亲政后，召新党章惇担任尚书左仆射兼门下侍郎，曾布为翰林学士，蔡京为户部尚书，恢复新法。

一七九八 1095年，乙亥，宋哲宗绍圣二年，辽道宗寿昌（隆）元年，西夏崇宗天祐民安六年。

交趾、三佛齐、韦蕃、阿里骨等国入宋贡奉。

一七九九 1096年，丙子，宋哲宗绍圣三年，辽道宗寿昌（隆）二年，西夏崇宗天祐民安七年。

宋哲宗宠爱刘婕妤。宰相章惇与刘婕妤诬告皇后孟氏图谋不轨，孟皇后被废。

1097年，丁丑，宋哲宗绍圣四年，辽道宗寿昌（隆）三年，西夏崇宗天祐民安八年。

一八〇〇 1098年，戊寅，宋哲宗绍圣五年、元符元年，辽道宗寿昌（隆）四年，西夏崇宗永安元年。

西夏攻宋平夏城（今宁夏固原北），被宋渭州知州章楶击退。

一八〇一 1099年，己卯，宋哲宗元符二年，辽道宗寿昌（隆）五年，西夏崇宗永安二年。

九月，宋立贤妃刘氏为皇后。

一八〇二 1100年，庚辰，宋哲宗元符三年，辽道宗寿昌（隆）六年，西夏崇宗永安三年。

正月，宋哲宗死，因为没有子嗣，其弟赵佶即位，是为宋徽宗，向太皇太后临朝。于是，旧党又被起用。过了数月，太皇太后因病还政于宋徽宗，宋徽宗遂引用新党，任命曾布为尚书右仆射。

一八〇三 1101年，辛巳，宋徽宗赵佶建中靖国元年，辽道宗寿昌（隆）七年，辽天祚帝耶律延禧乾统元年，西夏崇宗贞观元年。

正月，辽道宗耶律洪基死，其孙耶律延禧即位，是为辽天祚帝。

一八〇四 1102年，壬午，宋徽宗崇宁元年，辽天祚帝乾统二年，西夏崇宗贞观二年。

宋朝在杭州（治所在今浙江杭州）、明州（治所在今浙江宁波）设立市舶司。　　定司马光、文彦博等一百一十七人为奸党，宋徽宗亲书其名，刻石立碑于端礼门。

一八〇五　1103 年，癸未，宋徽宗崇宁二年，辽天祚帝乾统三年，西夏崇宗贞观三年。

宋洮西安抚使王厚建议收复河湟（黄河、湟河两河流域，即今青海东部），宋徽宗派宦官童贯赴熙州（治所在今甘肃临洮）劳军，并进攻吐蕃，收复湟州（治所在今青海乐都）。

一八〇六　1104 年，甲申，宋徽宗崇宁三年，辽天祚帝乾统四年，西夏崇宗贞观四年。

王厚再攻吐蕃，攻取青唐（今青海西宁）、廓州（今青海尖扎）。

宋政府再定奸党司马光等三百零九人名单，颁发州县，刻石立碑。

一八〇七　1105 年，乙酉，宋徽宗崇宁四年，辽天祚帝乾统五年，西夏崇宗贞观五年。

宋徽宗喜爱花石，宦官童贯推荐苏州人朱勔总领苏州应奉局，搜罗江浙一带的奇花异石进贡。运送花石的船只，每十船编为一纲，称为“花石纲”。

一八〇八　1106 年，丙戌，宋徽宗崇宁五年，辽天祚帝乾统六年，西夏崇宗贞观六年。

宋徽宗下诏毁掉元祐党人碑。

一八〇九　1107 年，丁亥，宋徽宗大观元年，辽天祚帝乾统七年，西夏崇宗贞观七年。

宋徽宗下诏道士序位在僧之上，女冠在尼之上。

一八一〇　1108 年，戊子，宋徽宗大观二年，辽天祚帝乾统八年，西夏崇宗贞观八年。

宦官童贯任武库节度使，派遣将领攻吐蕃，收复洮州和积石城（实为空城）。宋朝擢封童贯检校司空、奉宁军节度使。

一八一一　1109 年，己丑，宋徽宗大观三年，辽天祚帝乾统九年，西夏崇宗贞观九年。

江、淮、荆、浙、福建大旱。秦、凤、阶、成发生饥荒，宋廷开仓救济，免除灾区赋税。

一八一二　1110 年，庚寅，宋徽宗大观四年，辽天祚帝乾统十年，西夏崇宗贞观十年。

宋徽宗因宏词科不足以招纳文学之士，设立词学兼茂科。　宋徽宗祭祀圜丘，大赦天下，改明年为政和元年。

一八一三　1111 年，辛卯，宋徽宗政和元年，辽天祚帝天庆元年，西夏崇宗贞观十一年。

宋徽宗派端明殿学士郑居中为贺辽生辰使，童贯为副使，前往辽国侦探敌情。童贯一行经过芦沟时，遇到辽幽州人马植说自己有灭辽计策。童贯把他带回宋朝，改名李良嗣，并举荐给宋徽宗。马植献计与女真部联盟，共同攻辽，宋徽宗非常高兴，赐姓赵，并任为秘书丞。

一八一四　1112 年，壬辰，宋徽宗政和二年，辽天祚帝天庆二年，西夏崇宗贞观十二年。

辽天祚帝在混同江（今松花江）举办鱼头宴，诸部酋长依次起舞，只有完颜阿骨打不舞。

一八一五　1113 年，癸巳，宋徽宗政和三年，辽天祚帝天庆三年，西夏崇宗贞观十三年。

女真酋长完颜乌雅束死，其弟完颜阿骨打袭位为都勃极烈（大酋长）。辽派遣使者责问完颜阿骨打为何不向辽告丧。辽使者傲慢无礼，完颜阿骨打大怒。

一八一六　1114 年，甲午，宋徽宗政和四年，辽天祚帝天庆四年，西夏崇宗雍宁元年。

女真酋长完颜阿骨打集诸部辖兵二千五百人，发动了反辽战争，攻陷宁江州（治所在今吉林扶余东）。辽国司空萧嗣先与完颜阿骨打战于混同江，辽军大败。

一八一七　1115 年，乙未，宋徽宗政和五年，辽天祚帝天庆五年，西夏崇宗雍宁二年，金太祖完颜旻收国元年。

正月，完颜阿骨打称帝，国号金，改元收国。完颜阿骨打率兵击败辽行军都统耶律斡里朵于达鲁古城，又败辽军于涞流河（今黑龙江、吉林交界处的拉林河）。辽天祚帝耶律延禧率军十万亲征，号称七十万。不料，渡混同江时，副都统耶律章奴叛变，率众返回上京（今内蒙古巴林左旗林东），谋立魏王耶律淳为帝。辽天祚帝急忙回军擒拿叛军。金军乘势追击，辽军大败，死伤惨重。

宋太尉童贯攻西夏，双方战于臧底河，宋军大败。

一八一八 1116年，丙申，宋徽宗政和六年，辽天祚帝天庆六年，西夏崇宗雍宁三年，金太祖收国二年。

辽东京（今辽宁辽阳）留守萧保先为政严苛，百姓深受其害。裨将高永昌见辽大势已去，引兵入辽阳，据城称帝，国号大元。金军攻破东京，杀高永昌。

一八一九 1117年，丁酉，宋徽宗政和七年，辽天祚帝天庆七年，西夏崇宗雍宁四年，金太祖天辅元年。

辽燕王耶律淳招募金地流民为兵，号“怨军”，以郭药师为帅。

宋徽宗崇奉道教，道箓院上表尊其为“教主道君皇帝”。

一八二〇 1118年，戊戌，宋徽宗政和八年、重和元年，辽天祚帝天庆八年，西夏崇宗雍宁五年，金太祖天辅二年。

金帝完颜阿骨打认为开国之君必先有大国册封，于是派遣使者到辽国。　辽派耶律奴哥与金议和，完颜阿骨打要求辽帝奉自己为兄，并依汉仪册封。　宋派遣武义大夫马政从登州（治所在今山东蓬莱）渡海与金谈判共同攻辽，金国派遣李庆善携国书报聘。

一八二一 1119年，己亥，宋徽宗重和二年、宣和元年，辽天祚帝天庆九年，西夏崇宗元德元年，金太祖天辅三年。

辽册封完颜阿骨打为东怀国皇帝，没有以兄事金。金大为不满，派遣使者责问辽，辽金合议不成。

金国制女真字颁行。

一八二二 1120年，庚子，宋徽宗宣和二年，辽天祚帝天庆十年，西夏崇宗元德二年，金太祖天辅四年。

金分三路攻辽，攻陷辽上京（今内蒙古巴林左旗林东）。

宋中奉大夫赵良嗣出使金国，约定明年宋从雄州（今河北雄县）出兵击辽，灭辽后燕京之地归宋，不出兵则不可得燕地，宋再把给辽的岁币转赠给金。　江浙地区深受“花石纲”之扰，睦州（治所在今浙江建德）人方腊聚众起义，建立政权，自称“圣公”，年号永乐。攻陷睦州、歙州（治所在今安徽歙州）、杭州及多个县城。

一八二三 1121年，辛丑，宋徽宗宣和三年，辽天祚帝保大元年，西夏崇宗元德三年，金太祖天辅五年。

郓州梁山泊宋江聚众起义，后被宋海州知州张叔夜击败，宋江投降。 宋徽宗惧怕农民军的声势，便撤销苏杭造作局，停花石纲，以欺骗农民军。派童贯率兵十五万镇压，义军首领方腊等人被俘。官军杀起义军百余万，平民约二百万。

一八二四 1122年，壬寅，宋徽宗宣和四年，辽天祚帝保大二年，西夏崇宗元德四年，金太祖天辅六年。

金大举攻辽，陷辽中京（今内蒙古宁城）。辽天祚帝正在鸳鸯泺（今河北张北西北）狩猎，仓皇奔西京（今山西大同），后又奔夹山（今内蒙古萨拉齐西北）。辽国无主，南府宰相张琳、林牙耶律大石立魏王耶律淳为帝，上尊号天锡皇帝。

宋命童贯为河北、河东路宣抚使，统军十五万攻辽燕京（今北京）。辽将郭药师以涿州降宋，宋得以出雄州。辽都统萧干迎击，宋军大败，死伤无数。

金太祖听闻宋军败，亲自率兵攻打燕京，辽兵不战而溃，于是辽五京全部为金所有。

一八二五 1123年，癸卯，宋徽宗宣和五年，辽天祚帝保大三年，西夏崇宗元德五年，金太祖天辅七年，金太宗完颜晟天会元年。

因为宋夹攻失期，金朝拒绝履行先前的约定，只把燕京和六州还给宋，但是席卷城内居民、金帛后而去，宋仅得到七座空城。宋每年输银二十万匹，绢二十万两，另许劳军米二十万石给金朝。

八月，金太祖完颜阿骨打死，其弟完颜吴乞买嗣位。

一八二六 1124年，甲辰，宋徽宗宣和六年，辽天祚帝保大四年，西夏崇宗元德六年，金太宗天会二年。

辽天祚帝逃入夹山（今内蒙古萨拉齐西北），金兵难以进入，于是退兵诱辽军出夹山。辽天祚帝率兵出夹山攻天德（今内蒙古呼和浩特东）等地，被金军切断退路。辽军大败，辽天祚帝逃往山阴（今山西山阴）。

一八二七 1125年，乙巳，宋徽宗宣和七年，辽天祚帝保大五年，西夏崇宗元德七年，金太宗天会三年。

辽天祚帝继续西奔，打算前往党项，走到应州时被金将完颜娄室俘获，辽亡。　耶律大石自立为王，从夹山率众西走，至塔什干，即帝位，史称“西辽”。

金大军分两路南下攻宋，西路以完颜宗翰为主帅，进攻太原，东路军以完颜宗望为主帅，进攻燕京。西路军连克檀州、蓟州，河北宣抚使童贯慌忙从太原逃回开封。燕山府守将郭药师投降金东路军，并为前导。消息传来，朝野震惊，宋徽宗下诏罪己，传位于太子赵桓，是为宋钦宗。

一八二八 1126年，丙午，宋钦宗赵桓靖康元年，西夏崇宗元德八年，金太宗天会四年。

宋太上皇赵佶外逃避难，宋钦宗留守汴京（今河南开封），尚书右丞李纲修城备战。　金军攻汴京，李纲领导军民英勇作战，誓死保卫开封，金军退兵。

宋勤王兵二十万齐集开封，宣抚司都统制姚平仲不听李纲计策，夜袭金营，大败。宋割太原、中山（今河北定州）、河间（今河北河间）三镇与金，金才退兵。

因为宋企图联合西辽共同击金，又没有如约交割三镇，金太宗大怒，再次发兵攻宋。完颜宗翰攻陷太原，宗望攻陷真定府（今河北正定），金军渡过黄河，全力攻汴京城。　宋军奋力抵抗，守将郭京开宣化门，出城对敌，结果大败，金军趁机登城，汴京陷落。宋钦宗赵桓乞降，赴青城（今河南开封南）金营，尊金帝为伯，自称侄，割黄河以北地给金，并进贡金一千万锭，银二千万锭。

一八二九 1127年，丁未，宋钦宗靖康二年，宋高宗赵构建炎元年，西夏崇宗正德元年，金太宗天会五年。

宋钦宗第二次到青城金营，被扣留为人质。金太宗废赵佶、赵桓为平民，另立宋太宰张邦昌为帝，国号楚。金军退兵，掠走徽、钦二帝及宗室后妃、大臣三千多人。北宋灭亡。

张邦昌退位，请元祐皇后（宋哲宗的皇后）垂帘听政。元祐皇后请康王赵构即位。　　五月，康王赵构遂于南京（今河南商丘）称帝，改元建炎，是为宋高宗，史称南宋。　　宋河北宣抚使张所招募忠义，相州岳飞投效。

金借口宋废掉张邦昌，分兵三路入侵，中路完颜宗翰攻河南，东路完颜宗辅攻山东，西路完颜娄室攻陕西。

一八三〇　1128 年，戊申，宋高宗建炎二年，西夏崇宗正德二年，金太宗天会六年。

金军攻破长安（今陕西西安）、北京（今河北大名）、中山（今河北定州）、郑州（今河南郑州）、邓州（今河南邓州）、济南（今山东济南），黄河以北地区几乎全被金兵侵占。

宋朝各地军民奋起抗金。马扩在五马山起义，翟进收复西京（今河南洛阳），后与韩世忠战金兵于文家寺。王彦聚兵太行山，部下面刺“赤心报国，誓杀金贼”八字，号八字军。　　东京留守宗泽去世。

一八三一　1129 年，己酉，宋高宗建炎三年，西夏崇宗正德三年，金太宗天会七年。

金军抵达扬州，宋高宗赵构仓皇逃往钱塘（今浙江杭州）。宋高宗在杭州宠幸内侍康履等宦官。这些宦官肆作威福、凌辱诸将，引起众怒。　　扈从统制苗傅、刘正彦叛变，杀都统制王渊及内侍康履等，逼迫宋高宗退位，立其子赵旉为帝，请孟太后临朝听政。张浚、吕颐浩起兵勤王，韩世忠杀苗傅、刘正彦，赵构复位。

金完颜宗弼（兀术）渡过长江，建康守将陈邦光迎降，兀术兵不血刃进入建康。江淮宣抚使杜充退屯真州（治所在今江苏仪征），不久降金。金军继续南攻，陷杭州，攻明州，宋高宗渡海南逃到定海（今浙江舟山）。

一八三二　1130 年，庚戌，宋高宗建炎四年，西夏崇宗正德四年，金太宗天会八年。

金军攻破明州（治所在今浙江宁波），屠城，并乘胜攻定海，宋高宗逃亡温州。金兀术到达镇江（今江苏镇江），想渡长江北上时，被宋浙西制置使韩世忠所率八千人阻截。金兀术采用当地人建议，在船中载土，上铺平板，并在舟两边置桨。在天晴无风时乘小舟出长江。宋军的海船大，无风难以航行，金军用带火的弓箭射宋军船篷，宋军大败。

金立刘豫为帝，建都北京（今河北大名），国号齐，史称伪齐。金分三道攻陕西，宋陕西处置使张浚率军迎战，双方战于富平（今陕西富平），宋军溃败，张浚退保秦州（治所在今甘肃天水）。

宋御史中丞秦桧从金国逃归。

一八三三 1131年，辛亥，宋高宗绍兴元年，西夏崇宗正德五年，金太宗天会九年。

张俊、岳飞平定李成乱军及江淮乱军。　陕西处置使张浚枉杀都统制曲端。　金完颜娄室西攻，被宋秦凤经略使吴玠击败于和尚原（今陕西宝鸡西南）。

一八三四 1132年，壬子，宋高宗绍兴二年，西夏崇宗正德六年，金太宗天会十年。

宋境内民变四起，韩世忠镇压建州起义军，斩首领范汝为。荆湖南路宣抚使李纲平定湖南乱民。神武军副都统制岳飞平定贺州（治所在今广西贺州）乱民。

刘齐迁都汴京。

一八三五 1133年，癸丑，宋高宗绍兴三年，西夏崇宗正德七年，金太宗天会十一年。

宋襄阳镇抚使李横率兵攻伪齐，收复颍昌府（治所在今河南许昌）。伪齐派李成率二万人反攻，并请金军援助，大败李横，夺回了颍昌。金兀术率兵从长安西攻和尚原（治所在今陕西宝鸡西南），吴玠没有粮草难以守御，和尚原沦陷。

一八三六 1134年，甲寅，宋高宗绍兴四年，西夏崇宗正德八年，金太宗天会十二年。

金兀术从和尚原攻仙人关（今甘肃徽县南）。吴玠屯兵仙人关，大败金军，收复秦州（治所在今甘肃天水）、凤州（治所在今陕西凤县东北）。　宋江西制置使岳飞攻伪齐，伪齐大将李成弃襄阳逃走，岳飞收复邓州（治所在今河南邓州）、襄阳（治所在今湖北襄阳）、随州（治所在今湖北随州）、唐州（治所在今河南唐河）。　伪齐联合金一起攻宋，金完颜宗辅任左副元帅，伪齐梁国公刘麟任诸路大总管，分兵南下。韩世忠在大仪（今江苏扬州西北）挫败金军。岳飞在庐州（治所在今安徽合肥）大败金军。金军因粮草缺乏，又听说金太宗完颜晟病重，于是撤兵。

一八三七 1135 年，乙卯，宋高宗绍兴五年，西夏崇宗大德元年，金太宗天会十三年。

正月，金太宗死，侄完颜亶即位，是为金熙宗。

宋徽宗死于金五国城（今黑龙江依兰），时年五十四岁。　岳飞攻占洞庭水寨，起义军首领杨么自杀，收降 20 多万起义军。

一八三八 1136 年，丙辰，宋高宗绍兴六年，西夏崇宗大德二年，金熙宗完颜亶天会十四年。

伪齐派三十万大军兵分三路南侵，中路皇子刘麟攻合肥，东路皇侄刘猊攻定远，西路孔彦舟攻六安。宋将杨沂中率军至藕塘，与刘猊军相遇，双方展开激战，伪齐军大败。刘麟和孔彦舟听说刘猊军败，引兵退去。

一八三九 1137 年，丁巳，宋高宗绍兴七年，西夏崇宗大德三年，金熙宗天会十五年。

宋淮西副都统制郦琼率所部四万人降伪齐。　伪齐帝刘豫屡败，又多次向金请兵，遂废刘豫为蜀王。伪齐亡。

一八四〇 1138 年，戊午，宋高宗绍兴八年，西夏崇宗大德四年，金熙宗天眷元年。

金打算把伪齐故地（河南及陕西）还给宋朝，恰碰上宋派王伦出使金国，于是，命右司侍郎张通古为江南诏谕使来到临安（今浙江杭州）。

一八四一 1139 年，己未，宋高宗绍兴九年，西夏崇宗大德五年，金熙宗天眷二年。

王伦任东京留守，至汴京接收割地，得汴京、西京、南京、长安。金主对太师完颜宗磐与左副元帅完颜昌无故建议归还伪齐故地起了疑心，查知完颜宗磐等人企图谋反。于是，杀完颜宗磐及其同党，并扣留宋使王伦，谋划收回割地。

西夏崇宗嵬名乾顺死，西夏仁宗嵬名仁孝即位。

一八四二 1140年，庚申，宋高宗绍兴十年，西夏仁宗嵬名仁孝大庆元年，金熙宗天眷三年。

金背弃盟约，企图收回河南及陕西之地，分兵四路入侵。完颜昂出兵山东，右副元帅完颜撒离喝率军入陕西，知冀州李成率军入河南，完颜宗弼率精兵十余万人直奔汴京。陕西、河南州县多归金所有。

宋将刘琦在顺昌（今安徽阜阳）大败金军。岳飞收复颍昌（今河南许昌），正当岳飞准备乘胜追击时被十二道金牌召回。于是，北伐所收复的颍昌、淮宁（今河南淮阳）、蔡阳（今河南汝阳）、郑州（今河南郑州）诸地又被金占领。

一八四三 1141年，辛酉，宋高宗绍兴十一年，西夏仁宗大庆二年，金熙宗皇统元年。

宋军南撤后，金军再次进犯淮西，并攻陷庐州（治所在今安徽合肥）。张俊、王德收复含山、昭关两县。 金军进至柘皋（今安徽巢湖西北），与淮北宣抚使杨沂中、判官刘锜军相遇，双方展开激战，宋军大败金军，并乘胜收复庐州。 宋高宗解除了韩世忠、张俊、岳飞三大将的兵权。

宋金达成和议，宋向金称臣，每年向金纳贡银二十五万两、绢二十五万匹，双方东以淮河为界，西以大散关为界，以南属宋，以北属金。金归还宋徽宗棺椁及宋高宗生母韦贤妃。

是年，岳飞以“莫须有”的罪名被杀害于大理寺狱中的风波亭。

一八四四 1142年，壬戌，宋高宗绍兴十二年，西夏仁宗大庆三年，金熙宗皇统二年。

宋向金进誓表。 金派左宣徽使刘筈至宋，册立宋高宗为宋帝。

宋金互市榷场。

一八四五 1143年，癸亥，宋高宗绍兴十三年，西夏仁宗大庆四年，金熙宗皇统三年。

宋高宗下诏没收钱塘县西岳飞宅，改为国子监、太学。 金主大赦，放归宋使许皓、张邵、朱弁三人。

一八四六 1144年，甲子，宋高宗绍兴十四年，西夏仁宗人庆元年，金熙宗皇统四年。

五、六月间，江、浙、福建遭水灾，建州、衢州、信州等地民溺死者甚多。宋高宗下诏全力赈济。

一八四七 1145年，乙丑，宋高宗绍兴十五年，西夏仁宗人庆二年，金熙宗皇统五年。

西夏建立太学，西夏仁宗嵬名仁孝亲自释奠。

一八四八 1146年，丙寅，宋高宗绍兴十六年，西夏仁宗人庆三年，金熙宗皇统六年。

金礼部尚书宇文虚中被诬谋反，被处死。　金多次击蒙古，不能胜，于是派汴京留守萧保寿与蒙古议和，蒙古没有答应。

一八四九 1147年，丁卯，宋高宗绍兴十七年，西夏仁宗人庆四年，金熙宗皇统七年。

金与蒙古议和。金割西平河（今内蒙古额尔古纳河上游）以北二十七团寨给蒙古，每年送蒙古牛、羊、米、豆、绢帛之类甚为丰厚。

蒙古自号大蒙古国，鄂伦贝勒自称祖元皇帝，改元天兴。

一八五〇 1148年，戊辰，宋高宗绍兴十八年，西夏仁宗人庆五年，金熙宗皇统八年。

宋廷下诏，禁止官吏士民私自渡淮及招纳叛亡，违者以军法论处。

金名将完颜宗弼（兀术）死，谥忠烈。

一八五一 1149年，己巳，宋高宗绍兴十九年，西夏仁宗天盛元年，金熙宗皇统九年，金海陵王完颜亮天德元年。

金主完颜亶日益暴虐，杀弟弟胙王元及皇后，以至于人人自危。平章政事完颜亮趁众怒杀完颜亶，即帝位。

一八五二 1150年，庚午，宋高宗绍兴二十年，西夏仁宗天盛二年，金海陵王天德二年。

宋军校施全刺杀秦桧不成反被杀。

金主完颜亮为排除异己，大杀宗室。

一八五三 1151年，辛未，宋高宗绍兴二十一年，西夏仁宗天盛三年，金海陵王天德三年。

金主下诏迁都燕京（今北京），命尚书右丞张浩调各路匠人修筑燕京宫室。

一八五四　1152年，壬申，宋高宗绍兴二十二年，西夏仁宗天盛四年，金海陵王天德四年。

金主完颜亮迁往燕京，留嫡母徒单太后在上京。

一八五五　1153年，癸酉，宋高宗绍兴二十三年，西夏仁宗天盛五年，金海陵王天德五年、贞元元年。

三月，金自上京迁都燕京，改元贞元。改燕京析津府为中都大兴府，汴京为南京（今河南开封），去上京名称，为会宁府。又改中京大定府为北京。东京辽阳府、西京大同府不变。

一八五六　1154年，甲戌，宋高宗绍兴二十四年，西夏仁宗天盛六年，金海陵王贞元二年。

南丹莫公晟归附宋朝，宋封莫公晟为南丹州（治所在今广西南丹）防御使。

一八五七　1155年，乙亥，宋高宗绍兴二十五年，西夏仁宗天盛七年，金海陵王贞元三年。

宋左仆射、同中书门下平章事秦桧病死。

一八五八　1156年，丙子，宋高宗绍兴二十六年，西夏仁宗天盛八年，金海陵王贞元四年、正隆元年。

宋高宗下诏禁止百姓议论边事。是年，宋钦宗死于金，时年五十七岁。

金颁行正隆官制，撤销中书、门下两省，只设尚书省主管朝廷政务。

一八五九　1157年，丁丑，宋高宗绍兴二十七年，西夏仁宗天盛九年，金海陵王正隆二年。

是年，共有进士王十朋以下四百二十六人及第。

一八六〇　1158年，戊寅，宋高宗绍兴二十八年，西夏仁宗天盛十年，金海陵王正隆三年。

金再谋南侵。金命左丞相张浩、参知政事敬嗣晖营建汴京宫室。

一八六一　1159年，己卯，宋高宗绍兴二十九年，西夏仁宗天盛十一年，金海陵王正隆四年。

金下令只留泗州（今江苏盱眙）一处榷场，每五天开场贸易一次。

宋也只留盱眙军榷场，并禁止通过海陆与金通商。金主决意南侵，抓紧修造战船、登记壮丁以备战。

一八六二　1160 年，庚辰，宋高宗绍兴三十年，西夏仁宗天盛十二年，金海陵王正隆五年。

宋廷遣同知枢密院事叶义问赴金探问虚实。叶义问回来后向宋高宗密奏说，金因严刑杀戮，又劳民伤财，导致天人共怨。现江淮已有宋军屯守，海道应加防备。

一八六三　1161 年，辛巳，宋高宗绍兴三十一年，西夏仁宗天盛十三年，金海陵王正隆六年，金世宗完颜雍大定元年。

金派遣使者到宋，索取淮河以南、长江以北地区，言辞不逊，企图激怒宋高宗。　　金迁都汴京。　　金主完颜亮以谋反罪杀嫡母徒单太后，率六十万大军南下攻宋，宋池州都统制王权望风而逃，直奔采石矶（今安徽马鞍山西南）。金军攻陷和州（治所在今安徽和县），抵长江采石渡口。中书舍人虞允文率军作殊死拼搏，大败金军。当时，金东京留守完颜褒听说完颜亮杀嫡母，又将遣使迫害宗室兄弟，便在辽阳称帝，改元大定，并下诏历数完颜亮罪过。完颜亮到达瓜州（治所在今江苏扬州南）时被部下所杀。　　金军北还，宋收复泗州、和州、楚州、汝州等。

一八六四　1162 年，壬午，宋高宗绍兴三十二年，西夏仁宗天盛十四年，金世宗大定二年。

山东人耿京率众叛金，收复东平（今山东东平），并派辛弃疾赴临安奉表。宋高宗授耿京为天平节度使。　　宋高宗传位于族人赵伯琮，改名赵昚，是为宋孝宗，自称太上皇。宋孝宗下诏为岳飞雪冤，追复岳飞原官，以礼改葬。

一八六五　1163 年，癸未，宋孝宗赵昚隆兴元年，西夏仁宗天盛十五年，金世宗大定三年。

金致书张浚索要海（治所在今江苏连云港）、泗（治所在今江苏盱眙北）、唐（治所在今河南唐河）、邓（治所在今河南邓州）、商（治所在今陕西商县）等州及岁币，被张浚拒绝。　　宋孝宗锐意恢复，命张浚赴长江以北视师。淮西制置使李显忠收复灵璧（今安徽灵璧）。池州都统制邵宏渊攻虹县（今安徽泗县），久攻不下，后被李显忠派人劝降。李、邵二人因此不和。紧接着李显忠又收复宿州（今安徽宿州）。金赫舍哩志宁率大军攻宿州，李显忠约邵宏渊夹击金军，邵宏渊按兵不动，李显忠孤军苦战，在符离（今安徽符离）大败。　金再次致书宋朝，要求宋称臣、割地及岁币，宋左仆射汤思退力主议和。

一八六六　1164 年，甲申，宋孝宗隆兴二年，西夏仁宗天盛十六年，金世宗大定四年。

张浚反对议和，被罢相，不久病死。宋金因为和议内容争论不休，僵持不下。金赫舍哩志宁率大军再攻宋，攻陷盱眙、濠、庐、和、滁等州。宋派通门使魏杞赴金，重新订立和约，是为"隆兴和议"。南宋对金不再称臣，改为叔侄关系，"岁贡"改为"岁币"，银绢各为二十万两匹；南宋放弃所占海、泗、唐、邓、商、秦六州，双方疆界恢复绍兴和议时原状。

一八六七　1165 年，乙酉，宋孝宗乾道元年，西夏仁宗天盛十七年，金世宗大定五年。

宋改元乾道，大赦天下。并命淮西、湖北、荆襄帅臣措置屯田。

一八六八　1166 年，丙戌，宋孝宗乾道二年，西夏仁宗天盛十八年，金世宗大定六年。

宋诏宰相兼制国用使。

一八六九　1167 年，丁亥，宋孝宗乾道三年，西夏仁宗天盛十九年，金世宗大定七年。

是年，两浙水灾，四川旱灾，江东西路、湖南北路蝗灾，宋遣使分路赈济。

一八七〇　1168 年，戊子，宋孝宗乾道四年，西夏仁宗天盛二十年，金世宗大定八年。

西夏约宋共击吐蕃。

一八七一　1169 年，己丑，宋孝宗乾道五年，西夏仁宗天盛二十一年，金世宗大定九年。

虞允文被任命为左仆射、同中书门下平章事。

一八七二 1170 年，庚寅，宋孝宗乾道六年，西夏仁宗乾祐元年，金世宗大定十年。

西夏宰相任得敬胁迫西夏仁宗上表于金，求分西南疆土与任得敬，另立一国。金主完颜雍没有同意。西夏仁宗谋杀任得敬。

一八七三 1171 年，辛卯，宋孝宗乾道七年，西夏仁宗乾祐二年，金世宗大定十一年。

金国用一品官礼仪葬宋钦宗赵桓于洛阳。

一八七四 1172 年，壬辰，宋孝宗乾道八年，西夏仁宗乾祐三年，金世宗大定十二年。

金政府免除中都、陕西等七路水、旱灾区的去年租税。

宋正宰相之名，改尚书左右仆射、同中书门下平章事为左、右丞相。

一八七五 1173 年，癸巳，宋孝宗乾道九年，西夏仁宗乾祐四年，金世宗大定十三年。

金禁止女真人用汉姓。

一八七六 1174 年，甲午，宋孝宗淳熙元年，西夏仁宗乾祐五年，金世宗大定十四年。

宋四川宣抚使、雍国公虞允文卒。

一八七七 1175 年，乙未，宋孝宗淳熙二年，西夏仁宗乾祐六年，金世宗大定十五年。

为抵抗官府对茶叶的垄断，茶户赖文政起义。宋命仓部郎中辛弃疾为江西提刑，调遣诸军征讨起义军。辛弃疾诱杀赖文政于江州（治所在今江西九江），起义军被镇压。

一八七八 1176 年，丙申，宋孝宗淳熙三年，西夏仁宗乾祐七年，金世宗大定十六年。

金颁行翰林学士图克坦子温所译《史记》《西汉书》《贞观政要》《白氏策林》等书。

一八七九 1177 年，丁酉，宋孝宗淳熙四年，西夏仁宗乾祐八年，金世宗大定十七年。

宋孝宗重视武学，著作郎傅伯寿上言，请将历代诸将及本朝名将绘于殿，使天下人士知晓朝廷激义勇而尚忠烈。起居郎钱良臣亦请以建隆、建炎以来功烈显著者参陪庙祀。

一八八〇 1178 年，戊戌，宋孝宗淳熙五年，西夏仁宗乾祐九年，金世宗大定十八年。

宋布衣陈亮上书，直言大臣，苟且求安，呼吁宋孝宗恢复中原。宋孝宗深受感动，准备擢用陈亮，但因遭到掌权者的阻扰而作罢。

一八八一 1179 年，己亥，宋孝宗淳熙六年，西夏仁宗乾祐十年，金世宗大定十九年。

宋郴州农民在陈峒率领下起义，反对政府无偿勒索农民粮食。起义军连克道州（治所在今湖南道县的江华）、桂阳军（治所在今湖南桂阳）的蓝山、临武及连州（治所在今广东连州）的阳山等地。宋潭州知州王佐率三千精兵前往镇压。起义失败，陈峒被杀。　宋孝宗下诏将现行敕、令、格、式，仿吏部七司条法总类，随事分类修纂成书，编成《淳熙条法事类》。

一八八二 1180 年，庚子，宋孝宗淳熙七年，西夏仁宗乾祐十一年，金世宗大定二十年。

世居黎州（治所在今四川汉源）西的五部落进攻盘陀寨，宋军大败。九月，宋将王去恶围攻五部落，五部落被迫请和。

知潭州、湖南帅臣辛弃疾募兵一千八百人，加以训练。宋孝宗赐名湖南飞虎军，遥隶步军司。

一八八三 1181 年，辛丑，宋孝宗淳熙八年，西夏仁宗乾祐十二年，金世宗大定二十一年。

宋政府在诸路推行朱熹首创的社仓法。此法使贫苦百姓在荒年可以得到部分粮食。

一八八四 1182 年，壬寅，宋孝宗淳熙九年，西夏仁宗乾祐十三年，金世宗大定二十二年。

宋禁止蕃舶贩易金银。

一八八五 1183 年，癸卯，宋孝宗淳熙十年，西夏仁宗乾祐十四年，金世宗大定二十三年。

宋孝宗下令禁止“道学”。

一八八六 1184年，甲辰，宋孝宗淳熙十一年，西夏仁宗乾祐十五年，金世宗大定二十四年。

宋江东、西路发生水灾。政府开常平仓赈济灾民，免去浙西、江东的钱米。

一八八七 1185年，乙巳，宋孝宗淳熙十二年，西夏仁宗乾祐十六年，金世宗大定二十五年。

金皇太子完颜允恭病死。

一八八八 1186年，丙午，宋孝宗淳熙十三年，西夏仁宗乾祐十七年，金世宗大定二十六年。

黄河在金卫州（治所在今河南汲县）决口，卫州城被淹，金迁州治于胙城（今河南延津北）。

一八八九 1187年，丁未，宋孝宗淳熙十四年，西夏仁宗乾祐十八年，金世宗大定二十七年。

宋太上皇赵构卒。

金禁止女真人汉化，禁止改汉姓、穿汉服。

一八九〇 1188年，戊申，宋孝宗淳熙十五年，西夏仁宗乾祐十九年，金世宗大定二十八年。

金世宗下令建女真太学。

宋兵部侍郎林栗弹劾朱熹。侍御史胡晋臣弹劾林栗无事而指学者为党。宋孝宗命林栗外任知泉州。

一八九一 1189年，己酉，宋孝宗淳熙十六年，西夏仁宗乾祐二十年，金世宗大定二十九年。

正月，金世宗完颜雍卒，孙完颜璟即位，是为金章宗。

二月，宋孝宗传位太子赵惇，自称太上皇。

一八九二 1190年，庚戌，宋光宗赵惇绍熙元年，西夏仁宗乾祐二十一年，金章宗完颜璟明昌元年。

金设应制、宏词科。

一八九三 1191年，辛亥，宋光宗绍熙二年，西夏仁宗乾祐二十二年，金章宗明昌二年。

金朝令女真字直译为汉字，取消辽国文字。

一八九四　1192年，壬子，宋光宗绍熙三年，西夏仁宗乾祐二十三年，金章宗明昌三年。

宋泸州军帅张孝芳部下张信率众作乱，杀张孝芳全家、节度推官杜美、军校张明。不久张明之子张昌杀张信。

一八九五　1193年，癸丑，宋光宗绍熙四年，西夏仁宗乾祐二十四年，金章宗明昌四年。

九月，西夏仁宗嵬名仁孝卒，其子桓宗嵬名纯祐即位，改元天庆。

一八九六　1194年，甲寅，宋光宗绍熙五年，西夏桓宗嵬名纯祐天庆元年，金章宗明昌五年。

六月，宋太上皇赵昚卒。宋光宗赵惇病势沉重，难以临朝。知枢密院事赵汝愚等请吴太皇太后（宋高宗赵构妻）垂帘听政，立太子嘉王赵扩为帝，是为宋宁宗，尊赵惇为太上皇。

一八九七　1195年，乙卯，宋宁宗赵扩庆元元年，西夏桓宗天庆二年，金章宗明昌六年。

赵汝愚被贬于永州（治所在今湖南零陵）。韩侂胄得势，因朱熹等人倾向赵汝愚，故称道学为伪学。

一八九八　1196年，丙辰，宋宁宗庆元二年，西夏桓宗天庆三年，金章宗明昌七年、承安元年。

赵汝愚病死于衡州。宋宁宗下令暂停推荐使用伪学之党。

一八九九　1197年，丁巳，宋宁宗庆元三年，西夏桓宗天庆四年，金章宗承安二年。

宋置《伪学逆党籍》，被列入者有五十九人。

一九〇〇　1198年，戊午，宋宁宗庆元四年，西夏桓宗天庆五年，金章宗承安三年。

姚愈被任为兵部尚书。

一九〇一　1199年，己未，宋宁宗庆元五年，西夏桓宗天庆六年，金章宗承安四年。

宋伪学之禁稍有松弛。

一九〇二 1200年，庚申，宋宁宗庆元六年，西夏桓宗天庆七年，金章宗承安五年。

朱熹卒，终年七十一岁。　　宋太上皇赵惇卒。　　婺州吕祖泰上书请诛韩侂胄，被杖责一百，发配钦州（治所在今广西钦县东北）牢城收管。

一九〇三 1201年，辛酉，宋宁宗嘉泰元年，西夏桓宗天庆八年，金章宗泰和元年。

临安发生巨大火灾，焚毁民居五万三千多家。

一九〇四 1202年，壬戌，宋宁宗嘉泰二年，西夏桓宗天庆九年，金章宗泰和二年。

宋解除伪学之禁。

一九〇五 1203年，癸亥，宋宁宗嘉泰三年，西夏桓宗天庆十年，金章宗泰和三年。

龙川蕃寇边，宋派李好义率军征讨。

一九〇六 1204年，甲子，宋宁宗嘉泰四年，西夏桓宗天庆十一年，金章宗泰和四年。

韩侂胄准备攻金，得到辛弃疾、陆游、叶适等人的支持。　　宋追封岳飞为鄂王，以激励军心。

蒙古铁木真击败乃蛮部，杀其首领太阳汗。

一九〇七 1205年，乙丑，宋宁宗开禧元年，西夏桓宗天庆十二年，金章宗泰和五年。

宋准备北伐，任韩侂胄为平章军国事。金下令山东、陕西将帅训练士卒以备宋军进攻。

一九〇八 1206年，丙寅，宋宁宗开禧二年，西夏襄宗嵬名安全应天元年，金章宗泰和六年，元太祖孛儿只斤·铁木真元年。

西夏镇夷郡王嵬名安全废桓宗嵬名纯祐，自立为帝，是为西夏襄宗。

宋将毕再遇收复泗州（治所在今江苏盱眙北）。韩侂胄在准备不充分的情况下，请宋宁宗下令北伐。山东、京洛招抚使郭倪率兵攻宿州（治所在今安徽宿州），建康都统李爽攻寿州（治所在今安徽寿县），京西北路招抚副使皇甫斌攻唐州（治所在今河南唐河），江州都统王大节攻蔡州（治所在今河南汝南），均以失败告终。　　宋四川宣抚副使吴曦叛宋降金，金封其为蜀王。

蒙古诸部落尊铁木真为大汗，即位于斡难河源（今蒙古人民共和国乌兰巴托以东），尊号成吉思汗。

一九〇九　1207年，丁卯，宋宁宗开禧三年，西夏襄宗应天二年，金章宗泰和七年，元太祖二年。

宋监兴州仓杨巨源起兵杀吴曦。四川宣抚使安丙诬陷杨巨源谋反，将其杀害。　　韩侂胄派国信所参议官方信儒赴金议和，金人要求五事：一割两淮，二增岁币，三索归正人，四犒金军，五斩首谋者。韩侂胄大怒，贬方信儒官。　　杨皇后因立后之事怨恨韩侂胄，授意兄长杨次山除掉韩侂胄。杨次山与礼部侍郎史弥远杀韩侂胄。

一九一〇　1208年，戊辰，宋宁宗嘉定元年，西夏襄宗应天三年，金章宗泰和八年，元太祖三年。

宋金和议达成。　　临安大火，烧毁官舍十多处，民舍五万八千多家。

金章宗卒，皇叔卫王完颜永济即位。

一九一一　1209年，己巳，宋宁宗嘉定二年，西夏襄宗应天四年，金卫绍王完颜永济大安元年，元太祖四年。

蒙古攻西夏，西夏军大败，西夏主嵬名安全请和。　　蒙古攻畏兀儿，畏兀儿降。

一九一二　1210年，庚午，宋宁宗嘉定三年，西夏襄宗皇建元年，金卫绍王大安二年，元太祖五年。

蒙古攻西夏时，西夏襄宗曾向金求援，金拒不出师。夏人因此怨恨金人，于是出兵侵金葭州（今陕西佳县），被金击退。夏金关系从此破裂。

成吉思汗以金边将修筑乌沙堡威胁蒙古为借口，命哲伯领兵袭击乌沙堡。

金中都（今北京）戒严，后解除，但仍禁百姓谈论边事。

一九一三　1211年，辛未，宋宁宗嘉定四年，西夏神宗嵬名遵顼光定元年，金卫绍王大安三年，元太祖六年。

西夏襄宗嵬名安全卒，侄神宗嵬名遵顼即位。

成吉思汗聚众誓师，大举攻金。金西京留守赫舍哩弃城逃跑。成吉思汗命其子术赤、察合台、窝阔台分别率军攻占云内（治所在今内蒙古呼和浩特西南）、东胜（治所在今内蒙古托县）、武（治所在今山西五寨北）、朔（治所在今山西朔县）等州。

一九一四　1212年，壬申，宋宁宗嘉定五年，西夏神宗光定二年，金卫绍王崇庆元年，元太祖七年。

成吉思汗举兵攻克金云中（治所在今山西大同）、九原（治所在今内蒙古五原）诸州，进取抚州（治所在今河北张北北）。　蒙军与金兵战于獾儿嘴，金军大败。　蒙古左帅哲伯攻克金东京（今辽宁辽阳）。

一九一五　1213年，癸酉，宋宁宗嘉定六年，西夏神宗光定三年，金卫绍王崇庆二年、至宁元年，金宣宗完颜珣贞祐元年，元太祖八年。

蒙古举兵南下，攻克宣德（治所在今河北宣化）、德兴（治所在今河北涿鹿）二府，金军大败。蒙古又攻取居庸关（今北京昌平）。金杀害完颜永济，立昇王完颜珣为帝，是为金宣宗。术虎高琪率乱军杀了胡沙虎。　蒙古军一面继续围攻中都，一面将其余蒙古军分三路攻金。

一九一六　1214年，甲戌，宋宁宗嘉定七年，西夏神宗光定四年，金宣宗贞祐二年，元太祖九年。

蒙古军继续围攻中都，金乞和。中都解围。　金迁都南京（今河南开封）。成吉思汗再次派兵包围中都。

宋因为金国衰弱，停止输送岁币。

一九一七　1215年，乙亥，宋宁宗嘉定八年，西夏神宗光定五年，金宣宗贞祐三年，元太祖十年。

蒙古木华黎遣部将史天祥等进攻北京（今内蒙古宁城），金乌古论寅答虎举城投降。　金、蒙和议未达成。

一九一八 1216年，丙子，宋宁宗嘉定九年，西夏神宗光定六年，金宣宗贞祐四年，元太祖十一年。

蒙古军攻克潼关。后，金收复数十座城池。

一九一九 1217年，丁丑，宋宁宗嘉定十年，西夏神宗光定七年，金宣宗贞祐五年、兴定元年，元太祖十二年。

金因为宋停止输送岁币，遂攻宋。金军攻樊城（今湖北樊城），围枣阳（今湖北枣阳）。宋下诏伐金。

蒙古成吉思汗因为西征，遂把伐金之事交给太师木华黎。

一九二〇 1218年，戊寅，宋宁宗嘉定十一年，西夏神宗光定八年，金宣宗兴定二年，元太祖十三年。

成吉思汗围西夏都城中兴府（今宁夏银川），西夏帝嵬名遵顼奔西凉（今甘肃武威）。

金围随州（治所在今湖北随州）、枣阳（今湖北枣阳）。宋将孟宗政率军坚守三个月，金军退兵。

蒙古太师木华黎攻陷金太原、平阳（治所在今山西临汾）、河东（今山西）诸州。

一九二一 1219年，己卯，宋宁宗嘉定十二年，西夏神宗光定九年，金宣宗兴定三年，元太祖十四年。

金左副元帅布萨安贞率兵渡淮河，包围安丰军（治所在今安徽淮南）及滁（治所在今安徽滁州）、濠（治所在今安徽凤阳）、光（治所在今河南潢川）三州。　　金围枣阳（今湖北枣阳），宋派扈再兴、许国攻唐、邓二州以解枣阳之围。金未攻下枣阳，宋斩杀金军三万多人。

一九二二 1220年，庚辰，宋宁宗嘉定十三年，西夏神宗光定十年，金宣宗兴定四年，元太祖十五年。

宋、夏攻金巩州（治所在今甘肃陇西），未攻克。

一九二三 1221年，辛巳，宋宁宗嘉定十四年，西夏神宗光定十一年，金宣宗兴定五年，元太祖十六年。

金攻宋黄州（治所在今湖北黄冈）及汉阳（治所在今湖北武汉），又攻蕲州。宋将扈再兴出击，败金于天长镇。

蒙古攻占金东平（今山东东平），又攻金延安（治所在今陕西延安)、鄜(治所在今陕西富县)、坊(治所在今陕西黄陵)等州。

一九二四 1222年,壬午,宋宁宗嘉定十五年,西夏神宗光定十二年,金宣宗兴定六年、元光元年,元太祖十七年。

木华黎率军攻克同州(治所在今陕西大荔)、蒲城(今陕西蒲城),又攻长安(今陕西西安),金京兆行省完颜哈达率军二十万坚守。于是,木华黎遣蒙古布哈率军转攻凤翔(今陕西凤翔)。 蒙古军行至浍水,与金交战,金兵战败。 十二月,木华黎亲率大军围攻凤翔。

一九二五 1223年,癸未,宋宁宗嘉定十六年,西夏神宗光定十三年,金宣宗元光二年,元太祖十八年。

金遣赤盏合喜救援凤翔,又以同知临洮府郭斌总领军事。木华黎攻城不克,凤翔解围。木华黎于班师途中卒。

十二月,金宣宗完颜珣卒,子哀宗完颜守绪即位。

西夏神宗嵬名遵顼传位太子嵬名德旺,自称太上皇。

一九二六 1224年,甲申,宋宁宗嘉定十七年,西夏献宗嵬名德旺乾定元年,金哀宗完颜守绪正大元年,元太祖十九年。

八月,宋宁宗赵扩卒,其侄赵昀即位,是为宋理宗。

西夏遣使与金议和,称弟而不称臣,往返国书,各用本国年号。

一九二七 1225年,乙酉,宋理宗赵昀宝庆元年,西夏献宗乾定二年,金哀宗正大二年,元太祖二十年。

宋宁宗死后,太子赵竑被右丞相史弥远贬为济王。湖州人潘壬与其弟潘丙、堂兄潘甫等不满史弥远擅自废立,图谋拥立赵竑,后被镇压。史弥远逼赵竑自缢。 宋淮东制置使许国打压忠义军,对忠义军首领李全无礼,忠义军于是叛乱,杀许国。李全听闻许国已死,从青州(治所在今山东益都)回楚州(治所在今江苏淮安)。

一九二八 1226年,丙戌,宋理宗宝庆二年,西夏献宗乾定三年,金哀宗正大三年,元太祖二十一年。

七月,成吉思汗攻取西夏甘(治所在今甘肃张掖)、肃(治所在今甘肃酒泉)、西凉府(治所在今甘肃武威)、应理(今宁夏中卫)等州县。西夏献宗嵬名德旺死,其弟南平王嵬名晛即位,改元宝义。

蒙古军围青州(今山东益都),宋政府命刘琸任淮东制置使,以灭忠义军。是时，李全兄李福从青州突围返回楚州，与李全妻子杨妙真共同起兵击刘琸，刘琸仅以身免。

一九二九 1227 年，丁亥，宋理宗宝庆三年，西夏末帝嵬名睍宝义元年，金哀宗正大四年，元太祖二十二年。

蒙古围青州经年，李全降于蒙古。李全在楚州的部将国安用、王义深等人因宋政府不再颁发钱粮，怨恨杨妙真、李福，杀李全全家，杨妙真逃走。李全率军返回淮安。

蒙古攻陷西夏州县，夏主出降，西夏亡。

七月，成吉思汗病卒，庙号太祖，成吉思汗少子拖雷监国。

一九三〇 1228 年，戊子，宋理宗绍定元年，金哀宗正大五年，蒙古孛儿只斤・拖雷监国。

六月，日食。

一九三一 1229 年，己丑，宋理宗绍定二年，金哀宗正大六年，元太宗孛儿只斤・窝阔台元年。

蒙古库里尔台大会立铁木真第三子窝阔台为帝，是为元太宗。蒙古攻金，围庆阳（今甘肃庆阳）。

一九三二 1230 年，庚寅，宋理宗绍定三年，金哀宗正大七年，元太宗二年。

金派兵救庆阳，在大昌原（今甘肃宁县）遇蒙古兵，金军先锋完颜彝（陈和尚）率领四百余骑破蒙古军八千人，庆阳解围。 李全由淮安起兵围攻扬州。

一九三三 1231 年，辛卯，宋理宗绍定四年，金哀宗正大八年，元太宗三年。

宋节制镇江军马赵范守扬州，大败李全。李全被杀。赵范进攻淮安，杀忠义军万余人。

蒙古改官制，建立中书省，以耶律楚材为中书令。 托雷派遣速不罕赴宋，请借道攻金。速不罕至沔州（今陕西略阳），被金杀害。托雷大怒，遣军进入宋大散关，攻陷凤州（治所在今陕西凤县东北）、沔州（治所在今陕西略阳）、兴元（治所在今陕西汉中）、洋州（治所在今陕西洋县）等，宋民死数十万。

宋临安大火，烧毁太庙、六部等官舍。

一九三四 1232 年，壬辰，宋理宗绍定五年，金哀宗正大九年、开兴元年、天兴元年，元太宗四年。

蒙古攻汴京，金将完颜合达率步骑十五万救援，在钧州（治所在今河南禹县）被蒙古军夹击。金军大败。 金潼关守将李平降蒙古。

金哀宗送曹王于蒙古营为人质，并献金帛求和。蒙军退兵。 蒙古与金和议断绝。 蒙古再围汴京，并派使者至宋商议夹击金人之事，许诺灭金之后，把黄河以南地区归宋。

一九三五 1233 年，癸巳，宋理宗绍定六年，金哀宗天兴二年，元太宗五年。

金哀宗率军攻卫州（治所在今河南汲县），被蒙古军击败。金哀宗逃往归德（今河南商丘）。汴京沦陷，因耶律楚材阻止而免被屠城。

金将蒲察官奴指挥忠孝军发动兵变，软禁金哀宗。金哀宗设伏兵斩蒲察官奴，逃至蔡州（治所在今河南汝南）。 蒙古军至蔡州城下，宋孟珙率兵二万，运米三十万石，与蒙古共同夹击金军。

一九三六 1234 年，甲午，宋理宗端平元年，金哀宗天兴三年，元太宗六年。

蒙古与宋围蔡州三月，城中粮尽，金哀宗传位于完颜承麟。孟珙率军攻破南城，金哀宗自杀。完颜承麟被乱军所杀。金亡。

宋淮东安抚副使赵范等想乘机收复三京，宋理宗下诏进军。蒙古反攻，宋军败退。蒙古派遣王楫谴责宋背叛盟约。

一九三七 1235 年，乙未，宋理宗端平二年，元太宗七年。

蒙古分三路攻宋，宋北境全线陷入战争。蒙古西路军攻沔州（治所在今陕西略阳）。

一九三八 1236 年，丙申，宋理宗端平三年，元太宗八年。

蒙古中路军攻入襄阳。 西路军攻破会州（治所在今甘肃兰州西北）、文州（治所在今甘肃文县）、成都，后因蒙古皇子库春死，弃成都而去。 东路军口温不花率军进入淮西，攻黄州、真州。宋军全力抵抗。宋理宗追悔叛盟，下罪己诏。

一九三九 1237年，丁酉，宋理宗嘉熙元年，元太宗九年。

蒙古口温不花攻黄州（治所在今湖北黄冈），宋将孟珙率兵救援，击退蒙古军。蒙古军攻安丰（今安徽寿县），守将杜杲全力守城，蒙古军撤退。

一九四〇 1238年，戊戌，宋理宗嘉熙二年，元太宗十年。

蒙古察罕率军攻庐州（治所在今安徽合肥），不能取胜。

一九四一 1239年，己亥，宋理宗嘉熙三年，元太宗十一年。

宋荆湖制置使孟珙从岳州（治所在今湖南岳阳）北攻，收复樊城（今湖北襄阳北）、襄阳（今湖北襄阳）、光化军（治所在今湖北均县东南）、息（治所在今河南息县）、蔡（治所在今河南汝南）等地。接着宋军收复夔州（治所在今重庆奉节）。

一九四二 1240年，庚子，宋理宗嘉熙四年，元太宗十二年。

孟珙被任命为四川宣抚使兼知夔州。

一九四三 1241年，辛丑，宋理宗淳祐元年，元太宗十三年。

十一月，蒙古窝阔台汗卒，乃马真皇后临朝称制。　蒙古将汪世显率军入四川，成都沦陷。　蒙古派月里麻思赴宋议和。宋淮河守将逼迫月里麻思投降，月里麻思不从，被囚于长沙飞虎寨。

一九四四 1242年，壬寅，宋理宗淳祐二年，蒙古乃马真后元年。

蒙古东路军攻宋通州（治所在今江苏南通）。蒙古西路军攻陷叙州（治所在今四川宜宾）。蒙古中路军陷滁州（治所在今安徽滁州）、和州（治所在今安徽和县）、巢州（治所在今安徽巢湖）。

一九四五 1243年，癸卯，宋理宗淳祐三年，蒙古乃马真后二年。

蒙古西路军攻陷资州（治所在今四川资中）。

宋四川制置使余玠在钓鱼山（今重庆合川东）筑城。

一九四六 1244年，甲辰，宋理宗淳祐四年，蒙古乃马真后三年。

蒙古中书令耶律楚材卒，被追封为广宁王，谥文正。

一九四七 1245年，乙巳，宋理宗淳祐五年，蒙古乃马真后四年。

蒙古察罕攻入扬州（治所在今江苏扬州），大掠而去。

一九四八　1246年，丙午，宋理宗淳祐六年，蒙古乃马真后五年，元定宗孛儿只斤·贵由元年。

元太宗长子贵由被立为大汗，是为元定宗。

宋将孟珙卒。

一九四九　1247年，丁未，宋理宗淳祐七年，元定宗二年。

宋政府为祈雨，释杖刑以下囚犯并出丰储仓米以平稳粮价。

一九五〇　1248年，戊申，宋理宗淳祐八年，元定宗三年。

蒙古贵由大汗卒。海迷失皇后抱元太宗窝阔台之孙失烈门临朝听政，诸王大臣多有不服。

一九五一　1249年，己酉，宋理宗淳祐九年，蒙古海迷失后元年。

宋理宗诏给官田五百亩，命临安府创办慈幼局，收养遗弃婴儿；置药局，以治疗贫民疾病。

一九五二　1250年，庚戌，宋理宗淳祐十年，蒙古海迷失后二年。

先前，元太宗窝阔台喜爱皇侄蒙哥，收为养子。蒙哥多有战功，群臣属意立蒙哥为大汗。

一九五三　1251年，辛亥，宋理宗淳祐十一年，蒙古海迷失后三年，元宪宗孛儿只斤·蒙哥元年。

六月，蒙古诸王大臣共推蒙哥即汗位，蒙哥是铁木真之孙，托雷之子，是为元宪宗。蒙哥即位后，命皇弟忽必烈总管漠南军民政事。

一九五四　1252年，壬子，宋理宗淳祐十二年，元宪宗二年。

蒙哥汗迁乃马真皇后于阔端之地，杀海迷失皇后及失烈门之母，囚失烈门。　蒙哥汗命忽必烈率军征讨云南。

一九五五　1253年，癸丑，宋理宗宝祐元年，元宪宗三年。

忽必烈分道进攻云南。西路兀良合台攻白蛮，白蛮降于蒙古。忽必烈率中路军进攻大理，大理国王段智兴出逃，大理被攻陷。

一九五六　1254年，甲寅，宋理宗宝祐二年，元宪宗四年。

蒙古军在利州（治所在今四川广元）、阆州（治所在今四川阆中）筑城，以便经营四川。　蒙古兀良合台攻乌蛮，遭遇抵抗。　蒙古军偷袭成功，大理国王段智兴被擒。

一九五七　1255 年，乙卯，宋理宗宝祐三年，元宪宗五年。

蒙古征服了西南地区，对南宋形成了南北夹击之势。

一九五八　1256 年，丙辰，宋理宗宝祐四年，元宪宗六年。

蒙古军侵扰宋叙州（治所在今四川宜宾），被叙州知州史俊击退。

忽必烈在桓州（治所在今内蒙古正蓝旗）东修筑宫室，定名开平府，后升为上都。

一九五九　1257 年，丁巳，宋理宗宝祐五年，元宪宗七年。

蒙古军攻襄、樊，宋襄阳守将高达力战，蒙古军撤退。　蒙古大元帅兀良合台遣使赴安南招降，安南囚禁使臣。蒙古军进攻安南，安南王陈日煚逃入海岛。

一九六〇　1258 年，戊午，宋理宗宝祐六年，元宪宗八年。

蒙古分三路进兵攻宋。西路由蒙哥汗率军攻四川，中路由忽必烈率军攻鄂州（治所在今湖北武昌），南路由兀良合台从安南攻长沙。宋四川成都、彭、汉、怀安、绵等州县投降。蒙古军又攻克宋隆州（治所在今四川仁寿）及雅州（治所在今四川雅安）。蒙古将领李璮攻破宋海州（治所在今江苏连云港）。

一九六一　1259 年，己未，宋理宗开庆元年，元宪宗九年。

蒙古西路军围合州（治所在今四川合州），守将王坚力战守城，蒙哥汗督战，被飞石所伤，不久死。蒙古大军奉丧北归，合州解围。中路军忽必烈渡长江，围攻鄂州。

宋丞相贾似道派宋京向蒙古求和，请求称臣，以长江为界，每年奉银、绢各二十万两。忽必烈因库里尔台大会将立阿里不哥为汗，急于北还，于是同意许和，但仍屯兵鄂州城下，等待与兀良合台军会合。兀良合台围潭州（治所在今湖南长沙）时被忽必烈召还，潭州解围。

一九六二　1260 年，庚申，宋理宗景定元年，元世祖孛儿只斤·忽必烈中统元年。

兀良合台至鄂州，渡河北还。

贾似道隐瞒议和称臣纳岁币之事，以大捷上奏朝廷。

三月，忽必烈在开平（今内蒙古正蓝旗东）称大汗，是为元世祖。因未经过库里尔台会议，阿里不哥不服，便在和林（今蒙古人民共和国哈尔和林）称汗。　　忽必烈派郝经赴宋通和，并索要贾似道许诺的岁币。贾似道担心事泄，将郝经囚于真州（治所在今江苏仪征）忠勇军营。

一九六三　1261 年，辛酉，宋理宗景定二年，元世祖中统二年。

贾似道逼死曹世雄，将高达免官；又打压潼川安抚使刘整。刘整畏惧，以所属十五县降蒙古。

蒙古忽必烈率兵攻阿里不哥，阿里不哥大败，逃入沙漠。忽必烈攻取和林。

一九六四　1262 年，壬戌，宋理宗景定三年，元世祖中统三年。

蒙古江淮大都督李璮以涟水（今江苏涟水）、海州（治所在今江苏连云港）降宋，宋理宗授李璮为保信、宁武军节度使，恢复其父李全官爵。李璮率军攻克益都（今山东益都）、济南（今山东济南）。　　蒙古中书丞相史天泽攻陷济南，李璮被杀。

一九六五　1263 年，癸亥，宋理宗景定四年，元世祖中统四年。

蒙古任王德素为国信使，刘公谅为国信副使，诘问宋扣留郝经之故。　　蒙古以开平府为上都。

一九六六　1264 年，甲子，宋理宗景定五年，元世祖中统五年、至元元年。

阿里不哥与玉龙答失、阿速带等诸王归降，忽必烈释放诸王，但将其谋臣全部诛杀。　　蒙古自和林迁都燕京（今北京），称中都。

十一月，宋理宗赵昀卒，侄赵孟启即位，改名赵禥，是为宋度宗。

一九六七　1265 年，乙丑，宋度宗赵禥咸淳元年，元世祖至元二年。

蒙古与宋战于钓鱼山（今四川合川东），宋军大败，蒙古缴获战舰一百四十多艘。

宋度宗加封贾似道为太师、魏国公，称其为“师臣”。

一九六八　1266 年，丙寅，宋度宗咸淳二年，元世祖至元三年。

蒙古设置国用司，任回鹘人阿合马为国用使，横征暴敛。

一九六九　1267 年，丁卯，宋度宗咸淳四年，元世祖至元四年。

蒙古阿术军与宋军战于襄樊，宋军死万余人。

一九七〇 1268年，戊辰，宋度宗咸淳四年，元世祖至元五年。

蒙古征南都元帅阿术、都元帅刘整于白河口筑垒，又于汉水筑城，与夹江堡相呼应。自此，增援襄阳的宋军不能接近城池。

一九七一 1269年，己巳，宋度宗咸淳五年，元世祖至元六年。

蒙古国师八思巴创立新字，颁行天下。　蒙古枢密副使史天泽增兵围襄阳，阿术围樊城。宋京西安抚副使吕文焕守襄阳，荆湖都统制范天顺守樊城。京湖都统制张世杰救樊城，与蒙古军战于赤滩浦（今湖北襄阳东南），兵败。沿江制置副使夏贵救襄阳，与阿术战于新城，被击败。殿前副指挥范文虎增援夏贵，被蒙古军打败。

一九七二 1270年，庚午，宋度宗咸淳六年，元世祖至元七年。

宋荆湖制置使李庭芝与范文虎再率师救襄阳，但拒不发兵。蒙古听从张弘范建议筑城万山，并迁张弘范军于鹿门，于是襄樊粮道断绝。

一九七三 1271年，辛未，宋度宗咸淳七年，元世祖至元八年。

宋范文虎统兵十万，从水路援救襄阳，至鹿门山（今湖北襄阳东南）遭遇元将阿术攻击，范文虎乘夜逃走，弃战船甲仗无数。

十二月，忽必烈定国号为大元，称皇帝。

一九七四 1272年，壬申，宋度宗咸淳八年，元世祖至元九年。

元改京师中都为大都，建中书省。　阿术攻陷樊城外城，宋将范天顺退守内城。宋将李庭芝派张顺、张贵救援，均败亡。　蒙古将领刘整在鹿头山修筑新城。

一九七五 1273年，癸酉，宋度宗咸淳九年，元世祖至元十年。

樊城被围四年，被元攻克，守将范天顺战死。襄阳被围五年，无一救兵至城下。元军用巨炮轰襄阳，吕文焕难以支撑，于是出降。

一九七六 1274年，甲戌，宋度宗咸淳十年，元世祖至元十一年。

七月，宋度宗赵孟启卒，子赵㬎嗣位，是为恭帝，年四岁，谢太皇太后临朝。

元世祖率大军攻宋，下诏责问宋背盟及囚禁郝经之罪。元左丞相伯颜率大军伐宋，攻破郢州、云安、阳逻堡等，直抵鄂州（治所在今湖北武昌），鄂州降。宋命贾似道都督诸路军马以抵御元军，设都督府于临安。

一九七七 1275 年，乙亥，宋恭帝赵㬎德祐元年，元世祖至元十二年。

元军至安庆（今安徽安庆），宋安庆知州范文虎降。贾似道至芜湖（今安徽芜湖），请求议和。伯颜不许，派兵出击宋军，宋军大败，贾似道逃至扬州。　宋江西提举文天祥散尽家资，募兵勤王。　宋诏降元的将领吕文焕、范文虎等向伯颜求和，伯颜答应。但是，元两次派往宋朝议和的使臣都在中途被杀。伯颜怒不可遏，诸路并进，攻占江陵（今湖北荆州）、岳州（治所在今湖南岳阳）等二十多个州县。　宋京湖都统制张世杰在焦山攻击元军，大败。

一九七八 1276 年，丙子，宋恭帝德祐二年，宋端宗赵昰景炎元年，元世祖至元十三年。

元军进至临安城下，宋谢太皇太后请降。伯颜令宋宰相面议投降事宜，谢太皇太后派文天祥前往，伯颜扣留文天祥。伯颜掳宋恭帝及谢太皇太后北归。文天祥从元营逃归。　张世杰、陆秀夫等人奉益王赵昰为帝。赵昰在福州（治所在今福建福州）即位，是为宋端宗，生母杨太后临朝。以陈宜中、文天祥为左右丞相。元军攻福州，宋端宗逃往泉州（治所在今福建泉州），泉州指挥使蒲寿庚叛变，宋端宗再逃往潮州（治所在今广东潮州）。

一九七九 1277 年，丁丑，宋端宗景炎二年，元世祖至元十四年。

元军攻陷宋循州（治所在今广东龙川）、梅州（治所在今广东梅州）。宋文天祥围赣州（治所在今江西赣州），元江西行省参政李恒救赣州，文天祥兵败。　元军攻陷漳州（治所在今福建漳州），宋枢密副使张世杰奉宋端宗逃往秀山（今广东虎门）。后，宋端宗再逃往井澳（今广东珠海南海中小岛）。刘深攻击井澳，宋端宗逃往谢女峡（今广东横琴岛）。

一九八〇 1278 年，戊寅，宋端宗景炎三年，宋帝昺赵昺祥兴元年，元世祖至元十五年。

宋端宗赵昰病死，群臣立卫王赵昺为帝，杨太后仍临朝。枢密使张世杰等人奉赵昺进驻崖山（今广东新会南八十里）。　元江东宣慰使张弘范分水路两军攻崖山，文天祥于五坡岭被擒。

一九八一 1279 年，己卯，宋帝昺祥兴二年，元世祖至元十六年。

张世杰兵败，张弘范再三劝降，无一人投降。陆秀夫背负宋帝赵昺投海而死，宋军民闻此，相继投海殉国。张世杰等堕海而死。南宋亡。

元①

（公元1206年—公元1368年）

一九八二 1280年，庚辰，元世祖至元十七年。

十月，元世祖派都实从兰州出发探黄河源头。都实到达星宿海，并向西南追溯百余里，到达今喀拉渠的地方，这是中国历史上首次对黄河源头进行的大规模考察活动。

一九八三 1281年，辛巳，元世祖至元十八年。

六月，范文虎等人受元世祖之命率水军跨海远征日本，遇飓风，船只被摧毁，众将领弃船逃亡。元军在进攻日本的战事中大败。

一九八四 1282年，壬午，元世祖至元十九年。

元世祖命朱清、张瑄、罗璧等人修造平底船，以尝试由海上将江南所产粮食运往北方。　　十二月，元朝下令杀害南宋丞相文天祥。文天祥曾在宋元崖山之役时以一首《过零丁洋》诗拒绝元将张弘范的劝降。

一九八五 1283年，癸未，元世祖至元二十年。

在经历飓风灾难之后，元世祖准备再次出兵征讨日本。江南各地因强征水手、船工建造海船，激起民众的反抗。　　设立海运万户府，以忙古带为达鲁花赤，朱清为万户，张瑄为千户。

一九八六 1284年，甲申，元世祖至元二十一年。

元朝为加强统治，颁布了一系列措施。首先，对私藏及学习天文、太乙、推背图等书籍的人治罪；其次，禁止军民学习搏斗技巧及兵器使用。对外贸易实行官营，所得利润朝廷得到七成而商人得三成。然而，

---

① 蒙古孛儿只斤·铁木真于公元1206年建国。1271年忽必烈定国号为元。公元1206年至1279年间纪年和大事见宋、辽、西夏、金部分。

商人私自进行贸易的行为难以彻底禁绝。

一九八七 1285年，乙酉，元世祖至元二十二年。

五月，元军攻入安南（今越南），因军中传染疾病撤退。安南派兵追击，元主将李恒、唆都战死。　十月，设立东征行省，招募水兵、船工，准备再次远征日本。

一九八八 1286年，丙戌，元世祖至元二十三年。

元世祖逐渐重视对南人的起用，派遣集贤直学士程文海前往江南求访人才。　六月，颁行《农桑辑要》。

一九八九 1287年，丁亥，元世祖至元二十四年。

元朝重新设立尚书省，以桑哥、铁木儿为平章政事。设立国子监，设监丞、博士、助教，有弟子二十人，其中蒙、汉两族各为一半。同时在江南各路设立儒学提举司。　元世祖派遣大将脱欢再征安南，元军攻陷其都城。

一九九〇 1288年，戊子，元世祖至元二十五年。

十一月，朝廷设立宣政院，专管西藏事务。　湖南、贺州、泉州、广东等地发生农民起义，均被元军镇压。

一九九一 1289年，己丑，元世祖至元二十六年。

台州（治所在今浙江台州）杨镇龙在玉山起义，建立大兴国，定年号为安定，聚众十余万，后被元将史弼镇压。　元开挖山东安山（今山东东平境内）至临清之间的运河，将其命名为会通河。

一九九二 1290年，庚寅，元世祖至元二十七年。

规定了诸王领地内的民间诉讼，由王傅和监郡共同受理。如果地方没有监郡，便由王傅判决。

一九九三 1291年，辛卯，元世祖至元二十八年。

朝廷罢免了江淮漕运，江南粮食完全由海道运输。　颁行法典《至元新格》。　元解除对全真道教的禁令，全真教得以复苏。

一九九四 1292年，壬辰，元世祖至元二十九年。

二月，元世祖命史弼、亦黑迷失、高兴率兵远征爪哇（今印度尼西亚）。　意大利人马可·波罗离开中国，通过海路返回欧洲，著有《马可·波罗游记》。

一九九五 1293 年，癸巳，元世祖至元三十年。

朝廷命留梦炎、李晞颜等根据宋代的制度，制定市舶法规。　明令禁止江南等州郡以收养孩童为名变相贩卖人口。

一九九六 1294 年，甲午，元世祖至元三十一年。

正月，元世祖忽必烈卒。　四月，皇孙孛儿只斤·铁穆耳在元上都即位，是为元成宗。　元成宗诏令全国崇奉孔子，开放对外贸易。

一九九七 1295 年，乙未，元成宗孛儿只斤·铁穆耳元贞元年。

元朝将江南诸人口大县升为州，以人口多少为标准，分中州二十八个，下州十五个。　诏令江南诸路的天庆观更名为玄妙观，毁掉所有供奉宋太祖的造像。

一九九八 1296 年，丙申，元成宗元贞二年。

广西起义军陈飞等人在昭、梧、藤等州活动，江西赣州刘六十揭竿起义并建立名号，但都被镇压。　元朝禁止船商携带金银等器物出海，赴海外出访的使臣也不得经商。

一九九九 1297 年，丁酉，元成宗大德元年。

朝廷命江浙行省征调征夫疏通吴淞江，以减轻江南的水患。　和州（治所在今安徽和县）历阳等地长江决堤，淹没房屋一万八千余间。黄河在汴梁（今河南开封）、杞县（今河南杞县北）等地决堤。

二〇〇〇 1298 年，戊戌，元成宗大德二年。

黄河在杞县决口近百处，洪水泛滥于汴梁、归德两郡。　文学家、史学家周密卒。

二〇〇一 1299 年，己亥，元成宗大德三年。

朝廷罢黜江南诸路释教总统所，清理出各个寺院的佃户约有五十余万，皆编为平民。　是年，中书省上奏说每年国库收入不及支出的一半。

二〇〇二 1300 年，庚子，元成宗大德四年。

云南行省左丞刘深向朝廷建议攻打南方土司。

二〇〇三 1301 年，辛丑，元成宗大德五年。

刘深率军深入丛林攻打土司，因林中弥漫烟瘴毒气，还未遇见敌军，元军便损失大半，只好退回。　贵州彝族土司之妻蛇节起兵抗元，乌蒙（治所在今云南昭通）、东川等地的少数民族纷纷出兵响应，元朝派军前往镇压。

二〇〇四 1302 年，壬寅，元成宗大德六年。

衡州（今湖南衡阳）爆发袁舜一等起义，起义以失败而终。　是年，史学家胡三省卒。

二〇〇五 1303 年，癸卯，元成宗大德七年。

《大元大一统志》成书。　朱世杰《四元玉鉴》成书。　山西太原、平阳（今山西临汾）发生地震，毁坏房屋十余万间，死伤人数不可计数。

二〇〇六 1304 年，甲辰，元成宗大德八年。

朝廷增设国子生二百人，以宿卫大臣的子孙为人选。　平阳余震不断，已修缮民房倒塌。

二〇〇七 1305 年，乙巳，元成宗大德九年。

大同路（治所在今山西大同）发生地震，毁坏房屋五千八百多间，死亡人数达两千余人。

二〇〇八 1306 年，丙午，元成宗大德十年。

平阳、太原地震不断。开成路（治所在今甘肃镇原）又震，致五千余人死亡。　朝廷罢免江南白云宗都僧录司，其所属民户归州县，僧人回归寺院。

二〇〇九 1307 年，丁未，元成宗大德十一年。

正月，元成宗卒。皇后与左丞相阿忽台密谋立安西王孛儿只斤·阿难答。　右丞相哈剌哈斯派遣使节将此通报怀宁王孛儿只斤·海山。孛儿只斤·海山称监国，将阿忽台与安西王等诛杀，于五月在元上都即位，是为元武宗。元武宗立其弟孛儿只斤·爱育黎拔力八达为皇太子。元武宗封孔子为“大成至圣文宣王”，“大成”一名便由此而来。

二〇一〇 1308 年，戊申，元武宗孛儿只斤·海山至大元年。

皇太子孛儿只斤·爱育黎拔力八达命御史台完成国子监学工程，以吴澄为国子监丞，并立鹰坊为“仁虞院”，由丞相任院使。　陇西宁远（今甘肃武山）、云南乌撒（治所在今贵州威宁）、乌蒙（治所在今云南昭通）等地接连发生大震。

二〇一一　1309 年，己酉，元武宗至大二年。

八月，朝廷设立尚书省，管理财政支出。发行“至大银钞”，每两折合至元钞五贯、白银一两、赤金一钱；又铸“至大通宝”，每文折合银钞一厘；“大元通宝”折合至大钱十文。　　严申汉人持弓矢、兵器禁令。

二〇一二　1310 年，庚戌，元武宗至大三年。

监察御史张养浩上书陈“十害”，这“十害”为：赏赐太侈、刑禁太疏、名爵太轻、台纲太弱、土木太盛、号令太浮、幸门太多、风俗太糜、异端太横、取相之术太宽。元武宗不能容忍张养浩之言，将其官职罢免。张养浩改姓名逃亡。

二〇一三　1311 年，辛亥，元武宗至大四年。

正月，元武宗卒。　　皇太子孛儿只斤·爱育黎拔力八达废除尚书省，杀掉用事大臣脱虎脱、三宝奴等人，起用旧臣程鹏飞、陈天祥、董士选等人。　　皇太子于三月即位，是为元仁宗，而后废至大银钞、通宝等元武宗时的货币。

二〇一四　1312 年，壬子，元仁宗孛儿只斤·爱育黎拔力八达皇庆元年。

琼州（治所在今海南琼山东南）黎族、沧州（治所在今河北沧县）阿矢迭儿等起义，不久均失败。　　前翰林学士承旨姚燧卒。

二〇一五　1313 年，癸丑，元仁宗皇庆二年。

朝廷诏令各寺院修佛事改用蔬菜。改革科举制度，规定经学以蒙古人、色目人与汉人、南人分别命题。　　王祯的《农书》于本年撰成，依据书中的记述当时已经有木质活字出现。

二〇一六　1314 年，甲寅，元仁宗延祐元年。

设立回回国子监。　　设置云南行省儒学提举司。　　以齐履谦为国子司业。　　解除下蕃市舶的禁令，令下蕃商贩须由江浙行省给牒，才能前往。

二〇一七　1315 年，乙卯，元仁宗延祐二年。

元仁宗封元武宗子孛儿只斤·和世㻋为周王，镇守云南。　　朝廷举行会试、廷试，录取进士五十六人，蒙古人、色目人为右榜，汉人、南人为左榜。

二〇一八　1316 年，丙辰，元仁宗延祐三年。

元仁宗立其子硕德八剌为皇太子。　　黄河决堤于汴梁境。冀宁（今山西太原）、晋宁（今山西临汾）发生地震。

二〇一九　1317 年，丁巳，元仁宗延祐四年。

右丞相铁木迭儿贪财掳掠，元仁宗将其罢免，但因元太后阻拦无法治其罪。　　元仁宗取消延祐二年的赦令，准许诸王在各自的领地自行设置达鲁花赤。

二〇二〇　1318 年，戊午，元仁宗延祐五年。

朝廷推行包银制到江南。包银制规定每户每年征收二两，地方实际征收达十倍以上。　　增江西茶运司茶课，由元世祖时期的二万四千锭增加至二十八万九千锭。

二〇二一　1319 年，己未，元仁宗延祐六年。

广东南思（今广东阳江）、新州（今广东新兴）等地的瑶族人起义。

白云宗总摄沈明仁因强夺民田二万顷被罢官治罪。

二〇二二　1320 年，庚申，元仁宗延祐七年。

正月，元仁宗卒。元太后命之前已被罢官的铁木迭儿为右丞相。铁木迭儿为了报复，诬陷集贤学士朵儿只、平章政事拜住，并将两人治罪。　　皇太子孛儿只斤·硕德八剌于三月即位，是为元英宗。　　元命各地修建帝师八思巴殿，规格形制堪比孔庙。　　黄河在开封、原武（今河南原阳）等地决堤。

二〇二三　1321 年，辛酉，元英宗孛儿只斤·硕德八剌至治元年。

元朝毁掉上都中的回回寺院，在其原址上建造帝师殿。　　元武宗之子孛儿只斤·图帖睦尔被指派至琼州（治所在今海南琼山）任职。

是年，戏曲家马致远卒。

二〇二四　1322 年，壬戌，元英宗至治二年。

朝廷禁止汉人用兵器外出打猎及习武，禁止白莲教，禁止民众谈及天象。　　奉符、临邑民众密谋起义，其首领王驴儿被捕杀害，起义告终。　　书画家赵孟頫卒，其书法被称为赵体。

二〇二五　1323年，癸亥，元英宗至治三年。

八月，铁木迭儿的同党铁失等人在上都将元英宗与右丞相拜住一并杀害，史称“南坡之变”。诸王推举晋王。晋王即元武宗的堂兄孛儿只斤·也孙铁木儿，其于九月在龙居河（今蒙古国克鲁伦河）即位，是为元泰定帝。　　是年，史学家马端临卒。

二〇二六　1324年，甲子，元泰定帝孛儿只斤·也孙铁木儿泰定元年。

元泰定帝召亲王孛儿只斤·图帖睦尔于琼州，将其封为怀王。　　元泰定帝在京城大作佛事，佛教日益兴盛。　　横州（治所在今广西横县）、循州（治所在今广东龙川）等地有瑶族起义，宾州（治所在今广西宾阳）有方二起义。文学家贯云石卒。

二〇二七　1325年，乙丑，元泰定帝泰定二年。

广西瑶民起义，攻破柳城县（今广西柳城）。平南县（今广西平南）瑶民起义军杀死当地达鲁花赤图坚等。　　朝廷又重申禁令，禁止汉人及南人持有或藏匿兵器。有军籍者应在战事结束后将兵器归还，同时禁止民众结成扁担社。

二〇二八　1326年，丙寅，元泰定帝泰定三年。

翰林学士上书奏请朝廷兴修京东水田，以拓宽东南一带的海运。　　农民起义接踵而至，先有泉州农民阮凤子起义，攻占城池，后有湖广、广西等地少数民族抗争。

二〇二九　1327年，丁卯，元泰定帝泰定四年。

诗人萨都剌卒。　　是年，湖广、广西等地少数民族起义反抗元朝的统治。

二〇三〇　1328年，戊辰，元泰定帝泰定五年、致和元年，元天顺帝孛儿只斤·阿速吉八天顺元年，元文宗孛儿只斤·图帖睦尔天历元年。

七月，元泰定帝在上都病逝。　　八月，签书枢密院事燕铁木儿在大都谋划立元武宗之子周王和世㻋，并且先将其弟怀王迎至江陵。　　九月，丞相倒剌沙等人在上都将时年九岁的皇太子孛儿只斤·阿速吉八立为皇帝，改元为天顺。怀王在元大都即位，又改元天历，是为元文宗。于是，元朝便出现两个皇帝各占一都的局面。　　丞相倒剌沙在上都以天顺帝为称号率兵南下，讨伐大都的元文宗，并得到辽东、陕西地方军队的支持，但被大都军队所击败。　　十一月，大都军北上攻破上都，天顺帝卒，元朝结束了短暂的分裂。　　朝廷封汉将关羽为“显灵义勇武安英济王”，并派遣使节前往关庙祭祀。

二〇三一　1329 年，己巳，元文宗天历二年，元明宗孛儿只斤·和世㻋元年。

正月，周王在和宁以北即位，是为元明宗，立其弟元文宗为太子。　　八月，怀王与丞相燕铁木儿等毒杀元明宗后，返还上都，元文宗重新即位。　　朝廷免除僧尼徭役及寺庙田租。

二〇三二　1330 年，庚午，元文宗天历三年、至顺元年。

元文宗因燕铁木儿有护驾大功，封其为右丞相，左丞相废除不置。　　元文宗大兴佛事，将宁海等三县的“闲田”十六万余顷赐予大承天护圣寺。　　云南诸王秃坚等起兵反叛，自称为云南王。

二〇三三　1331 年，辛未，元文宗至顺二年。

朝廷出兵平定了云南秃坚的叛乱。　　赵世延主修的《皇朝（元）经世大典》完成。　　广西瑶民的反抗斗争逐渐停止，而海南黎民又因修建寺院劳役繁重，揭竿起义。　真定武涉县一日之内发生数次地震，约一个月之后才停止。

二〇三四　1332 年，壬申，元宁宗孛儿只斤·懿璘质班至顺三年。

八月，元文宗在上都病死，右丞相燕铁木儿受皇后不答失里之命，将元明宗的二子孛儿只斤·懿璘质班立为皇帝，是为元宁宗，但元宁宗在位四十三天后病死，年仅七岁。不答失里又命将元明宗长子孛儿只斤·妥懽帖睦尔从广西召入上都。　　现存有确切年份的金属火炮铸造而成。

二〇三五　1333 年，癸酉，元顺帝孛儿只斤·妥懽帖睦尔至顺四年、元统元年。

燕铁木儿将大权独揽于其一身，不愿将妥懽帖睦尔立为皇帝。

数月后，燕铁木儿病死，太后与大臣商议后，便立妥懽帖睦尔为帝。妥懽帖睦尔于六月初八在上都即位，是为元顺帝，时年十三岁。以伯颜为右丞相，撒敦为左丞相，以辅佐元顺帝，改元元统。　　广西、湖广两地少数民族再次起义，这场起义持续了二十年。

二〇三六　1334 年，甲戌，元顺帝元统二年。

朝廷命僧尼、道人一并与百姓服劳役和军役，又下诏儒士可以免去劳役。　　黄河决堤于济阴，京师发生大地震，山崩地裂，方圆百里之内死伤者无数。

二〇三七　1335 年，乙亥，元顺帝元统三年、至元元年。

十一月，伯颜、彻里帖木儿力主罢黜科举制度。　　伯颜杀掉唐其势和皇后，独掌朝政大权。

二〇三八　1336 年，丙子，元顺帝至元二年。

礼部侍郎勿里台奏请恢复科举制度，但被否决。　　朝廷颁布诏令，犯有强盗罪的人皆处死，偷盗牛、马、驴等牲畜者有三次以上，均处死。　　经过多年决堤泛滥，黄河终于流入其故道。

二〇三九　1337 年，丁丑，元顺帝至元三年。

广东增城县（今广东增城）朱光卿起义，号称大金国，建年号为赤符。惠州归善县聂秀卿等人与朱光卿联结起义，不久之后均失败，朱、聂等人战死。　　元政府下诏禁止汉人、南人持有兵器，以防其造反。

伯颜主张诛杀张、王、刘、李、赵等五姓汉人，但没有被元顺帝采纳。

二〇四〇　1338 年，戊寅，元顺帝至元四年。

袁州（治所在今江西宜春）慈化寺僧人周子旺起义，号称周王，建年号，失败后被元朝捕杀，其师父彭莹玉前往淮西避难，继续抗元活动。　　山东、河南、徐州等地十五州县黄河泛滥，发生水灾。河北等地发生大地震，死伤无数。

二〇四一　1339 年，己卯，元顺帝至元五年。

为了防止各地起义事件的发生，元朝重申了禁止汉人、南人持有军器、弓箭的禁令。在衣着上，允许男人穿青衣，女人穿紫衣，但不许戴笠、骑马。　　元顺帝命伯颜为大丞相，伯颜独掌大权。

二〇四二 1340 年，庚辰，元顺帝至元六年。

元顺帝命脱脱乘伯颜外出打猎之际，将伯颜贬为河南行省左丞相，并安置于南恩州阳春县（今广东阳春）。伯颜在前往南恩州（治所在今广东阳江）的途中病逝。　元顺帝任命脱脱为中书右丞相，辅佐朝政，并且颁诏恢复科举制度。

二〇四三 1341 年，辛巳，元顺帝至正元年。

山东大旱，民众因饥饿揭竿反抗，多达三百余起。道州（治所在今湖南道县）蒋丙等人起义，攻破江华等数县。瑶族人也乘乱起义。国子监风气日益低下，学生不务正业，流行嘲谑之风。

二〇四四 1342 年，壬午，元顺帝至正二年。

中书右丞相脱脱采纳他人建议，将浑河（今永定河）水自金口起修成运河通往通州，但因水流湍急，泥沙太多，船只无法通航。　元朝举行了恢复科举制度后的第一场考试。　庆远路（治所在今广西宜州）莫八起义，攻破南丹（今广西南丹）等州县，不久败亡。

二〇四五 1343 年，癸未，元顺帝至正三年。

朝廷下诏修订辽、金、宋三国国史，命中书右丞相脱脱为都总裁官，铁木儿塔识、张起岩、欧阳玄、吕思诚等人为总裁官。　回回剌里五百余人起义，从陕西东渡黄河前往山西一带活动。道州蒋丙自称顺天王，连续攻破连、桂二州。

二〇四六 1344 年，甲申，元顺帝至正四年。

《辽史》成书。　脱脱辞中书右丞相一职。　益都贩盐人郭火你赤起义，率众进入壶关，攻入河北等地，然后返回益都。　五月，黄河在山东等地决堤，冲破会通河后继续向东北流去，危及山东沿海盐场。

二〇四七 1345 年，乙酉，元顺帝至正五年。

《金史》《宋史》皆修成。　黄河在山东济阴决堤，几乎将官宅民房全部淹没。

二〇四八 1346 年，丙戌，元顺帝至正六年。

朝廷颁布《至正条格》。　山东、河南、广西等地人民纷纷揭竿起义。　汀州连城县（今福建连城）罗天麟、陈积万起义，攻破长汀县城，不久被其部下杀害。　　西南瑶族起义军首领吴天保攻破黔阳、武岗等数地，起义一直从此年持续到至正九年。

二〇四九　1347年，丁亥，元顺帝至正七年。

全国多地发生起义，先是山东、河南等地起义，后发展到济宁、滕州、徐州等地。长江沿岸也发生起义。　　是年，山东发生地震，毁坏城池，房屋倒塌者无数，临淄等地连续余震达七天。

二〇五〇　1348年，戊子，元顺帝至正八年。

脱脱被元命为太傅。　　辽东的锁火奴、辽阳的兀颜拨鲁自称为金朝后裔，相继起兵造反，不久以失败告终。　　台州黄岩（今浙江黄岩）方国珍起兵抗元，俘获参政朵儿只班。方国珍上书朝廷要求封官加爵。

二〇五一　1349年，己丑，元顺帝至正九年。

太傅脱脱被任为中书右丞相，哈麻被任为同知枢密院事。

二〇五二　1350年，庚寅，元顺帝至正十年。

十月，元朝修改钱法，废除旧的中统钞，发行中统交钞。每贯中统交钞约与一千文铜钱相当，可以与至元钞一并使用。每贯中统交钞约值两贯至元钞，同时铸正通宝钱，可以与历代旧钱并用。不出数月，物价飞涨，各地皆以物易物。　　元朝在南阳、大名、东平、济南、徐州等地设立兵马指挥司，以加强镇压各地“上马贼”。

二〇五三　1351年，辛卯，元顺帝至正十一年。

白莲教首领韩山童埋下石人，背刻有“莫道石人一只眼，此物一出天下反”，并准备起义，但事情败露，韩山童被诛杀。　　五月，刘福通、杜遵道等人起兵反元，号红巾军，攻克多个州县并俘获地方官员，迫使朝廷对其封官加爵。

二〇五四　1352年，壬辰，元顺帝至正十二年。

元朝派军队镇压起义军，被红巾军击败。红巾军攻克湖北、安徽大部分地区，与元军在湖南一带激战。　　濠州钟离（今安徽凤阳东北）人朱元璋加入郭子兴的起义军，担任九夫长一职。

二〇五五　1353年，癸巳，元顺帝至正十三年。

郭子兴命朱元璋为濠州镇抚。　　五月，泰州白驹场（今江苏大丰）盐贩张士诚与其弟张士德、张士信等十八人起义，攻克泰州、高邮（今江苏高邮）等地，全国各地战乱持续不断。 在元朝廷内部，脱脱与哈麻相互争夺权力。脱脱命哈麻为宣政院使，哈麻由此对脱脱心生怨恨。

二〇五六 1354 年，甲午，元顺帝至正十四年。

抗元战事依旧激烈。张士诚于高邮自称为诚王，国号大周，并立年号天祐。 朱元璋升任总管。元朝见张士诚势力日益壮大，便命脱脱统率诸王、诸省军队前往镇压。十一月，元军将张士诚军围困在高邮。元顺帝听从哈麻的谗言，将脱脱兵权解去，元军返回，高邮得以解围。元顺帝命哈麻为丞相，元朝腐败愈演愈烈。

二〇五七 1355 年，乙未，元顺帝至正十五年。

二月，红巾军首领刘福通立韩山童之子韩林儿为皇帝，称小明王，建都亳州（今安徽亳县），国号为宋，年号龙凤。元军加强了对中原红巾军的进攻，刘福通在长葛（今河南长葛）将元将答失八都鲁击败。不久，答失八都鲁卷土重来，将红巾军击败于太康（今河南太康），并将亳州包围，小明王等人转移至安丰（今安徽寿县）。 小明王命朱元璋为红巾军副元帅。不久，元帅郭子兴之子郭天叙战死，朱元璋继任都元帅。 元朝重臣脱脱被贬到云南，中毒而死。

二〇五八 1356 年，丙申，元顺帝至正十六年。

在元朝内部，哈麻谋划废除元顺帝，事情泄露，被杖死。 中原红巾军继续与元军进行激战。 长江下游的朱元璋、张士诚两支部队得到迅速发展，进而产生冲突。张士诚将平江路（治所在今江苏苏州）改称为隆平府，并在此自称周王，而朱元璋则攻克集庆路（治所在今江苏南京），改名为应天府，自称吴国公。朱元璋命部下将领徐达攻占镇江，并于七月与张士诚部队在常州（今江苏常州）激战，张士诚军被击败。

二〇五九 1357 年，丁酉，元顺帝至正十七年。

红巾军起义继续发展壮大，山东红巾军将领毛贵等人陆续攻陷山东各地，由山东逼近元大都。 在江南地区，元朝命方国珍为江浙行省参政知事，率兵镇压张士诚。 八月，方国珍率水军由长江逆流而上袭击昆山。张士诚降元，被任命为太尉，为元朝效命。

二〇六〇 1358年，戊戌，元顺帝至正十八年。

自二月起，山东红巾军将领毛贵连续攻克清州（治所在今河北青县）、沧州（治所在今河北沧州）等地，逼近元大都，其前锋已经抵达柳林（今北京通州南），而元大都发生地震，毛贵只得领兵退回山东。

五月，中原红巾军首领刘福通攻克汴梁（今河南开封），将小明王迎接至此，将汴梁作为都城。 在山西地区，关先生、破头潘等人率红巾军连克大同、元上都等地。 起义军陈友谅、赵普胜等人率众接连攻下今安徽、福建的大部分地区。

二〇六一 1359年，己亥，元顺帝至正十九年。

中原红巾军势力日益衰退。八月，都城汴梁被元军攻破，刘福通携小明王韩林儿逃至安丰。朱元璋的军队继续往东西两面发展，并与陈友谅在西面发生冲突。 小明王任命朱元璋为仪同三司、江南等处行中书省左丞相。十二月，陈友谅在江州（治所在今江西九江）自立为汉王。

二〇六二 1360年，庚子，元顺帝至正二十年。

陈友谅与朱元璋之间的冲突继续扩大。陈友谅在江州自称汉帝，年号大义，率领水军向东进攻建康（今江苏南京），但被朱元璋军击败。朱元璋军收复安庆，迫使陈友谅返回江州。 在东北地区，关先生、沙刘二的起义军在高丽战败，余者降于元朝。

二〇六三 1361年，辛丑，元顺帝至正二十一年。

正月，小明王韩林儿封朱元璋为吴国公。 二月，朱元璋制定盐法，商人贩盐抽取二十分之一的盐税；并立茶法，命令商人在产茶之地缴纳茶税后才能将茶叶运至外地贸易。 朱元璋与陈友谅继续争夺安庆一带。朱元璋手下将领徐达、常遇春收复安庆。陈友谅退回武昌（今湖北武汉）。 元军将领察罕帖木儿陆续攻下山东各地，朱元璋因畏惧察罕帖木儿，遣使节与其和好。

二〇六四 1362年，壬寅，元顺帝至正二十二年。

察罕帖木儿给朱元璋写信，想让其归顺元朝，并封其为行省平章事，朱元璋没有答应。 山东义军首领田丰归顺元朝后，因不满察罕帖木儿的傲慢，遂设计将其刺杀。 察罕养子王保保继续统兵征讨山东义军。是年，王保保攻下益都（今山东寿光东南），杀掉田丰等人，班师回朝。同时，王保保在山西、河北等地继续与元军将领孛罗帖木儿争夺领土。

二〇六五 1363年，癸卯，元顺帝至正二十三年。

元朝命张士诚进攻中原红巾军，其部将吕珍于二月攻下安丰，刘福通战死。　朱元璋率军前来援救，虽然将吕珍击退，但安丰城已被攻破。朱元璋将韩林儿安置在滁州（治所在今安徽滁县），至此，龙凤政权名存实亡。　八月，陈友谅在与朱元璋的决战中大败，中箭而亡。陈友谅部将带陈友谅之子陈理退回武昌，并立陈理为帝，改元德寿。朱元璋班师返回建康，命部将常遇春继续进攻武昌城。

二〇六六 1364年，甲辰，元顺帝至正二十四年。

正月，朱元璋即吴王位，建百司官位，置中书省左右相国。　二月，朱元璋至武昌城督战。在经过六个多月的围困之后，武昌城告破，陈理率军归降朱元璋。　朱元璋攻克湖南、湖北、江西等以前陈友谅的属地，各地大部分归降。　在元朝内部，元顺帝与皇太子各自结党，争权夺利。皇太子兵败，逃亡至王保保军中。元顺帝命孛罗帖木儿为中书右丞相，统管兵马。

二〇六七 1365年，乙巳，元顺帝至正二十五年。

元朝内乱继续扩大，皇太子在太原下令征讨孛罗帖木儿，元顺帝则命人刺杀孛罗帖木儿并召皇太子返回大都。皇太子返回大都后想要逼元顺帝退位，但王保保拒绝帮助皇太子。　在江南地区，朱元璋与张士诚之间的争夺仍在继续。朱元璋命徐达、常遇春攻下张士诚在长江以北的统治区域。

二〇六八 1366年，丙午，元顺帝至正二十六年。

朱元璋继续向北扩张，在攻下徐州以南的地区之后，其势力范围与河南王保保的势力范围接壤。　朱元璋命廖永忠等人到滁州将小明王迎回建康。返回途中，小明王溺水而亡，至此，龙凤政权宣告终结。

二〇六九 1367年，丁未，元顺帝至正二十七年。

九月，朱元璋手下将领徐达、常遇春等攻破苏州，将张士诚俘获至建康。张士诚自缢而亡。至此，朱元璋的两个劲敌——陈友谅、张士诚均被击败。十月，朱元璋以徐达为大将军、常遇春为副将军，发兵北上灭元。

1368 年，戊申，元顺帝至正二十八年。

（相关事件见二〇七〇）

明①

（公元 1368 年—公元 1644 年）

二〇七〇　1368 年，戊申，明太祖朱元璋洪武元年，元顺帝至正二十八年。

正月，朱元璋在应天府称帝建国，国号大明，年号洪武，是为明太祖。明军继续灭元，攻克通州。元顺帝逃往上都。八月，在大都的元朝官员降明，至此，元朝灭亡。

元顺帝在塞外仍自称元朝，史称北元。

明朝着手制定各项制度，设六部，属中书省统管。以汴梁为开封府，大都为北平府，以应天为南京，以开封为北京。在全国各地招纳贤才。

二〇七一　1369 年，己酉，明太祖洪武二年。

明军与元军继续在北方展开争夺，明军收复陕西、山西等地，并在大同、兰州两地大败元军。七月，明朝开国大将常遇春卒，被追封为开平王。　明朝官修《元史》，自二月开始，到八月修成，并诏告天下。

各府、州、县设立学校。

二〇七二　1370 年，庚戌，明太祖洪武三年。

明太祖将儿子和一个孙子封为藩王。每个藩王拥有自己的护卫军

① 含后金（清）公元 1616 年至公元 1643 年间纪年和大事。

队，但不得干涉当地民政。　朝廷重定科举制度，规定八股文格式。

明军继续打击北元势力，明太祖命徐达等人北上攻元。

元顺帝在应昌（今内蒙古克什克腾旗西达里诺尔附近）病死，其子爱猷识里达腊于四月即位，是为元昭宗，改年号为宣光。

徐达攻下兴元，李文忠攻下应昌，元昭宗继续向漠北逃去。

二〇七三　1371 年，辛亥，明太祖洪武四年。

明朝继续加强统治，命汤和、傅友德率军攻取四川、重庆等地，平定川蜀。　元辽阳路（今属辽宁）平章刘益降明，明朝在此地设立辽东都指挥司。　明朝为防止倭寇骚扰沿海地区，下令禁止沿海民众私自出海，并命吴祯大练水兵，以防止倭寇入侵。

二〇七四　1372 年，壬子，明太祖洪武五年。

徐达等将领率军深入漠北打击元军，双方互有胜负。　冯胜率军平定甘肃。　明朝下令在战事中沦为奴隶的人恢复普通百姓的身份。

明太祖因《孟子》中有"草芥寇仇"的文字，便下令将孟子从孔庙中移除，但不久后恢复。

二〇七五　1373 年，癸丑，明太祖洪武六年。

明朝在大内禁中设立文华堂，命宋濂等教贡士。暂停了科举制度，采取推举人才的方法招纳贤才。　是年，《祖训录》修成，又颁布《大明律》。　京城城郭修筑完成，内城周长九十六里，外城周长一百八十里。

二〇七六　1374 年，甲寅，明太祖洪武七年。

明朝颁布屯田法，规定屯集在边境之地的军队，三分驻守城池，剩下七分屯垦种田。内地军队二分守城，余下八分屯田耕种。　面对倭寇日益严重的侵扰，明下令撤销市舶司以防倭寇，同时命吴祯出海巡捕倭寇。　撒里畏兀儿朝觐纳贡，明将其安置在安定、阿端两地（今甘肃、青海两地），封其为安定王。

二〇七七　1375 年，乙卯，明太祖洪武八年。

三月，明朝开始实行新的钞法，铸造大明宝钞，每贯价值一千文或白银一两，每四贯价黄金一两，并禁止用金、银、货物进行交易。
停止中都的修建，此项工程已进行六年之久，征发劳役多达百万余众。

派宦官赵成前往河州与西部少数民族部落用丝绸交易马匹，此举开了明朝宦官出使的先河。

二〇七八　1376 年，丙辰，明太祖洪武九年。

十二月，发生“空印”案。所谓“空印”，便是在文书上预先加盖印章，再来填写内容。明太祖认为这是严重的舞弊行为，下令搜捕官吏多达数百人，其中多人被杀。　六月，朝廷将行中书省改为承宣布政使司，设立布政使及左右参政。

二〇七九　1377 年，丁巳，明太祖洪武十年。

明太祖免除现任官员的徭役，并赐予功臣公侯丞相等土地，亲王最多可达上千顷，其余人最多有数百顷。　设置通政使，掌管收受奏章，并命韩国公李善长、曹国公李文忠总管中书省、大都督府、御史台等机构，商议国家军政大事。以胡惟庸为左丞相，汪广洋为右丞相。

二〇八〇　1378 年，戊午，明太祖洪武十一年。

湖广上里坪司（今贵州黎平）侗族吴勉起义，自称为刬平王。在镇压的过程中，明太祖派遣宦官吴诚、吕玉赶赴前线视察战事，这是明朝宦官干预前线军事的开端。　改南京为京师，开封不再称为北京。

四月，元昭宗病死，其子脱古思帖木儿即位，改元为天元。

二〇八一　1379 年，己未，明太祖洪武十二年。

四川眉县农民彭普贵聚众起义，杀死知县，但很快被镇压。　明将马云攻克元大宁（今内蒙古宁城）

二〇八二　1380 年，庚申，明太祖洪武十三年。

明朝丞相胡惟庸以“谋反罪”被诛杀，株连被杀的达一万五千余人，另一丞相汪广洋因此事被赐死。　明太祖罢黜中书省，废止丞相制度。罢黜御史台，废除御史大夫，将大都督府改名为五军都督府。

二〇八三　1381 年，辛酉，明太祖洪武十四年。

明朝将领傅友德出兵进攻云南，盘踞此地的元梁王战死，其部下投降，明改中庆路为云南府。　是年，规定赋役籍，编订里甲，修造“黄册”，每十年修订一次。其中规定，普通百姓每十户为一甲，设置有甲首，每一百一十户为一里，设有里长。

二〇八四 1382年，壬戌，明太祖洪武十五年。

明军平定云南全境，并设立云南布政司。设置贵州都指挥使司及云南都指挥使司。　　明朝设置锦衣卫，主要掌管侍卫、缉拿及刑狱等事宜，镇抚司则划归锦衣卫管辖。设置都察院，并设有都御史、监察御史等职。设置殿阁大学士用以顾问，为正五品官。

二〇八五 1383年，癸亥，明太祖洪武十六年。

朝廷派遣西平侯沐英（明太祖养子）镇守云南。从此以后，沐氏家族世代镇守此地。

二〇八六 1384年，甲子，明太祖洪武十七年。

明朝修改都察院的官职，设立左右都御史、左右副都御史、左右佥都御史等职官。　　在科举制度的改革中，规定《四书》使用朱注，《五经》则使用宋儒注及古注疏，同时规定清闲官吏、家庭背景优越者不得参加考试。

二〇八七 1385年，乙丑，明太祖洪武十八年。

明将汤和等率军镇压湖广吴勉起义，擒获吴勉，俘虏及杀掉其部下四万余人，至此，长达七年之久的吴勉起义告终。　　明朝开国功勋魏国公徐达病逝，明太祖追封其为中山王。　　三月，发生官粮偷盗案，七百余万石官粮被盗，户部侍郎郭恒因此被诛杀，连带诛杀者数万余人。

二〇八八 1386年，丙寅，明太祖洪武十九年。

明朝命汤和出巡沿海各地，加紧整顿海防工事，同时命冯胜整顿军马准备进攻北元。　　原明州卫指挥林贤因被指帮胡惟庸私通日本，全族人被诛杀。　　福建僧人彭玉琳自称弥勒佛祖师，组织白莲教反明，自称晋王，年号为天定，后被镇压。

二〇八九 1387年，丁卯，明太祖洪武二十年。

明将冯胜等率军抵达金山（今内蒙古通辽境内），迫使北元大将纳哈出城投降。　　修筑大宁城（今内蒙古宁城），设置大宁都指挥使司，次年改为北平行都司。　　在沿海地区，汤和在浙江东、西两地设立卫所，修筑城池十九座以防倭寇。　　周德兴等在福建修筑城池，并增设巡检司。　　明太祖因锦衣卫暴虐，命其焚毁所有刑具，将囚犯转交刑部审理。

二〇九〇　1388年，戊辰，明太祖洪武二十一年。

明将蓝玉在捕鱼儿海（今贝加尔湖）大破元军，将北元帝之子、诸妃、宦官等七万余人俘虏。　　是年，明进行会试之后，选定一名进士教授修撰等事宜，同时命新任进士与御史一道行使监察御史的职责。　朝廷核对全国军屯的屯田，每年可产粮五百余万石。

二〇九一　1389年，己巳，明太祖洪武二十二年。

朝廷禁止在京师的军官及军人学唱、下棋、蹴鞠等，有违反者分别处以割舌头、断手脚等刑罚。

二〇九二　1390年，庚午，明太祖洪武二十三年。

朝廷继续追究胡惟庸案，太师李善长及陆仲亨、唐胜宗、费聚等人被株连杀害，至此，胡惟庸案终了，前后共有三万余人被杀。　　燕王朱棣率傅友德等将领北上攻击元军残部，北元丞相咬住等率众投降。归降元军大部分归朱棣统率，朱棣的兵力得到加强。

二〇九三　1391年，辛未，明太祖洪武二十四年。

明太祖命皇太子巡抚陕西。巡抚这一称号第一次出现，但还未成为正式官名。　　是年，全国郡县所制黄册编成，经统计，全国有一千零六十八万四千四百三十五户，五千六百七十七万四千五百六十人。

二〇九四　1392年，壬申，明太祖洪武二十五年。

明朝派遣将领何福率兵赴越州镇压阿资叛乱，阿资降明。　　四月，皇太子朱标卒。明太祖立太子之子朱允炆为皇太孙。

二〇九五　1393年，癸酉，明太祖洪武二十六年。

二月，发生“蓝玉案”。凉国公蓝玉因谋反罪被杀，受此株连被杀者达一万五千余人。　　朝廷禁止百姓以所穿鞋靴来区分贵贱，有违反者杀，其家属南迁至云南。同时还禁止百姓以太祖、圣孙、龙孙、黄孙、王孙、太叔、太弟等字样取名。　　核查全国土地，共计八百五十万七千六百二十三顷。　　划定全国的都司、卫所，一共有都指挥使司十七个、留守司一个、内外卫共三百二十九个、留守千户所共六十五个。

二〇九六　1394 年，甲戌，明太祖洪武二十七年。

重申禁止沿海商人私自出海贸易的禁令，以提防其与倭寇私通。越州（今云南曲靖东南）阿资第三次起兵抗明。

二〇九七　1395 年，乙亥，明太祖洪武二十八年。

明朝将领沐春等前往镇压越州叛乱，阿资战死，叛乱平息。　七月，信国公汤和卒，明太祖追封其为东瓯王。

二〇九八　1396 年，丙子，明太祖洪武二十九年。

在北方的燕王朱棣势力逐渐强大，其于三月在北巡大宁时遭遇元军，将元军击溃。　朝廷制定庆贺谢恩表的格式，要求日后均需严格按照此格式填写。此前十余年间，有多位官员因贺表中的文字犯了大忌而被诛杀。

二〇九九　1397 年，丁丑，明太祖洪武三十年。

正月，陕西白莲教徒起义，其首领田九成自称汉明皇帝，立年号为龙凤。朝廷命耿炳文率兵镇压，杀田九成及其部下。　明朝颁布《大明律诰》，并重申了禁用金、银等交易的禁令，导致江浙、闽广一带的钱钞价值猛跌。

二一〇〇　1398 年，戊寅，明太祖洪武三十一年。

五月，明太祖朱元璋卒，皇太孙朱允炆即位，是为建文帝。建文帝以齐泰为兵部尚书，黄子澄为太常卿兼翰林院学士，共同商议国事，决定削弱各地藩王势力。　建文帝派谢贵、张信为北平都指挥使，秘密监视燕王朱棣。

二一〇一　1399 年，己卯，明惠帝朱允炆建文元年。

四月，湘王自杀，建文帝废齐、代二王为庶民。　燕王朱棣杀掉谢贵、张信二人，于七月发兵征讨建文帝朱允炆，史称“靖难之役”。建文帝急忙派大将李景隆调兵围困北平，但被朱棣击退。

二一〇二　1400 年，庚辰，明惠帝建文二年。

燕王朱棣所率靖难军与建文帝的南军展开大战。四月，李景隆率军六十余万人在河间被朱棣军击溃，李景隆从德州逃到济南。五月，朱棣围困济南，但在山东参政铁铉等人的镇守之下，济南城历经三个月的围攻之后仍未被攻破，朱棣退兵返回北平。　是年，著名文学家罗贯中卒。

二一〇三　1401 年，辛巳，明惠帝建文三年。

燕王朱棣从北平再次发兵南征，在河北等地与南军经过鏖战之后，返还北平。随后，听取军师僧道衍的计谋，出兵南下，直取京师南京。

二一〇四　1402 年，壬午，明惠帝建文四年。

朱棣大军接连攻下徐州、宿州等地，于四月在睢水（今濉河）两岸与南军展开决战，最终大败南军，并俘虏南军主将平安。五月，朱棣大军渡过淮河，攻取扬州。六月，渡过长江直取京师。京师守将李景隆开城投降，建文帝在宫中自焚。　　朱棣即位，是为明成祖，废除建文年号，改元永乐，史称永乐皇帝。

北元鬼力赤杀坤帖木儿汗，废元朝国号，改称鞑靼。

二一〇五　1403 年，癸未，明成祖朱棣永乐元年。

明成祖将北平改称为顺天府，将北平行都司改称大宁行都司，将其治所移到保定府。　　明在广东、浙江、福建设立市舶司，主管海外诸国朝贡货物的交易。　　明成祖派遣使臣出访爪哇、苏门答腊、暹罗（今泰国）等国。

二一〇六　1404 年，甲申，明成祖永乐二年。

明成祖封僧道衍为太子少傅，赐姓姚，赐名广孝。封靖难之变中战功颇高的皇子朱高煦为汉王，将另一位皇子朱高炽立为皇太子。　　日本派使臣前来朝觐，明朝命使者告知日本政府，一定要严惩其国海盗。

二一〇七　1405 年，乙酉，明成祖永乐三年。

六月，明成祖命宦官郑和与王景弘等人出使“西洋”，统率水手、官兵共二万七千余人，乘坐“宝船”于苏州刘家河（今江苏太仓东）出海。　　日本将所抓获的海盗送往明朝，但朝廷将海盗返还日本，要求日本自行惩办。

二一〇八　1406 年，丙戌，明成祖永乐四年。

明成祖命人前往四川、湖广、江西、浙江等地采伐木材以建造北京宫殿。　　是年，齐王被废，广泽、怀恩二王被囚。

二一〇九　1407 年，丁亥，明成祖永乐五年。

明军结束远征安南（今越南）的战事，俘获叛首黎仓等人，设置安南布政司。　　是年，郑和返回国内，第一次远洋结束。此行共经过占城（今越南南部）、爪哇、旧港、苏门答腊等地。　　十月，明成祖命郑和再次出海。　　十一月，《永乐大典》成书，共有二万五千九百三十七卷、一万一千零九十五册。

二一一〇　1408 年，戊子，明成祖永乐六年。

鞑靼知院阿鲁台杀掉鬼力赤，立本雅失里为可汗。

土鲁番僧清来前来朝觐，明朝廷授其为灌顶慈惠圆智普通法师。

二一一一　1409 年，己丑，明成祖永乐七年。

二月，明成祖留皇太子于京师监国，赶赴北京对明朝与鞑靼的战事进行督战。明朝在黑龙江地区设立奴儿干都指挥司。　　八月，郑和返回，此次远航到达了更远的锡兰等地。　　十月，经过休整，郑和开始第三次出使活动。

二一一二　1410 年，庚寅，明成祖永乐八年。

二月，明成祖亲征鞑靼，大败鞑靼军队，将其余部追赶至现在中国与俄罗斯边境之处，并在今吉林珲春一带设立建州左卫以防鞑靼。明成祖于冬季返回京师。

二一一三　1411 年，辛卯，明成祖永乐九年。

郑和第三次远航结束，于六月返回国内。此次远航最远抵达印度半岛南端及西部地区。　　明成祖下诏重修《太祖实录》。

二一一四　1412 年，壬辰，明成祖永乐十年。

浙江按察使周新因逮捕、追究锦衣卫办案人员得罪了朝廷而被诛杀。　　瓦剌人马哈木可汗杀本雅失里，拥立答里巴为可汗。

二一一五　1413 年，癸巳，明成祖永乐十一年。

明成祖赴北京，留皇太子于京师监国，同时诏令北京民户按人头数养马，后在山东、河南等地推行，民众苦不堪言。　　瓦剌马哈木发兵欲要攻明，明成祖集结兵马准备御驾亲征。　　郑和开始第四次远航。

二一一六　1414 年，甲午，明成祖永乐十二年。

二月，明成祖亲率步骑共五十余万人进攻瓦剌马哈木，将其击败，瓦剌残部逃窜至今蒙古国境内，明军继续追击。　　朝廷命胡广、杨荣等人修撰《四书大全》《五经大全》《性理大全》等书。

二一一七　1415 年，乙未，明成祖永乐十三年。

平江伯陈瑄任督漕运，凿通江浦河道，自此漕运畅通，海运逐渐废止。　八月，郑和结束第四次出使返回，此次出海最远抵达波斯湾（今伊朗霍尔木兹海峡附近）。　吏部员外郎陈诚与宦官李达等出使西域返回，著有《西域记》一书。

二一一八　1416 年，丙申，明成祖永乐十四年。

锦衣卫指挥使纪纲因图谋不轨被杀，全国百姓拍手称快。　明成祖班师返回京师，并与大臣商议迁都北京。　黄河水在开封等处决堤，十四处州县受灾，河水蔓延向南汇入淮河。

二一一九　1417 年，丁酉，明成祖永乐十五年。

谷王朱橞谋划叛乱，以失败告终，其军官家属多被诛杀。　明成祖将汉王朱高煦的封地改为乐安州（今山东广饶）。　四月，郑和开始第五次远洋。

二一二〇　1418 年，戊戌，明成祖永乐十六年。

五月，《太祖实录》修撰完成，《宝训》亦成书。　瓦剌脱欢派使节前往明朝朝觐，明封脱欢为顺宁王。　是年，胡广卒。胡广自幼便追随明成祖，官至文渊阁大学士。明成祖授其谥号“文穆”，这是第一位得到谥号的明朝文臣。

二一二一　1419 年，己亥，明成祖永乐十七年。

辽东总兵刘江在金州大破倭寇，朝廷封其为广宁伯，改名为荣。　郑和第五次远洋结束，此次远行最远抵达非洲东海岸。　是年，西藏喇嘛教黄教创始人宗喀巴卒。

二一二二　1420 年，庚子，明成祖永乐十八年。

九月，明成祖永乐帝宣布将都城迁至北京，以京师为南京，北京为京师。在北京设置东厂，由宦官掌管，宦官自此更加蛮横。

二一二三　1421 年，辛丑，明成祖永乐十九年。

正月，明成祖正式迁都北京，南京改为留都。　明成祖修筑北京城之时，征发众多劳役，人民负担沉重，导致明成祖发兵征讨阿鲁台的准备因此停止。　郑和开始第六次远航。

二一二四 1422年，壬寅，明成祖永乐二十年。

经过一年的准备之后，明成祖调集军粮，于三月出兵征讨阿鲁台。阿鲁台得知消息后出逃。八月，明军班师回朝。　郑和结束第六次航行返回，此次远航抵达今阿拉伯半岛及亚丁湾一带的亚非国家。

二一二五 1423年，癸卯，明成祖永乐二十一年。

明成祖再次率兵亲征阿鲁台，行军至西阳河时收到阿鲁台逃跑的消息，便撤兵返回。

二一二六 1424年，甲辰，明成祖永乐二十二年。

阿鲁台屡次侵扰大同、开平等地，明成祖发兵自京师亲征，至六月也未发现阿鲁台部，遂撤兵返回。七月，明成祖于返回途中在榆木川（今内蒙古多伦西北）时病逝。　八月，皇太子朱高炽即位，是为明仁宗。明仁宗将各地民众所养官马交还给各卫所，取消禁用金银交易的禁令，以减轻民众负担，并将建文帝时期诸臣家属没为官奴者，都给予自由，返还其乡。

二一二七 1425年，乙巳，明仁宗朱高炽洪熙元年。

五月，明仁宗病逝，太子朱瞻基于六月即位，是为明宣宗。明宣宗即位之后诏杨傅入京，使其与杨士奇一道进入文渊阁，共同执掌军机国事。　设定各省乡试录取名额。

二一二八 1426年，丙午，明宣宗朱瞻基宣德元年。

明宣宗派遣官员清理全国军队。当时州县之内军队假借卫所之令敲诈勒索，因此朝廷派遣京卿、给事中、御史前往各地清理整顿，自此成为惯例。　七月，汉王朱高煦叛乱，明宣宗御驾亲征至乐安，俘获朱高煦，将其贬为庶民。宣德四年时，朱高煦因仍不服罪名而被杀。

二一二九 1427年，丁未，明宣宗宣德二年。

明宣宗命薛禄进驻宣府，一举击败鞑靼的侵扰。　是年，松潘卫（今四川松潘）数千“番人”以千户钱弘为首发生叛乱，聚众五万余人围攻松潘。　广西柳州、庆远瑶族壮族等少数民族以韦万黄为首起兵反明。

二一三〇 1428年，戊申，明宣宗宣德三年。

都督陈怀杀掉钱弘，大破“番军”，招降各个山寨。　明朝廷命山云为总兵官，镇压广西的瑶族、壮族起义。　　明宣宗率兵出巡塞外，在喜峰口击败瓦剌兀良哈部。

二一三一　1429 年，己酉，明宣宗宣德四年。

总兵山云镇压广西少数民族起义，共斩杀两千余人。自此，起义转向低迷。　　济宁以北的运河阻塞，朝廷命工部尚书黄福与陈瑄一道征发民夫疏通河道，并设置钞关，测量过往船只大小，以其尺寸作为依据收税，称之为“船料”。

二一三二　1430 年，庚戌，明宣宗宣德五年。

朝廷命于谦、周忱为侍郎，巡抚两京、山东、山西、河南、江西等地，这是各省首次专门设立巡抚一职。　　山云杀死广西少数民族起义军七千余人，起义军实力衰弱。

二一三三　1431 年，辛亥，明宣宗宣德六年。

郑和开始第七次远航。　　宁夏、甘肃、山西等地的民田被当地豪强官军所强占，朝廷分别派官前往督查。

二一三四　1432 年，壬子，明宣宗宣德七年。

明宣宗推行“开中法”至边疆边镇，规定各边镇可招募商人向边疆地区运输粮食，而后用盐作为报酬。此法始于洪武年间，宣德初年仅限于北京周围。

二一三五　1433 年，癸丑，明宣宗宣德八年。

郑和第七次远航结束。此次远航最远到达非洲东海岸，并有专人前往伊斯兰教圣地麦加出使，至此，郑和下西洋的活动结束。郑和下西洋前后共有七次，共历时二十八年，出访及途经三十多个国家。随行人员马欢著《瀛涯胜览》，巩珍著《西洋番国志》，另有航海图传世。

二一三六　1434 年，甲寅，明宣宗宣德九年。

明将山云继续镇压广西少数民族起义。　　总兵官方政镇压松潘“番人”叛乱，攻取其山寨三十余所。　　明宣宗率兵巡边，至洗马林（今河北万全西南）班师回朝。

二一三七　1435 年，乙卯，明宣宗宣德十年。

正月，明宣宗病逝，太子朱祁镇即位，是为明英宗，时年仅九岁。朝内宦官请太皇太后即明仁宗时的张皇后主掌朝政，但张皇后并未答应。　　是年，郑和卒。

二一三八　1436 年，丙辰，明英宗朱祁镇正统元年。

鞑靼阿台汗趁明英宗年幼，屡次侵扰甘、凉等地。朝廷命蒋贵为总兵发兵征讨，同时命萧授为总兵官镇压贵州、广西等地十六峒起义军。

明朝廷向全国推广“折色”法，米麦一石折合银二钱五分。

二一三九　1437 年，丁巳，明英宗正统二年。

宦官王权妄图专政的事情暴露，太皇太后召集明英宗及手下大臣痛斥王权。此后，王权逐渐收敛自己专权的意图。

二一四〇　1438 年，戊午，明英宗正统三年。

瓦剌内部发生政变，脱欢杀掉阿台汗，立脱脱不花为可汗，自称为丞相。　　麓川（今云南瑞丽）宣慰使思任发起兵反明，朝廷命方政、张荣与黔国公沐晟一同征讨麓川。

二一四一　1439 年，己未，明英宗正统四年。

方政征讨麓川思任发，兵败战死，而黔国公沐晟也在途中病逝，朝廷急调湖广、贵州、四川部队前往支援，以沐昂为总兵。　　京师地震，又发生水灾，损毁房屋三千余间。江南苏、常、镇三府发生水灾，溺亡者无数。

二一四二　1440 年，庚申，明英宗正统五年。

总兵官沐昂不敢进兵攻打思任发，便向其求和，朝廷也主张罢兵，但王振主张用兵征讨，准备大举进攻麓川。　　兰州庄浪发生大地震，持续十天，之后屡次遭受余震，倒塌房屋、压死人畜无数。

二一四三　1441 年，辛酉，明英宗正统六年。

正月，朝廷发兵十五万，以王骥为总督军务，宦官曹吉祥为监军，全国半数省份为大军提供粮饷，大举征讨麓川。大军于十二月攻克麓川，思任发逃走。　　于谦巡抚各地达十二年之久，返还京师，因与王振相处不合，被诬陷入狱，随后被放出，贬为大理少卿。

二一四四　1442 年，壬戌，明英宗正统七年。

太皇太后病逝，王振等人毁掉明太祖所立“内臣不得干预政事”的铁碑。　　思任发逃亡缅甸，被缅甸军抓获。　　倭寇攻陷浙东大嵩千户所，朝廷命焦弘前往浙江整顿军事以防倭寇。

二一四五　1443年，癸亥，明英宗正统八年。

明将王骥、蒋贵要求缅甸交出思任发，但被拒绝。

二一四六　1444年，甲子，明英宗正统九年。

王骥大败思任发其子思机发，在其领地设立陇川宣慰府（治所在今云南腾冲），正式宣告第二次麓川之战结束。　明重新开设浙闽银场，苛捐杂税颇高，再加上当地官吏的勒索，民众苦不堪言，反抗斗争日益激烈。

二一四七　1445年，乙丑，明英宗正统十年。

缅甸同意将思任发交回明朝，思任发绝食而死。　锦衣卫王永因张贴告示痛斥王振罪行被杀。

二一四八　1446年，丙寅，明英宗正统十一年。

户部尚书王佐因国库空虚，增加商税以填补空缺。　王振之侄、曹吉祥之弟等接受世职，开了宦官亲属接受世职之先河。

二一四九　1447年，丁卯，明英宗正统十二年。

朝廷废掉沙州卫（治所在今甘肃敦煌），将其居民迁往内地，后命于谦任兵部右侍郎。

二一五〇　1448年，戊辰，明英宗正统十三年。

钞价大跌，一贯钱只值三文钱，贬值达到千分之三，民众已经拒绝使用钱钞来贸易，大多都以物易物。　因思机发窝藏在缅甸，朝廷认为其仍然是威胁，着手准备第三次麓川之战，以王骥督查军务。

二一五一　1449年，己巳，明英宗正统十四年。

瓦剌军进犯大同，又分兵骚扰辽东、宣府（治所在今河北宣化）、甘肃等地。王振劝说明英宗亲征。七月，明英宗率军五十万人自京师出发，驻扎在土木堡（今河北怀来东）。　八月，瓦剌军大破明军，官军死伤十万余人，明英宗被俘获，王振被乱兵所杀。消息传至京师，皇太后命于谦为兵部尚书，镇守京师，同时命郕王朱祁钰监国。　九月，郕王即皇帝位，是为明景帝，遥尊明英宗为太上皇，以次年为景泰元年。　瓦剌逼近京师，于谦率范广、石亨等人在德胜门外击败瓦剌军，后又在西直门、彰义门大败敌军。京师居民也参与战斗之中，军民团结一致，瓦剌无法取胜，加之十一月天寒地冻，只好撤兵退走。

二一五二 1450 年，庚午，明代宗朱祁钰景泰元年。

瓦剌屡次进犯大同、宣府等地，都被总兵官郭登、朱谦击退。随后，瓦剌与明朝和解，于八月将太上皇明英宗送回京师。

二一五三 1451 年，辛未，明代宗景泰二年。

贵州苗族起义军战事激烈，朝廷派王来等人前往镇压。不久之后普定、永宁、毕节等地的苗民又起兵反抗。

二一五四 1452 年，壬申，明代宗景泰三年。

于谦奏请朝廷设立团营，得到准许后选出三营（五军、三千、神机）军共十万人，分为五个营团操练。明朝廷命于谦负责团营的总体事宜。

二一五五 1453 年，癸酉，明代宗景泰四年。

黄河于新堤处决口，将这一决口堵住之后，又于四月在其北岸决口。洪水流入运河，使得漕运受阻。七月，在石璞重新开凿出一条长三里的新运河，绕开黄河决堤之处，使运河恢复通畅。

二一五六 1454 年，甲戌，明代宗景泰五年。

朝廷划分南北，以凤阳（治所在今安徽凤阳）、庐州（治所在今安徽巢湖）二府及滁州（治所在今安徽滁州）、徐州（治所在今江苏徐州）、和州（治所在今安徽和县）等三州为中线，此线以南称为南方，以北称为北方，并且依据此线将会试分为南、北、中三类卷。　缅甸将思机发送回明朝。思机发回京师后被杀。

二一五七 1455 年，乙亥，明代宗景泰六年。

朝廷命徐有贞疏通运河，修筑广济渠以排泄拥积在运河周围的洪水，并重新封堵住沙湾的黄河决口。

二一五八 1456 年，丙子，明代宗景泰七年。

广西大藤峡起义军进至广东雷州半岛一带。　山东降大雨，积水超过丈余，山东等地河堤多处遭到损坏，而徐有贞所筑河堤却不受影响。

二一五九 1457 年，丁丑，明英宗朱祁镇天顺元年。

正月，石亨、曹吉祥、徐有贞等人乘明景帝患病卧床不起，前往南宫将太上皇明英宗迎回宫中，将明景帝景泰年号改为明英宗天顺元年，史称“夺门之变”。　朝廷诛杀兵部尚书于谦，并抄其家，在抄家之时却发现家中并无值钱财物。

二一六〇　1458 年，戊寅，明英宗天顺二年。

朝廷诏令修撰《一统志》，命吏部尚书、翰林学士李贤为总裁官。李贤奏请停止锦衣卫监视探查之务，但没有被采纳。

二一六一　1459 年，己卯，明英宗天顺三年。

鞑靼首领孛来率二万余骑兵攻打安边营（今陕西定边东），被明军击退。明军俘获战俘四十余人，斩首五百余级。自此，安边营便号称“西北第一”。　方瑛联合川、湖、云、贵等地明军镇压苗寨，攻破六百余寨，俘获苗军首领并杀之。

二一六二　1460 年，庚辰，明英宗天顺四年。

朝廷命吏部监督追捕逃亡的工匠，共计三万八千四百余人。　朝廷派遣宦官前往浙江、福建等地督查税收。鞑靼首领孛来领兵直抵雁门关，大同、宣府的明兵不敢出战，京师民众纷纷逃入城内。

二一六三　1461 年，辛巳，明英宗天顺五年。

湖广、贵州总兵官李震镇压湖南地区瑶族、壮族起义军，将其逼退至广西境内，起义军死伤数千人。　鞑靼部将阿罗出兵进入河套地区，开始对陕西构成威胁。

二一六四　1462 年，壬午，明英宗天顺六年。

李震攻破瑶寨多处。颜彪与两广巡抚叶盛攻破瑶族、壮族村寨七百余个，并驻兵在大藤峡，屠杀当地居民数万人。

二一六五　1463 年，癸未，明英宗天顺七年。

宣大巡按御史李蕃因责打锦衣卫人员被关入狱中数日，被折磨至死。辽东巡按御史及山西巡按御史因与锦衣卫人员发生冲突被治罪。

二一六六　1464 年，甲申，明英宗天顺八年。

正月，明英宗卒，未有宫中宦官殉葬。自明太祖以来的宫中宦官殉葬这一习俗至明英宗时废止。太子朱见深继承皇位，是为明宪宗。

二一六七　1465 年，乙酉，明宪宗朱见深成化元年。

御史韩雍统兵镇压大藤峡瑶族、壮族起义军，将其首领侯大苟擒获并杀害，并将大藤峡中河流截断，改名为断藤峡。　刘通、石龙、刘长子等人在房县（今湖北房县）大石场起义，称为汉王，年号德胜。

二一六八 1466 年，丙戌，明宪宗成化二年。

朝廷修改团营制，京师中有军队三十余万，从中选取十四万人分为十二个营团练，称其为“选锋”，余下兵士则称为“老家”，供差役使用。 刘通起义军被镇压，刘通、石龙、刘长子三人皆被杀，起义失败。 鞑靼将领毛里孩连年骚扰榆林、固原、宁夏等地，兵部尚书王复奏请沿甘肃、陕北一带修筑墩台、沟墙。

二一六九 1467 年，丁亥，明宪宗成化三年。

鞑靼发生内乱，毛里孩杀掉孛来，将阿罗出逐出，并向明朝遣使进贡，但仍然经常侵扰大同等地。 四川“蛮”军声势浩大，攻陷合江（今四川合江）等九县，朝廷以李瑾为总兵官，开赴四川镇压。

二一七〇 1468 年，戊子，明宪宗成化四年。

六月，陕西开成（今宁夏固原一带）满俊起兵反明，聚众数万人，自称招贤王，占据石城，最终被项忠击溃。 朝廷将两广分开，分设广东、广西巡抚，但仍由韩雍专管两地军事。

二一七一 1469 年，己丑，明宪宗成化五年。

朝廷以礼部侍郎万安兼任翰林学士，进入内阁参与朝政。万安与宫内宦官、妃子相互勾结。 废除两广巡抚，命韩雍为总督，统管两广，总督军务开始为专职官名。

二一七二 1470 年，庚寅，明宪宗成化六年。

盘踞在湖北地区的饥民起义，以刘通旧部李原为首，自称太平王，朝廷命都御史项忠率李震等将前往镇压。 大同总兵官房能在陕北开荒川击溃“套寇”万人，斩首数百级，而后“套寇”又侵犯安边营等地，被总兵官许宁击退。

二一七三 1471 年，辛卯，明宪宗成化七年。

因兵部尚书白圭举荐，朝廷命原浙江布政使余子俊为右副都御史、巡抚延绥。余子俊将延绥治由起初的吴堡迁往榆林以加强防御，此后延绥便统称为榆林。 明将项忠进兵襄阳，大败起义军，俘获其首领李原，同时遣散流民，沿途被杀者及因病死亡者数十万人。

二一七四 1472年，壬辰，明宪宗成化八年。

鞑靼军队陆续侵扰平凉、庆阳、临洮等地，余子俊再度奏请修筑边墙以抵御鞑靼入侵。　是年，鞑靼满都鲁部进入河套地区，自称可汗。

二一七五 1473年，癸巳，明宪宗成化九年。

余子俊修筑边墙，东起清水营，西至定边营，全长一千七百七十里。将榆林升为榆林卫，扩建其城墙。　明将王越趁鞑靼可汗满都鲁侵扰陇西州县，袭击其驻地红盐池（今内蒙古伊金霍洛旗南），满都鲁被迫北迁至大漠，不再侵扰河套地区。

二一七六 1474年，甲午，明宪宗成化十年。

朝廷命王越总管延绥、甘肃、宁夏三边，但王越因遭到朝中官员弹劾，遂称病返回京师。　朝廷列出“妖书”的名目公告天下，禁止民众学习流传，违者将治重罪。

二一七七 1475年，乙未，明宪宗成化十一年。

湖广地区苗族民众揭竿起义，攻下武冈（治所在今湖北武冈）、靖州（治所在今湖南靖州）等地。　福建流行瘟疫，波及江西，死者众多。

二一七八 1476年，丙申，明宪宗成化十二年。

朝廷遣李震率兵攻靖州苗族村寨六百余处。　湖北进入禁区的流民日益增多，无法阻止，朝廷只得增设郧阳府（治所在今湖北郧县），下设数县，将流民分别编入户籍内。

二一七九 1477年，丁酉，明宪宗成化十三年。

正月，朝廷设置西厂，命汪直主管。汪直起用宦官韦瑛，滥捕无辜，民怨四起。　大学士连同兵部尚书项忠一道弹劾西厂。项忠被汪直借机陷害，被免官为庶民，直至汪直与其党羽失败之后才恢复官职。

二一八〇 1478年，戊戌，明宪宗成化十四年。

四川松潘卫民众连年起义，在巡抚张瓒的镇压下失败。　福建上杭人曾宗、邓嵩等人起义，后均失败。

二一八一 1479年，己亥，明宪宗成化十五年。

汪直出巡宣府、大同时随意索取贿赂，各边镇的储备皆被掏空，而后汪直又巡抚辽东，杀掉女真使节，却谎称为战功。

二一八二 1480 年，庚子，明宪宗成化十六年。

王越自大同发兵进攻鞑靼，斩杀鞑靼亦思马因部之老弱病者。不久，鞑靼大举报复，对大同发起进攻，并寇掠朔州（治所在今山西朔州）、浑源等地。

是年，辽东塞外各部落因汪直杀害其使节之事，也发兵侵犯，攻入云阳、清河等城堡后大肆掠杀。

二一八三 1481 年，辛丑，明宪宗成化十七年。

朝廷命方士李孜省为右通政，道士邓常恩为太常寺卿。　占城国王古来请求明朝从中调停其与安南之间的战事，明朝诏谕安南王归还成化七年时侵占的占城城池，并停止对老挝的进攻。

二一八四 1482 年，壬寅，明宪宗成化十八年。

河北、天津地区的卫河、漳河决堤，天津至山东清平一线的运粮河决口八十六处。　三月，明宪宗得知汪直的丑恶嘴脸，废除西厂制度。

二一八五 1483 年，癸卯，明宪宗成化十九年。

明宪宗将汪直贬为南京御马监，而后又贬为南京奉御。　广西桂林、平乐（今广西平乐）一带瑶族民众起义，后被镇压。

二一八六 1484 年，甲辰，明宪宗成化二十年。

朝廷命太监尚铭统领东厂，尚铭专权跋扈，被明宪宗罢免。　鞑靼亦思马因部返回河套，继续对陕西境内进行侵扰。　在云南设置云南孟密安抚司。

二一八七 1485 年，乙巳，明宪宗成化二十一年。

因国库空虚，朝廷规定轮班上京的工匠以银两代替其服役。南方匠人每月交纳银九钱，便可免除劳役；北方匠人则每月交六钱。

二一八八 1486 年，丙午，明宪宗成化二十二年。

占城国王古来被安南逼迫，弃城投奔明朝。　鞑靼小王子继续骚扰开原、甘州（治所在今甘肃张掖西北）等地。

二一八九 1487 年，丁未，明宪宗成化二十三年。

明宪宗于八月卒。　九月，太子朱祐樘即位，是为明孝宗。明孝宗即位之后怒斥术士李孜省、太监梁芳等人，并将其处死，遣散“传奉官”两千余人，又将宫内禅师、真人及西番法王等共一千余人罢免。

二一九〇 1488 年，戊申，明孝宗朱祐樘弘治元年。

鞑靼小王子自称大元大可汗，派使臣到达京师。从此以后，鞑靼与明朝交好，互有使节来往，但也屡次侵犯河套地区。大元大可汗在位时统一了南北蒙古，其势力逐渐增强。

二一九一 1489 年，己酉，明孝宗弘治二年。

四川野王刚起兵已有五年之久，自川东一带逐渐转移至陕西、湖北交界处竹山、西乡等地，随后被湖广、四川两地明军击溃。　六月，京师、通州等地降大雨，洪水肆虐，致使房屋倒塌，人员伤亡惨重。黄河在河南开封处决堤，洪水分为南北两支。朝廷命白昂为户部侍郎，整治黄河水灾。

二一九二 1490 年，庚戌，明孝宗弘治三年。

白昂征发民夫二十五万，修筑堤坝，导引洪水，水灾稍微缓解。

二一九三 1491 年，辛亥，明孝宗弘治四年。

朝廷命丘濬为礼部尚书兼任文渊阁大学士，其位列六部尚书之上。自此，文渊阁内的大臣更加权高望重。

二一九四 1492 年，壬子，明孝宗弘治五年。

朝廷准许大学士丘濬的请求，向民间征求流散文书，分别收藏于内阁及北京、南京两地国子监。　修改“开中盐法”，废除盐商向边地纳粮之法。　黄河决堤，支流流入运河，导致漕运断绝。

二一九五 1493 年，癸丑，明孝宗弘治六年。

广西古田壮族民众起义军被闵珪、毛锐等率兵镇压。　朝廷命刘大夏为右副都御史，整治张秋河。

二一九六 1494 年，甲寅，明孝宗弘治七年。

刘大夏监督修缮张秋河工程完工，漕运恢复正常。　贵州都匀苗族人起义失败，贵州巡抚邓廷赞上书请求设立府州，以防止民众再起抗明。朝廷随即设立都匀府及两州一县以加强对地方的统治。　朝廷颁布“签民壮法”，规定壮丁需定期训练，家中富裕者可出钱，由官方招募人员代替其训练。

二一九七 1495 年，乙卯，明孝宗弘治八年。

刘大夏主持修建的黄陵岗等处决口堵塞工程完工，筑长堤以阻断黄河水决堤北上的路线，迫使河水向南流去，汇入淮河入海。　是年，广西平乐、永安壮族民众起义，被闵珪所镇压。福建上杭人民起义，朝廷命金泽总管江西、湖广、福建军务，对其进行镇压。

二一九八 1496 年，丙辰，明孝宗弘治九年。

鞑靼攻掠大同、宣府。　土鲁番侵扰哈密，当地居民向东至瓜、沙二州躲避。

二一九九 1497 年，丁巳，明孝宗弘治十年。

朝廷下诏修撰《大明会典》。　鞑靼派兵进攻大同，京师闻讯后命都督杨玉镇守永平，起用王越总管三边军政事务。

二二〇〇 1498 年，戊午，明孝宗弘治十一年。

总制三边王越在贺兰山与鞑靼大战，战败。　王越党羽李广因得罪太皇太后而自杀。明朝廷在追究李广党羽时牵扯到王越，王越愤慨，在甘州病逝。

二二〇一 1499 年，己未，明孝宗弘治十二年。

普安（今贵州盘县）土司女首领米鲁起兵造反，自称无敌天王。　朝廷会试出现考官程敏政泄露考题事件，程敏政被捉拿归案，后又出狱。举人唐寅受此事件牵连，郁郁而终。

二二〇二 1500 年，庚申，明孝宗弘治十三年。

明朝边防战事告急，鞑靼火筛部进攻威远卫（治所在今山西右玉西南），杀守将王杲，而后屡次进犯大同。小王子部也屡次发兵侵扰大同。朵颜部与火筛部联合，多次攻击辽东各个卫所。

二二〇三 1501 年，辛酉，明孝宗弘治十四年。

鞑靼军队从花马池（今陕西定边西北）一路向宁夏掠夺而去，朝廷启用秦纮任总制三边。　陕西多处发生地震，人畜死伤惨重。

二二〇四 1502 年，壬戌，明孝宗弘治十五年。

朝廷听从秦纮建议，将开成县升为固原州，归属于平凉府，固原逐渐成为西北重镇。　江西新昌人王武聚众造反，被操江御史林俊招降。

二二〇五　1503 年，癸亥，明孝宗弘治十六年。

广东归善、南海等地民众叛乱，被潘蕃平定。潘蕃又率兵渡海将琼州符南蛇叛乱镇压。

二二〇六　1504 年，甲子，明孝宗弘治十七年。

明孝宗诏刘大夏商议边疆战事。刘大夏建议取消各地镇守的太监，明孝宗没有采纳其意见。

是年，明朝统计全国人口，共计一千零五十万八千九百三十五户，人口为六千零一十万五千八百三十五。

二二〇七　1505 年，乙丑，明孝宗弘治十八年。

五月，明孝宗病逝，太子朱厚照即位，是为明武宗，时年十五岁。朝中宦官刘瑾等八人号称"八虎"，他们诱导年少的明武宗贪玩游戏，导致宫内支出大增。明武宗沉迷于游戏之中，并不听从大学士刘健等人的劝告。

二二〇八　1506 年，丙寅，明武宗朱厚照正德元年。

明武宗即位之后国库更加空虚，朝廷各项事宜的支出已经超过了全年国库收入。大学士刘健、谢迁与户部尚书韩文等人联袂上书明武宗要求杀掉宦官刘瑾等人，但明武宗不听。明武宗命刘瑾为掌礼监太监。刘瑾手握大权，刘健、谢迁等人受到刘瑾的迫害。

二二〇九　1507 年，丁卯，明武宗正德二年。

刘瑾日益嚣张跋扈，将刘健、谢迁等五十三人列榜告知天下，称这些人为奸党。明武宗贪恋游戏，刘瑾便修建"豹房"供明武宗整日在内玩耍。明武宗不顾朝政，奏章大多由刘瑾处断。

二二一〇　1508 年，戊辰，明武宗正德三年。

朝廷设立内行厂，由刘瑾掌管，但凡逮捕到"叛党"，株连全家。御道上有揭露刘瑾罪名的匿名书，刘瑾大怒，令百官长跪于殿外。时常有官员受到刘瑾陷害，他们往往因害怕刘瑾的凶残手段而自杀。

二二一一　1509 年，己巳，明武宗正德四年。

川东廖惠自称扫地王、蓝廷瑞自称顺天王、鄢本恕自称括地王，率众起义，在四川、湖广、汉中一带活动。　　朝廷将前大学士刘健、谢迁贬为庶民。

二二一二 1510 年，庚午，明武宗正德五年。

安化王朱寘鐇以讨伐刘瑾的名义起兵叛乱，朝廷命杨一清统兵、太监张永监军，前去讨伐，历经十九天，平定了此次叛乱。杨一清劝张永剪除刘瑾。张永到达京师，向明武宗揭发刘瑾种种恶行，明武宗大怒，将刘瑾凌迟处死，但朝政之事仍由宦官操纵。　霸州文安（今河北文安）人刘六、刘七等人起义。

二二一三 1511 年，辛未，明武宗正德六年。

刘六、刘七与杨虎等人联合，转战河北、河南、山东等地，并得到文安当地秀才赵燧为其出谋划策。起义军后分为两支，经过转战之后，两军合并逼近京师。朝廷先命都御史马中锡为帅，欲招降起义军，但未成功。宦官谷大用自荐为提督军务，与起义军交战，其见起义军声势浩大，遂按兵不动。

二二一四 1512 年，壬申，明武宗正德七年。

刘六等人攻入河北，朝廷将谷大用召回，命副都御史彭泽为督军。起义军向南转战，刘惠、刘六、刘七战死，军师赵燧被捕遇害。

二二一五 1513 年，癸酉，明武宗正德八年。

朝廷命副都御史俞谏统兵镇压浙江一带的农民起义。俞谏相继击溃姚源洞、东乡两支起义军，又将占据在贵溪（今江西贵溪）裴源山的王浩八一举击败，王浩八战死。

二二一六 1514 年，甲戌，明武宗正德九年。

宁王朱宸濠大肆招募党羽，大有谋反之意，并与朝中宦官钱宁等人相互勾结，将声称宁王叛反的人全部打入牢狱。　鞑靼军队大举进攻宣府、大同两地，京师戒严。

二二一七 1515 年，乙亥，明武宗正德十年。

江西副使因为议论宁王的事被抓捕入狱。　朝廷派遣宦官刘允前往乌斯藏迎接活佛。刘允临行前索取盐引数万，到达临淄之后索要船只达五百余艘，征发民夫达万余人，而后到成都大肆铺张，每日消耗粮食百余石、银百两。

二二一八 1516 年，丙子，明武宗正德十一年。

江西南部谢志山自称征南王，与蓝天凤等人占据横水、左溪等寨。

池仲容自称金龙霸王，占据浰头寨。各寨起义军与乐昌高快马及大帽山詹师富等人相互呼应，在福建、江西、广东一带活动。

二二一九 1517年，丁丑，明武宗正德十二年。

明武宗经常微服私访，后又公然出行，自称“威武大将军”，并率江彬等人到宣府、大同等地，半夜进入百姓家中抢夺民女，荒淫无度。

朝廷命王守仁率军进驻江西，大败大帽山起义军，杀死詹师富，攻陷起义军数寨。

二二二〇 1518年，戊寅，明武宗正德十三年。

明武宗因为太后病逝，自宣府返回京师。尔后自称镇国公朱寿，再度出访宣府、大同，以抢夺民女为乐。　　是年，葡萄牙使者首次出访到中国。

二二二一 1519年，己卯，明武宗正德十四年。

六月，宁王朱宸濠起兵叛乱，杀巡抚孙燧、按察司副使许逵，发兵攻陷南康、九江等地，并围困安庆。右佥都御史、南赣巡抚王守仁发兵征讨宁王，攻克南昌，俘获宁王。明武宗亲征，率兵到南京，沿途百姓受到骚扰。

二二二二 1520年，庚辰，明武宗正德十五年。

十二月，明武宗返还京师，诛杀宁王。朝中宦官钱宁、吏部尚书陆完等人因勾结宁王被抓捕下狱。

二二二三 1521年，辛巳，明武宗正德十六年。

三月，明武宗病逝。因其无子，文渊阁学士杨廷和建议立明武宗从弟朱厚熜为帝。　　四月，朱厚熜即位，是为明世宗。明世宗即位之后废除武宗时期的多项弊政，杀宦官钱宁、江彬等人。

二二二四 1522年，壬午，明世宗朱厚熜嘉靖元年。

明世宗听从大臣们的建议，将其生身父母称为兴献帝、后，不再称“皇”。　　广西马平周克亮起义，被总督张嵿击败。　　山东王堂率领矿夫起义，转战至河南一带，屡次击败明军。

二二二五 1523年，癸未，明世宗嘉靖二年。

明世宗听从宦官崔文的意见，在宫中修建斋醮，又重新起用酷吏王邦奇征发役夫工匠，宫室修建完成，征夫死伤无数。　　给事中夏言上书称倭寇屡屡侵扰沿海，市舶司在其中发挥了不良的作用。明遂取缔市舶司。　　是年，著名画家唐寅卒。

二二二六　1524年，甲申，明世宗嘉靖三年。

明世宗以生父兴献王为“皇考”，遭到多数大臣反对，被明世宗打入牢狱的人达一百余人，其中因廷杖而死者十七人。

二二二七　1525年，乙酉，明世宗嘉靖四年。

广西田州（今广西百色）土司岑猛屡次出兵侵犯其相邻部落，从不听从朝廷征调。于是，朝廷命都御史姚镆率兵赴广西征讨岑猛。

二二二八　1526年，丙戌，明世宗嘉靖五年。

广东瑶族百姓聚众攻占肇庆府（治所在今广东肇庆）下属州县。

鞑靼军兵分两路，一路侵扰洮州（今甘肃临潭），一路进犯大同、宣府。

二二二九　1527年，丁亥，明世宗嘉靖六年。

朝廷命张璁进入内阁担任大学士一职，又命桂萼为吏部尚书。

明将姚镆镇压岑猛，但岑猛残部卢苏、王受等人再次起义，朝廷命新建伯王守仁担任总督军务，前往镇压。

二二三〇　1528年，戊子，明世宗嘉靖七年。

朝廷众大臣开始商议修筑泇河运河之事，此年计划在昭阳湖（今山东微山湖）东修建运道，但工程还未竣工便遭反对，工程就此搁置。

陆粲根据正德初年杨一清的计划，修筑定边营（今陕西定边）至宁夏横城堡（今宁夏灵武东北）之间的边墙。

二二三一　1529年，己丑，明世宗嘉靖八年。

张璁及新进内阁的桂萼日益蛮横，遭到给事中陆粲的弹劾，明世宗将张、桂二人罢免。因陆粲没有及时弹劾张、桂二人，明世宗将其免官。张、桂余党霍韬设计陷害杨一清，杨一清被贬官职。明世宗将张、桂二人重新召回内阁。

二二三二　1530年，庚寅，明世宗嘉靖九年。

都御史汪鋐进献新式火器佛郎机铳，朝廷命其先在西北诸边营城堡中使用。

二二三三　1531 年，辛卯，明世宗嘉靖十年。

鞑靼军队侵扰庄浪（治所在今甘肃永登）、甘州（治所在今甘肃张掖）等地，又发兵六万攻打大同。　　冬，滹沱河（今河北西部）决堤，朝廷命太仆卿何栋前往修筑河堤，完工之后数十年内再无水灾。

二二三四　1532 年，壬辰，明世宗嘉靖十一年。

明世宗怀疑大臣们专权跋扈，便命谏官弹劾张孚敬（原名张璁），令其退休，同时召方献夫进入内阁辅佐朝政。　　因营造宫殿，四川、湖广、贵州、江西等多地民众被征发采集木料，苦不堪言。应天、苏、常等地区因苦于烧制宫砖，砖窑大部民工逃亡。

二二三五　1533 年，癸巳，明世宗嘉靖十二年。

提督侍郎陶谐攻破广东“巢寨”一百二十多处，盘踞在这些寨子里的起义军起兵达数年之久。　　十月，大同军队内兵士苦于劳役，发生兵变，将总兵官杀掉，明世宗发兵前往镇压。

二二三六　1534 年，甲午，明世宗嘉靖十三年。

明军抵达大同镇压骚乱，鞑靼军队乘机进攻大同，被明军击败。大同城内叛乱军队因惧怕破城被屠杀，于是誓死守卫城池。明世宗改用劝降之策，将叛军首领斩杀后便停止镇压。

二二三七　1535 年，乙未，明世宗嘉靖十四年。

二月，辽东明军因长官克扣军饷而哗变，将巡抚吕经抓为人质，后经巡按御史从中调解，了绝此事。　　抚顺明军哗变，俘获指挥刘雄等将，巡按御史曾铣发兵镇压，抓捕其中首领数十人，平定了此事。

二二三八　1536 年，丙申，明世宗嘉靖十五年。

朝廷命邵元节为礼部尚书，召夏言进入内阁，任严嵩为吏部尚书。

二二三九　1537 年，丁酉，明世宗嘉靖十六年。

御史游居敬弹劾王守仁等人私自创办书院，明世宗命各地废止私立书院。　　因南京乡试对策文字中充满了讽刺朝政的意思，明朝廷将考官罢免，不许同年录取的举人再参加考试。

二二四〇　1538 年，戊戌，明世宗嘉靖十七年。

四月，朝廷恢复云南、两广、四川、福建、浙江等地的镇守中官。

二二四一 1539 年，己亥，明世宗嘉靖十八年。

安南莫方瀛派遣使节来明朝贡。　　闰七月，辽东明军再次哗变，随后平息。

二二四二 1540 年，庚子，明世宗嘉靖十九年。

明世宗想要炼丹求药，追求长生不老，命众大臣商议以太子监国。太仆卿杨最极力反对，被廷杖打死。明世宗打消以太子监国的念头。

二二四三 1541 年，辛丑，明世宗嘉靖二十年。

鞑靼可汗俺答派遣使节赴京师商议与明在大同一带互通贸易，被兵部拒绝。随后，鞑靼为报复，发兵进攻山西平定、寿阳、石州等地。

二二四四 1542 年，壬寅，明世宗嘉靖二十一年。

应道士“真人”陶仲文的请求，建成大高元殿，建造费用巨大。广西思恩（今广西平果）百姓刘观、卢回等人起兵反抗已持续三年之久。是年，被镇压。

二二四五 1543 年，癸卯，明世宗嘉靖二十二年。

山东等地乡试中策问边事，明世宗认为考生文字中充满讥讽，将考官贬职。　　贵州铜仁平头苗族首领龙桑科起兵抗明，被镇压，随后龙子贤再次起义，再次被镇压。

二二四六 1544 年，甲辰，明世宗嘉靖二十三年。

十月，鞑靼俺答进攻黄崖口（今北京密云北）、大水谷、龙门所（今河北赤城）后，又进攻万全右卫，毁掉边墙，抵达完县，京师戒严。鞑靼军退兵之后，明世宗将此归功于天神保佑，将“真人”陶仲文封为文秩少师。

二二四七 1545 年，乙巳，明世宗嘉靖二十四年。

二月，总督直隶、河南、山东、兵部左侍郎张汉被抓捕下狱。张汉曾经上书建议各地总督拥有诛杀军队将领的权力，明世宗因此对张汉冷眼相待，后又因有人弹劾张汉刚愎，明世宗便将其下狱治罪。

二二四八 1546 年，丙午，明世宗嘉靖二十五年。

总督宣府、大同、侍郎翁万达修筑自大同至宣府之间的边墙，至此，明代长城已出现雏形。　　鞑靼俺答派使节到大同请求开启贸易，使节被边兵杀害。俺答随后发兵攻打宣府、庆阳（今甘肃庆阳）、宁夏等地。 总督陕西三边曾铣建议修筑定边营至黄埔川一带的边墙，长一千五百余里。

二二四九 1547 年，丁未，明世宗嘉靖二十六年。

曾铣出兵袭击居住在河套一带的鞑靼人，迫使鞑靼部落向北迁移。

鞑靼小王子部谋划侵扰辽东，俺答派使节前往明朝告密，明世宗并未采纳其意见。

二二五〇 1548 年，戊申，明世宗嘉靖二十七年。

明世宗轻信严嵩、陆炳的谗言，将曾铣抓捕入狱，并将支持曾铣的内阁大学士夏言免职。随后严嵩让前甘肃总兵官仇鸾诬陷曾铣私吞军饷，贿赂官员。明世宗以此杀掉曾铣，又以“怨望讪上”的罪名杀掉夏言。

二二五一 1549 年，己酉，明世宗嘉靖二十八年。

浙闽一带海盗王直、陈东二人与倭寇相互勾结，抢劫浙东沿海等地，之后沿海倭寇便逐渐成为明朝大患。 鞑靼俺答部发兵进攻大同、榆林等地。 辽东朵颜三卫带领鞑靼军队侵扰辽东。

二二五二 1550 年，庚戌，明世宗嘉靖二十九年。

八月，鞑靼俺答率军自内蒙古一带南下进攻大同，毁掉边墙，直达通州，京师告急。明世宗命仇鸾任平虏大将军，统管各路兵马抗击鞑靼。兵部尚书丁汝夔得到严嵩指示，告诫众将按兵不动，切勿出兵进攻，导致俺答部在京师周围烧杀抢八天之后离去。仇鸾见鞑靼退兵，仓促出击，反被击败，史称“庚戌之变”。

二二五三 1551 年，辛亥，明世宗嘉靖三十年。

明廷答应俺答的请求，开通马市，用丝绸缎匹交换马。俺答再次请求以牛羊交换粮食，明廷没有答应。 朝廷财政支出仍然存在很大赤字，每年有三百余万两的空缺。

二二五四 1552 年，壬子，明世宗嘉靖三十一年。

倭寇在舟山、象山两地抢掠，并到温、台、宁、绍兴等地侵扰，朝廷命都御史王忬巡视浙、闽两地，加强防御工事。 鞑靼俺答部及朵颜三卫等部进攻辽东、蓟州、大同、宁夏等地，并关闭马市。

二二五五 1553年，癸丑，明世宗嘉靖三十二年。

倭寇攻势盛旺，沿海台、宁、嘉、湖、苏、松、淮北等多地发出警报。倭寇在内地停留长达三个月，攻陷昌国卫、上海等地，大肆抢夺掠取，而后返回海上。是年冬，倭寇登陆崇明、常熟沿海等地，朝廷命上海修筑城池以防倭寇来犯，周长达到九里。　　是年，葡萄牙人以船只遇难为理由，借明朝领土晾晒物品，扩大其在澳门的租地。

二二五六 1554年，甲寅，明世宗嘉靖三十三年。

倭寇骚扰江南、浙江等地，聚众二万余人盘踞在柘林、川沙洼，同时沿长江北岸侵泰州等地，将大量盐场焚毁。

二二五七 1555年，乙卯，明世宗嘉靖三十四年。

朝廷命赵文华赶赴江南祭祀海神，并主持与倭寇的战事。　　朝廷将戚继光从山东调至浙江，任参将。倭寇继续分成小股部队，多则二百人，少则数十人，对沿海各地进行侵扰。　　渭南、华州（今陕西华州）发生大地震，死伤者达八十三万人。

二二五八 1556年，丙辰，明世宗嘉靖三十五年。

朝廷命胡宗宪总督沿海各地军务，倭寇首领徐海、陈东、麻叶等率众二万余人围困上海，上海军民齐心协力抵抗倭寇，坚守城池。胡宗宪派遣赵文华赶赴江南主持江浙军务。八月，明军将徐海围困在沈庄，徐海跳海而亡。

二二五九 1557年，丁巳，明世宗嘉靖三十六年。

江北倭寇再犯泰兴等地，胡宗宪发兵前往镇压，倭寇伤亡惨重。

葡萄牙政府在澳门设置官吏。

二二六〇 1558年，戊午，明世宗嘉靖三十七年。

浙江、福建等地仍然受到倭寇骚扰，朝廷命郎中唐顺之赶赴江浙前线，辅佐胡宪宗抵抗倭寇。鞑靼辛爱部围困大同右卫六个月之后撤走，宣府、蓟州（今天津蓟县）均遭到攻击。

二二六一 1559年，己未，明世宗嘉靖三十八年。

福建倭寇围攻府州一个月之后撤兵。倭寇率数百艘船侵犯通州、海门等地，被明军击溃，逃至庙湾附近乘船向海上逃去。　　苏州在百姓中广招抗倭义兵。因巡抚翁大立刻薄严厉，对义军约束太多，义军哗变，占据太湖。

二二六二　1560年，庚申，明世宗嘉靖三十九年。

福建招募而来的抗倭义军因奖赏过少哗变，攻破泰宁县城（今福建泰宁），又转战江西等地。　南京振武营士兵因军官克扣粮饷而哗变，杀死军官。　闽、粤、赣三地起义军首领张琏在粤北山中称帝，立年号造历。

二二六三　1561年，辛酉，明世宗嘉靖四十年。

粤北山寨起义军经过江西攻入福建，张琏等人率兵攻入福建南靖县城。倭寇继续侵扰浙江，明将戚继光在台州大败倭寇，并招募当地金华、义乌人，组成"戚家军"。

二二六四　1562年，壬戌，明世宗嘉靖四十一年。

明世宗求仙心切，派遣宦官前往全国各地寻找术士以求升仙之法。

倭寇攻破福建兴化府（治所在今福建莆田），这是第一个被倭寇攻破的府城。　朝廷命俞大猷、戚继光为福建正副总兵官。

二二六五　1563年，癸亥，明世宗嘉靖四十二年。

倭寇转向广东潮州、惠州等地兴风作浪，而新到来的倭寇继续侵犯福建，被刘显、俞大猷歼灭。福建巡抚谭纶率戚继光、刘显、俞大猷三员大将向倭寇进攻，收复兴化府。至此，浙江、福建一带倭寇战乱平息。

二二六六　1564年，甲子，明世宗嘉靖四十三年。

鞑靼攻击辽东一片石等处，俺答部又侵扰陕西，并且两次进攻山西。　倭寇偶尔以小股力量骚扰沿海等地，但都被俞大猷、戚继光歼灭。　伊王朱典楧在开封修造宫城，选民女入宫，被明世宗废除封号，禁闭在高墙之内。

二二六七　1565年，乙丑，明世宗嘉靖四十四年。

朝廷杀严世蕃、罗文龙，抄其家，发现金三万余两，银三百万两，各种珍宝古玩更是无数。　福建海岛吴平自造战船，起兵抗明，被戚继光击败，退回到南澳。　四川大足人蔡伯贯以白莲教名义聚众起义，自称大唐天宝元年，接连攻破七个州县。

二二六八　1566 年，丙寅，明世宗嘉靖四十五年。

吴平被明军追击，逃至广东凤凰山，乘船出海，一说其溺水而亡，另说吴平远走他乡，不知所归。　　浙江开化、江西德兴等地矿工起义，转战至玉山一带，后被明军镇压。　　是年，户部主事海瑞因上表论明世宗不理朝政而被捕下狱。　　十二月，明世宗因服下大量仙丹，中毒身亡，其子朱载垕即位，是为明穆宗。明世宗留下遗诏，将炼丹术士全部处死，释放因进谏而被关入监狱的大臣，海瑞得以出狱。

二二六九　1567 年，丁卯，明穆宗朱载垕隆庆元年。

二月，张居正进入内阁，开始主掌朝政。朝廷抚恤在嘉靖时期因进谏而被明世宗诛杀的大臣家属。

二二七〇　1568 年，戊辰，明穆宗隆庆二年。

朝廷听从蓟辽总督谭纶的建议，命戚继光总理练兵之事。次年将戚继光任命为总兵官，驻防蓟州。　　吴平部下曾一本进攻福建，后转战至广州、廉州等地。　　朝廷下诏限制私家庄园，规定有功勋且传世至第五代者，将其土地限制在七十顷至一百顷之间。

二二七一　1569 年，己巳，明穆宗隆庆三年。

朝廷命海瑞为右佥都御史巡抚应天，当地官员凡有贪污者都敬畏海瑞，不敢继续作恶。　　俞大猷与福建总兵官李锡大战曾一本，广东总兵官郭成率援兵赶到，将曾一本捉拿回朝。

二二七二　1570 年，庚午，明穆宗隆庆四年。

鞑靼俺答之孙把汉那吉因其妻子三娘子被祖父夺走，投降于明朝。俺答请求互市，并用叛变到鞑靼的汉人赵全等交换其孙子把汉那吉。　　应天巡抚海瑞疏通吴淞江，并打击当地豪强。

二二七三　1571 年，辛未，明穆宗隆庆五年。

明朝封俺答为顺义王，将其居住地命名为归化城（今内蒙古呼和浩特），开通市场，相互贸易。自此以后，大同、宣府以西地区再无战事，唯有鞑靼小王子部屡次侵扰蓟州、辽东等地。　　戚继光修筑蓟州边墙，又将浙江兵调往北方，加强边军训练，以防鞑靼。

二二七四　1572 年，壬申，明穆宗隆庆六年。

五月，明穆宗病逝，太子朱翊钧于六月即位，是为明神宗。　　张居正出任内阁首辅。　　朝廷尝试通过海运将部分粮食经淮河入海，再运至天津。　　人痘接种法出现于宁国府太平县（今安徽黄山境内），后又经过俄国、土耳其等国传入欧洲。

二二七五　1573年，癸酉，明神宗朱翊钧万历元年。

四川巡抚曾省吾命总兵官刘显率军攻破川中“蛮”族首领阿大、阿二、方三等三处山寨。　　海上抗明势力首领林凤在广东海上被明军所击败。　　朵颜部首领董狐狸率部攻击喜峰口，被戚继光军击退。建州女真首领王杲屡次侵犯辽东边境。

二二七六　1574年，甲戌，明神宗万历二年。

建州（今辽宁辽阳）女真部队被李成梁击败，王杲败走南关，被都督王台俘获并处死。　　倭寇再次骚扰浙江宁、绍、台、温四地。侵扰广东时，被张元勋击退。

二二七七　1575年，乙亥，明神宗万历三年。

浙江杭、嘉、宁、绍四府发生海潮灾难，潮涌高达数丈，船只被损毁，人畜被淹没。　　淮河在高家堰决堤，漕运受到影响。

二二七八　1576年，丙子，明神宗万历四年。

张居正采纳漕臣的建议，将船运时间提前，避开经常发生水灾的季节，粮仓内储存量逐渐增长。同时又应宋议望的请求，派遣御史监督江浙两地水利工程的修建。　　朝廷再次修改《大明会典》。

二二七九　1577年，丁丑，明神宗万历五年。

朝廷命总督凌云翼派遣张元勋、李锡等人进攻广东瑶寨，两人率军攻破瑶寨四百六十多处。　　是年，黄河决堤，将淮河河道阻塞。淮河被迫南移，淮安（治所在今江苏淮安）、凤阳（治所在今安徽凤阳）两府受灾，民众大多逃亡，洪水蔓延两千余里。

二二八〇　1578年，戊寅，明神宗万历六年。

张居正推荐潘季驯总理河漕事宜。潘季驯疏通河道，修筑堤坝，重筑高家堰，提高了淮河的水位，使黄河水不再倒灌进入淮河河道。是年，统计天下人口，全国共有一千零六十二万一千四百六十六户，六千零六十九万二千八百五十六口。

二二八一 1579 年，己卯，明神宗万历七年。

张居正因为厌恶讲学，遂颁布罢毁全国书院的命令，摧毁书院六十四所。　　是年，土蛮进攻辽东，被戚继光击退，随后再次侵扰，被李成梁击败。

二二八二 1580 年，庚辰，明神宗万历八年。

全国土地清算完毕，共有七百零一万三千九百七十六顷，比弘治时期大约增加三百万顷。　　鞑靼俺答汗尊乌斯藏喇嘛教领袖索南嘉措为达赖喇嘛，是为三世达赖喇嘛。

二二八三 1581 年，辛巳，明神宗万历九年。

朝廷向全国推行“一条鞭法”。　　明朝自从与鞑靼互市以后，马匹逐渐增多，还减少了租用草场的费用。　　是年，顺义王俺答卒。

二二八四 1582 年，壬午，明神宗万历十年。

六月，张居正病逝，朝廷将太监冯保贬官为奉御，安置到南京。对冯保在京师的住所进行抄家，搜出金银百万余两以及大量珠宝。群臣趁机纷纷弹劾张居正。

二二八五 1583 年，癸未，明神宗万历十一年。

朝廷封鞑靼部俺答之子乞庆哈为顺义王。　　五月，爱新觉罗·努尔哈赤世袭为指挥使，起兵攻打尼堪外兰。

二二八六 1584 年，甲申，明神宗万历十二年。

朝廷抄张居正家，并派人封锁张家，张家饿死十余人。张居正之长子张敬修被严刑拷打，自杀身亡。仅留下一些田地宅院用来赡养张居正之母。

二二八七 1585 年，乙酉，明神宗万历十三年。

兵部尚书张学颜因曾协助张居正管理国库而被视为张居正党羽，遭到弹劾，被迫退休归乡。　　四川松、茂等地“番”寨屡屡聚众造反。

四川建武所（治所在今四川兴文西南）发生兵变，将总兵打伤，后被镇压。

二二八八 1586 年，丙戌，明神宗万历十四年。

朝廷命徐贞明整治京师水田，开垦了三万九千余亩，但因遭到宦官、外戚等土地持有者的反对，此事废止。　　锦衣卫内有旗校多达一万七千四百余人，内府诸监局内所用工匠超过一万人。

二二八九 1587 年，丁亥，明神宗万历十五年。

九月，海瑞卒。南京城内市场停止交易，为海瑞送葬。　京师等地先是大旱，又遭地震，再遭暴雨，死者不计其数。

二二九〇 1588 年，戊子，明神宗万历十六年。

努尔哈赤陆续征服建州五部，这五部分别为苏克素护河、哲陈、浑河、栋鄂、完颜。　刘汝国自称顺天安民王，聚众数万人，在太湖、黄州等地活动。

二二九一 1589 年，己丑，明神宗万历十七年。

鞑靼顺义王撦力克率其部迁往青海，命其部下秃赖、火落赤等人频繁骚扰明朝边境。　刘汝国兵败被俘，被处死于安庆。　明神宗宣布升授官员不再面谢，从此不经常上朝。群臣上书阐述此事不妥，明神宗不听。

二二九二 1590 年，庚寅，明神宗万历十八年。

播州（治所在今贵州遵义）宣慰使杨应龙叛乱。　青海鞑靼部火落赤进攻陇西地区，河套卜失兔部进攻永昌（今甘肃永昌），欲与青海鞑靼会合，被明军击退。

二二九三 1591 年，辛卯，明神宗万历十九年。

朝廷叫停与撦力克的贸易互市，撦力克遂向明朝请罪，继而火落赤停止了对明朝边境的骚扰。　正月，努尔哈赤收复长白山三部中的鸭绿江部，朝廷将其升任为都督。

二二九四 1592 年，壬辰，明神宗万历二十年。

五月，日本“关白”丰臣秀吉发兵入侵朝鲜，并于七月攻入王京，向平壤逼近。朝鲜向明朝求救，明朝辽东兵前往救援，被日本击败。

十月，明朝命兵部侍郎宋应昌为经略，李如松为总兵官，其弟李如柏、李如梅为副总兵官，发军援救朝鲜。

二二九五 1593 年，癸巳，明神宗万历二十一年。

正月，李如松收复平壤、开城，并进攻王京汉城（今韩国首尔）。日军由于缺少粮草，放弃王京退守至釜山。兵部尚书石星派遣沈惟敬前往日本议和，日本遂将其主力撤回国内。　是年，女真叶赫那拉部联合长白山、蒙古等部共三万人进攻努尔哈赤，以失败告终。　　福建等地干旱，巡抚金学采纳陈经纶的意见，种植红薯。中国种植红薯始于此年。　　是年，药物学家、植物学家李时珍卒，其代表作有《本草纲目》。

二二九六　1594年，甲午，明神宗万历二十二年。

吏部郎中顾宪成因推举首辅而被革职。顾宪成回到无锡（今江苏无锡）后修建东林书院，并与其弟顾允成及高攀龙一道讲学，讽刺朝政，评论人物，这便是所谓的东林党议。　　朝廷命南京兵部右侍郎刑玠总督川贵军务，发兵征讨播州的杨应龙。

二二九七　1595年，乙未，明神宗万历二十三年。

努尔哈赤晋升为龙虎将军。　　青海鞑靼部首领永邵卜侵扰甘肃，被达云击败，后进攻西宁，也以失败告终。

二二九八　1596年，丙申，明神宗万历二十四年。

朝廷派遣宦官出使山东、陕西、山西、浙江等地监督开矿，这些使者假借开采大肆敲诈勒索。　　明朝主动出兵袭击卜失兔营地。火落赤侵扰洮州（治所在今甘肃临潭），大败而归。明朝使节赴日本交涉没有结果，日本又发兵入侵朝鲜。

二二九九　1597年，丁酉，明神宗万历二十五年。

朝鲜向明朝求救。明朝廷命杨镐总管朝鲜军务，以麻贵为总兵官，刑玠经略御倭。双方在朝鲜互有胜负，相持不下。　　杨应龙将江津（今重庆江津）、南川（今重庆南川）等地抢掠一番，转而侵犯湖广。

二三〇〇　1598年，戊戌，明神宗万历二十六年。

正月，日军与明军在蔚山相持，日本援军赶到，将明军击败。明军溃逃至王京，损失人员较多。在海战中，日军战败，损失颇多。明军将领邓子龙同朝鲜大将李舜臣一道率兵追击日军，邓子龙及李舜臣都在战事中阵亡。日军统帅丰成秀吉病逝，日军无力再战，残余人员逃回日本。

二三〇一　1599年，己亥，明神宗万历二十七年。

朝廷派遣宦官前往全国各地征税、办矿、监督采珠、烧制陶瓷等事宜。武昌、汉阳、临清（今山东临清）皆发生民众暴乱。　　努尔哈赤灭掉哈达部，命部下额尔德尼和噶盖利用蒙古字制成“国书”满文。

二三〇二　1600 年，庚子，明神宗万历二十八年。

六月，总督李化龙率陈璘等发兵攻破娄山关（今贵州遵义北），攻克海龙囤土城，杨应龙自杀身亡。杨氏家族自唐乾符三年（876 年）入主播州起，至此共世袭了二十九代。

二三〇三　1601 年，辛丑，明神宗万历二十九年。

苏州纺织工因税监孙隆私自加税，机户全部停业，聚众包围了税监衙门，将孙隆及其党羽房屋烧毁，孙隆逃往杭州。纺工葛成投案自首，此事告终。　　努尔哈赤分部下每三百人为一牛录，设置牛录额真一名，这是八旗制度的开端。

二三〇四　1602 年，壬寅，明神宗万历三十年。

江西发生民众滋事，景德镇（今江西景德镇）民众烧毁制窑厂房，殴打矿监潘相。云南腾越民众反抗暴政苛税，烧死矿税监张安民。

是年，朝廷应鞑靼各部要求，重新互市，鞑靼每年向明朝纳贡。

二三〇五　1603 年，癸卯，明神宗万历三十一年。

明朝九边共有军队八十六万余人，边将经常用空名来提取粮饷，对许多有实名的士兵随意克扣，边军因此屡次哗变。

二三〇六　1604 年，甲辰，明神宗万历三十二年。

工部侍郎李化龙主持兴建的泇河水利工程完成，此后运河便不再受到其害。　　十月，武昌（今湖北武汉）发生“楚宗之乱”。“楚宗之乱”即宗室数百人抢夺楚王资助修建宫殿的银两，继而聚众三千余人，将巡抚赵可怀杀死，并抢劫了楚王府。

二三〇七　1605 年，乙巳，明神宗万历三十三年。

朝廷诏告天下，撤销矿税，但仍保留中使一职。自从万历二十五年开始，朝廷一共收得税银三百余万两，不包括各种进贡的金银珠宝古玩。

二三〇八　1606 年，丙午，明神宗万历三十四年。

河套鞑靼诸部进犯延绥，朵颜与鞑靼军进攻山海关，均被明军击败。　　云南发生起义，义军首领贺世勋率众多达万人，杀掉税监杨荣及其余党二百余人，随后义军被镇压。　　徐光启与利玛窦翻译出《几何原本》的前六卷。

二三〇九　1607年，丁未，明神宗万历三十五年。

武昌、承天（治所在今湖北钟祥）、岳州（治所在今湖南岳阳）、常德（治所在今湖南常德）等府先是大旱，再降大雨，雨水淹没房屋。　　徽州、天平等府及浙江多地山洪暴发，民众溺死者无数。　　京师降大雨，水深达到数尺，数处城墙倒塌。

二三一〇　1608年，戊申，明神宗万历三十六年。

南方发生水灾，南京、苏州、松、常、镇等府均被洪水淹没，为二百年来从未有过的大洪水。　　朵颜进攻蓟州（今天津蓟县），京师戒严，周边数万人逃入城中避难。

二三一一　1609年，己酉，明神宗万历三十七年。

日本发兵入侵琉球，俘获中山王尚宁，大肆抢掠后离去。　　五月，福建发生水灾，建宁（治所在今福建建瓯）等府损失人口近十万。

二三一二　1610年，庚戌，明神宗万历三十八年。

朝廷内部东林党与其他党派的斗争愈演愈烈。东林党领袖顾宪成写信给内阁首辅叶向高推荐凤阳巡抚李三才入内阁，但多名御史上书弹劾李三才。与东林党相抗衡的主要有齐、楚、浙三党。　　十一月，西方历法开始传入中国。

二三一三　1611年，辛亥，明神宗万历三十九年。

李三才因受到群臣的攻击而辞职。御史徐兆魁弹劾东林书院中讲学之人，首要便是顾宪成。

二三一四　1612年，壬子，明神宗万历四十年。

五月，顾宪成病逝。　　努尔哈赤击败乌拉部军队，继续扩大势力。

二三一五　1613年，癸丑，明神宗万历四十一年。

正月，努尔哈赤灭乌拉部。　　倭寇屡屡侵扰浙闽沿海，朝廷加强沿海戒备，将淮、扬两地的田赋调来增加军费。

二三一六　1614年，甲寅，明神宗万历四十二年。

内阁辅臣叶向高辞职，朝中仅有方从哲一名大学士。　　福建税使高寀私自建造船只入海进行贸易，激起民众叛变。高寀率兵镇压叛变，大肆烧杀抢掠。

二三一七 1615年，乙卯，明神宗万历四十三年。

努尔哈赤正式建立八旗制度，每三百人立一位牛录额真，每五牛录设立一名甲喇额真，每五甲喇设一名固山额真，固山额真左右再设立梅勒额真。固山便是旗，原有黄、蓝、白、红四旗，后来增加镶黄、镶蓝、镶白、镶红四旗，一共为八色旗帜，约有六万人之多。

二三一八 1616年，丙辰，明神宗万历四十四年，清太祖爱新觉罗·努尔哈赤天命元年。

正月，努尔哈赤正式在赫图阿拉（今辽宁新宾西）登基称汗，国号为金，史称后金，定年号为天命。

二三一九 1617年，丁巳，明神宗万历四十五年，清太祖天命二年。

朝廷内外缺官问题日益严重，吏部、兵部没人掌印，导致数千官员手拿文书，没有官印而无法赴任。　朝廷内的言官大多都属于齐、楚、浙三党，均以东林党为弹劾目标。

二三二〇 1618年，戊午，明神宗万历四十六年，清太祖天命三年。

三月，后金主努尔哈赤誓师告天，正式起兵反明。　四月，后金攻下抚顺，抚顺游击将军李永芳投降，努尔哈赤命其为总兵官。　明朝急忙以杨镐为兵部左侍郎，经略辽东，以防后金。

二三二一 1619年，己未，明神宗万历四十七年，清太祖天命四年。

三月，杨镐率领四路大军进攻后金，被金兵大败，史称“萨尔浒之战”。努尔哈赤乘胜攻取开原、铁岭。　明朝用熊廷弼担任辽东经略使。

二三二二 1620年，庚申，明神宗万历四十八年，明光宗朱常洛泰昌元年，清太祖天命五年。

七月，明神宗病逝。　太子朱常洛于八月即位，是为明光宗，改年号为泰昌。此时明光宗已患病，连续服下药丸，病情更重，于九月病死。朝中盛传明光宗是被人毒杀而亡，此事被称为“红丸案”。　皇长子朱由校即位，是为明熹宗。　熊廷弼屡次遭到朝中大臣弹劾，明朝廷将其官职罢免，命袁应泰代替。

二三二三　1621年，辛酉，明熹宗朱由校天启元年，清太祖天命六年。

三月，后金军队攻陷沈阳，总兵贺世贤、尤世功战死。后金攻陷辽阳，辽东经略袁应泰自杀，辽东众多城寨皆投降于后金。　努尔哈赤将都城迁至辽阳。

朝廷重新起用熊廷弼经略辽东，命王化贞为广宁巡抚，驻防山海关。

二三二四　1622年，壬戌，明熹宗天启二年，清太祖天命七年。

正月，后金大军渡过辽河，攻陷西平堡，攻下广宁。明朝廷命孙承宗经略蓟辽。孙承宗听取袁崇焕的建议，修筑宁远城，以防御金兵。　努尔哈赤告诫八旗旗主，日后国事需要八旗共同执掌。

二三二五　1623年，癸亥，明熹宗天启三年，清太祖天命八年。

荷兰占据台湾、澎湖等地，进而入侵厦门。福建巡抚南居益率军收复澎湖。　阉党顾秉谦、魏广微进入内阁。

二三二六　1624年，甲子，明熹宗天启四年，清太祖天命九年。

魏忠贤在朝廷的势力日益强大。左副都御史杨涟连劾魏忠贤二十四项罪名，御史黄尊素等相继上书怒斥魏忠贤，国子祭酒蔡毅中率领师生千余人向朝廷上书，反映魏忠贤的罪行。但这些人都被下旨问责。

二三二七　1625年，乙丑，明熹宗天启五年，清太祖天命十年。

魏忠贤大肆抓捕与其对立的大臣，将杨涟、左光斗、魏大中等人打入牢狱，均加以酷刑折磨至死。阉党借“三案”攻击东林党，毁掉众多书院。　明朝廷罢免孙承宪，命高第出任经略。高第命关外明军全部放弃各城，退回山海关内，仅留下袁崇焕驻守的宁远（今辽宁兴城）、前屯（今辽宁绥中）二城。

二三二八　1626年，丙寅，明熹宗天启六年，清太祖天命十一年。

魏忠贤再次兴起大狱，抓捕周起元、高攀龙、周顺昌等多名大臣。

苏州民众因反对抓捕周顺昌，聚众造反，杀掉旗尉一人。颜佩韦、杨念如、周文元、马杰、沈扬等五人挺身投案，被杀害后，葬于虎丘山旁，后人称之为“五人之墓”。

正月，后金军进攻宁远，被袁崇焕使用西洋大炮击退。八月，努尔哈赤死。努尔哈赤诸子商议后，立四子皇太极即位，是为后金太宗。

二三二九　1627 年，丁卯，明熹宗天启七年，清太宗爱新觉罗・皇太极天聪元年。

五月，皇太极率军进攻宁远、锦州（今辽宁锦州）两地，被袁崇焕击退，史称“宁锦大捷”。　八月，明熹宗病逝，其弟朱由检即位，是为明思宗。明思宗宣布魏忠贤罪状，将魏忠贤安置于凤阳（今安徽凤阳）。魏忠贤在途中自缢而死。明思宗后将魏忠贤余党逐一铲除。

二三三〇　1628 年，戊辰，明思宗朱由检崇祯元年，清太宗天聪二年。

朝廷命袁崇焕为兵部尚书，总督蓟辽。

后金击败蒙古察哈尔部，此后，后金可以绕过山海关向内地进攻。

二三三一　1629 年，己巳，明思宗崇祯二年，清太宗天聪三年。

十月，后金军绕过山海关自龙井关（今河北遵化东北）、大安口（今河北遵化西北）大举攻入内地，直逼京师城下。

袁崇焕带兵入关支援京师。　明思宗继续惩治魏忠贤余党，将崔呈秀等立即处死，将顾秉谦等人贬为庶民。

二三三二　1630 年，庚午，明思宗崇祯三年，清太宗天聪四年。

八月，明思宗中离间计，判定袁崇焕私通后金密谋反明，将其凌迟处死。　陕西一带起义军声势日益浩大，以张献忠、神一元、神一魁等人为首领，起义军转战陕西、山西等地，继续扩大其活动范围。

皇太极将主力撤回关外，留阿敏守卫关内四城。孙承宗率兵收复四城，阿敏逃往关外。

二三三三 1631 年，辛未，明思宗崇祯四年，清太宗天聪五年。

陕西起义军联合山西各部，总数多达二十余万人。明思宗派总督杨鹤前往招降。因招降无果，遂将杨鹤抓捕入狱，命洪承畴总督陕西、山西两地军务。

后金军开始制造红衣大炮，将投降汉兵编为“乌真超哈”，效仿明制设立六部。采纳汉族官员李伯龙的建议，废除大贝勒与国君并坐的旧制，明确了君臣之分。八旗旗主共议国事的制度由此废止。

二三三四 1632 年，壬申，明思宗崇祯五年，清太宗天聪六年。

洪承畴率曹文诏等将连续大败起义军，杀其首领多人，关中起义军损失颇为严重。　　张献忠、王自用等人在山西等地继续攻陷城池。

皇太极进攻察哈尔部，占领归化城（今内蒙古呼和浩特）。至此，大同、宣化以北的地区全都被后金控制。

二三三五 1633 年，癸酉，明思宗崇祯六年，清太宗天聪七年。

张献忠等人率起义军自山西渡黄河南下，攻入河南西部地区。张溥在苏州虎丘召开复社大会，参加者多达数千人，这是继东林党之后又一个庞大的政治集团。

二三三六 1634 年，甲戌，明思宗崇祯七年，清太宗天聪八年。

张献忠率起义军渡过汉江，向西进入四川，但被秦良玉及四川将领张令所阻，而后分兵向湖广、陕南两地进军。　　明朝廷设河南、陕西、山西、四川、湖北五省总督，由陈奇瑜担任。陈奇瑜因围剿汉水一带起义军失利，后被洪承畴代替。

二三三七 1635 年，乙亥，明思宗崇祯八年，清太宗天聪九年。

洪承畴调各省兵围剿中原起义军。十三家起义军首领在荥阳商议对策，其中高迎祥部将李自成提出分兵四路的方案。高迎祥、李自成等人留在陕西，被洪承畴击败后，转向河南与张献忠会合。　　明朝廷命卢象升总理直隶、河南、山东、湖广、四川军务，与洪承畴一道分别进击东西两面的起义军。

二三三八 1636 年，丙子，明思宗崇祯九年，清太宗天聪十年、崇德元年。

高迎祥在周至（今陕西周至）一带被陕西巡抚孙传庭击败，被俘杀。李自成继承其地位，成为闯王。

四月，皇太极即皇帝位，国号为大清，改元崇德，将满、蒙贵族封王。 七月，清军从喜峰口跨过长城，直入内地，经过保定抵达安州（今河北高阳），攻破十二座城池，俘虏人畜十八万。后又从建昌冷口（今河北迁安北）出长城返回。 朝鲜因拒绝服从清，遭清发兵进攻。

二三三九 1637 年，丁丑，明思宗崇祯十年，清太宗崇德二年。

张献忠等部起义军攻下安庆，并抵达滁州城下。李自成离开陕西进入四川，连续攻下数处州县。 明朝廷为增兵围攻起义军增加粮饷，又在田赋之上添加“剿饷”，每亩地出六合，折合下来可增加二百八十万两白银。 朝廷命熊文灿总理河南、川、陕等地军务。

朝鲜战败，被迫对清俯首称臣。

二三四〇 1638 年，戊寅，明思宗崇祯十一年，清太宗崇德三年。

熊文灿采取招降之策，起义军首领张献忠、罗汝才、马进忠等人相继投降，而李自成军屡次被孙传庭击败，兵力减少，农民起义陷入低潮。

清朝多尔衮等人分兵进攻京师，从墙子岭（今北京密云东北）等处跨越长城，直抵京师城下。京师城门紧闭自守，清军又分兵四路南下，攻陷真定（今河北正定）、广平（今河北永年）、顺德（今河北邢台）等地。

二三四一 1639 年，己卯，明思宗崇祯十二年，清太宗崇德四年。

清军继续南下，攻陷济南，向徐州进发。 明朝命洪承畴为蓟辽总督，但关外的清军再攻锦州、松山（今辽宁锦州南）等地，将关内的明军牢牢牵制。 张献忠、罗汝才再次起兵，攻破房县（今湖北房县）、保康（今湖北保康）等地。

二三四二 1640 年，庚辰，明思宗崇祯十三年，清太宗崇德五年。

十二月，李自成军进入河南。当时河南正值饥荒，李自成起义军打出“迎闯王，不纳粮”的口号，召集民众参加起义。 张献忠军转战四川境内。

关外清军进攻锦州、松州等处。

二三四三 1641 年，辛巳，明思宗崇祯十四年，清太宗崇德六年。

张献忠军在川东大败明军，又出川向湖北地区长驱直入。　罗汝才投奔李自成。李自成军在河南得到极大发展，接连攻破洛阳及开封，又在汝宁（今河南汝南）击败明朝傅宗龙、杨文岳两名总督。　八月，洪承畴率明军十三万支援锦州，在松山与清军大战后失败，史称“松山之战”。　荷兰、西班牙为争夺台湾引发战争。荷兰胜，遂侵占台湾全境。

二三四四 1642 年，壬午，明思宗崇祯十五年，清太宗崇德七年。

七月，李自成军在朱仙镇（今河南开封南）将前来救援的明军一举击溃。不久，攻下开封。

三月，清兵攻下松山、锦州，洪承畴降清。明朝营建多年的宁锦防线被攻破，在关外只剩孤城宁远。

二三四五 1643 年，癸未，明思宗崇祯十六年，清太宗崇德八年。

正月，李自成攻下襄阳，自称新顺王，设文武官职。　九月，李自成军与明军孙传庭在汝州（今河南汝州）决战。李自成军将明军击败，杀死孙传庭，控制了陕西、宁夏等地。

清军从山东返回关外，在运送战利品出长城的时候，驻守的明军不敢出击。

二三四六 1644 年，甲申，明思宗崇祯十七年，清世祖爱新觉罗·福临顺治元年。

正月，李自成在西安称王，建国号为大顺，年号永昌。　三月，李自成攻陷北京，明思宗崇祯皇帝在紫禁城后的景山上自缢而亡。明朝灭亡。　明朝宁远总兵吴三桂拒绝投降大顺。李自成率兵与吴三桂及清兵决战，被击败。李自成逃回京城后，宣布即皇帝位。第二天清军追来，李自成仓皇逃出北京。

清朝睿亲王多尔衮率军进入京师，颁布诏令，劝各地降清。　九月，清世祖福临抵达北京。明朝余军继续在南方抵抗清军。

十一月，张献忠进入四川，在成都称帝，国号大西，年号为大顺。

清①

（公元1616年—公元1911年）

二三四七　1644年，甲申，清世祖爱新觉罗·福临顺治元年。

正月，李自成于西安建国，国号大顺，建元永昌。　三月，李自成率军攻陷北京，明思宗自缢死，明朝灭亡。

四月，吴三桂引清军入关，击败大顺军。李自成匆忙退出北京，清军入京。　清下达“薙发令”。　九月，清“始严稽察逃人之令”。

清世祖自盛京（今辽宁沈阳）抵达北京。十月，清世祖赴南郊祭天地，即皇帝位。　十一月，张献忠建国号大西，建元大顺。

二三四八　1645年，乙酉，清世祖顺治二年。

正月，清兵攻入西安，李自成逃往襄阳（今湖北襄阳北）。　四月，清兵进逼南京（今江苏南京）。明福王政权瓦解，礼部尚书钱谦益等三十一人献城降清。　五月，李自成死于湖北通城九宫山（一说通山九宫山）。　清修《明史》。　六月，清再颁“薙发令”。　九月，清下诏收河间（治所在今河北任丘以南）等地无主田地。

二三四九　1646年，丙戌，清世祖顺治三年。

三月，清张榜公布新录取进士名录。四月，确定当年八月举行乡试，明年二月再举行会试。　清下令清查钱粮数目，编造《赋役全书》。　颁行《大清律》。　六月，下令禁止白莲、大成、混元、无为等教。　八月，清博洛军入福建（今福建福州），郑芝龙降清，明唐王政权瓦解。郑成功入海岛抗清。　十二月，吴三桂入四川。

① 清建国于公元1616年，初称后金。公元1636年始改国号为清。公元1616年至公元1643年间纪年和大事见明代部分。

张献忠与清军战于西充（今四川南充），死于凤凰山。　　李定国、孙可望等据川南抗清。

二三五〇　1647 年，丁亥，清世祖顺治四年。

清军攻破武冈（今湖南武冈），明桂王朱由榔逃至桂林（治所在今广西桂林）。　　十二月，清定官民服饰制。

二三五一　1648 年，戊子，清世祖顺治五年。

七月，清设六部汉尚书及都察院左都御史。　　八月，清禁民间养马及收藏兵器。允许满汉通婚。　　蒙古诸部首领，西藏达赖、班禅喇嘛，朝鲜国王等入北京朝贡。

二三五二　1649 年，己丑，清世祖顺治六年。

清改订民间私藏武器之禁。　　五月，清封孔有德、尚可喜、耿仲明分别为定南王、平南王、靖南王。　　桂王朱由榔封郑成功为延平公。　　清禁止加征关税。　　俄国窃占雅克萨。

二三五三　1650 年，庚寅，清世祖顺治七年。

清刊布满文版《三国演义》。　　八月，郑成功收复金门（今福建金门岛）、厦门（今福建厦门）。　　清定陕西茶马例。　　十一月，尚可喜攻陷广州（治所在今广东广州）。孔有德攻陷桂林，明桂王朱由榔逃往南宁（治所在今广西南宁）。　　十二月，清摄政王多尔衮亡。

二三五四　1651 年，辛卯，清世祖顺治八年。

正月，清世祖福临亲政。　　三月，孙可望、李定国入云南，联合明朝残部，共同抗清。　　八月，清在顺天举行乡试。　　十月，明桂王朱由榔从南宁（今广西南宁）出逃。　　郑成功收复漳浦（今福建漳州），遣使与日本通好。

二三五五　1652 年，壬辰，清世祖顺治九年。

清钦天监监正汤若望制造浑天、地平仪器。　　李定国率军北伐，击败湖南清军。六月，孙可望攻克桂林（今广西桂林），清定南王孔有德自杀。十一月，李定国进至江西境。反清斗争掀起了又一次高潮。

十二月，西藏达赖喇嘛进京朝觐清帝。

二三五六　1653 年，癸巳，清世祖顺治十年。

正月，清廷下令严行连坐法。　　六月，清廷确定以明朝的“一条鞭法”征收赋税。 十二月，明朝旧将张名振、张煌言等率水军进入长江，大败清军于崇明（今上海崇明）。 清设置宁古塔（今黑龙江宁安）将军，以加强对东北的控制。

二三五七 1654 年，甲午，清世祖顺治十一年。

一月，郑成功率水师进入长江，欲收复江宁（治所在今江苏南京）。 清廷封郑成功为海澄公，其父郑芝龙写信招谕，郑成功拒绝接受。 九月，清申严隐匿逃人之禁，行编审户口法。 清遣将击罗刹（即俄罗斯）于黑龙江。 十二月，明旧将张名振兵败，退回崇明。

二三五八 1655 年，乙未，清世祖顺治十二年。

清廷颁谕旨兴复文教，尊崇儒术。 李定国兵败，逃至南宁（今广西南宁）。 郑成功收复舟山（今浙江定海）等地。 十二月，清廷颁布满文《大清律》。

二三五九 1656 年，丙申，清世祖顺治十三年。

正月，清廷命编修《通鉴全书》。 清兵攻南宁，李定国奉明桂王朱由榔至昆明（今云南昆明）。 清下迁界令。 七月，清攻陷舟山（今浙江定海），郑成功退回福建。 清廷下令禁止白莲、闻香等民间宗教。 清规定每五年重新编审一次户籍。

二三六〇 1657 年，丁酉，清世祖顺治十四年。

四月，郑芝龙被流放于宁古塔（今黑龙江宁安一带）。郑成功退守厦门（今福建厦门）。 十月，清廷编制《赋役全书》，颁示天下。

二三六一 1658 年，戊戌，清世祖顺治十五年。

五月，清兵三路入滇，贵州平定。 清改内三院大学士为殿阁大学士。 清命信郡王多尼由贵州会同吴三桂进攻云南。李定国败走，明桂王朱由榔奔逃至腾越（治所在今云南腾冲），云南平定。

二三六二 1659 年，己亥，清世祖顺治十六年。

三月，清以平西王吴三桂镇守云南，平南王尚可喜镇守广东，靖南王耿继茂镇守四川，三藩始于此。 六月，张煌言败往海岛。 八月，清兵入成都，四川平定。

二三六三 1660 年，庚子，清世祖顺治十七年。

正月，清严禁士人集会结社。 三月，清确定平西王、靖南王二藩兵制。　清兵攻厦门（今福建厦门），被郑成功击退。　清命耿继茂移驻福建（今福建福州）。　复开各省镇鼓铸，增置云南省局。

俄国察罕汗遣使奉表献贡。

二三六四　1661年，辛丑，清世祖顺治十八年。

正月，清世祖顺治帝驾崩，其子爱新觉罗·玄烨即皇帝位。索尼、鳌拜、遏必隆、苏克萨哈四人为辅政大臣，改元康熙。　郑成功收复台湾，驱逐荷兰人。　清推行迁海令。　十一月，诏定十六岁为成丁，僧道无度牒者全部归农。十二月，吴三桂率兵到达缅甸，俘明桂王朱由榔还。

二三六五　1662年，壬寅，清圣祖爱新觉罗·玄烨康熙元年。

吴三桂在云南昆明缢杀明桂王朱由榔，南明政权瓦解。　郑成功病死于台湾。　明将李定国病死。　十二月，清廷命吴三桂总管云南、贵州二省。

二三六六　1663年，癸卯，清圣祖康熙二年。

五月，“明史案”爆发，牵连数千人，此为清朝第一起文字大狱。

改乡试、会试八股文为策论表判。　十月，清将耿继茂、施琅等联合荷兰军队进攻占据台湾的郑经，攻占厦门（今福建厦门），夺取金门。　黄宗羲所著的《明夷待访录》撰成。

二三六七　1664年，甲辰，清圣祖康熙三年。

禁民间私自买卖马匹。　施琅率军进攻台湾，荷兰兵船至闽安（今福建闽安）助攻台湾。　朝鲜赴北京进贡。

二三六八　1665年，乙巳，清圣祖康熙四年。

三月，北京地震。　钦天监监正汤若望因罪被免官，另以杨光先为钦天监监正。　大学士洪承畴卒。　云南土酋王耀祖等作乱，被平西王吴三桂平定。

二三六九　1666年，丙午，清圣祖康熙五年。

四月，圈换正白、镶黄两旗份地。　七月，琉球向清朝进贡。

清于滇东设流民官。　十二月，大学士苏纳海、总督朱昌祚等被鳌拜矫旨杀害。　汤若望卒。

二三七〇　1667 年，丁未，清圣祖康熙六年。

五月，吴三桂上表请求解除对云南、贵州的管理权，清廷同意，改以督抚掌云南、贵州政事。　　定夏秋两税征纳时间。　　辅政大臣、一等公索尼卒。　　七月，康熙帝亲政。　　鳌拜擅自杀害大臣苏克萨哈。　　清下令修撰《世祖实录》。　　朝鲜、荷兰入贡。

二三七一　1668 年，戊申，清圣祖康熙七年。

清规定非贡期外国不得以进贡的名义进行贸易。　　下诏恢复乡试、会试以八股文取士。　　朝鲜、安南等国入贡。

二三七二　1669 年，己酉，清圣祖康熙八年。

二月，罢杨光先钦天监监正之职，命比利时人南怀仁为钦天监监副，推算编制历法。　　三月，下诏废直隶的藩田，把土地分配给农民。　　四月，康熙帝设计擒鳌拜，将其终身禁锢，后为苏克萨哈等人昭雪。　　下诏禁止旗人圈占民地。　　禁止各省兴建天主教堂。　　朝鲜、琉球入贡。

二三七三　1670 年，庚戌，清圣祖康熙九年。

定服制，定满汉官员品级。　　五月，下令编修《大清会典》。　　十月，改内三院，恢复中和殿、保和殿、文华殿大学士。　　英国商人开始在厦门、台湾等地与中国进行贸易。

二三七四　1671 年，辛亥，清圣祖康熙十年。

正月，因蒙古苏尼特部、四子部遇大雪饥寒，清廷派官赈济。　　四月，下令修撰《太祖圣训》《太宗圣训》。　　六月，靖南王耿继茂卒，清廷命其子耿精忠袭爵。　　十二月，罢民间养马之禁。　　朝鲜、琉球入贡。

二三七五　1672 年，壬子，清圣祖康熙十一年。

云、贵凯里土司起事造反。　　清修订《赋役全书》。　　七月，下诏问案不许使用严刑毙伤人命，违者治罪。　　十一月，免除直隶、江南等灾区赋税。　　确定买卖人口用印例。

二三七六　1673 年，癸丑，清圣祖康熙十二年。

三月，平南王尚可喜请求撤藩。七月，平西王吴三桂、靖南王耿精忠请求撤藩，清廷皆同意其请求。　　诏禁八旗奴殉主葬。　　十二月，吴三桂起兵反清，杀云南巡抚朱国治，三藩之乱起。　下诏停撤平南、靖南二藩。撤销吴三桂官爵，出兵讨伐，并将其子吴应熊下狱。　噶尔丹称汗，并吞并准噶尔四部。

二三七七　1674年，甲寅，清圣祖康熙十三年。

四月，处死吴三桂子吴应熊及其孙吴世霖。　五月，皇后赫舍里氏卒。　耿精忠反清，清下诏削耿精忠爵位，台湾郑经攻福建以支持反叛。　吴三桂占据湖南，分兵北伐。陕西提督王辅臣起兵响应叛乱，杀经略莫洛。　十二月，清征调盛京兵、蒙古兵分赴前线，参加平叛战争。

二三七八　1675年，乙卯，清圣祖康熙十四年。

正月，晋封尚可喜为平南亲王，以分化三藩。　陕西提督王辅臣攻陷汉中。吴三桂军在兴山（今湖北宜昌）被清军击败。耿精忠攻陷温州（治所在今浙江温州）。郑经攻陷永定（今福建永定）、漳州（治所在今福建漳州）。　十二月，清立允礽为皇太子。　遣使册封李焞为朝鲜国王。

二三七九　1676年，丙辰，清圣祖康熙十五年。

四月，广东讨寇将军尚之信反，幽禁其父尚可喜。抚远大将军图海击败王辅臣，王辅臣降清。　诏禁八旗子弟考试生员、举人、进士。　耿精忠降清，福州（治所在今福建福州）平定。　十二月，尚之信投降，吴三桂更加孤立。　确定官民隐田罪例。

二三八〇　1677年，丁巳，清圣祖康熙十六年。

二月，清兵入漳州（治所在今福建漳州），郑经退守厦门（今福建厦门），福建平定。　河道总督靳辅条列修理黄河事宜。　十月，始设南书房。

二三八一　1678年，戊午，清圣祖康熙十七年。

正月，开博学鸿儒科。　吴三桂称帝于衡阳（治所在今湖南衡阳），国号周，年号昭武。　八月，吴三桂死，其孙吴世璠继立。　蒙古噶尔丹派兵进攻新疆，占据天山南路回部之地。

二三八二　1679年，己未，清圣祖康熙十八年。

三月，清圣祖主持博学鸿儒科考试于保和殿。　命修《明史》。

七月，京师地震，死伤人畜甚多。　吴世璠被迫退守贵阳。　确定开铜铅税例。　索额图被贬，明珠辅政，专断朝政。

二三八三　1680 年，庚申，清圣祖康熙十九年。

正月，陕西提督赵良栋收复成都（治所在今四川成都）等城，四川平定。　三月，马承荫复叛，喇布、莽依图、金光祖合讨马承荫，不久平定。　在山海关设关收税。　八月，赐平南王尚之信死。　十一月，清军攻入贵阳，吴世璠逃走。　著名学者顾祖禹卒。

二三八四　1681 年，辛酉，清圣祖康熙二十年。

正月，台湾郑经卒，其次子郑克塽继位。　十月，清廷以湘、粤、川三路军攻云南，吴世璠自杀，云南平定。三藩之乱至此平定，历时八年。　十二月，平定吴三桂叛乱的功臣大学士图海卒。

二三八五　1682 年，壬戌，清圣祖康熙二十一年。

朱方旦案起，其与弟子被斩杀，著作尽毁。　三月，康熙帝出巡盛京（今辽宁沈阳）。　封琉球世子尚贞为琉球国王。　七月，命将平定三藩之事宣示蒙古，以警示噶尔丹。　十月，重修《太祖高皇帝实录》，纂修《三朝圣训》及《平定三逆方略》等书。　著名学者顾炎武、陈维崧卒。

二三八六　1683 年，癸亥，清圣祖康熙二十二年。

五月，设汉军火器营。　八月，水师提督施琅进攻台湾，郑克塽降清，台湾平定。清全境至此统一。　开海禁，诏沿海居民迁回原籍。　十月，设黑龙江将军。　十二月，置蒙古都统。遣使册封黎维正为安南国王。

二三八七　1684 年，甲子，清圣祖康熙二十三年。

正月，俄罗斯兵占据雅克萨（今黑龙江省呼玛西北漠河东黑龙江北岸、俄罗斯阿尔巴津）、尼布潮（即尼布楚，今俄罗斯涅尔琴斯克）二城，康熙帝下令断绝其贸易，命萨布素等率兵进逼雅克萨。　四月，在台湾设一府三县，隶属于福建省。　五月，修《大清会典》。　六月，同意琉球请求，允其选派学生赴北京国子监读书。　九月，康熙帝南巡，到达苏州（治所在今江苏苏州）。开放海禁，但不得对外输出火器。　下令停止圈地。

二三八八 1685年，乙丑，清圣祖康熙二十四年。

五月，萨布素率军进攻雅克萨（今俄罗斯阿尔巴津），俄军提出和谈，清廷允许其撤走。　三月，下诏重修《赋役全书》。　五月，命大学士勒德洪、王熙等修政治典训。　六月，康熙帝巡至塞外。始于吉林城至黑龙江，共设驿站十九处。　允许英国商人在广州开设商馆，对华贸易。　著名词人纳兰性德卒。

二三八九 1686年，丙寅，清圣祖康熙二十五年。

正月，清军撤兵后，俄军再次占据雅克萨（今俄罗斯阿尔巴津），清廷命萨布素率军驱逐。　三月，下令编修《大清一统志》。　遣使莅喀尔喀七旗之盟。　七月，赐荷兰国敕谕并文绮、白金等物，允许其五年一贡。　俄国使者来华，请求清军解除对雅克萨的包围。

二三九〇 1687年，丁卯，清圣祖康熙二十六年。

七月，命萨布素撤兵回黑龙江。　九月，喀尔喀土谢图汗奏噶尔丹起兵来攻。　禁"淫词小说"。　停止岁贡生廷试；举人就教职者，亦免廷试。

二三九一 1688年，戊辰，清圣祖康熙二十七年。

二月，大学士明珠被革职。　确定宗亲袭爵年例。　三月，河道总督靳辅因罪被免官，王新命代其职。　武昌（今湖北武汉）兵变，瓦岱率兵讨平。　九月，清朝从雅克萨撤军。　噶尔丹派军攻占喀尔喀，土谢图汗逃走。　南怀仁卒。

二三九二 1689年，己巳，清圣祖康熙二十八年。

正月，康熙帝南巡，到达济南（治所在今山东济南）、杭州等地。

三月，增设八旗火器营。　十二月，索额图奏与俄国签订《尼布楚条约》，划定东部边界，清朝丧失了不少领土。

二三九三 1690年，庚午，清圣祖康熙二十九年。

四月，《大清会典》撰成。　始有内外蒙古名称。　七月，康熙帝征讨噶尔丹。八月，大败噶尔丹于乌兰布通（今内蒙古昭乌达盟克什克腾旗）。　解除民间养马的禁令。

二三九四 1691年，辛未，清圣祖康熙三十年。

三月，译《通鉴纲目》成。　康熙帝巡至塞外。五月，土谢图汗于古北口（今北京密云东北）礼见之。外蒙十三旗纳入清朝版图。朝鲜使臣私买《大清一统志》，清廷下令处罚其通事（翻译）。

二三九五　1692 年，壬申，清圣祖康熙三十一年。

二月，陕西巡抚萨弼因赈灾不实被革职。　三月，在外蒙古五路设立驿站。　著名学者、思想家王夫之卒。

二三九六　1693 年，癸酉，清圣祖康熙三十二年。

正月，诏命朝鲜永远停止黄金、木棉之贡。　二月，策妄阿拉布坦遣使贡献。清廷命费扬古为安北将军，屯驻归化城（今内蒙古呼和浩特旧城），以防备噶尔丹侵扰。　六月，增加乡试满、蒙、汉军录取名额。

二三九七　1694 年，甲戌，清圣祖康熙三十三年。

正月，河道总督于成龙因奏事不实，被革职留任。　修甘肃边墙。　五月，康熙帝巡视京畿河堤。　八月，喀尔喀哲布尊丹巴朝见康熙帝。　九月，扩大八旗入官学的名额。

二三九八　1695 年，乙亥，清圣祖康熙三十四年。

五月，康熙帝巡视新堤及海口运道。　十一月，下令发兵讨伐噶尔丹。著名学者黄宗羲死。

二三九九　1696 年，丙子，清圣祖康熙三十五年。

五月，清军大败噶尔丹于昭莫多（今蒙古国乌兰巴托）。十一月，噶尔丹遣使乞降。　下令修撰《平定朔漠方略》。　达赖喇嘛遣使至京。　下令把厄鲁特归降之人编入满洲正黄等三旗。

二四〇〇　1697 年，丁丑，清圣祖康熙三十六年。

二月，再次发兵征噶尔丹，康熙帝至宁夏（今宁夏银川）督师。噶尔丹兵败自杀。策妄阿拉布坦继承汗位，漠北平定。　土伯特王第巴隐瞒达赖喇嘛死亡消息，清廷遣使查问。　朝鲜缺粮告急，命运米三万石赈济。

二四〇一　1698 年，戊寅，清圣祖康熙三十七年。

三月，因湖广等九省米贵，禁酿酒。　康熙帝与皇太后东巡，至盛京（今辽宁沈阳），祭谒诸陵。　十二月，派遣官员赴蒙古，督促并教其从事农耕，赈济其贫民。　封居住在青海的蒙古族首领达什巴图尔为亲王。　法国商船首次来华贸易。

二四〇二　1699年，己卯，清圣祖康熙三十八年。

正月，康熙帝与皇太后第三次南巡，视察黄河工程。　七月，黄河于淮、扬决口。　十月，康熙帝出京巡视永定河河工。　顺天科场案爆发，前朝状元主考顺天乡试的传统被废止。

二四〇三　1700年，庚辰，清圣祖康熙三十九年。

四月，康熙帝巡视永定河，命八旗兵丁协助修筑河堤。　六月，河道总督张鹏翮奏海口修浚，河流畅通。　诏停宗室考试。　免除直隶、浙江、陕西等灾区的当年赋税。

二四〇四　1701年，辛巳，清圣祖康熙四十年。

三月，康熙帝命张鹏翮试编《治河方略》。　五月，摧毁前明太监魏忠贤墓。　十二月，连州（治所在今广东连州）瑶人起兵，命都统嵩祝率兵进讨。

二四〇五　1702年，壬午，清圣祖康熙四十一年。

正月，康熙帝巡视五台山。　五月，连州（治所在今广东连州）瑶人之乱平定。　六月，贵州葛彝寨苗人起兵，被官军平定。　诏制钱改铸大式，停止鼓铸旧式小钱。　在广东设商馆。　著名史学家万斯同卒。

二四〇六　1703年，癸未，清圣祖康熙四十二年。

正月，康熙帝第四次南巡，巡查黄河堤堰及苏州、杭州等地。　十月，康熙帝西巡，经河南返京。　湖南红苗人叛乱，巡抚赵申乔发兵平定。　始建避暑山庄于热河（今河北承德）。

二四〇七　1704年，甲申，清圣祖康熙四十三年。

九月，侍卫拉锡等探查黄河源返回，绘图呈进。　十月，出内制铜斗铜升于户部，命铸成铁斗铁升分发各省以统一量制。　十二月，天津总兵请求在沿海屯田，得到批准。　《长生殿》作者洪昇卒。　大臣高士奇与学者阎若璩卒。

二四〇八　1705年，乙酉，清圣祖康熙四十四年。

正月，《古文渊鉴》修成。　康熙帝五次南巡，视察黄河，渡江至杭州（治所在今浙江杭州），闰四月回京。　申严禁私盐、私铸之禁。　十月，重修华阴西岳庙完工，康熙帝撰碑文。　命查康熙元年以来蠲免钱粮总数。　罗马教皇派遣使者到达北京。《全唐诗》撰成。

二四〇九　1706 年，丙戌，清圣祖康熙四十五年。

三月，命直隶等省建育婴堂。　七月，康熙帝驻跸热河行宫避暑，九月还京。　十月，诏免山西、陕西、江苏等十省欠税。　十一月，免八旗官兵债务银三百余万两。　云南李天极等反清，不久失败。　西藏达赖喇嘛亡，第巴隐匿不报，另立伪达赖。拉藏汗杀第巴，拘假达赖喇嘛押送北京。

二四一〇　1707 年，丁亥，清圣祖康熙四十六年。

正月，康熙帝第六次南巡，巡视黄河河务，至杭州（治所在今浙江杭州）而返。　贵州三江苗民黄柱汉反清，被官兵击败。　江南大旱，清廷免除明年人丁银、地丁、钱粮。　查禁内地天主教，其传教士可退居澳门。

二四一一　1708 年，戊子，清圣祖康熙四十七年。

正月，重修南岳庙完工，康熙帝撰碑文。　二月，诏暹罗贡货免税。四月，天地会张念一奉朱三太子于浙江起义，不久失败。　废皇太子允礽，并处分其党羽。　《平定朔漠方略》撰成。　内大臣明珠卒。

二四一二　1709 年，己丑，清圣祖康熙四十八年。

正月，西藏拉藏汗与青海争立达赖喇嘛，康熙帝特派大臣前往监临。　三月，复册立允礽为皇太子。　七月，黄河在兰阳（今河南兰考）雷家集、仪封洪邵湾决口。　九月，任年羹尧为四川巡抚。

十二月，命马齐掌管与俄罗斯贸易事务。

二四一三　1710 年，庚寅，清圣祖康熙四十九年。

正月，令修撰《满蒙合璧清文鉴》。　二月，康熙帝巡至五台山。

三月，敕封西藏胡必尔汗波克塔为六世达赖喇嘛。　十月，下诏规定从康熙五十年起，将全国各省赋税普遍免除一年，分三年完成。

十一月，遇免除赋税之年时，田主免七分、佃户免三分。

二四一四 1711年，辛卯，清圣祖康熙五十年。

八月，皇孙弘历出生，即后来的清高宗（乾隆）。　江南科场舞弊案爆发，康熙帝命严查此案。　十月，戴名世《南山集》狱起，牵连者达三百人。

二四一五 1712年，壬辰，清圣祖康熙五十一年。

二月，朱熹被列入孔庙祭祀。　因山东人口往外耕垦者已逾十万人，命有司查明造册。　红苗首领吴老化等降附朝廷。　康熙帝下诏规定："滋生人丁，永不加赋。"　九月，再度废皇太子允礽，囚其于咸安宫。

二四一六 1713年，癸巳，清圣祖康熙五十二年。

正月，下诏封后藏班禅呼图克图喇嘛为班禅额尔德尼。　二月，江南科场案审结，考官及行贿人等分别处斩、绞等刑。《南山集》案审结，作者戴名世被处死，其家十六岁以上男子全部处死，十五岁以下皆充为奴。　四川苗人首领阿木咱等归附朝廷。

二四一七 1714年，甲午，清圣祖康熙五十三年。

二月，前尚书王鸿绪进呈《明史列传》二百八十卷。　十一月，《律例渊源》撰成。　十二月，四川洮、岷外番民十九族请求归附，归土司杨如松管辖。

二四一八 1715年，乙未，清圣祖康熙五十四年。

四月，策妄阿拉布坦攻哈密（今新疆哈密），被清军击败。　六月，清决定明年讨伐策妄阿拉布坦，并在哈密置屯田兵。　唐努乌梁海地区归附清朝。　英国东印度公司与广东的清朝官吏订立通商合同。　《聊斋志异》的作者蒲松龄卒。

二四一九 1716年，丙申，清圣祖康熙五十五年。

三月，令民间买卖地亩，人丁随地缴纳赋税。　十月，策妄阿拉布坦进攻青海，被清军击退。　《康熙字典》修成。　令广东实行"摊丁入亩"。

二四二〇 1717年，丁酉，清圣祖康熙五十六年。

四月，碣石镇总兵陈昂奏各省天主教堂林立，应加以禁止，获得批准。　七月，策妄阿拉布坦兵进攻西藏。　颁布商船出洋贸易法。

除日本外，吕宋等处皆不许前往。凡私自出洋者永不准归国。

二四二一　1718 年，戊戌，清圣祖康熙五十七年。

二月，清军从西宁（治所在今青海西宁）出发援救西藏。　九月，清驻兵于噶斯口、柴旦木，以为后援，防备策妄阿拉布坦。　十月，皇十四子贝子胤禵任抚远大将军驻西宁，视师青海。　以年羹尧为四川总督，率兵援藏。　令各地严查白莲教徒。

二四二二　1719 年，己亥，清圣祖康熙五十八年。

二月，学士蒋廷锡表进《皇舆全览图》。　清廷允许功臣子弟承袭其父之位。　六月，清廷命大将法喇进驻巴塘（今四川巴塘），年羹尧拨兵接应。　清廷遣使册封黎维祹为安南国王。

二四二三　1720 年，庚子，清圣祖康熙五十九年。

正月，数路大军入藏。　二月，册封新胡毕勒罕为六世达赖喇嘛。　八月，岳钟琪等大破准噶尔兵，西藏平定。　九月，六世达赖抵达拉萨，并举行了坐床之礼。　十月，免除陕西、甘肃两省康熙六十年地丁银一百八十八万两。　十一月，朝鲜国王李享亡，册封其子李昀为国王。　撤广东商馆，以公行取代。

二四二四　1721 年，辛丑，清圣祖康熙六十年。

二月，盐犯王美公作乱被杀。　五月，命定西将军噶尔弼率军进驻西藏。　五月，台湾民朱一贵起事，占据全台。次月，福建水师提督施世标平定台湾，擒朱一贵解送北京。　八月，清遣兵驻吐鲁番，后屯田于此。　黄河在长垣（今河南长垣）决口。

二四二五　1722 年，壬寅，清圣祖康熙六十一年。

正月，举行千叟宴，参加者均为六十五岁以上的官员。　四月，福州驻防（治所在今福建福州）兵变。　十一月，康熙帝驾崩。皇四子雍亲王胤禛嗣位，是为清世宗，改元为雍正元年。　雍正帝命修撰《圣祖仁皇帝实录》。

二四二六　1723 年，癸卯，清世宗爱新觉罗·胤禛雍正元年。

二月，撤驻防西藏的军队。　设乡试翻译科。　六月，青海罗卜藏丹津反清，清廷命年羹尧出兵镇压。　七月，命隆科多、王项龄监修《明史》，徐元梦、张廷玉为总裁官。　十二月，继续禁止天主教，改教堂为公所。　推行“摊丁入亩”政策。

二四二七　1724年，甲辰，清世宗雍正二年。

正月，命岳钟琪为奋威将军，征讨青海。西宁郭隆寺喇嘛起兵响应罗卜藏丹津，岳钟琪等出击。三月，罗卜藏丹津大败，向西逃去，青海平定。　禁止里长、甲首招揽代纳钱粮，命儒户、官户、生监依例纳粮。　下令续修《大清会典》。　七月，雍正帝颁布自撰的《朋党论》。　遣使者册封李昑为朝鲜国王。

二四二八　1725年，乙巳，清世宗雍正三年。

三月，策妄阿拉布坦入贡。　四月，免年羹尧抚远大将军等职，调为杭州将军，以岳钟琪为川陕总督。　十二月，赐年羹尧自尽。降郡王胤禵为贝子。　《古今图书集成》编成。

二四二九　1726年，丙午，清世宗雍正四年。

正月，将皇八弟允禩、皇九弟允禟废去爵位，囚禁于宗人府。削隆科多职。　四月，禁锢皇十四弟胤禵及其子白起于寿皇殿侧。九月，侍郎查嗣庭案爆发。查嗣庭被逮捕入狱，后死于狱中。停止浙江乡试、会试三年，史称“查嗣庭科场试题案”。　以光禄寺卿印国栋为浙江观风整俗使。　十二月，贵州苗民起事，鄂尔泰派兵平定。鄂尔泰奏请平定苗疆当行“改土归流”，雍正帝批准。

二四三〇　1727年，丁未，清世宗雍正五年。

八月，中俄《恰克图条约》订立。　十月，雍正帝命令将隆科多禁锢。　准云贵总督鄂尔泰之请，于东川（今云南会泽）设县，推行改土归流。　策妄阿拉布坦死，其子策零继位。

二四三一　1728年，戊申，清世宗雍正六年。

七月，颇罗鼐率兵入拉萨，将作乱的阿尔布巴等人处死。　十二月，《大清律集解附例》修成。　禁运米出洋。　恢复浙江人参与乡试、会试。　命各省修志。　勘定清朝与安南国界。

二四三二　1729年，己酉，清世宗雍正七年。

三月，噶尔丹策零进攻伊犁（今新疆伊犁）。清命傅尔丹为靖边大将军，从北路出兵，岳钟琪为宁远大将军，从西路进兵，夹攻噶尔丹策零。　颁布《大义觉迷录》于天下。　十月，谢济世案与陆生楠案先后爆发。谢济世于十月入狱，次月与陆生楠赴刑场。陆生楠被斩首，谢济世免死。　　除山西、贵州及少数民族地区以外，其余各省全部推行“地丁制”。

二四三三　1730年，庚戌，清世宗雍正八年。

五月，怡亲王胤祥死，雍正帝下令配享太庙。　　八月，山东发生水灾，清廷免全省漕粮。　　十月，再次确定百官帽顶。徐骏因以诗文讥讪朝廷被杀。

二四三四　1731年，辛亥，清世宗雍正九年。

六月，噶尔丹策零兵围吐鲁番等城，傅尔丹进击噶尔丹策零于和通淖尔，大败。三音诺颜汗策凌协助清兵，在光显寺击败噶尔丹策零。　　禁带铁器出洋。　　十二月，《圣祖实录》《圣祖圣训》修成。　　在内廷设置军机房，以处理紧急军务，后来发展成军机处。

二四三五　1732年，壬子，清世宗雍正十年。

八月，噶尔丹策零进犯喀尔喀，额驸策凌等大败之。十二月，吕留良案结，多人受株连。　　瑞典商人来华贸易。

二四三六　1733年，癸丑，清世宗雍正十一年。

五月，续修《会典》成书。　　削减驻藏兵数量。　　于乌里雅苏台筑城屯兵，以控制西北边地。　　十二月，在台湾要地修城驻兵，又在鹿耳门、淡水等修建炮台，加强防务。

二四三七　1734年，甲寅，清世宗雍正十二年。

二月，册封安南国王。　　四月，禁广东编制象牙席，并禁止民间购置使用。　　湖南忠山同十五土司呈请改流，清廷从之。

二四三八　1735年，乙卯，清世宗雍正十三年。

闰四月，定准噶尔部游牧地区以阿尔泰山为界。　　五月，贵州古州、台拱苗人起事反清。清以哈元生为扬威将军，统领四省官兵讨伐。

八月，雍正帝崩。皇四子弘历即位，即清高宗，改元乾隆。鄂尔泰、张廷玉辅政。

二四三九　1736年，丙辰，清高宗爱新觉罗·弘历乾隆元年。

二月，以划分疆界之事谕噶尔丹策零。　　九月，皇帝试博学鸿词一百七十六人于保和殿。　　颁《十三经》《二十一史》于各省及府、州、县学。

二四四〇 1737 年，丁巳，清高宗乾隆二年。

二月，安南国王黎维祐卒。清遣使册封其子黎维祎为安南国王。 十一月，以大学士鄂尔泰、张廷玉，尚书纳亲、海望，侍郎纳延泰、班第为军机大臣。

二四四一 1738 年，戊午，清高宗乾隆三年。

正月，噶尔丹策零派人入京商议分界之事。清遣侍郎阿克敦为正使，御前侍卫旺扎尔、乾清门台吉额默根为副使，前往准噶尔议定疆界。 九月，台湾旱灾，清廷下令赈济。

二四四二 1739 年，己未，清高宗乾隆四年。

十月，准噶尔回人伊斯拉木定来降。 申滥设牙行之禁。 安置各省流民。 武英殿版《二十四史》刻成。

二四四三 1740 年，庚申，清高宗乾隆五年。

七月，免发生水灾、旱灾州县的赋税。 额驸策凌奏喀尔喀、准噶尔以鄂尔海分界，清廷从之。 修松江（今吴淞江）、泰山等处海塘。 十二月，广西义宁苗、瑶民起事，清廷派兵平定。

二四四四 1741 年，辛酉，清高宗乾隆六年。

七月，乾隆帝与皇太后赴避暑山庄，经过之处免赋税十分之三。 修居庸关及直隶边墙。 《世宗宪皇帝实录》及《圣训》修成。

二四四五 1742 年，壬戌，清高宗乾隆七年。

五月，江南人航海遇大风，漂流到琉球。琉球国王资送其回国，受到乾隆帝的嘉奖。 七月，送日本漂民回国。 八月，黄河在丰县（今江苏丰县）决口，冲毁沛县（今江苏沛县）大堤。在崖州（治所在今海南三亚西北）设黎人学校十三所。

二四四六 1743 年，癸亥，清高宗乾隆八年。

七月，开化镇总兵赛都请求讨伐安南，清廷不许。 《医宗宝鉴》撰成。 诏严捕沿海“洋匪”。准流民出口外就食。 在京师设平粜局。

二四四七 1744 年，甲子，清高宗乾隆九年。

七月，免江苏、安徽雍正十三年所欠赋税。 九月，改明年会试于三月举行，以为定制。

二四四八 1745年，乙丑，清高宗乾隆十年。

三月，改殿试于四月举行，以为定制。　四月，拨银五十六万两疏浚江南河道。　六月，普免全国钱粮。　十一月，准噶尔部策零死，次子那木札勒继位。　命沿海各省加强训练水师。　设立湖南苗疆义学。

二四四九 1746年，丙寅，清高宗乾隆十一年。

闰三月，命陕西修葺列代帝王陵墓。　禁民出山海关。　三月，策妄多尔济那木札勒遣使贡献。　六月，送还俄国逃亡者至恰克图（今蒙古国阿尔丹布拉克）。　十二月，苏禄国的上表采用番、汉两种文字。清朝认为与旧例不符，拒绝接受。

二四五〇 1747年，丁卯，清高宗乾隆十二年。

二月，大金川土司莎罗奔起事，大小金川叛乱自此始。　重刊《十三经注疏》，又命校刊《通典》《通志》及《文献通考》，并命编《续文献通考》。《二十一史》完工。

二四五一 1748年，戊辰，清高宗乾隆十三年。

二月，乾隆帝驻跸泰安府（今山东泰安），祭祀东岳庙，并与皇太后一同登临泰山。　三月，因金川之事无大进展，乾隆帝命讷亲负责经略。讷亲经略金川无功，又命傅恒取而代之，后又命岳钟琪负责进讨之事。　十二月，定内阁大学士满、汉各二员，协办大学士满、汉一员或二员。

二四五二 1749年，己巳，清高宗乾隆十四年。

二月，岳钟琪、傅恒等攻陷金川，第一次大小金川之乱平定。七月，傅恒、陈大受命翻译西洋等国外文书籍。　禁止向外国输出瓷器。

二四五三 1750年，庚午，清高宗乾隆十五年。

十月，乾隆帝巡至嵩山。　十一月，西藏发生叛乱，清军捕获作乱首领卓呢罗布藏扎什等。清增加西藏驻兵。　禁止多伦诺尔民与蒙古民通婚，禁止蒙汉通婚。

二四五四 1751年，辛未，清高宗乾隆十六年。

正月，乾隆帝第一次南巡。三月，至杭州，渡钱塘江，祭大禹陵。三月，至江宁（治所在今江苏南京），祭明太祖陵。八月，乾隆帝与皇太后抵达避暑山庄。　禁苗人充苗疆兵额。

二四五五 1752年，壬申，清高宗乾隆十七年。

正月，准噶尔达瓦齐与阿睦尔撒纳内讧。　六月，准噶尔部人呢雅斯降清。　九月，德国人开始来中国贸易。　四川土司苍旺反清，岳钟琪率兵进剿。　允许百姓开垦浙江南田诸岛。

二四五六 1753年，癸酉，清高宗乾隆十八年。

二月，江南千总卢鲁生因伪撰孙嘉淦奏稿一案，被凌迟处死。　定三年一验八旗军器制。　九月，因治河官员贪污，南河各厅财务亏空。乾隆帝谕令将同知李敦、张宾就地正法，河官或革职，或降职，家产籍没者甚多。　十一月，准噶尔杜尔伯特台吉车凌乌巴什等率所部降清。　禁将小说翻译成满文。

二四五七 1754年，甲戌，清高宗乾隆十九年。

正月，清军进入乌梁海，以讨伐卡之准噶尔。　三月，四川提督岳钟琪死于军中。　五月，因准噶尔内乱，清发兵两路，进攻伊犁。准噶尔部阿睦尔撒纳率部来降。　苏禄国遣使贡献，并请献上版图。　《儒林外史》作者吴敬梓卒。

二四五八 1755年，乙亥，清高宗乾隆二十年。

三月，胡中藻诗狱起。　四月，胡中藻及其族人处斩。　鄂尔泰牌位被撤出贤良祠。　六月，清平定准噶尔，命人前往准噶尔测绘地图。令班第留驻伊犁（今新疆伊犁），召阿睦尔撒纳等还。　八月，封准噶尔台吉伯什阿噶什为亲王。　清军平定天山南路。　命编撰《平定准噶尔方略》。　重臣张廷玉、全祖望卒。

二四五九 1756年，丙子，清高宗乾隆二十一年。

三月，乾隆帝抵达山东曲阜，谒孔子庙、孔林。　九月，暹罗国王派遣使者进贡方物。　准商贩往西北两处军营贸易。　改定乡试、会试法。

二四六〇 1757 年，丁丑，清高宗乾隆二十二年。

四月，生员段昌绪因收藏吴三桂檄文被杀。前布政使彭家屏因藏明末野史，被捕入狱。七月，赐彭家屏自尽。　禁英人至宁波贸易。准吕宋船于厦门（今福建厦门）贸易。　限广州一港对外贸易。

二四六一 1758 年，戊寅，清高宗乾隆二十三年。

正月，回部和卓木反清，清命雅尔哈善、额敏和卓、哈宁阿等率军镇压。　七月，清军败大和卓木于库车（今新疆库车）。兆惠等击大小和卓木，至叶尔羌（今新疆莎车）时被围于黑水营。

二四六二 1759 年，己卯，清高宗乾隆二十四年。

正月，黑水营之围解，大和卓木败逃，乾隆帝以贻误军机为由处死雅尔哈善。　七月，兆惠接连攻下喀什噶尔（今新疆喀什）、叶尔羌（今新疆叶尔羌）等城，和卓木逃走。　九月，巴达克山汗擒杀大小和卓，回部大小和卓叛乱被平定。至此，天山南北路遂皆入清朝版图。

设伊犁将军总统两疆。命屯田于库车（今新疆库车），兴建辟展（今新疆鄯善）等处仓堡。　十一月，乾隆帝举行大典，庆贺平定回部。　限外商自由贸易。禁浙丝、绸、缎、锦、绢出洋。

二四六三 1760 年，庚辰，清高宗乾隆二十五年。

三月，命屯田于乌鲁木齐与伊犁。　七月，俄罗斯驻兵和宁岭、喀屯河、额尔齐斯、阿勒坦诺尔四路，声言与清划分疆界。乾隆帝命阿桂、车布登扎布等准备明年出兵驱逐。　八月，以阿桂为都统，驻伊犁办事。　广东重新设立公行。

二四六四 1761 年，辛巳，清高宗乾隆二十六年。

正月，安南国王黎维祎卒，清遣使封黎维褍为安南国王。　四月，乾隆帝查阅健锐营兵操。　七月，命于玛纳斯等处屯田，并设乌鲁木齐至伊犁台站。　九月，以明瑞赴伊犁代替阿桂。

二四六五 1762 年，壬午，清高宗乾隆二十七年。

正月，命令勘查中俄边界。　八月，下令兴建伊犁的固勒札、乌哈尔里克两城，皇帝赐名为绥定、安远。　十月，伊犁城垣公署落成，以明瑞为伊犁将军。分乌梁海为三部，设官治理。建喀什噶尔（今新疆喀什）城。　荷兰于广东设商馆。

二四六六 1763 年，癸未，清高宗乾隆二十八年。

五月，圆明园大火。八月，乾隆帝赐乌鲁木齐城名为迪化，特讷格尔城名为阜康。　　湖南奏修岳麓书院。　　《红楼梦》的作者曹雪芹卒。

二四六七 1764 年，甲申，清高宗乾隆二十九年。

二月，命观音保驻伊犁办事。　　因俄罗斯在互市贸易时违约征税，清廷下令停恰克图（今蒙古国阿尔丹布拉克）贸易。　　下令重修《大清一统志》。　　放宽蚕丝出洋的禁令。

二四六八 1765 年，乙酉，清高宗乾隆三十年。

闰二月，乾隆帝南巡至海宁（今浙江嘉兴）。　　赐伊犁新筑驻防城名曰惠远，哈什回城曰怀顺。　　四月，哈萨克使者入觐。　　重修《恰克图条约》。　　因蒙古土谢图郡王与办事大臣丑达私自与俄罗斯贸易，削土谢图爵，处死丑达。

二四六九 1766 年，丙戌，清高宗乾隆三十一年。

正月，缅甸入寇九龙，云贵总督刘藻战败自杀，清以杨应琚代其职。　　十一月，杨应琚奏缅甸部分部落内附。　　金川卡事反清，木果木之战大败清军。　　《大清会典》撰成。

二四七〇 1767 年，丁亥，清高宗乾隆三十二年。

五月，清以明瑞督师攻打缅甸，清军战败，退至龙陵（今云南龙陵）。　　开馆修《续通志》《通典》及改订《续文献通考》。　　严禁蒙古盗卖牧场马匹。　　重申典卖旗地之禁。

二四七一 1768 年，戊子，清高宗乾隆三十三年。

二月，明瑞与缅人作战阵亡，清以傅恒代之。自十月以后，攻缅军事由阿里衮、阿桂指挥，略有进展。　　八月，恢复与俄国在恰克图通商。　　台湾黄教起事，后失败。　　严禁偷剪发辫。

二四七二 1769 年，己丑，清高宗乾隆三十四年。

正月，傅恒督师入缅，清军击败缅军于戛鸩江，缅甸请和。十二月，傅恒班师。　　放宽洋船带硫黄入口的禁令。　　禁广东私铸唐、宋、元、明古钱。

二四七三　1770年，庚寅，清高宗乾隆三十五年。

二月，因缅人不断进攻，木邦（今缅甸新维）、蛮莫（今缅甸八莫附近）土司请求内迁，清允许迁于大理（今云南大理）、蒙化（今云南巍山）。　十月，应缅甸头目之请求，阿桂奏请停止今年向缅甸进军。　改定捐例。　《平定准噶尔方略》成。

二四七四　1771年，辛卯，清高宗乾隆三十六年。

七月，金川再叛，命温福经理金川军事。　九月，土尔扈特部自俄国重返国内，其首领台吉渥巴锡等入觐。

二四七五　1772年，壬辰，清高宗乾隆三十七年。

正月，四川总督桂林攻小金川失败，被革职，清以参赞阿桂代之。阿桂攻克小金川后，遂分三路攻入大金川。　命各省督抚、学政购访遗书。　修《四库全书》。　《皇朝文献通考》修成。

二四七六　1773年，癸巳，清高宗乾隆三十八年。

三月，命自《永乐大典》等书中辑佚书。　开四库全书馆，刘统勋等充办理《四库全书》总裁，后改以纪昀为总裁。　五月，清军败于木果木，清命阿桂任定边将军，继续进攻小金川。　英东印度公司始专卖鸦片烟，并对中国进行走私贸易。　解散耶稣会。

二四七七　1774年，甲午，清高宗乾隆三十九年。

九月，山东白莲教首领王伦反清，不久失败。　十二月，金川战事清军获得决定性胜利。　定聚众结社罪例。　禁民间私造藤牌。　命各省实行保甲法。

二四七八　1775年，乙未，清高宗乾隆四十年。

二月，阿桂破大金川，土司索诺木逃走。　安徽白莲教教首刘松被捕，充军。

二四七九　1776年，丙申，清高宗乾隆四十一年。

二月，大金川土司索诺木莎罗奔等降，清廷平定了第二次大小金川之乱。　命户部侍郎和珅军机处行走。　十一月，下令将查获的所谓毁禁之书销毁。　清遣使册封朝鲜国王李算。

二四八〇　1777年，丁酉，清高宗乾隆四十二年。

十一月，甘肃河州民王伏林等念经传教，拒捕，被官府镇压。

令广东严禁洋船运棉进口。　王锡侯因非议《康熙字典》、自编《字贯》一书被杀。　学者戴震卒。

二四八一　1778 年，戊戌，清高宗乾隆四十三年。

十月，徐述夔诗狱起，因其已死，清下令剖棺戮尸，其生平所著亦遭禁毁。　驻叶尔羌办事大臣高朴对待回民暴虐，被就地正法。

二四八二　1779 年，己亥，清高宗乾隆四十四年。

八月，命和珅在御前大臣上学习行走。　建江南龙泉庄等行宫。

二四八三　1780 年，庚子，清高宗乾隆四十五年。

三月，乾隆帝南巡至海宁（今浙江嘉兴），五月返京。　七月，班禅额尔德尼入觐。十一月，班禅额尔德尼卒于北京。　赐和珅之子名丰绅殷德，指为十公主额驸。　钱大昕著《二十二史考异》成。

二四八四　1781 年，辛丑，清高宗乾隆四十六年。

三月，甘肃回教徒马明心创新派，与旧派水火不容。马氏被捕，其党徒循化苏四十三起事攻兰州，清遣阿桂击败。　《四库全书总目提要》修完。

二四八五　1782 年，壬寅，清高宗乾隆四十七年。

正月，建盛京文溯阁。第一部《四库全书》编完并抄成。　二月，文渊阁《四库全书》完成。　广州十三公行成立。

二四八六　1783 年，癸卯，清高宗乾隆四十八年。

八月，赐达赖喇嘛玉册、玉宝。　清命黄河沿堤种柳，严禁近堤取土。

二四八七　1784 年，甲辰，清高宗乾隆四十九年。

正月，乾隆帝南巡，四月返回京师。　甘肃新教回民田五等起事，清遣阿桂等镇压。　石峰堡（甘肃通渭北）之战，田五大败。　九月，新教回民失败。　十月，举行千叟宴。

二四八八　1785 年，乙巳，清高宗乾隆五十年。

正月，举行千叟宴。　五月，以刘墉为协办大学士。　重修卢沟桥。　令福建送番薯苗至河南种植。

二四八九　1786 年，丙午，清高宗乾隆五十一年。

正月，以普福为驻藏大臣。　七月，以和珅为文华殿大学士，掌管户部事。　　台湾天地会首领林爽文起义，清遣兵将其击败。　　河南连年大饥，卖地者多。山西富豪到河南放债收利、贱买土地，清廷令其归还原主。

二四九〇　1787 年，丁未，清高宗乾隆五十二年。

正月，林爽文、庄大田分兵进犯台湾府，总兵柴大纪发兵抵御。　　黄河决口于睢州（今河南睢县）十三堡，经商丘入淮河。　　八月，命福康安赴台湾督办军事。

二四九一　1788 年，戊申，清高宗乾隆五十三年。

二月，捕获林爽文、庄大田，台湾平定。　　七月，廓尔喀巴勒布因西藏加增课税，起兵入犯，驻藏大臣发兵讨伐。　　十二月，安南内乱，清命孙士毅进击阮惠。清军册封黎维祈为安南国王。

二四九二　1789 年，己酉，清高宗乾隆五十四年。

正月，安南内乱，其国王黎维祈投奔清，被安置在广西。　　六月，安南阮惠遣使奉表，再三请求赦其罪，准其归顺。乾隆帝册封阮惠为安南国王。阮惠即阮光平。　　十一月，安南国王阮光平因受封而进献谢恩贡物。

二四九三　1790 年，庚戌，清高宗乾隆五十五年。

八月，乾隆帝八十岁，于太和殿庆贺。免全国钱粮。缅甸、安南、朝鲜、暹罗、南掌（今老挝）等国遣使进京贺寿。　　改订西藏管理章程。

二四九四　1791 年，辛亥，清高宗乾隆五十六年。

八月，廓尔喀进犯后藏，大掠扎什伦布（今西藏日喀则）等地。孙士毅再征廓尔喀。　　确定西藏事务由办事大臣与达赖喇嘛会商办理，噶布伦不得专擅。　　正式取消议政王大臣会议。

二四九五　1792 年，壬子，清高宗乾隆五十七年。

八月，福康安等大败廓尔喀，收复西藏失地。廓尔喀降清。　　九月，清命御前侍卫惠伦等持金奔巴瓶往西藏，内贮呼毕勒罕名姓，由达赖喇嘛等当众拈定。

二四九六　1793 年，癸丑，清高宗乾隆五十八年。

颁布《钦定西藏章程》。　　改定选立达赖、班禅及大呼图克图毕勒罕金奔巴瓶抽签法，在西藏大昭寺与北京雍和宫各颁金奔巴瓶，以备西藏、蒙古各地大呼图克图推择之用。

二四九七 1794 年，甲寅，清高宗乾隆五十九年。

三月，增造广东水师战船。　严厉查禁陕西、湖北、河南等地白莲教。　荷兰遣使入京朝觐。

二四九八 1795 年，乙卯，清高宗乾隆六十年。

二月，湘、川、黔三地苗民大起义，清遣福康安督师讨伐。　《平定廓尔喀纪略》修成。　九月，立皇十五子嘉亲王颙琰为皇太子，于明年元旦为皇帝，改元嘉庆。

二四九九 1796 年，丙辰，清仁宗爱新觉罗·颙琰嘉庆元年。

正月，清仁宗即位，尊乾隆帝为太上皇，铸嘉庆通宝钱。　二月，川、陕、鄂白莲教大起义爆发，孙士毅等分路剿灭。　查禁新疆产金之地，令勿聚众生事。　禁百姓与王公大臣同名。　禁止输入鸦片及栽种罂粟。　福康安卒。

二五〇〇 1797 年，丁巳，清仁宗嘉庆二年。

正月，贵州苗妇王囊仙起义，不久失败。　史学家王鸣盛卒。大臣阿桂卒。

二五〇一 1798 年，戊午，清仁宗嘉庆三年。

三月，清军大破荆襄义军于二岔河，姚之富、齐王氏坠崖死。　八月，白莲教首领王三槐被俘，解京被凌迟处死。　清开始用“乡勇”镇压各地义军。

二五〇二 1799 年，己未，清仁宗嘉庆四年。

正月，清高宗崩。　大学士和珅下狱，后被赐死。　三月，白莲教首领冷天禄战死。　清命各省厉行编审保甲，并申保甲法。

二五〇三 1800 年，庚申，清仁宗嘉庆五年。

三月，四川总督魁伦因贻误军机被赐死。　四月，起事多年的云南倮黑，至此时败降。　十二月，陕西起事教民流窜入湖北，湖北起事教民却转移到陕西。　再申栽种及输入鸦片禁令。

二五〇四 1801 年，辛酉，清仁宗嘉庆六年。

九月，下令续修《大清会典》。　十一月，杨遇春击败陕西义军。

清下令筹划安插乡勇，以维护地方治安。　《文史通义》的作者章学诚卒。

二五〇五　1802 年，壬戌，清仁宗嘉庆七年。

二月，云南维西彝人及傈僳人联合起义，三个月后失败。　六月，白莲教义军首领相继被捕获，起义军基本被消灭。　七月，大学士王杰致仕，加太子太傅衔。　英人侵澳门。

二五〇六　1803 年，癸亥，清仁宗嘉庆八年。

六月，安南阮福映请求册封并请改国号为南越，命改为越南。清封阮福映为越南国王。　西班牙人将西洋种痘法传入中国。

二五〇七　1804 年，甲子，清仁宗嘉庆九年。

六月，海盗蔡牵在温州洋面大败官兵。清以浙江提督李长庚为总统督水师讨伐。　白莲教起事八年，至此年全部溃灭。　十二月，大学士刘墉卒。　史学家钱大昕卒。

二五〇八　1805 年，乙丑，清仁宗嘉庆十年。

二月，协办大学士纪昀卒。　五月，澳门西洋教士派人赴各省传教，清廷饬令广东督抚督促地方官严加稽查。　蔡牵称镇海王，攻台湾凤山，嘉义民洪四老响应。

二五〇九　1806 年，丙寅，清仁宗嘉庆十一年。

正月，清以赛冲阿为钦差大臣，赴台湾督办军务。　七月，陕西宁陕新军哗变，清命德楞泰督师击之。　李长庚大破蔡牵于台湾，蔡牵流窜于福建、浙江，清军追剿不舍，蔡牵虽数败而势未衰。

二五一〇　1807 年，丁卯，清仁宗嘉庆十二年。

三月，《高宗实录》《高宗圣训》修成。　蔡牵败逃至广东，清命广东拦堵。　清遣使册封琉球中山王尚灏。　禁汉人私入番地及蒙古人改服番装。　《金石萃编》作者王旭卒。

二五一一　1808 年，戊辰，清仁宗嘉庆十三年。

英吉利兵船停泊香山县（今广东中山）洋面，派兵分据澳门炮台。清严令其退出，英吉利船退出澳门。

二五一二　1809 年，己巳，清仁宗嘉庆十四年。

八月，浙江学政、侍郎刘凤诰因考场舞弊被免职，被流放黑龙江。

巡抚阮元因监管不严被夺职。 九月，王得禄、邱良功率水军合剿海盗蔡牵，蔡牵落海淹死。

二五一三 1810年，庚午，清仁宗嘉庆十五年。

二月，清下令严厉查禁鸦片。 七月，修黄河云梯关海口。 十二月，云梯关工程完工，黄河水得以顺利入海。 《剿平三省教匪方略》修成。

二五一四 1811年，辛未，清仁宗嘉庆十六年。

七月，黄河在阜宁（今江苏盐城）、邳北棉拐山等处决口。 严令各省查禁西洋人，并禁止百姓信仰天主教。 新疆回民沙朵斯等因暗通大和卓木后裔玉素普被捕。

二五一五 1812年，壬申，清仁宗嘉庆十七年。

五月，滦州（治所在今河北滦县）董怀信等因传金丹八卦教被捕。 改订吉兰泰盐务章程。 增加云南边地要塞戍兵。

二五一六 1813年，癸酉，清仁宗嘉庆十八年。

九月，陕西总督杨遇春率兵镇压滑县（今河南滑县）起义军。 禁止宗室、觉罗与汉人通婚。 禁止鸦片，定官民吸食者罪。 陕西伐木工人因饥饿发生暴动，不久失败。

二五一七 1814年，甲戌，清仁宗嘉庆十九年。

《全唐文》辑成。 英吉利国船只侵入虎门。 定《整饬洋行及限制外洋商船规程》。 著名史学家赵翼卒。

二五一八 1815年，乙亥，清仁宗嘉庆二十年。

三月，两广总督蒋攸铦上奏查禁鸦片烟章程。 嘉庆帝命令洋船到澳门时，按船查验，以杜绝来源。官吏卖放及百姓私贩的，分别治罪。 西洋人兰月旺因潜入内地传教，被处绞刑。

二五一九 1816年，丙子，清仁宗嘉庆二十一年。

七月，英吉利国遣使来华，因其不遵守清朝礼仪，清命其国王以后不必再遣使入华。

二五二〇 1817年，丁丑，清仁宗嘉庆二十二年。

三月，增设天津水师营总兵官。 广州捕天地会成员两千余人。 广东梅县天地会员起义。

二五二一 1818年，戊寅，清仁宗嘉庆二十三年。

清规定在蒙古地方，倘若蒙古人、汉人一同犯罪者，依大清律问罪。若只是蒙古人，仍依蒙古例办理。　　金石家兼书法家翁方纲、经学家孙星衍卒。

二五二二 1819年，己卯，清仁宗嘉庆二十四年。

正月，嘉庆皇帝六十岁生辰，免各省赋税。　　禁旗人抱养汉人及户下人子为后嗣。　　严禁厦门洋船运茶。

二五二三 1820年，庚辰，清仁宗嘉庆二十五年。

七月，嘉庆帝驾崩。皇二子智亲王旻宁即位，为清宣宗，改元为道光。　　全国人口达三亿八千三百一十万。

二五二四 1821年，辛巳，清宣宗爱新觉罗·旻宁道光元年。

英人侵入叶尔羌（今新疆莎车）、喀什噶尔（今新疆喀什）等地。

二五二五 1822年，壬午，清宣宗道光二年。

清命广东、福建、浙江严捕海盗。又令广东稽查出口洋船不准偷漏银两，并严查鸦片。重申沿海口岸私运鸦片之禁，命海关严查夹带鸦片。

二五二六 1823年，癸未，清宣宗道光三年。

三月，廓尔喀额尔德尼王遣使贺道光皇帝登基并进贡物产。　　清颁布失察鸦片烟条例。颁布商民与青海蒙古人及番人贸易章程。　　清以林则徐为江苏按察使。

二五二七 1824年，甲申，清宣宗道光四年。

《仁宗实录》修成。　　十月，张格尔联合布鲁特攻扰边卡，被清军击败，逃走。

二五二八 1825年，乙酉，清宣宗道光五年。

三月，免河南多年百姓欠银及河工加价摊银。　　四月，免直隶多年所欠赋税。　　十一月，清封郑福为暹罗国王。　　改订宗室惩罚则例。

二五二九 1826年，丙戌，清宣宗道光六年。

七月，清命喀什噶尔（今新疆喀什）参赞大臣庆祥筹划追捕张格尔。回民起事，攻破喀什噶尔，参赞大臣庆祥、帮办大臣舒尔哈善皆死。　清廷命杨遇春为钦差大臣，又命长龄总统军务，惩办历任喀什噶尔参赞大臣之不法者。

二五三〇　1827 年，丁亥，清宣宗道光七年。

四月，清军收复喀什噶尔，张格尔逃走。不久，清军攻入英吉沙尔（今新疆英吉沙）、叶尔羌（今新疆叶尔羌）、和阗（今新疆和田），张格尔所占四地全部收复。　十月，免嘉庆二十五年至道光五年各省百姓所欠正杂钱粮。　十二月，张格尔在喀尔铁盖山被俘。

二五三一　1828 年，戊子，清宣宗道光八年。

五月，张格尔被处死。因张格尔乱，清命南疆贸易由官府经理，不准私运大黄、茶叶。　因淮盐滞销，清命江西、安徽、湖广严禁私贩。

二五三二　1829 年，己丑，清宣宗道光九年。

六月，免西藏喀喇乌苏等雪灾区的番族进贡马银。　七月，禁止广州海关私货入口及银两出洋。　查禁西洋人私运鸦片。　清命阿訇只准念习经典，不得干预回民政事。

二五三三　1830 年，庚寅，清宣宗道光十年。

正月，暹罗国王遣使进贡物产。　八月，新疆又乱，清廷命长龄、杨遇春等率师讨伐。　清命两江、湖广、江西、河南督抚严禁私盐。　《平定回疆方略》撰成。

二五三四　1831 年，辛卯，清宣宗道光十一年。

二月，重申严禁各省种植鸦片。　三月，令广东查禁英吉利鸦片走私。　广东黎、瑶民变被镇压。　重修的《康熙字典》完成。

二五三五　1832 年，壬辰，清宣宗道光十二年。

二月，湖南瑶人赵金龙反清，清命卢坤等剿灭。　三月，广东八排瑶人反清，后被招降。　九月，因英吉利船驶入内洋，清命沿海整饬水师。　十一月，台湾天地会陈办等起事，清遣兵击之。　学者王念孙卒。

二五三六　1833 年，癸巳，清宣宗道光十三年。

正月，台湾嘉义匪首陈办被杀。　十月，清命布彦泰为伊犁参赞大臣，常德为塔尔巴哈台参赞大臣。　英国派律劳卑为驻广东商务监察。

二五三七 1834年，甲午，清宣宗道光十四年。

四月，禁纹银出洋及私铸洋银。　五月，清命卢坤等驱逐英吉利贩鸦片趸船，令勿在沿岸停泊。　八月，卢坤奏英商律劳卑来粤，致书称大英国请暂停贸易。清廷宣布驱逐其在清船只。

二五三八 1835年，乙未，清宣宗道光十五年。

二月，清册封朝鲜世孙李奂为朝鲜国王。　英船驶入刘公岛（今山东威海东）洋面，清命沿海各省堵截。　全国人口达四亿零一百七十六万余人。　校勘学家顾广圻卒。

二五三九 1836年，丙申，清宣宗道光十六年。

九月，圆明园三殿发生火灾。　太常寺卿许乃济奏请变通鸦片条例。　查理·义律通告两广总督就任英驻广州商务正监督。

二五四〇 1837年，丁酉，清宣宗道光十七年。

正月，清以林则徐为湖广总督。　六月，御史朱成烈奏称广东海口每年流出银三千余万，福建、浙江、江苏各海口流出银不下千万，天津海口流出银不下二千余万。清廷命沿海各督抚及各监督严饬稽查。

英输入鸦片增至三万九千余箱。

二五四一 1838年，戊戌，清宣宗道光十八年。

八月，湖广总督林则徐等奏请禁烟并拟禁止章程六条。　十一月，清以林则徐为钦差大臣命其往广东禁烟，管理全省水师。　英输入鸦片增至五万余箱。

二五四二 1839年，己亥，清宣宗道光十九年。

二月，林则徐赴虎门、澳门了解鸦片走私情况，下令英商缴出鸦片，着手整饬海防。　三月，林则徐焚毁鸦片两万箱于广东虎门口外。　七月，订查禁鸦片章程三十九条及洋人携带鸦片入口售卖治罪专条。　英人于尖沙咀（今九龙半岛南）打死华人，林则徐向英领事索要凶手，遭英领事义律拒绝。清下令断绝其食物供给。林则徐搜查洋船，令出具切结，义律拒不具结。　十一月，英兵船逼近广州，林则徐率军击退。

二五四三 1840 年，庚子，清宣宗道光二十年。

六月，英国将领伯麦封锁广东河口，林则徐命令焚毁其鸦片船。第一次鸦片战争爆发。　七月，英船进犯厦门（今福建厦门），被击退。英又进犯大沽口（今天津塘沽），伊里布与英议订《定海休战约》。　九月，林则徐、邓廷桢被撤职查办。琦善抵达广州与英人谈判。英以谈判未达目的为由，进犯虎门，攻陷大角、沙角炮台。琦善恐惧，与英订立条约。

二五四四 1841 年，辛丑，清宣宗道光二十一年。

二月，英军进犯虎门，水师提督关天培战死。琦善被撤职查办。　英军进犯广州，三元里人民抗英斗争爆发。　英攻陷定海（今浙江舟山）、宁波（今浙江宁波）。　八月，葛云飞战死，裕谦自杀。　十月至十二月，英军多次侵扰台湾，均被击退。　著名学者龚自珍卒。

二五四五 1842 年，壬寅，清宣宗道光二十二年。

二月，奕经督军反攻英军于宁波等地，败还。　六月，英攻陷吴淞（今上海宝山东），又进入宝山、上海。　八月，中英签订《南京条约》。英占香港岛，开放五口通商。　重修《大清一统志》完成。

二五四六 1843 年，癸卯，清宣宗道光二十三年。

四月，清以耆英为钦差大臣赴广东办理通商事宜。耆英与英人璞鼎查签订《中英五口通商章程》，后又增订中英《虎门条约》。　七月，清廷准耆英之请，置九龙司巡检稽查入牌照。　洪秀全创立拜上帝会。

二五四七 1844 年，甲辰，清宣宗道光二十四年。

六月，耆英与美使顾盛订《中美望厦条约》，即《中美五口通商章程》。　《中法五口通商章程》订立。　清政府批准天主教自由传教，允许于五口修筑教堂，允许华人入教。

二五四八 1845 年，乙巳，清宣宗道光二十五年。

六月，命依《五口通商章程》例，准许比利时一体贸易。　云南永昌回民起义。　订《上海土地章程》。设立上海英租界，这是外国在我国强划租界的开始。

二五四九　1846 年，丙午，清宣宗道光二十六年。

耆英、德庇时在虎门订立《英军退还舟山条约》。清命整顿两淮盐务。　驻藏办事大臣琦善奏称英人占据拉达克（今克什米尔）等地。

二五五〇　1847 年，丁未，清宣宗道光二十七年。

二月，英军攻入虎门，占炮台，进广州城。　九月，法兰西兵船开入朝鲜，清廷命耆英与法国公使交涉，令其退兵。　洪秀全与冯云山创立拜上帝会总机关。　大批华工被运往古巴。

二五五一　1848 年，戊申，清宣宗道光二十八年。

八月，俄罗斯商船请求在上海贸易，被清廷拒绝。　冯云山被捕，洪秀全赴广州营救。　拜上帝会捣毁桂平县（今广西桂平）神庙，抗拒官府拘捕。　十一月，清册封已故越南国王阮福暶之子阮福时为越南国王。

二五五二　1849 年，己酉，清宣宗道光二十九年。

三月，广州人民自行武装保卫省城，反对英人进入广州。英使文翰宣布放弃进城。　葡萄牙封闭粤海关监督驻澳门办事处，强占澳门。

二五五三　1850 年，庚戌，清宣宗道光三十年。

正月，道光皇帝旻宁驾崩。皇四子奕詝立，即清文宗，改元为咸丰。　四月，清允许俄罗斯的请求，在伊犁、塔尔巴哈台（今新疆塔城）通商。　拜上帝会众聚集于广西桂平金田村准备起事，当时洪秀全在平南花洲。　清任命林则徐为钦差大臣赴广西，林则徐于中途去世。清命李星沅为钦差大臣赴广西办理军务。

二五五四　1851 年，辛亥，清文宗爱新觉罗·奕詝咸丰元年。

一月，拜上帝会教众在金田起义，洪秀全称太平王。　八月，太平军入永安州城（治所在今广西蒙山），分封诸王，建号太平天国，洪秀全为天王。　哲布尊丹巴呼图克图之呼毕勒罕在拉萨掣签选定，清命蒙古筹备迎接。　清与俄订《伊犁通商条约》。

二五五五　1852 年，壬子，清文宗咸丰二年。

四月，太平军自永安（治所在今广西蒙山）突围，大败清军，乘胜入湖南。五月，攻破郴州（治所在今湖南郴州）。从八月始，攻围长沙三个月，未克。　清政府命丁忧在籍的侍郎曾国藩为帮办湖南团练，命琦善为钦差大臣，防堵太平军。

二五五六　1853 年，癸丑，清文宗咸丰三年。

正月，太平军攻破武昌（今湖北武汉）、安庆（治所在今安徽安庆）等地。三月，攻破江宁（治所在今江苏南京），改称天京，定为首都。

五月，太平军将领林凤祥、李开芳、吉文元率师渡江北伐，攻下扬州。杨秀清命胡以晃等西征，西征军再攻入安庆，与石达开会师于安庆。北伐的太平军经河南入直隶。

二五五七　1854 年，甲寅，清文宗咸丰四年。

正月，太平军攻入湖北，湖广总督吴文镕战死。　八月，清以曾国藩部为主力，攻下武昌等地，太平军撤向鄂东。曾国藩大破太平军英王陈玉成于田家镇（今湖北武穴），进兵围九江。　广东天地会陈开等起事于佛山（治所在今广东佛山），围广州。琦善死，清派托明阿为钦差大臣督办江北军务。

二五五八　1855 年，乙卯，清文宗咸丰五年。

三月，僧格林沁攻破连镇（今河北东光），林凤祥被俘杀。僧格林沁攻破冯官屯，李开芳等被俘杀。太平天国的北伐军至此全部覆灭。

二五五九　1856 年，丙辰，清文宗咸丰六年。

三月，石达开大破曾国藩部于樟树（今江西樟树）。陈玉成、李秀成等大破托明阿，攻占扬州。　八月，太平天国内讧，太平军天王洪秀全杀东王杨秀清、北王韦昌辉，翼王石达开出走。　十月，“亚罗号”事件爆发，英人巴夏礼借机轰击广州。第二次鸦片战争（1856—1860）爆发。　学者魏源卒。

二五六〇　1857 年，丁巳，清文宗咸丰七年。

威宁（今贵州威宁）回民起事，进军云南，云贵总督恒春自杀。　天地会首领陈金刚进入广西，占据怀集（今广东肇庆），称南兴王。

十二月，英法联军攻占广州，俘获两广总督叶名琛。

二五六一　1858 年，戊午，清文宗咸丰八年。

五月，清朝与俄罗斯签订《瑷珲条约》，割让黑龙江以北、外兴安岭以南共计六十多万平方公里的领土给俄国。　英法联军至天津，攻陷大沽炮台。清与英法两国签订《天津条约》。　江南大营提督和春、张国樑进围天京（今江苏南京），大破太平军，恢复江南大营，围困天京。

二五六二　1859 年，己未，清文宗咸丰九年。

三月，太平军陈玉成、李秀成连破清军于六合、江浦。曾国藩大会诸军于鄂州（治所在今湖北武汉）。　因去年京师乡试舞弊，清杀大学士柏葰。　英法联军再次入侵中国，被僧格林沁等击退，交涉又起。

二五六三　1860 年，庚申，清文宗咸丰十年。

五月，清江南大营再次失守，提督张国樑战死，和春卒于军。清廷撤销江南大营。　十月，英法同盟军攻陷天津、通州（今北京通州），咸丰帝逃往热河。英法军攻陷北京，焚掠圆明园及三山。清与英、法、俄订《北京条约》。　冬，清设立总理各国通商事务衙门。

二五六四　1861 年，辛酉，清文宗咸丰十一年。

一月，设同文馆于北京。　八月，咸丰帝死于热河，其子载淳继位，即清穆宗，改元同治。　九月，“辛酉政变”爆发，慈禧太后登上政治舞台。以恭亲王奕䜣为议政王，在军机处行走。各国开使馆于北京。　洋务运动（1861—1894）开始，创办军事工业、实业，编练陆海军，设西式学堂。　十二月，宋景诗归降清廷。

二五六五　1862 年，壬戌，清穆宗爱新觉罗・载淳同治元年。

三月，宋景诗再次反清。　四月，太平军攻上海，李鸿章驰援上海，会合英、法军队，大破太平军。　荆州将军多隆阿攻克庐州府（治所在今安徽合肥）。　太平天国英王陈玉成被擒杀。　签订《中比通商条约》。　石达开进入云南。

二五六六　1863 年，癸亥，清穆宗同治二年。

二月，回军马化龙等攻宁夏（今宁夏银川）等地，清遣兵赴援，并谕阿拉善蒙民勿与回军交结。　六月，石达开攻四川，在大渡河全军覆灭。石达开被四川总督骆秉章处死。　十一月，曾国荃攻下雨花台（今江苏南京南）等地，天京危急，天王洪秀全召李秀成回京。李鸿章攻克江阴（今江苏无锡），太平天国广王李恺顺投水死。僧格林沁大破捻众于蒙城（今安徽亳州），斩捻首领苗沛霖。　清命伊犁将军与俄勘定塔尔巴哈台疆界。

二五六七 1864年，甲子，清穆宗同治三年。

四月，太平天国天王洪秀全自杀，其子洪天贵福嗣位。　六月，清军攻占天京，太平天国亡。李秀成被俘后处死。洪天贵福被江西官员席宝田处死。　九月，签订《中俄勘分西北界约记》。

二五六八 1865年，乙丑，清穆宗同治四年。

三月，清罢恭亲王奕䜣军机大臣、议政王，命文祥等办理总理各国事务衙门事宜。　四月，僧格林沁追击捻军至山东菏泽以南的吴家店，战败被杀。　清命曾国藩为钦差大臣，节制攻捻各军。　李鸿章创办江南制造局。　鲍超大破太平天国康王汪海洋于广东。至此，除赖文光外，太平军余部皆被消灭。

二五六九 1866年，丙寅，清穆宗同治五年。

清军大破捻军于河南，捻军溃为两股。清以李鸿章为钦差大臣专办剿捻事宜。

二五七〇 1867年，丁卯，清穆宗同治六年。

正月，捻众入陕西，与回民联合。清命左宗棠为钦差大臣督办陕甘军务。　四月，清允许琉球国子弟入国子监读书。　提督鲍超大败东捻于安陆（今湖北安陆），刘松山大破西捻军于西安（今陕西西安）。赖文光在扬州被俘后处死，东捻平。　金陵机器局、天津机器局、福州船政学堂相继设立。

二五七一 1868年，戊辰，清穆宗同治七年。

西捻张宗禹入直隶，京师戒严。七月，张宗禹败走茌平（今山东茌平），投水而死，西捻平。　十一月，左宗棠回到西安，陕西回民之变已处于极不利的局面，所占城市陆续被官军收复。

二五七二 1869年，己巳，清穆宗同治八年。

八月，清命左宗棠兼领山西军务。　唐努乌梁海等地与俄罗斯划界立碑之事完成。九月，中俄订《乌里雅苏台界约》。　中奥订《通商航海条例》。　福建机器局成立。

二五七三 1870年，庚午，清穆宗同治九年。

五月，法领事丰大业因横暴被民众殴死，清政府命曾国藩查办。九月，清廷采取妥协态度，斩杀涉案中方人员十五人后结案。　　十月，清裁撤三口通商大臣，增设天津海关道。

二五七四　1871 年，辛未，清穆宗同治十年。

二月，刘锦棠大破回民起义军于金积堡（今宁夏吴忠），处死马化龙父子。　　五月，清以李鸿章为全权大臣与日本议订通商条约于天津。　　香港与上海之间的海底电线敷设完工。

二五七五　1872 年，壬申，清穆宗同治十一年。

二月，两江总督曾国藩卒。　　九月，同治帝行大婚礼，册立阿鲁特氏为皇后。

二五七六　1873 年，癸酉，清穆宗同治十二年。

正月，云贵总督岑毓英收复大理（今云南大理），回民首领杜文秀自杀，云南回乱平。　　四月，白彦虎率残余二千余人，后逃往今吉尔吉斯共和国，陕甘回乱平定。　　同治帝爱新觉罗·载淳"亲政"。　　以李鸿章为换约大臣，与日本互换条约，即《中日修好通商条约》。　　刘永福督黑旗军与法军激战于河内，击毙法将安邺。

二五七七　1874 年，甲戌，清穆宗同治十三年。

日本侵扰台湾，清争琉球主权。四月，清以沈葆桢为钦差大臣，办理台湾海防，兴建炮台。　　九月，日本侵台事件，经英使调停以赔款日本五十万两而告结束。　　清穆宗崩。慈禧太后立载湉为帝，是为清德宗，改元为光绪，仍由慈安、慈禧两太后垂帘听政。

二五七八　1875 年，乙亥，清德宗爱新觉罗·载湉光绪元年。

正月，英人马嘉理带军队强行闯入云南，遭到民众阻拦。马嘉理开枪杀死众多民众，民众被迫进行自卫反击，将马嘉理及其随行五人杀死。二月，清命李鸿章与英使威妥玛交涉此案。　　清以左宗棠为钦差大臣督办新疆军务，命李鸿章、沈葆桢督分办北洋、南洋海防。

二五七九　1876 年，丙子，清德宗光绪二年。

七月，英国借"马嘉理案"强迫清政府与其签订了《中英烟台条约》。　　李鸿章等奏派福建船政学堂学生分赴英、法等国学习制造、驾驶之术。

二五八〇 1877年，丁丑，清德宗光绪三年。

五月，日本阻止琉球向清朝进贡。　左宗棠进兵天山南路，阿古柏自杀。　清军大将刘锦堂自托克逊（今新疆托克逊）西进，清军收复哈喇沙尔、库尔勒等地。

二五八一 1878年，戊寅，清德宗光绪四年。

二月，伯克胡里及白彦虎进入俄境，至此，新疆南路肃清。　左宗棠在兰州设立机器织呢局。

二五八二 1879年，己卯，清德宗光绪五年。

四月，日本占琉球，改为冲绳县。　清命崇厚为出使俄国大臣，命其便宜行事。　李鸿章奏遵旨密劝朝鲜与各国立约通商。

二五八三 1880年，庚辰，清德宗光绪六年。

正月，清廷命曾纪泽出使俄国，商议修改崇厚擅自签订的条约。　清召左宗棠进京备顾问，以刘锦堂督办新疆军务，命曾国荃督办山海关防务。　李鸿章创立海军。

二五八四 1881年，辛巳，清德宗光绪七年。

四月，曾纪泽在圣彼得堡与俄国修改条约。　李鸿章与巴西使臣订立条约十七款。　清命李鸿章等商议抵制法国侵越南办法。　十月，清派黄桂兰进入越北，屯驻扼要地区。　天津水师学堂成立。

二五八五 1882年，壬午，清德宗光绪八年。

六月，在朝鲜的日本使馆被焚，大院君李昰应牵连其中。日本派兵船威胁，大院君被安置于保定（今河北保定）。　八月，曾纪泽与俄订立《中俄界约》，中国收回伊犁。中俄订立《喀什噶尔界约》。　上海领事团裁判所成立。上海电气公司成立。

二五八六 1883年，癸未，清德宗光绪九年。

十月，清军大败法军于谅山（今越南谅山）。法军炮击锦江一带的清军阵地，法军与清军正式接战。　伊犁参赞大臣升泰与俄订立《塔尔巴哈台界约》。

二五八七 1884年，甲申，清德宗光绪十年。

正月，岑毓英出镇南关赴越南兴化，管制边外诸军。　李鸿章与法国代表福禄诺签订《法越简明条约》。法国不满条约内容，继续进攻，中法战争正式爆发。　七月，法海军袭击马尾炮台及船厂，清政府与法国宣战。　九月，法军寇台湾，被刘铭传击退。法军又寇镇海，被守炮台兵士击退。　十月，新疆正式设省，清以刘锦棠为巡抚。

二五八八　1885 年，乙酉，清德宗光绪十一年。

正月，法军进占镇南关（今广西友谊关），潘鼎新退往龙州（治所在今广西龙州）。　二月，广西提督冯子材大破法军于关前隘口，收复谅山（今越南谅山）。　六月，李鸿章与法使巴德诺签订《中法会订越南条约》。　李鸿章与日使伊藤博文议朝鲜事，订中日《天津条约》三款。　曾纪泽与英续订《烟台条约》专条十款。　九月，清改福建巡抚为台湾巡抚。

二五八九　1886 年，丙戌，清德宗光绪十二年。

六月，中英《缅甸条约》订立。　与法订《越南边界通商章程》十九款。　张之洞设缫丝局于广州。　武备学堂成立。

二五九〇　1887 年，丁亥，清德宗光绪十三年。

正月，光绪帝亲政。　《中法续议界约》签订。　广州水师学堂成立。　《中葡条约》签订。　张之洞奏请与葡萄牙议定《澳门租界条约》。清设海关于九龙、澳门。

二五九一　1888 年，戊子，清德宗光绪十四年。

正月，刘铭传正式接受台湾巡抚关防，标志着台湾正式成为省级建置。　英国出兵侵藏，藏军战败。　康有为第一次上书未成。　十一月，北洋海军建立，丁汝昌为提督。

二五九二　1889 年，己丑，清德宗光绪十五年。

二月，慈禧太后正式归政，皇帝亲政。　十一月，清政府拨款白银二百万两，命海军衙门筹办全国铁路。

二五九三　1890 年，庚寅，清德宗光绪十六年。

六月，升泰与英总理印度大臣兰士丹议定《藏印条约》八款，英军退出西藏。　张之洞创立汉阳铁厂，又设汉阳兵工厂。　上海恒丰纱厂成立。

二五九四 1891 年，辛卯，清德宗光绪十七年。

二月，李鸿章赴旅顺（今辽宁旅顺）检阅海军。 四月，颐和园完工。 十月，热河朝阳教徒起义，焚毁耶稣教堂。 康有为《大同书》刊成，宣传大同思想。康有为撰《新学伪经考》《孔子托古改制考》。

二五九五 1892 年，壬辰，清德宗光绪十八年。

广东三合会众起事，两广总督李鸿章剿平之。 北洋大臣李鸿章与俄使订立《中俄边界连结陆路电线章程》。 十一月，总理衙门奏请勘分帕米尔疆界事。 清颁国籍法。

二五九六 1893 年，癸巳，清德宗光绪十九年。

清廷与英国议定《藏印通商交涉游牧条约》。薛福成与英国议定滇缅疆界及商务事宜，订约二十条。 清廷与法使会勘广西边界，绘图立疆碑。

二五九七 1894 年，甲午，清德宗光绪二十年。

五月，朝鲜东学党起义，清廷命直隶提督叶志超驰援助剿。 七月，中国的“济远”和“广乙”两艘军舰在完成护送清军在朝鲜牙山登陆后，返航时在朝鲜丰岛海面，遇上日本联合舰队。日本联合舰队首先向中国军舰开炮，中国军队损失惨重。丰岛海战成了甲午战争的重要导火索。 八月，中国对日本宣战，中日甲午战争爆发。日军攻陷九连城、凤凰城（今辽宁凤城）、旅顺。 十二月，清命两江总督刘坤一为钦差大臣，驻山海关，节制关内外兵马，负责对日军事。 孙中山在檀香山创立兴中会。

二五九八 1895 年，乙未，清德宗光绪二十一年。

正月，日军攻陷刘公岛（今山东威海东），北洋海军全军覆灭，提督丁汝昌与总兵刘步蟾以身殉国。 三月，李鸿章与伊藤博文等签订中日《马关条约》，割让台湾及辽东半岛，赔偿日本白银二亿两。
十月，清组建新式陆军，命温处道袁世凯督练。 康有为创立强学会。 孙中山回国，在香港设兴中会总部。 康有为、梁启超在上海创办《强学报》，宣扬变法。 洋务运动宣告终结。

二五九九　1896年，丙申，清德宗光绪二十二年。

二月，台湾首任巡抚刘铭传卒。　李鸿章与俄订立《中俄密约》。　总理衙门奏称在北京设立铁路总公司，官商合办。　严复译《天演论》成。　中国始派留学生赴日本。

二六〇〇　1897年，丁酉，清德宗光绪二十三年。

十月，山东天主教堂德国教士被杀，德国借此强占胶州湾。　工部主事康有为上书，要求变法。　商务印书馆在上海成立。

二六〇一　1898年，戊戌，清德宗光绪二十四年。

德国强租胶州湾，期限九十九年。俄强租旅顺、大连湾二十五年。法国强租广州湾，限期九十九年。　四月，光绪帝下《定国是诏》，决定变法维新。　五月，开办京师大学堂。　七月，裁撤旧机构，增设新机构。　八月，"戊戌政变"发生，慈禧再次出面训政，新政被废，光绪帝被幽禁于瀛台。恢复旧制，杀谭嗣同、康广仁等六人。

二六〇二　1899年，己亥，清德宗光绪二十五年。

七月，订立《朝鲜通商条约》。　美国国务卿海约翰提出对华"门户开放"政策。　法国租借广州湾。　河南安阳殷墟发现甲骨文。

二六〇三　1900年，庚子，清德宗光绪二十六年。

正月，义和团兴起，在山东各地杀教士、教民。四月，义和团进入北京。　五月，英、法等八国联军攻下大沽口，清下诏对各国宣战。　六月，八国联军陷天津，诏各省义和团助战。　刘坤一、张之洞与各国驻上海领事订立《东南互保条约》，不遵宣战诏。　七月，清授李鸿章全权大臣，与各国议停战。　八月，八国联军攻陷北京，慈禧太后挟光绪帝离京出逃至西安。八国联军入北京焚杀淫掠。　俄军进攻齐齐哈尔、黑龙江，黑龙江将军寿山战死，东三省沦陷。　清与各国议商讲和大纲十二款成，内容为清向德日道歉，停止输入军火二年，赔款等。

二六〇四　1901年，辛丑，清德宗光绪二十七年。

六月，清廷按照各国要求，改总理各国事务衙门为外务部，命奕劻为总理，王文韶为会办大臣。　七月，李鸿章与各国使臣签订《辛丑条约》。　　慈禧携光绪帝自西安回京。　　九月，李鸿章卒。

二六〇五　1902 年，壬寅，清德宗光绪二十八年。

三月，清与俄定《交收东三省条约》。　　五月，清任袁世凯为直隶总督兼北洋大臣。　　九月，张之洞被任为两江总督兼南洋大臣。　　上海商业会议所成立，后改为上海总商会。改电报局为官办。　　《大公报》创刊于天津。

二六〇六　1903 年，癸卯，清德宗光绪二十九年。

八月，清与日本、美国订立商约，给予日本最惠国待遇。　　十二月，日本与俄罗斯宣战，清宣告各省严守中立。　　商法修成，命名《钦定大清商法》。

二六〇七　1904 年，甲辰，清德宗光绪三十年。

七月，英军侵入拉萨。由于达赖逃跑，清夺其名号，由班禅代摄其职能，后又恢复。驻藏大臣与英订《拉萨条约》。　　日本侵占旅顺口。

光绪帝之师翁同龢卒。

二六〇八　1905 年，乙巳，清德宗光绪三十一年。

六月，清派载泽等五大臣出洋考查宪政。　　八月，废除科举制。

京汉铁路南北两线修成。兴修黄河铁桥。　　孙中山在日本创中国同盟会，提出三民主义。

二六〇九　1906 年，丙午，清德宗光绪三十二年。

四月，清命陆征祥前往瑞士商议世界红十字会公约。　　九月，清颁旨改革官制。　　《中英西藏条约》签字于北京。　　黄兴在湖南浏阳、江西萍乡、万载分三道起义，清政府派遣军队进击，起义失败。　　萍乡矿工六千余人参加同盟会，在萍乡、浏阳等地举行武装起义。

二六一〇　　1907 年，丁未，清德宗光绪三十三年。

三月，改东三省为行省，设东三省总督，奉天、吉林、黑龙江各设巡抚。　　五月，徐锡麟刺杀巡抚恩铭，被捕就义。秋瑾在绍兴被捕就义。　　孙文、黄兴合攻广西镇南关，不久失败。

二六一一　　1908 年，戊申，清德宗光绪三十四年。

清签订《印藏通商章程》。　　诏定实行预备立宪年限，以九年为期，召集国会。　　十月，光绪帝崩。慈禧太后立溥仪为皇帝，改元为宣统，以载沣为摄政王监国。数日后，慈禧太皇太后崩。　中国收回京汉铁路。

二六一二　1909年，己酉，爱新觉罗·溥仪宣统元年。

国会请愿同志会成立，各省要求速开国会运动爆发。　八月，大学士张之洞卒。　十一月，民政部呈上《府厅州县自治选举章程》。

京张铁路通车，詹天佑为中国铁路第一位工程师。　十二月，清廷赏詹天佑工科、文科、法科进士。　宪政编查馆上呈《法院编制法》。

二六一三　1910年，庚戌，宣统二年。

正月，黄兴策动广州新军起义，被水师提督李准镇压。　吕海寰等上《中国红十字会章程》，清命盛宣怀任会长。　八月，清颁《大清新刑律》《币制则例》。　十一月，清设海军部，以载洵为海军大臣。

二六一四　1911年，辛亥，宣统三年。

四月，清废除军机处、旧内阁，设新内阁、颁新内阁官制，以奕劻为总理大臣。　黄兴等起义于广州，失败。死者中有七十二人葬于广州黄花岗，即“黄花岗七十二烈士”，黄兴逃往香港。　清宣布铁路国有政策，引起保路风潮。　九月，各省民军起义，各省相继独立。

袁世凯就任总理大臣一职。　十月，武昌起义，南方各省纷纷宣布独立，史称“辛亥革命”。孙中山回国至上海。各省代表在南京开会，选孙中山为中华民国临时大总统，采用公历纪年。　十二月，南北和议代表在上海开始谈判。

1912年1月1日，孙中山在南京就任中华民国临时大总统。

1912年2月12日，清宣统帝溥仪在天安门城楼宣诏退位，清亡。